피델 카스트로가 산티아고데쿠바에서 다녔던 두
기숙학교 중 첫 학교인 라 살 시절의 앳된 모습이다.
이후에 피델은 쿠바의 최고 명문인 아바나 소재
벨렌으로 진학했다.

1953년 7월 몬카다 병영 습격 사건 당시에 반란군의 시체 사이를 걸어 다니는 군인들의
모습이다. 대학을 졸업하고 합법적인 정치에 좌절을 느낀 피델은 육군 하사관인
풀헨시오 바티스타가 1952년 3월 10일에 쿠데타로 정권을 잡자 이 공격을 계획했다.

1955년 5월에 라후벤투드섬의 감옥에서 걸어 나오는 카스트로의 모습이다. 그는 몬카다 병영과
바야모 병영의 공격을 주도한 죄로 15년 형을 선고받았지만 2년 만에 출소했다. 여론의 압력에 못 이긴
바티스타가 죄수들의 사면에 서명한 것이었다. 피델은 곧 멕시코로 떠났다.

1955년 후반에 멕시코 시골 지역에서 찍힌 수염 없는 피델 카스트로의 모습이다. 이곳에서 피델의 망명
혁명군이 기초 군사훈련을 시작했다. 에르네스토 게바라도 이 혁명군에 막 동참한 시기였다. 게바라는
두 번째 라틴아메리카대륙 여행을 마친 후 과테말라에서 멕시코로 왔다. 과테말라에서 그는 1954년에
하코보 아르벤스가 CIA가 배후에서 벌인 작전으로 권좌에서 축출당하는 모습을 직접 목격했다.

1956년 여름에 피델 카스트로와 에르네스토 게바라가 멕시코 내무부의 미겔 슐츠 구치소에 구금된 당시에 찍힌 첫 번째 사진이다.

그란마호가 육지에서 조금 떨어진 모래톱 위에 걸리자 허기에 지친 혁명군들이 총을 높이 들고 육지 쪽으로 걸어 나오는 모습이다. 이들 중 겨우 20명 정도가 쿠바 정부군의 공격에서 살아남았다. 며칠 동안 피델과 체는 죽을 고비를 여러 번 넘겼다.

1957년에 마에스트라 산맥의 기지 근처에서 피델과 그의 혁명군 대장들이 사진기를 향해
자세를 취하고 있는 모습이다. 중앙이 피델이고 오른쪽에서 왼쪽으로
후안 알메이다, 호르헤 소투스, 크레쎈시오 페레스, 라울 카스트로(웅크린 자세),
우니베르소 산체스, 체 게바라(챙 있는 모자를 썼다), 라미로 발데스 순이다.

1957년 후반에 피델이 산속에서 일군의 농민들을 만나고 있는 모습이다. 피델의 오른쪽에 있는 여성이 그의 소중한 비서이자 개인 보좌관 겸 연인인 셀리아 산체스이다.

1958년 12월에 한층 더 자신감이 붙은 체가 게릴라 지도자들과 사진기를 향해 자세를 취하고 있는 모습이다. 체가 쿠바의 중앙 평원지대의 사분오열된 혁명군들을 모아 통합 조약을 막 체결한 직후였다. 이 사진에 찍힌 사람들은 경쟁 혁명군인 '디렉토리오 레볼루시오나리오'이다.

혁명의 승리일인 1959년 1월 1일에 피델이 지프차에서 군중들을 향해 손을 흔드는 모습이다. 혁명전쟁이 끝난 직후에 피델은 산티아고데쿠바에서 아바나로 일주일 동안의 여정을 떠나는데, 이 순간이 그 시작이었다.

카스트로가 미국에 대해 찬탄하는 요소는 많았다. 이 사진은 카스트로가 1959년 4월에 워싱턴을 방문하던 중에 링컨 기념관 앞에 서 있는 모습이다. 카스트로는 몇 달 전에 쿠바의 산속에서 전투를 벌이는 동안 프랭클린 루스벨트 대통령의 뉴딜 정책에 대해 열렬히 토론한 적이 있었다.

1960년 9월에 거대한 혁명광장에서 제1차 아바나 선언을 하는 피델의 모습이다. 이 연설을 하는 동안 피델은 1952년에 미국과 쿠바가 서명한 상호원조 조약의 문건을 공개적으로 찢어버렸다.

전우들. 혁명군이 바티스타를 물리치고 승리를 거둔 직후에 피델이 체에게 친밀하게 말을 걸고 있는 모습이다. 산타클라라의 격전 도중 건물에서 떨어져 팔에 부상을 입은 체는 여전히 어깨에 삼각건을 걸친 상태이다.

쿠바혁명의 첫 18개월 동안, 피델과 체는 공적으로나 사적으로나 아주 돈독한 관계를 유지했다. 이 사진은 1963년에 아바나의 유명한 1830 레스토랑을 나서는 모습이다. 이 무렵부터 두 사람은 혁명의 미래에 대해 서로 다른 그림을 그리기 시작했다.

소박한 밀짚모자를 쓴 체가 1960년대 초의 시위 현장에서 무대를 바라보고 있는 모습이다. 뒤쪽으로 피델이 사진사를 향해 껄껄 웃고 있는 모습이 눈에 띈다.

1960년 후반에 중국을 방문한 체가 종이꽃 세례를 받고 있는 모습이다. 체는 차츰 소련이 아니라 중국식 사회주의에 관심을 가지게 되었다. 이로 인해 체와 피델의 사이가 서서히 벌어지기 시작했다.

아바나에서 체가 시가를 들고 〈보헤미아〉 최신판을 읽으며 휴식을 취하고 있는
모습이다. 피델과 체는 서로의 영역이 나누어져 있었다. 피델은 잡지와 저널의 표지를
장식하고 그 잡지들에서 종종 인용할 만한 글들을 찾았던 반면, 체는 그 잡지들에 직접
글을 써서 발표했다.

1963년에 피델은 소련을 처음으로 방문하기에 앞서 미국 텔레비전 기자인 리사 하워드를
만났다. 하워드는 케네디 대통령이 그해 후반에 댈러스에서 암살되기 전까지 카스트로와
케네디 행정부 사이에 비밀 외교 창구를 개설하는 임무를 맡아 조율했던 핵심
인물이었다.

1963년 어느 호텔방에서 피델이 보좌관 및 기자들과 말하고 있는 모습이다. 피델은
한곳에 오래 머무는 법이 없었다. 호텔방은 정부의 여느 사무실이나 마찬가지로
이용되었다. 체도 피델처럼 많은 시간을 일에 몰두했지만 사무실로는 좀 더 질서정연한
장소를 선호했다.

1964년에 피델은 자신의 생각대로 혁명을 강화해나가기 위해 결정적인 조치를
취했다. 이 사진은 피델이 공을 던지면서 휴식을 취하고 있는 모습이다.
그러나 이후 그의 앞엔 더욱 복잡하고 위험한 게임이 펼쳐질 예정이었다.

1966년 후반에 볼리비아에서 체(오른쪽에서 세 번째)가 함께 싸우기로 의기투합한 전사들과 사진을 위한 자세를 취하고 있는 모습이다. 이들 중 일부는 체처럼 변장을 한 채 쿠바에서 온 사람들이었다. 이 마지막 작전은 체가 콩고에서의 임무에 실패한 후 프라하와 쿠바에서 숨어 지내면서 계획한 일이었다. 이 작전은 1967년 10월에 체가 사망할 때까지 계속되었다.

체는 탄자니아로 은밀히 떠나기 직전에 변장하는 고통스러운 과정을 감수해야 했다. 보철 착용과 모발제거는 쿠바의 첩보기관이 기본적으로 사용하는 변장술이었다.

변장이 완료된 모습이다.
비슷한 변장을 하고서 체는
은밀히 모스크바와 파리,
리우데자네이루를 경유했다.
이 시기에 체는 그림자 속에서
살아가야 했다.

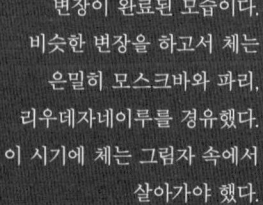

아바나 교외의 해안가에서 잠수를 마치고 나오는 피델의 모습이다. 잠수는 피델이
가장 좋아하는 도피처였다. 1966년에서 1967년까지는 피델에게 정말로 도피처가
절실한 시기였다. 체의 볼리비아 활동으로 인해 소련의 분노를 사게 되었기 때문이다.

볼리비아에서 체의 시신을 둘러싼 의혹이 수년간 이어진 후에 마침내 1997년 7월 13일에 체 게바라의 유해가 쿠바로 송환되었다. 피델은 깊은 생각에 잠긴 채 시신을 응시하고 있다.
피델의 왼쪽에는 라울과 체의 절친한 친구인 내부무 장관 라미로 발데스가 서 있고 오른쪽에서는 체가 알레이디타라고 부르던 그의 여식 알레이다가 연설을 하고 있다.

피델 AND 체

FIDEL AND CHE

불가능을 가능케 한 두 혁명가의 우정

GREAT
HARMONY
006

카스트로

피델

AND

체

게바라

FIDEL AND CHE

사이먼 리드헨리 지음
유수아 옮김

21세기북스

쿠바, '그 작은 공간'

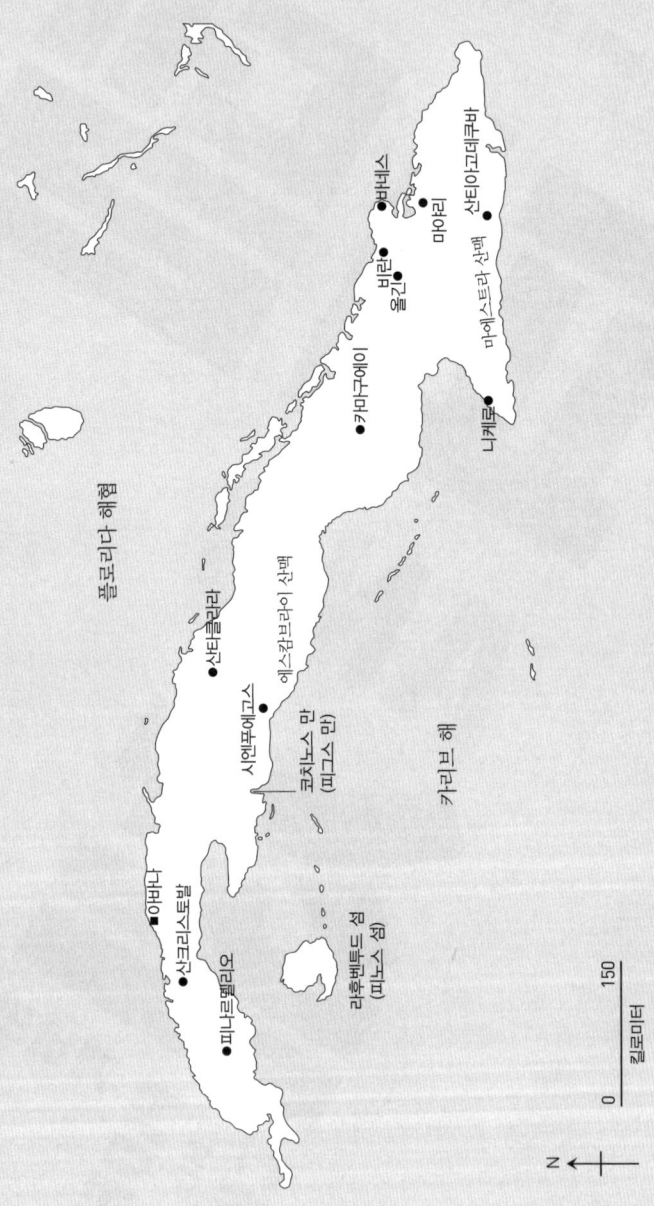

플로리다 해협

산타클라라

산크리스토발
■아바나
파나르델리오

시엔푸에고스

에스캄브라이 산맥

코치노스 만
(피그스 만)

라홍벤토 섬
(피노스 섬)

카리브 해

카마구에이

바네스
올긴
바라코아

라이마

산티아고데쿠바
마에스트라 산맥

관타나모

N

0   150
킬로미터

내겐 형제가 있었다.

우린 서로를 보지 못했지만,

아무렇지 않았다.

나에겐 내가 잠든 동안 언덕을 넘는 그런 형제가 있었다.

난 내 방식대로 그를 사랑했다.

물처럼 자유롭게 그의 목소리를 들었다.

나는 때때로 발걸음을 옮겨 그의 그림자에 다가갔다.

우린 서로를 보지 못했지만 아무렇지 않았고,

내가 잠든 동안 내 형제는 깨어 있었다.

내 형제는 저 밤 너머에서 자신이 선택한 별을 보여준다.

—훌리오 코르타사르, 〈내겐 형제가 있었다〉

알다시피 아부 이스아프는 나에게 형제 그 이상이다.

전우란 세월이 지나도 퇴색하지 않는 존재다.

20년을 만나지 못한 채 지냈더라도 일단 재회하게 되면 마음속에 그 전우의 자리가 여전히 존재한다는 사실을 새삼 깨닫게 된다.

—엘리아스 쿠리, 〈태양의 문〉

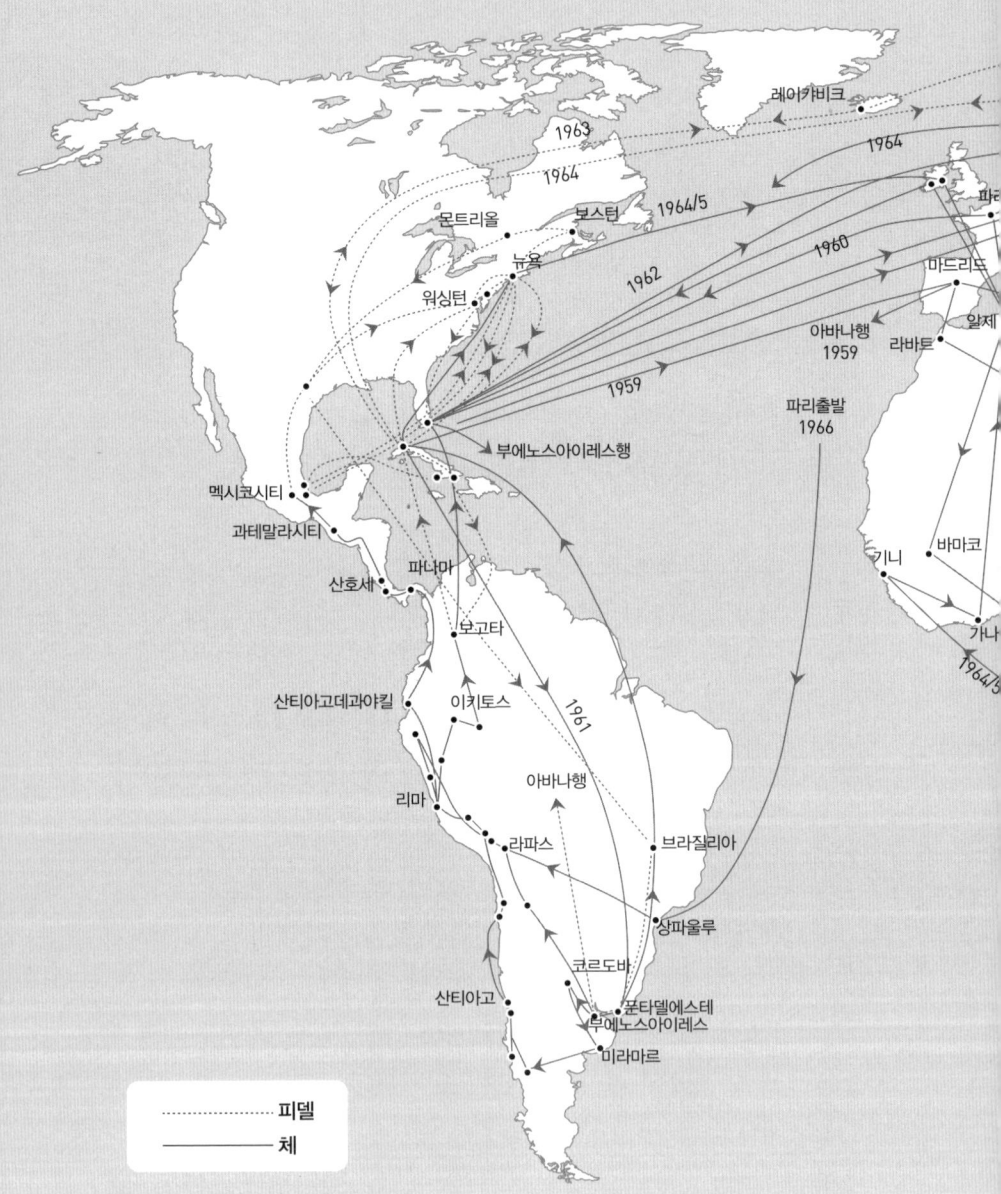

피델과 체의 이동경로: 1948~1967

레이카비크

1963

1964

몬트리올   보스턴
                        1964/5
뉴욕
워싱턴   1960
                1962
                                        1964
                                              파리
                                          마드리드
                            아바나행   알제
                            1959   라바트
                        1959

멕시코시티   부에노스아이레스행   파리출발
과테말라시티   1966
산호세   파나마
                                                기니   바마코
        보고타   가나
                                                    1964/5
산티아고데과야킬   이키토스
리마   아바나행
        라파스
                    브라질리아
                    상파울루
                코르도바
산티아고   푼타델에스테
            부에노스아이레스
            미라마르

1961

─ ─ ─ ─ ─ ─ 피델
──────── 체

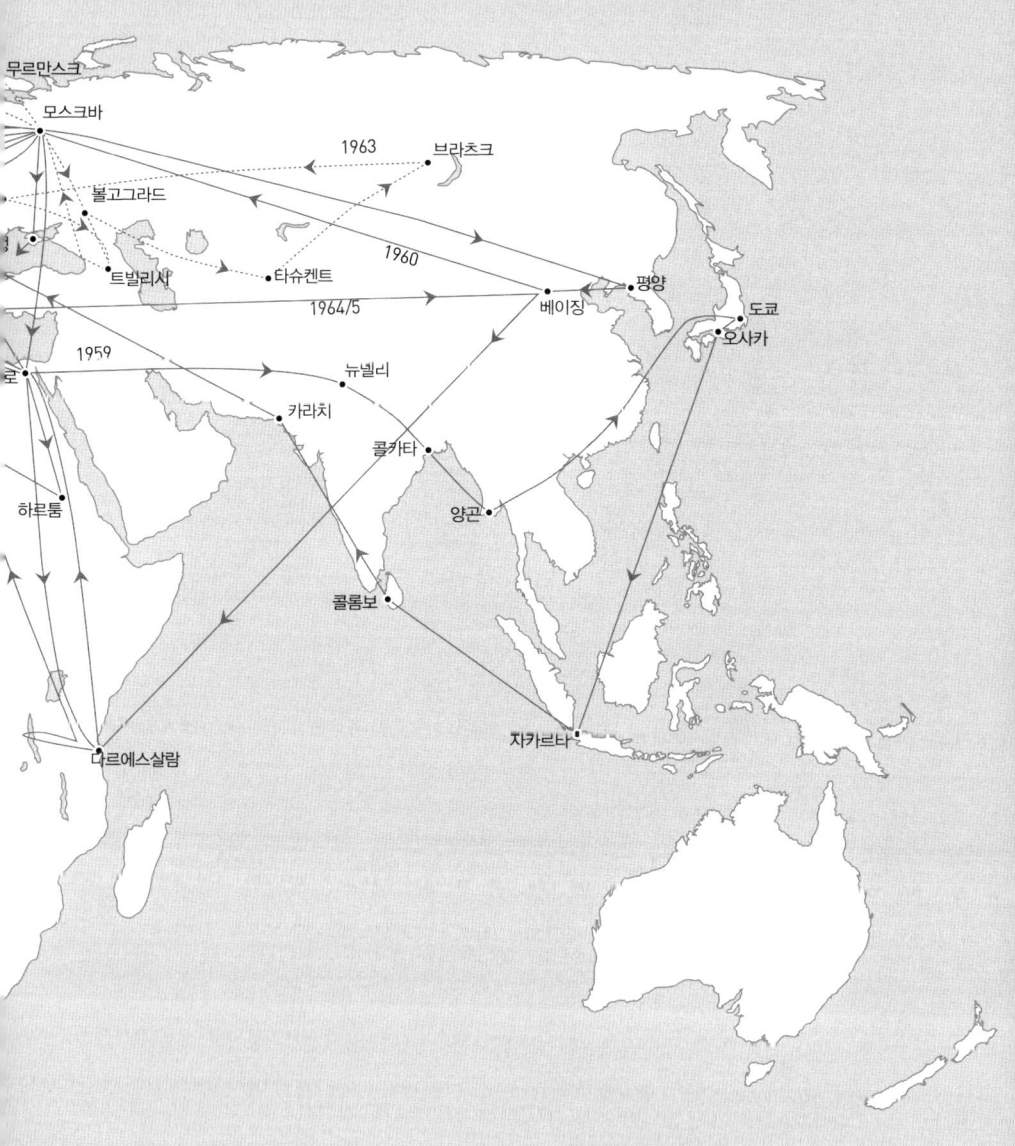

저자 서문

피델 카스트로는, 그의 친우이자 저명한 작가인 가브리엘 가르시아 마르케스의 말을 빌자면, "말에 중독"된 사람이다. 그래서 피델이 권좌에 있던 반세기 동안—실질적인 통치 권력이라는 점에서 볼 때, 최근의 어떤 국가 원수보다도 장기 집권한 것이다—에르네스토 '체' 게바라와의 12년 우정에 대해 별다른 말을 남기지 않았다는 점이 더욱 놀라울 수밖에 없다. 그러나 둘의 우정은 쿠바혁명의 시작과 냉전의 정점을 아우르는 것이었고, 한동안은 두 사람의 삶에서 가장 중요한 의미를 지니는 것이었으며, 20세기의 가장 의미 있는 사건들을 이해하는 열쇠를 간직한 비밀이었다.

2007년 10월, 볼리비아에서 사망한 체 게바라를 기리는 40주기 추모식에서 카스트로는 게바라와 함께했던 "애달프고도 빛나는 시절"을 회상했다. 이 표현은 카스트로가 직접 쓴 것은 아니었지만, 어찌 보면 그 자신의 문구이기도 했다. 원래 이 말은 체가 죽기 2년 전에 자신의 십년지기 동지인 피델에게 최후의 작별인사를 고하기 위해 노트에 급하게 휘갈겨 쓴 편지에 나온다. 이 평범하지 않은 작별을 마지막으로 둘의 관계가 끝난 것은 아니었다. 그러나 작별인사를 남기게 된 상황 자체는 둘의 관계에 일종의 대단원이 이루어졌음을 의미한다. 카스트로는 이 편지에 대해 한 번도 공식적으로 언급하지 않았다. 심지어 40년이라는 세월이 흐르고, 장 수술 문제로 권력을 이양한 상황에서도 위대한 웅변가 카스트로는 여전히 침묵을 지켰다.

카스트로처럼 역사에 광적인 관심을 지닌 사람이 그렇게 과거에 대해 입을 꾹 다물고 있는 모습은 어딘가 부자연스럽다. 카스트로는 꾸준히 자신이 이끈 쿠바혁명을 쿠바섬에서 이어져온 저항의 역사와 연관 지어 강조함으로써 대중적인 지지를 유지했다. 또한 그가 남긴 "얼마든지 나를 비난하라. 난 개의치 않는다. 역사가 나를 사면할 것이다!"라는 유명한 말에서 알 수 있듯이 언제나 모든 비난에 당당히 맞섰다. 하지만 자신의 과거에 대해 본격적인 조사가 벌어지려 할 때마다 그 시도를 줄곧 저지해온 것도 사실이다. 특히 체 게바라와의 관계에 대해서는 방어적인 자세를 취했으며, 그와 관련된 발언은 간간이 있는 '독점' 인터뷰—늘 새로운 내용이 있는 것도 아니었다—나 예전 연설을 다시 간행하는 정도로 제한했다.

게바라 역시 삶의 소소한 부분들은 잘 드러내지 않으려 했다. 현재 다양하게 출간되고 있는 그의 일기는 혁명 과정에 대한 깊은 통찰을 보여준다. 또한 그 일기에는 중산층 가정에서 자란 평범한 소년이 남아메리카대륙의 빈곤한 지역과 그 너머를 여행하면서 점차 급진화되는 모습도 담겨 있다. 그러나 이 일기들은 게바라가 모든 일을 다 겪은 후에 자신이 펼쳐 보이고 싶은 비전에 맞춰 다시 쓴 것이다. 물론 그 글은 가치 있고 통찰력 깊은 내용들로 가득 차 있지만, 게바라 자신이 생각한 만큼 객관적이지는 않다.

따라서 수많은 세월이 흐르는 동안에 20세기의 흥미롭고 중요한 이 두 인물에 대한 진지한 평가가 극히 드물었다는 사실은 그리 놀라운 일이 아니다. 두 사람에 대한 신랄하고 열정적인 발언들이 그 자리를 대신했고 이런 이야기들은 두 사람과 사적으로 관련된 사람들의 입에서 나오는 경우가 많았다. 1980년대가 되어서야 비로소 카스트로에 대한 진지한 전기들이 나오기 시작했고, 1990년대 중반에 이르자 마치 열린 문에서 빛이 밀려 들어오듯이 게바라에 대한 출판물이 엄청나게 쏟아져 나왔다. 그러나 여전히 두 사람의 깊고도 미묘한 관계에 대해서는 말을 아꼈다. 그 시기 이후로 한동안 주목할 만한 새로운 평가는 나타나지 않고 있다.

역사가들에게 스탈린이 눈에 띄지 않는 '회색 얼룩' 같은 존재였듯이, 수십 년 동안 피델과 체의 관계도 흔들리는 유령의 형체처럼 손에 잡히지 않는 문제였다. 하지만 이 책에서 볼 수 있듯이 피델과 체 둘은 생사를 넘나들던 시기 동안 서로에게 가장 소중한 관계였다. 엥겔스와 마르크스의 지적 동지애에 버금가는 중요한 관계였고, 트로츠키와 레닌 같은 자아의 위대한 충돌에 견줄 만한 관계였다. 피델과 체는 이러한 역사적 단짝들과 공통점이 있었을 뿐만 아니라 그 누구보다도 더 끈끈한 사이였다. 둘은 동지이자 서로의 '반쪽'이었다. 냉전과 민족주의 투쟁이 교차하는 중대한 시기에 두 사람은 공동의 대의를 발견했다. 그러나 둘의 관계는 수많은 여타 정치적 콤비와는 전혀 달랐다. 둘의 우정은 피로 맺어진 것처럼 완전했고, 짧고도 치열한 수년 동안 계속 이어졌다. 어느 전기 작가가 묘사한 대로, 그야말로 "그 무엇에도 비길 수 없는" 관계였던 것이다.

이 책은 그런 '무적'[1]의 관계에 대한 것이다. 더불어 피델 카스트로와 에르네스토 '체' 게바라가 "우리 시대의 위대한 두 영웅 이야기의 무대인 그 작은 공간에서"[2] 어떻게 함께 탁월한 능력을 선보이게 되었는지, 그 과정도 담았다. 이 책은 아바나, 워싱턴, 모스크바, 마이애미, 프린스턴, 보스턴, 런던, 베를린 등지에서 모은 문서 자료를 기초로 삼았고, 이 영웅 이야기에 등장하는 주요 인물들과의 인터뷰도 많이 참조했다. 그러다 보니 소설 한 권 분량의 책이 되었고, 20세기에서 가장 주목할 만한 정치적 우정에 대한 상세한 이야기를 최초로 펴낼 수 있게 되었다.

차례

프롤로그: 운명의 교차점

1956년 11월 25일 이른 새벽, 툭스판이라는 작은 항구도시에서 수상한 움직임이 포착되었다. 툭스판은 멕시코 동쪽의 길쭉한 해안을 따라 베라크루스와 시우다드마데로 사이에 자리 잡은 몇 안 되는 정착지 중 하나였다. 이곳에서 일단의 남자들이 폭풍을 예고하는 바람 섞인 빗방울에 흠뻑 젖은 채 흔들리는 널판 위를 지나 손수레에 담긴 비스킷과 물, 비상약품을 바삐 나르고 있었다. 이 짐들은 항구로 흘러드는 강에 정박된 작은 배로 옮겨졌다. 매력적인 젊은 여성 두 명도 일손을 거들어 허쉬 초콜릿과 오렌지, 햄[1] 등을 이미 옮겨둔 소총과 탄약, 대전차포 사이에 실었다.

이 급박한 마지막 준비 상황을 감독하고 있는 키 약 190센티미터의 사내는 쿠바 변호사 피델 카스트로였다. 한때는 전도유망한 야구 선수였고 실적이 신통찮은 변호사이기도 했던 피델은 정치가로 변모했고, 지금 이 순간에는 사면으로 감옥에서 풀려나 망명 중인 혁명가였다. 이날 밤은 젊은 피델의 인생에서 가장 중요한 순간이었다. 그가 아바나의 예수회 학교를 떠난 이래로 걸어온 모든 행적, 무력시위에서부터 무장 작전 가담과 수개월의 고독한 옥살이를 거쳐 망명 생활 중 밤을 틈타 비밀작전을 준비하기까지, 그 모든 결과가 앞으로 몇 시간 내에 일어날 일의 성공 여부에 달려 있었다.

피델 가까이 어둠 속에 서 있는 사람은 훨씬 날렵한 모습의 아르헨티나 의사 에르네스토 게바라였다. 이때까지 그는 마음속으로는 진정한 여행자이자 시인으로 살고 싶었지만 마지못해 의사이자 연구자로 살아왔다. 무언가를 해내고 싶은 불타는 욕망에 사로잡힌 자유로운 영혼이었지만, 피델을 만나기 전에는 그 무언가가 무엇인지 뚜렷이 알지 못했다. 이날 밤에는 게바라의 인생도 새로운 전기를 맞이하고 있었다. 스스로 미처 깨닫지 못했지만 인생 전부를 바쳐 추구하고 싶었던 삶, 다시는 돌이킬 수 없을 그런 삶에 들어선 것이다. 이 밤, 조용히 동원 준비가 이뤄지고 있는 가운데, 두 사람은 아무런 말이 없었다.

100여 명이 넘는 사람들이 툭스판으로 모이라는 소집 명령을 받았다. 몇 개월 전에 석방된 후 다양한 은신처와 뒷골목의 보잘것없는 호텔에서 숨어 지내던 이들이 하나씩 둘씩 모여들었다. 게바라는 오래된 포드 폰티악을 직접 몰고 왔다. 그 자동차를 숨기기 위해 부하 한 사람이 몰고 지나가자 타이어 굴러가는 소리만이 비포장 흙길 위에 남았다. 몇몇 사람들이 게바라를 둘러싸고 모여 어둠 속에서 조용히 서로를 포옹했다. 아무도 말이 없었다.[2] 그들의 현재 과제는 탈옥수처럼 남들 눈에 띄지 않게 몸을 바짝 낮추고 배가 정박된 곳 옆의 자그마한 창고 속에 숨어 있는 것이었다.

전체 작전의 주모자인 카스트로는 몇몇 사람들과 함께 비가 내리는 바깥에 서 있었다. 그는 검은 망토를 입고 있었고 허벅지에는 톰슨 기관총이 매달려 있었다. 카스트로는 근심 어린 표정으로 연신 시계를 힐끔거렸다. 아직 모든 부하들이 도착하지 못했다. 카스트로는 꾸준히 은신처를 바꿔가며 부하들을 숨겨왔지만 멕시코 경찰이 자신의 계획을 알아챌까 봐 두려워하고 있었다.[3] 그가 두려워한 대상은 단지 그들만이 아니었다. 지난 몇 개월 동안 카스트로 무리는 멕시코의 연방보안경찰뿐만 아니라, FBI(미

국연방수사국)와 쿠바의 악명 높은 군사첩보기관인 SIM에게 추적당하고 있었다.[4]

멕시코, 미국, 쿠바 3개국 정부는 카스트로가 현 쿠바 정권을 전복하겠다고 천명한 이래로 카스트로 무리가 벌이는 활동을 감시해왔다. 카스트로 무리가 함정수사로 구속되고 이들이 군사훈련을 받던 비밀 목장까지 발각되자 3개국은 더욱 감시의 날을 세웠다. 피델은 가까스로 그들을 감옥에서 구해낼 수 있었지만, 에르네스토 게바라의 좌파 활동 경력이 멕시코 신문 전체를 장식했다. 냉전의 긴장이 고조되던 이 나라에서 신문 편집자들이 이렇게 좋은 기사거리를 놓칠 리가 없었다.

피델은 이러한 사건들을 염두에 두고 출발 지점을 모색했다. 툭스판은 강 하구에 자리한 자그마한 항구마을로, 황량한 곳이었다. 여기에는 세관이나 출입국관리소가 없어서 이 혁명 원정대가 준비를 하는 데 그나마 운신의 여지가 있었다. 당일인 지금은 날씨도 그들의 편이었다. 그 전날은 그해 들어 가장 사나운 폭풍우가 휘몰아친 날이었고 이날 밤은 반쯤 불이 켜진 어둑어둑한 마을 전체가 달도 없는 어둠 속에 묻힌 듯했다.

바로 이곳에서 피델은 그들을 쿠바로 데려다줄 배를 찾아냈다. 사람들이 위태로운 널판을 지나 짐을 싣는 동안 그 배는 때때로 수면 위에 비친 빛으로 인해 반짝거렸다. 그란마호는 길이 19미터의 낡은 목조선으로, 신통치 않은 디젤엔진이 두 개 달려 있었다. 이 배는 이미 1953년에 허리케인으로 인해 한 번 물에 잠겼던 전적도 있어서 과히 좋은 선택이라고 하긴 어려웠다. 하지만 지난 몇 주간 급박하게 돌아가는 상황 속에서 그대로 있다가는 이 작은 군대가 전멸할 처지여서 카스트로는 어쩔 수 없이 그란마호를 택할 수밖에 없었다. 5개월 전에 체포되어 고문을 당했던 카스트로의 부하 중 한 사람과 엘 쿠아테*라고 불리는 멕시코의 무기 밀수업자가 이틀

---

* 에스파냐어로 '친구'라는 뜻.

에 걸쳐 배를 수리했다. 엘 쿠아테는 카스트로 무리가 필요로 한 무기 물량의 반을 구해온 인물이었다. 두 사람은 의심을 사지 않도록 밤을 틈타 희미한 전구불빛만을 의지해서 배를 열심히 고쳤지만 그란마호는 당장이라도 가라앉을 것처럼 보였다.

"여기엔 열 명도 타지 못할 것 같아요." 쿠바 반독재 저항운동의 열렬한 가담자이자 이날 밤의 탈출 준비를 돕고 있는 젊은 여성 중 한 명인 멜바 에르난데스가 배를 보고 피델에게 말했다. 여러모로 그녀의 말이 옳았지만 피델은 "90명은 태울 수 있다"[5]며 고집을 꺾지 않았다. 어쨌든 이제 와서 다른 배를 구하기에는 너무 늦어버린 상황이었다. 승선 명령이 떨어지자 창고에서 나온 82명의 남자들이 겨우 갑판 아래에 끼여 앉을 수 있었다. 이들 중 몇몇은 엘 쿠아테가 입수한 기관총으로 무장한 채 갑판 위에 자리를 잡았다. 피델은 나머지 부하를 더 기다리다가는 체포될 것을 염려해서 운에 목숨을 맡기고 마지막 태세를 갖추기 시작했다.

이 원정대에서 게바라의 공식적인 역할은 의무장교이자 대원관리대장이었다. 게바라는 지난여름에 피델 카스트로를 만난 이후로 지배적인 인물인 피델에게 개인적으로나 이데올로기적으로나 모든 것을 내맡겼고, 고귀한 대의를 위해서라면 "이국의 해변에서 죽더라도 그만한 가치가 있다"[6]고 공공연히 밝혀왔다.

하지만 그는 그들이 가야 할 길에 대해 나름의 우려도 갖고 있었다. 상식 선에서는 어떻게 생각해봐도 성공이 불가능해 보이긴 했지만, 게바라의 걱정은 실패에 대한 두려움 따위가 아니었다. 그날 밤 어둠 속에 웅크리고 있던 나머지 사람들과 마찬가지로 게바라는 반드시 그들의 목표를 이룰 것이라는 맹목적인 믿음과 낙관론으로 무장하고 있었다. 게바라의 우려는 다른 데 있었다. 혁명이 일단 성공하고 나면 라틴아메리카에서 부패 정권을 전복했던 여타 경우와 똑같은 상황이 벌어질 것이라는 점이었다. 게바라는 쿠바혁명도 어느 정도 시간이 흐르면 다른 혁명과 마찬가지로 서구의 달러와 부르주아적 탐욕에 굴복할 것이라고 생각했다. 하지만 지금으로서는 그런 생각들을 한쪽으로 치워두고 당면한 과제에 집중할 수밖에 없었다.

젊은 게바라는 이미 아내와 작별인사를 해둔 상태였다. 그는 두 번째 라틴아메리카 횡단 여행에서 그녀를 처음 만났다. "뭔가 일이 터질 것 같나요?" 7 운동 조직의 일원이 초조한 모습으로 집까지 찾아와서 게바라를 불러내자 아내 일다는 남편에게 물었다. "아니, 그저 미리 준비해두려고……." 게바라는 아내의 눈을 쳐다보지 못한 채 물건을 챙기면서 이렇게 대답했다.

짐을 다 챙긴 게바라는 요람으로 가서 잠들어 있는 갓난쟁이 딸을 보듬었다. "그러고 나서 돌아서더니 나를 붙잡고 키스했죠." 그때 상황을 일다는 이렇게 회상했다. "이유도 모른 채 몸이 떨렸고 남편을 더욱 꼭 끌어안았어요. 나중에서야 그 당시에 그가 얼마나 의연하게 보이려 했는지 깨달았죠. 그렇게 자신을 내몰 수밖에 없었다는 걸 알았어요. 남편은 그 주말에 떠났고 다시는 돌아오지 못했어요."

당시 무슨 일이 벌어질지, 적어도 무슨 일을 벌이고 싶은지를 아는 사람은 피델뿐이었다. 피델은 쿠바에서 자신들을 맞이하도록 준비해둔 일에 골몰해서 작별인사를 하면서도 그다지 감정을 내보이지 않았다. 당면한 문제에 대해서만 신경을 곤두세운 채, 이번만큼은 연극조의 표현이나 연설조의 인사말을 하지 않았다. 그는 친우들과 카르데나스 지하조직 동료, 아내와 오르키데아 피노에게 쌀을 두르고 마지막 명령을 전달했다. "다들 잘 숨어 있으시오. 우리가 거기에 도착했다거나 체포되었다는 말을 듣기 전에는 바깥으로 나오면 안 되오."

그 후에 피델은 쿠바에 있는 시시사를에게 사신들의 출빌을 알리는 암호가 잘 전달되도록 하는 일에만 신경을 썼다. 일단 사람들을 태운 배가 무사히 출항을 하면 그들의 지지자들이 전조등을 끈 차를 몰면서 해안을 따라 그 배를 배웅하며 '절판된 도서 주문 완료'라는 암호를 산티아고데쿠바와 아바나, 산타클라라에 전송하기로 되어 있었다. 피델은 멜바와 마지막 포옹을 한 뒤, 동료에게 건넸던 총을 다시 받아 든 채, 막 도착하고 있는 사람들에게 자신을 따라 승선하라고 독촉했다. 이미 배를 묶은 줄이 서서히 풀리고 있던 참이었다. 피델은 널판을 밟고 훌쩍 뛰어 선실로 들어가서 출발 명령을 내렸다.[8] 시간은 이미 출발했어야 할 때를 넘겨 새벽 2시를 향하고 있었다.

이렇게 곧 냉전에서 아주 중요한 역할을 하게 될 사건이자 라틴아메리카의 정치 지형을 재편성하게 될 사건이 시작되었다. 다양한 첩보기관들이 피델 무리의 움직임을 추적하고 있었지만 미국과 소련 정부는 무슨 일이 벌어지고 있는지 전혀 눈치채지 못했다. 이 지역에서 반란의 기미가 보인다는 소문이 끊임없이 보고되었지만 미국 정부는 피델 카스트로의 활동에 별다른 관심을 두지 않았다. 미국의 우선 관심사는 공산주의 봉기가 일어나느냐는 것이었고 당시에 카스트로가 이름을 떨친 것은 사실이었지만 공식적으로 공산주의를 언급한 적은 없었기 때문이다. 아바나에는 미국 대사관이, 산티아고데쿠바에는 미국 영사관이 있었고, 그중 하나는 카스트로의 배가 상륙할 지점과 얼마 떨어져 있지 않았는데도, 미국 정부는 쿠바 내에서 피델의 지하조직이 어떻게 움직이고 있는지 전혀 모르고 있었다.

소련의 지도부도 다른 문제로 정신이 없었다. 그란마호가 항해를 준비할 때, 소련의 탱크는 부다페스트 거리를 누비고 있었다. 몇 주 전에 부다페스트에서 일어난 봉기를 제압하기 위해 스탈린의 계승자인 니키타 흐루쇼프가 탱크를 배치했던 것이다. 걱정거리는 헝가리뿐만이 아니었다. 마오쩌둥을 의장으로 둔 중국 공산당이 서서히 힘을 얻어가면서 사회주의 블록에서 선봉장 격인 소련을 불안하게 만들고 있었다. 게다가 마침 흐루쇼프는 모스크바에 모인 서방의 외교관들 앞에서 "우리가 너희를 묻어버릴 것이다"[9]라는 악명 높은 연설을 해서 서방 세계로부터 세찬 비난을 받고 있던 차였다.

딱 1년 전에 인도를 공식 방문할 때만 해도 상황은 흐루쇼프와 수상인 니콜라이 불가닌에게 훨씬 더 유리하게 돌아가는 듯 보였다.[10] 콜카타(캘커타)에 200만 명이 넘는 환영 인파가 몰려서 소련의 두 지도자들은 거대한 인파에 완전히 파묻혔고 보안요원들은 군중을 강압적으로 헤치며 두 요인을 '구조'할 수밖에 없었다. 보안요원들은 두 정치가들이 마치 귀중한 인형이라도 되는 듯이 머리 위로 떠받쳐서 공식 리무진으로 모셨다. 이 경험으로 인해 흐루쇼프는 최근에 독립한 나라들을 대상으로 공략하면 소련 편으로 끌어들일 수 있을 것 같다는 인상을 받았다. 사실 미국과 중국을 상대로 국제적 지위를 계속 유지하려는 소련으로서는 조바심이 날 만했다.

흐루쇼프는 모르고 있었지만, 멕시코 주재 소련 대사관의 젊은 요원인 니콜라이 레오노프는 이미 체, 그리고 피델의 동생인 라울과 돈독한 관계를 맺고 있었다. 한동안 흐루쇼프는 레오노프가 피델이 이끄는 쿠바 혁명군과 '접촉'한 사실을 알지 못했다. 피델 역시 그의 동생과 체가 공산주의자들과 연루되어 있다는 사실을 몇 년이 지나도록 깨닫지 못했다. 아직은 두 초강대국들의 감시와 주목을 받거나 그들의 정치적 계획의 세세한 내용에 의해 방해받지 않은 채, 지금 피델 카스트로와 에르네스토 게바라, 그리고 그란마호에 오른 사람들은 새로운, 아직 정의되지 않은 시대를 향해 나아가고 있었다.[11]

오늘날 이렇다 하게 내세울 거리가 없는 소도시인 툭스판에는 그란마호와 이 배에 탄 사람들의 "위대한 역사적 항해"를 기리는 작은 박물관이 세워져 있다. 그러나 1956년 11월 24일 밤에는 이 도시에서 그란마호가 바다로 이어진 강을 미끄러져 나아가며 시작된 이 사건이 얼마나 중대한 일인지를 알고 있는 사람은 아무도 없었다. 멕시코 해안에는 스콜 경보가 내려진 상태였고 거리에는 인적이 끊겼다. 배가 항구를 지나 멕시코 만의 거친 물살 위에 모습을 드러내는 동안 사람들은 짐을 한껏 실은 배에 쭈그리고 앉아서 현창 밖으로 점멸하는 불빛을 볼 수 있었다.

그란마호가 폭풍의 직격탄을 맞아서 파도에 위태롭게 흔들리자 부수적인 물품들은 모두 바다에 내던져야 했다. 설상가상으로 엔진 상태가 나빠져서 그들은 파도를 뒤집어썼다. 피델의 계획은 우선 쿠바 서단을 향해 나아가다가 자메이카와 그랜드케이맨섬의 해안을 지나서 쿠바섬의 남쪽을 빙 돌아가는 것이었다. 그의 생각에 이 길이야말로 전체 항해 동안 쿠바 해역을 거의 피해 가다가 마지막 순간에 귀상어 머리처럼 생긴 쿠바섬의 남단에 긴급 상륙할 수 있는 유일한 방법이었다. 상륙 지점은 산맥과 이어져 있어서 산속으로 숨어들어가기가 용이했다.

하지만 그들이 멕시코 해안을 뜨자마자 멕시코 해군의 전투함을 만나게 되었다. 다행히 비가 퍼붓는 날씨여서 파도에 휩쓸리고 있는 조그마한 그란마호를 해군함이 미처 발견하지 못했다. 해안이 서서히 멀어지자 피델은 이제 배에 불을 켜도 안전하다고 판단했다. 몇 시간 후, 집채만 한 파도가 계속 그 작은 배를 내리치고 있었지만, 처음 출발할 때의 긴장감이 조금 가라앉았고 사람들은 노래를 부르기 시작했다. 게바라도 쿠바 국가를 마치 모국의 국가인 양 함께 불렀다. 어둠 속에서 "혁명 만세!", "독재 타도!"의 외침이 소용돌이쳤다.[12]

그러다 갑자기 한순간에 그들의 목소리가 딱 멈추었다. 캄캄한 망망대해에 그들만이 떠 있다는 사실을 새삼 깨닫고 말없이 서로를 쳐다보며 짧지만 결코 잊히지 않을 그 순간을 만끽했다. 아마 그들은 수개월을 좁은 은신처에서 고립되어 지내다가 이제 다시 동지들을 만나서 자신들이 누구인지, 누구와 함께 있는지 상기하게 된 것인지도 모른다. 그 끝이 여행일지,

전쟁일지, 자유일지, 죽음일지를 알 수 없는 미래를 향해 그들은 캄캄한 밤바다를 항해하고 있었다.

그동안 작은 배는 계속 이리저리 파도에 휩쓸렸다. 갑판 위로 빗물과 물보라가 세차게 퍼부었고, 그란마호는 언제라도 새까만 물속으로 기울어질 듯 보였다. 어떤 사람이 바다의 오수배출 펌프를 작동하라고 소리를 질렀지만 펌프가 잘 작동하지 않아서 사람들은 어쩔 수 없이 양동이로 물을 퍼내기 시작했다. 끝나지 않는 혼란 속에서 피델의 측근 중 하나인 파우스티노 페레스는 험한 파도에 맞서 배를 조종하고 있는 피델을 찾아가서 가까운 해안에 배를 대자고 간청했다. "더 이상은 못 버팁니다!"[13] 그는 소리쳤지만 피델은 그 말을 들을 생각이 없어 보였다.

그란마호의 상륙 예정지에 인근한 도시인 산티아고데쿠바에서는 지하에서 혁명운동 조직원들이 신속히 움직이고 있었다. 그들은 피델로부터 '절판된 도서 주문 완료'라는 암호 전보를 받았고, 신중하게 짠 계획에 따라 최종 준비를 마치느라 분주했다. 그중 한 명인 프랑크 파이스는 침례교 목사의 아들이자 급진적인 청년운동의 지도자였고, 셀리아 산체스는 의사의 딸이었는데, 그의 아버지는 대형 사탕수수 공장에서 일어나는 일들을 몸소 겪은 후 뼛속 깊이 불의를 통감하고 이를 자녀들에게도 낱낱이 전해주었다. 두 사람은 그란마호의 상륙과 때를 같이해서 무장봉기와 시위를 일으키려 하고 있었다.

쿠바의 대통령인 풀헨시오 바티스타 이 살디바르도 이 정보를 입수했다. 바티스타는 카스트로가 야심만만한 정치가이던 시절 여러 번 만난 적이 있었다. 하지만 카스트로가 급진적으로 변한 이후로 바티스타는 누구나 영리하다고 인정하는 그 남자에게서 감시의 눈을 떼지 않았다. 바티스타는 카스트로의 계획을 오래전부터 눈치채고 있었지만 그렇게 적은 수의 사람들이 쿠바섬에 상륙하려고 시도해봤자 그들이 쿠바 해안에 닿기도 전에 발각될 것이라는 확신이 있었다. 그는 3일 전 〈엘 문도〉 신문을 통해서 국민들에게 '폭도들'14에 의한 침략은 없을 것이라고 확언했다. 그러면서 쿠바군은 "항상 철두철미하게 경계를 하고 있어서 어떤 폭동도 완전히 제압할 수 있다"15고 단언했다.

카스트로가 출발할 때 보낸 전보에 따라 파이스와 산체스를 비롯한 동지들은 카스트로 일행이 11월 30일 새벽녘에 도착하리라고 예상했다. 그래서 그날 아침, 사람들이 깨어날 시간에 맞춰 파이스의 작은 군대가 "소총과 기관총, 수류탄, 화염병"16으로 무장한 채 산티아고데쿠바의 주요 지점들을 공격했다. 군복을 입은 약 300명의 사람들이 피델의 혁명운동에 대한 충성을 드러내는 적색과 흑색의 완장을 두른 채 라디오 방송국을 급습해서 장악했다. 그날 하루 내내 도시가 완전히 폐쇄되었고 시민들은 가게를 닫고 집에 머물렀다. 쿠바 군대와 경찰이 여전히 상황에 대해 확신하지 못하고 우왕좌왕하는 동안 파이스는 카스트로의 상륙이 들키지 않도록 주의를 돌리는 데 성공했다.

그날 하루 파이스의 군대는 선점한 자리를 지킨 채 온종일 기다렸지만, 그란마호는 어디에도 보이지 않았다. 오후에서 황혼으로 넘어갈 무렵 정부군이 반격에 나섰다. 날이 어두워지자 파이스는 퇴각할 수밖에 없었다. 한편, 카스트로 일행이 도착할 지점이라고 예상한 니케로 인근 해안에는 셀리아 산체스가 100여 명의 사람들을 이끌고 기다리고 있었다. 그들도 상당수의 혁명군을 소집해서 카스트로의 상륙을 기다렸지만 아바나에서 배를 타고 이동해 온 쿠바 보충대가 그 지역을 샅샅이 뒤지기 시작하자 물러날 수밖에 없었다. 산체스의 동원군이 해산되면서 피델의 마지막 희망도 사라졌다.

나중에 체는 그란마호가 멕시코만을 지날 때 고생했던 상황을 묘사했다. "전체적인 상황이 어처구니없을 만큼 비참하게 돌아갔다. 모두들 고통으로 일그러진 얼굴을 한 채 아픈 배를 그러잡고 있었다. 어떤 이들은 양동이에 머리를 박고 있었고 어떤 이들은 꼼짝도 하지 않은 채 이상한 자세로 널브러져 있었다. 그들의 옷은 온통 토사물 범벅이었다." 체는 어린 시절부터 앓아온 천식 때문에 누구보다도 힘겨웠다. 서둘러 출발하는 바람에 이 원정대의 의사인 자신의 천식약을 잊어버리고 챙기지 못했기 때문이다.

쿠바까지의 여정이 반쯤 남았을 무렵에 상황은 더욱 악화되었다. 피델은 자신의 동지들이 신중하게 계획한 시위와 동원 작전으로 쿠바를 일시적 공황 상태로 몰아넣은 상황인데도 그란마호가 쿠바에 도착하려면 아직 3일이 더 필요하다는 사실을 깨달았다. 식량은 계속 줄어들고 소금기 섞인 바다 냄새가 허기를 더욱 부추기는 상황에서 라디오로 쿠바 내 동지들이 일으킨 봉기가 계속 진압되고 있다는 소식을 무력하게 듣고 있을 수밖에 없었다. 피델의 고향인 산티아고데쿠바에서는 이미 동지 수십 명이 사망했다. "날아갈 수만 있다면!"[17] 피델은 파우스티노에게 고통스럽게 소리를 질렀다. 여전히 그란마호는 화날 정도로 느릿느릿 나아가고 있었고 간간이 머리 위를 날아가는 비행기 때문에 그들은 항시 긴장의 끈을 놓을 수 없었다.

12월 2일, 새벽 5시가 채 되기 전, 피델이 사랑하는 섬나라의 울퉁불퉁한 녹색 해안선이 마침내 시야에 들어왔다. 게바라는 처음 접하는 풍경이었다. 마침내 도착했지만 최종적으로 상륙하는 과정에서는 그곳을 '연옥'이라 명명할 만큼 생사를 오가는 사투를 벌여야 했다. 그란마호는 해안에서 1.6킬로미터나 떨어진 모래언덕에 처박혔고 사람들은 가슴까지 오는 바닷물에 내려서야 했다. 소총을 점검해보니 바닷물이 스며들어 부품이 고장 나 있었지만, 그나마 가지고 있는 유일한 무기여서 버릴 수도 없었다. 그들은 총을 머리 위로 든 채 해안을 향해 힘겹게 걷기 시작했다.[18]

설상가상으로 바다를 벗어나자 늪 같은 미개간지가 나타나서 건너가기가 어려웠다. 이런 상황에 대해서 이후에 그들 중 한 명은 이렇게 적었다. "우리 중에서 힘센 동지가 다른 동료를 끌고 갈 수밖에 없는 상황이었다. 단단한 땅에 닿자마자 우리는 풍성한 풀밭에 몸을 던졌다. 우리는 온통 진흙 칠갑이었고 너무나 지쳤고 허기에 허덕였다."[19] 그때 해안경비선이 바티스타 군대에 이 사실을 알렸다. 게바라는 당시 상황을 이렇게 회상했다. "그들은 우리를 향해서 공중으로, 해안으로, 계속 총을 쏘아댔습니다. 그리고 얼마 지나지 않아 우리들 중 반이 겨우 살아남았지요. 하지만 그때 우리 상황을 고려해보면 살아난 사람들도 반죽음 상태였다고 할 수 있습니다."[20]

이렇게 살아남은 사람들은 근처의 맹그로브 숲으로 향했다. 그러나 지도도, 만나서 지원해주기로 했던 안내원도 없는 상황에서 그들은 완전히 길을 잃었다. 옷은 햇빛에 말라비틀어진 채 그들은 비틀거리며 나아갈 수밖에 없었다. 뿔뿔이 흩어지게 된 일행은 일주일이나 먹고 마시지 못해 반쯤 환각에 빠진 상태로 이리저리 떠돌아다녔다. 이렇게 초췌해진 혁명군들은 정찰비행기와 순찰 병력에 쉽게 꼬리를 잡혔다.

"우리는 그림자 같은, 유령 같은 군대였습니다. 어떤 어두운 심령작용에 따라 충동적으로 걸어갔지요."[21] 게바라는 이렇게 회상했다. 그 어두운 심령작용 덕분에 게바라와 피델, 그 외 11명은 목숨을 건질 수 있었다. 나머지 사람들은 잡혀서 처형당했거나 바티스타 군대의 특기인 잔혹한 고문을 겪었다. 그러나 행운이 따른 사람들조차도 이미 바다에서 일주일이나 배고픔과 싸운 데다 육지에서도 3일은 더 길을 잃고 헤매야 했다. 쿠바에서의 혁명전쟁은 이렇게 시작되고 있었다.

며칠 후 살아남은 혁명군들이 겨우 다시 모이자 피델은 희망에 도취되었다. "지금 우리는 이미 전쟁에서 이긴 것입니다." 피델이 환희에 찬 목소리로 선언했다. 하지만 멕시코와 아르헨티나, 쿠바의 다른 지역에 남겨진 친구와 가족 들은 가장 우려했던 소식을 듣게 되었다. 상륙 당일, 멕시코 신문 〈노베다데스〉에 "쿠바 침략 시도―피델 카스트로, 에르네스토 게바라, 라울 카스트로 등 전원 사망"이라는 머리기사가 난 것이다.

물론 나중에 이 보도는 과장기사로 판명되었다. 게다가 2년만 지나면 피델 카스트로와 에르네스토 '체' 게바라는 '바르부도스(수염을 기른 사나이들)'라 불리던 다른 동료들과 함께 전쟁에서 승전할 뿐만 아니라 20세기의 가장 위대한 아이콘이 된다. 이 혁명전쟁으로 두 사람의 인연과 우정이 굳건해졌지만 여전히 둘은 전혀 달랐다. 그들이 만나기 전까지 두 사람의 삶은 거의 정반대 방향으로 나아가고 있었다. 이 책은 그들이 멕시코시티에서 만나기 전의 삶부터 시작한다. 그 시절이 이후에 이어진 모든 상황을 결정한 것이나 마찬가지이기 때문이다.

제1부

1 정숙함과 돼지

피델 카스트로와 에르네스토 게바라는 필연적으로 만날 수밖에 없는 그런 사람들은 아니었다. 나이도 두 살 정도 차이 났고, 전혀 다른 가정 환경에서, 그것도 지역차가 심한 대륙의 정반대 끝에서 각기 자랐다. 이들의 만남은 운명의 산물이 아니었다. 당시의 지리적 상황에 따른 조우였으며, 공통점이 거의 없는 두 사람의 삶에서 하나의 접점이 이 둘을 의기투합하게 한 것이다.

20세기 전반, 라틴아메리카대륙에서는 근본적인 변화가 일어나고 있었다. 시몬 볼리바르 같은 인물들이 이끌던 독립운동 세력이 에스파냐를 위시한 과거 식민주의 세력을 몰아내며 승승장구했다. 그 결과 노골적으로 해해지는 식민주의는 사라졌지만 그 자리에 경제적 의존이라는 신新식민주의가 들어섰다. 이제 라틴아메리카의 국가들은 자국을 지탱하려면 북아메리카의 자본이 대부분을 차지하는 외국 자본에 기댈 수밖에 없었다.

자본은 권력과 결탁하기 마련이었고, 전 세계로부터 독재와 부패로 비판받아도 외국 자본에 자신늘의 자원을 손쉽게 내어주는 징권은 실아님 있다. 민중들의 분노는 커져갔다. 멕시코는 20세기 초에 이미 완전한 혁명을 목도했고, 피델 카스트로와 에르네스토 게바라가 각각 1926년과 1928년에 태어날 즈음해서는 다른 혁명의 기운도 들끓고 있었다.

쿠바 동부에 위치한 빈곤 지역인 오리엔테에서 성장기를 보낸 피델 카스트로는 이런 상황에 아주 익숙했다. 그의 아버지인 앙헬은 쿠바 독립전쟁 때 에스파냐 기병대 병참장교였다. 그 후에 잠시 에스파냐로 돌아갔다가 1903년 12월 증기선을 타고 산티아고데쿠바로 다시 이주해 왔다. 그는 부두에서 레모네이드를 팔기 시작했고 이후에는 쿠바의 광활한 사탕수수 농장에서 일했다. 그러는 동안 결혼을 했고 어느덧 농장일도 경력이 쌓여서 쿠바 동부 도시 마야리 근처의 평온한 농장에 자리를 잡게 되었다.

피델의 어머니인 리나 루스 곤살레스는 쿠바 서부 출신이었다. 그녀는 작은 수레에 물건을 싣고 다니는 떠돌이 상인인 아버지를 따라 오리엔테로 흘러 들어왔다. 앙헬과 그의 아내는 리나에게 일자리를 주었는데, 이내 앙헬과 리나는 혼외관계를 맺었다. 앙헬과 마찬가지로 리나 역시 노동계급 출신이었고, 나이 들어서는 뾰족한 얼굴에 묵직한 뿔테안경을 걸친 살이 오른 중년부인의 모습이었다. 그러나 한창때에는 호리호리한 몸매에 매력적인 외모를 지닌 여인이었다. 유일하게 공개된 사진에는 조금 나이가 든 시절의 모습이 담겨 있는데, 사진 속 리나는 화장을 했지만 피곤한 눈빛에 무심해 보이는 표정을 짓고 있다. 아마도 사진사가 그녀의 관심을 끌지 못한 모양이었다.[1]

1926년 8월의 어느 맑은 밤, 어떻게 따져도 둘째 아들일 수밖에 없는 피델 카스트로 루스는 축사 안에서 만족스러워하는 소 울음소리와 근처 닭장에서 자리를 다투느라 여념 없는 암탉들의 소리를 들으며 태어났다. 그가 태어난 가정은 이렇게 평화로웠지만 그 시대는 격동의 시기였다. 애초에 앙헬이 쿠바에 발을 들인 계기였던 1898년의 독립전쟁 이후로 1920년대 중반까지 폭동과 봉기가 끊이지 않았던 것이다.

피델이 태어나기 1년 전인 1925년, 식육상에서 사업계 거물로 성장한 헤라르도 마차도 이 모랄레스가 쿠바의 주요 수출품인 설탕이 세계 시장에서 급성장하면서 이를 등에 업고 정권을 잡았다. 하지만 이미 대공황이라는 폭풍의 전조가 수평선 너머에 당도해 있었고, 경제 상황이 악화되자 마차도는 빳빳한 칼라의 정장과 두꺼운 안경을 쓴 대학가 지식인 같은 모습에서 이내 군화를 신은 독재자의 모습으로 변신했다.

1898년 미국-에스파냐전쟁 이후에 1902년까지 쿠바를 신식민지로 점령하게 된 미국은 1901년에 플랫수정안을 통과시킴으로써 쿠바 정부에 정권을 이양하는 대신 쿠바에 대한 실질적인 통제권을 확보했다. 이 조항 아래 쿠바의 지도자들은 쿠바 국민이 아니라 미국 정부의 이익에 따라 움직였다. 미국은 쿠바에 투자된 자국의 자본을 지키려는 목적이 우선이었기 때문에 쿠바 사회의 진보보다는 사회질서 유지 및 통제를 위한 정책을 선호했다. 그래서 '열대지방의 무솔리니'[2]라고 불리며 이전의 쿠바 지도자들과 크게 다르지 않은 행태를 보인 마차도는 미국으로부터 비교적 자유로운 지휘권을 부여받았다.

피델이 유년기를 보냈던 마을 비란은 온갖 계층의 사람들이 모여 사는 곳이었다. 카리브해의 섬들과 유럽, 아메리카에서 흘러 들어온 약 1000명의 노동자들로 구성된 작은 마을이었는데, 사탕수수 수확기가 되면 이 작고 외딴 마을의 관심은 투계장에 집중되었다. 농장에서 일하는 이주노동자들은 일요일마다 닭싸움을 보려고 몰려들어서는 쥐꼬리만 한 쌈짓돈을 있는 대로 걸었다. 내기에서 이긴 사람들은 이른 시간부터 술과 춤에 빠져들었고 몸을 가누지 못할 만큼 유흥을 즐겼다.

이들은 카스트로와 그의 형제자매들이 함께 놀던 아이들의 부모였다. 한 전기 작가의 말에 의하면 그들의 '소공자'[3]였던 피델은, 동네 아이들과 함께 집에서 만든 고무줄 새총을 들고 말을 타고 농장으로, 강으로, 마에스트라 산맥의 언덕으로 내달리면서 새를 찾아냈다. 득히 피델은 말을 타고 마야리 숲의 고원에 올라 "달콤한 바람과 청명한 날씨를 만끽하며"[4] 이제는 미국 소유가 되어버린 땅을 내려다보는 것을 좋아했다. 이후로 피델은 교육을 받기 위해 이곳을 떠나야 했지만 어린 시절을 보낸 이 시골의 향취를 늘 잊지 않았다.

피델이 교실 앞줄에 앉아 처음으로 수업을 받았던 학교는 노동자들이 일요일마다 투계에 가산을 탕진하던 곳에서 그리 멀지 않았다. 이곳에서 어린 카스트로 일당은 선생님과 제 나름의 전쟁을 벌였다. 실제로 너덧 명의 선생님을 거치는 동안 아이들은 항상 그들을 골탕 먹였고, 아마 이 유일한 재미가 없었으면 아예 수업을 받지 않았을 것이다. 후에 피델은 이에 대해 약간 완곡한 표현으로 "우리는 받은 대로 돌려줬을 뿐"이라고 말했다. 비교적 부잣집 아들로 태어나 가난한 아이들 사이에서 자라난 어린 피델은 항상 이런 놀이에서 대장 역을 차지했다.

결과적으로 피델은 악동으로 낙인찍혔을 뿐만 아니라 어떻게 손댈 수도 없게 되었다. 어느 날 피델은 엽총을 몰래 빼내 집에서 기르던 닭들을 쏴 죽였다.[5] 그는 이 장면을 누이들에게 들키고는 엽총 쏘는 법을 가르쳐준다는 미끼로 회유하려 들었지만 누이들은 이 사실을 아버지에게 일렀다. 앙헬이 피델과 그의 누이인 엠마, 형제인 라몬과 라울을 산티아고데쿠바에 있는 예수회 기숙학교에 보내기로 결심한 때가 바로 이즈음이었다.

피델이 가난한 사람들 사이에서 부잣집 아들로 태어났다면, 장차 그의 전우가 될 에르네스토 게바라 데 라 세르나는 부유한 가문에서 떨어져 나온 집안에서 태어났다. 아르헨티나는 쿠바와 전혀 달랐다. 아르헨티나는 남아메리카대륙에 속했지만 같은 대륙에 속한 다른 나라들과 공통점이 별로 없었다. 오히려 중앙아메리카에 위치한 쿠바가 여타 남아메리카 국가들과 비슷한 점이 더 많았다. 아르헨티나인들은 자신들을 라틴아메리카의 다른 형제 국가들보다 더 나은 존재이자 더 독립적인 존재로 여기는 경향이 뚜렷했다.

에르네스토 게바라가 태어난 때는 아르헨티나의 부패 정권을 무너뜨린 이폴리토 이리고옌의 급진주의 정당이 여전히 정권을 잡고 있었다. 짧게 지속된 이 정치적 진보의 시기에 모든 남자들—여성은 1947년에야 투표권이 인정되었다—이 사회적 지위나 계급에 상관없이 투표권을 얻었고, 새로운 중산층에 대한 열망이 커다란 지지를 얻었다. 군부와 전통적인 지배계급은 벌써부터 한편에서 복귀를 꾀하고 있었다. 그러나 체 게바라는 가족이 처한 상황 때문에 이렇게 변동이 심한 정치와는 동떨어진 채—사실은 무관심한 채—어린 시절을 보낼 수밖에 없었다.

에르네스토의 아버지인 에르네스토 게바라 린치는 남아메리카 최고 부자의 손자였고 어머니인 셀리아 데 라 세르나 게바라는 에스파냐 총독의 후손이었다. 할아버지는 측량기사로 부지런히 여러 나라를 넘나들며 국경선을 긋고 다닌 이력을 지녔지만, 이는 손자가 그리 자랑스러워할 만한 경력은 아니었다. 에르네스토가 태어날 무렵에 게바라 집안과 데 라 세르나 집안은 둘 다 부와 지위 면에서 높은 계급에 속했지만, 에르네스토의 부모는 그들이 속한 계급에서 볼 때 타협할 줄 모르는 이단아들이었다. 그래서 에르네스토에게는 그의 부모가 속한 가문의 부유함도, 사회적 가치관도 이어지지 않았다. 에르네스토가 물려받은 가치는 이제 그들이 속하게 된 '새로운 중산층'이 표방하는 가치들과 그들의 마음속에 내재된 특권의식이었다. 게바라 가족이 누리는 특권의식은 피델의 특권의식에 맞먹는 것이었다.

에르네스토의 부모는 1926년 부에노스아이레스에서 만났다. "매부리코, 구불구불한 머리, 갈색 눈의 마치 배우 같은 아름다움을 지닌 스무 살 소녀" 셀리아는 고등학교를 갓 졸업한 상태였다. 그녀는 "박식했지만 세상에 때 묻지 않았고, 신앙심이 독실했지만 호기심이 강했다. 즉, 낭만적인 모험을 벌이기에 딱 알맞은 성격이었다."[6] 에르네스토 게바라 린치는 한 친구의 말처럼 "구슬 목걸이를 한, 눈처럼 하얀 복"에 쏠렸을지도 모르지만, 결국 그가 만나게 된 건 매우 현대적이고 인습에 얽매이길 거부하는 여성이었다. 후에 셀리아의 질녀 중 한 명은 그녀를 "소년처럼 머리를 자르고 사람들 앞에서 다리를 꼰 채 담배를 피운 최초의 여성"[7]으로 기억했다.

셀리아는 남편의 투자 계획에 돈을 대기 위해서 자기 몫의 유산을 미리 넘겨달라고 요구했다. 그들은 약간은 신비스러운 미시오네스라는 멀리 떨어진 곳에서 차 농장을 해볼 생각이었다. 그러나 가족들은 그 요구를 거절했고 에르네스토와 셀리아는 결혼식 이튿날 미시오네스로 도피했다. 이미 임신 3개월이던 셀리아는 이곳에서 1928년 5월에 아들 에르네스토 게바라를 출산했다.[8]

그러나 에르네스토 게바라의 부모는 사이가 별로 좋지 못했고, 그들 간의 불화는 아들 에르네스토가 두 살이 되던 해에 천식에 걸리면서 표면으로 드러났다. 남편 에르네스토는 아내가 어린아이를 찬물에서 수영하도록 내버려뒀기 때문에 천식에 걸렸다고 확신했다. 그는 나중에 아내를 이해하려고 노력하면서 이렇게 적었다. "그녀는 특이한 성격이었다. 무책임했다기보다는 위험이 그녀를 끌어당긴 셈이었다."[9]

수도 아바나에서 멀리 떨어진 곳에서 자란 피델과 마찬가지로 에르네스토 역시 부에노스아이레스에서 한참 먼 곳에서 태어나 유년기를 보냈다. 에르네스토는 강물이 빠르게 흐르고 퓨마와 재규어가 뛰어다니며 덩굴식물과 나무가 빽빽하게 들어선 울창한 숲 속에서 자랐다. 아버지 에르네스토의 표현에 따르면 "힘들지만 행복한"[10] 어린 시절이었다. 그러나 그곳 기후는 습기가 많아서 에르네스토의 천식에 좋지 않았기에 게바라 가족은 다시 도시로 이사해야 했다. 그들 가족에게 이 시절은 가장 좋았던 때로, 가족 휴가 같은 추억으로 남았다. 시간이 아무리 많이 흘러도 계속 가족들의 입에 오르내리며 나빴던 점은 그럴싸하게 미화하고 좋았던 점은 하염없이 되새김하며 세세한 일화들을 정성스레 기록하는 그런 추억으로 말이다. 하지만 이 시절이 어린 에르네스토에게 끼친 유일한 영향이라고는 그가 평생토록 예르바 마테 차*를 아주 좋아하게 되었다는 사실뿐이었다. 그 시절, 에르네스토의 가족은 마테 농장을 차렸지만 거의 돈을 벌지 못한 채 사업을 접어야 했다.

카스트로의 세계가 비란의 농장에서 판에 박힌 듯 돌아가는 일상에 뿌리박혀 있었던 반면, 게바라는 아버지의 사업 때문에 한 번은 도시에서 시골로 갔다가, 다시 그의 천식으로 인해 시골에서 도시로 옮기는 등 변화가 잦았다. 에르네스토의 부모는 천식을 낫게 하려고 갖가지 방법을 다 동원했다. 어린 에르네스토는 효과가 있을 법한 치료라는 치료는 다 받았는데, 개중에는 괴상한 치료법도 많았다. 처음엔 약과 허브차를 써보았지만 별로 효과가 없자 주술사를 불러들여 그의 침대에 고양이와 모래주머니[11]를 부적처럼 놓아두기도 했다.

어린 에르네스토는 벌써부터 어머니의 고집을 고스란히 물려받은 모양인지 기어코 천식을 이겨내고야 말겠다는 의지를 굽히지 않았다. 친구들과 바깥에서 놀 때면 숨이 차오르는 것을 참으며 끝까지 버텼다. 끝내는 친구들이 낑낑대며 그의 축 늘어진 팔다리를 하나씩 잡고 집으로 옮겨다 줘야 했다. 학교 친구인 엔리케 마르틴은 이렇게 회상했다. "그가 진짜로 몸이 약해질 때면 우리는 그 집으로 가서 창문 틈으로 살펴보곤 했어요. 나올 수 없거나 무척 아픈 것 같아 보이면 곧바로 그 자리를 떴지요. 우리가 그를 성가시게 하는 걸 그의 아버지가 무척이나 싫어하셨거든요. 정말 불쌍한 아이였어요, 가끔씩은 거의 다 죽은 것처럼 보였으니까요. 하지만 그러다가 두 2, 3일이 지나면 다시 밖으로 나와서 우리랑 함께 뛰어다녔어요."[12] 이는 에르네스토 게바라의 본성을 엿볼 수 있는 대목이었다.

1931년 가을에 게바라 가족은 딸 셀리아와 갓 태어난 둘째 아들 로베르토까지 이끌고 중앙의 고지대인 코르도바로 옮겨가서 인근의 작은 온천

---

* 남아메리카에서 즐겨 마시는 차.

마을인 알타그라시아에 정착했다. 앞으로 겪게 될 이 마을의 분위기를 예고하듯, 게바라 가족이 크라이슬러 소형차를 타고 이 마을로 들어섰을 때, 마침 독실한 가톨릭 마을인 이곳 사람들이 막 미사를 드리고 돌아오던 참이었다. 새로운 환경 덕분에 아버지 에르네스토가 '꼬마 녀석'[13]이라고 부르는 맏아들은 한동안 병이 호전되는 듯했다. 조용하고 첨탑이 많은 마을은 건조한 기후로 유명했고, 투우와 고유한 건축 양식 등으로 대표되는 옛 에스파냐의 정취를 고스란히 간직하고 있었다.

그즈음 아르헨티나의 다른 지역들에서는 정치적 소요가 일고 있었다. 노동자들은 정부를 비난했고 정부는 당시 아르헨티나 경제를 뒤흔들고 있던 영국 사업가들을 비난했다. 그러나 이러한 소동은 알타그라시아와는 아무런 상관이 없었다. 이곳은 시에라스 호텔에서 '오찬 연주회'를 즐기고 오후 5시면 차를 마시는 일이 일상인 마을이었다. 이렇게 보수적인 마을에서 게바라 가족처럼 "몰락한 귀족"[14]이 생활하는 방식은 잘 융화되지 못하고 두드러져 보였다. 특히 셀리아가 가는 곳마다 사람들이 눈살을 찌푸렸다. 그녀는 짧게 자른 머리를 하고 바지를 입은 채 "종종 길거리에서 남편과 거리낌 없이 대화를 나누었다."[15] 게바라 가족은 마을 사람들에게 항상 돈키호테 같은 이방인 취급을 받았으며, 인기 영화 〈우리들의 낙원You Can't Take It With You〉[16]의 에스파냐어 제목 〈비베 코모 키에라스Vive Como Quieras〉처럼 '제멋대로 사는 사람들'로 인식되었다.

여섯 살부터 기숙학교 생활을 했던 피델과는 달리 에르네스토는 거의 아홉 살이 될 때까지 제대로 학교에 다니지 않았다. 대신 집에서 어머니인 셀리아가 에르네스토를 가르쳤다. 아버지 에르네스토에 의하면, 셀리아는 언제나 아들이 속내를 터놓을 수 있는 좋은 친구였으며 에르네스토 또한 셀리아에게 위안을 주는 존재였다고 한다. 에르네스토는 천식 발작이 잦아서 학교를 다닐 수 없었지만 병 때문에 성격이 어두워지지는 않았다. 오히려 또래 친구들 중에서도 가장 밝고 명랑한 아이였다. 피델과 마찬가지로 에르네스토는 스스로 공부하는 방법을 터득했다. 시끄럽고 부산한 집을 피해 닭장에 숨어 책을 읽기도 했다. 닭들이 닭장에 쌓아둔 책을 쪼아서 책장이 너덜너덜해졌지만[17] 에르네스토는 피델처럼 닭들을 못살게 굴지는 않았다. 이렇게 자주 혼자만의 시간을 보낸 덕에 에르네스토는 학구적인 분위기를 지니게 되었고 이제는 뿌리 깊은 명랑한 성격이 거의 사라진 것처럼 보였다. 또한 혼자 지내는 것을 좋아하다 보니 원래도 조급한 천성이 더욱 심해져서 평생토록 무슨 일이든 결정을 빨리 내렸다.

그러나 달변가다운 면모는 그 점을 좋아해주는 사람들 앞에서는 여전했다. 에르네스토는 1937년 3월, 아홉 살의 나이로 그 지역에 있는 에스쿠엘라 산마르틴 학교에 다니게 되었다. 그는 다른 아이들보다 두 살이 더 많았고 학습적이 면에서도 훨씬 앞섰다. 등교 첫날에 받은 평가로 에르네스토는 곧장 2학년으로 진급했다. 2년의 진학 과정을 건너뛴 셈이었다. 이렇게 2년의 수업과 출석을 면제받자 에르네스토는 선생님보다 많이 안다고 자신하는 그런 류의 학생이 되어갔다. 선생님들에게는 많이 분하고, 아들을 맹목적으로 사랑하는 어머니에게는 확실히 기쁜 일이었겠지만, 그의 자기 확신은 어느 정도 타당한 면이 있었다. 한번은 선생님이 수업시간인데도 아랑곳하지 않고 떠드는 에르네스토에게 복잡한 방정식 문제를 내주면서 다른 아이들에게 푸는 방법을 보여주든지 아니면 조용히 하라고 엄하게 나무랐다. 그는 곧장 앞으로 나가서 정확한 답을 써 내려갔다. 그러자 선생님은 화가 나지만 인정할 수밖에 없다는 듯이 이렇게 말했다. "모두들 게바라처럼 하세요. 외우려 하지 말고 이해를 하세요!"[18]

세바라 가족은 셀 수 없이 자주 옮겨 다녔고, 알타그라시아에서 코르도바로 다시 이사를 가서 에르네스토는 그곳에서 십대 시절을 보내게 되었다. 그러나 그 와중에도 집이 항상 책으로 어지러운 도서실로 변한다는 사실만은 늘 변함없었다. 어디서 살든 집안 구석구석 틈새마다 책이 가득했다. 에르네스토의 아버지는 여유가 있을 때마다 어슬렁어슬렁 집을 돌아다니며 서가나 책 더미에서 책을 뽑아 편안한 구석 자리에서 읽었다. 아들도 아버지의 습관을 물려받아 독서에 열중했고 주변 정리에는 거의 신경을 쓰지 않았다. 에르네스토는 열두 살에 이미 에밀리오 살가리, 로버트 루이스 스티븐슨, 알렉상드르 뒤마의 책을 읽었다. 그는 특히 발견과 모험에 관한 책을 좋아했는데, 이내 자신이 읽은 것을 목록으로 기록하기 시작했다. 나이에 걸맞지 않게 어려운 책들도 포함된 그의 '알파벳순 독서목록'[19]을 보면 쥘 베른의 책이 스물세 권이나 적혀 있어서 에르네스토가 이 작가를 유난히 좋아했음을 알 수 있다.

에르네스토의 아버지는 필적학筆跡學에도 관심이 많았는데, 에르네스토도 아버지처럼 필체를 분석하길 좋아했다. 에르네스토의 삶에서 글쓰기는 몹시 큰 부분을 차지했다. 그는 매일 일기를 쓰고 독서목록을 기록했으며 철학적인 단상을 노트에 담았고 보도문이나 역사에 관한 글도 많이 썼다. 이런 점을 염두에 둔다면 그의 '아름다운 문장'이 그렇게 분노에 찬 야수 같은 필체로 쓰였다는 사실은 꽤나 아이러니하다. 에르네스토가 받은 편지들을 보면 그의 서툰 필체를 언급하는 말을 곳곳에서 찾을 수 있다. 마치 일부러 알아보기 힘들게 자신의 글을 써놓고 은근한 자부심을 느꼈던 것이 아닌가 하는 생각이 들 정도였다.

체 게바라의 편지들을 출판할 때면, 아무리 세심하게 유의해서 필체를 분석한다 해도 늘 같은 문제가 발생한다. "이 단어는 판독이 어려운데 'pelotudos(멍청이)'일 가능성이 높다"라고 주를 달거나, "전에 말했던 □□□□(글자를 명확히 판독할 수 없음)[20]에서, 나는……"라는 식으로 문장을 남겨두는 일이 생긴다. 아니면 판독할 수 없는 글자의 자리를 그냥 비워두는 방법을 쓰기도 한다. 가족들은 항상 그의 악필을 농담거리로 삼곤 했다. 스물다섯 살 때 에르네스토가 과테말라에서 집으로 보낸 편지에는 평소 성격을 나타내듯 건조한 어조로 아버지가 보낸 짤막한 편지를 평가하고 있다. "보내주신 편지는 정말 게바라 집안답네요. 큼직한 글씨, 대범한 필체, 순식간에 한 장 다 채우셨네요."[21]

아들이 사망하고 수년 후에 체 게바라의 아버지는 언제나처럼 집 안을 어슬렁거리다가 오래된 필적학 교본에서 아들이 젊은 시절에 자신의 악필을 분석해볼 요량으로 적은 문장을 우연히 발견했다. 해마다 일어나는 필체 변화를 분별하기 위해 써놓은 문장은 다음과 같았다. "나는 내 자신이 고개를 당당히 들고 교수대에 오를 정도로 강인하다고 믿는다. 지금 이 순간에도 그렇게 생각한다. 나는 희생양이 아니라 프랑스 대지를 비옥하게 할 피 한 방울이다."[22] 이 문장이 그에게 깊은 인상을 남긴 것은 분명했지만 그 내용을 너무 심각하게 받아들일 필요는 없다. 이 문장은 그저 체 게바라가 입어보려고 했던 옷들 중 하나일 뿐이다. 그는 항상 자신의 삶에 어떤 옷차림이 어울릴지 알아내려 했었다.

진학차 산티아고데쿠바로 보내진 어린 학생 피델에게는 선택의 여지가 별로 없었다. 그곳은 식민지 시절을 연상시키는 밝은 분홍색과 황토색, 파란색으로 칠한 건물들이 여전히 즐비했고, 카리브 지역 특유의 정취를 강하게 풍기는 도시였다. 그곳 사람들은 아바나 사람들보다 말이 빨랐고 'R'을 생략해서 발음했으며, 그곳에서 쓰는 바하마식 영어에는 노예무역 시절 이주해온 요루바족이나 하우사족의 말이 간간이 뒤섞이곤 했다.[23] 피델은 여름방학을 제외하고는 이 도시에서 하숙집과 기숙학교를 오가며 10여 년을 보냈다. 하숙집은 초라하고 빈한한 환경이었는데, 종종 공부하라며 그가 있는 좁은 다락방 문을 잠그곤 했다. 거기서 처음에는 라살이라는 기숙학교를 다니다가 예수회에서 운영하는 돌로레스라는 좀 더 큰 기숙학교로 옮겼다.

그곳에서 지낸 수년간은 매우 위험한 시기였다. 산티아고데쿠바는 변화가 막 시작되려는 격동의 시기를 맞고 있었다. 때로 피델이 머물던 집 근처에서 폭탄이 터져서 밤새도록 잠들지 못하기도 했다. 어느 날, 하숙집 문

앞에 앉아 있던 피델은 맞은편 고등학교에서 수많은 학생이 군인들의 공격을 피해 길로 우르르 쫓겨 나오는 모습을 목격했다. 이내 붙잡힌 학생들은 질질 끌려서 감옥으로 이송되었다.

피델은 권위에 대항해 제 나름의 반항을 시작했다. "학교에서 나는 당할 수 있는 모든 종류의 고문을 다 겪었다." 후에 피델은 이렇게 회상했다. "형은 날이면 날마다 싸웠다." 동생 라울은 심지어 성직자들에게도 대들었다고 기억했다. 한번은 라살에서 선생님들이 총애하는 학생과 다퉜는데, 예배당에 모일 시간이 되자 그 일이 다시 불거졌다. 학생들이 예배당 복도를 반쯤 지났을 때 사제가 성구실 문을 열고 나와 피델을 밖으로 불러내서 무슨 짓이냐고 다그쳤다. 그리고 피델이 뭐라 말하려고 하자 사제는 매섭게 때리기 시작했다. 어느 정도였냐면 거의 80년이 지난 지금도 "앙심을 품은", "잔인한" 짓으로 기억하고 있을 만큼 "정말 아프고 굴욕적인 체벌"이었다.

라살에서 언덕 하나 위에 있는 예수회 학교 돌로레스도 마찬가지였다. 당시에 찍은 한 사진을 보면 학생들이 가죽 장식띠를 두른 하얀색 군복을 똑같이 차려입고 제대로 갖춰 모자를 쓰고 있다. 이 학교를 다니던 시절 피델은 프랭클린 D. 루스벨트 미 대통령에게 편지를 썼다. 이 편지는 수년 후에 백악관 자료정리 기간에 발견되었다. 편지에서 피델은 당돌하게도 "이봐요 미국인, 10달러짜리 지폐 한 장 보내주시죠?" 하고 물었다. 물론 답장은 오지 않았지만 백악관 접수 통지서는 몇 주일이나 교실 바깥벽에 붙어 있었다. 학급 친구 하나가 그걸 보더니 "루스벨트에게 편지를 쓴 줄은 몰랐어"라고 말을 걸었다. 그러자 앙상하게 마른 체격의 피델이 호기롭게 대답했다. "그렇지, 뭐. 그는 선거에서 이겼어. 하지만 미국인들은 모두 멍청이야. 10달러를 부탁했는데 1센트도 보내지 않았으니까."[24]

피델의 성장기에서 돌로레스에서 보낸 시절은 아주 중요했다. 그 학교는 작은 규모—당시 전교생이 겨우 238명이었다—였고 기숙학교에 불과했지만, 쿠바의 차세대 지도자를 배출해온 명문이었다. 누군가 말했듯이 "돌로레스 학생이 된다는 것은 돌로레스 광장을 자기 집 안마당인 양 걸어 다니고, 다른 학교 교복이 보여도 말없이 그냥 지나치는 것"[25]을 의미했다. 에르네스토처럼 피델도 어릴 때부터 특권의식을 지니게 되었다. 높은 담으로 둘러싸인 돌로레스 학교는 여느 예수회 학교와 마찬가지로 군대식 구조를 기반으로 하고 있었다. 밤이면 교문을 꽉 잠가 학생들을 가둬놓았고, 아침 7시 45분이면 종을 울렸다. 종이 울린 후 정확히 270초 안에, 기숙사 학생들과 제시간에 등교한 통학 학생들은 각자의 자리에 정렬해야 했다. 그러고는 먼저 미사를 드린 후 수업을 받았다.

예수회 학교의 교육과정은 15세기에 완성된 '교육지침'을 그대로 따랐다. 유명한 19세기의 예수회 신부인 루이스 마르틴은 예수회의 교육신조를 다음과 같이 간단히 정리했다. "지식 습득만으로는 부족하고 우리의 특별한 사명은 학생들의 천부적 재능을 계발해주는 것이다."[26] 피델의 동급생 중 하나는 돌로레스를 "사람들의 머릿속에 들어가 성공적인 인생을 준비하게끔 만드는 곳"[27]이라고 표현했다. 예수회 신부들은 지식뿐 아니라 인성을 갖춘 사람, 즉 시민적 덕성을 갖추도록 교육시키려 했다. 카스트로의 삶은 이러한 교육 신조의 논리를 어떻게 바꿀 수 있는지 보여주었다. 후일 카스트로는 습득한 지식을 바탕으로 자신의 비전에 걸맞게 시민적 덕성 자체를 창조해냈다. 그는 처음부터 철저한 실용주의자였던 것이다.

학생들은 아침에 불려 나와서 정렬한 채 군대식 거수경례를 한 후 대열을 빠져나와 예배당으로 들어갔다. 학생들의 인사를 받는 예수회 수사들은 정말 더운 날을 제외하고는 항상 높은 깃의 검은 신부복 차림이었다. 게다가 우아한 카스티야어(표준 에스파냐어)를 사용해서 이 도시의 다른 사람들과는 확연히 구분되었다. 학교에서는 엄격한 행동 규율을 어긴 학생들—당연히 피델도 포함되었다—에게 귀를 잡아당기거나 채찍질을 하는 정도를 뛰어넘는 녹창석인 싱세를 했나. "계속해서 끊임없이 싸워대는 두 학생에게는 4층에 있는 일광욕실로 가서 끝장날 때까지 싸우라는 벌이 내려졌다."28

나중에 피델은 자신이 받은 교육을 높이 평가했다. 비록 나중에는 거친 성정이 많이 수그러들긴 했지만 동급생 중 한 명은 그때 이미 피델의 지배자 기질이 점점 더 강해지고 있었다고 회상했다. "그 작은 수탉 같은 녀석은 학생이 아니라 교장처럼 굴었죠."29 다른 친구는 피델이 확실히 가장 명랑한 학생 축에 들었다고 기억했다. 특히 운동에서 두각을 보였는데, 학교에서 최고였을 뿐만 아니라 나중에는 쿠바의 최정상급 투수이자 야구 선수로 활약했다. "운동이라면 모두들 피델이 최고라고 생각했어요."30

그러나 피델은 경기장 밖에서는 사생아라는 소문31에 늘 시달렸는데, 아마 이 때문에 운동을 처음 시작하게 되었을 것이다. 소문은 비란의 라스 마나카스 농장에서 북으로는 바네스까지, 남으로는 산티아고데쿠바까지, 아버지 측근들의 자본과 영향력이 미치는 곳곳으로 퍼져나갔다. 피델이라는 이름은 이 문제에 아무런 도움이 되지 않았다. 흔치 않은 이름인 피델은 집안 조상의 이름이 아니라 부유한 지역 사업가의 이름을 따서 지어진 것이었다. 피델의 아버지가 그 사업가에게 아들의 대부를 부탁할 요량으로 지은 이름이었지만 그 사업가는 하녀에게서 태어난 아이와 조금이라도 연관되기를 꺼려했다. 그래서 피델은 적합한 대부—산티아고데쿠바 주재 아이티 영사—를 찾을 때까지 몇 년이 지나도록 세례를 받지 못했다. 에스파냐어로 '정숙함'이라는 뜻을 지닌 단어인 피델은 정말 부적합한 이름인 셈이었다.

이런 소문은 돌로레스 학교에까지 들려왔다. 마야리 인근에 사는 학생들의 부모와 가족이 학교에 들르면서 소문이 퍼지게 된 것이다. 이 소문에 대해서 어린 피델은 그저 빠르고 대담한 행동을 하는 것으로 응할 뿐이었다. 하루는 자전거를 타고 곧장 벽으로 내닫는 내기를 해서 며칠 동안 병원 신세를 지기도 했고, 또 어떤 날은 바닥에 침대 시트 한 장만을 깔아놓은 채 학교 건물 옥상에서 몸을 내던지기도 했다. 이 투신 사건32은 얼핏 보면 깜빡 속을 만큼 사전에 철저히 준비해둔 자작극이었다. 마치 부지런한 스턴트맨이 가장 적당한 위치를 찾아내듯이 피델은 미리 학교 건물 뒤쪽에 언덕이 솟은 장소를 점찍어두었고 당일에 그 위치에 뛰어내려서 추락 거리는 보기보다 짧았던 것이다.

피델의 동급생들은 그가 아주 어렸을 때부터 '탁월한' 기억력의 소유자였다고 한목소리로 말했다. "우리가 '피델, 사회책 43쪽에 뭐라고 쓰여 있지?'라고 물으면 그 장의 마지막 단어가 중간에 끊겨서 다음 장으로 넘어간 것까지도 그대로 말해줬어요." 이 말에 다른 친구도 거들었다. "그는 모든 것을 사진처럼 세밀하게 기억해낼 수 있었죠."[33] 피델은 지능이 높았을뿐더러 이런 탁월한 기억력 덕분에 몇 번이고 궁지에서 벗어날 수 있었다. 그는 결코 모범생이 아니었고, 분명 총명하긴 했지만 공부를 열심히 하는 학생은 아니었다. 나중에 피델은 어린 학생들에게 자신처럼 벼락치기로 공부하지 말라며 진심에서 우러난 충고를 했다.[34]

이렇듯 피델에게 학생 시절은 큰 소용돌이 같은 대혼란의 시기였고 당시의 시대 상황만큼이나 격변기였다. '번듯한' 집안에서 태어났지만 서출이었고, 시골 부잣집에서 태어났지만 도시에서 홀로 성장해야 했다. 또한 똑똑한 머리로 굉장히 돋보였지만 많은 사람들에게 이방인 취급을 당했다. 피델은 다른 사람들을 못살게 굴었고 자신도 다른 사람들에게 괴롭힘을 당했다. 하지만 무슨 일이든 피델은 항상 그 중심에 있었다. 그는 자신의 기질을 다스리는 방법을 터득하면서 분노를 좋은 쪽으로 발산하게 되었다. 십대 시절부터 피델은 항상 모든 분야에서 최고가 되는 일에 열정을 쏟게 된 것이다.

에르네스토는 피델만큼 야심찬 목표가 없었다. 게바라 가족은 종교적 색채가 아주 강한 또 다른 가톨릭 사회인 코르도바로 이사했다. 새로 이사한 코르도바의 집은 벽에 금이 많이 가 있었는데, 그 모습이 마치 게바라

부부의 결혼 생활을 대변하는 듯했다. 점점 악화되는 집안 분위기에 비해 십대 시절의 에르네스토는 비교적 평범했다. 그는 잘생긴 청년으로 성장했지만 동급생들은 여전히 '대머리'나 '알머리'라는 별명으로 불러댔다. 항상 짧고 곱슬곱슬한 머리로 다녔기 때문이다. 에르네스토는 줄곧 외모에 신경 쓰지 않았다. 그래서인지 알타그라시아 시절부터 따라다닌 별명인 '찬초(돼지)'가 어른이 되어서도 계속 붙어 다녔다. 온갖 별명들 중에서도 에르네스토 자신이 가장 끌렸던 것은 바로 이 '찬초'라는 별명이었다. 그는 한술 더 떠서 별명에 어울릴 법한 행동을 하기도 했다. 가장 좋아하는 셔츠를 며칠이고 계속 입고 다녀서 그 셔츠에도 '일주일'이라는 별명이 붙었던 것이다.

아르헨티나에서는 수년 동안 긴장 상태가 계속 이어졌고 1943년이 되자 군사 쿠데타가 처음으로 일어났다. 이 때문에 코르도바의 분위기는 어둡게 가라앉았다. 에르네스토의 학교에서는 몇몇 선생님들이 개혁운동가로 의심을 받아 학교에서 쫓겨났다. 어느 날은 그런 의심을 받지 않은 선생님 한 명이 새롭게 들어선 군부가 어떻게 국민들을 교육시킬 것인지에 대해서 의기양양하게 설명하고 있었다. 에르네스토는 선생님의 말이 떨어지기가 무섭게 배를 잡고 웃기 시작했다. 다른 학생들은 당황해서 조심스럽게 수군거렸다. 선생님이 에르네스토에게 이유를 묻자 그는 "어떻게 선생님은 군부가 국민들을 교육시킬 거라고 생각할 수 있으세요? 정말 군부가 그 일에 성공하면 국민들이 군부를 끌어내릴 게 분명한데 말이에요."[35]라고 대답했다. 할 말을 잃은 선생님은 화를 내면서 그를 복도로 내쫓았다. 에르네스토는 피델만큼 본능적이거나 재빠르게 저항운동에 뛰어들지는 않았지만 그럴 만한 잠재성은 항상 지니고 있었다. 그에겐 다만 어떤 계기가 필요했던 것인지도 모른다.

쿠바에서 피델은 이미 스스로 자신의 미래를 그려나가기 시작했다. 돌로레스에서의 학업을 마친 후 그는 아버지에게 농장으로 되돌아가는 대신 아바나에 있는 벨렌 학교에서 공부를 계속하게 해달라고 부탁했다. 분수가 있는 안뜰 교정에서부터 세밀하게 장식된 목제 천장에 이르기까지, 훌륭한 시설이 갖춰진 벨렌은 쿠바의 우수한 청년들을 위한 명문교였다. 당연히 이 학교에 보내려면 많은 돈이 들었다. 게다가 피델의 용돈도 한 달에 50달러로 올려줘야 했다. 사실 아버지 앙헬은 피델이 산속에서 싸움을 벌이게 되는 서른 살까지도 용돈을 보내주었다.

　바로 이곳 벨렌에서 피델은 정치학과 대중연설에 처음으로 관심을 갖게 되었다. 이 학교에서 피델은 부리부리한 눈에 환상적인 웅변가인 알베르토 데 카스트로라는 젊은 교수의 영향으로 자신도 미처 모르던 새로운 열정을 깨닫게 된다. "우리 둘은 정치학에 아주 관심이 많았어요. 특히 라틴아메리카 문제에 말이죠."[36] 벨렌 시절의 친구인 호세 이그나시오 라스코가 회상했다. 하지만 대중연설은 훨씬 더 힘들었다. 지금은 위대한 웅변가이자 달변의 노회한 정치가로 통하는 피델이지만 십대 후반에는 "엄청나게 수줍음을 타는" 성격이었다. 또 다른 동급생 후안 로비라도 피델의 내성적인 성격에 대해 증언했다. "그와 함께 어울리기가 쉽지 않았어요."[37] 그러나 피델은 굳은 다짐으로 거울 앞에 서서 데모스테네스나 키케로의 연설문을 그대로 따라 연습했다. 그는 웅변술을 "말로 하는 일종의 전쟁"[38]으로 여기게 되었다.

　당시 아바나의 정세는 한 치 앞을 알 수 없을 정도로 위태로웠다. 벨렌을 졸업할 무렵에 피델은 돌로레스에서 강조하던 전통적인 정치와는 전혀 다른 형태의 정치를 알게 되었다. 비란의 에스파냐 이주노동자들이 최근에 발발한 에스파냐내전에 관해 여러 소문과 설명을 전해주었고, 비로소 피델은 그렇게 직접적이고 즉각적인 정치 행위가 존재한다는 사실을 접하게 되었던 것이다. 에르네스토가 첫 횡단 여행을 시작할 즈음에 피델은 거의 무법지대나 다름없는 대학을 기지 삼아 아바나를 휘젓고 다니던 패거리들에 맞서기 시작했다. 이 특별한 경험 덕분에 그는 아주 많은 것을 배울 수 있었다.

20세기가 중반부에 이르면서 이 두 청년의 삶을 형성하는 요소들이 퍼즐처럼 서서히 윤곽을 채워나가기 시작한다. 두 사람은 대륙의 전혀 다른 지역에서 성장했고 청년으로서 각자가 속한 지역에 대한 소속감을 키워나갔다. 둘은 제각기 아주 개인적인 신념에 매달렸기 때문에 몇 년간은 거의 정반대의 길을 걸었다. 하지만 이렇게 서로 다른 길을 가면서 각자 체득한 경험은 두 사람이 함께하게 될 혁명을 완수하는 데 아주 큰 밑거름이 될 터였다.

2 혁명이 아니라 주먹을!

늦여름 더위에 맞지 않게 짙은 푸른색 울 정장과 넥타이 차림을 한 건장한 청년이 카페 문을 벌컥 열고 들어섰다. 때는 1947년이었다. 아직도 피델과 체가 만나려면 근 10년이 더 흘러야 했고, 여전히 약간 괴짜 같은 차림을 한 피델 카스트로는 아바나대학교 3학년에 재학 중이었다. "기자와 점심을 하던 중이었어요."[1] 알프레도 게바라가 회상했다. 에르네스토 게바라와는 아무런 관련도 없는 알프레도 게바라는 피델의 가장 가까운 대학 친구였다. L-27번가의 모퉁이에 있는 그 카페는 아바나대학 학생들이 자주 찾는 아지트 같은 곳으로, 유명한 돌계단 한쪽 옆에 자리했다. 돌계단은 마치 카리브해의 아크로폴리스라도 되는 것처럼 언덕 위에 펼쳐진 아바나대학교까지 쭉 이어져 있었다. 돌계단의 가장 위쪽에는 알마 마테르*라고 명명된 동상이 있는데, 여신상은 위엄 있는 의자에 드레스 자락을 늘어뜨리고 앉아 양팔을 옆으로 벌린 채 대학 캠퍼스를 뒤로하고 도시를 내려다보

---

*   라틴어로 '기르시는 어머니'라는 뜻으로, 미네르바 여신이나 성모 마리아, 대학 등을 가리킴.

는 형상을 하고 있었다.

"말할 게 있어." 정장을 입은 청년이 알프레도에게 말을 건넸다. 축 늘어지고 단정치 못하면서도 성큼성큼 걷는 청년의 독특한 걸음걸이 때문에 멀찍이 떨어진 곳에서도 누구인지 알 수가 있었다. 피델 카스트로는 이미 대학 캠퍼스 내에서 선동가로 유명했고 그의 평소 행동은 연극처럼 과장되어 있었다. 그가 교복처럼 입고 다니는 정장은 이내 그의 트레이드마크가 되었다. 그렇다고 완전히 튀는 사람이 되기를 바랐던 것은 아니었고 그저 남들과는 조금 다르게 보이길 원했던 것뿐이다. 그래서 피델은 항상 재킷을 잠그지 않고 넥타이도 반쯤 헐겁게 묶고 다녔다. 아직까지는 풀을 먹여 빳빳한 군복 같은 차림은 찾아볼 수 없었다. 이때로부터 몇 년이 흐르면 피델은 정치계에서 제 목소리를 내고 결혼을 해서 가정도 꾸리게 된다. 또한 처음으로 망명 생활을 하게 되고 생사를 넘나드는 위험도 경험하게 된다.

피델이 알프레도를 만나려고 카페에 들어온 이 순간은 피델이 벨렌을 졸업하자마자 뛰어든 격렬한 활동이 절정을 맞이한 시기였다. 아바나는 쿠바 정치의 진원지였고, 아바나대학은 당시 쿠바 정치를 지탱하고 있는 구조적 부패의 중심에 서 있었다. 인구 50만 명의 이 대도시는 카리브 지역의 최대 도시로, 과거에 금과 다른 광물을 가득 실은 에스파냐 선박이 유럽으로 가기 전에 정박하던 큰 항구를 끼고 있다. 그렇지만 1940년대에는 교외 지역과 아바나의 도심인 구시가지를 오가는 정기선만이 그 항구를 자주 드나들었다. 구시가지에는 수많은 좁은 골목길이 광장과 공원, 바다로 이어져 있었다.

당시는 피델이 아바나대학에서 해안도로인 말레콘을 따라 30분 정도를 걸으면 아메리카대륙의 거의 모든 나라와 모든 계급의 사람들을 한눈에 볼 수 있었다. 1940년대 후반의 아바나는 부자들의 열대 휴양지 같은 곳이었다. 그러나 이렇게 평온한 표면 아래로 수많은 불만이 들끓고 있었다. 당시 쿠바 정권을 잡고 있던 라몬 그라우 산마르틴 정부의 부정부패는 손쓸 수 없을 정도로 만연해 있었다. 피델이 대학을 다닐 무렵에 아바나에서는 이처럼 불안한 기운이 점점 커지고 있었다. 나중에 그는 그곳에서 학생 신분으로 혁명가가 되었다고 주장했다.[2] 하지만 피델의 인생에서 그보다 더 평화로운 시기는 없었을 것이다.

지난 몇 주 동안 아바나의 거리는 그라우 정권 퇴진 구호[3]로 뒤덮였다. 이는 그저 막 시작된 반란의 미동일 뿐이었지만, 어떻게든 대학 내에서 이름을 드높이길 원했던 피델에게는 결코 놓칠 수 없는 유일한 기회였다. 에르네스토처럼 피델도 자신을 계속 움직이게 만들 계기를 찾고 있었다. 하지만 피델은 여행을 떠나지 않고도 그 목적을 달성했다. 천성적으로 가만있지 못하고 활동적인 피델은 굵직굵직한 사건을 끊임없이 찾아다녔다. 그는 무언가를 자신의 손으로 직접 해보지 않으면 안 되는 사람이었고, 항상 새로운 깨달음을 얻기 위해 노력했다. 또한 무언가 복잡하게 만들 여지가 보이는 일이라면 그렇게 만들고야 말았다. 폭넓고 새로운 지식은 피델의 관심사라기보다는 훨씬 더 내성적인 에르네스토의 몫이었다.

알프레도 게바라는 끊임없이 일 꾸미기를 좋아하는 피델을 가장 믿어주었던 친구였다. 그날 카페에서도 약간 피곤했지만 흔쾌히 그의 말을 들어주러 밖으로 나갔다. 알프레도는 대학에서 청년공산당을 이끌고 있던 인물이었다. 알프레도의 기억에 따르면 당시에 피델이 여러 모임에 끼어들어서 그 중에서 한 명을 바깥으로 불러내어 자신의 아이디어를 두고 토론하는 일은 "비일비재"했다고 한다. "우리 둘이 밖으로 나가니 어떤 학생이 기다리고 있었어요." 알프레도는 카페 안에 기자를 홀로 남겨둔 상황이었다. 그가 무슨 일이냐고 묻자 피델은 도움이 필요하다며 이렇게 단언했다. "우리는 만사니요로 가서 데마하과의 종을 가지고 올 거야."

이 계획은[4] 아무리 대학에 들어온 뒤로 기이한 짓을 하기로 명성이 자자했던 피델의 생각이라고 해도 터무니없이 엉뚱한 제안이었다. 데마하과의 종이란 쿠바 동부 만사니요 근처에 있는 데마하과 사탕수수농장에서

1868년에 쿠바의 대혁명가인 카를로스 마누엘 데 세스페데스가 자신의 노예들을 해방시키고 반란군을 모아 에스파냐에 대항하는 독립투쟁에 앞장설 때 울렸던 종이다. 이 종을 울림으로써 10년전쟁의 서막이 올랐었다. 이는 쿠바 역사에서 아주 유서 깊은 사건으로 쿠바 민중의 머릿속에 확고히 각인되어 있었다. 피델은 자신이 그 종을 바로 이곳으로 가지고 와서 대학교 돌계단의 꼭대기에 걸어놓겠다고 알프레도에게 말했다. "피델은 자신이 그렇게 하면 수많은 군중을 끌어모을 수 있을 것이고 그런 다음 사람들을 무장시켜서 대통령 관저까지 장악할 수 있을 거라고 생각했어요. 그러면서 저에게 무기들을 준비해두라고 당부했죠."

피델은 만사니요를 향해 아바나를 떠난 지 3일째 되던 날 돌아왔다. 그는 역까지 마중 나온 컨버터블에 올라 만면에 의기양양한 미소를 띤 채 가져온 종과 함께 시가행진을 벌였다. 수천 명의 학생들이 모여들었다. 피델은 트레이드마크인 정장 차림에 처음으로 넥타이를 반듯이 매고 사진기자들을 위해 자세를 취하면서 군중을 헤쳐나갔다. 정말 대단한 성공을 거둔 사건이었다. 같은 학교 학생인 막스 레스니크는 "전국적으로 악명을 얻게 된 너무나 터무니없는 사건"[5]으로 기억했다. 그러나 더 중요한 사실은 이 사건으로 인해 피델의 이름이 정치판에 등장하게 되었다는 점이었다. 종종 폭력적인 사태도 발생하는 좁은 아바나 학생정치판에서 피델은 이제 "가장 흥미롭고 카리스마 넘치는 학생 지도자 중 한 명"[6]으로 손꼽히게 되었다. 스물한 살의 학생 운동가이자 정치 아이콘인 피델 카스트로는 세밀하게 계획한 작전의 첫 무대를 성공적으로 마무리했다. 이제 집으로 돌아가서 쉴 일만 남아 있었다. 그는 잠시 휴식을 취할 필요가 있었다. 조만간 그 종을 다시 빼앗길 운명이었기 때문이다.

에르네스토 게바라에게는 대학 시절 가장 관심이 없던 분야가 학생정치였다. 심지어 페론의 독재정치에도 관심을 보이지 않았다. 그러나 피델과 마찬가지로 대학 시절을 전공 외의 다른 일에 몰두하며 보냈다. 에르네스토는 부에노스아이레스대학 의과를 6년간 다녔다.

원래 공학에 관심이 많았던 에르네스토가 의학을 선택하게 된 데는 불행한 사건들이 연달아 일어난 영향이 컸다. 게바라 가족이 부에노스아이레스에서 살기 위해 코르도바를 떠나기 전에는 에르네스토의 어머니가 유방암 진단을 받았고, 에르네스토가 고등학교를 졸업한 후 첫 여름에는 아르헨티나 북부의 비알리다드에서 일하던 중 할머니가 위독하다는 편지를 받았다. 그는 가족 중 제일 늦게 할머니 댁에 도착했고, 내내 침울한 상태로 2주 동안 꼬박 할머니 곁에 붙어 간호했다. 그동안 할머니는 서서히 숨을 거두었다. 여동생 셀리아는 후에 이렇게 말했다. "아마 오빠 인생에서 가장 슬펐던 시간이었을 거예요."

피델은 대학에 입학하자마자 스포트라이트를 받을 만한 일을 찾아다닌 반면, 에르네스토는 남의 눈에 띄는 일을 하지 않았다. 이런 차이는 두 사람이 만나기 전에도 뚜렷했지만 이후에도 두 사람의 정치적 동맹 관계의 본질이 되었다. 에르네스토는 의학을 공부했지만 이는 그의 어머니와 할머니, 자신의 질병에 이르기까지 연달아 벌어진 일에 대해 자신이 '무언가' 하지 않으면 안 될 것 같은 의무감에서 선택한 학문이었다. 마음 한편에는 항상 의학 공부에서 벗어나고픈 욕망이 존재했다. 1952년에 에르네스토가 여자 친구에게 보낸 편지에서 볼 수 있듯이 그는 "의사라는 잘 맞지 않는 직업에 목을 맬" 의향이 전혀 없었다. 그러니 에르네스토가 대학 1학년 때 가장 공부를 열심히 하는 학생이었으며 거의 하루 종일을 도서관에서 보냈다고 기억하는 의과대학 사서의 말이 이상하게 느껴질 법도 하다.

아마도 그 사서는 에르네스토가 읽던 책이 의학책만이 아니었다는 사실을 눈치채지 못했던 모양이다. 사실 에르네스토의 학과 점수는 형편없었다. 물론 그는 도서관 책상 위에 해부학 책과 화학 기본서를 펼쳐놓았지만, 그 옆에는 장폴 사르트르와 윌리엄 포크너의 저서들, 그리고 아르헨티나의 마르크스주의자인 아니발 폰세의 정치철학서까지 자신이 훨씬 더 흥미롭게 여긴 책들도 함께 두었다. 에르네스토는 항상 철학노트를 갖고 다니면서 전공서 외에 자신이 읽은 모든 책에 대해 자신만의 주석을 세심하게 달았다. 버스를 타고 학교로 향할 때나 카페에서 친구를 기다릴 때나 조금이라도 시간이 나면 철학노트에만 열중하는 것처럼 보일 정도로 온 정성을 다해 노트를 채워나갔다.

이렇게 급진적인 사고라는 신세계를 접한 에르네스토는 같은 과에 다닌 평범하지만 나름 매력적인 여자 친구와 함께 이 신세계를 탐험한다. 베르타 '티타' 인판테가 처음으로 에르네스토를 인식하게 된 건 의과대학 해부학 교실에서 "온화하고 깊은 목소리"를 들었을 때였다. 그 목소리에는 "지방색이 드러나는 억양"이 묻어 있었고 그녀는 이내 그 목소리의 주인공인 잘생기고 우아한 청년을 알아보았다. 그리고 그도 자신과 마찬가지로 지방에서 수도인 부에노스아이레스로 갓 상경한 학생이라는 사실도 알아챘다. 두 사람은 처음부터 죽이 잘 맞았다. 둘 다 약간 예민한 성격이었고 어려운 가정 환경에서 성장했다. "에르네스토 오빠도 분명 큰 호감을 느꼈지만 그녀는 오빠에게 정말 푹 빠져 있었다."[7] 여동생인 셀리아는 둘의 사이를 이렇게 기억했다.

그러나 그런 사실은 문제가 되지 않았다. 그들의 관계는 둘 사이의 차이점에 기반을 두고 있었다. 두 사람은 공통의 친구도 없었고 관심사나 정치적 견해도 서로 달랐다. 하지만 두 사람은 시끄러운 카페에서 몇 시간이고 대화를 나누었고, 서로의 집에서나 수요일마다 신경계 공부를 위해 만나던 곳인 자연과학박물관에서 각자 조용히 책을 읽기도 했다. 두 사람은 각자 공부를 하던 중에 무언가 놀라운 사실을 발견하면 상대방에게 "음산한 전투의 날에는 승리의 찬가를 부르지 마라"는 시구를 교훈처럼 들려주곤 했다. 그 구절은 19세기의 아르헨티나 시인이자 의사인 리카르도 구티에레스가 지은 〈승리〉라는 시에서 따온 것이었다.[8]

에르네스토는 계속 정치에 무관심했다. 정치 토론이 벌어질 때면 언제나 중립을 지켰다. 티타는 "그는 어떤 일에든 찬성도 반대도 하지 않는다."[9]고 생각했다. 에르네스토는 그녀를 '마르크스주의자'라고 불렀고, 그에게 마르크스주의자란 "융통성 없는 분파주의자"[10]를 의미했다. 그러나 현실정치 자체에는 무관심한 에르네스토였지만 나름의 철학적 관점에서 정치를 공부하는 일은 멈추지 않았다. 그는 세상의 모든 일 뒤에 숨어 있는 이치를 알고 싶어했고, 독서를 통해 더욱 체계적으로 그 답을 찾기 시작했다.

피델은 대학에 입학하자마자 어떤 학생단체에서든 한자리 차지하려고 노력했다. 이는 데마하과의 종을 가져오려는 계획을 짜기 훨씬 이전의 상황이었다. 결국 법인류학 강의의 학급대표—가족 농장에서 가져온 "굉장히 좋은 오렌지" 두 상자로[11] 교수님의 마음을 녹였다—를 시작으로, 전체 법과대학의 학년대표에까지 올랐다. 피델도 이미 알았겠지만 그렇게 선거를 통해 얻은 지위는 더 큰 정치권력으로 갈 수 있는 통행증과 같았다. 더 큰 정치권력이란 예컨대 전국대학생연맹FEU의 회장직이나 진짜 정계의 한자리 같은 걸 의미했다. 그러나 학년대표도 대학 캠퍼스 내의 주요 패거리들의 지원이 없다면 영향력을 발휘하기 힘든 자리였다.

실질적으로 아바나대학은 에밀리오 트로가 이끄는 전복혁명연합UIR과 롤란도 마스페레르가 이끄는 사회주의혁명운동MSR에 의해서 좌지우지되고 있었다.[12] 이 두 패거리는 그라우 대통령의 지시를 받고 있었다. 대통령은 이들을 자신의 '행동대원들'이라고 불렀다. 공식적이 선거로 선출된 정부였지만 그라우 정권은 부패와 폭력으로 점철되어 있었다. 게다가 그라우의 김은돈은 대부분 아바나대학 내 학생정치판으로 유입되었다. 경제부가 '자유재량'에 따라 자체 집행할 수 있는 예산액[13]은 원래 1만5000페소였는데, 1948년 그라우 정권이 퇴진할 무렵에는 200만 페소로 엄청나게 늘어나 있었다. 이 돈은 넝복상의 여러 직책들과 수많은 패거리 지도자들에게 지급되었다. 사회과학대학 학장의 말처럼 아바나대학은 "혁명가 행세를 하는 폭도"[14]들로 넘쳐났다.

피델은 자신의 정치적 야망을 채우기 위해 학내 패거리들의 후원을 구하면서도 이데올로기적으로 큰 가책을 느끼지 않았다. 당시의 친구들은 그가 "이데올로기에 그다지 큰 애착을 보이지 않았다"[15]고 증언했다. 오히려 피델은 '전통적인 의미의 혁명가'[16]에 가까웠다. 그는 권력을 추구했을 뿐이고 그 수단은 그다지 중요하지 않았다. 그래서 피델은 정치적 난관을 헤쳐나가는 동안 전복혁명연합과 사회주의혁명운동을 자기편으로 두고자 부단히 노력했다. 또한 만약의 사태에 대비해서 권총을 가지고 다니기 시작했다. 이 때문에 어느 날은 학내 경찰과 총격전을 벌일 뻔했다. 총을 버리라는 경찰의 요구에 피델이 "원한다면 한번 빼앗아보시지"라고 대꾸했기 때문이다. 그런데 학내 경찰 역시 학생 폭도들의 대립과 반목에 깊이 연루되어 있었다는 점이 문제였다. 학교 운동장에서 피델과 마주한 그 경찰은 이미 사전에 교묘히 작전을 짜둔 상태였다. 피델은 아슬아슬한 순간에 그 사실을 깨닫고 안전한 거리로 내달렸다. 후에 피델은 "거기에서 그렇게 살아 나온 것은 기적"이었다고 회상했다.

대학 2학년이 끝날 무렵인 1947년 여름, 피델은 좀 더 과격한 길로 들어섰다. 훗날 도미니카 공화국의 대통령이 될 후안 보슈가 이끄는 도미니카 망명자 집단이 도미니카공화국의 독재자인 라파엘 트루히요를 전복하려는 계획을 추진하고 있었다. 이 원정대에 그라우 정권의 고위 공직자들과 사회주의혁명운동 단원들이 합세했고 피델도 한몫 거들게 된 것이다. 트루히요는 자만과 독단으로 무장한 채 전횡을 일삼고 있었다. 그가 도미니카공화국을 마음대로 활보하는 동안 그곳 교회에는 '신은 위대하지만 이 땅에 있는 분은 트루히요다'라는 글귀가 나붙었다. 원정대는 처음부터 공공연한 비밀이었고 쿠바 대중의 지지를 받았지만 곧 논란의 중심이 되었다. 원정 계획이 마무리되는 6주 동안 피델과 다른 지원자들은 외딴섬에 갇혀 지내면서 모기와 뜨거운 더위에 시달려야 했다. 지원자들은 대부분 학내 패거리들이었는데 그들의 충성심은 오래가지 못하고 이내 반목과 내분을 일삼았다.

피델의 부모는 아들이 이 가당치도 않은 계획에 가담했다는 말을 전해 듣고서 더는 참지 못했다. 그해 내내 그들은 신문을 통해 아들이 쿠바의 지하세계에 연루됐다는 소식을 계속 접해야 했다. 그런데 이제 그 아들이 쿠바 최고의 상아탑에서 공부라는 학생의 본분을 저버리는 것도 모자라서 자살이나 마찬가지인 일에 뛰어들려 하고 있었던 것이다. 그들은 아들에게 당장 그 섬을 떠나 아바나로 돌아오라고 전했다. 어머니는 고집불통인 아들에게 원정 계획의 배후 인물 중 하나인 마리오 살라바리아의 이름을 들면서 "트루히요에게 잡히지 않더라도 살라바리아에게 죽을 것"이라며 애원했다. 패거리의 지도자 중 한 명인 마리오 살라바리아는 얼마 전 경찰조사국 국장으로 승진한 사람이었다. 하지만 피델은 그와 아무 상관도 없었다. 피델은 그저 문가에 서서 돌아가는 상황을 지켜보는 방관자에 불과했다.

결국 원정 계획은 취소되었고 그 후 부모님 댁으로 쉬러 내려갔던 피델은 다시 대학으로 돌아왔다. 너무 늦게 돌아와서 수업에 등록은 할 수 없었지만 피델은 개의치 않고 아예 자유롭게 청강하는 쪽을 택했다. 그러자 정치에 할애할 수 있는 시간이 더 많아졌고, 그는 이렇게 좋은 기회를 놓치지 않았다. 그해 10월에 피델은 격렬한 시위 현장에서 정부 요인의 경호원이 쏜 총에 맞아 사망한 어느 고등학생의 장례식에서 열정적이고 유창한 추모연설을 했다. 또한 11월에는 데마하과의 종을 가져오는 일을 감행했다. 한때 예수회 학교의 학생으로서 날카로운 정신과 다혈질의 성격을 자랑하던 소년은 이제 막 내학교 3학년이 되었을 뿐인데도 어느새 자신의 세대를 대변하는 핵심적인 인물로 성장해 있었다.

한편, 에르네스토는 남들을 언짢게 하는 괴짜가 되어 있었다. 다른 얼간이 도련님들은 최신 유행하는 미국산 바지나 영국사 스웨터에 호들갑을 떨었다. 하지만 에르네스토는 파티가 있을 때면 다른 남학생들의 말쑥하고 맵시 있는 옷차림을 비웃기라도 하듯이 일부러 늘 후줄근한 옷차림으로 느지막하게 나타났다. 그는 춤을 추지 않았고 다른 사람들이 고개를 돌리고 자신의 차림새에 대해 수군대는 것도 무시했다.

에르네스토는 정치적 문제에도 연루되길 꺼렸다. 가까운 친구인 알베르토 그라나도와 코르도바에서 알게 된 친구인 페르난도 바랄이 페론 정부의 반체제 인사 단속으로 잡혔을 때도 그는 그라나도 구명 운동에 동참하지 않았다. 게다가 바랄이 경찰에 구속되어 있었던 7개월 동안 단 한 번도 면회를 가지 않았다.[17] 얼마 후 바랄은 외국 국적 때문에 추방되었다. 에르네스토는 자신이 원하지 않는 한 무엇에도 구애받지 않았다. 하지만 한시도 무언가에 열중하지 않은 적이 없었다. 문제는 그의 관심사가 너무 광범위해서 자신도 무엇을 원하는지 정확히 모르는 것 같다는 점이었다.

졸업이 가까워지도록 에르네스토의 철학노트 채우기는 계속되었다. 그는 아버지가 소장한 스물다섯 권짜리《세계 현대사》전집을 다 읽은 다음 지그문트 프로이트에서 버트런드 러셀에 이르는 좀 더 어려운 사회철학 책으로 옮겨갔다. 또한 정치 인사들이 쓴 책에도 점점 더 관심을 갖게 되었고 사회주의 작가들이 쓴 작품에도 손을 대기 시작했다. 특히 네루가 쓴《인도의 발견》에 무척이나 열광했고 에밀 졸라와 잭 런던의 저서나 아르헨티나 사회주의자인 알프레도 팔라시오스의 책도 읽었다.[18]

엄청나게 잘생긴 외모뿐만 아니라 문학에 대한 방대한 지식 덕분에 에르네스토는 첫사랑의 여인을 사로잡을 수 있었다. 1950년 10월, 그는 사촌 카르멘 아길라르의 결혼식장에서 치치나 페레이라라는 어여쁜 아가씨를 만났다. "나는 그 집에서 그를 처음 보았어요."[19] 후에 치치나는 그 순간을 이렇게 회상했다. "계단을 내려오는 모습에 저는 번개를 맞은 것 같은 충격을 느꼈죠. 정말 놀랐어요. 그는 계단을 내려왔고 우리는 이야기를 나누기 시작했어요." 두 사람은 밤새도록 대화를 나눴고 그 내용은 거의 대부분 책에 대한 이야기였다.

에르네스토는 결코 숫기 없는 남자가 아니었다. 그는 치치나와 만난 지 며칠 되지 않아 사랑을 약속하는 첫 편지를 써 내려갔다. "녹색 눈을 찬양하며, 그 기묘한 눈빛에 나 자신을 잃어버릴 만큼 푹 빠졌다오……."[20] 이는 청년 에르네스토에게 일어난 가장 소중한 연애 사건이었다. 창백한 피부에 어둡고 매혹적인 눈빛을 한 남자에게서 이처럼 대담한 편지를 받게 되자 열여섯 살의 치치나는 마음을 빼앗길 수밖에 없었다.

당시 그는 스물두 살, 에르네스토도 사랑을 하기에 충분한 나이였다. 하지만 그는 자신이 태어난 나라를 벗어나 다른 미지의 세계를 탐험해보고 싶은 욕구도 강했다. 어린 연인을 만난 지 두 달 만에 에르네스토는 상선에 등록했다. 상선 안나G에서 간호사로 일하면서 남쪽으로는 남아메리카의 끝까지, 북으로는 브라질과 카리브해 지역까지 여행했다. 여행 내내 마르크스는 그의 가장 친한 친구였다. 여행길에 오른 지 몇 주 지난 이듬해 2월에 에르네스토는 브라질 해안의 포르투알레그레에서 베아트리스 이모에게 편지를 썼다. 언제나처럼 이모에게 "지루한" 옛 도시인 부에노스아이레스에서 부르주아적 삶을 영위한다고 비아냥거리면서 "아름답고 열정적인 여인들의 나라에서" 안부를 전했다. 그는 트리니다드에 도착해서는 "세이렌 요정들이 가득한 카페"[21]에서 또다시 이모의 "가난한 부르주아적 영혼"에게 안부를 물었다.

피델이 쿠바에서 내몰린 것은 그의 열망 때문이 아니라 필연적 결과였다. 피델은 순교자의 전당에서 데마하과의 종을 훔친 후 그곳에 "유물은 정치선전용이 아니다. 존중받아야 하는 존재이다"라고 쓴 쪽지를 놓아두었다. 그는 만사니요시 당국을 기분 상하게 했을 뿐 아니라, 전복혁명연합의 분노도 사고 말았다. 이 단체는 피델의 행동을 구체적으로 언급하면서 "크리오요(크리올) 스탈린주의의 음모"[22]에 맞서 싸우라고 지지자들을 촉구했다. 피델은 평소에 기질로도 유명한 전국내학생언맹소차노 "폭력의 기운이 만연하는 현상"을 비난[23]하고 나설 만큼 피비린내 나는 상황의 중심에 놓이게 되었다.

　그는 지하로 숨어들거나 상황이 진정될 동안 아바나를 잠시 떠날 필요가 있다고 판단했다. 때마침 1948년에 라틴아메리카대륙의 정치 판도가 뒤바뀌면서 피델에게 기회가 빨리 찾아왔다. 아르헨티나에서 페론 세력이 부상하자 중산층은 자유주의를 위한 저항의 소리를 드높였지만 라틴아메리카대륙 너머로 전해진 건 페론의 반제국주의 외침뿐이었다. 페론은 라틴아메리카 학생대표자회의를 배후 조종하고 있었다. 학생대표자회의는 콜롬비아의 수도 보고타에서 처음으로 열리게 될 미주기구OAS 회의에 대비해서 만들어졌다. 미주기구는 라틴아메리카에 대한 미국의 정책을 결정짓는 핵심 기구였고 피델은 페론이 쿠바 학생 몫으로 마련한 자리 중 하나를 제안하자 기쁘게 받아들였다.

　1948년 3월에 그는 친구 알프레도 게바라와 학생대표들인 라파엘 델 피노와 엔리케 오바레스와 함께 보고타에 도착했다. 피델이 도착하자마자 경찰이 따라붙었다. 이로부터 약 1년 후에 보고타 보안국장이 쓴 보고서[24]의 내용은 다음과 같다.

　　그 유명한 쿠바 공산주의자인 피델 알레한드로 카스트로와 라파엘 델 피노가 거의 같은 날에 보고타에 도착했다. 그들은 대학도시에서 유명한 좌파 학생들의 모임을 선동했고 우파로 여겨지는 모든 요소를 제거했다. 그들은 출입국 관리 사무소로 끌려가서 조사를 받았다. 그들은 휴일에 반식민주의 선전을 목적으로 보고타에 왔다. 그들이 가진 서류로 방문 목적을 확인한 다음 풀어주었다.

　이 보고서에서처럼 두 사람이 '유명한 공산주의자'로 낙인찍힌 데에는 외교 대표들을 위한 행사에 숨어들어 벌인 짓이 크게 작용했다. 마리아노 오스피나 페레스 콜롬비아 대통령이 주관하여 열린 이 행사에서 피델과 델 피노는 2층 좌석에서 "악명 높은 공산주의자의 나라 쿠바로부터"라고 쓰인 전단지를 마구 뿌려댔다. 이 "철없는" 행동 때문에 두 사람은 체포되었다.

하지만 이 사건은 앞으로 벌어질 일에 비하면 준비운동에 불과했다. 4월 9일 아침에 피델은 콜롬비아의 진보 성향 정당인 자유당 당수 가이탄과 약속이 잡혀 있었다. 며칠 전 가이탄은 지난 2년간 보수 정권이 행한 실정을 규탄하고 농촌 지역을 중심으로 번져가는 폭력 사태에 반대하고자 10만 명이 넘는 사람들을 이끌고 '침묵의 행진'이라고 알려진 시위를 벌였다. 피델이 가이탄을 만나러 걸어가던 그 시간에 가이탄은 사무실을 나서다가 총에 맞았다. 암살자는 현장을 빠져나가려다 잡혔고 성난 군중에 의해 맞아 죽었다. 사람들은 암살자의 시체를 질질 끌고 가 대통령 관저 밖에 던져 놓았다.

피델에게 이 소식은 너무나도 갑작스러웠다. "갑자기 사람들이 온 사방에서 부리나케 뛰어다니면서 광분한 상태로 '가이탄이 암살당했다!', '가이탄이 암살당했다!'라고 외쳐댔고, 분노에 찬 사람들이 그 상황을 입에서 입으로 전하면서 소식이 마치 화약처럼 순식간에 퍼져나가기 시작했다."[25] 가이탄이 피격당했다는 소식이 이 일촉즉발의 도시에서 자발적인 민중봉기의 불씨를 타오르게 했다. 콜롬비아는 내전을 향해 장기적 대치 국면으로 넘어갔다.

이 사건은 피델에게도 깨달음의 계기가 되었다. 나중에 '보고타소'라고 불리는 이 민중봉기에서 민중들이 억눌러온 좌절이 순식간에 폭동으로 점화하자 "가만있지 못하고 흥분 잘 하는"[26] 피델 카스트로는 물 만난 물고기 같았다. 후에 피델은 "낭만적이고 환상에 찬 돈키호테 같은 몽상가"[27]였다고 스스로를 묘사하면서 당시의 자신을 평했다. "정치적 노하우는 없었지만 지식과 행동에 대한 무한하고 조급한 갈망이 있었다." 그러나 그날이 그저 "카스트로가 미구 기칠게 행동한 날"만은 아니었다. 여러 번에서 '혁명적 열병'에 전염된 날이기도 했다. 피델은 벤치에 뛰어올라 근처의 군인들에게 혁명에 가담하라는 열변을 토했고 소총을 제멋대로 휘둘러댔으며 최루가스 총으로 버스를 탈취하기도 했다. 이는 그에게 첫 혁명의 경험이었다. 피델은 아직 스물두 살이 채 되지 않았고, 이때의 경험으로 많은 것을 얻었다. 수년이 흐른 후에 그는 "무엇보다도 4월 9일에 가장 부족했던 점은 조직화였다"[28]고 평했는데, 흥미롭게도 이데올로기나 목표 면에서 부족했다는 사실은 지적하지 않았다.

그해 1948년, 피델은 버스 요금 인상 반대 파업을 조직했고 경찰 암살 계획에도 연루되었다. 하지만 가장 중요한 사건은 결혼을 결심한 일이었다. 상대는 검은 머리에 어여쁜 철학과 학생인 미르타 디아스발라르트였다. 그녀는 오리엔테에서 좀 더 북쪽에 있는 바네스의 명문가 출신이었다. 두 사람은 서로를 무척이나 사랑했다. 피델처럼 정치적 야망이 큰 남자에게는 디아스발라르트 가족의 사회적 지위가 확실히 유리하게 작용할 터였다. 하지만 이 결혼은 두 사람 모두에게 여러모로 위태롭고 힘겨운 결합이었다.[29]

디아스발라르트 가문은 위세가 대단했다. 미르타의 아버지는 유명한 정치인의 변호사였다. 그에게 변호를 맡긴 사람 중에는 후에 군사 쿠데타로 정권을 잡고 피델의 정적이 되는 풀헨시오 바티스타도 있었다. 사실 바티스타는 카스트로 부부가 뉴욕으로 신혼여행을 가는 데 쓰라고 축의금으로 1000달러를 내기도 했다. 피델은 시끌벅적한 그 도시와 미국 문화에 푹 빠졌다. 어쨌거나 그 여름 아바나는 전복혁명연합과 사회주의혁명운동 사이의 긴장감이 고조되고 있어서 피델에게 안전하지 못했다. 그는 어느 편도 들지 못한 채 중간에서 십자포화를 맞는 신세였기 때문이다.

결혼식은 1948년 10월 12일에 바네스에 있는 성모교회에서 열렸다. 조촐한 결혼식이었지만 삼엄한 감시와 보안 속에서 이뤄졌다. 누군가의 말에 따르면 피델의 아버지조차 참석하지 않았다고 한다. 미르타의 부모는 참석을 하긴 했지만 안전을 위해서 지방경비대 대장에게 말을 해두어야 했다. 결혼 선물마저 폭탄이 들어 있지는 않은지 일일이 점검했다고 하니 왜 디아스발라르트 집안이 새신랑을 탐탁지 않아 했는지 이해할 수 있는 대목이다. 신혼부부는 우선 마이애미를 여행하고 난 뒤 뉴욕으로 향했다. 이 시기에 관한 사실은 잘 알려져 있지 않지만 피델이 어학연수를 받았다고도 하고, 어느 날 피델이 뉴욕의 서점에서 마르크스와 엥겔스의 책을 한 아름 안고 가는 모습이 목격되기도 했다고 한다.

카스트로 부부는 두 차례나 미국에서 장기간 체류했고, 그러다 아바나로 돌아오면 피델은 계속 시위에 가담해서 비난과 규탄이 담긴 연설을 하는 한편 중요하다 싶은 논쟁 자리에도 거의 빠지지 않았다. 이로 인해 피델은 에르네스토보다 훨씬 더 학교 공부와는 거리가 먼 학생이 되었다. 피델과 마르타는 신혼살림을 시작하면서 대학 가까이에 있는 산라사로 거리의 호텔로 이사했다. 하지만 학교 생활은 전과 다르지 않았다. 피델은 벼락치기 공부를 했고 미르타는 안락한 삶과 남편의 관심을 포기하고 살 수밖에 없었다.

얼마 지나지 않아 미르타는 첫아이인 피델리토를 임신했고 1949년 9월에 출산했다. 하지만 피델은 가족의 곁을 지키지 못하는 날들이 많았다. 조금이라도 시간이 나면 공부는 하지 않고 정치적 연줄을 늘리거나 동맹을 맺느라 정신이 없었다. 또한 정치적 불법 행위나 부정 행위가 벌어질 때마다 그 사건들을 일일이 확인하느라 바빴다.

1949년 여름에 그라우 대통령의 후임자인 카를로스 프리오가 '패거리 협정'30이라고 알려진 협정에 서명했다. 이제는 악명만 높아진 패거리들 사이의 죽고 죽이는 지난한 싸움을 끝내는 대신 주요 패거리의 지도자들에게 징계에서 최고 지위를 약속해준 것이다. 이는 정부가 생각해낸 일종의 맞불 작전이었다.

이렇게 폭도들에 대한 제도권의 편애가 심해지는 분위기를 규탄하기 위해서 한 무리의 학생들이 위원회를 조직했다. 피델은 인레 위인회의 구성원이 아니었지만 놓칠 수 없는 기회라고 판단하고 누구나 꺼리는 역할을 자원해서 맡았다. 바로 최후의 일격을 날리는 일로, '패거리 협정'에 관련된 모든 사람들을 규탄하고 폭로하는 역할이었다. 11월 말에 캠퍼스 내 '순교자의 회랑'이라 명명된 곳에서 열린 모임에서 피델은 발언권을 얻었다. 참석했던 한 학생의 말에 따르면, 그는 "폭도들의 전반적인 일 처리 과정을 언급하면서 완전히 뭉개버릴 기세로 엄청난 비난"을 퍼부었다고 한다. 그런 후, 폭력 행위에 가담한 모든 사람의 이름을 폭로했다. 피델은 폭도들과 자주 접촉했기 때문에 그 명단은 대단히 신빙성이 높았다. 이는 대담한 행동이 긴 했지만, 그만큼 무모한 것이기도 했다.

카스트로의 규탄은 "너무나 충격적인"[31] 사건이었다. 발언을 채 끝마치기도 전에 그를 죽이려는 사람들이 차를 끌고 도착했다. 친구이자 정치 지망생인 막스 레스니크가 빨간 컨버터블을 몰고 와서 피델을 구해냈다. 이제 그는 아바나 최고의 현상수배범이 되었고, 레스니크의 아파트에서 2주나 숨어 지내야 했다. 사태가 약간 잠잠해지자 피델은 재빨리 은신처에서 빠져나와서 미국으로 망명했다. 때문에 1950년 초 몇 달간은 미국에서 보내게 되었다.

피델은 그의 정치적 우상인 호세 마르티(1853~1895년)의 전철을 그대로 따르고 있다는 생각에 외로워할 새도 없이 그 몇 개월을 보냈다. 호세 마르티는 라틴아메리카 사람들에게 독립 영웅으로 추앙받는 인물이고 특히 쿠바인들에게는 속세의 성인으로 존경받는 위인이다. 이후 피델은 천연덕스럽게도 일부러 마르티의 정치적 행보와 삶을 모방하려고 애를 썼다. 그러니 그는 아마 자신의 영웅처럼 뉴욕에서 망명 생활을 하게 되었다는 사실에 크게 기뻤을 것이다. 1950년 하반기에 피델은 아바나로 돌아왔다. 그리고 곧바로 1950년 9월에 법학박사로 졸업을 했다. 시간이 없어서 수업을 듣지도 않았지만 이번에도 피델의 벼락치기 능력이 빛을 발한 것이다.

상선을 타고 여행하는 동안 에르네스토는 여행이란 자유롭게도 하지만 또한 고독하게도 한다는 사실을 깨달았다. 집으로 보내는 편지는 밝고 경쾌했지만 이제 스물세 살이 된 에르네스토는 절망을 느끼고 있었다. 그는 '고뇌'라는 제목 아래 몇 편의 짧은 글을 썼다. 입센의 글귀들을 인용하곤 하던 이런 글에서 그는 자신의 내면을 온통 얽매고 있는 혼란을 담았다. 그러나 에르네스토는 막연히 좌절과 절망을 느끼고 있을 뿐, 그게 무엇인지 정확히 이해하거나 해결할 방법을 찾지 못한 상태였다.

에르네스토는 우울한 기분을 글로 풀어보려 했지만 부에노스아이레스로 돌아올 때까지도 여전히 실망감과 좌절감을 떨쳐버리지 못한 듯 보였다. 티타는 그의 모습을 이렇게 회상했다. "그가 걱정스러운 얼굴로 깊은 생각에 잠긴 모습을 수없이 보았어요. 하지만 정말로 슬퍼하거나 괴로워하는 모습은 본 적이 없었죠."[32] 피델처럼, 하지만 전혀 다른 이유로 에르네스토는 생각을 정리할 시간이 필요했다. 그래서 그는 이제는 너무나 유명해진 반년에 걸친 도로여행을 결심한다. 에르네스토는 코르도바 시절부터 함께한 오랜 친구인 알베르토 그라나도와 여행을 떠났다.

미알— '나의 알'이라는 뜻—이라고 부른 알베르토와 함께 라 포데로사— '강력한 것'—라는 어울리지 않는 이름을 붙인 낡고 오래된 오토바이를 타고 떠나기 전, 에르네스토는 가장 믿고 사랑하는 친구인 티타에게 편지를 썼다. 그 편지에서 그는 여행이 이제까지 자신에게 어떤 영향을 끼쳤는지 적고 있다. 형편없는 악필과 애매모호한 아르헨티나식 표현 때문에 지금까지도 해석이 분분하지만 에르네스토는 편지에서 자신이 문제의 "모태"라는 생각이 점점 커지고 있다고 밝혔다. 어쩌면 에르네스토는 그 여행의 목적지가 어떤 장소가 아니라 자기 마음의 어떤 상태라고 생각했을지도 모른다. 그는 편지를 맺으면서 "네 친구들이 곧잘 말하듯이 나도, 안녕, 내 사랑"[33]이라는 화려한 이별 문구를 넣었다. 하지만 이 시도는 그가 의도한 만큼 눈에 띄지는 않았다. 그는 이 여행에서 돌아오지 않을 생각은 아니었다. 적어도 어머니에게 그렇게 약속했기 때문이다. 하지만 에르네스토는 전혀 다른 사람이 되어 돌아왔고 그 사실을 자신도 금세 깨달았다.

　젊은 여행자들인 에르네스토와 알베르토는 1952년 1월 4일에 부에노스아이레스를 떠났다. 둘은 치치나의 가족이 여름을 보내고 있는 미라마르에서 며칠 지내면서 이별인사를 했다. 두 여행자는 이곳을 출발해서 아르헨티나 남단을 돌아서 칠레의 발파라이소로 향했다. 어울리지 않는 이름을 가진 고물 오토바이는 그리 멀리 가지 못하고 고장이 나버렸고 둘은 히치하이크를 할 수밖에 없었다. 그들의 여행길은 원을 그리며 진행되었다. 우선 친숙한 아르헨티나 지방들을 먼저 돌고 난 후 칠레에서 안데스산맥을 따라 콜롬비아와 베네수엘라까지 에둘러서 모험에 나섰다. 그 후 에르네스토는 혼자 마이애미에 발을 들여놓았다.

　쥘 베른과 잭 런던의 작품을 열렬히 좋아하는 에르네스토는 이 여행길에서 모험을 원했다. 그러나 단순히 모험을 바랐던 것만은 아니었다. 그는 성급하고 열정적인 성격이어서 의학 공부나 티타와 함께 책을 읽는 것으로는 만족할 수 없었다. 동시대 젊은이들과 비교했을 때 에르네스토 게바라의 가장 두드러진 특징은 잔인하리만치 엄격한 자아비판 능력을 지녔다는 점이었다. 그는 남들에게 엄격하기로 유명하지만 자기 자신에게는 더 엄격했다. 하지만 그는 스스로 미처 깨닫지 못한 약점이 하나 있었다. 어찌 보면 강점이기도 했는데, 에르네스토는 어려서나 성인이 되어서나 인내심이 굉장히 부족했다. 이러한 성격 때문에 여행도 기쁘게 떠날 수 있었다. 현실을 도피하려 했던 것이 아니라 끊임없이 움직여야 마음이 안정되는 사람이었기 때문이다. 대부분의 사람들은 여행으로 인해 피곤해지거나 자유를 얻기도 하고 마음을 비우거나 채우기도 하지만, 에르네스토에게 여행은 자신의 예민하고 성급한 마음에 계속 새로운 요소들을 제공해서 문제를 해결하게 해주는 역할을 했다. 그의 여행 일기와 다른 글을 비교해보면 움직임이 그의 사고에 끼치는 영향을 확연히 알 수 있다. 에르네스토는 움직일 때 사고가 더욱 명확해지는 사람이었다.

여행이 끝나갈 무렵 두 사람은 보고타에 도착했다. 4년 전인 1948년에 피델은 이곳에서 보고타소를 경험했다. 아직도 콜롬비아는 여러 면에서 폭동의 여파에서 벗어나지 못하고 있었다. 에르네스토는 이곳 광경을 연필로 솜씨 좋게 스케치했다. 그는 일기에 콜롬비아를 별로 매력이 없는 곳으로 표현했다. "이 나라는 우리가 본 중에 개인의 권리가 가장 억압받는 곳이다. 경찰이 어깨에 소총을 맨 채 거리를 순찰하고 모든 사람에게 여권을 보여달라고 요구한다. 금방이라도 폭동이 일어날 것 같은 긴장된 분위기이다."[34] 만약 정말 뭔가 막 터지려는 참이라 해도 피델과 달리 에르네스토는 폭동을 보려고 머문다거나 할 사람은 아니었다. 이런 점이 피델과 에르네스토를 구분 짓는 확연한 차이였다. 경찰이 에르네스토와 알베르토가 서류를 제대로 구비하지 않은 점을 들어서 48시간 내에 이 나라를 떠날 것을 명령했다. 두 아르헨티나인이 떠나는 데는 채 하루가 안 걸렸다.

에르네스토는 마이애미에도 그다지 매력을 느끼지 못했다. 카라카스에서 의료직을 맡게 된 알베르토와 헤어진 후 에르네스토는 홀로 마이애미에 도착했다.[35] 그는 부자 삼촌 중 한 명이 경주마를 실은 아르헨티나행 비행기를 공짜로 태워준다고 했는데도 일부러 긴 우회로를 택했다. 마이애미에서 그는 공부를 하고 마음대로 돌아다니고 공공도서관을 들락거리며 시간을 보냈다. 식당에서 공짜 음식을 얻기 전에는 우유를 탄 커피로 연명했다. 그러면서 내내 다시 한번 더 남쪽을 여행할 수 있기를 간절히 바랐다. 그는 비행기가 심하게 고장 나서 수리하려면 한 달을 더 기다려야 한다는 말에 낙담했다. 보고타와 마찬가지로, 미래의 혁명가인 피델과 에르네스토가 미국에서 받은 첫인상도 서로 달랐다. 피델은 뉴욕 생활을 즐긴 반면, 에르네스토는 마이애미에 갇혀 지내는 시간이 길어지자 이렇다 할 인상을 주기에 충분한 시간이 아니었는데도 인내심의 한계를 느꼈다.

에르네스토는 부에노스아이레스로 돌아오자 집에 왔다는 안도감에 기뻐했다. 하지만 가족과 친구들에게로 돌아온 것을 계기로 이를 새로운 기회로 이용할 생각이었다. 이제 그는 친구들의 극심한 빈곤으로부터 눈을 돌린 채 편안하게 지낼 수 없었다. 그는 지난 몇 달간 빈곤과 부유함을 모두 맛보았고 그 두 가지가 어떻게 연결되어 있는지도 세심하게 관찰했다.

그동안 공부는 뒷전이었던 에르네스토는 마지막 학년의 필수학점을 메우기 위해 다른 모든 것은 뒤로 미뤘다. 치치나와의 관계는 이미 끝나서 옛 사랑이자 새로운 우정인 사이가 되었다. 치치나에 따르면 두 사람은 몇 번 마주쳐서 눈빛을 나누기도 했다고 한다. 하지만 그는 친구들에게 할애할 시간이 없었다. "그는 도서관에서 열네 시간을 꼬박 공부했어요. 잠깐씩만 그를 만날 수 있었죠. 그는 오랫동안 사라졌다가 나타나곤 했어요."[36]

그러나 에르네스토가 시험 준비 말고 시간을 내는 일이 하나 더 있었다. 여행에서의 깨달음을 잊지 않기 위해서 일기를 편집하기 시작한 것이다. 이는 평생의 습관이 되었다. 그는 일기에 이런 말을 적었다. "우리 아메리카 대륙을 돌아본 일은 생각보다 더 많이 나를 변화시켰다." 여행과 글쓰기는 언제나 함께였다. 마치 그 두 가지가 연결되어 있어서 거대한 발전기처럼 생각을 하기 위해선 여행이라는 충전이 필요한 것 같았다. "이 일기를 적었던 사람은 아르헨티나의 흙을 다시 밟던 날 죽었다. 이 일기를 다시 고치고 있는 사람, 즉 나는 더 이상 내가 아니다. 적어도 예전의 나는 아니다."[37] 그는 이렇게 결론지었다.

한시도 가만있지 못하고 활동적이던 청년 피델은 졸업과 동시에 마침내 안정을 찾았다. 그는 학업을 마치자마자 바로 법학과 친구인 호르헤 아스피아수와 라파엘 레센데와 함께 변호사 사무실을 열었다. 피델이 벌인 일치고는 비교적 눈에 띄지 않는 일이었다. 그들의 회사는 가난한 사람들을 도와 힘센 상대에 맞서는 일에 전념했다. 이런 일들이 피델의 친구들에게는 이상하리만치 흔한 일이어서 그런지, 보이는 것만큼 엄청난 노선 변화는 아닌 셈이었다. 피델은 정계로 나가기 위한 기반을 원했고 좋은 일을 한 경력이 필요했다. 변호사 사무실은 피델에게 진정한 사회적 시각을 전할 수 있는 완벽한 매개체이자 미래의 정치적 야망을 위한 확실한 수단이기도 했다.

세 친구는 아바나의 상업지구인 비에하에 회사를 세웠다. 빠듯한 재정 상태로 인해 가장 기본적인 사무실을 빌리는 것도 몹시 힘들었다. 하지만 사무실을 빌리고 남은 적은 돈으로 그들은 신문사에 사진 광고를 내기도 했다. 사진에서 이 '사무실'은 어두운 색의 나무책상에 명함파일과 잉크통이 놓여 있고 책상 뒤로 회전의자 두 개가 있는 모습이었다. 피델은 이 사무실을 거의 사용하지 않았다. 사무실 내에 있는 가슴 높이의 작은 책꽂이는 거의 장식용일 뿐 반은 비어 있었다. 그곳에는 파인애플만 한 마르티 동상이 장식되어 있어서 피델이 진정으로 원하는 것이 무엇인지 짐작할 수 있었다.

피델이 완전히 혁명가가 되어 발을 빼기 전 3년 동안 세 변호사는 겨우 두 건의 승소로 4000페소를 벌어들였다. 세 번째 승소는 미국이 소유한 쿠바전화회사를 상대로 한 소송에서 거둔 것이었는데 피델이 무장투쟁을 시작해서 감옥에 들어가는 바람에 흐지부지되었다. 그러나 이 사무실을 시작할 무렵에 피델은 정치적 야망을 위한 수단으로 무장투쟁은 고려하지 않고 있었다. 그동안 피델은 전 대통령 그라우가 창당하고 현 대통령 프리오가 속한 여당 아우텐티코 당과 대립하던 오르토독소 정당을 통해 자신의 야망을 이루려고 했다.

피델은 특히 오르토독소당의 상원의원이자 정계의 아이콘인 에두아르도 치바스에게 줄을 대려고 했다. 두 사람은 공통점이 많았다. 치바스도 "공식 정당의 확실한 지도자가 되기엔 너무 변덕스럽고 의지가 되지 못하는 사람"[38]으로 평가받았다. 그는 누가 자신을 조금 모욕하기라도 하면 결투를 신청하기로 유명했다. 하지만 치바스는 대단한 연설가였다. 그는 인기를 끈 자신의 일요일 라디오 방송을 통해서 "열정석이고 삼성석이고 솔직한 성미"[39]를 고스란히 드러내면서 쿠바 정치의 고질적인 부정부패를 규탄했다.

1951년 8월에 치바스는 자신에 대한 인신공격에 대응하려고 라디오 방송을 했다. 수천의 사람들이 치바스가 이번에는 어떻게 대응하는지 들으려고 라디오 앞으로 몰려들었다. 그러나 그날은 이전과는 비교도 되지 않을 만큼 충격적인 방송이었다. 방송이 끝나갈 무렵에 치바스는 "이것이 당신들에게 바치는 마지막 경고입니다!"라는 말을 남기고는 권총을 꺼내 자신의 배를 두 번 쏘았다.

자살을 의도했는지를 놓고 언론은 크게 떠들썩했지만 결과는 분명했다. 치바스는 많은 이들의 적이었고 그의 죽음으로 한 시대가 마감되었다. 그리고 정계에는 공석이 생겼다. 스물다섯 살의 피델은 치바스를 위한 명예 근위대의 맨 앞줄에 섰고 정치적 의도가 담긴 성명서를 발표했다. 실제로 치바스가 사망한 지 얼마 되지 않아 피델은 하원의원 선거에 나가려고 했다. 하지만 오르토독소당의 나머지 지도부가 그를 지지하지 않아서 공천을 받지 못했다.

피델은 정신적 지주의 행보를 따라 좀 더 직접적인 정치에 뛰어들었고 변호사라는 전공을 살려 점점 더 부패를 일삼는 프리오 정권을 조사하기 시작했다.[40] 한번은 정원사로 변장해서 프리오가 어떤 식으로 "토지와 궁전, 수영장에 대한 엄청난 탐욕"을 드러내며 "대통령직의 영혼을 팔아먹고 있는지"를 보여주는 사진을 찍으러 대통령 관저에 숨어들기도 했다. 이는 기나긴 싸움의 시작일 뿐이었다. 피델은 이러한 "부정부패와 비참함"[41]의 전부를 담은 문서를 작성하기 시작했다. 그는 프리오의 농장 네 군데를 조심스럽게 조사해서 어떻게 그것들을 손에 넣었는지를 밝혔다. 그런 후 피델은 프리오에게 도전장을 던지듯이 국민들 앞에 그의 죄를 밝혔다. 피델은 의기양양하게 썼다. "나는 치바스에게 치욕을 안겨준 이 사악한 정권에 복수를 하겠다고 말했다. (……) 우리는 조금씩 그 복수를 해나가고 있다."[42]

하지만 피델이 치바스의 그늘 아래에 머물던 시기는 짧게 지나갔다. 전 대통령이자 피델 처가의 친구인 바티스타가 여름에 치러질 선거에 나설 준비를 하고 있었다. 바티스타는 자신의 선출 가능성이 점점 줄어드는 데다 프리오가 헌법에 위배되는 어떤 조치를 감행하려 한다는 소문이 들리자 직접 행동에 나서기로 결심했다.

항상 자신도 놀랐다고 주장하고 있지만, 피델은 1952년 3월 10일 단행된 쿠데타에 대해 사전에 알고 있었던 것 같다. 그는 이 쿠데타 이후 확실하게 혁명의 길로 들어서게 된다. 피델은 군대 내 요직에 정보통들이 있었고 지난해 여름에 바티스타를 방문한 뒤로[43] 그의 심경을 읽고 있었다. 그 만남에서는 조심스럽게 사교적인 대화만이 오갔다. 하지만 바티스타의 꽉 찬 서가를 살펴보던 피델은 이 마키아벨리적인 전직 사령관에게 책꽂이에 말라파르테의《쿠데타의 기술》이 없어 의외라며 짐짓 놀라움을 표시했다. 바티스타는 자신의 사서에게 말해두어야겠다며 가볍게 넘길 뿐이었다.

바티스타에게는 그런 책이 필요 없었던 모양이다. 10일 아침에 바티스타는 우선 군대를 장악한 뒤, 힘없이 포위당한 행정부의 저항을 누르고 국가 전체를 장악했다. 피델은 사전에 알았든 몰랐든 상관없이 분노에 휩싸였다. 유명한 야당 정치인으로서 자신의 입지가 위태로운 것을 알고 피델은 즉시 자취를 감추었다. 처음에는 여동생 리디아의 아파트에 숨었다가 친구인 에바 히메네스의 아파트로 옮겼다. 히메네스는 중산층이 모여 사는 아바나의 알멘다레스 지구에 은신처를 마련해두고 있었다. 거기서 피델은 최근 자신이 했던 문서 활동에서 영감을 얻어, 결정적인 대응책으로 이틀에 걸쳐 저항의 글을 쓰기로 했다.

피델은 바티스타의 쿠데타에 대한 저항의 글에 "혁명이 아니라 주먹을!"이라는 제목을 붙였다. 여기서 주먹은 에스파냐어로 '사르파소zarpazo'인데, 가벼운 잽 정도가 아니라 뼈를 으스러뜨릴 정도의 강타를 뜻한다. 피델은 치바스에 결코 뒤지지 않을 정도로 강경하게 바티스타를 성토했다. 그는 바티스타가 구방법 147조, 149조, 235조, 236조, 240조를 위반했으며 이는 징역형 100년에 해당하는 혐의라고 비난했다.

피델은 혼자가 아니었다. 지하의 다른 목소리들도 표면으로 떠올랐다. 수년간 서로 죽고 죽이는 전쟁을 벌였던 전국대학생연맹은 소식지인 〈알마마테르〉에 바티스타를 규탄하는 글을 게재하며 되살아났다. 5월 2일, 아벨 산타마리아와 헤수스 몬타네 오로페사는 자신들이 편집한 〈손 로스 미스모스(그들은 모두 똑같다)〉를 비밀리에 펴냈다. 이들은 곧 피델과 함께 혁명 전선에 뛰어들 사람들이었다. 에두아르도의 형제인 라울 치바스가 말한 대로, "3월 10일이 앞으로 다가올 모든 일을 결정했다."[44]

3 총알과 배낭

1952년 3월에 바티스타가 정권을 잡은 순간부터 피델 카스트로는 완만한 길을 포기했다. 대신 그는 법적 투쟁이라는 별반 효과 없는 일에 뛰어들었다. 나중에 자평했듯이 피델은 그저 정당정치에서 "발을 뺀 것"[1]이었다. 이런 결정을 내리게 된 사람은 피델만이 아니었다. 대부분 좌파나 급진주의자인 분노에 찬 청년들이 오르토독소당 같은 대중정당이나 노동자정당에서 빠져나왔다. 피델은 연설과 비밀 정치 모임의 근거지였던 아바나의 거대한 콜론 공동묘지에서 이들과 자주 만남을 가졌고, 마음이 맞는 사람들을 빠르게 끌어들였다. 그 사람들 중에는 나중에 피델의 부사령관이 되는 아벨 산타마리아와 아벨의 여동생이 아이데, 헤수스 몬타네, 멜바 에르난데스도 있었다.[2] 불가피한 선택이었겠지만, 그들은 금세 피델의 지지자가 되었다.

이렇게 즉석에서 임시로 만들어진 모임은 전전히 성상해나가기 시작했다. 이 모임은 어떤 특정한 형태도 없었고 이름도 없었다. 이 모임의 형태를 결정지은 것은 피델의 마력 같은 매력이었다. 피델보다 일곱 살이 많은 멜바는 이렇게 기억했다. "이 청년이 말하기 시작하면 듣는 것밖에 할 수 없었어요. (……) 피델은 아주 낮은 목소리로 속도를 조절하면서 비밀을 털어놓듯이 가까이 다가와 말했어요. 그 목소리를 들은 사람은 자신도 비밀을 털어놓아야 할 것 같은 마음이 들었죠."3 이처럼 처음부터 피델은 정치적 조직을 만들 때 개인적인 유대감과 신뢰를 중요하게 여겼다.

비밀리에 활동하던 몇 달 동안 피델은 광적인 속도로 일을 해치웠다. 전단지를 제작해서 배포했고 단체의 조직도를 구상하고 강령도 만들었다. 이렇게 민첩한 일 처리는 나중에 피델의 특징으로 꼽히는 것 중 하나였다. 피델은 라디오 송신장비를 구하랴, 직접 쓴 인쇄물을 일일이 작은 등사기로 찍어내랴, 쉴 틈이 없었다. 인쇄물은 이 단체의 간행물인 〈엘 아쿠사도르(고발자)〉와 함께 배포되었다. 문구는 언제나 똑같이 '바티스타 정권 타도'였다.4 피델은 어떻게 하면 그들의 목적을 달성할 수 있을지 고민하는 동시에 아내 미르타와 아들 피델리토와의 가정 생활도 겉으로나마 원만히 유지하려고 애썼다.

피델은 여름이 끝나갈 무렵부터 새로운 단원들에게 "우리는 무장봉기를 일으킬 것"5이라고 말하기 시작했다. 한편 분노에 찬 지하언론들은 늘어만 가는 새 정권의 악행을 타전했다. 1953년 초에 이르자 피델은 수백 명의 단원들을 거느리게 되었고 이들을 조심스럽게 세부 조직으로 나누어서 각각 무기 사용 훈련을 시켰다. 마침내 그해 여름, 피델은 공격 태세를 갖출 수 있었다.

공격 날짜는 7월 26일, 산티아고데쿠바에서 축제6가 열리는 일요일이었다. 피델이 세운 계획의 핵심은 악명 높은 몬카다 병영을 습격7하는 것이었다. 두 번째 공격 대상은 바야모에 있는 병영이었다. 이 시기의 쿠바는 가장 더운 때라 일요일이 되자 동이 트기 전인데도 참을 수 없을 만큼 덥고 끈적거렸다. 하지만 토요일 밤부터 시작된 축제가 여전히 계속되고 있었다. 얼굴에 물감을 바르고 밝은 색 옷을 입은 채 축제를 즐기는 사람들이 거리에 가득 몰려나와 춤을 추고 있었다.

축제를 즐기던 사람들이 모두 길가에 지쳐 쓰러질 즈음인 일요일 오전

5시가 지나자 피델은 공격대에게 출격 명령을 내렸다. 열여섯 대의 차량이 엘 시보네라는 교외 농장에서 줄을 지어 빠져나와 도심을 향해 흙길을 달리기 시작했다. 한 운전수는 "먼지가 너무 많이 일어서 눈앞만 겨우 볼 수 있을 정도"였다고 회상했다.

뷰익과 캐딜락, 폰티악 차량을 가득 채운 90명의 반란군들은 두려움으로 입이 말랐고 초조함에 손가락으로 사냥용 소총과 소구경 엽총을 꽉 잡고 있었다. 무기들은 농장의 비밀창고에서 건네받은 것이었다. 잘 맞지도 않는 낡은 군복을 입거나 어떤 이들은 두 색이 섞인 반짝이는 구두를 신고 있었다. 이들의 몰골은 축제의 주정뱅이들만큼이나 후줄근했고 눈에 띄지 않았다. 이들 중 한 명인 호세 루이스 타센데는 아직도 번쩍이는 J자 버클이 달린 사복 벤트를 차고 있었다. 그리고 이제 곧 그게 얼마나 큰 실수였는지 뼈저리게 느끼게 된다.

반란군의 차량이 농장을 빠져나와 산티아고데쿠바로 뻗은 중앙고속도로를 향하는 순간부터 일이 잘못되기 시작했다. 원래 계획은 미리 정해진 순서에 따라 고속도로에 진입하는 것이었는데, 몇몇은 길을 잃거나 엉뚱한 길로 차량을 몰았다. 두 번째 차량에 탄 카스트로는 가파르고 구불구불한 도시 진입로로 운전을 하면서 제대로 돌아가지 않는 상황에 저주를 퍼붓고 성을 냈다.

병영에 점점 가까워지면서 선두 차량들이 옆문 쪽으로 향했다. 그 뒤를 따라 저격 파견대가 최고재판소의 지붕 위에 자리 잡기 위해서 길을 봉쇄했다. 세 번째 부대는 인근 공공병원으로 향했다. 이곳 역시 엄호에 적당한 장소였다. 이 단계의 계획은 철두철미했다. 그들은 순찰을 도는 시간을 알고 있었고 축제는 여전히 계속되고 있었다. 공격하기에 딱 알맞은 시간이었다. 그러나 피델이 계획에 실수의 여지를 남겨두지 않은 것이 문제였다.

계획보다 정확히 2분이 늦은 5시 17분에 첫 차량 공격이 시작되었다. 마레로라는 청년이 모는 머큐리가 병영의 옆문인 제3문으로 밀고 들어갔다. 피델이 엘 시보네에서 짠 계획에 따라 파견대 대장인 레나토 기타르트의 차는 공식 군용차량으로 위장했다. 차량 전체에 군기인 '9월 4일 깃발'을 늘어뜨리고 바티스타 장군의 사진을 앞유리에 붙였다. 레나토 기타르트가 우렁차게 외쳤다. "길을 비켜라. 장군님이 오신다!" 혼동한 경비대가 경계를 거두자 차량이 멈췄고 헤수스 몬타네와 라미로 발데스, 호세 수아레즈, 이렇게 세 명의 반란군이 뛰쳐나와서 경비병들을 무장해제했다.

선두부대가 병영 건물로 돌진하고 있는 동안, 피델이 운전하는 두 번째 차는 예기치 않게 순찰병 둘과 맞닥뜨렸다. 피델은 속도를 줄이고 실바 도밍게스와 루이스 트리아이 두 사병을 쐈다. 군인들도 톰슨 기관총을 발사했다. 이 총소리로 인해 에울랄리오 곤살레스 하사가 "놀라서 잠에서 깼다." 그의 집에는 아내와 갓난아기가 있었는데 총알이 날아와 "거실 나무벽 위쪽으로 구멍을 여러 개 냈고 앵무새도 죽였다." 총탄을 피하려고 피델은 급회전을 했다. 그러다가 피델의 차가 연석을 들이받았고 얼마나 세게 부딪쳤던지 차량의 왼쪽 앞 차축이 완전히 뭉개졌다.

그때 "네 개의 출입문에서 큰 전자벨 소리가 연속해서 울렸다." 경보음이었다. 전 병영과 도시의 절반이 몬카다 병영이 공격받은 사실을 알게 되었다. 기습공격이라는 강점이 사라져버렸다. 나머지 반란군들은 피델의 차에 막혀 차량을 병영 옆쪽으로 대거나 차문을 방패 삼아 총을 쏠 수밖에 없었다.

최고재판소 근처에서 병영을 지켜보던 라울 카스트로와 전투부대는 엄호사격을 위해 지붕 위로 향했다. 최고재판소로 다가오는 그들을 보고 한 상병이 "무슨 일이냐?"고 묻자 라울은 "바티스타가 쓰러졌다!"고 대답했다. 그들은 재판소의 벨을 누른 후 문을 열어준 관리인을 인질로 잡고 안으로 들어섰다. 이 전투부대를 지휘했던 레스터 로드리게스는 "그때 우리 동료와 군인들 사이를 오가는 총성이 들리기 시작했다"고 회상했다. 그들은 안에 있던 보안직원들을 모조리 잡아서 엘리베이터 안으로 몰아넣었고 수감자들을 이끌고 지붕 위로 올라갔다. 그러나 그들은 옹벽이 너무 높아서 아래로 발포를 할 수 없다는 사실에 망연자실했다.

한편, 피델의 부사령관인 아벨 산타마리아가 이끄는 무리는 공공병원을 성공적으로 장악했다. 멜바와 아이데도 의사인 마리오 무뇨스와 함께 검은색 링컨을 타고 마침내 모습을 드러냈다. 이들은 중앙고속도로에서 잘못된 길로 빠졌었다. 이들이 탄 차는 반란군 동료인 세베리노 로셀의 말마따나 "빗발치는 총탄 포화"[8] 속에 병원으로 들어왔다. 병원에 들어가자마자 그들은 약품 보관함을 부수고 부상자를 치료할 약을 꺼냈고, 계획한 대로 의료진 유니폼으로 위장했다. 그러나 이미 병영에서 기관총 발사가 시작된 시점이라 효과적으로 엄호사격을 할 수 없는 상황이었다. 게다가 병원 내부에 있는 무장 경비원들의 저항에도 맞서야 했다.

피델이 세심하게 짰던 전략은 제대로 실행되지 못했다. 계획의 핵심은 모든 차량이 주변 건물에서 엄호를 받으면서 병영 안뜰로 줄지어 들어가는 것이었다. 그런 다음 주요 병영으로 이어진 계단으로 돌진해서 군인과 무기를 포획하고 주둔지를 장악한 후, 라디오 통신으로 시민들에게 무장봉기를 독려하는 선동을 하겠다는 작전이었다. 이 전략은 그곳 주둔지에 대한 주의 깊은 관찰과 산티아고데쿠바 시민들의 전통적인 호전성에 기댄 것이었다.

반란군의 차량이 기관총의 포화 속에 완전히 망가지자 피델은 자신의 차를 방패 삼아 거리에 서서 권총을 흔들며 "전진!"[9]을 외쳐댔다. 피델은 "5, 6분가량" 필사적으로 부하들을 재정비하려고 노력했다. 하지만 속도전과 기습공격이라는 강점을 잃고 나서 피델은 이미 패배를 감지하고 있었다.

병영으로 침투한 몇 안 되는 반란군들은 금세 병영 내 이발소로 몸을 숨겼다. 그들은 항복의 의미로 창문 바깥으로 손수건을 흔들었지만 오히려 더 많은 총알만 날아들었다. 군인들은 이발소 안에 수류탄을 던졌고 반란군 중 한 명이 즉사했다. 두 명은 겨우 탈출했지만 남은 세 명은 곧 잡혀서 바깥으로 끌려 나와 기관총으로 두들겨 맞아 사망했다.

살아서 나온 두 사람 중 한 명인 라미로 발데스는 30분 정도 지속된 불꽃 튀는 총격전으로 인해 타이어가 가라앉은 차를 향해 뛰었고 겨우 시동을 걸었다. 이 모습을 본 피델도 더 이상 후퇴밖에는 방법이 없다고 판단했다. 발데스는 거꾸로 핸들을 꺾어서 피델의 차를 들이박고는그 반동으로 방향을 바꿔서 덜컹거리는 상태로 몇 블록 떨어진 의사의 집으로 향했다. 이 의사도 공모자 중 하나였다. 피델 옆에서 함께 싸우던 세베리노 로셀과 게라르도 그라나도스도 다른 차량을 향해 냅다 뛰었다. 그들이 차에 시동을 걸자 피델은 열린 차문으로 뛰어들었다. 그들이 돌진하기 전에 11명의 다른 반란군들도 간신히 차에 오를 수 있었다. 이 기습공격은 한 시간 이상 지속되지 못했고 피델의 부하 중 일부는 병영으로 향하는 길조차 찾지 못한 상태였지만 바티스타를 끌어내리겠다는 피델의 꿈은 이미 산산조각나 있었다.

산티아고데쿠바에서 공격에 실패한 피델이 타는 듯한 더위를 뚫고 먼 길을 달아나는 동안 부에노스아이레스에는 눈이 내리고 있었다. 작은 무리의 사람들이 벨그라노역의 플랫폼에 서서 오븐에 구운 닭요리와 2리터들이 와인병을 손에 꼭 쥔 채 기차를 기다리고 있었다. 피델의 기습 사건이 전 세계 신문을 장식하기 2주 전이었고 에르네스토가 '미알'과 함께 그 유명한 여행에서 돌아온 지 10개월이 지난 때였다. 4월에 에르네스토는 박사학위증을 여봐란 듯이 휘날리며 대학 문을 당당히 걸어 나왔다. 그 이후로 그는 어린 시절 친구인 칼리카 페레르와 다음 여행을 계획하기 시작했다.

"내 여행 동반자의 이름이 바뀌었다." 에르네스토는 빳빳한 새 일기장 첫 장에 이렇게 적었다. "알베르토가 이제 칼리카로 바뀌었지만 여행은 동일하다. 서로 다른 두 영혼이 각자가 무엇을 원하는지도, 어느 방향으로 가야 하는지도 모른 채 아메리카대륙을 가로지르며 움직이는 것이다." 그들이 기차에 오르자 에르네스토는 자신들이 "이상한 모습을 한 속물적인 녀석들"[10]로 비친다는 느낌을 받았다. 열차 이등칸의 주요 승객인 농부들이 "좋은 옷에 가죽 외투를 입은" 두 사람을 "이상한 눈빛"으로 바라보는 것은 당연했다.

그러나 '이상한 눈빛'이야말로 에르네스토가 원하던 바였다. 그는 예상치 못한 것을 발견하는 기쁨과 흥분을 다시 느껴보고 싶었다. 그는 아직 자신이 무엇을 찾고 있는지 확신하지는 못했지만 적어도 무엇을 원치 않는지는 잘 알고 있었다. 자신을 배웅 나온 사람들처럼 "어중간한 과학자, 어중간한 보헤미안, 어중간한 혁명가"[11]는 되고 싶지 않았다. 말쑥하게 차려입은 친구들과 가족들이 플랫폼에서 손수건을 흔들고 선물을 밀어 넣었지만, 그 중에서 가장 슬퍼한 이는 그의 어머니였다. 그 전날 어머니는 며느리인 마틸데 레시카에게 자신의 심정을 털어놓았다. "그애를 영원히 잃어버릴 것만 같구나. 다시는 내 아들 에르네스토를 보지 못할 거야." 마틸데는 작별의 순간이 다가오자 그녀가 몹시 심란해했다고 기억했다. "기차가 출발하자, 어머니는 기차 옆에 붙어서 달리고 또 달리셨어요."[12]

에르네스토는 대놓고 자신의 감정을 표현한 적이 없었고 집을 떠나는 여느 청년과 마찬가지로 어머니의 눈물에 어쩔 줄 몰랐지만 어머니의 애정을 잘 알고 있었고 충분히 다독여드렸다. 배웅하러 나온 오랜 친구인 티타에게도 슬픈 작별인사를 건넸다. 그러나 아버지와의 작별인사는 앞선 광경과는 확연히 차이가 났다. 그의 아버지는 아내의 과도한 눈물 바람에 눈살을 찌푸렸다. 그는 아내가 아들에게 매달려 우는 장면을 기억에서 완전히 지우고 싶어했던 모양이다. 대신 어깨에 배낭을 멘 젊은 군인의 인상적인 모습이 그의 머릿속에 남았다. 에르네스토의 아버지는 "기차에 오르지 않고 몇 미터를 기차 옆에서 달리던 에르네스토가 녹색 배낭을 들어 올리면서 '여기 아메리카의 씩씩한 군인이 갑니다!'라고 외치는" 모습을 기억했다.[13]

처음에 그들은 이 말이 무슨 뜻인지 잘 몰랐다고 한다. 에르네스토의 아버지는 나중에 아들이 피델의 혁명군에 가담한 사실을 알고 난 후에야 그 말뜻을 이해할 수 있었다고 말했다. 그러나 분명한 점은 그 작은 '꼬마 녀석'이 떠나버렸다는 사실과 정작 아들에 대해 모르는 것이 많다는 사실 뿐이었다. 에르네스토는 다시 여행길에 오르게 되어 안도감과 홀가분한 기분을 느꼈다. 집에 있으면 편안했지만 답답한 기분을 떨칠 수 없었기 때문이다. 기차가 아르헨티나와 볼리비아 간 국경에 위치한 라키아카에 다다랐을 때 에르네스토는 이렇게 적었다. "양국의 국기가 작은 철도 다리를 사이에 둔 채 마주보고 있었다. 볼리비아 국기는 새것에다 색깔도 밝았지만 다른 쪽 국기는 마치 스스로 상징하고 있는 나라의 빈곤함을 알아채기라도 한 듯 낡고 지저분하고 색이 바래 있었다."

"밤이 되자 추위가 점점 더 심해졌다."[14] 에르네스토는 기차가 첫 목적지인 라파스로 향하자 일기장에 곱은 손가락으로 끼적였다. 추위로 물통의 물이 얼었고 부츠도 꽁꽁 얼어붙었다. 원래 이등칸을 고집했던 칼리카도 한풀 꺾였다. 그들은 일등칸으로 좌석을 옮겼다. 하지만 거기도 따뜻하지는 않았다. 씻지도 못한 채 서서히 굳어가는 몸을 이끌고 그들은 식당칸으로 터덜터덜 발걸음을 옮겼다. 거기에서 그날 하루 대부분을 보내면서 성긴 잡풀 너머로 바깥 경치를 구경했다. 기차는 시골을 지나 라파스 주변의 울퉁불퉁한 언덕을 넘어가고 있었다. 거기에서 그들은 "작지만 매우 아름다운 도시"로 들어갔다. 그 도시는 "울퉁불퉁한 지형으로 둘러싸여 있었고 만년설에 뒤덮인 일리마니산이 도시의 파수꾼처럼 위용을 자랑하고 있었다."

볼리비아는 한창 혁명적인 대변동이 일고 있던 상황이었다. 에르네스토가 도착했을 때 그곳의 민족주의 혁명 지지자들이 떠들썩하게 토지개혁법 통과를 자축하고 있었다. 오후 내내 에르네스토는 볼리비아 광부들이 벌이는 행진을 흥미롭게 관찰했다. 두 청년은 라파스로 오는 기차 안에서 이미 유명한 볼리비아 귀족의 아들 이사이아스 노게스를 만났다. 이사이아스 노게스는 아르헨티나 투쿠만 지역의 전 주지사였고 지금은 페론의 정적이 된 인물이었다. 노게스는 라파스 내 아르헨티나 공동체의 핵심 인사였기 때문에 두 청년이 어느 곳이든 쉽게 출입할 수 있도록 도와주었다. "라파스의 고위층 사람들이 점심식사에 우리를 초대했다. (……) 그들은 우리를 차에 태우고 도시를 구경시켜주었고 파티에도 초대했다. (……) 우리는 아르헨티나 사람이 운영하는 나이트클럽에 갔다. 그들은 우리가 계산하지 못하게 말렸다. (……) 언제나 여기서 가장 좋은 호텔에서 최상급의 차와 식사를 대접받았다. (……) 오늘 오후에 우리는 부잣집 여인들과 차를 마시러 간다. 오늘밤에는 춤을 추러 갈 예정이다."[15]

이렇게 에르네스투는 볼리비아에서 완전히 상반되는 경험을 했다. 그는 며칠간 복잡한 사회역학을 탐구하며 지냈다. "인디언은 언제나 백인의 마음속에서는 동물로 인식된다. 그 백인이 아무리 경건한 심성을 지녔더라도 말이다."[16] 에르네스토는 라파스를 나와서 라스융가스로 가는 험준한 산을 내려가보고는 이렇게 적었다. 그러나 밤에는 라파스의 고위층이 선사하는 환락을 즐겼다. 며칠 동안 노게스의 환대를 받은 후 에르네스토는 이 도시에 대한 묘사를 바꿀 수밖에 없었다. 이 도시는 "아메리카대륙의 상하이"[17]라고 일기장에 고쳐 적었다.

에르네스토와 칼리카가 "키 크고 몸집이 비대하고 콧수염을 기른 대머리"[18]인 아르헨티나 사람 리카르도 로호를 만난 곳도 바로 노게스의 집이었다. 원래 코르도바 사람들은 남의 별명을 함부로 지어 부르지 않는데도 리카르도 로호는 바로 그 자리에서 '뚱뚱보 로호'로 불렸다. 당시 로호는 감옥에서 나온 지 얼마 되지 않은 때였다. 부에노스아이레스의 플라자 데 마요 광장에서 페론이 노동자들을 상대로 연설을 하고 있을 때 다이너마이트 폭탄이 터졌는데, 그 사건에 연루된 혐의로 수감되었던 것이나. 로호의 사연은 〈라이프〉 잡지에 실렸고 이후로 그는 망명자용 특수 통행증과 함께

그 기사를 항상 지니고 다녔다.[19]

에르네스토가 몬카다에서 일어난 사건을 듣게 된 장소도 환락에 젖은 야간 파티가 벌어지던 곳이었다. 그는 본능적으로 몬카다 사건에 신경이 쓰였다. 의식적이었든 무의식적이었든 에르네스토는 점점 그 세계에 끌리고 있었던 것이다. 그렇지만 당시에는 여전히 라틴아메리카의 내정에 외국인이 간섭하는 것을 회의적으로 보고 있었다. 다만, 그의 생각에 어느 정도 변화의 여지는 생기기 시작했다.

피델은 몬카다 습격으로 금세 유명인이 되었다. 폭넓은 인지도는 피델이 오랫동안 염원하던 것이었다. 하지만 바로 그 순간 피델은 아주 심각한 위험에 처했다. 병영을 빠져나온 뒤 그는 탈출에 성공한 소수의 부하들을 다시 결집했다. 당시에 피델의 의도가 정확히 무엇이었는지는 여전히 미지수로 남아 있다. 그들은 함께 산속으로 향했고 인심 좋은 농부들이 빌려준 오두막에서 과일로 연명했다. 둘째 날에는 정찰비행기가 머리 위로 날아다니기 시작했고, 펠리시아노 에레디아라는 농부의 농장에서 라디오를 켜고 사망자들의 이름을 들었다. 그들은 동료들이 처형되고 있다는 사실을 알게 되었다.

비슷한 운명을 맞이한 두 번째 공격 장소인 바야모와 마찬가지로 몬카다 현장은 전투가 끝났을 때보다 더 많은 피로 물들었다. 군인들은 포로들에게 분을 풀었다. 포로 수십 명이 몇 명씩 나눠져서 병영 내 사격훈련장으로 끌려갔고 그곳에서 마구잡이로 총에 맞아 죽었다. 그렇게 처형된 사람들 중에는 J자 버클이 달린 벨트를 찼던 호세 루이스 타센테도 포함되어 있었다. 그는 솜씨 좋게 창문 밖으로 뛰어서 병영에서 탈출했지만 번쩍이는 벨트를 한 미심쩍은 군장 때문에 잡히고 말았다. 그는 군인 넷에게 끌려 사격장으로 향하면서도 한마디 말도 하지 않았다. 군인들은 그를 땅에 내팽개치더니 그 즉시 머리에 총을 쐈다.[20]

이런 상황이니 피델이 산티아고데쿠바 바깥쪽 언덕의 농장에서 마침내 잡혔을 때 두려움에 떨 만도 했다. 사실 피델을 잡은 사병은 병영 기습으로 동생을 잃었고, 자기가 잡은 사람이 피델이라는 것을 알고는 바로 총을 겨누었다. 하지만 피델에겐 천만다행으로, 그의 지휘관인 사리아는 그런 식의 복수를 원치 않는 사람이었다. 사리아는 성난 부하의 총을 빼앗고 물러서라고 명령했다. 그러면서 그는 피델에게 아르헨티나 교육학자의 말을 인용했다. "사상은 죽이지 못하는 법이지." 기지로 호송되는 길에 피델이 지휘관에게 "왜 나를 죽이지 않았습니까?" 하고 묻자 사리아는 "난 그런 사람이 아니라네"[21]라고 조용히 대답했다. 다시 한번 피델의 운이 통했다. 그는 그런 사람이었다.

피델은 몬카다 반란군에 대한 재판이 열릴 때까지 근처의 보니아토 감옥에 수감되었다. 1953년 9월 21일 월요일에 첫 공판이 열렸다. 장소는 병영 공격 때 반란군이 점령했던 바로 그 최고재판소였다. 재판소 건물 주위로 군대가 차단선을 둘러쳤음에도 평소에는 텅텅 비던 법정이 수백 명의 친구와 친척, 구경꾼으로 가득 찼다. 피델은 꽉 죄는 수갑을 차고 지프차에 태워져 법정으로 끌려왔다. 피델의 부하들을 태운 세 대의 버스가 뒤따랐다. 피델은 원래 몬카다 공격에서 강력한 타격을 주거나 상징적인 행동을 하려고 계획했다. 전자는 물 건너간 계획이 되었으니 후자를 실행에 옮길 수밖에 없었다.

세 판사 중 한 명인 후안 메히아스는 재판에 앞서 기자들에게 말했다. "여태껏 쿠바 재판정이 맡은 사건들 중에서 가장 어려운 사건입니다. 정치적 문제로도 가장 중요한 사건이겠지요." 피델에게는 이 재판이 몬카다 공격 실패로 좌절되었던 혁명의 기반을 마련할 수 있는 절호의 기회였다. 그는 온 국민의 관심이 이 재판에 쏠려 있다는 사실을 염두에 두고 있었다. 재판을 대대적으로 일린 바티스타는 사기도 모르는 사이에 피델을 노와준 꼴이었다. 피델은 이 완벽한 기회를 놓치지 않고 법정을 정치적 행동의 장으로 삼았다. 그는 결코 기회를 놓쳐본 적이 없는 인물이었다.

피델이 마지막으로 법정에 들어서자 모든 관심이 그에게 쏠렸다. 군인들 중 한 명이 말했다. "저 자식을 좀 보라고. 기지를 공격할 때는 그렇게 거침없더니 지금은 오줌을 지릴 것처럼 겁에 질렸군."[22] 피델은 고개를 돌려 그 군인을 빤히 쳐다보고는 아무런 대꾸도 하지 않고 다시 정면을 바라보았다. 군인들은 이제 그의 공격 대상이 아니었다. 피델은 몬카다 공격에서도 철두철미하게 계획을 세웠듯이 이 재판에 대해서도 만반의 준비를 갖췄다. 그는 독방에 갇혔지만 부하들이 은밀히 중요한 정보들을 제공해주었다. 습격 이후 8주 동안 벌어진 주요 정황들을 전해준 것이다. 뒤이은 잔학 행위를 전해들은 피델은 자신의 공판을 바티스타의 악정에 대한 재판정으로 만들 전략을 세웠다.

법정은 우선 피델에게 그의 운동 단체에 대한 설명을 요구했다. 물론 피델은 그런 질문을 받은 것이 기쁘기만 했다. 그는 몬카다 병영을 공격한 이유와 실패 과정에 대해 당당히 설명했다. 피델은 그 공격만이 "현재 국가가 직면한 문제를 풀 수 있는 유일한 해결책"[23]이었다고말했다. 스물네 명의 검사가 질문 공세를 끝마치자 그는 스스로를 변호할 수 있는 기회를 달라고 요청했다. 피델은 법복을 입고 피고석에 자리를 잡았다. 그 후 이틀에 걸쳐 피델은 같은 처지의 피고인들에게 상세한 질문을 던져서 부하들에게 가해진 잔학 행위를 공론화했다. 그 중 일부는 올가미에 목을 묶인 채 차 뒤에 매여 끌려 다녔고 타센테 같은 부하들은 그 자리에서 냉혹하게 처형되었다는 사실을 모조리 까발린 것이다.

몬카다 병영의 지휘관인 리오 차비아노 대령은 피델이 법정을 정치적으로 이용하려는 것을 알아차리고는 분노했다. 게다가 그가 자신을 증인으로 불렀다는 소식을 듣고는 극도로 신경이 날카로워졌다. 대령은 피델이 법정에 나올 수 없도록 은밀히 조치를 취했다. 다음 날 아침에 법정 출석을 부를 때 피델을 호명하자 기이한 침묵만이 흘렀다. 법정 서기가 판사를 쳐다보자 판사는 계속하라는 신호를 보냈다. 검사가 이의를 제기했고 그때 육군 중위 한 사람이 피델이 아프다는 서신을 전했다. 이는 피델이 바랐던 상황이었다.

"피델 카스트로는 아픈 게 아닙니다."[24] 이렇게 외치면서 멜바는 가슴에서 쪽지를 하나 꺼내 판사 쪽으로 다가갔다. 이 쪽지는 피델이 독방에서 비밀리에 전한 것이었다. 자신은 아프지 않으며 군대에 의해 출석을 저지당했다는 것을 알리는 편지였다. 피델은 의사가 와서 건강 상태를 확인해주기를 요구했고 자신의 편지 사본이 당국에 전달되기를 원했다. 종전처럼 피델은 교묘히 세 판사를 자기편으로 끌어들여서 군대를 저지하고자 했다. 그는 환심을 사려는 듯이 써 내려갔다. "지금까지의 재판 과정과 판사님들의 명성으로 볼 때 이 재판이 우리 공화국 역사상 가장 명예로운 재판 중 하나로 남을 것이 분명합니다. 법정에서 단호한 조치를 취해줄 것을 무조건 믿고 있기에 이렇게 상세한 요구를 하는 것입니다."[25]

당연하다는 듯 판사는 휴정을 선포했다. 그러나 이는 그들의 패배였다. 다시 한번 피델의 선견지명과 담대함이 군대를 쓰러뜨렸다. 피델이 재판 과정을 고의적으로 이용한 사실을 감지한 판사는 그에게 보호조치 명령을 내렸고 편지에 쓰인 요구를 모두 들어주었다. 하지만 이후로 피델은 따로 재판을 받아야 했다. 피델이 빠진 공판은 빠르게 진행되었다. 지휘관들은 부하들을 증거불충분으로 석방시키기 위해 모든 사실을 인정하기로 했다. 지휘관들은 13년 형을 선고받았고, 재판은 끝이 났다.

'만능 통행증'을 지닌 로호는 별로 힘들이지 않고 에르네스토와 칼리카가 도착하기도 전에 에콰도르에 안착했다. 그들은 그곳에서 만나기로 약속했었다. 에르네스토와 칼리카는 우회로를 택했는데, 에르네스토는 어딘가로 향할 때마다 책이 가득한 가방을 질질 끌고 다녔다. 일기장에 적힌 대로 "1톤짜리 벽돌[26]을 지고 다니는 것 같았다." 그런데 페루 국경에서 "지옥 같은 소동"을 한바탕 겪고 나자 문제가 조금 해결되었다. 세관에서 《소련에 사는 남자》라는 책을 비롯한 여러 책들을 "빨갱이 책!"이라며 몰수해 간 것이다. 에르네스토가 남아메리카대륙에서 얻은 경험은 이제 마르크스주의 저서를 통해 이해되기 시작했다. 실제로 에르네스토는 마르크스주의 저서에서 읽은 내용과 길 위의 현실이 아주 잘 맞아떨어진다고 생각하게 되었다.

산티아고데과야킬에서 로호가 그들을 맞이했다. 로호는 한 무리의 아르헨티나 사람들을 모아놓았는데, 안드레스 에레로, 에두아르도 구알로 가르시아, 오스카 발도비노스 등 모두 변호사들이었다. 산티아고데과야킬은 과일 운송선이 오가는 항구로, 과일 운송선은 에르네스토의 표현에 의하면 "자활 능력이 없는 이 도시의 핑계거리"가 되어주었다. 에르네스토와 칼리카는 어쩔 수 없이 로호가 마련해둔 곳에서 지낼 수밖에 없었다. 그러나 이번에는 가장 빈곤한 지역이었다.

로호 무리는 항구 옆 호스텔에 예인선과 과일 운송선이 내려다보이는 방을 같이 썼다. 여기서 겪은 비참한 현실이 에르네스토에게 세계시장의 요구 앞에 굴복할 수밖에 없는 이 작은 공화국의 슬픈 처지를 대변해주었다. 돈도 빠듯하고 할 일도 전혀 없어서 그는 생각에 잠길 시간이 엄청나게 많았다. 원래 에르네스토는 칼리카와 함께 알베르토를 만나러 베네수엘라로 갈 예정이었지만 다른 사람들에게 자극을 받아 여기서 새로 알게 된 사람들과 함께 파나마와 중앙아메리카로 가볼 결심을 했다. 에르네스토는 이들 국가에서 본 광경에 분노를 느꼈지만 다른 한편으로 매력을 느끼기도 했다. 그는 더 많은 것을 보고 싶었다.

미국계 기업인 유나이티드 프루트가 장악한 골피토 항구에서 구알로 가르시아와 함께 떠나기 위해 배를 기다리면서 에르네스토는 일촉즉발의 사회 지형에 대해 "변함없이 백인의 계급의식이 느껴지는 곳"[27]이라고 썼다. 이런 쓰디쓴 느낌은 이곳의 아름다운 풍광과 대비되어 더욱 두드러졌다.

"100미터 높이에 이르는 산들이 마치 해변에서 솟구쳐 오른 듯 보였고 산비탈은 열대과일로 덮여 있었다." 이런 산들로 둘러싸인 마을은 "확실히 지정된 지역들로 나뉘어 있다. 그 경계에는 사람들이 함부로 드나들 수 없도록 경비대가 지키고 서 있다. 물론 가장 좋은 지역은 백인 지역이다." 에르네스토는 이곳이 "마이애미와 조금 비슷하다"고 평했다. 이는 에르네스토식의 확실한 모욕이 담긴 평가였다.

북쪽 해안으로 여행을 마친 후에 한층 더 정처 없이 떠도는 데 익숙해진 에르네스토는 코스타리카에 도착했다. 그곳을 떠나기 전에는 항구에서 맞닥뜨린 "흑인 여성의 장사 수완과 선웃음에 붙잡혀"[28] 시간을 허비하기도 했다. 에르네스토는 이곳 코스타리카에서 난생처음으로 그 지역의 정치 상황에 대해 고찰하기 시작했다. 어느 날 그는 배낭을 어깨에 멘 채 소다 팰리스 호텔로 들어갔다가 피델과 함께 몬카다 공격에 참여했던 쿠바인들을 만나게 되었다.[29] 그들 중에는 피델과 같은 차에 타고 병영을 탈출했던 세베리노 로셀도 끼어 있었다. 그 호텔은 '국제적인 곳'으로 알려져 있었다. 거의 모든 테이블에서 젊은 망명자 무리를 찾아볼 수 있었고 그들은 각자 다른 언어로 음모를 꾸미고 있었다. 그들의 말에 에르네스토는 더욱 귀를 기울이게 되었다.

그 호텔에서 에르네스토는 도미니카 망명자인 후안 보슈와 코스타리카 공산주의 지도자인 마누엘 모라 발베르데도 만났다. 에르네스토는 이제 새로운 곳에 도착할 때마다 지도자들을 적극적으로 찾아 만나기 시작했고 그들의 증언과 설명을 듣고 싶어했다. 에르네스토는 발베르데에 대해서도 적었다. "과묵하고 천천히 신중하게 행동하는 사람이다. (······) 그는 우리에게 현재 코스타리카 정치에 대해 모두 말해주었다." 위스키에 절은 지식인들이 많았지만 그들은 니카라과 침략 계획이나 배신 행위, 토착민 중 고위 계층이 그들 자신이 속한 토착민 집단에 반하는 행동을 하는 현상에 대한 적절한 분석 등에 대해 말해주었다. 하지만 거기에서 오갔던 모든 말보다 더 흥미로운 것은 에르네스토가 직접 쓴 풍부하고 상세한 기록이었다. 그는 이런 대화를 통해서 책에서 읽은 사상을 좀 더 구체적으로 이해하고자 했다. 그는 중앙아메리카에서 겪은 경험을 설명할 수 있는 방법들을 모으기 시작했고 직관적으로 이 일을 해나갔다.

비슷한 상황은 계속 이어졌고 "지루함과 독서, 재미없는 농담"으로 점철된 하루를 보낸 후에, 마침내 에르네스토는 베네수엘라의 전 대통령인 로물로 베탄쿠르를 만나게 되었다. 그리고 그 즉시 베탄쿠르의 역량을 파악했다. "그는 정치인으로서 확고한 사회사상을 지니고 있었지만 가장 큰 이익을 위해서라면 그 고집을 꺾을 수 있는 사람이었다." 몇 달 전만 해도 에르네스토는 이런 평가를 할 수 없는 사람이었다. 에르네스토의 정치적 감각과 이해력은 길 위에서 서서히 형성되고 있었다.

에르네스토는 이제 인생에서 중요한 시점에 막 들어서려 하고 있었고 스스로도 그 사실을 감지한 듯했다. 1953년 12월 10일에 그는 산후안에서 베아트리스 이모에게 평소처럼 밝고 장난기 가득한 편지를 보냈다. "과테말라에서 저는 더욱 증진해서 진정한 혁명가로서 부족한 부분을 채우려고 합니다."[30] 편지는 이렇게 맺고 있다. "강철 같은 건강과 텅 빈 위장, 사회주의 미래에 대한 빛나는 확신만큼은 누구에게도 뒤지지 않는다고 자부하는 사랑스러운 조카 '찬초'가 포옹과 키스를 보냅니다. 그럼, 안녕히." 에르네스토와 구알로가 반갑지 않은 부슬비를 뚫고 험한 길을 가고 있을 때 딱 한 번 크게 기뻐한 일이 있었다. 반대편에서 차 한 대가 다가와 급정지했던 것이다. 그 차에서 뛰어나온 사람은 다름 아닌 뚱뚱보 로호였다. 언제나처럼 한 무리를 이끌고 다니던 그는 국경까지 그들을 태워다 주었다.

10월 16일에 마침내 피델은 부상으로 공동재판을 받지 못한 피고인 두 명과 함께 재판을 받았다. 이 두 번째 재판은 최고재판소가 아니라 공공병원에서 열렸는데, 표면적으로는 부상자 때문이라는 이유를 댔지만 실은 피델을 대중의 이목에서 떼어놓으려는 심산이었다. 무장한 헌병대가 비좁은 방의 문 앞을 지키고 있었고 검사들은 재판을 위해 구겨넣다시피 배열한 마호가니 책상 뒤에 앉았다. 기자 몇몇이 복작대며 접이식 나무의자에 앉아 있었다. 개중에는 몬카다 병영 습격 때 축제의 폭죽 소리 속에서 총성을 처음으로 듣고 병영으로 뛰어든 마르타 로하스 기자도 있었다. 그녀는 그 사건 이후 모든 재판을 따라다녔다.[31]

방청객들은 적었지만 피델은 자신의 변호를 위해 법복을 차려입었다. 그가 입은 법복은 너무 작아서 움직일 때마다 팔 부분에서 소리가 났다.[32] 피델은 학교에서 늘 그랬듯이 밤새 연습했다. 작은 공책 더미와 그가 아끼는 호세 마르티 명언집, 쿠바 형법 사본을 책상 위에 내려놓고 바로 공격에 들어갔다. 판사이 기어에 의하면, "카스트로는 막힘없이 길게 말을 이어나갔다."[33] 그는 수사적인 표현을 많이 사용했다. 하지만 피델은 자신이 어떻게 말해도 비난받을 것을 알고 있었고 판사들에게 미리 경고한 대로 자신의 마음을 있는 그대로 밝히기로 결심했다. 로하스 기자에 따르면 그가 말을 시작하자 "더위에 졸고 있던 군인들조차도 관심을 가지기 시작했다." 피델은 그들이 움직이는 것을 보고 말했다. "감사합니다. 이 나라가 당신들만큼이라도 제게 관심을 가져주면 좋겠군요."[34]

"저는 약간 실망했다는 점을 인정하지 않을 수 없습니다."[35] 피델이 운을 뗐다. "저는 고결한 검사님께서 심각한 죄목을 내놓을 것으로 예상했습니다. (……) 그런데 아니었습니다. 검사님은 그저 사회부안법 148조를 읽었을 뿐입니다. (……) 2분은 한 사람을 25년 이상 감옥에 가두는 이유를 설명하기에는 너무 짧은 시간입니다." 멘디에타 에차바리아 검사가 이 대목에서 약간 움찔했다. "저도 딱 2분만 변호하기를 바랐기 때문입니까?" 피델은 청중들이 이미 답을 알고 있다는 사실에 만족스러워하며 물었다. "저는 이미 경고했고, 제 말은 막 시작되었을 뿐입니다." 피델은 자신의 태도를 명확히 했다. 이렇게 본때를 보여준 피델은 본격적인 변호에 들어갔다.

그는 자신이 재판을 받게 된 법적 근거부터 따지기 시작했다. "문제의 조항을 그대로 읽어드리죠." 피델이 딱 1년 전 바티스타를 비난할 때 사용했던 형법 조항을 읽기 위해 법전을 들었다. "3년에서 10년에 이르는 징역형은 국가의 합법적 정권에 반하여 무장봉기를 일으킬 목적으로 어떤 행위를 한 자에게 부과되어야 한다. 5년에서 20년에 이르는 징역형은 반란이 실질적으로 일어난 경우에 부과된다."

피델은 법전을 내려놓으며 분노에 찬 목소리로 물었다. "도대체 검사님은 어느 나라에 살고 계신 것입니까? 누가 검사님에게 우리가 합법적 정권에 반하여 봉기를 일으키려고 했다고 말한 것입니까?" 바티스타 정권은 합법적인 정권이 아니며 자신들의 공격은 단지 악질적인 바티스타만을 향한 것이었다고 항변했다.

그리고 피델은 두 시간에 걸쳐 자신의 열정적이고 비분강개했던 활동 내력을 열거했다. 검사 측이 군사적 전문가의 도움이 없었는지 따져 물었다. "아니요. 우리에게 군사 전략가는 없었습니다." 피델이 의기양양하게 선언하며 빈정거렸다. "그런데도 우리는 당신네 전문가들을 '한 방' 먹였지요." 그는 사실에 살을 붙여 미화해서 풀어놓았다. 부하 저격수의 실력을 필요 이상으로 부풀려서 칭찬하기도 했다. 그도 그럴 것이 역사적 사실은 피델이 추구하는 바가 아니었다. 이 재판은 일종의 정치극이었고, 피델은 그 무대에 기사도적 무용담과 살인 장면을 적당히 버무려 올렸을 뿐이었다.

피델은 자신이 추구하는 정부상에 대해서도 설파했다. "토지, 산업화, 주택, 실업, 교육, 보건, 이상의 여섯 가지 문제에 대해 즉각적인 조치를 취해야 합니다. 또한 시민의 자유와 정치적 민주주의의 복원도 함께 이뤄져야 합니다." 그가 언급한 사회정책은 치바스의 《국민에게 고하는 약속》에서 따온 것이었고, 이를 뒷받침하는 수사법과 반제국주의 정서는 마르티에게서 가져온 것이었다. 이는 치바스의 원래 공약보다는 훨씬 온건했고, 병영 습격에 성공했다면 라디오 통신으로 읽으려던 내용이었다. "우리나라에서 가장 생산성 높은 토지는 반 이상이 외국인 소유입니다."

　사실 피델이 했던 말이 특별히 독창적인 내용은 아니었다. 그는 독재 정치를 조롱하기 위해서 몽테스키외를 끌어들였고 토마스 아퀴나스와 존 녹스에서부터 장자크 루소와 미국의 독립선언문까지, 거의 모든 사람과 사건을 언급하면서 독재자 타도의 정당성을 주장했다. 이는 비록 독창적이진 않더라도 사람들이 듣고 싶어할 만한 그런 내용이었다. 피델은 사람들의 좌절과 희망을 자극해서 그들의 마음을 사로잡았다. 그는 사람들이 자신에게 고마워하게 되리라고 자신했다.

　피델은 진술의 말미에서 "부당한 판결"을 내릴 수밖에 없는 판사를 용서한다고 말한 뒤, 최후 진술을 마무리했다. "저는 자유를 구걸하지 않겠습니다. (……) 오늘의 침묵은 문제가 되지 않습니다. 역사가 모든 것을 분명히 밝혀줄 것입니다." 후에 감옥에서 피델은 이 마무리 발언을 다듬어서 20세기 최고의 정치적 발언으로 남을 문장을 완성했다. 응축된 저항의 외침이었다. "나는 내 수감 생활이 비겁한 협박과 추악한 잔인함으로 점철되어 어느 누구보다도 더 가혹할 것이라는 점을 잘 안다. 그러나 나는 감옥이 두렵지 않다. 전우 70명의 목숨을 앗아간 폭군의 분노도 두렵지 않다. 얼마든지 나를 비난하라. 난 개의치 않는다. 역사가 나를 사면할 것이다!"

　26세의 피델 카스트로는 두 시간이 넘도록 자신의 인생 역정과 혁명 신조를 설파했다. 그는 7월 26일의 비참한 사건을 자신에게 유리하게 이용했다. 그 덕분인지 피델은 15년 형을 언도받았다. 쿠데타의 최고 형기는 30년이었지만 판사들이 바티스타 정부도 선출된 정부가 아니라는 피델의 주장을 받아들인 것 같다. 피델은 법정을 떠나기 선 판사들과 악수했다. 마치 판사들의 관용에 감사를 표하는 듯이 보였지만 정작 피델은 판사들에게 자신이 가장 안전하게 감옥으로 호송될 수 있는 방법이 무엇일지 묻고 있었다. 판사들은 비행기를 언급하면서 "기차에서는 무슨 일이 일어날지 모른다"고 대답했다. 당연히 피델에게 선택권이 없는 사안이었지만 그는 판사에게 그런 질문을 함으로써 간단하게 안전을 보장받았다. 그런 후 피델은 수갑을 찬 채 끌려갔다.

이후에 쿠바 잡지 《보헤미아》에서 선정한 1953년을 빛낸 열두 명의 인물에 피델 카스트로가 포함되었다. 그 명단에는 새로 왕좌에 오른 영국의 엘리자베스 여왕과 이란 국왕, 스탈린에게 암살당한 소련의 비밀경찰 국장 라브렌티 베리아도 들어 있었다. 피델은 감옥살이를 하는 처지였지만 유명인이 되었다. 마침내 세상에 이름을 떨치게 된 것이다.

4 원숭이와 곰

1953년 크리스마스가 가까워 오는 즈음에 에르네스토는 과테말라에 도착했다. 그곳은 2년 전부터 좌파 대통령 하코보 아르벤스가 정권을 잡고 있었는데, 이 중앙아메리카의 소국에서 오랫동안 실질적 통치자로 군림해 온 미국의 대기업 유나이티드 프루트는 현 정권을 예의 주시하고 있었다. 전 육군 중위 출신인 아르벤스는 미국의 남아메리카 전략 정책인 리우 조약*에 서명하길 거부했다. 게다가 1952년 6월 이후로 유나이티드 프루트가 소유한 토지를 몰수함으로써 미국에겐 성가신 눈엣가시 같은 존재가 되었다. 공산주의 침투에 대한 우려가 퍼졌고 아르벤스를 끌어내릴 계획이 진행되었다.

과테말라는 미국의 안보기관뿐만 아니라 대륙 내 수많은 급진파 정치 망명객의 관심을 끌었다. 로호의 말을 빌자면 과테말라의 분위기는 "찌릿한 전기를 띠고" 있었다.[1] 과테말라에서의 생활은 에르네스토가 정치적 각

---

*   정식 명칭은 전미 상호원조 조약. 1947년에 리우데자네이루에서 체결된 미주 공동 방위 조약을 말한다.

성을 이룬 분수령이 되었다. 그가 베아트리스 이모에게 밝혔듯이 진정으로 "부족한 부분을 채울" 작정이었다면 냉전의 차가운 기운을 직접 느끼는 것만큼 확실한 경험도 없었다.

과테말라에서 에르네스토는 아메리카대륙을 관통하는 정치적 단층선의 핵심에 다다랐다. 그 나라는 어느 쿠바 역사가에 의하면 "국제적인 매카시즘"[2]의 땅이었고, 당시 미 국무부의 인식에 따르면 "적색 위협"의 땅이었다. 그러나 처음에 에르네스토는 과테말라의 긴박한 분위기에 기가 죽었다. 과테말라에 도착하고 나서 곧바로 베아트리스 이모에게 다시 편지를 썼다. "저는 여전히 얼간이처럼 살고 있습니다." 그는 과테말라 수도에서 보낸 첫날을 한 줄로 요약했다. "대화를 나누고 싶을 만큼 흥미로운 사람을 한 명도 만나지 못했어요."[3]

엄밀히 말하자면 그 말은 사실이 아니었다. 사실 에르네스토는 크리스마스 무렵에 자신의 첫 아내가 될 여인을 만났다. 일다 가데아는 페루 사람으로, 빅토르 아야 데 라 토레가 창당한 아메리카민중혁명동맹APRA 정당 청년분과의 리더였다. 에르네스토보다 약간 연상인 그녀는 그와는 달리 경험이 풍부한 정치적 망명자였고, 역경 속에서도 차분함과 건설적인 태도를 유지하는 여성이었다. 따라서 당시의 에르네스토에게 그녀는 자신이 갖지 못한 모든 것을 지니고 있는 사람이었다. 누구나 그녀와 알고 지내고 싶어했기에 당연히 로호의 시야에도 들어왔다. 사실 둘을 서로에게 소개해준 사람도 로호였다. 이내 세 사람은 곧잘 함께 식사를 하는 사이가 되었다. 이제 에르네스토는 자신의 정치적 시각에 얼마쯤 자신감을 가지고 있었기 때문에 아메리카대륙의 병폐를 고치기 위한 해결책에 대해 자주 로호와 격한 토론을 벌이기도 했다.[4]

에르네스토가 이모에게 일다에 대해 언급하지 않은 것으로 미루어 한 가지는 확실했다. 두 사람 모두 첫눈에 반한 사랑은 아니었다는 점이다. 후에 일다는 이렇게 적었다. "게바라의 첫인상은 좋지 않았다. 그는 지식인이라기에는 너무 피상적으로 보였다. 자만심이 강하고 젠체하는 남자로 보였다."[5] 에르네스토도 그녀의 첫인상을 부모에게 털어놓았다. "정말이지 제가 보기엔 아무 쓸모 없는 정당의 젊은 당원이었죠."[6] 하지만 그녀는 저녁 동안 에르네스토와 정치와 문화에 대한 격론을 벌이면서 생각이 바뀌게 되었다. 그는 항상 그녀의 생각을 가차없이 비판할 수 있는 똑똑한 사람이었다. 그녀는 이 "어두운 눈동자"를 지닌 지식인에 차츰 동화되어가면서 그에게 반하고 말았다. 일다는 회고록에 그러한 날들 이후 "나는 내가 그를 도울 운명이라는 것을 알았다"[7]라고 적고 있다. 그녀는 에르네스토가 인정하는 것보다 더 중대한 영향을 끼친 인물이었다.

에르네스토가 얼마나 오래 과테말라에 머물지는 그 자신도 정확히 알수 없었다. 그는 항상 "쌓여가는 빚을 청산할 때까지"라고 답했다. 그는 의사로서 일할 자리를 계속 찾았지만 의사 자격을 입증하기 위한 지난한 등록 절차 때문에 쉽지 않았다. 반면 이렇게 "힘들지도, 영광스럽지도 않은" 나날[8]이 이어지자 주변을 돌아볼 시간은 아주 많아졌다. 체류 기간이 몇 주에서 몇 달로 바뀌는 사이 에르네스토의 친구도 점점 늘었다. 구알로와 로호, 일다에서 일다의 친구인 미르나 토레스와 그녀의 아버지인 니카라과 망명자 에델베르토 토레스까지, 계속 새로운 사람을 알게 되었다.[9]

1954년 새해에는 그의 친구 무리에 몬카다 습격에서 탈출한 쿠바인 몇 명이 합류했다. 일다는 크게 감명했다. "쿠바 망명자들은 다른 사람들과 전혀 달랐어요. 이론뿐인 다른 게바라 무리들과는 달리 생생한 분위기를 풍겼죠. 그들은 진짜로 실행해본 사람들이었으니까요."

에르네스토의 정신적 동지들 가운데에서도 가장 눈에 띄는 사람은 니코 로페스였다. 훌쩍한 키와 둥그런 모양의 콧수염 때문이기도 했지만 강한 신념과 재치 있는 유머 감각 덕분이 컸다. 아바나 중앙시장의 노동자였던 니코는 피델의 충성스러운 부하였다. 그는 여러 하숙집에서 멀어선 야외나 축제 자리에서 만나는 사람들에게 자신이 왜 그런 행동을 했는지 말해주곤 했다. 니코의 신념은 너무나 확고해서 일다는 "그의 말을 들으면 누구나 믿지 않을 수 없었다"고 기억했다.[10]

새해에 미르나 토레스의 집에서 열린 파티에 니코도 왔다. "그래, 자네들은 아르헨티나 사람이군."[11] 그가 에르네스토와 구알로에게 말을 건넸다. "일다가 말해주었지." 그 말에 에르네스토는 웃으며 일다에게 알겠다는 윙크를 보내더니 답했다. "당신은 쿠바 사람이죠. 우리도 일다에게 들었습니다." 에르네스토는 비틀린 듯한 카리브식 억양에 키가 큰 이 쿠바인을 흔쾌히 친구로 받아들였다. 니코 역시 새 아르헨티나 친구에게 "열광적"으로 빠져들었다. 그는 에르네스토의 말투도 자기 못지않게 이상하다며 그에게 새로운 별명을 붙여주었다. 그리고 그 별명이 이제 곧 에르네스토의 유일한 이름이, 그것도 단지 어떤 사람을 가리키는 것 이상의 의미를 지닌, 그런 이름으로 남는다. 대다수 아르헨티나 사람들처럼 에르네스토도 말할 때마다 어떤 단어를 습관적으로 되풀이하곤 했는데, 그 단어가 바로 '체'였다. 바로 그 유명한, 에르네스토 '체' 게바라의 등장이었다.

1953년 10월 17일 피델은 또 다른 반란군인 피델 라브라도르와 함께 라후벤투드섬(옛 피노스섬)의 교도소에 도착했다. 라브라도르는 몬카다 공격에서 잃어버린 안경[12]을 새로 맞추기 위해 카스트로의 재판이 열리는 동안 산티아고데쿠바에 머물렀다. 그 교도소에는 4일 전에 먼저 도착한 26명의 다른 전우들이 수감되어 있었다. 교도소는 쿠바 해안에서 90킬로미터가량 떨어진 곳에 있었다. 피델은 이제까지 그랬듯이 다시 한번 더 호세 마르티의 행보를 답습하는 기분이었다. 호세 마르티도 1870년에 이곳에 수감되었다. 에르네스토의 정신적 지평이 마침내 수많은 경험을 바탕으로 열리기 시작한 그때, 오히려 피델의 지평은 줄어들고 있었다. 결과적으로 이 변화는 두 사람 모두에게 유용했다. 외향적이던 피델은 좀 더 숙고하는 자세를 취하게 되었고 내향적이던 에르네스토는 자기 목소리를 찾고 있었다.

물론 피델이 자아를 완전히 억누른 것은 아니었다. 그러는 것은 그의 성정에 맞지 않았다. 그는 감옥 안에서 숱한 편지를 썼다. 남동생에게 보내는 편지에서 그는 무언가를 강탈당할 일은 없으니 감옥이 그렇게 나쁜 곳은 아니라며 "정부 당국은 이런 부분에 온정을 베푸는 것 같다"[13]고 전했다. 그러나 이런 편지도 그가 이따금 절망에 빠진다는 사실을 감추지는 못했다. 형기가 거의 끝나갈 무렵에 피델이 말했듯이 죄수가 된다는 것은 결국 "저주받은 침묵 속에 있는 것"이었다. 피델에게는 그런 상황 자체가 고문이었고 때때로 그는 이 "열대 시베리아"에 갇힌 것에 분노를 토했다.[14]

1920년대에 라후벤투드섬은 "수천 명의 비명"[15]으로 가득한 악명 높은 지옥이었다. 네 개의 대형 탑 속에 감방이 빽빽이 들어서 있었다. 1950년대에 사정이 나아지긴 했지만 그다지 크게 변하지는 않았다. 병동감옥에 수감된 몬카다 습격자들은 힘들기는 했지만 다른 죄수들보다는 나은 상황이었다. 누군가에게 보내는 편지에서 투덜댔듯이 피델은 곧 수감 생활에 인이 박혔다. "새벽 5시 정각에 막 눈을 떠야겠다고 생각하는 그 순간에 손뼉을 치며 '정렬!' 하는 고함이 들리지. 그럴 때면 잠자는 동안에는 잊어버렸던 사실이 생각난다네. 바로 우리가 감옥에 있다는 사실 말일세. 밤새도록 꺼지지 않던 불빛이 더욱 거세게 타오르면 머리가 납덩이보다 더 무겁게 느껴지지만 일어나야만 하지."[16] 7시 30분에는 다른 죄수가 공동감옥으로 빵과 우유통을 들고 왔다. 점심과 저녁도 11시와 오후 5시에 같은 방식으로 제공되었다. 오후 10시면 잠자리에 들었다.[17] 거의 중세 수도사 같은 생활이었다. 하지만 당시 피델에게는 생각을 정리하고 부하를 응집시킬 수 있는 좋은 기회였다. 감옥으로 오기 전에는 반란군들이 따로 격리되었지만 이제 다시 뭉치기 시작했다.

'독서모임이 끝난 후 오후 7시 45분에 특별회담을 시작한다'[18]는 것이 죄수들이 직접 결성한 행동 규칙이었다. 그들은 교도소의 행동강령보다 이 규칙을 더 준수했다. 독서모임은 카스트로의 발상이었다. 죽은 전우를 기리는 뜻에서 죄수들은 '아벨 산타마리아 사상 아카데미'를 만들었다. 칠판 하나와 나무벤치로 구성된 소박한 모임이었지만 거창한 이름하에 유명한 사건과 정치, 경제, 문학에 대한 토론과 강의가 매일 진행되었다.

몬카다 병영 공격 말고는 아무 경험이 없던 수감자들은 12월 즈음이 되자 세상에 대해 조금이나마 눈뜨게 되었고 서로에 대해서도 더 많이 알게 되었다. 그중 한 명인 아르만도 메스트레는 자기 삼촌에게 보낸 편지에 이렇게 썼다. "우리는 친구 이상이며 형제입니다."[19] 그런 동지애는 매우 귀중한 것이었다. 피델에겐 그들의 동지애를 한층 진작시킬 만한 시간적 여유가 있었다. 감옥은 피델의 부하 양성소가 되었다. "무기 다루던 법을 익히던 이들이 이제는 책 다루는 법을 배우고 있다. 이 얼마나 환상적인 학교인가!"[20] 피델은 12월 22일자 일기에 이렇게 적었다.

피델은 쿠바의 독특한 법체계를 이용해서 정부를 대상으로 이미 여러 건의 소송을 계속 제기해왔고,[21] 이제 다시 감옥 담장 바깥으로 눈길을 주기 시작했다. 몬카다 습격으로 수많은 동지를 잃고 난 후 깨달은 바가 컸던 피델은 현 상황을 규탄하고 있는, 자신들에게 동정적일 것 같은 정계 인사에게 꾸준히 편지를 보냈다. 그는 몬카다와 바야모에서 사망한 부하의 유족들에게도 편지를 썼다. 12월에 그는 첫 공격에서 사살당한 레나토 기타르트의 아버지에게서 온 편지에 답장을 보냈다.

이렇게 펜을 들기까지 얼마나 힘들었는지 모릅니다. 또한 보내주신 편지에 대해서 어떤 말로 고마움과 감사의 마음을 표현해야 할지 모르겠습니다. 그 편지는 너무나 감동적이고 친절한 말씀으로 가득했고, 넘치는 부정을 느끼게 해주었습니다. 선생께서는 저를 '친애하는 피델'이라고 칭하셨습니다. 저는 어떻게 불러드려야 할까요? 제 인생에서 이토록 과분한 말씀을 듣기는 처음입니다. 선생의 편지 덕분에 저는 제 목숨이 다하는 날까지 올바르고 충실하게 좋은 사람으로 살아야겠다는

용기를 가지게 되었습니다.[22]

　피델은 앞으로 18개월 동안 자신의 목소리를 쿠바 본토에 전달할 라디오 평론가이자 기자인 루이스 콘테 아게로에게도 편지를 써서 마음속에 담아두었던 분노를 토해냈다. "죽은 형제들의 피로 이 편지를 씁니다." 그는 이렇게 천명하며 그들의 공격이 큰 관심을 받지 못하는 현실에 격노했다. 그리고 "수치스러운 비겁자"인 야당이 정부를 부추기는 것이라고 비난하면서 분개한 어조로 편지를 맺었다. "루이스, 우리는 아직 죽을 각오로 맞서 싸울 용기가 있습니다."[23]

　쿠바 망명자들과 죽이 맞은 에르네스토는 과테말라에 "좀 더 머물기로" 했다. 어느 날 그들은 언제나처럼 단체로 소풍길에 올랐다. 계속 걷다가 밤이 되어 모닥불에 둘러앉자 에르네스토가 일다에게 그가 다가오며 물었다. "너는 완전히 건강한 거지?" 깜짝 놀란 일다에게 그가 재차 물었다. "가족들도 전부 건강해?" 그녀는 무슨 말인지 몰라 당황해하며 멍하니 쳐다보다가 갑자기 웃음을 터트렸다. "내 병력을 기록하려고?" 그녀는 장난스럽게 응대한 후 진지하게 덧붙였다. "그래, 완전히 건강해. 내 가족들도 전부. 그런데 왜 그런 걸 물어? 의사로서의 호기심? 아니면 나에게 청혼하는 거야?" 에르네스토는 슬며시 미소 지으며 물었다. "그렇게 나쁜 생각은 아닌 것 같은데……, 어떻게 생각해?" 일다는 "대답하기에는 너무 이른데"라고 답하고 다른 사람들에게 관심을 돌렸다.[24] 나중에 일다는 에르네스토가 자녀들만큼은 자신처럼 유전적인 병약함으로 고생하지 않기를 바랐다는 사실을 깨달았다.
　에르네스토 무리는 소풍만 같이 다니지는 않았다. 몇 개월 동안 이들은 행진이나 시위에도 자주 참석하기 시작했다. 시위들로 인해 아르베스 대통령과 미국 사이의 대치 국면은 더욱 격화되었다. 에르네스토는 비자 문제로 의료직을 구할 수 없는 상황을 더는 개의치 않았다. 그는 이제 부르주아 계층이나 보수주의자들이 원치 않을 만한 직업을 찾고 있었다. 그의 주변에서 일어나고 있는 일이 훨씬 더 흥미로웠기 때문이었다. 아르벤스의 사회개혁 과정은 그들 무리가 모인 저녁 파티 자리의 단골 주제였다. 물론, 늘 이런 대화를 하다 보니 일다 말고는 어떤 여성도 그들을 가까이하지 않았다. 에르네스토와 로호는 거의 주먹다짐까지 갈 정도로 난상토론을 벌였다. 에르네스토가 소련의 위업을 칭송하거나 로호가 선거를 통한 정당한 대책 마련을 열렬히 주장할 때는 한층 격렬해졌다.

2월 말, 암살당한 니카라과의 게릴라 아우구스토 세사르 산디노의 추모식에서 돌아온 에르네스토는 일기를 썼다. "쿠바 친구들이 진중하게 대중선언을 하는 것을 들으니 내 자신이 초라하게 느껴졌다. 나는 열 배는 더 객관적이고 참신한 연설을 할 수 있고 대중들을 설득해낼 자신이 있다. 하지만 쿠바 친구들만큼 신념에 확신을 갖지 못하고 있다. 니코는 그의 온 마음과 영혼을 확성기에 실어 연설했다. 덕분에 나 같은 회의론자의 마음에도 열정이 불붙었다."[25] 젊은 체 게바라는 지금껏 살아온 중 가장 자유로운 통찰력으로 목표를 좀 낮게 잡아야 한다는 것을 깨달은 듯 보였다. 아무리 낮은 목표라도 어딘가에서 시작하는 것이 중요하며 그 목표도 꼭 스스로 정한 것일 필요는 없었다.

피델도 몬카다 습격에 대한 세간의 관심이 엷어지자 좌절감이 점점 커져갔다. 그런데 1954년 2월에 피델이 바티스타에게 직접 좌절감을 풀어버릴 수 있는 기회가 예기치 않게 찾아왔다. 어느 날, "광대처럼 뻐기는 듯한 자세" 때문에 '피스톨리타(꼬마 총잡이)'라고 불리는 간수가 죄수들에게 그날 하루는 꼼짝 말고 감방에 틀어박혀야 한다고 말했다. 궁금해하는 죄수들을 위해 후안 알메이다가 감방 동지의 어깨를 밟고 올라서서 높은 벽의 창살문 틈으로 바깥을 내다보더니 방문자가 다름아닌 바티스타라고 알렸다. 바티스타는 대단한 의전을 받으며 들어섰다. 새로운 발전소를 열기 위한 공식 방문이었다.

　피델은 적에게 비난을 퍼붓고 싶은 마음을 억누를 수 없어서 재빨리 계책을 짰다. 바티스타가 막 떠나려고 할 때 남자 26명이 부르는 거친 노랫소리가 우렁차게 울려 퍼졌다. 몬카다 병영을 점령하고 그곳 라디오 통신을 통해 부르려고 지었던 《자유의 행진》이라는 활기찬 노래였다. 감방 창문에서 노랫소리가 흘러나오자 처음에 바티스타는 자신에게 바치는 노래라고 생각하며 발걸음을 멈추었다. 그러나 가사를 듣고는 얼굴에서 미소가 가셨다.

　　　　이상을 향해 안으로 진군하세.
　　　　우리는 반드시 승리하리라
　　　　평화와 번영을 위해서
　　　　우리는 투쟁을 다짐하네.

　　　　자유가 승리하리라.
　　　　쿠바인들이여, 전진하세.
　　　　조국이 우리의 용맹함을 기억하리라.
　　　　우리 모두 단결 투쟁해서 조국을 해방시키세.
　　　　우리 땅을 좀먹는 악을 물리치기 위해 무기를 들어라.
　　　　만족을 모르는 잔인한 독재자, 폭정을 일삼는 폭군이
　　　　우리를 진창으로 밀어 넣었으니……26

　노래가 다 끝나기도 전에 쿠바의 대통령은 분노를 터뜨리며 돌아가버렸다. 그는 저녁에 본토로 돌아가는 배를 탈 때까지도 분을 삭이지 못했다. 한편, 교도소에서는 피스놀리타가 '숙일 놈늘'이라고 욕을 하며 방방 뛰었다. 놀랍게도 그날 하루 종일 아무 일도 일어나지 않았다. 그다음 날인 토요일도 마찬가지였다. 설마 이대로 넘어가려는 것인가? 하지만 일요일에는 죄수들 중 잘 알려진 지도자들의 이름을 호명했다. "라미로 발데스, 오스카 알칼데, 에르네스토 티졸, 이스라엘 타페네스!" 그들은 모두 격리별동으로 옮겨졌다. 오후에 피델도 그들 뒤를 따랐고 이튿날에는 노래를 작곡한 아구스틴 디아스 카르타야도 끌려왔다. 그가 그 노래를 짓는 데에는 딱 일주일 걸렸지만 작품 공개로 겪은 고통은 더 길었다.

격리별동은 미치광이 장기수 한 명이 좌지우지하고 있었다. 타파네스가 20년이 지난 후에 회상하기를, 그 장기수는 "키가 작고 뚱뚱한 몸집에 배가 불룩 튀어나왔으며 머리는 완전히 벗겨졌고 푹 퍼진 얼굴에 작고 동그란 눈은 흔적도 찾아볼 수 없을 정도"[27]였다고 한다. 이 사람은 감옥 내 모든 사람에게 '세보야(양파)'라고 알려져 있었다. 아마도 몸에서 나는 냄새 때문이거나 그가 사람들을 울리기 때문이었을 것이다. "그래, 네 녀석이 그 망할 노래를 지은 놈이란 말이지."[28] 디아스 카르타야가 끌려오자 세보야가 말했다. "그럼, 이제 우리에게 그 노래를 들려줘봐." 그날 밤, 세보야는 간수 셋을 데리고 왔다. 디아스 카르타야는 "그들은 내 감방 문을 열고 뛰어 들어와서는 나를 묶어놓고 발로 차면서 채찍으로, 주먹으로 마구 두들겨 팼다"[29]고 기억했다. 그는 다음 날 아침까지 의식을 잃었다.

피델은 작은 책꽂이와 조리용 스토브가 있는 독방에서 지냈다. 그는 간이침대에서 잤는데, 몇 안 되는 면회객 중 하나였던 아바나 판사 왈도 메디나는 그 감방을 보고 "책으로 둘러싸인 섬"이라고 표현했다. 이제 피델에게 가장 행복한 시간은 홀로 독서에 열중할 때였다. "나는 세상에 존재하는 다른 모든 것을 접어두고, 단지 인간을 좀 더 이해하게끔 해주는 정도의 책이라도 새롭고 유용한 것을 배우기 위해 독서에 집중한다."[30] 최악의 순간은 비가 와서 가끔씩 천장과 벽으로 빗물이 스며들어와 소중한 책을 젖게 할 때였다. 피델은 독방에서 17일을 지낸 후에 이렇게 적었다. "여전히 불빛이 없다. (……) 그런데 어젯밤은 어둡고 고독했을 뿐만 아니라 비까지 내렸다. (……) 나는 책을 보호하기 위해서 갖은 애를 썼다. 가방에 책을 넣고 그 위를 담요로 덮었다. 침대는 빗물에 푹 젖었고 바닥도 흥건했다. 축축한 냉기가 사방으로 스며들었다."[31]

하지만 다른 한편으로 보면 비는 감귤류 과일이 성장하는 데 이상적인 기후 조건을 형성하는 요소였다. 이 사실에서 영감을 얻어 피델은 꽤나 대담한 계획을 세웠다. 수감자들은 모두 과일을 좋아했지만 수감 당국은 피델이 레몬을 특히 좋아한다는 사실을 전혀 눈치채지 못했다. 아마도 그 덕분에 피델이 감옥 밖 지지자들에게 계속 서신을 보내고 있다는 사실도 들키지 않았을 것이다.[32] 지지자들 중에서 멜바와 아이데는 2월에 여성감옥에서 풀려난 상태였다. 피델이 이들에게 보내는 모든 서신은 행간에 레몬즙으로 다른 문장이 쓰여 있었다. 이 숨겨진 문장들은 감옥 바깥에서 뜨거운 다림질에 의해 되살아났다.

호의적인 간수나 쉽게 매수가 되는 간수의 도움뿐만 아니라 이 같은 방법으로 수감자들은 바깥세상과 계속 교신할 수 있었다. 감옥 내에서 사용하기 위해 다른 신호들도 고안했다. 라울 카스트로와 페드로 미레트는 창살 사이로 팔을 늘어뜨려 수신호로 의사소통하는 방법을 익혔다. 수감자들은 모두 작은 메시지를 담은 시가를 말고 펴는 일에 도사가 되었다. 한 달에 한 번씩 있는 면회 시간이면 시가에서 입이 닿는 쪽에 메시지를 쑤셔넣고는 유유히 시가에 불을 붙인 채 면회실로 걸어갔다. 물론 시가가 다 타기 전에 불을 끄는 것도 잊지 않았다.

다음 면회 때까지 피델은 허가된 방법으로든 비밀스러운 방법으로든, 직접적으로든 간접적으로든 여러 사람들에게 편지를 계속 보냈다. 그중에는 콘테 아게로와 오르토독소 당원인 작가 호르헤 마냐크, 《보헤미아》 편집자인 미겔 앙헬 케베도도 있었다. 그러나 오늘날 가장 많이 알려진 서신은 피델의 연인인 나티 레부엘타[33]에게 보낸 것들이다. 두 사람은 피델이 한창 몬카다 공격을 은밀히 도모하던 시기인 1952년 11월 말쯤에 처음 만났다.

그녀는 저명하고 부유한 심장외과의의 젊은 아내였다. 남편은 빌트모어 사교클럽의 유명 인사였다. 두 내외는 오르토독소당의 열렬한 지지자들이었다. 바티스타의 쿠데타 이후에 두 부부는 그 비밀 야당을 지지하기로 결심했던 것이다. 나티는 깊은 초록색 눈동자를 지닌 아름다운 여인이었다. 그녀는 열정적인 연극조의 동작이나 말에 무척 약했는데, 이는 피델의 전문 분야였다. 나티의 집은 피델의 아내와 아이들이 사는 집과 몇 블록 떨어지지 않은 가까운 곳에 있었다. 그러나 나티는 전혀 다른 세상에 속했고 피델의 마음속에 더 깊숙이 파고든 존재였다.

나티는 감옥으로 피델을 면회 가는 일은 거부했지만 엄청난 양의 서신을 꾸준히 교환했다. 피델은 그녀에게 쓴 편지에서 진정한 사랑은 "모든 광물 중에서 가장 단단하고 순수한"34 다이아몬드처럼 깨어지지 않는 불멸의 것이라고 밝혔다. 이미 11월에 피델은 그녀에게 함께 책을 읽어나가자고 제안했다.

"나는 에스파냐와 프랑스, 러시아의 최고 문학 작품을 신중하게 선택해서 읽을 겁니다. 당신은 영어로 된 작품을 읽어요. 문학은 당신에게 힘을 줄 겁니다. (……) 나는 당신처럼 훌륭한 취향은 없지만 정치경제학과 사회과학 같은 건조하고 어려운 분야의 책도 겁먹지 않고 읽을 것입니다. (……) 음악은 꼭 듣도록 해요. (……) 더 나은 세상을 구상하는 데 훨씬 많은 도움이 되니까요. 내 제안이 마음에 듭니까? 감옥에서 15년을 보내야 하니 얼마나 시간이 많습니까!"35

피델의 독서량은 금세 나티를 넘어섰지만 그녀가 다시 따라잡았는지는 확실치 않다. 피델은 "한동안 칸트를 읽었더니 마르크스가 주기도문보다 쉽게 느껴집니다"36라고 편지에 썼다. "마르크스와 레닌은 정말 논쟁을 좋아하는 영혼들입니다. 나는 그 책을 읽는 동안 낄낄거리며 두 인물과 즐거운 시간을 보냈습니다." 사실 피델은 수많은 다른 사상가들과도 그렇게 사귀었다. 정치와 사회과학은 베버로 시작해서 만하임에서 끝냈고 문학은 토머스 모어의 《유토피아》에서 시작해서 톨스토이와 오스카 와일드, 셰익스피어, 그리고 가장 좋아했던 도스토옙스키의 작품까지 섭렵했다. 또한 새커리와 투르게네프, 발자크의 작품도 읽을 여유가 있었다. 피델은 프로이트의 책과 라미로 게라의 열 권짜리 《쿠바의 역사》를 읽었다. 게다가 자신이 좋아하는 역사적 인물의 전기도 읽었다. 시몬 볼리바르와 보나파르트 나폴레옹의 전기는 트로츠키가 쓴 《스탈린》만큼이나 눈에 띄었다. 보나파르트의 경우 그는 마르크스와 위고가 쓴 것을 모두 읽어보고는 마르크스의 분석을 더 마음에 들어했다. 한번은 《스탈린》의 책 제목 때문에 감옥 검열관들과 흥미로운 대화를 나누게 되었다. 피델은 그들 앞에서 상당한 교양을 자랑하며 이 책에 스탈린주의적 내용이 담겼다고 생각해서 압수할 생각이라면 그런 걱정은 전혀 할 필요가 없다고 알려주었다.

이렇게 독서에 몰두하면서 피델은 정신이 맑아지고 기분도 나아졌다. 4월 4일에는 레닌이 쓴 《국가와 혁명》을 읽고 나니 봄맞이 청소를 할 마음이 생겼다. 그는 나티에게 편지로 이 소식을 전했다. "금요일에 감방을 정돈했습니다. 화강암 바닥을 비눗물로 문지르고 연마제를 뿌리고 세제로 닦아냈어요. 마지막으로 향이 나는 소독제로 닦았습니다. 모든 것을 완벽하게 정리했어요. 호텔방도 이만큼 깨끗하지 않을 겁니다."[37] 편지는 계속 이어졌다. "아침에 반바지를 입고 밖으로 나가서 바닷바람을 마시니 해변의 작은 식당에 있는 것처럼 느껴졌습니다. 마치 휴가를 온 것 같았지요. 이런 혁명가를 보면 마르크스는 뭐라고 할까요?"

같은 편지에서 피델은 조금 심각한 어조로 현재 그의 머리를 어지럽히는 생각을 털어놓았다. "얼마나 이 나라를 머리부터 발끝까지 전부 바꾸고 싶은지 모릅니다."[38] 한때 그는 심야 정치집회에서 장광설을 풀어놓으면서 편안함을 느끼던 사람이었다. 그러나 이제 그는 민주적 과정을 단호히 거부하면서, 끝없이 이어지는 "광적인" 정치집회를 거세게 비난했다. "나는 우리 국민들이 한없이 참을성 많고 친절하다는 결론을 내리게 되었습니다. 이렇게 독방에서 홀로 생각해보니 어떻게 그들은 그런 허풍선이 사기꾼들에게 의자를 던지는 대신 박수갈채를 보낼 수 있었는지 이해가 되지 않습니다."

4월이 되자 피델은 비록 모든 것을 감방 안에서 지시해야 했지만 다시 단체를 조직하기 시작했다. 피델은 멜바에게 자신을 대신해서 망명자 무리를 감시해줄 것을 편지로 부탁했다. 이 무리는 바로 과테말라에서 에르네스토와 친해진 바로 그 쿠바 망명자들이었다. 피델은 이들이 끊임없이 서로에 대해서 음모를 꾸미는 것을 잘 알고 있었고 피델이 장차 전복하고자 하는 정권만큼이나 장애물로 작용할 무리라는 것을 인식하고 있었다. 피델은 멜바에게 "항상 부드러운 미소와 행동으로 그들 모두를 대하라"[39]고 조언했다. "바퀴벌레들을 한꺼번에 처리할 시간은 충분할 것"이기 때문이었다.

"1954년도 벌써 3월이군."[40] 에르네스토는 비자를 갱신하러 떠났다가 과테말라시티로 되돌아와서 티타에게 편지를 썼다. "집을 떠난 지 거의 1년이 되었는데도 난 그다지 발전하지 못했어." 그러나 에르네스토가 전적으로 빈둥거리며 지냈던 것만은 아니었다. "배운 척좀 하느라 책을 하나 준비 중이야." 언제나처럼 자신을 비하하는 말투로, 책을 다 쓰려면 2년 정도 걸릴 것 같다고 말했다. "제목은 '라틴아메리카에서 의사의 역할'이야." 그는 베아트리스 이모에게 편지로 이렇게 밝혔다. "대략적인 개요만 세웠고 이제 겨우 두 챕터 썼을 뿐이에요. (……) 하지만 끈기를 가지고 뭔가 좋은 내용을 써볼 생각입니다. 당신의 프롤레타리아 조카가, 강철 같은 포옹을 보내며."

일다는 그 책이 정말 훌륭한 아이디어라고 생각했고 에르네스토를 도왔다. 그와 동시에 두 사람은 피델이 나티와 시작한 독서 계획처럼 동지적인 애정이 묻어나는 일을 함께하기 시작했다. 에르네스토가 자신의 '걸작'에 몰두하지 않는 시간이면 두 사람은 시를 놓고 토론을 벌였다. 일다는 그에게 세사르 바예호의 시집을 빌려주었고 에르네스토는 자신이 정말 좋아하는 파블로 네루다와 호세 에르난데스, 사라 데이바네스의 작품을 공유했다. 또한 엥겔스와 마르크스, 사르트르 등의 정치적 저서도 함께 읽었다. 일다는 이 시절에 대해 이렇게 말했다. "우리는 '인생의 고뇌'[41]를 함께 나누었습니다."

3월 중순께가 되자 일다뿐만 아니라 에르네스토도 사랑에 빠진 것이 분명했고 그는 그녀에게 청혼했다.[42] 이번에는 진짜 청혼이었다. 에르네스토는 조촐한 생일파티가 한창이던 토리에요 부인의 집에서 일다를 찾았다. 그리고 춤추고 있던 그녀를 불렀다. "네가 그렇게 경박한 여자인지 몰랐어." 에르네스토가 약간 퉁명스럽게 말했다. 그녀는 경박한 게 아니라 그저 춤을 좋아할 뿐이라며 그를 달랬다. 잠시 후에 그가 왜 그렇게 툴툴거렸는지 그 이유가 밝혀졌다. 에르네스토는 그녀에게 시를 한 편 건넸다. 직접 쓴 청혼 편지였다. 이 편지는 에르네스토가 처음으로 꽤 괜찮은 필체로 쓴 것이었다. 일다는 후에 그 시를 청혼 그 자체처럼 "짧지만 아름답고 힘이 넘쳤다"고 표현했다. 에르네스토는 자신들이 공식 연인이 아니었기 때문에 종합병원의 간호사와 관계를 가졌다고 솔직히 털어놓았다. 그러자 일다는 그 간호사가 더 좋다면 그녀와 사귀라고 말했다. 한동안 둘은 만남과 헤어짐을 반복하는 관계를 유지했다.

두 사람은 망명자 모임이 주최하는 파티에 늘 참석했지만 에르네스토는 가끔씩 이런 파티에서 곧바로 나와서 혼자 훌쩍 떠나곤 했다. 마테차가 가득 든 보온병과 침낭, 프란스 블롬의 《마야인의 생애》 같은 역사와 문화에 관한 책들을 가지고 시골로 주말여행을 떠나는 것이었다. 누구라도 이런 여행에서 에르네스토가 나무 아래에 자리를 잡고 고독을 즐기는 모습을 상상할 수 있을 것이다. 에르네스토는 인제나 활동가라기보나는 사색가에 가까웠고 혼자 생각할 시간이 필요한 사람이었다. 그러나 그는 이제 다른 쪽으로 변화하고 있었다. 과테말라의 정치적 상황을 심각하게 생각하기 시작한 것이다. 이 나라에서는 아드벤스와 유나이티드 프루트의 대립이 섬차 격해지고 있었다.

쿠바에서 감옥 생활을 힘겹게 견디고 있던 피델도 이 대륙에서 일어나고 있는 사건들을 예의 주시하고 있었다. 그해 여름에 쿠바의 월간지《보헤미아》에 감옥에 있는 피델의 사진 7장과 함께 기사가 실렸다. 그 사진 중에 피델이 과테말라에 관련된 책을 읽고 있는 모습도 있었다. 어느 날 밤 피델은 부하들을 모아놓고 그 주제에 대해 토론하게 했다. 그날의 결론은 아르벤스의 국유화 정책을 반드시 지지해야 한다는 것이었다. "과테말라가 이 엄청난 투쟁에서 승리한다면 그 나라는 우리를 진정한 자유와 평등, 사회정의로 이끌어줄 횃불이 될 것입니다."[43]

엄청난 투쟁은 피델 자신의 개인적인 차원에서도 시작되었다. 부부 면회 시간에나 편지에서 피델은 아내 미르타에게 자신이 처한 힘든 상황을 공개적으로 알려서 현 정권을 규탄해줄 것을 부탁했다. 7월 중순에 미르타는 라디오 진행자인 루이스 콘테 아게로를 위한 헌정 기념행사에서 피델의 바람을 들어주었다. 미르타는 남편이 적어준 그대로 성명서를 읽어나갔다. 피델은 누구도 흉내 낼 수 없는 문장력을 과시하며 바티스타를 독재자이자 폭군으로 규정하고 비난했다. 그러나 미르타의 남동생인 라파엘 디아스발라르트 내무부 차관은 피델이 수감된 이후에 미르타에게 내무부 내에 명목상의 자리 하나를 마련해준 상태였다. 내무부의 녹을 받는 사람이 공개적으로 이런 성명서를 발표한 사실에 내무부는 극도로 당황했다.

그러나 내무부의 반응은 피델의 반응에 비하면 아무것도 아니었다. 그날 저녁 라디오를 통해 미르타가 내무부에서 급료를 받고 있다는 사실을 듣고 피델은 자신의 귀를 의심했다. 그는 아내에게 당장 내무부를 "명예훼손으로 고소"하라는 편지를 썼다. 또한 콘테 아게로에게도 "미르타는 가족의 꼬임에 넘어갈 만큼 멍청한 여자가 아니"라며 사실을 확인해달라는 편지를 썼다. 피델은 이 모두가 내무부 장관 에르미다와 차관의 음모라고 생각했다. 콘테 아게로에게 보내는 편지에서 그는 "처남에게 결투를 신청할 준비가 되어 있다", "아내의 평판과 혁명가로서의 내 명예가 위험에 처했으

108

니 망설이지 말고 가차 없이 반격해달라" 등의 말을 썼다.[44] "이런 모욕을 당하고도 가만히 있으니 천 번이라도 죽을 각오입니다."

하지만 나흘 후에 피델의 여동생 리디아가 그 일이 사실임을 밝히는 편지를 보내왔다. 그녀는 미르타가 이혼을 요구하고 있다고도 전했다. 사실 미르타는 오랫동안 남편에게 화가 난 상태였다. 감옥 검열관이 나티 앞으로 보내는 편지를 미르타에게 잘못 보냈기 때문이었다. 그러나 미르타는 지금껏 아무런 내색도 하지 않았다. 피델이 그녀의 경솔함을 탓하는 지금에서야 겨우 이혼 얘기를 꺼낸 것이다. 그는 결코 자신이 당한 배신감을 잊지 않는 사람이라는 것을 미르타는 잘 알고 있었다.

며칠 후 피델은 리디아에게 답장을 썼다. "내 걱정은 하지 마. 알다시피 내 마음은 강철처럼 단단하니까."[45] 하지만 그는 가장 "뼈아픈" 배신으로 마음이 잔뜩 상했다. 때마침 몬카다 공격일과 같은 날짜인 7월 26일에 내무부 장관이 피델을 방문했다. 피델은 그 이유가 무엇인지 알 수 없어서 나중에 콘테 아게로에게 그 숨은 의미를 추측해보라며 편지를 썼다. 피델은 자신이 걱정하고 있다면 당연히 다른 사람도 걱정하고 있을 거라고 생각하는 전형적인 라틴아메리카 스타일의 지도자였다. 하지만 이 편지는 그런 인물이 썼다고 하기에는 굉장히 친밀하고 솔직한 내용이었다.

루이스에게.

에르미다와 나눈 대화의 핵심 내용은 따로 써서 동봉합니다.

오후 1시 15분쯤에 속옷 차림으로 누워서 책을 읽고 있었는데, 간수기 나를 부르디군요.

"카스트로, 장관님께서 널 만나고 싶어하신다. 그런데……, 네가 어떤 식으로 나올지 걱정하시더군." 그래서 내가 대답했지요. "난 무턱대고 무례한 행동을 하는 사람이 아니오. 다만 장관이 한 몇몇 말에 기분이 상했을 뿐이니 대화를 나누고 싶다면 사과부터 요구하겠소." 그러자 간수가 "그 문제는 꺼내지 않는 게 좋겠는데"라고 하기에, "그럼, 나도 장관을 만나지 않는 게 좋겠소"라고 응수했습니다.[46]

그러나 이런 실랑이에도 불구하고 에르미다는 빈손으로 돌아가지 않을 태세였다. 그는 피델의 감방으로 들어왔다. 그리고 무슨 개인적인 감정이 있어서 피델을 옥에 가둔 것이 아니라 그저 법을 집행했을 뿐이라는 점을 밝히러 왔다고 말했다. 피델도 약간 누그러진 어조로 그렇게 생각한 적 없다고 답했다. 이 대목에서 피델은 자신이 "악마가 바티스타를 지옥으로 보낼 때 단테가 묘사한 지옥들, 예컨대 범죄자, 도둑, 변절자의 지옥 중 어느 곳을 고를지 얼마나 고심하겠는가"[47]라고 공공연히 말하고 다녔던 사실은 잠시 잊은 모양이었다.

에르미다도 1930년대에 봉기에 가담한 죄로 이곳 라후벤투드섬에 수감된 적이 있었다. 그는 떠나기 전에 피델에게 조급해하지 말라며 "모든 것은 다 지나가기 마련"[48]이라는 말을 남겼다. 이 말은 피델이 훗날 계속 운 좋은 사람으로 남을 수 있게 해준 원동력이었다. 그는 현재 자신의 투쟁과 과거의 투쟁을 연관시킬 수 있게 되었다. 그래서 결코 화해할 수 없을 것 같았던 과거의 적들과 간극을 좁힐 수 있었고, 때문에 거의 항상 꼭 필요한 곳에 친구 한 명쯤은 둘 수 있었다.

피델은 감옥에 있는 시간을 알차게 보냈다. 그는 부지런히 기억을 되살려서 지난 7월 법정에서 한 변론을 전부 레몬즙으로 써 내려갔다. 피델이 이렇게 글을 쓰고 있는 그 시간에 에르네스토도 의료사회학에 관한 책을 집필하고 있었다. 에르네스토는 이런 큰일을 해낼 때 필요한 인내력이 부족했고, 끊임없이 새롭고 더 좋은 참고문헌을 찾느라 집필은 뒷전이었다. 반면 피델은 홀로 지내는 동안 눈앞의 일에 몰두하는 법과 이용할 수 있는 건 전부 다 이용하는 법을 익히게 되었다. 그는 글을 쓰다가 원래 변론에서 부족하다고 느낀 부분에는 살을 보탰고 최근에 읽은 책 내용도 더했다. 이는 편지로 감옥 밖의 멜바와 아이데에게 건네졌다. 그녀들은 편지에서 다림질 해서 나타나는 비밀 문장만 모아 편집했다. 미르타도 이혼하기 전까지 그 일을 같이 했다. 실은 피델이 1954년 4월에 편지를 쓰기 시작한 이후부터 거대한 비밀 공작이 진행 중이었다. 자금이 모였고 인쇄물을 찍어서 뿌릴 비밀 배포망도 형성되었다. 10월이 되자 피델의 연설이 담긴 인쇄물 수만 장이 쿠바 거리에 뿌려졌다.[49] 이는 결코 가만히 침묵하지 않는 남자가 퍼 붓는 결정적인 첫 반격이었다. 어떤 이들은 이런 피델을 두고 '곰'이라고 표 현했는데, 이는 모두 독방에 갇힌 '곰'이 조직하고 지시한 일이었다.

과테말라에서 막 사건이 터지기 직전인 1954년 6월 14일에 에르네스토 는 26세 생일을 맞이했다. 그 이튿 후 CIA가 돈을 댄 용병부대 폭격기가 과테말라 수도에 폭탄을 투하했고 이로 인해 에르네스토의 인생 행로는 더 급진적인 방향으로 선회하게 되었다. 지난 몇 개월 동안 과테말라의 정치적 상황이 심각하게 돌아가면서 에르네스토와 로호는 수많은 송별회에 참석 했다. CIA가 아르벤스 정권에 대한 공격 태세를 갖추고 있는 정황이 점차 확실해지자, 과테말라 내의 망명자 무리는 천천히, 하지만 분명하게 더 안 전한 곳으로 옮겨가기 시작했다. 2월에 구알로는 아르헨티나로 되돌아갔다. 발도비노와 그의 아내인 루스미야도 귀향했고 미르나 토레스도 곧 뒤를 따 랐다. 심지어 로호조차도 미국으로 유학갈 계획을 세웠다.

18일에 공습이 시작되었다. 전 육군 대령 카스티요 아르마스가 온두라 스의 코판 기지에서 400명의 병력을 이끌고 정확히 에르네스토가 거쳤던 길 그대로 과테밀라로 진군해 왔다.[50] 수도인 과테말라시티 쪽으로 향하는 부대로 인해 푸에르토바리오스와 산호세 등의 항구도시가 먼저 불탔다. 20 일에 수도가 공습당하자 저항하는 무리들이 전열을 가다듬기 시작했다.

과테밀라 정부는 유엔 안전보상이사회 앞에서 그 공격을 규탄했을 뿐, 놀라울 정도로 거의 아무런 행동도 취하지 않았다. 그동안 아르벤스의 용감함에 수없이 찬사를 보냈던 에르네스토는 실망을 금치 못했다. 그는 즉시 적십자 위원회에 위생병으로 등록했고 공산당 청년여단에 들어가서는 밤에 통행금지령이 잘 지켜지고 있는지 살피며 거리를 순찰했다.

에르네스토는 야간 경비초소로 사용되는 건물의 옥상에 자리를 잡고는 주변에서 벌어지는 모든 일을 지켜보았다. 그는 나중에 이 상황에 대해서 이렇게 적었다. "폭격기가 폭탄을 투하하러 날아왔다. 우리는 아무런 대책도 없는 상황이었다. 전투기도, 대공포도, 대피로도 없었다. 사망자는 많지 않았다. 그러나 모든 사람들이 공포에 휩싸였다. 특히 과테말라의 '용감하고 충성스러운 군인들'이 그랬다."[51]

에르네스토와 일다는 이 전투로 피해를 입었다. 일다가 사는 하숙집은 대통령 궁 뒤편에 있었고, 그 관저 건물에 기관총을 쏘아대던 전투기로 인해 일다의 방 창문 하나가 깨졌다. 에르네스토는 욕을 퍼부어댔고[52] 하숙집 주인은 그들을 안쪽 방으로 대피시켰다.

공격군에게 잡힌 아르벤스의 동조자들은 누구든 그 가족들까지 모조리 처형될 것이라는 말이 떠돌면서 상황은 점점 더 심각해졌다. 많은 사람들이 일다에게 도망치라고 말했지만 그녀와 에르네스토는 남아서 꾸준히 지하의 반대파들과 접촉했다. 에르네스토는 당시 저항 행동을 고려하고 있던 얼마 안 되는 반대파들 중 하나인 민주청년연맹의 비밀 회의에 참석했다. 그러나 그는 그들의 망설이는 태도에 실망했다. 그러던 중 어느 회의에서, "에르네스토는 아무것도 결정하지 못한 채 토론만 벌이는 광경에 정말로 화내며 이렇게 말했다. '여러분, 이 정부를 지키기 위한 유일한 방법은 여기에 있는 서너 정의 소총을 들고 경찰서로 가서 그들이 갖고 있는 무기를 가져오는 것입니다. 그것밖에 방법이 없어요. 나머지는 다 우스갯소리이니 시간 낭비 맙시다!'"[53] 이 말이 어떤 조치를 취하자는 회의 취지에 가장 가까운 제안이었지만 대부분의 사람들이 "그런 미친 생각"에 반대했다.

이렇게 에르네스토는 성을 내고 다른 사람들은 사태를 관망하는 동안 에르네스토는 일다의 거처에 숨어 지내면서 짧은 글 한 편을 지었다. 〈아르벤스의 몰락을 바라보며〉라는 제목의 글이었는데 에르네스토는 일다에게 부탁해서 3일간 오후 내내 받아 적게 했다. 지금은 그 사본을 모두 잃어버린 상태이지만 핵심적인 내용은 일다의 회고록 속에 담겨 있다. 그녀의 기억에 따르면 이 글은 세계정세에 대한 논쟁의 여지가 없는 분석으로 시작한다. 에르네스토는 모든 상황을 동서 양 진영 간 투쟁의 산물로 보았고 그 투쟁 때문에 라틴아메리카 같은 지역의 부르주아들이 부패하게 되고 결국은 꼭두각시로 전락하게 된다고 생각했다. 그는 페루의 아메리카민중혁명동맹 정당을 세운 빅토르 아야 데 라 토레나 베네수엘라의 로물로 베탄쿠르 같은 사람들이 지향하는 제3의 길인 온건한 급진주의도 변절로 간주했다. 개혁주의자나 사회민주주의자들도 반공주의자인 것은 마찬가지였다. 유일한 대안은 이 지역의 너무나 많은 이들을 노예로 만드는 자본주의 체제 전체에 대한 무장투쟁을 벌이는 것이었다. 에르네스토는 만약 아르벤스가 사람들에게 무기를 들게 했다면 그의 정권은 무너지지 않았을 것이라고 확신했다.[54]

이 글은 청년 체 게바라의 진정이 담긴 새로운 목소리였다. 또한 당국의 의심을 살 만한 위험한 글이기도 했다. 일다는 어느 날 자신의 집으로 돌아오던 중에 집 밖 거리에 경찰이 기다리고 있고 자신의 소지품이 흩어져 있으며 자신의 친구들이 걱정스러운 얼굴로 서성이는 모습을 목격했다. 집이 가까워지면서 모든 상황을 파악한 일다는 태연하게 걸으려고 애썼다. 그러나 경찰들이 먼저 알고 다가왔다. 두 사람의 정치적 성향에 대한 말이 새어나간 것이 틀림없었다. 경찰은 그녀를 끌고 가서 제일 먼저 에르네스토 게바라의 소재를 물었다. 그들은 이미 게바라의 그 글을 읽은 것이 분명했다. 이제 에르네스토도 다른 많은 사람들처럼 아르헨티나 대사관으로 피난 길 수밖에 없었다. 그는 십으로 편지를 썼다. "각국 대사관이 사람들로 넘쳤어요. 우리 대사관과 멕시코 대사관이 가장 최악이었죠." 마침내 에르네스토의 마음에도 완전히 결심이 섰다. 경찰의 눈살을 찌푸리게 한 그 글의 마지막 문장은 "투쟁은 이제 시작이다"[55]였다.

아르헨티나 대사관에서 에르네스토는 '12인조'의 한 사람으로 통했다. 12인조는 다른 망명자들과 격리되어 누구하고도 말을 할 수 없도록 금지된 공산주의자 12명을 가리켰다. 이 새로운 악명 높은 지위가 그를 들뜨게 한 것 같았다. 7월 4일에 그는 최근에 벌어진 일을 편지에 써서 집으로 보냈다. 언제나 그렇듯이 솔직한 어투로 자신이 힘들게 얻은 의료직을 잃었다고 어머니에게 설명하면서 그러나 빚도 모두 청산하게 되었다고 썼다. 전쟁으로 인한 '불가항력'이라는 이유를 내세울 작정이라고 했다. 그러나 그의 흥분한 어조가 느껴지는 부분은 이렇게 빚을 변제할 술책을 언급한 부분이 아니라 전쟁을 언급하는 대목에서였다. "조금 황당하게 들리시겠지만 신난 원숭이처럼 이 상황이 흥미진진합니다. 비행기가 다가와서 사람들이 미친 듯이 날뛰며 도망갈 때나 밤에 정전으로 깜깜한 도시 전체가 포격 소리로 뒤덮일 때에도 왠지 모르게 불사신이 된 듯한 느낌을 받아요. 경폭격기는 정말 대단한 위용을 자랑합니다. 한번은 제가 있는 곳 바로 옆으로 아주 가까이 접근한 적이 있었어요. 점점 더 크게 보이더니 날개에서 발사포가 쏟아지는데……"[56]

22일에는 이와 거의 같은 내용의 편지를 사랑하는 베아트리스 이모에게 보냈다. "이곳은 총탄과 폭탄, 연설 등으로 매일 떠들썩합니다. 이전의 단조로움이 완전히 사라져버렸지요. 저라도 이 인생의 절정기에 가장 나쁘고 불편하게 여겨지는 것을 바꿔봐야겠다고 작정한 찰나에 때마침 혁명군이 도착했습니다."[57] 편지의 말미에는 좀 더 진지한 어조로 돌아와서 평소처럼 자기 반성적인 태도를 내비쳤다. "지금 제가 어디로 가야 할지 모릅니다. 그러나 그곳이 어디든지 간에 무기를 들 각오는 되어 있습니다."

이런 마음을 굳힌 에르네스토는 동포들을 실으러 온 아르헨티나행 비행기를 타지 않기로 한다. 대신 그는 부모님에게 고향으로 돌아가도 잘 곳이나 일자리가 없는 사람들을 소개하는 편지를 써 보내면서 이제 자신을 그만 설득하라고 고집을 부렸다. 사실 에르네스토는 이곳에 남은 비타협적이고 완고한 망명자들과 함께 지낼 일로 들떠 있었다.

그는 가끔씩 대사관 밖으로 나가 돌아다녔는데, 특히 일다가 지난 7월에 경찰에서 풀려난 후로는 외출이 더욱 잦았다. 9월에 글을 다 정리한 에르네스토는 책을 싸서 집으로 보내면서 멕시코로 떠날 준비를 했다. 이제 아르벤스 정권이 무너졌기 때문에 에르네스토 같은 급진주의자들에게는 멕시코행이 가장 확실한 대안이었다. 그는 멕시코로 떠나기 전에 일다에게 멕시코시티의 영화계에 그의 아버지가 잘 아는 유명한 사람이 있다고 말했다. "드디어 나의 예술적 야망을 실현할 수 있는 기회가 온 거야. 엑스트라부터 시작하겠지만, 조금씩……"[58] 물론 농담이었지만 실제로 에스트라를 해본 적도 있었으니 아주 허튼소리는 아니었다. 하지만 멕시코에서 그는 아버지의 연줄이나 배우 경력에 전혀 관심을 두지 않았다. 대신 드디어 마음이 맞는 동지들을 만나게 되었다.

멕시코로 떠나기 전에 그는 자신이 쓴 글 두 편을 나머지 물건들과 함께 집으로 부쳤다. 주변 정세에 대한 에르네스토 나름의 분석을 담은 이 글들은 그가 살아 있는 동안에는 출판되지 못했다. 그러나 이 글들을 보면 그가 얼마나 급진주의적으로 글을 쓰려고 노력했는지, 그리고 그런 류의 글쓰기가 그와 꽤 잘 맞는다는 사실을 알 수 있다. 첫째 글은 〈과테말라의 딜레마〉, 둘째 글은 〈미국의 노동계급: 친구인가, 적인가?〉[59]라는 제목으로 불렸다. 첫째 글은 비교적 유명하지 않다. 하지만 둘째 글은 전 세계적으로 만연한 자본제국주의의 다른 요소들에 대한 분석을 담고 있어서 그 당시 에르네스토의 생각을 엿볼 수 있는 흥미로운 자료이다. 이 글은 그의 광대한 독서량을 보여주며 사소한 것들보다는 큰 그림에 치중하는 에르네스토의 성향을 고스란히 드러낸다. 글에서 그는 '이른바' 자유세계의 수장인 미국은 아주 좋은 이유가 없으면 다른 나라에 간섭하지 못하므로 일부러 공산주의의 세계화라는 그럴듯한 핑계거리를 자꾸 조장하는 것이라고 단호하게 주장했다. 따라서 공산주의를 죄악시하고 규탄하는 것은 자본주의의 숙명이라고 밝히면서 충돌은 불가피하다는 결론을 내렸다. 또한 가능한 유일한 선택은 오직 투쟁뿐이라고 재차 강조했다.

오히려 피델은 다른 교훈을 배우고 있었다. 8월에 그의 남동생인 라울이 그곳으로 이감되었고 둘은 작은 공간을 공유하게 되었다. 그러나 피델은 기분이 가장 울적할 때에도 말이 많은 사람이었고 이제 개인적으로 가장 힘들었던 독방 시절을 청산했다며 들떠 있었다. 결코 말을 짧게 하는 법이 없는 피델이니, 같은 방을 쓰는 라울은 수천 번이나 인내심의 한계를 느꼈을 것이다. 후에 라울은 "평생 동안 지겹도록 형의 말을 들어줘야 했다"[60]고 회상했다. 그 몇 달 동안 피델은 감방 안을 왔다갔다하면서 쿠바의 11월 대선에 대해 욕을 해댔다. 전 대통령인 그라우가 스스로 후보로 나섰다가 돌연 사퇴해서 바티스타가 다시 권좌에 올랐기 때문이다. 그는 이번에는 '선출된' 대통령이었다.

그러나 1955년 새해가 시작될 무렵, 수감된 반란군의 어머니들이 벌인 구명운동이 전국적인 관심을 받게 되었다. '몬카다 소년들'을 석방하라는 요구가 집회나 방송, 신문을 통해서 점점 더 커져갔다. 피델은 그들이 곧 감옥에서 나가리라는 것을 알아채고는 바깥으로 생각을 돌리기 시작했다. 3월에 그는 여동생에게 그의 아들에 대한 법적 소송을 제기해달라고 편지로 부탁했다. 그는 양육권을 얻기 위해서라면 "그 유명한 백년전쟁을 재현할 준비"[61]도 되어 있다며 "반드시 이길 것"이라고 공언했다. 편지 말미에 아들 피델리토를 데리고 면회 오라는 말도 덧붙였다.

3월에 피델은 루이스 콘테 아게로에게도 왜 자신이 '특별사면'을 받아들이지 않을 것인지를 설명하는 편지를 썼다. 그는 "특별사면을 받아들이면 현 정권에 대해 타협적인 묵인을 하는 셈"[62]이라고 주장했다. 타협은 피델이 결코 용인할 수 없는 것이었다. 그는 쿠바의 독립영웅 안토니오 마세오의 말을 인용해서 "우리가 적들로부터 기꺼이 받아들일 수 있는 것은 그 살인자의 피가 묻은 벽돌뿐"이라고 천명했다.

그러나 피델이 원하든 원치 않든 곧 사면될 것이 확실했다. 5월이 되자 피델은 사면에 대비하느라 바빴다. 그의 여동생 리디아와 엠마는 자신들 사남매를 위한 아파트를 구해놓았다고 편지로 알려왔다. 피델은 여자들이 곁에서 법석을 떨어댈 것이 분명한 상황에 경악을 금치 못했다. 헛수고였지만 아주 좋은 말로 구슬리려고 했다. "나는 본래 제멋대로 사는 보헤미안 기질이 다분한 사람이란다. 그러니 마룻바닥에 마음대로 담배꽁초를 날릴 수 있을 정도의 집이면 더할 나위 없겠지. 마누라가 감시인처럼 따라붙을 걱정이 없는 그런 집, 재가 떨어지는 곳에 아무 데나 재떨이를 둘 수 있는 그런 집 말이야."

고마움을 모르는 말이었지만 피델이 석방되자마자 한 번 더 이 문제를 걸고넘어질 것이라는 사실을 알 수 있는 대목이었다. 그럼에도 피델은 예전과는 달리 애써 설득하려는 태도를 보이기는 했다. "왜 내가 부자나 공무원, 전문 절도범처럼 리넨으로 된 과야베라*를 입어야 하니?" 그는 낡은 회색 정장이면 딱 좋다고 말하면서 여동생의 심한 간섭을 나무랐다.

너희가 우리를 걱정하고 위하는 마음을 어떤 식으로든 보여주고 싶어서 그러는 것은 다 알고 있다. 그렇지만 우리는 튼튼한 나무처럼 끄떡없어. (……) 너희가 우리를 심하게 나무랄 필요가 없듯이 우리를 위해 희생힐 필요도 없는 거야. 너희의 사랑을 매 순간 느낄 수 있는데 우리가 뭘 더 바라겠니? 말뿐이 아니라 정말 그렇게 느끼고 있단다. 너희들이 우리를 즐겁게 해주기 위해 많이 애쓰는 모습에 무척 감동받았다.

---

*   라틴아메리카에서 입는 헐렁한 남성용 셔츠.

하지만 반드시 물질적으로 무언가를 받을 때만 그런 감동을 느끼는 건 아니란다. 예를 들어줄까? 내가 집에 도착했을 때 내 책들이 잘 정돈되어 있기만 해도 난 충분해. 다른 어떤 선물보다도 기쁠 거야.[63]

며칠 후인 5월 22일 아침에 피델은 여동생들의 바람과는 달리 회색 정장을 입은 채 감옥 밖으로 나왔다. 그 더위에 그런 옷을 입었으니 땀을 폭포수처럼 흘리는 것은 당연했다. 그렇지만 여동생들은 환호성을 지르며 오빠를 맞이했다. 아침부터 문 앞에서 초조하게 서성거리던 친척들도 우르르 몰려들었다. 엠마와 리디아는 피델의 가슴에 고개를 묻고 그의 머리를 토닥였다. 멜바와 아이데도 눈물을 흘리며 달려와 그를 껴안았다. 그곳에서 기자회견이 열리는 근처의 누에바 게로나 호텔로 이동하는 동안 피델은 가는 곳마다 사람들에게 둘러싸였다. "나는 쿠바를 떠나지 않을 것입니다. 선의 무리를 단결시키기 위해서 싸울 것입니다." 그의 말은 이튿날 많은 신문의 1면을 차지했다. "나는 어떤 야망도, 열망도 없습니다. 나의 유일한 관심사는 오직 더 나은, 더 행복한 쿠바입니다."[64]

제2부

5 멕시코의 어느 추운 밤

1950년대에 멕시코시티는 크게 변화했다. 예전의 조용한 식민지풍 광장들과 구불구불한 길이 사라지고 그 자리에 고층빌딩과 8차선 고속도로가 들어섰다. 당시 도시의 크기는 지금에 비하면 아주 작았지만 1910년의 멕시코 혁명을 기점으로 사람들이 유입되기 시작하면서 급속도로 인구가 늘고 있었다. 1929년에 중도좌파인 국가혁명당이 들어선 이후로 멕시코시티는 거세진 파시즘을 피해 온 수천 명의 유럽 망명자들을 받아들이게 되었다. 이렇게 국제적인 분위기를 지닌 도시가 되면서, 때때로 예술가와 작가, 정치적 급진파들이 모여드는 위험한 중심지로도 통했다. 쿠바의 공산주의 지도자인 훌리오 안토니오 메야는 1920년대에 이곳으로 망명했지만 1929년에 총에 맞아 쓰러졌고, 트로츠키도 생애의 마지막 시기를 이곳에서 지내다가 1940년에 스탈린주의사 요원들에게 곡괭이로 암살당했다. 1950년대 중반 무렵 멕시코는 소련과 미국의 관심을 받기 시작했고 두 세력은 멕시코에 둔 자기네 대사관을 중요하게 관리하며 냉전 분위기를 키워 갔다.

피델 카스트로와 에르네스토 게바라가 각자 1년 상간으로 망명할 수밖에 없는 상황에 놓였을 때 둘 다 이곳을 선택했고, 1955년 어느 여름밤에 마침내 두 사람이 만나게 된 곳도 바로 이곳, 멕시코시티였다. 그때까지두 사람은 전혀 다른 길을 걸어왔고 완전히 다른 경험을 쌓아왔다. 하지만각자의 길을 걸으면서도 두 사람 모두 하나의 적을 만났고 이 적에 맞서싸우리라 결심했다. 이 공동의 적은 바로 외국의 내정간섭이었다. 그들은외국이라는 점이 아니라 간섭이라는 점 때문에 이 문제를 대항해야 할 적으로 상정했다. 외국의 간섭 때문에 부패하고 사치스럽고 때때로 폭력적인정권이 들어서는 경우가 잦았기 때문이었다.

이런 점에서는 미국이 가장 눈에 띄는 존재였다. 하지만 미국에 대한관점은 두 사람이 서로 약간 다르긴 했다. 미국 문화를 많이 좋아하는 피델이지만 쿠바 내 지배세력의 결속을 약하게 하기 위해서는 그들을 지지하는 미국의 후원을 끊어낼 필요가 있었다. 그러나 남아메리카에 대한 북아메리카의 간섭이 가져오는 사회적 악영향을 잘 알고 있었던 에르네스토는 더 광범위하고 완전한 변화를 원했다. 아직까지 두 사람 모두 자신들의생각을 실현시켜줄 수단을 찾지 못한 상태였다. 몬카다 공격은 주의를 환기시키긴 했지만 그렇다고 성공적인 수단은 아니었다. 두 사람이 만날 당시에 둘 다 주춤한 상황이었지만 앞일을 도모하기 위해 계속 애쓰고 있는 심경은 같았다.

두 사람이 성격은 달라도 처한 입장이 비슷했기 때문에 그들의 삶은스스로 깨닫기도 전에 이미 하나로 겹쳐지기 시작했던 것이다. 피델 카스트로가 멕시코시티에 도착할 무렵 에르네스토 게바라는 이미 혁명운동에발을 들인 새내기 동지로 통하고 있었다. 게바라가 참여했던 운동은 과테말라의 급진파 노동조합 운동이나 볼리비아의 광부 파업처럼 광범위하고일반적인 분야였다. 그런데 왜 결국에는 그 혁명에 가담하게 되었는가. 왜과테말라나 볼리비아, 혹은 자신의 조국이 아니라 쿠바를 택했을까. 그 답은 피델과의 만남에 있었다. 에르네스토는 피델을 만나자마자 깊은 영향을 받았다. 게바라에게는 과테말라가 첫 전환점이었지만 그것만으로는 부족했다. 피델과 만남으로써 완전해진 것이다. 반면, 피델에게 그 만남은 망명 중에 혁명의 구상을 앞당기고 그 틀을 짤 수 있게 해준 만남이었다. 그러나 피델이 에르네스토와 함께 일을 도모함으로써 얻게 되는 진정한 이득은 아직 나중의 몫이다.

1954년 10월의 어느 아침에 에르네스토를 태운 기차가 과테말라에서 국경을 넘어 안개와 비에 싸인 멕시코시티의 부에나비스타 광장 기차역에 도착했다.[1] 이 아르헨티나 청년은 손에 든 짐이 별로 없었지만 머릿속에는 과테말라에서의 파란만장했던 기억과 중앙아메리카까지의 대륙 도보여행에서 얻은 경험으로 가득했다. 그 길에서 많은 것을 직접 눈으로 목격했고 대륙을 횡단하는 사이에 대륙의 병폐가 하나의 종합적인 이야기로 압축되었다. 그 이야기의 교훈은 분명했다. 과테말라에서 일어난 일은 에르네스토가 파나마에서 본 빈곤과 관련이 있었고, 볼리비아에서 광부들이 직면한 어려움은 푸에르토바리오스에서 그와 함께 과일상자를 쌓던 노동자들이 직면한 문제와 똑같았다. 그는 이 모든 것을 미국 제국주의라는 실로 엮을 수 있었고 전체 라틴아메리카는 똑같은 저주에 걸려 있다고 결론지었다.

에르네스토는 멕시코에서도 도착하자마자 그런 분위기를 포착하려고 애썼다. "이곳의 공기는 과테말라와 완전히 다르다. 여기서도 원하는 것을 무엇이든 말할 수는 있지만 그 조건은 지불능력이 수반되어야 한다는 점이다. 즉, 달러의 민주주의를 누리고 있는 나라다."[2] 게바라는 2년 후에 멕시코시티를 떠나기 전에 피델 카스트로와 만난 뒤 그의 영향으로 이 선입관을 약간 수정하게 된다. 1955년에 게바라는 "자유의 공기는 정말 은밀한 공기다. 하지만 이 점은 별로 중요하지 않다. 어쨌든 그런 분위기가 미스터리 영화에서 가장 흥미로운 요소이니까."[3]

머지않아 에르네스토의 삶도 미스터리 영화 같은 길로 흘러가게 될 터였다. 그렇지만 아직까지는 과테말라에서의 긴박한 기억이 점점 희미해지면서 평소처럼 금세 권태를 느끼기 시작했다. "북쪽으로 가고 싶다는 내 열망은 변함없어. 지금은 유럽이나 중동에 가보고 싶어."[4] 그는 티타에게 이렇게 쓰다가 잠시 생각하더니 덧붙였다. "다른 이야기나 할까." 한편 베아트리스 이모에게는 이렇게 전했다. "이 도시, 아니 정확히 말하자면, 이 뇌물의 나라는 큰 짐승이 나를 쓰다듬든 내게 이빨을 드러내든 무관심해요."[5]

게바라는 언제나처럼 돈을 벌기 위해서 끊임없이 아르바이트 자리를 전전했다. 때때로 종합병원의 야간 임시직을 맡거나 시내 도서관의 조사원 일을 했고, 주말이면 멕시코에 도착하자마자 구입한 독일제 차이스 카메라를 들고 광장과 공원으로 나가 소풍 나온 사람들과 연인들을 찍어주고 몇 페소씩 챙겼다.

그의 편지에는 이렇게 쪼들리는 상황이 생생하게 드러나 있었다. "동전 하나 없는 나날"이 이어졌다. 새로운 집주인의 매력적인 딸 마르타 페티트 데 무라트—그가 "전형적인 부르주아지의 신학적 교육"[6]을 받았지만 "괜찮은" 아가씨라 묘사한—가 에르네스토에게 관심을 보이며 잘해주었지만 그는 더 외로워했다. 일다가 과테말라에서 일시적으로 수감 생활을 하고 있었지만 그는 그녀에게 연락을 해보려고도 하지 않았다. 그러나 일다는 석방이 되자 과테말라를 도망쳐서 곧 에르네스토를 따라잡았다. 두 사람은 다시 옛날의 관계로 돌아갔다. 11월의 어느 주에 두 사람은 소련 무용수가 나오는 〈로미오와 줄리엣〉 발레 공연을 보러 갔다. 일다는 회고록에서 그날 저녁 두 사람은 셰익스피어의 보편성에 대해 토론함으로써 각자 떨어져 지낸 시간을 "보충"했다고 말했다. 정말 그랬다면 이는 두 사람 사이의 특별한 인연을 보여주는 사례이다. 에르네스토는 크리스마스 선물 같은 것을 빼먹으면서도 일다에게 결혼을 고집했고, 그녀는 그가 약속을 잘 지키지 않는다는 사실을 잊어버리고 그에게 약속을 강요했다.

결국 그녀는 그들이 다시 '적당한' 친구 사이가 된 지 정확히 1년이 되는 이듬해 3월에 결혼을 하자고 제안했다. 그는 "우리 사이에 왜 정확히 1년이 지나길 기다려야 하지?"[7]라고 물었다. "지금 할 수도 있고 월말에 할 수도 있는데 왜 3월이어야만 하는데?" 그런데 그즈음에 일다는 그와 함께 번역하던 아인슈타인의 책에서 떨어진 페티트 데 무라트의 사진을 발견했다. 그녀는 그 사진을 동봉해서 이제 둘 사이의 관계는 완전히 끝났다며 파혼을 선언하는 신랄한 편지를 보냈다.

그러나 에르네스토의 인생은 새로운 길로 들어서고 있었다. 그는 다시 피델의 혁명운동 단원들과 우연히 만나게 되었다. 단원들은 그 전 해부터 멕시코시티에서 꾸준히 모임을 갖고 있었다. 이는 피델이 감옥에서 빠져나온 후 그들에게 명령한 일이었다. 에르네스토는 과테말라에서 잘 어울려 다녔던 니코 로페스를 다시 만났다. 그리고 라울과 함께 몬카다 병원 맞은편의 최고재판소 공격에 가담했던 호세 앙헬 산체스 페레스도 만났다. 페레스는 카예티그리스에 있는 에르네스토의 하숙집 옆방에 짐을 풀었다. 두 사람은 가끔 함께 다른 '몬카다 동지들'이 머물고 있는 카예구텐베르그로 향하곤 했다. 에르네스토는 이 모임에서 별로 말이 없었다. 이 모임에서 사람들은 끝도 없이 도미노 게임에 열중하면서 자신들의 영웅담을 간간이 늘어놓았다. 에르네스토는 대체로 그들의 말을 듣기만 했다. "그는 말이 없는 사람이었다."[8] 나중에 산체스 페레스는 회상했다.

이 청년들을 따라 에르네스토는 쿠바에서 추방된 사람이 마리아 안토니아 곤살레스의 집에도 들락거렸다. 그녀는 카예엠파란에서 멀지 않은 곳에서 멕시코 권투 선수인 남편 딕 메드라노와 살고 있었다. 이 부부의 아파트는 쿠바 난민들의 집결지로, '쿠바 망명 작전의 비공식 본부'였다. 가장 최근에 도착한 피델 카스트로의 '7·26운동'—그들의 조직은 그제야 몬카다 공격 날짜에서 따온 정식 명칭을 갖게 되었다—가담자들은 마리아 안토니아가 만드는 음식 냄새를 맡으며 눈을 뜨게 되는 거실 마룻바닥에 임시 매트리스를 깔았다. 에르네스토도 다른 청년들과 마찬가지로 항상 허기져 있었고 가만히 있지 못했다. "그는 아주 젊은 데다 몸은 빼빼 말라서는 항상 똑같은 옷을 입고 다녔지. 사진을 찍느라 녹초가 되면 이곳에 오곤 했어."9 마리아는 쿠바인들에게 무척 사랑받는 사람이었지만 입은 좀 거칠었다. 틀림없이 그 거친 말투가 에르네스토의 유머 감각에 딱 맞았을 것이다. 그래도 에르네스토는 그녀의 남편을 더 좋아했다. 메드라노는 쇠꼬챙이처럼 마른 게바라가 집에 오면 아내를 불러서 "체에게 먹을 것 좀 만들어줘. 불쌍한 녀석, 배가 고파 금방이라도 쓰러질 것 같은 모습이군"이라며 그를 특별히 챙겼기 때문이다.

피델이 쿠바의 감옥에서 석방될 즈음인 4월에 에르네스토는 병원에서 적은 급여이지만 한 달에 150페소를 버는 일을 하고 있었다. 이 일과 더불어 범미주경기대회* 기간에는 페론주의 통신사인 아헨시아 라티나에 사진을 제공하는 사진사로 일했다. 체는 과테말라에서 알게 된 피델의 동지인 세베리노 로셀과 함께 소규모의 사진 사업을 시작했다. 하지만 그는 여전히 가난했고 때로는 차고에서 노숙을 하기도 했다.

한편, 일다는 에르네스토에게 한 번 더 기회를 주기로 했다. 범미주경기대회가 열리는 기간 중 어느 날 일다는 쿠바인들의 아지트를 방문했고 거기에서 에르네스토를 우연히 다시 만나게 되었다.10 그녀가 떠나자 에르네스토의 새 친구들은 그를 마구 놀려댔다. "일다가 오니까 체가 신이 났네."11 사실 일다를 다시 만난 에르네스토는 행복했다. 하지만 언제나처럼 그들은 재결합에 대한 생각이 서로 달랐다. 일다의 기억에 따르면 다시 만난 지 며칠 후에 에르네스토가 결혼을 하든지 아니면 다 끝내자는 최후통첩을 날렸다고 한다. 그는 애초에 결혼은 그녀의 생각이었다고 말했다. "우

---

* 4년에 한 번씩 남북아메리카 국가들 사이에 열리는 국제스포츠대회.

리가 죽을 때까지 이렇게 계속 어린 연인으로 남아 있어야 한다면 난 반대야."[12] 누가 먼저 결혼 얘기를 꺼냈든지 간에 결혼이 가장 알맞은 해결책인 것 같았다. 누구도 정식으로 청혼을 하지 않았지만 두 사람 모두 기꺼이 결혼에 동의했다.

어느 날 아침에 에르네스토가 사진을 찍으러 서둘러 나서던 길에 니코 로페스가 아베니다 후아레스 대로에 있는 호텔 프라도 옆을 지나가는 모습을 보게 되었다. 니코는 며칠 전에 아바나의 멕시코 대사관을 통해 망명해온 라울 카스트로와 함께였다. 라울은 이미 멕시코의 투우에 흠뻑 빠져서 투우장에서 많은 시간을 보냈다.[13] 그뿐만 아니라 길을 건널 때에 달려오는 자동차를 향해 재킷을 휘두르며 "올레!"하고 외치는 희한한 버릇까지 생기게 되었다. 이런 별나 성격을 제외하면 라울은 에르네스토와 공통점이 많았다. 두 사람은 대화를 나눠보자마자 이내 그런 사실을 깨달았다. 특히 마르크스에 대한 관심—형인 피델 카스트로는 아직 이런 관심이 없었다—이 둘 다 컸고, 즉시 둘 사이에 "강한 우정"이 형성되었다.

에르네스토는 라울과 메드라노와 함께 종종 지역 도서관인 사플라나에 들렀다. 책을 읽으려는 목적이 아니라 도서관에서 상영하는 소련 영화를 보기 위해서였다. 라울과 게바라는 멕시코와 러시아 간 문화 교류가 이뤄지던 카예에디손에도 함께 갔다. 그곳에서 라울은 젊은 소련 어학연수생인 니콜라이 레오노프와 재회했다. 라울과 레오노프는 이전에 라울이 빈에서 열린 공산당 청년회의에 참석한 후 이탈리아에서 배를 타고 돌아오던 중에 그 배에서 알게 된 사이였다. 그때 레오노프는 소련 대사관 직원으로 공부하기 위해 멕시코로 향하고 있었다. 이 두 사람의 우정은 당시에 뜻이 맞는 청년들 사이에 있음직한 전형적인 관계였다. 서로 다른 문화권에서 온 친구로서 종종 교육적이기도 하면서 진지한 관계이자, 나중의 일을 생각하면 긴밀 불가사의한 선견지명의 결과로밖에 볼 수 없는 그런 관계 말이다. 레오노프와 라울의 우정은 이 전형적인 틀에 딱 들어맞았다. 에르네스토도 레오노프와 죽이 잘 맞았다. 레오노프는 에르네스토에게 소련 책을 많이 빌려주었다. 그는 어떤 의도가 있었던 것이 아니라 그저 돌려줄 때 편하라고 그 책 속에 자신의 명함을 끼워두었다.[14]

에르네스토에게 이 모두는 정말 새롭고도 흥미로운 영향을 끼쳤다. 하지만 그는 과테말라에서 겪은 불안과 긴장을 서서히 잊어가던 그 몇 달 동안 다음과 같은 시를 썼다. 이 시에는 에르네스토가 이미 머리로는 알고 있지만 아직 행동으로 옮길 수 없는 무언가가 드러나 있었다.

> 바다가 상냥한 손을 흔들며 나를 부르네.
> 나의 초원은, 대륙은,
> 초저녁에 울리는 종처럼
> 부드럽고 생생하게
> 자신의 모습을 드러내네.[15]

이 시는 일견 정적으로 보이지만 그 속에는 욕구가 꿈틀대고 있다. 시속에는 에르네스토가 지금 자신이 처한 지루한 일상을 또다시 벗어나길 원하는 급박한 심정이 숨겨져 있다. 마침내 아헨시아 라티나 통신사가 대회 사진에 대한 돈을 보내왔을 때 에르네스토는 충실한 오랜 친구 티타에게 절박함을 담은 서한을 보냈다. 그는 "이 돈으로 빨리 유럽 여행을 가고 싶다"며 그녀에게 여행 준비를 도와달라는 부탁을 했다. "8월 1일이 되기 전에 유럽대륙에 가고 싶어."[16] 하지만 에르네스토는 그 여행을 떠나지 못했다. 피델 카스트로라는 소용돌이에 휘말려 그의 신념이나 고집을 제대로 유지할 수 없었고 결국 모든 인생 계획이 바뀌었기 때문이다. 에르네스토가 그 변화를 맞이할 준비가 되어 있는지에 상관없이, 이제 대화와 독서로 지내는 날들이 끝나가고 있었다.

피델은 석방된 지 4주 만에 멕시코에 도착했다. 피델을 암살하기 위해 아바나 여기저기에서 폭탄이 터졌고 피델의 목소리를 담은 언론은 폐쇄 위협을 받았다. 이런 위협 속에서 피델은 쿠바를 떠날 결심을 했다. 혁명의 필요성을 역설하는 피델의 마지막 메시지는 아직 그의 글을 실을 준비가 되어 있던 〈보헤미아〉의 마지막 간행물에 실렸다. 피델은 쿠바섬에서 각광받은 반란의 역사를 상기시키면서 선언했다. "이제 더 이상 총선거를 믿지 않는다. (……) 1868년과 1895년의 선택을 따를 수밖에 없다."[17] 아바나에서 가족, 친구들과 눈물 젖은 작별인사를 마친 후에 피델은 비행기를 타고 후덥지근한 쿠바의 열기를 뒤로하고 베네수엘라를 경유해서 멕시코 동부 해안의 베라크루스에 도착했다. 피델은 바티스타 정권을 피해 망명해온 쿠바인들에게는 어떤 은신처보다도 두 배는 더 안전한 어느 현대조가의 스튜디오에서 호세 마르티의 흉상과 석고상에 둘러싸인 채 하룻밤을 보냈다. 이튿날 그는 버스를 타고 좀 더 서늘한 날씨의 멕시코시티에 도착했다. 7월 8일 금요일 오후 그곳에서 피델은 옛 동지들과 포옹을 나눴고 망명 중에 운동에 가담한 신참들과도 인사를 나눴다.

피델은 기쁜 마음으로 그들을 대했지만 처음 멕시코에 도착했을 때에는 기분이 엉망이었다. 그는 멜바 에르난데스에게 보내는 편지에 "온몸이 다 아프다"고 불평했고 그 후에는 감기까지 걸렸다. 그중에서도 가장 힘겨운 일은 쿠바산 시가를 피울 수 없다는 점이었다. 피델은 외로웠고 쿠바에서 벌어지는 사건들에서 완전히 소외된 느낌을 받았다. 그는 "독방에 갇혀 있을 때보다 훨씬 더 고립된 것 같다"[18]고 한탄했다.

그가 병든 이유는 기후 때문만이 아니라 깊고 강한 좌절감 때문이었다. 피델은 쿠바를 떠나기 전에 인생의 전환점이 될 만한 연설을 남겼다.

지는 평화 투쟁의 길이 노무 막혀서 쿠바를 떠나는 것입니다
감옥에서 나온 지 6주 만에 그 어느 때보다도 독재 정권의 의도를

확신하게 되었습니다. 그들은 앞으로 20년은 더 권좌에 앉아 지금처럼 공포 정치와 부패 정치를 고수하려 합니다. 쿠바 국민들도 참는 데 한계가 있는데 그들은 그 사실을 깡그리 무시하고 있습니다.

저는 마르티의 길을 따르는 사람으로서 우리의 권리를 되찾을 날이 반드시 올 것이라고 믿습니다. 그들에게 권리를 구걸하지 않고 그들과 맞서 싸워 빼앗긴 권리를 당당히 되찾아올 것입니다.

저는 카리브 지역 어딘가에 있을 것입니다.

이 같은 길을 떠나는 사람은 폭군의 머리를 베어 가지고 돌아오지 않는 한 결코 되돌아오지 않는 법입니다.[19]

그러나 피델은 멕시코시티에 도착한 날부터 자신의 목을 가누기도 힘들 정도였다. 그는 권력에서 이처럼 멀어진 적이 없었다. 쿠바에서뿐만 아니라 자신의 혁명운동 조직에서도 힘을 쓰지 못했다. 이제 피델의 유일한 희망인 이 단체는 그 없이도 잘 돌아가고 있었다. 이렇게 되자 피델의 꿋꿋한 의지조차 기가 한풀 꺾였다. 그는 자신의 운동 조직을 지지해줄 세력을 확보하기 위해 절박한 심정으로 멕시코 내 망명자들을 찾아다녔다.

피델은 뭔가 구체적인 조언을 구한다기보다는 그저 기운을 얻으려고 계속해서 편지를 썼다. 그런 편지 중에 파우스티노 페레스—일명 '메디코'—에게 보낸 것이 있었다. 이 편지도 다른 편지와 마찬가지로 중개인을 통해 전해졌기 때문에 피델은 동료를 칭할 때 쿠바 내 지하세계에서 부르던 별명을 사용했다. 이 편지에서 그는 "이제 나는 카르데나스(멕시코의 전 대통령)의 혁명 과정을 익혀가고 있어. 나중에 나도 완벽한 혁명 계획을 짜서 우리 나라에 알릴 거야. 여기에서 전단지 형태로 인쇄해서 우리 나라로 은밀히 들여보내면 되거든"[20]이라고 썼다. 그러나 피델은 누구에게서도 답장을 받지 못했다. 멕시코로 편지를 들여오기 위한 비밀 경로가 아직 뚫리지 못한 상태였다. 아무 답장도 받지 못했는데도 피델은 그다음 주에 멜바에게 다시 편지를 썼다. 이번에도 실명으로 칭하지 않았다. "친애하는 박사 님께. 일이 어떻게 돌아가는지 알고 싶어 미칠 지경입니다. (……) 여기에서 는 모든 면에서 동지들이 부족합니다."[21] 피델은 좌절했고 조급해했으며 필 사적으로 사람들을 만나고 다녔다.

이틀이 지나자 약간 안정을 되찾은 피델은 해물 파스타 요리를 만들면 서 깊은 생각에 잠겼다. 그런 피델 카스트로의 모습을 방 건너편에서 면밀 히 관찰하던 사람이 있었다.[22] 헐렁한 갈색 정장을 입은 곱슬곱슬한 머리 의 수척한 청년이 벽에 기댄 채 그를 바라보고 있었다. 그날은 몬카다 공격 이 있은 지 딱 2년이 되는 7월 26일이었다. 보통 이날이 되면 피델은 자신 의 계획을 말하거나 쿠바의 현 정권에 대해 신랄한 비난을 퍼붓는 연설을 했다. 그러나 이제 사실상 지하로 은신하게 된 피델은 처음으로 조용하게 이 기념일을 보낼 수밖에 없었다. 그날 그는 우선 차풀테펙에 있는 영웅들 의 묘지*에 헌화하고, 인도아메리카대륙운동이 주최한 행사에 참석한 뒤 에바와 그라시엘라 히메네스의 집에서 자그마한 모임을 가졌다.

그날 밤 새로 합류한 피델 카스트로를 유심히 바라보던 청년은 에르 네스토 게바라였다. 사람들 속에서 늘 부끄러움을 타는 에르네스토는 그 날 저녁에도 눈에 잘 띄지 않는 곳에 있었다. 그래서 피델과 체는 인사를 나누거나 눈을 마주친 적이 있기는 했지만 정확히 말하면 진짜로 만난 것 은 아니었다. 그날 밤 두 사람은 각자의 세계를 고수했다. 카스트로는 거의 습관적으로 그날 저녁 모임과 좌중을 사로잡았고, 게바라는 슬며시 미소 를 머금고 검은 눈으로 사람들을 관찰하고 있었다.

며칠 후에 니코와 라울은 체를 마리아 안토니아의 아파트로 데려갔 다. "멕시코의 어느 추운 밤"[23]이었고 피델은 독감으로 고생하고 있었다.

---

* 1047년 치풀데펙 진두에서 미국군의 침탁에 맞서 멕시코시티를 방어한 젊은 사관생도들을 추모하기 위한 기념관.

하지만 마리아의 집은 이제 피델의 새로운 중심지였고 그곳에서는 이미 활동이 시작되고 있었다. 피델은 인맥을 넓히고, 정보를 모으고, 아이디어를 타진해보고, 부하들의 충성도를 시험하느라 분주했다. 독감에도 불구하고 그는 처음의 우울증에서 벗어나 기분이 상당히 좋아진 상태였다. 이제 그는 원래의 활기찬 모습을 되찾아 일에 매진하고 있었다. 그 작은 아파트에서 피델은 신사 숙녀 사이를 우아하게 지나다니면서 수다를 나누기도 하고 격렬한 토론을 벌이기도 했다. 그때 니코가 피델의 어깨를 두드렸고 그렇게 시작된 대화에서 피델과 체는 정식으로 소개되었다.

피델은 모든 면에서 변호사답게 말쑥한 차림새를 하고 있었다. 머리는 머릿기름으로 윤이 났고 가느다란 콧수염도 멋있었다. 당연히 허름한 낡은 옷차림의 남쪽 출신 여행자에 대면 빛이 나는 모습이었다. 피델은 에르네스토에게 결코 잊지 못할 인상을 남겼다. 그는 신참의 어깨를 부드럽게 잡고 끌어당기더니 비분강개와 열정이 가득한 목소리로 그들의 계획을 말해주었다. 피델은 이 아르헨티나 청년에게 수많은 말을 했지만 가차 없는 질문도 빼놓지 않았다. 당연하게도 피델은 외국인을 끌어들이는 일에 신중했다. 이제 그는 쿠바에서 하던 대로 상대방을 손가락으로 쿡쿡 찌르면서 묻고 있었다. "이동사진사로 일하고 있는 의사라고?"

피델은 에르네스토가 과테말라에서 겪었던 일과 그가 전하는 남아메리카의 정치 상황을 흥미롭게 들었다. 물론 에르네스토도 기쁜 마음으로 피델에게 자신의 평소 생각을 모조리 이야기했다. 이내 두 사람은 라틴아메리카와 국제정치에 대한 의견을 주고받았고 각자 경험한 여러 혁명투쟁에 대한 의견도 교환했다. 또한 그들이 열정적으로 존경하는 호세 마르티와 시몬 볼리바르 같은 위대한 혁명사상가에 대한 얘기도 나눴다. 물론 카를 마르크스도 화제에 올랐는데, 당시 에르네스토는 마르크스주의에 대한 독서에 한창 열 올리던 때여서 그도 한마디 거들 수 있었을 것이다.

마리아 안토니아는 그날 밤을 이렇게 회상했다. "그다지 특별할 것도 없었던 첫 만남이었어요. 그들은 그냥 서로를 알게 되었어요. '피델, 이 사람이 에르네스토 게바라예요. 체라고 하고 아르헨티나 의사죠.' 그렇게 소개를 받은 후 두 사람은 평범하게 서로를 대했어요. 여기 이 집에는 다른 녀석들도 많았으니까요. 두 사람은 그저 담소를 나누는 듯 보였지만 무슨 이야기를 했는지는 나도 잘 몰라요. 아무튼 꽤 긴 시간 동안 대화를 나누더군요."

라울과 피델, 에르네스토는 그날 밤 그 집을 빠져나와서 근처 식당으로 향했다. 그들은 그 식당에서 새벽녘까지 대화를 나눴다. 에르네스토는 피델의 낙관주의와 결의에 깊이 감명했다. 다른 망명자들이 조국의 운명에 대해 논쟁하고 한탄하는 것에 그치는 데 비해 피델은 망명지에 도착하자마자 돌아갈 길을 계획하고 있었다. 최소한 에르네스토의 눈에는 그렇게 보였다. 사실 이 순간에 피델이 갖고 있던 '계획'은 "그가 떠난다면 쿠바로 향할 것이고, 쿠바에 도착한다면 싸울 것이며, 싸우기 시작한다면 이길 것이라는 확고한 신념"이 전부였다. 그러나 그것만으로도 충분했을지 모른다. 피델은 이 만남에 대해 좀 더 실용적으로 기억했다. 이 만남으로 피델이 당시 일의 우선순위를 정하는 데 큰 영향을 받은 것이다. "체 게바라를 전투에 가담시켰던 이유는 그의 전투적인 기질 때문이었다."[24]

두 사람은 전혀 다른 길을 걸었지만 비슷한 결론에 도달했다. 게바라는 볼리비아와 과테말라에서의 경험으로 인해 남아메리카 군대는 정치적 변화에 따라 부패하기 쉽고 별로 의지할 만한 존재가 되지 못하므로 처음부터 완전히 다시 시작하는 방법 외에는 대안이 없다고 생각했다. 즉, 무장봉기로 군대를 뒤엎는 수밖에 없다고 결론지은 것이다. 바로 피델이 몬카다에서 시도했던 일이었다. 문제는 그 생각을 실행에 옮기는 방법이었다.

피델과 체의 만남이 쿠바 역사가들이 말하는 것만큼 단번에 불꽃이 튀면서 의기투합한 형세는 아니었다 하더라도, 적어도 두 사람이 지녔던 운명론에 대한 믿음을 확인시켜준 계기는 되었다. 무엇보다, 더 연륜이 깊고 더 성장한 인물인 피델이 체의 가치와 능력을 높이 산 것 같다. 피델은 이 아르헨티나인을 신뢰할 수 있을지를 놓고 위험을 무릅쓴 것이다. 하지만 그러면서도 에르네스토에게 어떤 요구도 하지 않았다는 점이 중요하다. 피델은 에르네스토에게 한마디의 맹세도 요구하지 않은 채 그저 그를 자기 사람으로 받아들인 뒤 돌아가는 상황을 지켜보았을 뿐이다.

에르네스토는 자신이 만난 다른 혁명 지지자들에 비해 피델이 단연 눈에 띈다고 생각했다. 그는 피델과 만난 이후에 곧바로 일다에게 말했다. "니코가 과테말라에서 하던 이야기가 다 맞았어. 마르티 이후로 쿠바가 내놓은 걸출한 인물이 바로 피델 카스트로라고 했었거든. 그는 혁명을 일으킬 거야. 우리는 서로 아주 잘 맞아. 그는 이제까지 내가 찾고 있던 그런 사람이야."[25] 그가 일다에게 피델의 "미친 생각"이 어떠냐고 묻자 그녀는 미친 생각이긴 하지만 지지할 가치가 있는 일이라고 답했다. "나도 그렇게 생각했지만 네 생각을 알고 싶었어." 게바라는 오랜 결심을 털어놓았다. 이제 그는 피델과 함께 맞서 싸울 작정이라고 말했다.

그 첫 만남 이후에 곧바로 에르네스토와 일다는 피델을 저녁식사에 초대했다. 그들은 푸에르토리코 사람인 후안 후아르베와 수감된 푸에르토리코 민족주의자 페드로 알비수의 아내 라우라 알비수 캄포스도 식사 자리에 불렀다. 멕시코시티에는 정말 많은 망명자들이 있었기 때문에 피델이 이들 모두를 만날 시간이 있었다는 것도 놀라운 일이었다. 하지만 밤낮으로 그들을 만나고 다니다 보니 피델도 수완이 생겼다. 어느 날 밤에는 멜바와 아이데에게 이런 편지를 썼다. "친애하는 자매들에게, 벌써 새벽 네다섯 시인데 아직도 편지를 쓰고 있소. 얼마나 많은 편지를 썼는지도 모르겠군! 이 편지를 아침 8시까지는 중개인에게 넘겨야 하지. 자명종이 없어서 깜박 잠들었다가 우편을 놓치게 될까 봐 잠자리에도 들지 못하고 있다네."[26]

이런 상황이었으니 피델이 그날 밤 일다의 아파트에 늦게 도착한 것은 어쩔 수 없는 일이었다. 일다와 같이 사는 베네수엘라 시인 루실라 벨라스케스는 피델의 관심을 끌어보려고 그를 계속 기다렸다. 하지만 그녀는 피델이 너무 늦게 오는 바람에 실망한 채로 이미 잠자리에 든 상태였다. 일다가 피델에게서 받은 첫인상은 "잘생긴 부르주아 여행객" 같다는 것이었다. 후식을 먹고 난 후에 일다는 피델에게 왜 쿠바에서 투쟁을 벌였는데 지금은 멕시코에 있는지를 물었다. 그는 "아주 좋은 질문"이라면서 장장 4시간에 걸쳐 자신이 쿠바의 현재 정치 상황을 조사 중이며 무장침략을 계획하고 있다고 설명했다.

당연히 체는 이 대단한 웅변에 감명을 받았다. 그러나 피델이 일다의 아파트에서 보여준 열변은 완전히 즉흥적인 것이 아니었다. 이는 망명 중에 내놓은 첫 정치성명서인 〈제1선언〉을 준비하면서 정리한 생각들이나. "혁명이 경제를 파탄시킨다고 비난하는 사람들에게 우리는 이렇게 대답하겠다. 토지가 없는 농민들에게는 경제 자체가 존재하지 않는다. 일자리가 없는 수백만의 쿠바인들에게는 경제가 존재하지 않는다. 철도 인부와 항만 노동자, 직물공장 노동자, 버스 운전수, 바티스타가 급료를 깎은 여러 분야의 노동자에게는 경제란 전혀 존재하지 않는다."[27] 이 선언은 갖춰야 할 것은 제대로 다 갖추고 있었다. 선언은 일종의 정치적 '현상수배' 포스터처럼, 큰 글씨로 제목과 글이 인쇄되었다. 피델은 이 글에서 바티스타의 이른바 '합법적인' 정부를 공공연하게 비난함으로써 한 가지 사실을 확실히 하려 했다. 요컨대 바티스타 정권을 흔들 수 있는 유일한 저항이 바로 7·26운동이며, 그 지도자는 피델 카스트로라는 사실이었다.

이 시기에 피델이 내놓은 두 번째 성명서는 〈오르토독소에게 고함〉이었는데, 이 글이 그의 망명 초기를 더 정확히 보여주고 있다. 얇은 종이에 비스듬한 글씨체로 쓴 성명서에서 피델은 오르토독소 당원들에게 바티스타 정권의 손에 놀아나는 정치과정에나 계속 참여하라며 빈정거렸다. 이 두 성명서는 마리아 안토니아와 메드라노 부부의 친구인 아르세니오 '키드' 바네가스의 투박한 구식 인쇄기로 찍어냈다. 아르세니오는 건장한 몸집의 레슬링 선수로, 그 몸집만큼이나 충성심도 단단했다. 아바나로 무사히 들어간 건 겨우 사본 몇 장뿐이었지만 피델은 낙관했다. 그는 여전히 아바나에서 자신을 위해 비밀 활동에 전념하고 있던 멜바에게 "적어도 2주일에 한 번씩은"28 사본을 꾸준히 보낼 것이라고 편지로 알렸다.

그해 여름, 피델의 믿음직한 부하인 파우스티노 페레스는 아바나에서 열린 오르토독소 무장당원대회에 모인 500명의 대표들 앞에서 피델의 성명서를 읽었다. "만약 바티스타 당신이 사임하지 않는다면 우리가 당신과 당신의 악명 높은 암살자들을 이 지구 위에서 쓸어버릴 것"29이라는 피델의 말이 전해지자 당원들은 흥분했다. 성명서의 끝부분에서 피델은 수사적인 질문을 던졌다. "야당은 이제까지 총선만이 **유일한 평화적 해결책**이라고 주장했다. 그렇다면 바티스타가 이 **유일한 해결책**을 인정하지 않을 때는 어떻게 할 것인가?" 그러면서 그는 "현 정권의 어떤 핑계도 단번에 말소할 수 있는 다른 길이 있다"고 선언했다. 이는 피델의 고전적인 수법이었다. 앞 질문에서 굵은 글씨체의 첫 번째 문구와 두 번째 문구 사이에 의도적으로 '평화적'이라는 단어를 생략함으로써 불편한 부분을 교묘히 없애버린 것이다. 회의에 참석한 대표자들은 다른 대안을 암시하는 단어를 듣자마자 환호성을 지르며 다함께 "혁명! 혁명! 혁명!"30 하고 연호했다. 피델은 망명을 계기로 폭력투쟁의 길밖에는 다른 수가 없다고 확신했다.

이 무렵에 일다는 에르네스토에게 임신 사실을 털어놓았다. 그들의 관계가 항상 좋진 않았지만 두 사람은 임신을 기쁘게 받아들였고 결혼을 서둘렀다. 이튿날 에르네스토는 그녀에게 검은 돌이 촘촘히 박힌 은팔찌를 사주면서 "아기를 위한 선물"31이라고 말했다. 그러나 이런 행동과는 달리 그날 에르네스토는 그다지 낭만적인 기분이 아니었던 듯하다. 그는 일기에 "불편한 날"이었다고 기록했다. "곧 아이가 태어날 것이고 며칠 후면 일다와 결혼한다. 그녀에게는 극적인 나날이지만 나에게는 힘든 순간들일 뿐이다. 결국 그녀의 생각대로 되었다. 그녀는 평생토록 이 순간이 지속되길 바라겠지만 내 생각에는 그리 오래가지 못할 것 같다."[32] 누구에게도 구속되는 것을 원치 않았던 에르네스토는 이제 피델의 원정 계획에 개인적인 희망도 걸게 되었다.

에르네스토는 미심쩍은 마음을 품은 채 1955년 8월 18일에 일다와 결혼식을 올렸다. 피델과 다른 쿠바인 몇몇이 초대되었다. 목요일이었지만 에르네스토와 일다는 직장이 없었기 때문에 역사적인 도시인 테포트소틀란으로 여행을 갔다. 라울과 헤수스 몬타네, 루실라 벨라스케스, 종합병원에서 알게 된 에르네스토의 친구들도 동참했다. 결혼식은 관공서에서 조용히 치러졌다.[33] 에르네스토는 피델과 라울에게 둘 중 한 명이 증인이 되어달라고 부탁했다. 이는 에르네스토가 그 두 사람을 가장 친밀하게 여기고 있다는 분명한 증거였다. 그러나 자신의 결혼식에 대한 기억도 결정에 한몫했는지, 피델은 보안상의 문제로 결혼식장에 나타나지 않았고, 라울도 마지막 순간에 서명을 하지 않기로 생각을 바꿨다. 그날 저녁 피델은 신혼부부가 쉬고 있는 숙소로 찾아왔다. 마침 에르네스토는 아르헨티나의 전통요리인 아사도*를 준비하고 있었다.

에르네스토는 일다의 부모님을 만난 적이 없었다. 신혼부부는 콜로니아후아레스에 있는 5층짜리 건물로 새로 이사를 하고 나서야 그들의 부모님에게 결혼을 알리는 편지를 썼다. 그들은 아주 좋은 집은 아니었지만 태어날 아기를 위해서 조금 넓은 집을 구했다. 일다의 부모님은 결혼식에 가보지도 못하게 미리 알리지 않았다며 그들을 나무랐다. 하지만 결혼을 축하하는 의미로 500달러짜리 은행어음을 보내왔다. 그러나 머지않아 일다는 "우리의 모든 계획과 미래가 피델과의 대화로 인해 영원히 바뀌었다"[34]

---

* 쇠고기에 소금을 뿌려 숯불에 구운 요리.

는 사실을 깨닫는다.

여름에서 가을로 넘어가는 무렵에 에르네스토와 피델은 쿠바인의 사교모임에서 자주 만났다. 피델은 항상 설명하고 가르치는 데 열중했다. 그는 정기적으로 동지들을 안토니오 메야 기념관으로 데리고 가서 그 쿠바 공산주의자의 인생과 투쟁에 대해 "가감 없이 온전히 역사적인 사실만"을 들어 설명했다. 물론 에르네스토는 항상 배우는 데 열심이었다. 두 사람은 책에 대한 열정도 함께 나누었다. 에르네스토는 여전히 '철학노트'를 쓰고 있었고, 피델은 자신만의 서재를 만드느라 바빴다.

"체, 자네 너무 조용하군. 여기에 감독관이 있어서 그러나?"[35] 어느 날 저녁식사에서 피델은 일다를 가리키며 큰 소리로 말했다. 일다는 남편과 그 쿠바인이 많은 시간을 함께 보낸다는 것을 알고 있었다. 에르네스토는 사람들이 많은 곳에서는 얌전했지만 누군가를 한번 믿기 시작하면 그 어떤 장벽도 세우지 않았다. 그리고 피델로 말할 것 같으면 다른 사람의 개인적 공간에 능숙하게 자리 잡는 사람이었다. 이번에도 에르네스토는 일다에게 피델의 말을 재차 확인해주듯 말했다. "난 당신의 하인이니 그걸 잊으면 안 돼."[36]

피델은 에르네스토와 일다의 신혼집을 자주 드나들었다. 게바라는 여전히 M26—7·26운동을 이렇게도 불렀다—의 활동 단원이 아니었지만 그 신혼집은 피델이 뜻이 맞는 동지들과 모여서 분노를 발산하는 몇 안 되는 장소 중 하나였다. 9월에 에르네스토와 일다는 일다의 부모님이 주신 돈으로 차를 살 것인지 여행을 떠날 것인지 고민하고 있었다. 그러자 피델은 여행을 떠나거나 그게 아니면 축음기 같은 것을 사라고 조언했다. 그는 어떤 경우에도 자동차는 안 된다며, "자동차는 이곳 멕시코에서 너무 많은 문제를 일으키잖나. (⋯⋯) 집안에 필요한 걸 사는 게 낫지"[37]라고 덧붙였다.

"돌아가는 상황이 좋지 않습니다."[38] 어느 날 페루인 라이가다와 곤살로 로세, 푸에르토리코 시인 후안 후아르베가 에르네스토와 일다의 집에 찾아와 인사를 건네며 말했다. 망명자인 그들은 지금 페론의 소식을 전하고 있었다. 근 10년간 권좌에 앉아 자신의 오른팔이자 아내인 에비타와 함께 권력을 휘둘러온 페론이 막 실각했다는 소식이었다. 피델과 에르네스토는 그 상황을 놓고 함께 고심했다. 대다수 중상위층 사람들은 페론주의를 몹시 싫어했다. 그러나 이 두 망명자의 눈에는 페론의 부정부패와 압제보다도 그가 국내적으로 대중적 복지국가를 실현하고 국외적으로는 반제국주의 주장을 펼쳤던 점이 더 두드러져 보였다. 그렇지만 페론의 해법은 군대의 지지가 있었는데도 결과적으로 계속 유지될 수 없었다. 이제 두 사람은 본능적으로 동일한 문제의식을 느끼고 있었다. 누구라도 급진적으로 될 수 있고 권력두 얻을 수 있지만, 중요한 건 그 권력을 지켜내는 일이라는 점을 깨달은 것이다.

그 이후로 피델은 그런 권력을 쟁취할 방법에 대해 더욱 고심하게 되었다. 그는 10월 9일에 차풀테펙 공원에서 이 같은 주제로 열정적이고 유창한 연설을 펼쳤다. 청중은 혁명을 잘 아는 사람들이 아니라 그저 희망을 바라는 소수의 대중이었지만 나중에 피델은 그 어느 때보다도 긴장했었다고 털어놓았다. 그는 경청하는 사람들에게 자신의 새로운 혁명 기조를 밝혔다. "아메리카의 현세대는 적극적인 공세를 취해야 합니다. 다시 한번 더 민주주의 정신을 드높여야 합니다. 또한 말을 버리고 행동에 나서야 합니다. (……) 아메리카는 정치인과 반역자, 압제자에게 점점 염증을 느끼고 있습니다. 마르티의 사상과 볼리바르의 검이 다시 한번 아메리카 전역에서 빛을 발할 것입니다. 저는 아메리카를 믿습니다!"[39]

이날 확성기를 통해 울려 퍼진 연설에서 한 말은 피델이 저녁식사 때 에르네스토에게도 자주 들려주던 것들이었다. 그러다 보니 에르네스토도 서서히 피델의 생각에 공감하기 시작했다 여전히 혁명이라는 단어는 에르네스토에게 낭만적으로 여겨졌지만 이 당시에 피델의 요점은 '우는소리는 그만하고 맞서 싸워야 한다'는 것이었다. 사실 이런 깨달음은 에르네스토가 항상 인식하고 있던 딜레마였다. 어린 시절부터 에르네스토가 쓴 거의 모든 글에는 이런 문제의식이 담겨 있었다. 오히려 그가 피델에게서 배우고자 한 점은 우는소리를 멈추고 맞서 싸우는 '방법'이었다.

에르네스토는 혁명에 대해 더 진지하게 관심을 보이기 시작했다. 그달에 피델은 미국 동부로 자금모금 여행길에 올랐다. 피델은 떠나는 밤에 에르네스토와 일다의 집에서 송별회를 겸한 저녁식사를 함께 했다. 멜바와 헤수스 몬타네도 동석했다. 10월 무렵에는 7·26운동의 수뇌부 대부분이 멕시코에 와 있었다. 물론 여전히 작전 활동 중인 사람들은 쿠바에 머물렀다. 멜바와 에르네스토는 병원에서 몬타네의 소개로 인사를 하던 그 순간부터 냉랭한 사이가 되어버렸다.[40] 의사 게바라가 그녀의 멋진 옷과 보석을 위아래로 훑어보더니 혁명가에게는 맞지 않는 옷차림이 아니냐며 퉁명스럽게 내뱉었다. 그는 자고로 혁명가란 외면이 아니라 내면을 가꾸는 법이라며 잔소리를 늘어놓았다. 고문하는 이의 손 안에 담긴 남동생의 눈알을 본 적도 있고 남자 동지들과 함께 싸우던 아이데의 죄를 대신해서 감옥살이를 한 적도 있는 멜바는 이 오만불손한 아르헨티나 청년의 건방진 언사에 화를 참지 못했다. 그녀는 에르네스토에게 화를 내며 욕을 해댔고 몬타네는 그런 그녀를 말려야 했다. 처음에는 에르네스토의 무신경한 언사 때문에 많은 쿠바인들이 그와 사이가 좋지 않았다. 그들은 어째서 에르네스토가 한때 '저격수'라는 별명으로 불렸는지 충분히 이해했다.

송별회에 모인 그들은 일다와 루실라가 준비한 페루와 베네수엘라 요리를 즐기면서 차분히 마지막 밤을 보냈다. 피델은 게바라 부부가 자신이 제안한 대로 축음기를 산 것에 흡족해했다. 웬일로 이날 밤에는 정치 이야기가 나오지 않았다. 루실라는 피델의 눈길을 끌려고 애썼고 멜바와 헤수스는 이 자리를 빌어서 그들이 약혼한 사실을 알렸다. 루실라는 "일다, 말해봐. 어떻게 에르네스토를 꾀었어?"라며 직설적으로 물었다. 일다 대신 에르네스토가 과테말라에서의 일을 상기시키면서 장난스럽게 답했다. "그녀가 대신 감옥에 갔잖아. 그게 너무 고마워서 결혼했지." 그들은 새벽녘까지 대화를 나누고 음악을 들으며 머물렀고, 피델은 기차를 타고 텍사스로 향했다. 이때 피델은 예전에 오르토독소당에서 아바나의 마리아나오 지구당을 이끌었던 불혹의 후안 마누엘 마르케스와 함께였다. 그는 카스트로주의자와 연관됐다는 이유로 경찰에게 폭행당한 전적이 있었다. 이제 그는 카스트로의 주요 자문관 중 한 사람이었다.

피델의 세 번째 미국 방문은 그의 혁명 이력에 전환점이 되었다. 이번 방문으로 그는 앞으로의 투쟁을 위한 핵심 지지 세력을 구축했고 많은 군중의 환대를 받았다. 개인적인 면에서도 상당히 뜻깊은 방문이었다. 그가 드디어 호세 마르티의 그림자를 벗어날 수 있었기 때문이었다. 그전 방문까지만 해도 피델은 마르티의 그림자 속에 있었지만, 이제는 정말로 마르티의 유산을 이행하고 있다고 느꼈다.

피델은 필라델피아와 유니언시티, 코네티컷주의 브리지포트를 방문한 뒤 뉴욕에 도착했다. 뉴욕의 센트럴파크에서 쿠바 사진사인 오스발도 살라스가 잡지 〈보헤미아〉에 실을 피델의 사진을 찍었다. 피델은 마르티가 가장 좋아했던 장소들을 찾아 걸으며 자세를 취했다. 팜 가든 호텔의 극장을 가득 메운 청중 앞에서 피델은 자신들이 진지하다는 것을 보여주려 애썼다. "우리는 생각에도, 그리고 바위에도 참호를 파고 있습니다 (……) 1956년에 우리는 자유를 얻거나 아니면 순교자가 될 것입니다."[41] 여행 전에 뉴욕의 오르토독소당 집행위원회에 보낸 서신에도 나타나듯, 이 연설 순방길에서 피델이 가장 힘주어 일관되게 주장한 바는 "급진적이고 근본적인 변화"[42]가 필요하다는 것이었다. 그가 가는 곳마다 쿠바 망명자 공동체에서 이 주상은 커다란 공감을 불러일으켰다.

11월에 피델은 동부 해안을 따라 플로리다에 도착했다. 그는 마이애미의 플래거 극장에서 혼신을 다한 연설로 기립박수를 받았다. 당연히 평소와 다름없이 마르티와 치바스 각각의 장점을 내용과 형식으로 결합한 연설이었다. 피델과 마르케스는 치바스의 육성이 담긴 테이프를 항상 가지고 다니면서 다양한 장소에서 연설을 돋보이게 하는 데 사용했다. 높은 탁자 위에는 카우보이모자를 뒤집어놓고 기부금을 모금했다. 그 탁자 아래에는 언제나 마르티의 초상화가 있었다. 이 순방길에서 피델은 가장 시급한 모금 활동에만 집중했고, 일상적인 교통단속이 딱 한 번 있었던 것 말고는 웬일로 당국의 제재를 받지 않았다. 그러나 피델이 따뜻한 환대를 받는다는 소문이 바티스타를 자극했다. 바티스타는 자신도 미국에 친구들이 있다는 사실을 주지시키려는 듯 피델의 연설을 방해했다. 그러나 이제 피델의 순방 지역은 탐파와 카요우에소, 이 두 곳만이 남은 상태여서 연설을 방해하기에는 시기상 너무 늦어버렸다. 피델의 미국 방문 덕분에 그의 쿠바 내 평판이 더욱 강화되었다. 쿠바의 어느 사설에서는 만약 피델이 정권을 잡는다면 그는 "신과 카이사르가 한 몸에 깃든 사람"[43]처럼 나라를 다스릴 것이라고 평하기도 했다. 물론 이 기사는 무사하지 못했다.

피델은 미국 내 조직을 멕시코인인 알폰소 구티에레스와 오르키데아 피노에게 맡기고 멕시코시티로 돌아갈 준비를 했다. 또한 그는 6살짜리 아들과도 이별을 해야 했다. 미국 방문 동안 피델의 여동생 리디아가 그의 아들을 데려왔던 것이다. 이 때문에 꽤 인상적인 장면이 연출되기도 했다. 한 번은 모금행사 동안 피델의 옆에 앉은 아들이 카우보이모자에 모인 달러 지폐를 만지작거리며 놀자 피델이 아들을 꾸중했다. "그걸 만지면 안 돼, 피델리토. 이 돈은 조국의 것이니까."[44]

엄청난 일정으로 몇 주를 보낸 피델은 플로리다에서 마지막 행사를 마친 후 며칠 동안 키웨스트의 트루먼 대로에 위치한 하숙집에서 글을 쓰면서 휴식을 취했다. 아마도 앞으로 오랫동안 마지막 휴식이 될 시간이었다. 피델을 태운 비행기가 바하마 제도의 나소에 잠깐 멈췄을 때 피델은 7·26

운동의 두 번째 선언서를 마무리 지었다. 그 속에는 왜 단체의 이름을 몬카다 공격 날짜로 정했는지에 대한 이유가 포함되어 있었다. 또한 목적이 수단을 정당화한다는 피델의 혁명 철학도 간결하게 드러나 있었다. 이런 면에서 피델은 마르티의 행동을 그대로 따른다고 볼 수 있었다. 그렇지만 말로는 그런 방식을 부정하는 듯 보였다. "마르티는 혁명에서 '방법은 은밀하게 숨기고 목적은 공공연하게 밝혀야 한다'고 말했다. 그러나 우리가 사람들에게 왜 그들에게 도움을 청하는지 말하지 않는다면 어떻게 사람들의 원조를 구하겠는가? 만약 혁명에 이익집단의 도움을 받는다면 권력을 차지하기도 전에 그 혁명은 부정부패로 물들 것이다. 혁명을 만천하에 공언한다면 반드시, 공공연하게 평화를 말하면서 은밀하게 음모를 꾸미는 것보다 훨씬 더 좋은 결실을 얻게 될 것이다."[45]

마이애미로 피델을 찾아온 사람은 아들 피델리토만이 아니었다. 피델의 오랜 연인으로, 몬카다 공격 준비를 도왔고 라후벤투드섬에 수감되었을 때 서신을 교환하던 나티 레부엘타도 찾아왔다.[46] 그녀는 표면상으로는 지하운동 조직의 임무를 수행하러 온 것이었지만 사실은 피델에게 임신 사실을 알리려고 온 것이었다. 그러나 그녀가 동지인 알바로 페레스의 집에 도착했을 때 피델은 이미 떠난 후였다. 나티는 사랑하는 남자와 만나지 못한 채 닷새 후에 아바나로 돌아갔다.

피델이 멕시코로 돌아온 무렵에는 이미 M26운동이 시작되고 있었다. 그들은 기부위원회를 세워서 자금과 대중적 지지를 확보해나갔다. 그때까지 모은 돈으로는 단원들의 숙박비와 생활비로 진 빚을 갚았고, 대중적 지지는 훗날의 자금 마련을 위해서도 반드시 필요했다.

피델이 없는 동안 에르네스토는 중요한 기로에 놓였다. 그가 피델에게 감화되었다는 것은 분명한 사실이었다. 에르네스토의 머릿속은 혁명에 대한 생각, 특히 혁명 가담에 대한 고민으로 가득했다. 그러나 아직까지 그 생각을 행동으로 보여준 적은 거의 없었다. 그는 줄곧 길가에 비켜 앉아 마지막 발을 내딛으려고 하지 않았다.

11월에 에르네스토와 일다는 마야 유적지인 팔렌케로 오랫동안 미뤄 온 신혼여행을 갔다. 게바라의 천성적인 본능에 맞게 그들은 아무런 일정을 정하지 않고 길을 나섰다. 그저 남쪽으로 가서 팔렌케, 치첸이트사, 욱스말 등 되도록 많은 고고학 유적을 둘러보자는 계획뿐이었다. 에르네스토는 돌로 된 프리즈 장식과 신들의 조각상, 돌기둥에 매료된 채 이들 고대 유적지를 질리지도 않고 찾아다녔다. 그는 임신 4개월인 일다의 손을 잡아끌며 열심히 기어 올라갔다. 그럴수록 일다는 점점 지쳤고 기분이 나빠졌다.

에르네스토는 이 여행으로 시에 대한 영감을 얻었지만 내부에서 끓어오르는 갈등 때문에 좌절감이 심해서 시를 제대로 완성할 수가 없었다. 이런 상황은 지난 몇 달간 멕시코시티의 높은 고도 덕분에 잠잠했던 천식이 재발하면서 한층 악화되었다. 에르네스토는 시구들을 매끄럽고 부드럽게 죽 이어가지 못하고 사이사이에 개인적이고 정치적인 신랄한 어구들을 끼적여댔다. 그 신랄한 평가의 대상은 일다, 자본주의, '양키(미국인)' 여행객이었다. 특히 양키 여행객에 대해서는 일기에서 "창피함을 모르는" 존재라고 비난했다.

일다는 회고록에서 이 여행을 "행복한 나날"로 기억했다. 그녀는 이렇게 끊임없이 낙관적인 표현으로 둘 사이를 묘사했지만, 그들의 관계는 분명 흔들리고 있었다. 어느 날에는 일다가 에르네스토에게 약을 먹이려고 하자 그가 버럭 소리를 질렀다. 그가 직접 주사를 놓고 나서는 미안하다고 사과하면서 "병 때문에 기분이 나빠서 그랬어"[47]라고 변명을 늘어놓았다. 신혼여행 내내 에르네스토의 기분은 기복이 심했다.[48] 하지만 베라크루스에서 아르헨티나 선박 하나가 정박해 있어서 그 배 선장에게 청해 그가 가장 좋아하는 마테차를 얼마간 손에 넣고 나서는 기분이 상당히 좋아졌다.

144

이왕 떠나온 김에 두 사람은 배를 타고 아래쪽으로 더 가보기로 결정했다. 그런데 때마침 사나운 폭풍이 불어닥쳤다. 에르네스토는 선박 간호사로 일한 경험이 있어서 그런지 몰아치는 폭풍에 어린아이마냥 환호성을 질렀다. 일다는 남편의 철없는 행동과 자신을 돌보지 않는 무신경함에 화를 내며 갑판 아래로 내려가버렸다. 에르네스토도 이내 후회하고 그녀를 뒤쫓아 내려갔다.

에르네스토는 여행에서 돌아오자마자 종신 의료연구직 제의를 받았다. 그러나 이젠 그런 제안이 그다지 기쁘지 않았고, 결국 그 자리를 거절했다. 그는 예전에 관심 두던 많은 것들에 시시해하고 있었다. 그가 꽤나 열중했던 과학 연구조차도 "내가 한 연구들은 대부분 피사니 박사님을 그대로 베낀 아류이자 전혀 독창적이지 않은 연구"[49]라고 지평했다. 이를 빙증해주듯, 프랑스 대사관의 어떤 사람은 에르네스토가 4페이지짜리 논문에 5번째 저자로 기재된 걸로 보아 참고문헌 부분이나 썼을 텐데 그나마도 엉망이라고 지적했다. 에르네스토는 분개했지만 인정할 수밖에 없었다. 그는 시와 마찬가지로 과학 연구에 열심이었지만 성공적으로 해내기에는 참을성이 부족했다. 그에겐 좀 더 즉각적으로 이뤄지는 무언가가 필요했다.

얼마 후 에르네스토는 산파블로의 한센병 전문병원에서 온 편지 한 통을 받았다. 오랜 친구인 '미알' 알베르토가 보낸 편지였다. 그에게서 편지를 받으니 예전에 그들이 함께했던 여행의 추억이 애틋하게 밀려 왔다. 알베르토는 에르네스토를 축하해주었다. 에르네스토는 점점 멀어져가고 있는 예전의 삶을 떠올리게 하는 편지에 깊이 감동했다 하지만 그는 답장을 보내지 않았다. 이제는 평소 연락을 주고받던 사람들에게조차 편지를 쓰지 않았다. 에르네스토의 인생에서 무언가 변하기 시작했고 이런 변화는 그가 쓴 시에도 드러났다. 그 시는 에르네스토가 남아메리카대륙의 빈곤과 부당한 상황에 깊이 분노하고, 그 분노로 인해 혁명가의 양심을 갖추게 되었다는 증거로 인용되어왔다. 실제로 시에는 그가 끊임없이 자기 자신과 벌이는 심리적 갈등이 엿보인다.

"마리아 할머니, 점점 숨이 약해지는군요"란 구절에서는 에르네스토가 지난 몇달간 병원에서 치료한 환자에 대한 비탄과 슬픔이 드러난다. 세탁부로 일하시던 할머니가 천식으로 괴로워하다가 당신만큼이나 천식으로 고생하는 의사 옆에서 죽어갔다. 그 의사는 어느 겨울밤 할머니 환자의 손을 잡고 병상을 지키다가 그녀의 죽음을 목도했다. 이때 에르네스토는 평생 두 번째로, 죽어가는 여인의 침대 곁에서 스스로 맹세를 했다. 첫 번째는 그의 할머니가 돌아가실 때 의사를 업으로 삼겠다는 맹세였다. 이번에는 의사라는 직업을 버릴 결심을 했다.

"죽음에게 자비를 구하지 마십시오 / 당신은 살아서는 끔찍한 허기에 허덕였고 / 죽음에 이르러서는 천식에 허덕이는군요" 에르네스토는 마치 그녀의 귀에 대고 비밀을 털어놓듯이 다음 구절을 이어나갔다. "하지만 나는 희망에 찬 낮은 목소리로 / 당신에게 알립니다. / 가장 붉고 힘찬 복수를 / 나는 맹세하렵니다 / 나의 이상과 맞먹는 복수를 (……) 누런 비누에 닮은 당신의 손으로 / 소년의 손처럼 보이는 이 남자의 손을 잡으십시오 / 이 의사의 부드러운 복수의 손으로 / 당신의 딱딱한 굳은살과 옹이를 문지르십시오"[50] 그는 확언으로 이 시를 끝맺었다. "당신의 손자들은 모두 살아서 새벽을 볼 것입니다" 그리고는 이내 막 떠오른 한마디를 보태듯, 피델이 강조할 때 즐겨 쓰는 굵은 글씨체로 덧붙였다. "맹세합니다."

1955년이 다 끝나가던 즈음, 피델 카스트로가 멕시코시티로 다시 돌아왔고 에르네스토 게바라의 마음 상태는 그렇게 변화해 있었다. 피델은 송별 저녁식사의 답례로 게바라 부부를 초대한 자리에서 새로운 동지의 탄생을 감지했다. 피델도 미국 여행에 고무되어 혁명 성공 이후의 쿠바에 대한 청사진을 풀어놓았다. 일다는 "그는 정말 우리가 새로운 쿠바를 건설하고 있다는 생각이 들 정도로 확신에 차서 자연스럽게 말을 이어나갔다"고 회상했다. 그러다 갑자기 현실을 깨닫기라도 한 것처럼 모두들 조용해졌다. "그래요. 하지만 우선 우리가 쿠바에 도착하는 일이 먼저겠죠." 일다가 모두의 생각을 말로 대변했다. "맞는 말이야."[51] 피델이 진지하게 대꾸했고 방 안은 다시 침묵 속에 잠겼다.

6 원정 동지들

쿠바의 신문들은 바티스타 정권의 비밀경찰 국장인 안토니오 블랑코 리코의 성명서로 1956년 새해를 밝혔다. 성명서는 "피델 카스트로 박사가 외국에서 우리나라를 상대로 전복 계획을 획책하고 있다"[1]며 비난하는 내용이었다. 물론 이는 사실이었지만 쿠바 당국은 아직 그 증거를 찾지 못한 상태였다. 게다가 쿠바 당국의 성급한 주장은 피델에게 〈보헤미아〉에 신랄한 반박을 실을 수 있도록 실마리만 제공한 꼴이 되었다. 그러나 쿠바의 첩보기관이 미처 몰랐던 점은 미국 여행의 성과와 쿠바 내 7·26운동 조직의 비밀 활동 덕분에 피델은 이제 자신의 계획을 실행에 옮길 수단까지 확보했다는 사실이었다.

피델이 "우리는 군대가 말을 먹이는 데 쓰는 돈보다 더 적은 돈으로 산다"[2]고 하소연하던 시절은 이미 오래전에 끝났다. 12월에 피델의 학창 시절 친구이자 지금은 이 운동 조직의 무기 전문가인 페드로 미레트가 1000달러를 들고 왔다. 2월에는 파우스티노 페레스가 8000달러를 가져왔고, 혁명에 뜻이 있는 성직자 한 분도 1만 달러를 보내왔다. 게다가 1월에는 처음으로 신병 40명이 도착했다. 여기에 피델과 라울, 니코, 에르네스토를 비롯한 다른 사람들을 더해보니 이제 60명이 넘는 인원이 되었다. 피델은 미국에서 금년 말까지는 일을 감행할 것이라고 공언을 한 상태여서 한시라도 바삐 조직의 전열을 가다듬어야 했다. 피델은 대개 "가게 점원, 노동자, 학생처럼 소박하고 평범한 사람들"[3]인 조직원들을 빠른 시일 내에 전투병력으로 길러내야 했다. 피델은 에르네스토가 이 분야에 뛰어난 재능이 있다는 사실을 발견했다. 이제 에르네스토는 쿠바인들에게 원래 이름보다는 '체'로 통하고 있었다.

여전히 체는 병원 일을 계속하고 있었지만 비번일 때마다 조직원들의 훈련장인 아르세니오 바네가스의 체육관을 찾았다. 체는 타자기 이용법이든 이발 기술이든 "유용할지도 모르는" 일들을 배우는 데 아주 열심이었다.[4] 또한 다시 독서에 열을 올리기 시작해서 정치경제학에 관계된 책이라면 애덤 스미스, 케인즈, 앨빈 핸슨 등을 가리지 않고 모두 탐독했다. 저녁이면 러시아·멕시코 문화교류소로 걸어가 구미가 당기는 책을 찾는 것이 일과였다. 체는 책 내용을 자신의 철학노트에 요약해서 모두 담아 늘 지니고 다녔다. 항상 일다에게 입버릇처럼 말했듯이 그는 필요할 때 즉시 움직일 수 있도록 준비를 갖춰야 했다. 이제 일다는 남편이 언제나 움직일 준비가 된 사람이며 그가 가장 못 견디는 일이 그저 가만히 있는 것이라는 사실을 잘 알고 있었다.

피델은 7·26운동 조직을 한 몸처럼 움직이게 하기 위해 필요한 지령이 담긴 서한을 끊임없이 써내느라 시간이 모자랄 지경이었다. 그가 미국 순방길에 오르기 전에 멕시코에서 쓴 편지 중에는 쿠바 태생의 게릴라전 전문가인 알베르토 바요 장군에게 보내는 것도 있었다. 에스파냐내전과 북아프리카의 반란에 가담했던 노장 바요 장군은 이미 피델의 부하를 훈련시켜주기로 승낙한 상태였다. 피델이 바요 장군이 지닌 상당한 전문 기술을 확보하게 된 섬은 꽤나 놀라운 성과였다. 장군은 도움을 청하러 온 당시의 피델을 "부하는커녕 1달러도 없을"[5] 것 같아 보이는 몰골로 기억했다.

사람에 따라 존경받는 인물도, 무시무시한 존재도, 욕먹을 만한 인물일 수도 있는 바요는 모든 면에서 비범한 사람이었다. 바요의 시집에 실린 저자소개에 따르면, 그는 "총과 음유시인의 현"[6] 모두를 능숙히 다루는 외눈의 곡예비행사였다. 피델이 설득하러 갔을 때 바요는 이미 백발이 성성한 노인이었지만 젊은 시절의 분노를 여전히 간직하고 있었다. 바요는 처음에는 피델을 미심쩍어했지만 결국에는 스스로도 놀랄 만큼 신뢰하게 되었다. '자, 이 청년이 한 손으로 산을 옮기려고 하는군. 그런데 그의 부탁을 들어준다고 해도 손해날 건 없잖아?'[7]라고 생각했던 바요는 선뜻 청을 수락했다. "좋아, 피델. 필요한 순간에 내 자네 부하들을 가르쳐주기로 약속하겠네."

1월에 피델의 신병들이 도착해서 이제 바요의 훈련이 필요했다. 강도 높은 제식훈련에 저녁 시간의 군사수업이 병행되었다. 바요는 어학 연수생들을 가르치는 강사로 가장하고 은신처들을 오가며 훈련을 도맡았다. 기초훈련이 끝나면 신병들은 체육관으로 이동했다. 그곳에서 그 노전사는 "계집애처럼 행동하지 마라!" 하고 고함치면서 그들이 제대로 전열을 갖추도록 채찍질했다.

병사들의 체력을 다지기 위해서 바요는 새벽에 신병들을 거리로 내몰아서 멕시코의 기다란 인수르헨테스 거리를 행군하게 했고 차풀테펙 호수에서 배의 노를 젓게 했다. 아이러니하게도 이 호수는 1947년에 리우 조약—남아메리카를 소련으로부터 보호하기 위한 '상호원조' 조약—이 체결된 장소이기도 했다. 몇 주 동안 이 공원을 찾는 사람들은 버드나무가 늘어지고 풍선과 솜사탕을 파는 사람들의 평화로운 전경 속에 50명의 남자들이 끊임없이 호수 위에서 거세게 노를 젓는 모습을 목격할 수 있었다.

2월에 피델은 로스가미토스 사격장을 예약해서 그 안에 칠면조를 풀어놓고 대원들이 사격 기술을 연마할 수 있도록 했다. 그는 이번에도 두 명의 전문가를 불러들였다. 한국전쟁에서 미국군과 함께 싸웠다는 이유로

'엘 코레아노'로 알려진 미겔 산체스와 쿠바 태생 미군 노장인 호세 스미스였다. 이제 훈련병들은 총알의 경로나 이탈 정도, 장비 유지 등 더 정교하고 세밀한 사격 기술을 배우게 되었다.

젊은 혁명군들이 피델이 계획한 것을 이행하려면 군대 문화를 정확히 익힐 필요가 있었다. 바요는 늘 그 점을 강조했다. 하지만 신병들은 강도 높은 군사훈련이 끝나면 일상으로 돌아왔다. 이런 이중생활에 익숙해진 그들은 낮에는 훈련을 받았고 저녁에는 파티를 즐겼다. 이 파티에는 피델과 라울, 니코, 우니베르소 산체스, 후안 알메이다, 칼릭스토 가르시아, 도냐 라우라와 그녀의 딸인 후안 후아르베, 토레스 가족, 알폰스 바우에르 파이스, 히메네스 자매들이 주로 모였다.

그러나 쿠바 내 정치 상황이 기울되고 있었고 그해 봄에 피델은 사신이 바티스타 정권의 암살 표적이 되었다고 말했다. 그러나 그는 자신의 계획에 골몰해 있어서 암살 위협을 그저 친구들이 놀러 나가자는 제안처럼 가볍게 여겼다. 어느 날 저녁에는 라울이 피델에게 "이제 정치 얘기는 그만하고 여자들에게도 관심을 가지자"[8]라며 형을 바깥으로 데리고 나가기도 했다. 밸런타인데이에 피델은 친구들에게 끌려 나와 데이트를 하게 되었다. 그의 데이트 상대가 그날 먹은 타말레(멕시코 요리중 하나)를 계산했는데, 그녀는 피델이 조직에 기부되는 돈이 아니면 한 푼도 받으려 하지 않는다는 사실을 잘 알고 있었기 때문에, 주는 게 아니라 빌려주는 거라며 그를 설득해야 했다.

이와 대조적으로, 체와 일다는 새해를 조용히 맞이했다. 일다는 출산을 기다리고 있었고 체는 종합병원에서 의료연구를 계속했다. 피델이 타말레 요리를 먹고 있던 그날, 하루 종일 이상짐을 나른 일다는 저녁부터 진통을 느끼기 시작했다. 체가 그녀를 병원으로 데려갔고 다음 날인 2월 15일에 첫딸 일디타 게바라가 태어났다.[9] 딸의 중간 이름은 체의 이모 이름을 따서 베아트리스로 지었다. 4월 초에 체는 평소처럼 냉소적인 어조로 아버지에게 편지를 썼다. "우리 꼬마 공산주의자는 과하다 싶을 만큼 잘 크고 있습니다. 그녀는 완전히 마오쩌둥처럼 자랐어요."[10] 체는 별명을 좋아하는 코르도바 사람답게 딸을 '꼬마 마오'라고 불렀다. 베아트리스 이모라면 눈살을 찌푸릴 별명이었다.

체가 아내와 딸을 집으로 데려온 후 그 집의 첫 방문객은 피델이었다. 누가 봐도 피델은 체만큼이나 일디타에게 푹 빠져 있었다. 당연한 일이었지만 피델은 그 상황에서도 정치적인 말을 잊지 않았다. 피델은 일디타를 끌어안아 올리면서 "이 소녀는 쿠바에서 교육받게 될 것"[11]이라고 말했다. 체의 생각은 그 이상이었다. "우리 집에서 부족한 것이 하나 있다면 바로 그점"이라고 자랑스럽게 말했다. 하지만 축복의 순간은 결혼 생활에서 덧없이 지나가는 찰나에 불과했다. 그로부터 2주가 지난 뒤 체는 티타에게 심경을 털어놓았다. "한순간 딸과 그녀의 엄마(물론 아내는 여러 면에서 좋은 여자이고 나를 전적으로 사랑해주고 있어)를 생각하고 있으려니 내가 지루하고 늙은 아버지가 되어버린 것처럼 느껴졌어. 한때 자유로운 삶을 누렸었다는 자그마한 기억만이 남은 거야. 일상의 현실이 매 순간 나를 옭아매는 것 같아. 난 이제 이런 식으로는 더 이상 살지 못한다는 것을 잘 알아. 또다시 보헤미안처럼 살게 되겠지……."[12]

체의 확신은 피델에 대한 신뢰가 커지면서 한결 단단해졌다. 체는 피델과 헌신적인 조직원들에게서 동지애와 충성심을 발견했다. 그 두 가지는 뚜렷이 의식하진 못했지만 그가 모든 관계에서 추구해왔던 덕목이었다. 어린 시절부터 어머니에게서 익히 들어왔을뿐더러, 심지어 체는 이 때문에 일다와의 관계도 계속 유지하는 것이라고 밝혔다. 이제 체는 피델과의 관계에서 이 두 가지를 더욱 확고하게 구축하기 시작했다. 어찌 보면 체는 7·26운동의 원칙에 온전히 감화되었다기보다는 그저 피델과 함께하고자 비밀 작전과 훈련에 가담하는 것 같았다.[13]

피델은 예리한 판단력을 지닌 사람이라서 체의 그런 점들을 제대로 인식하고 있었다. 그러나 피델은 그를 대원관리 대장으로 임명할 정도로 깊이 신뢰했다. 체는 바요와 함께 훈련을 감독하는 일도 맡았다. 또한 피델은 멕시코시티 남동부의 찰코 지역에 있는 산타로사 목장을 구 입하러 갈 때도 체를 바요와 동행하게 했다. 이때 체는 엘살바도르의 대령으로 위장하고 바요는 그의 '비서'로 동행했다. 아무리 봐도 어설픈 위장이었지만 그래도 먹혀들었다. 피델의 혁명군들은 그곳으로 옮겨 한층 더 본격적으로 게릴라전 훈련에 돌입했다.

목장에서는 스파르타식 훈련이 행해졌다. 밤에도 지칠 때까지 "선인장과 숲, 독뱀들"[14] 사이로 행군을 했다. 이런 환경에서 체의 오랜 자제력이 빛을 발했고 그의 진짜 가치가 피델에게 분명히 보이기 시작했다. 바요는 보고서에서 체는 "대략 650딘을 쏘는 뛰어난 사격수로, 뛰어난 자제력과 통솔력을 보여주고 있으며 지구력도 뛰어나다"[15]면서 "가끔씩 명령을 잘못 이해하거나 희미한 웃음을 지어서 팔굽혀펴기 벌칙을 받기도 했다"고 적었다. 확실히 체는 새로운 동지들과 지내는 생활이 즐거운 모양이었다.

어느 날 피델이 진전 상황을 확인하기 위해 목장으로 왔다. 그는 체를 본보기로 꼽더니 일장 연설을 늘어놓았다. 그날 행군에 참여했던 멜바는 "우리는 하루 종일 훈련을 받아서 죽을 만큼 지쳐 있었어요"라고 회상했다. "우리들 대부분은 오렌지 반쪽씩을 먹은 후에 그냥 쉬고 있었어요. (……) 피델과 함께 계속 일을 했던 사람은 체뿐이었죠. 두 사람이 일을 마친 후 피델은 우리들을 모아놓고 슬픔에 잠긴 목소리로 앞으로의 투쟁은 매우 지난할 터인데 이렇게 쉽게 지친다면 잘 해나갈 수 없을 것이라고 말했어요. 그러면서 외국인인 아르헨티나 사람 체는 결코 지치는 법이 없다며 언성을 높였어요."[16]

대원관리 대장으로서 체는 부하들에 대한 보고서를 작성했고 저녁마다 바요를 찾아가서 대원들의 훈련에 대해 지치지도 않고 질문을 쏟아내고 토론을 벌였다. 그러던 어느 날 부하 중 한 명인 칼릭스토 모랄레스가 행군을 거부하자 체는 그를 구금했고 도시에 있는 피델을 불러들였다. 이튿날 새벽 3시에 군사재판이 열렸다. 판사들은 사형을 언도했다가 마지막 순간에 무기징역으로 바꾸었다. 사실 모랄레스가 행군을 멈춘 이유는 군기가 빠져서가 아니라 뼈가 아파서였지만 당시에는 아무도 그 사실을 몰랐다. 군 기강 확립은 피델과 체가 결코 타협할 수 없는 문제였다. 이 순간부터 피델은 새로운 친구 체의 '엄격한' 다른 일면을 인지하게 되었다. 여행을 함께 했던 알베르토는 일찌감치 알고 있던 체의 이런 면들이 이제 더 자주 드러났다.

군사훈련이 진행되는 동안에도 피델은 여전히 도시에서 조직의 일을 돌보느라 여념이 없었다. 그러면서 짬을 내어 목장을 방문할 때는 체와 앉아서 부하들에 대한 보고서를 검토했다.[17] 이렇게 두 사람이 머리를 맞대고 생각에 집중하는 모습은 앞으로의 두 사람 관계를 예견해주는 듯 보였다. 보고서상의 정보들과 더불어 피델은 직접 대원들에게 누가 의심스러우며 누가 지휘관으로 좋을지를 묻곤 했다. 많은 사람들이 아르헨티나 의사 '엘 체'를 미래의 지휘관으로 꼽았다.[18]

그러나 반대되는 의견을 지닌 사람도 많았다. 기이한 데다 가끔씩은 교만한 이 아르헨티나인에게 모두가 매료된 것은 아니었다. 체가 엄격한 훈련을 강요하고 끝이 보이지 않는 행군을 계속 명령하자 2월 말에는 거의 폭동이 일어날 뻔했다. 이번에도 피델이 불려왔고 체의 변호를 맡았다. 긴장된 분위기 속에서 몇몇은 이 목장이 '강제수용소' 같다고 밝혔다.[19] 체는 그럴 리가 없다면서 첫 신병들은 이런 문제가 없었다고 주장했다. 그러고 나서 피델이 체를 변호하며 목소리를 드높였다.[20] 보초병 하나가 피델에게 다가와서 목소리가 목장 밖까지 다 들린다고 알렸지만 그는 보초병의 경고를 무시했다. 피델의 최측근인 파우스티노 페레스의 말을 빌자면 이미 "피델과 체 사이에는 오랜 친구 같은 신뢰"[21]가 형성되어 있었다. 두 사람이 서로 의견을 주고받는 사이에 어느 틈엔가 벌써 그런 관계에 이른 것이다.

　3월이 되자 피델의 조직은 쿠바와 멕시코, 미국에까지 은밀한 세력권을 형성하고 있었다. 이제 피델의 조직은 더 이상 오르토독소당의 보호막이 필요 없을 정도로 성장했다. 19일에 피델은 그 사실을 공개적으로 밝히면서 오르토독소를 체제에 순응하는 '겁쟁이'라고 비난했다. 이는 피델이 앞으로 벌일 반反바티스타 투쟁에서 전략 수행의 폭을 넓히기 위해 기민하게 계산한 결과에 따른 행동이었다. 4월에 쿠바의 비밀경찰은 '순수한 결의'라고 알려진 진보 성향 군사령관들의 반란 계획을 밝혀냈다. 거의 같은 시기에 학생혁명이사회에 소속된 집단이 아바나에 있는 텔레비전 방송국을 공격했고 그 결과 학생 한 명이 사망했다. 또한 전직 대통령이자 지금은 망명 중인 야당 지도자인 카를로스 프리오를 추종하는 무장단체가 마탄사스의 고이쿠리아 병영을 공격했다. 이 습격에서 14명이 기관총에 목숨을 잃었다. 유혈이 낭자한 그 광경은 몬카다 병영 습격을 떠올리게 했다.

　피델은 이제 쿠바로 떠날 계획을 빨리 추진해야 했다.[22] 이미 쿠바섬에는 피델이 보낸 비밀 첩자들이 활동 중이었다. 피델을 면밀히 감시하던 쿠바 당국은 피델의 숙소로 줄기차게 방문객들이 드나드는 모습을 포착했다.[23] 또한 피델은 쿠바와 미국의 지지자들로부터 더 많은 돈을 모금하고 있었다. 그는 그 돈으로 '엘 쿠아테(친구)'로 알려진 멕시코 무기상과 거래를 텄다. 엘 쿠아테는 필요 이상으로 본격적인 전쟁 장비를 제공해주었다.

　모든 상황이 잘 돌아가고 있는 것 같았다. 그런데 6월 20일 밤에 피델이 멕시코 연방보안경찰과 쿠바 대사관의 공조 작전으로 갑자기 체포당했다. 그동안 피델은 쿠바 정부가 자신을 암살하려는 음모를 꾸미고 있다는 사실은 알고 있었지만 이렇게 멕시코 비밀경찰을 통해 행동에 나설 줄은 몰랐다. 그날 밤에 피델과 몇몇 동지들은 어느 조직원의 집을 방문 중이었다. 그들은 창밖으로 어떤 사람 둘이 자신들의 차를 살피는 모습을 발견했다. 그 차의 트렁크에는 무기가 숨겨져 있었다. 최악의 상황을 우려한 피델은 달아나기로 작정하고 그날 피델의 경호를 맡은 우니베르소 산체스와 라미로 발데스와 함께 그 집을 빠져나왔다. 그러나 그들은 경찰에게 발각되고 말았다. 피델은 총을 꺼내려고 했지만 경찰은 이미 우니베르소와 라미로를 잡아서 방패로 삼고 있었다. 세 명은 모두 체포되어 경찰차로 옮겨져 심문을 받았다. 결국 그들이 도착한 곳은 연방보안경찰 본부였다.[24]

도시의 다른 은신처들도 급습을 당했다. 그날 밤에 12명의 반란군이 체포되었고 그중 2명은 손을 뒤로 묶인 채 얼음물 속에 처박히는 고문을 당했다. 연방보안경찰이 마리아 안토니아의 집에 도착해서 쿠바인들이 평소에 사용하던 암호대로 문을 세 번 두드렸다. 그녀는 아무 의심 없이 문을 열었고 경찰들은 잽싸게 들이닥쳐서 집 안에 있는 모든 사람들을 체포했다.[25] 반란군 대부분을 체포한 경찰은 재빨리 피델이 지난 수개월 동안 배후 조종한 작전의 규모를 밝히는 데 주력했다. 경찰은 목장과 수많은 은신처, 관련자들의 이름을 알아냈다. 바티스타는 피델을 직접 처단하지 못했지만 이제는 그럴 필요도 못 느꼈다. 피델의 운동 조직이 산산이 와해된 것처럼 보였기 때문이다.

피델과 주요 인사들이 구금되고 나자 경찰의 체포 명단에 오른 사람은 "공산주의 성향의 게바라 선생"이었다. 경찰이 게바라의 새 아파트에 들이닥쳤을 때 일다는 꼬마 마오를 데리고 막 출근하려던 참이었다. 그녀는 아기와 함께 경찰서로 연행되었다. 일다는 체가 어디에 있는지 전혀 몰랐지만 조금도 당황하지 않고 연행되기 전에 사람들에게 위험을 알리는 경고를 보냈다. 그러나 피델은 이미 모든 것을 털어놓는 편이 더 낫겠다는 결정을 내린 상태였다.

피델의 무리는 모두 미겔 슐츠 거리에 있는 내무부 구치소에 수감되었다. 그들을 처음 면회 온 사람들 중에는 소설가이자 여배우인 테레사 카수소도 끼어 있었다. 그녀는 쿠바의 유명한 시인 파블로데라 토리엔테 브라우의 미망인이었다. 시인은 1930년대 쿠바혁명 세대에 속했고 피델처럼 라후벤투드섬에 수감된 적이 있었다. 테레사는 신문에서 소식을 보고는 젊고 매력적인 하숙생 릴리아와 함께 동포를 찾아왔다.[26]

두 사람은 면회 시작 시간인 12시를 조금 넘겨 도착했다. 면회객은 그들만이 아니었다. 구금되어 있던 몇 주 동안 날마다 피델은 수많은 방문객과 변호사, 기자들에게 둘러싸였다. 산체스는 다음과 같이 회상했다. "50명이 넘는 기자들이 있었어요. 모두들 우리를 보러 왔죠."[27] 그들은 두 여성에게 유난히 관심을 보였다. 그 이유는 테레사 카수소의 말을 들어보면 금방 알아챌 수 있다. "릴리아는 항상 내가 혼자 내버려둔다고 위협해야 잠에서 깰 정도로 아이 같았어요. 맑은 초록빛을 띤 갈색의 커다란 눈망울을 가졌고, 우아한 무텐 같았죠."[28]

테레사는 "눈빛과 태도"[29]로 금세 피델을 알아보았다. 그녀가 받은 첫인상은 아주 차분하고 신뢰를 주는 모습이 마치 "듬직한 뉴펀들랜드종 개" 같다는 것이었다. 피델의 응대는 따뜻했지만 "과도하지는 않았다." 쿠바는 작은 나라였기 때문에 피델은 그녀가 누구인지 알고 있었다. 테레사는 담담한 태도와는 달리 그의 표정이 심각하다고 생각했다. "그는 고개를 흔드는 버릇이 있었어요."

테레사가 피델에게 릴리아를 소개했다. 그 이후로 피델은 자신이 대화에 집중하지 못하고 자꾸 그 젊은 여인의 모습을 흘끔거리게 되자 테레사를 데리고 체가 있는 쪽으로 자리를 옮겼다. 터틀넥 차림이 체는 혁명 기담자라기보다는 젊은 학자처럼 보였다. 그는 햇빛이 비치는 조용한 구석에 자리를 잡고 앉아서 의학서적을 보고 있었다. 그때 일다가 꼬마 마오를 데리고 도착했고 체는 딸을 받아 안고는 공중으로 들어올렸다. 그렇게 세 사람은 한동안 가족만의 시간을 나누었다.

테레사는 떠나기 전에 피델에게 명함을 주면서 "필요할 때 연락 주세요"[30]라고 말했다. 아마 그녀는 피델이 사람들에게 그들이 내뱉은 말을 꼭 지키게 만드는 버릇이 있다는 것을 몰랐을 것이다. 테레사는 사람들 사이에서 릴리아를 찾아 데리고 나왔다. 그 두 여성이 떠나는 뒤로 수감자들이 열정적으로 부르는 쿠바 국가가 울려 퍼졌다. 그들은 면회 시간이 끝날 때마다 한데 모여서 그렇게 국가를 불렀다.

피델의 조직은 바티스타를 암살하기 위해 '특공대'를 훈련시켰다는 비난을 받았다. 이에 대한 피델의 반응은 단호했다. "단순히 한 사람을 제거하는 것은 해결책이 아닙니다. 그런 방법은 전 국민의 지지에 의지하는 혁명가에게는 전혀 필요치 않은 무모한 수단입니다."[31] 그러나 그는 운이 좋았다. 멕시코의 전직 대통령 라사로 카르데나스가 중재에 나서서 수감자 대부분을 석방토록 했기 때문이다. 7월 9일이 되자 피델과 체, 칼릭스토 가르시아를 제외한 모든 사람들이 풀려났다. 피델은 주모자라는 이유로, 체는 자신의 고질적인 악필로 작성한 문건들과 불법체류 때문에, 칼릭스토 가르시아는 마찬가지로 비자 문제가 걸려서 함께 석방되지 못했다.

2주 동안 세 사람만 갇혀 있다가 24일에 피델이 풀려났다.[32] 그동안 피델은 단체를 다시 추스르고 무기 및 자금 피해를 최소화하는 데 전력을 다했다. 체는 집으로 편지를 보냈다. 편지에서 그는 드디어 분명하게 자신의 뜻을 밝혔다. 우선은 피델과 함께 싸울 것이며 그다음에는 무언가 더 큰일을 하겠다는 결심을 말한 것이다. 그러는 사이에 짬이 나면 두 사람은 체스를 하거나 대화를 나누며 시간을 보냈다. 한편, 7·26운동의 조직원들은 멕시코나 쿠바 당국이 이 기회를 이용해서 피델에게 암살자를 보낼 경우를 대비해서 감옥 밖에 진을 치고 감시하고 있었다.

이 몇 주간의 감옥 생활로 인해 피델과 체의 관계에서 두 가지 변화가 생긴다. 하나는 그들이 서로의 차이를 확실히 알게 되었다는 점이었고 다른 하나는 그런 차이에도 불구하고 서로에 대한 존경심이 더욱 커졌다는 점이었다. 외견상 체는 수사관이 묻는 말에 대들거나 논쟁을 벌이려고 하는 등 평소 성격과는 다르게 약간 떠들썩하게 지내고 있었다. 체는 공산주의적 성향 때문에 이미 특별조치를 받고 있었고 그도 똑같은 방식으로 대응했다. 경찰이 체에게 질문에 답하지 않으면 아내와 아이를 고문하겠다고 협박하자 그는 "이제까지는 질문에 답했지만 지금부터는 하지 않을 것"이라면서 "당신이 여자와 갓난아이를 감옥에 넣을 만큼 잔인하다면 아무도 당신에게 정의를 기대하지 않을 것"[33]이라고 말했다. 경찰은 이 말에 별로 감명하지 않았지만 피델의 조직원들은 그의 언행에 존경심을 가지게 되었다. 다른 사람에 대한 심문과 비교하면 체는 비교적 힘들이지 않고 심문에 임했지만 공산주의 성향에 대한 질문에는 완강하게 대응했다. 체는 제국주의는 이미 자기 파괴의 씨앗을 내포하고 있다고 말하면서 자신은 마르크스주의 이론에 완전히 공감한다고 당당하게 공언했다.[34]

감옥에서 에르네스토는 어머니에게 편지를 썼다. 내용은 간수에게 한 말과 비슷했다. 그는 피델 무리의 "공산주의적 정신"을 자랑스럽게 묘사하면서 이어서 말했다. "훈련장과 감옥에서 지낸 날들 덕분에 저는 공산주의 동지들과 일체감을 갖게 되었어요. (……) 이런 변화의 감정을 느낄 수 있다니 정말 아름다운 일이죠."[35] 어머니는 즉시 염려와 질책이 담긴 답장을 보냈다. 그녀는 아들이 위험하게도 점점 더 격한 성격으로 바뀌어간다고 생각했다.

그러나 내면적으로 에르네스토는 평안한 상태였다. 감옥에 갇힌 사람에게는 이상한 일이지만 그는 이 수감 생활이 "햇빛과 행복의 나날"[36]로 느껴졌다. 그는 자신의 심경에 일어나기 시작한 변화에 만족스러웠고, 내면에 존재하는 마르크스주의에 대한 믿음과 바깥에서 새롭게 찾아낸 확신을 자랑스럽게 내비쳤다. 그는 누구든지 들으려고 하는 사람에게 자신의 심경 변화에 대해 기꺼이 말해주었다. 쿠바 내 지하운동 조직의 일원이었던 카를로스 프란키는 에르네스토의 마음 상태를 금방 눈치챘다. "그는 셔츠도 입지 않고 스탈린과 보들레르 사이를 오갔어요. 시와 마르크스주의가 함께인 듯했죠."[37] 하지만 피델은 이런 에르네스토의 모습이 마뜩지 않았다.

그 순간 피델은 자신의 조직이 공산주의와는 아무런 연관이 없다는 사실을 알리느라 여념이 없었다. 이 모든 상황에서 정치적 후유증을 최소화해야 했기 때문이었다. 그는 〈거짓말은 이미 충분하다!〉라는 제목으로 공산주의와의 관련성을 부인하는 글을 썼다.

6월 26일에 체와 피델은 검찰총장실로 끌려가 심문을 받았다. 체의 대답은 직접적이었고 정치적 비난과는 동떨어져 있었다. 체의 옆에서 수갑을 차고 서 있던 피델도 입장을 분명히 했지만 너무 늦은 일이었다. 이튿날 멕시코 일간지 〈엑셀시오르〉가 체의 최근 진술에도 불구하고 그가 공산주의와 연루된 사실을 밝혀냈다고 발표했다. 하지만 이 문제로 가장 고통을 받은 사람은 라울과 체의 젊은 소련 친구 니콜라이 레오노프[38]였다. 경찰이 체의 소지품에서 그의 명함을 발견했기 때문이었다. 그는 상관에게 불려가서 사정을 설명해야 했고 채 몇 주도 안 되어 영국 여객선을 타고 러시아로 돌아가야 했다.

이 문제에 대한 피델과 체의 대응 방식은 전혀 달랐다. 피델은 기민하게 전략을 다듬었고 체는 일부러 의기양양한 자세를 취했다. 그렇지만 피델은 이미 어떤 희생을 치르더라도 이 성급한 친구와 계속 함께하리라고 결심한 것이 분명했다. 공산주의에 대한 체의 신념으로 인해 수개월간 조심스레 계획한 작전이 위태해질 수도 있는 상황에서 피델이 취할 수 있는 가장 현명한 행동은 그를 계획에서 빼는 것이었다. 피델은 이미 다른 국적의 사람들이 조직에 들어오는 것을 막았으며 현재는 쿠바인들도 더 이상 받아들이지 않고 있었다. 하지만 피델은 그의 새로운 아르헨티나 친구만큼은 예외로 두었다. 나중에 체는 이렇게 적었다. "피델은 자신이 아끼는 사람들에게 이런 태도를 보여주었기 때문에 주변에 열광적인 친구들이 몰려들 수밖에 없었다." 사실 체와 칼릭스토가 결국 8월 14일에 석방된 배경에는 피델이 그들의 석방을 위해 상당한 양의 벌금을 대신 내준 사실이 있었다.

힘들었던 그 몇 주의 순간들이 피델과 체가 함께 있는 몇몇 사진에 기록되어 있다. 영화의 스틸사진처럼 연속적으로 찍은 사진 두 장이 있는데, 첫 번째 사진은 두 사람이 침대죽 늘어서 있는 대형 감방에 있는 사진이다. 이 사진은 두 사람의 성격을 고스란히 보여주고 있다. 피델은 넥타이를 매고 상의를 잠근 모습으로 왼쪽에 서서 운동장을 바라보고 있었고 체는 셔츠를 벗고 벨트도 느슨하게 맨 채 뒷짐을 지고 오른쪽으로 몸을 기울이고 있었다. 확실하지는 않지만 체는 뭔가 기대하는 눈빛으로 피델을 바라보고 있었다. 조금 뒤에 찍힌 두 번째 사진은 피델이 사진사 쪽으로 약간 다가온 모습이다. 이제 피델이 체를 바라보고 있었다. 두 사람 주변으로는 공동 생활의 흔적이 역력히 남아 있었다. 침대 위에 옷이 널브러져 있고 신문은 탁자에서 떨어지려는 찰나였다. 그러나 이 모든 광경에서 가장 두드러져 보이는 것은 피델의 자세가 뜻하는 메시지였다. 피델은 기다리고 있었다. 그는 반드시 체와 함께 떠날 것이었다.[39]

피델은 석방 후에 "쿠바로 떠날 결심을 밝혔다."[40] 그러면서 피델은 당연하다는 듯이 테레사 카수소의 집을 방문했다. 석방된 지 이틀도 지나지 않아 그는 그 집 문을 두드렸고 자신의 계획을 상세히 설명했다. 테레사는 피델이 자신의 지원을 바라고 있다는 사실을 서서히 알아차렸다. 피델은 자기 세대의 젊은 남녀에게는 천성적인 매력을 발휘했지만 테레사는 그런 식의 연극조 열변을 전에도 들은 적이 많았다. 피델이 열심히 계획을 말하고 있을 때 그녀는 거의 "냉담하게" 바라볼 뿐이었다. 하지만 언제나처럼 피델은 운이 좋았다. 그 집의 젊은 하숙인 릴리아가 끼어들고부터 테레사도 피델의 말을 믿어보려고 했고 자신도 모르는 사이에 그의 조직에 관심을 가지게 되었기 때문이다.

릴리아는 피델의 마음도 흔들었다. 피델은 감옥 운동장 너머로 자신의 눈길을 끌던 맑은 눈의 여성에게 안부를 물었다. 그러면서 테레사에게 자신을 위해 물건을 맡아줄 수 있느냐고 물었다. 테레사는 다른 친구를 위해 마련했던 방 안 붙박이장을 보여주면서 승낙했다. 피델은 "좋다"고 말하면서 "그 친구는 들이지 말게"[41]라고 덧붙였다. 테레사의 집은 차츰 피델의 작업장이 되어갔다. 방문한 첫날 밤에 자동차 7대분의 탄약을 들여왔고 부하들도 거기에 숨었다. 쿠바로 떠나기 전 마지막 몇 달 동안 이 집에서 경찰의 눈을 피했던 것이다.

이제 시간과의 싸움만이 남았다. 바티스타는 피델을 저지하기 위한 비밀 작전을 강화했다. 그는 매수가 쉬운 멕시코 경찰과 자신의 군사 첩보기관 SIM을 이용해서 피델의 조직을 염탐했다. 피델의 측근 중에서도 배신자가 나왔다. 보고타소 시절부터 피델의 오랜 친구였던 라파엘 델 피노는 미국에서 무기를 밀수하다가 덜미가 잡혔고 지금은 FBI를 위해 일하고 있었다. 체가 8월 14일에 드디어 내무부 구치소에서 석방되었을 때 피델은 이미 미국 통신사인 UPI 쿠바 지부장 프랜시스 L. 매카시와 진행한 독점 인터뷰에서 미국 방문 당시의 주장을 재차 확인한 상태였다. 피델과 그의 부하들은 그해가 다 가기 전에 '자유를 쟁취하거나 아니면 순교자가 될 것'이었다.

이제 체는 피델과 함께 멕시코를 떠나기로 완전히 마음을 먹었다. 체가 석방되고 난 어느 날 일다가 집으로 돌아왔을 때 "문 뒤의 어둠 속"에 있는 그를 보았다. 그는 딸과 놀아주다가 침대에 눕혀 재워주기도 하는 등 가정 생활에 잘 적응한 듯 보였다. 하지만 체가 자신의 글을 정리하고 집으로 편지를 보내던 그 사흘간이 세 가족이 함께 보낸 마지막 시간이었다. 나흘째가 되는 날 체는 가방을 싸더니 연락하겠다는 말만 남긴 채 작별을 고했다.

체가 피델과 함께 싸우겠다는 결심은 일다를 떠나겠다는 결심과 일맥상통했다. 체는 간결한 성격대로 단번에 그 양면의 사실을 인정했다. 그는 부모님께도 편지를 썼다. "지금부터 저는 히크메트처럼 제 자신의 죽음을 좌절 정도로만 여길 것입니다." 나짐 히크메트는 20세기의 터키 시인으로, 여러 면에서 체가 살아갈 삶과 많이 닮아 있었다. 체는 히크메트의 유명한 시구를 인용했다. "나는 내 무덤으로 걸어갈 것이다 / 끝나지 않은 노래에 대한 슬픔만을 간직한 채."[42] 가장 엄격한 신념을 지닌 자만이 갓난아이의 존재를 머무르기 위한 이유가 아니라 떠나야 하는 이유로 생각할 것이다. 그러나 엄격함은 체가 짧은 수감 생활 동안 갖추게 된 새로운 면모였다. 이미 체는 1년 전에 멕시코에 도착했던 그 청년이 아니었다.

프랜시스 매카시와의 인터뷰에서 피델은 전술을 약간 바꿔야만 했다고 털어놓았다. 피델은 쿠바의 모든 반정부 단체들을 아우르기에는 시간이 충분치 않아서 이제 강경파들만을 연합하려고 꾀하고 있었다. 또한 자신의 조직이 최근 수감된 사건에 대해서는 멕시코 경찰을 비난하지 않았다. 그런 일은 "직업적 위험 요소"라고 말하면서 몇몇 부하가 고문을 당했지만 멕시코 경찰을 대체로 높이 평가한다고 말했다. 하지만 경찰을 매수한 쿠바 대사관은 비난했다. 피델은 자신의 적들을 이간질하는 데 고수였다. 어쨌든 그는 지금 멕시코 연방보안경찰 국장인 구티에레스바리오스와 유용한 관계를 맺고 있었다.

이렇게 신중하게 내부의 도움을 구하는 일은 피델이 석방 후에 해온 일의 일부에 불과했다. 조금 더 공개적으로 노력했던 일은 쿠바 내 반대파들의 규합이었다. 그는 학생연합과 혁명이사회의 지도자들과 여러 번 만남을 가졌고 의견도 타진했다. 혁명이사회의 수장인 호세 안토니오 에체베리아는 8월 말에 피델을 만나러 찾아오기도 했다. 피델은 쿠바의 공산주의자들과도 비밀 회담을 가졌다.[43] 또한 쿠바 내 7·26운동 조직의 지도부와도 여러 차례 회의를 했다. 그중에서도 특히 젊은 교사이자 쿠바 내 7·26 지하조직의 수장인 프랑크 파이스와 많은 의견을 나누었다. 파이스의 명확하고 인내심 있으며 학구적인 태도는 피델의 험악한 모습과 상반되어 보였다. 그러나 어느 날 밤 은신처에서 만난 두 사람은 수많은 지도와 표를 늘어놓고 침투 계획의 상세한 사항들에 대해 정력적으로 의견을 나누고 즉시 착수해야 할 일들을 논했다.

피델은 이번에는 매우 은밀하게 자금을 준비했다. 그들이 체포된 후에 상당수의 자금원이 사라진 상황에서 그는 다른 데서 돈을 끌어와야 할 필요성을 느꼈다. 그는 절박함에 당장 가능한 유일한 돈줄에 의지하게 되었다. 바로 이제까지 피델의 주요 정적 중 한 명이었던 전 대통령 카를로스 프리오였다. 피델은 감옥에서 프리오에게 돈을 빌려달라는 편지를 보냈다. 하지만 수표는 안 된다면서 "전부 현금으로 보내주시오"[44]라고 덧붙였다.

프리오의 막대한 자금으로 인해 여러 해 동안 수많은 혁명운동이 원활하게 진행되었다. 프리오는 과거에 껄끄러웠던 관계에도 불구하고 피델을 기꺼이 만나려고 했다. 바티스타가 쿠데타로 자신을 끌어내렸고 그때 그는 복수를 다짐했다. 그런데 프리오는 미국을 떠날 수 없는 처지였고 피델은 멕시코에서 더는 합법적인 체류자가 아니었다. 두 사람 중 누구도 공식 방문 서류를 받을 수 없는 상태여서 만날 기회를 마련할 수 없었다.

이 때문에 피델은 9월 1일 레이노사시 근방에서 발가벗은 채 멕시코와 미국의 국경인 리오브라보(리오그란데)강의 차가운 물속으로 뛰어들었다. 건너편에서는 작은 무리의 사람들이 피델을 기다리고 있었다. 그들에게서 마른 옷을 받아 입은 피델은 자동차에 몸을 숨긴 채 북쪽으로 8킬로미터를 달려가서 히댈고 카운티의 소도시 매캘런에 도착했다. 수년이 흐른 후에 피델은 매캘런의 팜 호텔에서 프리오와 만났던 일을 "쓰디쓴 경험"[45]이라고 묘사했다.

피델은 카우보이모자와 청바지 차림으로 호텔에 들어섰다. 거기에서 파우스티노 페레스와 변절자인 라파엘 델 피노를 만났다. 라파엘 델 피노가 프리오와 후안 마누엘 마르케스가 기다리고 있는 방으로 피델을 안내했다. 한동안 적이었던 두 사람은 5만 달러 차용에 합의했다. 그때 피델은 프리오에게 함께 가지 않겠냐고 물었다. 물론 그는 프리오와 함께하고 싶은 마음이 전혀 없었지만 자신이 받아들이는 것은 그 줏대 없는 바보의 위임이 아니라 돈뿐이라는 사실을 명확히 짚고 넘어가고 싶었기 때문이었다. 프리오는 정중하게 거절했다. 그도 피델을 어리석다고 생각했다.[46] 피델은 신뢰할 수 있는 마르케스에게 차후의 돈 관리를 맡기고 멕시코로 돌아갔다.

그 여행은 성공적이었다. 한편, 피델과 릴리아의 관계도 꽤 진전이 있었다. 옛 연인 나티에 대한 생각은 이미 피델의 마음을 떠난 지 오래였다. 테레사 카수소와 칸디도 곤살레스도 함께한 데이트에서 둘의 사랑은 완연히 무르익었고, 피델은 릴리아의 부모로부터 결혼을 허락받았다. 피델은 애정 문제에서는 전통을 고수하는 남자였다. "혼수의 일부로 그는 릴리아에게 새 옷과 구두, 프랑스산 향수, 그리고 귀여운 새 수영복을 선물했어요. 예전에 비키니를 입은 릴리아를 보고 엄청 화낸 적이 있었거든요."[47] 테레사는 이렇게 회상했다. 그 시기에 있던 이런 일들이 확실히 기분을 행복하게 전환해주곤 했지만 피델은 어떤 관계도 결국에는 끝난다는 사실을 분명 알았을 것이다. 피델에게 혁명에 우선하는 존재는 없었다.

10월 말의 어느 일요일 오후, 피델은 그의 부친이 돌아가셨다는 소식을 듣는다. 그 갈리시아 노인의 운구 행렬이 거리로 나서자 "아버지 카스트로가 돌아가셨다!"[48]라는 말이 오리엔테 지역에 울려 퍼졌다. 그때 피델은 니코 로페스와 마리아 안토니아의 다툼을 중재하느라 바빴다. 아버지의 부고에 피델이 어떤 반응을 보였는지는 기록에 남아 있지 않다. 심지어 피델이 아버지의 죽음에 조금이라도 영향을 받았는지도 알 길이 없다. 라울은 피델이 전화로 알려준 소식에 무척 당황했다. 두 사람은 쿠바에 있는 가족들에게 조의를 표하는 편지를 보냈다. 당연히 피델과 라울은 장례식에 참석하지 못했지만 행여 그들이 올까 봐 장례식에 오지 못하는 사람들도 많았다.

그러나 이번에는 피델의 관심을 확실히 끈 사망 사건이 일어났다. 바로 바티스타의 비밀경찰 국장인 안토니오 블랑코 리코의 죽음이었다. 리코는 새벽에 당시 그가 즐겨 찾던 몽마르트르라는 화려한 나이트클럽을 나서던 길에 암살당했다. 그를 줄곧 비난해왔기 때문에 피델이 이 암살의 배후로 지목될 가능성이 농후했다. 피델은 몇 시간이 지나고 나서야 이 소식을 들었다. 그는 밤새 〈보헤미아〉의 편집자인 미겔 앙헬 케베도에게 편지를 쓰고 마무리하던 차였다. 피델은 자신이 최근에 작성한 〈위험에 처한 조국과 혁명〉이라는 글에 대해 논하기 위해 서신을 쓰고 있었다. 그 글에서 피델은 바티스타와 도미니카공화국의 독재자 라파엘 트루히요를 싸잡아 비난했다. 그는 트루히요의 유죄를 입증하는 증거를 "까발렸다." 과거에 프리오를 비난할 때 했던 것처럼 사설 탐정을 고용해서 알아낸 증거들이었다. 피델은 "이 글을 싣는 일이 중요합니다"[49]라고 쓴 다음, "당신도 우리가 전투를 벌일 때 뒤통수 맞는 꼴은 보고 싶지 않을 거라 생각합니다"라고 말해서 실제 전투가 임박했음을 넌지시 비쳤다. 피델의 마음은 이미 쿠바의 산맥을 오르고 있었고 앞으로의 투쟁이 정치적일 뿐만 아니라 물리적인 진짜 전투가 될 것이라는 점을 잘 알고 있었다. 편지를 마무리하던 피델은 블랑코 리코의 암살 소식을 듣고 이렇게 덧붙였다. "이제야 어젯밤의 소식을 들었습니다. (······) 모든 쿠바인들이 힘겨운 나날을 보내게 될 것 같아 유감입니다. (······) 조급함과 절박함만 더해갑니다. 그러나 한편으로는 큰 투쟁을 앞두고 두려움이 가십니다."[50]

피델은 11월 중순 멕시코에서 마지막 인터뷰를 가졌다. 상대는 〈보헤미아〉 기자인 마리오 가르시아 델 쿠에토였다. 기자는 피델의 글을 잡지에 싣지 못한 것에 대해 편집자를 대신해서 사과했다. 격노한 피델에게 쿠에토가 이유를 설명했다. 아바나의 분위기는 긴박함이 극에 달한 상태였다. 안토니오 블랑코 리코가 암살된 후 바티스타 정권의 다른 간판급 인사인 브리가디에르 살라스 카니사레스 역시 살해당한 것이다. 다른 암살 시도도 진행 중이라는 소문이 돌자 의심스러운 사람은 모두 체포되었고 언론 검열도 심해졌다. 또한 바티스타 정권에 무기를 팔려는 무기상들이 미국에서 쏟아져 들어왔다.

이러한 공황 상태가 멕시코까지 번졌다. 피델이 인터뷰를 하는 동안 어떤 사람이 그에게 다가와 귓속말로 동지인 페드로 미레트가 방금 체포되었고 무기고가 발각되었다고 알려왔다. 피델은 인터뷰를 짧게 마쳐야겠다며 쿠에토에게 양해를 구했다. 그때 다른 소식도 들려왔다. 테레사 카수소가 무기 전문가이자 피델의 오랜 친구인 프리에토의 이웃집에서 체포되었다. 만일 피델에게 원정을 떠날 결정적 계기가 필요했던 것이라면, 그것으로 충분했다.

이제 피델은 대원들과 무기를 항구도시 툭스판으로 이동시키기 시작했다. 그곳에는 피델이 최근에 구입해서 수리해놓은 그란마호가 정박해 있었다. 그날 밤 체는 일다와 꼬마 마오가 있는 아파트로 돌아왔다. 이번에야 말로 진짜로 떠나게 되었으며 경찰이 다시 그들을 찾아올 것 같다는 말을 전하기 위해서였다. 마지막 짐을 챙긴 체는 키스와 포옹을 하고는 지체 없이 떠났다.

주말이 되자 출발을 위한 모든 준비가 완료되었다. 그런데 전체적인 계획에 금이 가기 시작했다. 11월 중순에 신병 두 사람—프란시스코 다마스와 레이날도 에비아—이 예기치 않게 무기를 들고 미국으로 달아나버렸다. 게다가 라파엘 델 피노도 갑자기 사라져버렸다. 이렇게 되자 피델은 그들의 계획에 대한 정보가 더 많이 적들의 수중에 들어갔다고 짐작했다.

그 금요일 저녁에 피델은 급한 마음에 방문을 알리지도 않고 체의 은신처를 찾았다.[51] 날씨가 험상궂게 변하고 있었다. 피델이 체를 찾자 바우에르 파이스의 아내는 그를 알아보지 못하고 사전에 맞춘 작전에 따라 그런 사람이 없냐고 내뱉었다. "있는 거 압니다" 이렇게 대꾸하고는 스스로 만든 계책에 빠져 지체할 수가 없어서 문을 박차고 곧장 체가 숨은 다락방으로 올라갔다. 체는 어머니에게 보내는 마지막 편지를 막 마무리한 참이었다. "미리 괜한 감정으로 동요하지 마시라는 의미에서, 이 편지는 감자가 한창 타는 듯한 볕을 쬐고 있을 때나 도착할 것입니다. 곧 당신의 아들이 더는 의학을 공부하지 않기로 했다는 사실을 아시게 될 테지요."[52] 편지에서 체는 카를 마르크스를 "성자 카를"이라고 부르며 이제 의학은 그 다음 가는 것일 뿐이라고 말했다. 그는 자신이 가장 좋아하는 시 작품인 영국 작가 러디어드 키플링의 〈만약〉처럼 결연하게, 끊임없이 이어온 의학적 경력을 옆으로 제쳐두었다. "(돈키호테처럼) 풍차가 내 머리를 박살내지 않는다면 나는 또 편지를 쓸 것입니다." 그는 집으로 보내는 마지막 편지를 이렇게 마무리 지었다.

바로 그 다음 날 밤 폭풍이 몰아치고 비가 부슬부슬 내리는 가운데 피델 일행은 툭스판으로 향했다. 에르네스토 게바라 역시 지금 자신에게 '성자 칼'이나 다름없는 피델 카스트로를 따라나섰다. 인생에서 보자면 아주 먼 길을 떠나온 듯 느껴지는 그 1년 전, 에르네스토는 알레르기에 대한 논문을 발표하러 이곳에서 열린 학회에 온 적이 있었다. 그리고 지금, 체는 피델에게 모든 것을 걸었다. 피델은 그들이 성공적으로 도착할 것이고 프랑크 파이스가 그들을 노리는 자들의 주의를 분산시킬 준비를 충분히 해두었을 것이라는 믿음에 모든 것을 걸었다. 언제나처럼 운명의 여신이 피델에게 미소 짓는 듯했다. 멕시코 연방보안경찰 국장인 구티에레스 바리오스는 쿠바인들이 툭스판에 모여들고 있다는 보고를 받았을 때 일부러 출동을 지연시켰다.[53] 피델이 멕시코시티를 떠나기 전에 그를 만나두었기 때문이었다. 때문에 피델과 그의 원정 동지들은 그란마호를 타고 떠날 수 있는 충분한 시간을 벌 수 있었다.

7 진창과 잿더미[1]

2주 후 그란마호는 쿠바 남동부 해안에 위치한 라스콜로라다스라는 진흙투성이 늪지대에 상륙했다. 산티아고데쿠바에서는 정부 건물들을 대상으로 하는 화염병 공격이 여전히 계속되고 있었지만 쿠바인들은 피델과 함께 상륙한 혁명군이 어떻게 되었는지 전혀 모르는 상태였다. 정부는 즉시 니코와 후안 마누엘 마르케스의 이름이 포함된 사망자 명단을 발표했다.[2] 그러나 "카스트로와 다른 상륙대원들의 행방은 확실치 않았다."[3]

어떤 사람들은 변호사이자 한때 오르토독소당의 후보였던 피델 카스트로가 무장한 대원들을 거느리고 상륙을 시도했다는 소문이 날조된 속임수에 불과하다고 생각했다. 그러나 멕시코로부터 정확한 첩보를 입수한 바티스타는 그렇게 생각하지 않았다.[4] 상륙 후 5일 동안 바티스타군은 매복하고 있다가 지친 혁명군들이 작은 개간지인 알레그리아델피오[5]에서 쉬어가려고 멈추자 무차별적인 공격을 감행했다. 피델은 소총을 쏘면서 부하들에게 근처 사탕수수밭으로 퇴각하라고 소리를 질렀다. 하지만 대혼란 속에서 피델의 퇴각명령은 잘 들리지 않았다. 체는 개간지를 가로질러 돌진하다가 목에 총을 맞았다. 곁에 있던 알벤토사도 총격에 부상을 당하고는

"나를 죽이려고 했어!"라고 비명을 지르며 사방으로 총을 미친 듯이 쏘아 댔다.

말 그대로 "불로 세례"를 받듯 총알이 쏟아붓는 대량학살의 상황 속에서 체는 목에 피를 흘리며 땅에 쓰러져 있었다. 체는 근처에서 웅크리고 있던 파우스티노 페레스를 소리쳐 불렀다. "난 끝났어." 체가 고통에 찬 낮은 목소리로 웅얼거렸다. 파우스티노가 들여다보더니 "별거 아냐"라고 말해줬지만 표정은 심각했다. 하지만 나중에 보니, 정말로 총알이 살짝 스쳤을 뿐이었다. 나머지 혁명군들이 기어서 도망치는 동안 체는 나무에 기대어 주변에서 펼쳐지는 잔인한 현실을 바라보고 있었다. 전투기들은 혁명군을 향해 맹렬한 폭격을 퍼부었다. 건장한 동지 하나는 수수나무 뒤에서 엄호하고 있었고, 다른 이들은 알아들을 수 없는 말을 웅얼거리며 죽어갔다. 그때 두 전우가 나타나서 체를 끌고 갔다. 바티스타군이 사탕수수밭에 숨어 있는 생존자들을 소탕하기 위해 불을 지르자 여력이 있는 사람들은 "연기와 포화가 난무하는 속"에서 "발사!"라는 외침을 뒤로한 채 재빨리 도망쳤다.

전쟁 중의 삶이란 무릇 이러한 것이었다. 전쟁은 강렬하고 넌더리나는 경험이었고, 피델과 체 모두에게 지울 수 없는 인상을 남겼다. "그 전쟁은 우리를 근본적으로 바꾸어놓았다. 어떤 사람을 죽이거나, 소총을 들거나, 이러저러한 형식으로 투쟁하는 어떤 행위 하나하나가 아니라, 그 모두가 뒤섞여 하나의 총체가 된, 전쟁 그 자체였다." 게바라는 상당한 변화를 겪고 나서 나중에 이렇게 설명했다. 게바라가 직접적으로 언급한 적은 없었지만 이 전쟁으로 인해 피델 카스트로와 그의 관계는 더욱 깊어지고 단단해졌다.

그러나 처음에 체를 대하는 피델의 태도는 그들이 가고 있는 울퉁불퉁한 길처럼 기복이 심했다. 감옥에서 다진 전우로서의 애정은 과거의 일이었다. 피델은 체의 실패를 호되게 꾸짖다가도 금세 그가 좋은 자질을 갖쳤다며 추켜세웠다. 피델은 혁명군 모두를 이렇게 대했다. 이는 부하들이 방심하지 않도록 만드는 피델만의 방법이었다. 피델은 유독 체에게 심하게 굴었는데, 그가 다른 이들보다 자신을 더 잘 이해해줄 것이라고 믿었기 때문이었다.

그러나 행동의 자유가 제한되는 전쟁 상황에서 이런 시련까지 겪게 되자 사람들의 분위기가 격해졌다. 이는 투쟁을 시작한 지 채 1년도 되지 않아 피델과 체 사이에 최초의 심각한 대립을 가져오는 결과를 낳았다. 체는 피델의 변덕스러운 행동 때문에 불만이 커져갔다. 하지만 체의 분노는 피델의 우유부단해 보이는 행동 때문만은 아니었다. 체는 혁명군의 사명과 임무에 대한 자신만의 견해를 가지고 있었고, 피델 옆에서 자신의 위치가 얼마나 중요한지를 깨달아가고 있었기 때문이다.

산티아고데쿠바 인근에 위치해 있던 미국 영사관의 한 주재원은 이곳의 황량한 지형을 감안할 때 "(이 지역에 주둔하는) 쿠바군을 쓰러뜨릴 만큼 충분한 수의 반란군과 군사 장비를 상륙시키는 것은 전술적으로 거의 불가능하다"[6]고 결론 내렸다. 하지만 알레그리아델피오에서의 참패 이후에 피델은 충분한 군사와 장비를 갖춰 정부군에 맞서는 일에 신경을 쓸 처지가 아니었다. 이제 혁명 전사들은 아주 적은 수만이 남았고 무기도 없이 뿔뿔이 흩어져 있었다. 바티스타군은 그들 나름대로 "테러리스트"[7] 잔당을 수색하느라 여념이 없었다.

혁명군은 이런 식으로 흩어지게 되면 몽고 페레스의 농장으로 다시 모이도록 사전에 계획을 찌두었다. 이 농장은 쿠바 내 피델의 조직원들이 은밀히 마련해놓은 농민 협력자들의 거처 중 첫 번째 집이었다. 수일이 지나자 생존자 무리가 도착하기 시작했다. 그들은 정찰기와 순찰대에 발각되기 쉬운 해안 가끼이의 지지대를 피해 오느라 밤에만 움직였다. 원래 그란마호에 승선한 82명 중에서 페레스의 농장에 다시 모인 사람은 16명뿐이었다. 게다가 남은 소총은 7대뿐이었다.

피델은 상륙 후에 파우스티노, 우니베르소와 함께 사탕수수밭으로 숨어들었다. 그후 며칠을 걸어서 비에 홀딱 젖은 채로 어느 농부의 헛간에 숨어들었다. 그들은 위험을 무릅쓰고 그 농부에게 안내를 맡겼고 악취를 풍기는 하수로를 따라 은신처에 도착했다. 체는 라미로 발데스와 후안 알메이다, 카밀로 시엔푸에고스와 함께 가까운 해안을 따라 비틀거리며 걸었다. 카밀로는 상당히 최근에 멕시코에서 모집된 신참으로, 앞으로 2년의 전쟁 동안 체의 오른팔이 되는 인물이다.[8] 그들도 결국 어느 농민 협력자의 집에 다다르게 되었고 조심스러운 안내를 받으며 페레스의 농장에 도착했다. 피델은 체의 무리가 도착하는 것을 보고 안심했다. 하지만 그들이 농민으로 위장하려고 소총을 버리고 온 사실을 알고는 불같이 화를 냈다. 피델은 "그런 어리석음 때문에 목숨을 내놓게 되는 거야!"[9]라고 소리치면서 체의 권총을 빼앗아 몽고의 형제인 크레센시오 페레스에게 넘겨주었다.

전쟁 초반은 모두에게 힘겨운 시기였다. 그들은 온종일 넓적한 벌목용 칼로 덤불을 헤쳐 길을 내면서 피난처인 마에스트라산맥의 고지대를 향해 동쪽으로 계속 걸었다. 밤이면 그들은 가끔씩 배급받는 소시지와 연유를 "성찬"이라도 되는 듯이 게걸스럽게 먹어치웠다. 체와 라울 카스트로의 일기장에는 동쪽으로 행군하던 초보 게릴라의 경험이 담겨 있다. 체는 울창한 정글을 헤치며 나가느라 진전이 더딘 행군길을 천연덕스러운 유머로 웃어넘기며 나아갔다. 그러나 이처럼 태연자약한 체도 아직은 역시 풋내기 게릴라였다. 어느 날 체가 자신의 결혼식날 밤을 떠올리며 실용적인 저녁식사 대신에 아사도 같은 고기요리를 해먹자고 했다. 라울은 이 일에 대해 체가 "실험"을 하는 바람에 다음 날 먹을 고기가 질겨지거나 상해버렸다고 언짢은 어조로 일기에 토로했다.[10] 피델은 그들을 계속 독려해서 산맥의 안개 자욱한 봉우리까지 이끌었다. 그 지역 농민들 몇몇이 이 행렬에 가담했고 많은 이들의 얼굴은 추위로 해쓱해졌다. 그러나 그들은 차츰 "먼지가 많고, 물과 음식, 은신처, 안전이 부족한"11 생활에 적응하기 시작했다. 꾸벅꾸벅 졸음이 오는 가운데에서도 불침번을 서야 했고 허기는 물론 고도가 높아지면서 추위에도 시달렸다.

피델은 바깥세상에 그들이 살아남아 다시 무리를 이루었다는 사실을 알리기 위해 무언가 조치를 취할 필요가 있다고 생각했다. 비록 스무 명도 안 되는 병력이었지만 1월 중순에 피델은 군대 기지를 공격하라는 명령을 내렸다. 그들은 짧고 대담하게 소규모 접전을 벌였고 몇몇을 성공적으로 포로로 사로잡아 산속으로 돌아왔다. 소박한 첫 승리였다. 대부분의 사람들이 존재하는지도 알지 못하는 데다 곧 이주할 예정이던 야영기지를 공격한 것이었다. 하지만 이 공격으로 습격대가 불을 훤히 밝히고 추격해 오기 시작했다. 그들은 울창한 숲속을 뚫고 길도 나 있지 않은 은신처까지 돌진해 들어왔다.

이 사건 직후에 체는 일다에게 보내는 마지막 편지를 썼다. 그는 흡족한 듯 총을 옆에 끼고 새로 생긴 습관인 시가를 입에 문 채 글을 적어나갔다. 체는 그 편지에서 그들이 "비누가 미끄러지듯 적의 손아귀에서 빠져나왔다"12고 전했다. 바티스타로서는 원통하게도 혁명군은 계속 그런 공격을 이어나갔다. 그들의 경험이 쌓이고 훔친 무기가 늘면서 목표 대상도 커져갔다. 그러는 사이 피델과 체는 이제 곧 전쟁이 준 첫 번째 큰 시련에 직면하고, 극복하게 될 터였다. 체에게 그 시련은 죽음의 한복판에 있다가 이어지는 고립감을 맛보는 것이었다. 피델에게는 무엇보다 생존이 급선무이 이 산속에서만큼은 적어도, 자신이 조직 전체를 통괄할 수 없다는 현실을 인정하고 받아들여야 하는 시련이 기다리고 있었다.

전쟁의 우여곡절 속에서도 피델은 자신이 정치인임을 한시도 잊은 적이 없었다. 상륙 후 두 날이 흐른 1957년 2월 중순의 어느 날, 피델은 이른 새벽에 홀로 야영지를 떠나서 비탈길을 내려갔다. 〈뉴욕타임스〉의 미국인 기자 허버트 매슈스와 인터뷰를 하기 위해서였다. 12월 이후로 바티스타 는 혁명군에 대해 냉담한 어조를 유지했다. 그는 크리스마스 전에 언론에 발표한 성명에서 이 "말썽거리들"은 조직화와 계획이 부족하며 "가장 작은 규모의 접전"조차 치를 수 없는 수준이라고 논평했다.[13] 보도 검열로 인해 게릴라들의 생존 사실이 입소문으로만 퍼지던 상황이었다. 피델은 이런 상 황이 혁명군에게 절대적으로 불리하다는 것을 잘 알고 있었고 매슈스와의 인터뷰로 상황을 반전시키려는 희망을 갖고 있었다.

"이런 소총으로 우리는 약 1킬로미터 떨어진 곳에 있는 적들을 맞출 수 있습니다." 피델은 인상적인 인사말을 건네면서, 어젯밤 아바나에서 불 려온 매슈스가 기다리고 있던 개간지로 성큼성큼 걸어 들어갔다. 에스파 냐내전을 취재하기도 했던 백전노장의 이 미국 기자는 "반쯤 벗겨진 머리, 큰 키에 마른 몸, 간단한 옷차림을 한, 무덤처럼 과묵하고, 스위스 시계처 럼 정확한"[14] 사람이었다. 그는 정부의 공식 발표와 혁명군의 상반된 주장 을 놓고 평가를 내리는 일에 익숙했다. 피델은 언제나처럼 뛰어난 말솜씨 로 옳은 인상만을 심어주려고 애썼다. 그러나 매슈스가 눈여겨본 점은 피 델의 건장한 체격과 열정적인 태도였다. 이는 2월 24일 일요일자 신문에 실 린 매슈스의 첫 기사에도 잘 드러나 있었다.

그 기사는 큰 반향을 불러일으켰다. 쿠바 정권이 주장한 바와는 반대 로 피델 카스트로는 여전히 건재하며 그가 지금 시에라*에서 잘 조직된 무 장 병력을 이끌고 있다는 증거가 나온 것이다. 의심하는 이들을 위해서 매 슈스는 피델에게 이미 자필 서명도 받아놓은 상태였다. 이는 지금껏 그런 정보를 맹렬히 부정해온 바티스타 편향 언론의 신뢰성에 큰 타격을 입혔 다. 또한 많은 사람들에게 혁명군이 이미 '그들에게 보낸 정부군을 조롱하 듯 이리저리 요리하고 있었다'는 생각을 심어주었다.[15] 알레그리아델피오

---

* 에스파냐어로 '산맥'이라는 뜻.

에서 처음 참패한 이후 피델은 다시금 혁명 전선으로 완전히 복귀한 셈이었다.

그날 아침 9시쯤에 매슈스가 떠났지만 피델의 일과는 이제 시작이었다. 그날 프랑크 파이스와 다른 지하조직원들도 진창과 뒤얽힌 초목을 뚫고 힘겹게 시에라의 은신처에 도착했다. 피델은 지난 몇 주 동안 산속에서 살아남는 일에만 집중했기 때문에 혁명군의 혁명 계획 운영은 파이스가 맡고 있는 상태였다. 도시에 기반을 둔 지하조직 지부인 야노*는 피델이 이끄는 조직의 양대 산맥 중 하나였다. 국가이사회가 이끄는 야노는[16] 게릴라군의 보급품을 담당했고 정치적 사안도 처리하고 있었다.

피델의 시에라군은 도시에서 이뤄지는 정치적 전복 임무에 대해서는 구경꾼이 될 수밖에 없었다. 파이스와 동행한 도시 지하조직 운동의 지도자들은 피델에게 이제 그들의 뜻을 충분히 밝혔으니 전쟁을 포기하라고 설득했다. 그중에는 그란마호 상륙 이후에 혼자 도시로 향해서 이제는 아바나에서 운동을 이끌고 있는 파우스티노 페레스를 비롯해 아르만도 아르트, 아이데 산타마리아도 끼어 있었다. 그들은 피델이 정치적인 캠페인을 하길 바랐다. 하지만 피델은 그날 아침 인터뷰에서 매슈스에게 말한 내용 그대로 한 발짝도 더 움직이지 않았다. 혁명군을 뒤흔들 분열의 조짐이 처음으로 가시화된 순간이었다. 피델은 쿠바를 거의 2년이나 떠나 있었다. 그가 부재한 동안 많은 것이 바뀌었고, 이제 권력을 쟁취하는 최상의 방법은 산속에서 게릴라전을 벌이는 것이라는 의견에 모두가 동의하는 것은 아니었다.

이틀 동안 양측은 뜨거운 공방을 벌였다. 그 결과 야노는 돌아가서 도시 지하운동을 강화하고 게릴라전에 필요한 모든 물품들을 산속으로 보내라는 명령을 받았다. 또한 중산층 전문가 집단의 지지를 얻어 전국적으로

---

* 에스파냐어로 '평원'이라는 뜻.

시민 저항운동을 벌이고, 노동자 계층을 조직해서 "투쟁의 점정이 될 혁명 총파업"[17]을 준비하는 임무도 있었다. 이 모든 사항은 피델의 〈쿠바 국민들께 드리는 호소〉라는 글 속에 담겨 있었다. 피델은 산에 들어와서 처음으로 쓴 이 글을 야노 동지들에게 배포하게 했다. 체는 이 글을 읽고 강한 동감을 표하면서 자신에게 이 글을 옮겨 적을 시간이 부족한 상황을 한탄할 정도였다.

체는 최근에 마무리된 즉결재판의 뒤처리를 하느라 바빴다. 안내인 중 한 명인 에우티미오 게라가 수차례 정부군에게 혁명군의 위치를 발설한 혐의로 재판을 받았던 것이다. 피델은 판사 자리에 앉아 사형을 언도하고는 등 뒤로 손이 묶인 채 무릎을 꿇고 앉아 있는 에우티미오 옆을 그냥 스쳐 지나갔다. 아무도 그 처형을 실행하려고 들지 않았고 침묵의 시간이 흘렀다. 체는 더 이상 참을 수가 없었다. "그것은 다른 사람들이나 에우티미오에게 너무나 불편한 상황이었다. 그래서 내가 그 문제를 끝낼 수밖에 없었다. 나는 그의 오른쪽 관자놀이에 권총을 갖다 대고 쏘았다." 체의 미출간 일기에는 에우티미오가 그의 앞에서 쓰러지는 장면을 상세히 적어놓은 부분이 있다. "그는 쓰러진 채 잠시 헐떡였다. 그의 소지품을 회수하려고 다가갔지만 허리띠에 시계가 묶여 있어서 빼낼 수가 없었다. 그러자 그가 나에게 담담한 목소리로 '확 잡아당겨, 그게 뭐든지 간에……'라고 말했다." 이렇게 환각으로 보이는 장면을 서술해놓은 것으로 봐서 체가 그 행동으로 자신이 털어놓은 것보다 훨씬 더 큰 충격을 받았다는 것을 짐작할 수 있다. 실제로 충격이 상당했는지 체는 가장 중요한 사안이었던 야노와의 회의에도 참석하지 않았다. 이 일이 있은 후, 체의 천식도 재발했다. 체는 그날 밤의 암울한 상황을 이렇게 기록했다. "우리는 울적한 기분에 잠들지 못했다. 나는 천식 때문이기도 했다."[18]

전쟁이 지속되는 동안 체가 야노에 대해 품은 좋지 않은 감정은 점점 깊어졌다. 몇 달도 안 되어 체는 피델에게도 반항하고 있었다. 그러나 3월에 다시 심한 천식이 재발했고 체는 무리와 떨어져 지낼 수밖에 없었다. 혁명군은 그들과 관계되지 않은 농민들이 사는 지역을 통과하고 있었다. 이제 농민들은 충성을 강요하는 혁명군과 그들을 감싸준 '반역자'를 처단하는 정부군 사이에서 갈팡질팡하고 있었다. 이렇게 중요한 시기에 체는 행렬에 맞춰 가는 것이 힘들어서 뒤에 남았다. 피델은 나머지 군을 이끌고 더 높은 산에 있는 은신처로 나아갔다.

그 후로 몇 주 동안 체는 최악의 상황을 겪었다. 천식이 호전되지 않아 며칠을 절반쯤 혼수상태에 빠진 채 보냈다. 숨기 위해서 이동해야 할 때는 스스로 직접 손과 무릎으로 기어가거나 아니면 그를 돌봐주기 위해 남겨진 건장한 동지가 들어서 옮겨주었다. 마침내 체가 새로 모집한 신병들과 함께 본대에 합류했을 때 그는 해변에서 몸을 씻고 온 듯 새로 태어난 느낌이었다. 이 순간의 중요성을 포착한 전기 작가는 거의 없지만 나중에 체가 써낸 글 속에는 그런 내용이 담겨 있다. 체의 내면에서 근본적인 무언가가 변한 것이다. 몇 달 후에 체가 혁명군의 비밀 신문인 〈엘 쿠바노 리브레〉에서 밝힌 대로 "혁명에 소극적이던 시기"[19]는 이제 끝이 났다.

체는 새로운 열정으로 가득 차서 피델과 다시 만났지만, 오는 길에 다른 혁명군에게 신병들의 통제권을 맡긴 일로 질책당했다. 피델은 그 자신이나 체가 완전히 파악하지 못한 사람에게 본대인 18명보다 더 많은 군사를 맡겼다는 사실에 분노했던 것이다. "당시에 나는 외국인이라는 열등감이 여전해서 너무 많은 책무는 떠맡으려 하지 않았다." 체는 나중에 이렇게 회상했다.

성격대로 체는 간단히 마음을 고쳐먹었다. 7월에 피델은 대대적인 공격을 명령했다. 공격 목표는 해안에 있는 엘 우베로 병영이었다 이 명령을 기회 삼아 체는 스스로 4명으로 이루어진 팀을 짰다.[20] 나중에 체는 부상자들 및 두 명의 지원자들과 병영 근처에 남았다. 그들이 두고 떠나야 했던 사람들 중 한 명인 시예로스의 가슴을 동여매던 체는 적들도 부상자에게는 해를 가하지 않겠다는 명예 선서를 했을 것이라면서 그를 안심시켰다. 시예로스는 슬픈 미소를 지으면서 어차피 자신은 끝났다고 대답했다. 체도 순간 그 사실을 인정하는 눈빛을 보냈는지도 모른다. 하지만 그 순간은 짧았고 즉시 단호한 눈빛으로, 죽어가는 남자의 눈을 바라보았다. 나머지 사람들이 기다리고 있던 운송선이 나타나지 않자 체는 그 무리를 이끌고 본대를 따라잡기 위해 숲속으로 향했다.

다음 몇 주 동안 체는 사람들을 통솔하면서 피델처럼 실리적인 면모를 내보이기 시작했다. 평소에 그는 피델의 그런 면을 아주 높이 샀다. 여기서 실리적인 면모란 한때 적이었던 사람과도 협력 관계를 맺고, 지역 농민들의 지원과 연락 거점을 마련하며, 떠나기를 원하는 사람에게 그럴 기회를 주는 것을 의미했다. 그러는 동안에도 천식은 계속해서 체를 괴롭혔다. 어떤 때에는 "거의 부상자들만큼이나 움직이지 못하는" 상태가 되기도 했다. 가슴의 통증을 완화하기 위해 말린 꽃을 태워 향을 맡아봐도 소용이 없었다. 신병을 뽑을 때면 피델과는 달리 체는 그들의 지원 동기를 미심쩍어했다. 그래서 그들의 충성심을 시험이라도 하듯이 면전에 대고 욕을 했고 끊임없이 자극하고 선동하는 말을 해댔다.

하지만 체가 그의 작은 군대를 이끌고 무사히 피델의 야영지로 되돌아왔을 때 체의 믿음은 굳건해져 있었다. 그는 즉각 그 믿음을 행동으로 옮겼다. 신병 중에 훌리오 마르티네스 파에스라는 위생병이 있었는데, 체는 그를 소개받자 늘 가지고 다니던 작은 도구상자를 내밀었다. "자, 이제 자네가 왔으니 오늘부터 난 더 이상 의사가 아닐세. 자네가 의사이니 이 모든 걸 가지게."[21] 체는 장비 일체를 신병에게 건네주었다.

다시 돌아온 체는 야영지의 변화된 모습에 기쁨을 감추지 못했다. 그가 없는 동안 전체 혁명군의 인원이 약 200명으로 늘어나 있었다. 체는 그들 중 반이 군용모자 대신에 밀짚모자를 쓴 채 마치 영화에 나오는 '불한당'처럼 탄띠를 어깨에 두른 모습이어도 괘념치 않았다. 사실 그들의 몰골은 영화 속보다 더 초라했다. 어떤 이들은 낡아빠진 권총을 들고 있었고 어떤 이들은 도시의 여성들이 밤에 군복을 수선해서 산속으로 보내줄 때까지 자신들의 작업복을 그대로 입고 있어야 했다. 그렇지만 이들은 전보다 더 전열이 잘 갖춰져 있었다. 특히 그들은 이 산맥의 최고봉인 투르키노 산 일대를 재빨리 장악한 것 같았다. 그러나 상황이 이처럼 두루 개선되었는데도 피델이 최근에 쿠바의 시민 야당 대표인 에두아르도 치바스의 남동생 라울과 펠리페 파소스를 만났다는 소식을 듣고 체는 뒤로 넘어갈 정도로 분개했다. 체는 이들을 만날 때마다 "중도파" 변절자들이라고 경멸했다. 그런데 피델이 '시에라 선언'이라고 알려지게 될 선언서에 그 변절자들과 공동으로 서명을 한 것이다.

확실히 체가 없는 동안 피델도 무척 바빴다. 프랑크 파이스기 2월에 산에서 열린 첫 회의에서 돌아간 후 곧바로 체포되어 수주일이나 감금되었다. 하지만 파이스는 석방된 후에도 피델과 함께 7·26운동의 목적을 이루기 위해 주도적으로 일했다. 사실 파이스가 운동의 중심에 있었기 때문에 22 피델은 시민 야당 지도자들이 나타날 때까지 그들이 자신을 만나러 오는 줄도 몰랐다. 파이스는 모든 상황을 설명하는 편지를 써서 피델을 방문하려는 정치인들의 손에 들려 보냈을 뿐이었다. 따라서 선언서는 전혀 피델의 의지는 아니었지만 늘 그래왔듯 그 역시 기회로 삼아 이용하고자 했다. 그 선언을 발표함으로써 시민사회를 토론의 중심에 둘 수 있었고, 그렇게 되면 평화주의적 입장을 견지하는 노동운동 단체와 정당을 압박하는 효과가 있을 것이라고 판단한 것이다. 게다가 시에라 선언으로 쿠바 내 다른 정치 지도자들이 피델의 반정부 투쟁을 지지하기 시작했다. 미국의 정보기관은 치바스가 선언서에 서명한 일을 두고 이렇게 평가했다. "치바스가 오르토독소를 저버림으로써 반란군은 더욱 단결되고 전국적으로 힘을 발휘할 수 있게 된 것 같다."23

그러나 방금 돌아온 체의 눈에는 피델이 지하운동 지도자들 편으로 돌아선 것으로 보였다. 피델은 체의 의심을 알아채고는 일부러 그 시점에 그를 부사령관으로 승진시킨 것 같다.[24] 다른 사람들은 체 게바라가 엘 우베로에서 보여준 군인으로서의 성공적인 모습을 치하하는 의미에서 이런 결정을 내렸다고들 말했다. 하지만 피델이 그 공격을 상세히 묘사한 편지를 보면 그 어디에도 체의 공훈에 대한 언급이 없었다. 이 승진은 과거 업적에 대한 포상이라기보다는 장래를 위한 조치라 할 수 있었다. 무엇보다 피델에게는 제2전선을 이끌 사람이 필요했다. 라울은 아직 군대를 조직하고 이끄는 문제에 대해서 형의 신뢰를 얻지 못했다. 알메이다는 부지런하고 책임감이 강했지만 체만큼 열정적인 모습을 보여주지 못했다. 카밀로는 여전히 사병들 사이에서 지휘관으로서의 가치를 증명하는 중이었다. 피델은 사람의 성격을 잘 파악하는 인물이었고 체를 고른 데에는 그만한 계산이 숨어 있었다. 체의 충성도는 그런 포상에 의해서만 강화될 수 있었다. 체는 나중에 이렇게 적었다. "우리 모두의 마음속에는 허영심이 있기 마련이다. 그날 나는 지구상에서 가장 의기양양한 사람이 된 듯한 기분을 느꼈다."

에르네스토 게바라는 베레모에 별을 하나 달고 나자 이제 가까운 친구를 제외한 모든 사람에게 사령관 체 게바라로 통했다. 피델은 체에게 그가 가장 잘 해낼 수 있는 임무를 맡겼다. 공격을 감행해서 이제까지 혁명군을 가장 괴롭힌 사람과 산적을 잡아오는 일이었다. 피델의 시에라군을 가장 집요하게 괴롭힌 사람이란 산속에서 자기 부대를 이끌고 있던 정부군 작전사령관 산체스 모스케라 대령을 말했다. 또한 산적들은 혁명군의 뒷자락을 따라다니며 그 지역을 혼란스럽게 하던 존재였다. 피델은 이 임무를 체가 완수할 것으로 믿어 의심치 않았다. 이에 더해, 피델은 시에라군의 본거지에서 외교망을 구축하고자 하는 자신의 계획에 체의 정치관이 방해가 될 수 있다고 판단한 것이다.

그러나 8월 초가 되자 시에라와 야노 모두가, 특히 피델의 시에라군은 계획의 우선순위를 조정해야 했다. 7월 말에 프랑크 파이스가 산티아고데쿠바의 자택 근처에서 비밀첩보요원의 총에 맞아 숨진 것이다. 크게 낙담한 피델은 다음 날 셀리아 산체스에게 편지를 썼다. 셀리아는 이제 야노와의 주요 연락책으로 활동하고 있었다. "우리가 얼마나 아픈 심경이며 분노와 고통에 차 있는지 다 전할 수 없을 정도요. 야만인들 같으니라고! 그들은 비겁하게 거리에서 그를 쫓았지. (……) 나쁜 놈들!"25 파이스의 공백을 어떻게 메울지가 큰 문제였다. 체는 사령관으로서 처음 임한 전투를 마치고 피델에게 경과보고 서한을 보냈다. 체는 그 전투에 대해 "승리라는 관점에서 보면 성공이지만 조직적인 움직임이란 면에서 보면 재난과도 같았"다고 평하면서 프랑크라는 "가슴 아픈" 주제를 언급했다. 그리고 그는 그에 대한 자신의 견해를 밝혔다.

저는 당신이 강한 입장을 고수할 것이라고 믿습니다. 산티아고데쿠바를 통괄할 사람으로는 조직을 잘 통솔하고 산속에서 혁명군 생활을 한 사람이 좋겠지요. 제 의견으로는 라울이나 알메이다가 좋을 것 같습니다. 최악의 경우라면 라미리토나 저도 있지만요. (저는 겸수에서 하는 말이 아니라 그런 자리는 맡고 싶은 마음이 없습니다.) 저는 프랑크를 대신할 지도자로 도덕적이고 지적인 사람을 추천합니다.26

물론 피델은 그렇게 민감한 자리에 체를 앉힐 생각이 전혀 없었다. 하지만 파이스만큼 야노의 입장을 피델에게 잘 전해줄 만한 인물이 없는 상황에서 앞으로의 전쟁에 대한 방향이나 운동 조직을 양부하는 두 세력이 역할에 대해 생각해볼 때 체가 제2군을 맡아 승승장구하는 일만큼 피델에게 의지가 되는 일도 없었다. 그는 다른 전선에 대해 고민하기 전에 신속 혁명군 간의 불화를 일소하고 단결을 강화할 필요가 있었다. 그래서 그는 파이스의 부관인 레네 라모스 라투르에게 편지를 썼다. 편지의 모토는 "모든 총, 모든 탄약, 모든 자원을 산으로!"였다. 그리고 그는 이렇게 덧붙였다. "무기가 없는 지지자보다는 총을 가진 첩자가 더 낫소."[27]

이제 체는 엄격한 규율주의자라는 평판을 얻기 시작했다. 그는 규율위원회를 발족했을 뿐만 아니라 군법을 너무 엄격하게 적용해서 체에게 직접 위원회 일을 위임받은 사람조차 일기장에 위원회가 너무 과도하다고 평하곤 했다. 그 사이 피델은 정치에 집중했다. 그의 최우선 관심사는 시민운동 단체들과 동맹을 맺는 것이었다. 아직 시민운동 단체들이 바티스타를 공개적으로 규탄할 준비가 되어 있지 않다 하더라도 그들과 연합한다면 7·26운동은 더 많은 지지와 특권을 부여받게 될 것이었다. 하지만 우선 피델은 야노 측과의 관계를 회복해야만 했다. 파이스가 죽고 파이스를 대신할 국가이사회가 새롭게 꾸려졌다. 그런데 피델이 이 국가이사회를 상대로 시에라군을 충분히 지원하지 못했다고 열변을 토하고부터 양측의 관계가 상당히 악화되어 있었다. 관계 회복을 위해서 새롭게 국가이사회의 수장이 된 라투르가 10월 초에 산속으로 찾아왔다. 라투르와 피델은 앞으로의 정치적 전략에 대해 논의했 다. 그동안 펠리페 파소스와 레스터 로드리게스가 피델의 대리인 자격으로 시에라군에 대한 지원을 물색하러 나섰다. 지금은 망명자 신세인 펠리페 파소스는 이전에 쿠바국립은행 총재를 지냈던 인물로, 호기심이 많고 정치적 야망을 꺾을 줄도 아는 느슨한 사람이었다. 레스터 로드리게스는 오랫동안 파이스의 동지였다. 피델은 이들 두 사람에게 산속의 혁명군 지원에 필요하다면 어떤 단기적인 전술적 협정이라도 맺으라는 명령을 내렸다. 그 사이에 피델은 야노와의 일을 해결하려고 했다. 그런데 이 두 사람이 큰일을 저지르고 말았다. 그들이 선을 넘어 마이애미 협정에 서명을 하고 만 것이다. 많은 것을 아우르는 그 협정으로 7·26운동 조직은 피델이 전혀 원하지 않았던 수많은 약속에 얽매이게 되었다.

피델은 곤혹스러웠다. 반정부파들의 끊임없는 음모와 일시적인 회동,

상호 원조와 입장 발표는 새로울 것이 없었다. 이미 오랫동안 이들 반대파는 존재해왔고 피델은 자기 식대로 그들을 잘 다뤄왔다. 지금 마이애미 협정에서 가장 곤혹스러운 점은 그 시점이었다. 피델의 대리인들은 7·26운동이 이들 반정부 세력에게 한창 신임을 받기 시작했을 때 마이애미 협정에 서명해버린 것이었다.

석 달 전에 시에라 선언의 초고를 완성하면서 피델은 바티스타가 몰락하면 세워질 임시 정부에 7·26은 절대 참여하지 않겠다는 문장을 일부러 넣었다. 그런데 마이애미 협정은 7·26의 정부 참여 가능성을 보여주었다. 무엇보다 가장 최악은 전쟁이 끝나면 혁명군은 정규군에 흡수된다는 조항이었다. 날마다 생사를 넘나드는 전투를 벌이고 있는 피델은 특히 이 조항만큼은 결코 용납할 수 없었다. 10월에 피델과 산속에서 18일을 함께 지낸 라투르의 기록에서도 알 수 있듯이 피델은 "파소스와 레스터가 서명한 협정과 같은 제안은 결코 받아들이지 않을 태세였다."[28]

그러나 피델은 서두르지 않았다. 이런 점에서 충동적인 체와는 많이 달랐다. 피델은 그 협정을 즉각 거부하거나 동지들에게 경고를 보내는 대신 관망하는 자세를 유지했다. 피델이 보기에 산속의 게릴라군이 정부를 계속 압박하면서 야노가 도시에 "공포를 집중"시키고 총파업을 준비할 시간을 버는 것이 더 나았다.

이제 엘 움브리토 기지를 중심으로 자신만의 지역을 맡아 지휘하고 있던 체 게바라는 혁명군의 역할에 대해 피델과는 다른 생각을 지니고 있었다. 그는 피델이 자신에게 건 희망을 "입증"하는 데 주력했지만 그 과정에서 자신만의 생각도 펼치게 되었다. 피델에게 정기적으로 명령을 받으면서도 약간의 조정을 할 수 있는 자유가 있었던 터라, 체는 "치고 빠지는" 전략을 "전투 태세" 전략[29]으로 바꾸어서 실행했다. 그렇게 함으로써 "혁명군의 지역을 적들의 공격으로부터 온전히 지켜낼 수 있었다." 피델은 끊임없이 터지는 정치적 사안과 한 사람이 감당할 수 없을 만큼 많은 행정 업무 때문에 체와 같은 성과를 달성할 수 없었다. 그해가 끝나갈 무렵이 되자 체는 자신의 지휘 능력을 입증했을 뿐만 아니라 전쟁의 전략적 목표까지도 바꾸어놓았다.

겨울이 오고 혁명군들이 전투에 임한 지 첫 1년이 다 되어갈 즈음에 체의 관할 지역은 작은 산업단지가 되어 있었다. 처음에는 빵 굽는 오븐과 간단한 병기 공장으로 시작해서 수력발전소까지 확장되었다. 거기에 아바나대학교에서 온 자원자들도 동참했다. 한편 체는 혁명군 회보를 개인적으로 만들어 첫 발행했다. 만약 그가 코르도바에서 럭비 잡지를 만들 때만큼 장비가 구비되었다면, 하다못해 구식 등사기라도 가져와 잉크로 찍어낼 수 있었다면, 그 회보가 두 달 후 라디오 레벨데 방송이 시작될 때까지 혁명군 통신망에서 중추적인 역할을 했을 것이다. 라디오 레벨데 방송은 전쟁을 알리는 에르네스토 '체' 게바라의 목소리였다. 11월 말에 체는 약간의 자부심을 담아서 피델에게 이 모든 상황을 전했다. 만약 피델이 다른 명령을 내리려고 고심 중이라면 체는 이 지역을 방어 기점으로 확립하고 절대 떠나지 않을 것이라는 자신의 계획을 미리 말해두고 싶었던 것이다.

11월 말에 체는 정말 자신의 계획을 실행에 옮겼고 적군의 움직임에 대한 보고가 들어오기 시작하자 피델에게 그 소식을 편지로 알렸다. "소식이 영사기 돌아가듯이 들어옵니다."[30] 체는 잠시 후에 편지를 계속 이어나갔다. "지금 모스케라군이 마르베르데에 있다고 해서 전속력으로 그곳으로 향하고 있습니다. 이 흥미진진한 과정에 대해서는 다음에 다시 쓰겠습니다." 체의 다음 편지는 심각한 전투 상황 속에서 쓴 글이었다. "30-06 탄환과 45구경 자동 권총이 시급하게 필요합니다." 상황이 정리되고 난 후 체는 다시 편지를 썼다. "이제 우리는 엘 옴브리토에서 다시 만반의 전투 태세를 갖추고 그들을 기다립니다. 하지만 이번에는 다른 전술로 싸울 것입니다." 그러나 체가 애착을 가지는 엘 옴브리토는 이미 전쟁의 상흔으로 황폐해진

지 오래였다. 다음 공격에서 체는 발에 총을 맞았다. 피델은 오래전부터 체에게 좀 더 조심하라고 경고해왔다. 체는 어느 농민의 집에 누워서 피델에게 편지를 썼다. "당신의 충고를 더 귀담아들을 걸 그랬습니다. 하지만 군의 사기가 무척 저하된 상태였습니다. (⋯⋯) 총탄이 빗발치는 최전선에서는 군의 의욕과 사기 충전이 가장 중요한 법이니까요."31 체는 언제나 이런 입장을 고수했다. 그래서 피델과는 달리 일시적인 후퇴를 용납하지 않았다. 아무리 나중에 그 후퇴가 전술적으로 유리한 선택이었다고 밝혀진다 해도 절대 전투에서 물러서는 법이 없었던 것이다.

또한 체는 자신이 현재 하고 있는 일에 쉽게 집중했다. 그래서 당연히 이렇게 전쟁에 몰두하고 있을 때에는 마이애미에서 일어나고 있는 정치적 사건에 대해 언급할 겨를이 없었다. 피델은 처음에는 체를 정치적 문제에서 배제하려고 했지만 곧 라울과 체에게 아르트가 마이애미에서 들고 온 서류에 대한 의견을 묻는 편지를 각각에게 보냈다. 라울은 아르트가 변절자라면서 코웃음을 쳤다. 체는 훨씬 더 흥분했다. 체는 모든 상황을 종합해서 생각해보더니 2월부터 자신을 가장 괴롭혔던 문제를 해결하겠다고 마음을 굳혔다. 그런데 그 전에 그는 라투르로부터 한 통의 편지를 받았다. 라투르는 몇 주를 피델과 함께하고 난 뒤, 최고사령관 피델이 야노의 전략을 전폭 지지한다고 확신했다. 체는 라투르가 자신을 폄하하려는 것으로 받아들였고 몹시 분노했다. 시에라 게릴라군과 야노 사이의 오래된 힘겨루기가 이제 피델의 귀를 자처하는 체와 라투르 사이의 본격적인 힘겨루기로 비화한 것이다.

체는 야노 지도부의 많은 사람들이 철저한 반공주의자들임을 알고 있었다. 그래서 지금까지는 전쟁과 정치적 신념을 분리하려고 그렇게 애쓴 것인지도 몰랐다. 그러나 그는 국가이사회가 의도적으로 자신이 필요로 하는 무기와 물자를 내주지 않는다고 의심하기에 이르렀다. 사실 피델도 똑같은 문제를 겪고 있었고 무기가 제때 제공되지 않았다면 야노가 무기를 입수하지 못했기 때문이었다. 하지만 체는 의도적인 태업이라고 단정했고 평소 성격대로 대번에 격한 반응을 보였다.[32]

그러나 라투르를 비롯한 다른 야노 지도자들에게 편지를 쓰기 전에 피델에게 자신의 견해를 피력하는 서신을 보냈다. 최후통첩과도 같은 내용이었다.

> 피델, 우리가 직접 만나거나 더 길게 편지를 쓸 기회가 있다면 저는 이사회에 대한 불만을 털어놓을 것입니다. 우리 군을, 아니 정확히 말하자면, 저를 방해하기 위해서 그들이 의도적인 태업을 한다고 믿을 만한 충분한 근거가 있기 때문입니다. 지금 상황에 비춰볼 때 오직 두 가지 해결책만이 있습니다. 당신이 저에게 이런 종류의 행동을 금하는 강한 조치를 취할 수 있게 허락해주시거나 아니면 건강상의 이유든 무엇이든 적절한 사유를 들어 저를 자르시는 것입니다.[33]

산은 체가 위험한 지역을 통솔하는 데 있어 긴장되고 혼란스러운 환경이었다. 산속에서는 연락하기도 어려웠고 가끔씩 우회로를 통해야만 했다. 편지는 길을 잃었고 연락책은 납치될 수도 있었다. 중요한 정보가 혁명군의 한 거점을 떠나 시간에 맞춰 다른 거점에 도착하기도 했지만 중간에서 누군가가 그 정보를 가로채기도 했다. 피델의 답장은 나흘 후인 12월 13일에야 도착했다. 그 편지는 공개된 적이 없었지만 체의 답장으로 볼 때 그 내용을 미루어 짐작할 수 있다. 무엇보다도 피델은 자신이 체를 전폭 지지하고 있다는 사실을 전하려 애쓴 것 같다. 체의 답장에 "셀리아의 쪽지도 그렇고 당신의 편지 덕분에 잔잔한 행복을 느낍니다. 개인적인 문제 때문이 아니라 혁명 과정에서 이 단계가 가지는 중요성 때문입니다. 당신은 제가 국가이사회를 지도부로서나 혁명가로서나 조금도 믿지 않는다는 사실을 잘 아실 것입니다. 그러나 그렇게 넓은 마음으로 아우르시니 그들이 당신을 배반하지는 않을 것 같습니다"라고 적혀 있었기 때문이다.

그러나 피델은 반역에 대해서는 조금도 의심한 적이 없었다. 십중팔구 7·26운동 조직이 우위를 점한 상태에서 피델은 마이애미 협정의 다른 서명자들과 관계를 끊기 전에 7·26운동의 입지가 강화되기를 기다리고 있을 뿐이었다. 그러나 피델은 체에게 보내는 답장에서 혁명의 미래에 대한 계획도 밝혔던 것으로 보인다. 피델은 자신만큼이나 체의 통제력이 점점 커지고 있는 그 군대가 앞으로의 혁명운동에서 군사적 역할뿐만 아니라 기본적인 정치적 역할도 맡을 것이라고 생각한 것이 틀림없다.

체는 안도했지만 가차 없이 피델을 계속 압박했다. "침묵을 고수하는 당신의 태도는 지금 상황에서 가장 바람직하지 않다고 생각합니다."[34] 체는 15일에 피델에게 편지를 썼다. 그 무렵에 체는 이미 라투르에게 답장을 보낸 상태였다. 체는 "열정적인 예언자" 피델에 대한 신뢰를 완전히 회복한 상태에서 "혁명의 선의를 위해서" 라투르에게 편지를 보냈다. 그 편지에서 그는 마이애미 사태는 "배반 행위"이며 국가이사회는 정치적으로 약할 뿐 아니라 이데올로기적으로 완전히 무지하다면서 비난을 퍼부어댔다. 이 편지는 상당히 흥미로운 면이 있다. 체가 순간적이나마 피델에 대한 신뢰가 흔들렸다는 사실을 고백한 셈인 데다 혁명운동의 새로운 방향에 대한 선언도 담겨 있었기 때문이다. 어쨌든 체는 혁명이 이제부터 좀 더 급진적인 방향으로 선회했으며 피델도 같은 생각이라는 사실을 전한 것이다.

프랑크 파이스가 7월에 7·26운동 조직의 성장에도 불구하고 여전히 통일된 철학적 비전이 부족한 단체인 것을 염려했다면 이제 그 문제는 해결되었다. 피델과 체 사이에 더 깊은 유내감이 생겨난 그 시점에, 동시에 운동의 비전도 자리 잡기 시작했기 때문이다. 라투르는 이 사실을 즉시 알아챘고 전체 혁명의 이데올로기적 방향이 위험에 빠졌다고 느꼈다. 라투르는 즉시 피델과 체에게 같은 편지를 보냈다.[35] 감히 체가 어떻게 그들을 두고 배신자나 태업자라고 비난할 수 있냐며 울분을 토로하는 내용이었다.

그러면서 혁명군의 무기를 확보하기 위해 애쓰다 죽는 일이 시에라에서 싸우다 총에 맞는 것보다 더 쉬운 일인 줄 아느냐고 쏘아붙였다.

라투르는 문제의 핵심으로 돌아가서 말을 이어나갔다. "지금은 '세계의 구원이 어디에 있느냐'를 따질 순간이 아닙니다. 아메리카대륙의 사람들이 원하는 것은 아메리카의 운명을 책임지는 강한 아메리카, 미국이나 러시아, 중국 등 아메리카의 경제적, 정치적 독립을 해치려는 그 어떤 강대국들에도 당당하게 맞서는 아메리카입니다. (……) 이와는 대조적으로 공산주의 이데올로기를 가진 사람은 우리의 문제에 대한 해결책이 끔찍한 양키의 지배에서 벗어나 양키나 다름없는 소련의 지배를 받는 것이라고 생각하겠지요."

피델은 라투르와 체의 편지를 읽고 난 후 자신 앞에 전혀 다른 두 갈래 길이 펼쳐져 있다는 것을 깨달았다. 두 길 모두 본질적인 주장과 설득력을 담고 있었다. 하지만 이는 라투르가 이길 수 없는 싸움이었다. 개인적인 유대 관계와 사고방식으로 볼 때 피델과 체는 생각이 같았고 피델은 체가 제안한 길을 선택했다. 같은 날에 피델은 체에게 개인적인 지지를 전하는 편지를 썼고 야노를 2급으로 좌천시키는 명령을 내림으로써 마이애미 협정에 대한 침묵을 깼다. 피델은 마이애미의 반정부 지도자들에게 엄중한 편지를 썼다. "협정에 대한 소식을 들은 날, 우연의 일치라기보다는 운명의 장난처럼 우리는 그 독재자가 가해온 중 가장 강력한 공세에 대항하기 위해 무기가 필요했습니다."36 피델은 그들의 "미온적인 애국심과 비겁함"을 비난했다. 피델은 자신이 어느 쪽을 지지하는지 분명히 했고 마이애미 협정을 비난하는 자신의 편지를 체에게 보내어 가능한 한 많이 복사해서 돌려보라고 명령했다.

체는 그들의 연대를 확인해주는 답변에 기뻐했다. 체는 열정적으로 답장을 썼다. "한 가지 사실이 분명해졌습니다. 7·26과 시에라군, 그리고 피델 당신이 삼위일체가 되었다는 것 말입니다."체는 은밀한 어조로 덧붙였다.

"저는 당신의 새로운 승리 소식을 기다리고 있습니다. 제 발은 흉터가 남았지만 아직 건재합니다. 군의 사기는 엄청납니다."[37] 이제 두 사람은 그들의 관계에 각자의 정치적 열의를 담은 채 새로운 길로 함께 나아가게 되었다. 멕시코에서는 피델에게 체가 어느 정도 종속된 상태였다면 지금은 거의 동등해져서 진짜 동지라고 부를 만한 사이가 되었다. 체의 창조적인 영민함과 피델의 천재적인 전술이 공명하기 시작한 것이다.

"세계와 쿠바의 상황은 거의 똑같지 않은가!" 체는 1958년 1월에 〈엘쿠바노 리브레〉에 글을 썼다. 그는 피델에 대한 신뢰를 회복한 뒤 그에 힘입어 자신의 옛 별명처럼 '저격수'다운 글을 써냈다. 체는 정부가 23명의 혁명군을 감옥에서 빼내어 산기슭에 풀어준 뒤 사살하는 만행을 저질렀다고 폭로하면서 "적극적인 응징에 나설 때"라고 밝혔다. 이 같은 확신에 찬 태도는 어느 아르헨티나 기자가 묘사한 그의 "마치 아이와 같은 얼굴"[38]과는 상당히 어울리지 않았다. 체는 "이와 유사한 일이 곳곳에서 자행되고 있다"[39]고 천명했다. "한 무리의 애국지사들이 '흉포한 전투' 후에 압제자의 총에 모두 쓰러졌다. 모든 목격자들을 사살하기 때문에 아예 포로란 있을 수가 없는 상황이다. 정부는 방어 능력이 없는 개인들을 살해하는 것이 딱히 위험한 일도 아니기 때문에 그런 사망자들이 생긴다고 해서 특별히 곤란해하지도 않는다. (……) 그러나 쿠바처럼 전 세계 도처에서 많은 이들이 잔학한 세력과 부정에 맞서 일어서고 있다. 그리고 최후의 단어인 승리를 쟁취할 사람은 바로 그들이다."

체는 언젠가 자신의 때가 온다는 것을 깨닫고 당분간은 공산주의적 성향을 억제하고자 했다. 머지않아 자신의 이데올로기적 성향이 피델에게 유용할 때가 오겠지만 지금으로서는 그런 성향이 골칫거리에 불과하다는 점을 인식했던 것이다. 몬카다 습격 이후로 피델의 전략은 이데올로기가 아니라 역사에 기대는 것이었다. 물론 이러한 전략[40]도 서서히 변화하고 있었지만 피델은 여전히 조심스럽게 주의를 기울였다. 그래서 일부 라디오 방송에서 혁명군이 공산주의의 영향 아래 있는 것으로 보인다고 보도했다는 라울의 편지를 받고 그는 불같이 화냈다. 아르만도 아르트는 12월에 정치적 이견을 조율하기 위해 피델과 만난 후 돌아가던 길에 체포당했다. 그는 당시 운동의 이데올로기적 방향을 담은 '기록용' 편지 사본을 소지하고 있었다. 정부는 게바라와 라울의 공산주의 경력에서 조금이라도 의미 있는 증거라면 닥치는 대로 짜내려고 했다. 라울은 "그들이 체와 나를 개인적으로 공격"했지만 "형을 공산주의자로 보진 않는다고 말했다"고 전했다. 이 말도 피델의 화를 누그러뜨리지는 못했다. 피델은 "동생이라는 놈도 다 필요 없어, 죽일 놈"41이라며 분노를 감추지 않았다. 하지만 체에 대해서도 이처럼 비난했는지는 기록이 없다.

체는 성실함과 피델에 대한 끝없는 충성심으로 이제는 그에게 가장 필요한 사람이 되어 있었다. 하지만 피델이 그를 아끼는 데는 다른 이유도 있었다. 12월의 공격이 실패로 돌아가자 피델에게 권력을 잡기 위한 확실한 전략이 없음이 드러났고, 그 순간 체가 자신의 작전 지역에서 보여주는 성과가 가장 확실한 대안으로 떠올랐다. 이 때문에 피델과 체가 2월에 다음 공격을 감행하려고 했을 때 피델이 체에게 공격에 참여하지 말라고 명령을 내린 것으로 보인다. "체, 모든 것이 이 공격에 걸려 있더라도 이쪽 편에서 카밀로와 기예르모의 지원 없이는 자살행위밖에는 되지 않는다고 생각하네. (……) 그러니 자네는 전투에 참가하지 말게. 명령일세."42

피델이 한 걸음 더 나아가 4월부터 체를 모든 전투 활동에서 배제하고 미나스델프리오의 신병훈련학교로 보내자 이제는 두 사람과 가장 가까운 사이였던 혁명군 지도자 카밀로가 상황을 눈치채기 시작했다. 카밀로는 언제나처럼 밀짚모자를 눌러쓰고 체에게 편지를 썼다. "체, 내 영혼의 형제여. 피델이 당신을 군관학교로 보낸 일을 알고 있습니다. 나는 그 일이 매우 기쁩니다. 이제 우리도 1급 병사들을 가질 수 있게 될 테니까요. (……)

당신은 이번 총공세에서 아주 중요한 역할을 해냈습니다. 당신은 현재의 혁명 단계에서 꼭 필요한 사람이지만 전쟁이 끝나면 더 긴요하게 쓰일 사람입니다. 그러니 대장이 당신을 잘 돌보고 있는 셈입니다."[43] 그러나 체는 전혀 그렇게 생각하지 않았고 피델에게 자신이 받은 그대로를 돌려주었다. 사흘 후 피델은 모든 혁명군 대장들의 서명이 든 편지를 한 통 받았다. 그 서명의 목적은 피델도 앞으로 전쟁의 최전선에 나서지 않도록 하는 것이었다. 명단의 제일 윗자리에는 '체 게바라, 사령관'이라고 서명되어 있었다.

피델은 이제 미래를 구상하기 시작했다. 잡지 〈리포터〉의 기자 칼 마이어가 피델에게 루스벨트식의 뉴딜 정책을 선호하냐고 묻자 피델은 "그렇소!"라고 대답했다. 하지만 에스파냐 기자인 엔리케 메네세스가 이집트 대통령 나세르의 농업개혁 정책과 인도 총리 네루의 대규모 국영사업 계획을 언급했을 때도 시가를 씹고 있던 피델은 고개를 끄덕이며 똑같은 흥미를 보였다.[44] 피델의 유토피아는 아직 상당 부분 마음속에만 존재하고 있었다. 이를 주시하던 많은 외부인들이 우려했던 바는 피델이 마음속에 간직한 유토피아가 공산주의에 쉽게 영향을 받을 수 있다는 점이었다.

이에 대해서는 물론 미국인들이 가장 예민하게 받아들이고 있었다. CIA 쿠바 지부장은 랭글리에 있는 CIA 본부로 돌아와 전쟁의 첫 몇 개월을 곱씹으며 회상했다. "부하들과 나는 모두 피델의 편이었다."[45] 그러나 CIA는 피델에게 점차 냉담해지고 있었다. 체 게바라가 피델 카스트로에게 끼치는 영향이 커져간다는 것이 이유였다. 그들은 미국 기자인 후머 비가트를 피델에게 보내어 그 문제와 관련된 정보를 알아 오도록 했다. 비가트는 두 게릴라 지도자와 만났고 그 결과를 정기적으로 보고했다.[46] 비가트가 피델에게 왜 미국에 반대하는 아르헨티나 공산주의자에게 그토록 의지하느냐고 묻자, 그는 속마음을 감추고 대답해주었다. "게바라의 정치적 신념에 내해선 사실상 선혀 개의지 않고 않습니다."

하지만 피델은 지금 라울과 후안 알메이다가 새로운 편성한 두 군대를 맡아서 산티아고데쿠바의 동북부 산맥을 장악하고 있다는 사실 정도는 당당히 밝힐 수 있었다. 이제 혁명군은 쿠바 동부 지역 대부분을 실질적으로 지배하고 있었다. 덕분에 체와 피델이 마에스트라산맥 중앙에 위치한 본래 근거지 주변에서 직접적으로 접선하기가 훨씬 수월해졌다. 피델은 체와 더 많은 시간을 보내며 생각을 나눌 수 있었고, 소련에 대한 체의 열정에 자신도 전염되는 것을 느꼈다. 어느 날, 밤하늘을 올려다보던 피델이 손가락으로 위를 가리키면서 옆에 있는 에스파냐 기자 엔리케 메네세스에게 경외에 찬 목소리로 소련이 최근 우주로 쏘아올린 개를 언급했다. "저 하늘 어딘가에 라이카라는 이름의 개가 있다는 게 상상이 됩니까?"[47]

그러나 모든 일이 다 잘 풀리지는 않았다. 1958년 3월이 되자 피델과 체는 그들의 동지적 삶과 전쟁의 "세세한 일"에 푹 빠져 있었던 데다, 시시때때로 각국 언론들이 찾아오기도 하는 터라 한껏 의기양양해져 있었다. 그래서 위험할 정도로 쿠바 전체 상황을 제대로 파악하지 못하는 때가 많아졌다. 12월의 혁명군 총공세 이후로 야노는 시에라군과 거의 대등한 위치에 서게 되었고, 바티스타는 한층 더 잔학하게 나왔다. 야노 지도자들은 지금이야말로 반정부 총파업을 조직할 때라고 확신했다. 라투르는 산티아고데쿠바 민병대에 속한 베보 이달고에게 편지를 보냈다. "행동을 취해야 할 때가 왔어. 머뭇거릴 시간이 없어." 라투르는 이제 피델과 시에라군도 자신들과 함께 행동에 나서야 한다고 생각했다.

12월에 체가 던진 주사위*의 숫자가 이제야 피델에게 보이기 시작했다. 시에라군은 총파업 계획에 위협을 가할지도 모르는 여타의 반정부 단체들을 상대하겠다는 애매한 핑계 말고는, 피델은 더는 야노의 고집을 꺾을 수가 없었다. 친구의 곁에서 신의를 지키느라 야노를 경시한 정치적 대

---

* 체가 야노에게 보냈던 최후통첩성 경고를 말함.

가를 치르게 된 것이다. "정말 놀라운 일이다!" 셀리아 산체스는 3월의 최종 협의안을 듣고 일기에 이렇게 적었다. "나는 피델에게 노동운동 단체와 시민 저항운동 단체와의 이번 회담에서 내린 결정은 정말이지 의외였다고 말했다. (……) 그들은 항상 이곳의 투쟁을 우리 혁명의 상징이라고 여겼지, 전쟁에서 결정적인 요소 정도로 보진 않았던 사람들이었다."[48]

체도 그 계획을 강경하게 반대했다. 그는 3월 말에 칼릭스토 가르시아에게 "어느 누구도 (시에라군이 수행하고 있는) 집단적인 투쟁을 과소평가해서는 안 됩니다"[49]라고 썼다. 피델은 급진파들, 그중에서도 특히 체를 염두에 두고 '21개조 선언'을 내놓았다. 이는 조직된 노동자들을 무시하지 말고 그들과의 타협점을 구하자는 선언이었다. 체는 그 선언서를 읽고 나서 "피델의 선언서가 모든 점을 명확히 해준 것은 아니지만 나를 가장 경악시켰던 노동자 문제를 조금이나마 개선했군"[50]이라며 투덜거렸다. 이는 피델 조직의 양대 산맥인 두 단체가 얼마나 강하게 반목하고 있는지를 보여주는 대목이다. 체와 라울은 아바나에 있는 야노의 국가이사회를 "핵폭탄"[51]이 그들 사이에 놓여 있는 것처럼 대했다. 하지만 앞으로 며칠 안에 정권에 대한 총파업이 전국적으로 거행될 예정이었다. 피델은 이미 돌아가기 시작한 바퀴를 멈출 도리가 없었다.

체도 앞으로 벌어질 사태를 걱정스럽게 바라보았다. 체는 그동안 피델의 존경을 얻기 위해 열심히 일했다. 하지만 피델이 파업을 허락한 이후, 체는 자신이 틀린 것이라면 새로이 얻은 부사령관 지위를 박탈당할 것이고 자신이 옳았다면 파업이 실패로 돌아가고 7·26운동에서 권력의 중심이 시에라군 쪽으로 기울 것으로 예상했나. 피델과 체, 두 남자 모두 상당한 관심을 가지고 그 결과를 관망하고 있었다.

8 총력전

아직 쿠바의 "어둡고 피비린내 나는 역사"에 "비극적인" 장면[1]이 하나 더 남아 있었다. 〈뉴욕타임스〉가 그 전쟁에서 절정의 순간으로 꼽았던 1958년 4월 9일의 전국 총파업이었다. 이 총파업으로 피델 카스트로와 체 게바라의 관계는 새로운 국면을 맞이했다. 총파업을 기점으로 체의 군사적 위업이 더욱 빛을 발해서 총사령관인 피델을 넘어설 정도가 된다. 한편 피델은 나머지 전쟁 기간 동안 라플라타의 작전본부에서 세부적인 정치적 협상에 둘러싸여 전선과는 동떨어진 생활을 하게 된다. 혁명군이 권력을 잡았을 때를 대비해서 여러 가지 정치적인 업무를 떠맡은 것이다. 그리고 이로서 피델과 체, 이 두 사람이 이후 삶에서 내내 유지하게 될 일정한 패턴이 갖추어지게 된다.

이 모두가 파업에서 시작되었다. 피델은 1958년 4월 9일 아침에 아바나를 비롯한 쿠바 각지에서 벌어진 혁명적 폭동을 처음에는 묵인했고 다음에는 지지했으며 끝내는 절박하고 애타는 마음으로 열심히 독려했다. 이런 보도가 흘러나왔다. "오늘 오전 10시경 무장 청년 단체가 CMQ와 프로그레소 라디오 방송국에 난입했습니다. 그리고 그곳 직원들을 협박해서 국민들에게 파업을 종용하는 방송을 내보냈습니다."[2] 그와 동시에 혁명 민병대는 거리로 나섰고 도시에서 사보타주를 맡은 무리는 전력 공급을 끊었다. 한편 암살단은 전국 곳곳에서 신속히 행동에 돌입했다. 피델은 산간 요새에서 이 고무적인 소식에 무척 기뻐했지만 그것도 잠시, 그는 곧 처음으로 그의 직관에 반하는 행동을 허락한 것을 후회하게 된다.

몇 시간도 채 지나지 않아 정부군은 "신속하고 정확하게 치명적인 전투 병력을 동원해서" 대응했다. 바티스타 정권은 이 같은 사태를 기다리며 만반의 준비를 갖추고 있었음이 분명했다. 그는 대중봉기라는 무성의한 시도로 자신의 정권을 축출하려는 음모를 이미 간파하고 있었다. 그리고 이런 대중봉기에는 무질서와 분파적 성향이라는 치명적인 약점이 있었다. 이튿날이 되자 아바나에서만 40명의 혁명군이 사망했다고 보도되었다. 게다가 친정부파인 쿠바노동자연합은 승리를 확신하면서 "총파업은 없으며 모든 노동자들은 평소대로 직장에서 일하고 있다."[3]고 주장했다.

피델은 분노했다. 뒤이은 진압에서 도시에 있는 거의 모든 혁명군의 은신처가 일소되었고 3발의 총알 자국이 난 시체 몇 구가 아바나 외곽 도로에서 발견되었다. 7·26 소속 변호사가 선동에 앞장선 두 동지를 변호하러 경찰서로 갔다가 그 역시 구금당한 채 고문을 받았고 결국 두 동지와 마찬가지로 경찰의 구타로 사망했다.[4]

경솔했던 저항운동의 후유증으로 7·26 조직은 내부적으로 대대적인 개편을 단행해야 했다. 총파업의 처참한 실패로 인해 아직 7·26운동의 조직에는 조직화 능력이나 전국적인 반란을 도모할 무기가 부족하다는 사실이 여실히 드러났다. 총파업을 고집했던 야노에게 크게 실망한 피델은 이제 혁명군만을 구세주로 보았으며 체가 이제껏 털어놓았던 야노에 대한 불만에 의견을 같이하게 되었다.

그러나 의견을 같이한다고 해서 사태에 대한 분석도 같았던 것은 아니었다. 사실 피델과 체는 총파업을 완전히 다른 각도에서 이해했다. 하지만 그들의 반응은 한 가지 중요한 면에서 거의 일치했다. 체는 처음부터 피델에게 더 많은 권력이 집중되었다면 문제를 피할 수 있었을 것이라고 확신했고, 피델도 앞으로 자신이 가장 신뢰하는 전우들을 더 확고하게 믿는 편이 낫겠다고 판단했다. 물론 지난 수개월 동안 수많은 위업을 달성한 체 게바라의 이름이 피델의 전우 명단 제일 윗자리를 차지한 것은 말할 것도 없었다.

피델은 총파업 실패로 인한 처음의 분노가 가라앉자 전체 혁명군 지도자들에게 긴급회의를 소집했다. 그 회의는 5월 3일에 산기슭의 어느 농민 협력자의 집에서 열렸다. 그는 회의에 참석하지 않는 사람은 총살형이라고 경고했다. 혁명군 지도자들은 설명을 원했고 피델은 "혁명에 대해 허심탄회하게 이야기해봅시다!"라고 강력히 주장했다. 라울은 총파업 이후로 자신이 관할하는 작전 지역 중 취약한 지역인 시에라크리스탈에 정부군의 공격이 재개되어 회의에 참석할 수 없었다. 그는 사전에 미리 형에게 따져 물었다. "대체 누구에게 책임이 있는 거지?"5

피델이 분노했던 것은 총파업에 따른 보복이 자행될 것이라는 위협 때문만은 아니었다. 그는 자신의 직관적 판단에 거슬러서 지하조직의 동지들을 믿고 총파업이 성공하리라는 설득에 넘어가버렸다는 사실에도 화가 나있었다. 더 이상 그들의 정보와 전략을 신뢰할 수 없다면, 게릴라군은 훨씬 더 취약해질 것이기 때문이었다. "나는 이 조직의 수장으로서 부하들의 어리석음에 대한 역사적인 책임을 져야 하오. 나는 어떤 결정도 내리지 못한 못난 수장일 뿐이지."6 피델은 총파업 실패 이후에 곧바로 셀리아 산체스에게 편지를 썼다. "'카우디이스모'*를 방지한다는 핑계로, 다들 각자 원하는 대로 하고 있소. 내가 그것을 깨닫지 못할 만큼 바보도 아니고 앉아서 허

---

* 한 명에게 권력이 집중되는 형태의, 카리스마 있지만 억압적인 리더십. 주로 라틴아메리카 독재자들의 정치 형태를 일컫는다.

깨비 노릇이나 할 사람도 아니오. 나는 이제껏 상황 판단에 큰 도움이 되어온 나의 비판적인 정신과 직관을 절대 포기하지 않을 것이오. 특히나 지금은 과거 어느 때보다도 내 책임이 막중하니 말이오. (……) 지금부터 내가 직접 조직의 문제를 관장할 것이오."

체는 카우디스모 같은 것을 염려하지 않았다. 그는 오히려 피델이 그런 것을 훨씬 뛰어넘는 인물이라고 생각했다. 체는 원칙을 엄격히 따르는 사람이었지만, 원칙엔 반드시 예외도 있는 법이었다. 체는 국가이사회를 몰아붙이면서 의제를 논하는 자리에서 킹메이커 역할을 자처했다. 사실 이번에 체는 피델과 사전에 의견을 조율했다. 총파업이 실패한 지 나흘이 흐른 4월 13일에 피델은 체를 훈련학교에서 불러들였다. 당시 피델은 센티아에게 보낸 편지에서 "체는 몹시 중요한 일련의 질문들을 던지기 위해 나와 동행할 것"[7]이라고 밝혔다.

그 '일련의 질문들'에 답을 구하기 위해서, 어느 역사가의 표현에 의하면 "피 튀기는"[8] 논쟁을 이틀 동안—정확히는 18시간 동안—끝도 없이 벌여야만 했다. 사전에 작심한 대로 체는 검사 역할을 맡아서 회의에 모인 사람들을 끌어내서 질문 공세를 퍼붓고 각각의 공과를 샅샅이 까발렸다. 체는 야노에 대한 멸시를 감추지 않았고 조직 내에서 그들을 대대적으로 솎아내는 작업을 진두지휘하면서 꽤 흡족해하는 것 같았다. 그는 조직 내에서 야노가 권력을 장악했던 것을 계속해서 비난하면서 파업 실패는 지하조직 내의 '우파' 요소가 악영향을 끼치고 있다는 증거라고 천명했다. 체는 이 회의에서 피델의 명실상부한 오른팔로 떠올랐고, 그가 야노 문제를 단칼에 해결함으로써 피델은 조직 내에서 명실상부한 수장으로 자리 잡게 되었다.[9]

그래서 피델이 라플라타의 혁명군 본부로 돌아왔을 때 피델은 혁명군의 총서기이사 최고사령관으로서 7·26운동의 전 영역에서 더 많은 권위와 권력을 확보하게 되었다. 새롭게 구성된 임원진들이 시민운동 중심의 온건파인 국가이사회를 대체하게 되었다. 민병대는 와해되거나 해체되었고 혁명군으로 흡수되기도 했다. 피델은 국가이사회의 예전 지도자들인 파우스티노 페레스와 레네 라모스 라투르, 다비드 살바도르를 자신의 감시 아래 두기 위해 시에라군에 합류시켰다. 체는 만족스러워하며 "시에라 전군은 직접적인 무장투쟁에 나설 것이고 다른 지역까지 퍼져나가서 끝내는 전국을 장악하게 될 것"이라고 일기에 썼다.

피델과 체가 권력 재편성에서 확고한 승리자로 자리매김하자마자 정부는 혁명군의 거점에 총공세를 펼치기 시작했다. 신병으로 수천 명 이 징집되었고 해군과 공군에 경계령이 내려졌다. 바티스타가 가장 신임하는 장군들은 암호명 '핀데 피델(피델의 종말)'인 '고립과 전멸' 작전에 배치되었다. 정부군이 서서히 산 주변에서 포위를 좁혀가자 혁명군들은 전투 태세를 갖출 수밖에 없었다. 피델은 날마다 편지로 준비 과정을 조율했고 대장들에게 탄약을 잘 보존하고 장비를 연마해두라고 끊임없이 간청했다. 성능이 떨어지는 소총들이 노새에 실려 산속으로 옮겨졌고 체가 자신의 새로운 진지인 라메사의 무기 공장에서 직접 제조한 폭탄도 옮겨졌다.

하지만 대대적 방어전이 있기 전날까지도 피델은 멈추지 않고 정치적인 공격을 시도했다. 최근에 바티스타는 칸티요 장군으로부터 오리엔테 동부를 빼앗아서 몬카다에서 무훈을 세웠던 델 리오 차비아노 대령에게 내준 바람에 내부적인 분열을 일으켜놓았다. 피델은 이러한 상황을 이용하려고 했다. 또한 그는 새롭게 재편된 7·26운동이 반정부파들 사이에서 좀 더 확고하고 넓은 입지를 다지기를 원했다. 이를 위해서 피델은 조심스럽게 온건한 다른 반정부 운동에 자신의 조직을 알리기 시작했다. 쿠바 내의 운동 단체든 망명 운동 단체든 상관없었지만 기왕이면 망명 야당과의 단합 협정을 맺기 위해 부단히 노력했다. 피델이 이런 협정에 구속될 의향이 전혀 없는데도 이런 노력을 기울였다는 사실로 인해 오랫동안 역사가들은 피델의 심중에 다른 뜻이 있지 않았는지 의심해왔다. 사실 피델은 정책의 재조정을 고심하고 있었다. 그것은 체가 들으면 관심을 가질 만한 정책 조정안이었다.

이제 체가 확실한 부사령관으로 자리매김했다는 사실이 모두에게 분명해졌다. "나를 찾지 못하면 체를 통해 해결하도록."[10] 피델은 이렇게 말하고는 망원조준경이 달린 소총과 모자를 들고 야영지 밖으로 나가곤 했다. 체도 거의 모든 것을 피델에게 보고했다. 그들은 아주 사소한 기술적 사항이나 자금 관계, 정치적 문제에 이르기까지 거의 모든 사안에 대해 의견을 교환했다. 피델은 셀리아 산체스와 거리를 두기로 한 것 같았다. 그는 셀리아를 나무라는 편지를 끝으로 그녀에게서 돌아섰다. "당신이 나를 이해하려고나 했소? 전혀 아니오! 내가 정확한 내 뜻을 알리는 편지를 써 보내도 당신은 그저 당신에게 유리한 대로 이해했을 뿐이오."[11]

이는 이제껏 흔들림 없는 충성을 보여준 동료에게는 아주 부당한 처사였다. 셀리아는 피델의 첫 조수이자 상담 상대, 연인이자 안내자였다. 피델이 고립되어 외로움을 느끼던 지난 세월, 그가 의지한 사람은 바로 셀리아였다. 그는 지난여름에 "당신이 이곳으로 오면 안 되겠소?"[12]라며 그녀를 불러들였다. 그래서 그녀는 지난해 말까지 피델과 함께 지냈다.

셀리아는 쿠바인에 골수 민족주의자였고 오르토독소당원이었다. 모든 요소가 피델에게 친숙했다. 그녀는 거의 모성애에 가까운 마음으로 피델의 방문 요청을 받아들였고 산간 요새로 들어왔다. 그때까지만 해도 피델은 차세대 치바스가 되리라는 오래된 임자을 고수했다. 그러나 피델이 차츰으로 앞날을 위한 구체적인 계획을 고심하기 시작한 지금으로서는 그가 가상 의지하는 사람은 바로 체였다. 피델은 점점 체의 사상에 경도되는 듯 보였다. 그달이 가기 전에 피델은 체에게 보고 싶다며 자신을 방문해달라고 편지를 썼다. "우리가 얘기를 나눈 지도 꽤 오래됐군. 만났으면 하네. 내일 놈피에서 기다리겠네."[13]

이런 만남이 밤낮으로, 전쟁이 진행되는 동안 계속 이어졌다. 심지어 정부군이 가까이 접근해 있어서 체가 피델을 만나고 돌아가는 길에 정부군과 마주칠 뻔한 적도 많았다. 그런데도 두 사람의 만남은 꾸준히 계속되었다. 피델과 체는 시가 연기가 자욱한 가운데 서류와 지도를 들여다보면서 지금뿐만 아니라 혁명 후의 미래에도 적용될 전술을 결정지었다. 이는 끈끈한 협력 관계의 시작이었고, 이때부터 개인적이고도 정치적인 강력한 콤비로 성장할 씨앗이 뿌려진 것이다. 물론 가까워진 만큼 둘의 근본적인 차이점도 극명하게 드러났다. 그러나 현재 두 사람에겐 당장 해결해야 할 시급한 문제가 있었다. 5월 말에 피델과 체는 커피 수확에 대한 지역 농민 집회에 참석했다. 이는 혁명군이 간사 자격으로 관여했던 수많은 집회 중 첫 번째 집회였다. 그러나 피델 이 집회를 마무리하는 연설을 하기 위해 연단에 올라섰을 때 전투기가 기총 소사를 시작했다.[14] 오랫동안 절치부심한 정부군의 공세가 시작된 것이었다.

바티스타군은 도박을 하지 않을 작정이었다. 4월이 시작되자마자 쿠바 외무부 장관인 곤살로 구엘은 "우리가 거기로 가지 않으면 그들이 이곳으로 올 것이다"라는 경고성 발언을 전하며, 정부군의 공격에 대한 미국의 지원을 얻어내려고 했다. 스미스 대사는 아바나의 사무실에서 구엘의 말을 경청하고 있었다. 그는 머리를 끄덕이며 미소를 지은 채 중립적인 태도를 유지했다. 그러나 구엘 장관이 떠나자마자 그의 태도는 달라졌다. 그는 그날 저녁 국무성에 보내는 보고서에서 바티스타나 카스트로나 모두 쿠바인들이 어쩔 수 없이 올라타야 하는 "호랑이들"이라며 "호랑이를 바꾸는 것은 해결책이 되지 못한다."[15]고 밝혔다. 미국도 이제 혁명군이 정말로 정부를 전복할 수도 있다는 현실적 가능성을 차단하기 위해 그들 나름대로 조용한 조치를 취하기 시작했다.

맹공격이 76일이나 이어진 후에야 거대한 수의 혁명군이 정부군을 산기슭으로 밀어낼 수 있었다. 피델과 체는 모두 전투에 적극적으로 임했다.

이전에 서로를 전투에서 제외시키려던 시도는 지금에 와서 보면 상당히 사치스러운 생각이었다. 정부군이 공격을 감행할 때마다 피델은 본부를 지키면서 가끔씩 정부군의 움직임을 정찰하러 나서기도 했다. 라플라타 본부는 바다와 하늘로 둘러싸인 천연 요새나 다름없었고 그곳에서 피델은 최근에 설치한 야전용 이동전화를 이용해서 혁명군의 방어전을 지휘했다. 또한 그는 그간의 고생 끝에 얻은 복잡한 지형에 대한 지식 덕분에 정부군보다 유리한 입장에 서 있었다. 정부군은 마에스트라산맥의 그 까탈스런 숲에서 한참 떨어진 교실에서 훈련받았을 뿐이었다. 어느 농민 부대원은 "피델은 어릴 때부터 이곳에서 자란 나보다 더 많이 이 지역에 대해 알고 있었다"고 회상했다. 피델은 그 지식을 유리하게 사용하려고 했다. 피델의 전략은 언제나 단순했다. 즉, 방어 태세로 임하면서 잠복하고 사뢰를 심어서 전열을 부수고 경험이 없는 신병들을 골라내어 그들을 뒤쫓는 것이었다. 거칠기로 유명한 산티아고데쿠바 경찰서장 살라스 카니사레스조차도 그런 매복 공격에는 군인들이 어쩔 수 없이 당할 수밖에 없다고 공개적으로 인정했다. 매복 공격은 야만적이고 약탈적인 방법이었지만 혁명군이 이길 수 있는 유일한 수단이었다.

전면전의 "혼란과 무질서"[16] 속에서 피델과 체는 끊임없이 쪽지를 주고받았다. 둘 사이에 오간 편지는 그들이 얼마나 서로의 행동을 훤히 읽어낼 수 있는 이심전심의 상태가 되기 시작했는지를 보여준다. "이것을 보내주세요. 거기에 있겠습니다"라는 쪽지나 "이것을 읽을 수 없네. 번역해서 거기로 보내주게"라는 쪽지를 보면 마치 짝을 이뤄 춤추는 사람들처럼 상대방의 움직임을 예상하고 있다는 것을 알 수 있다. "추신. 항상 부상을 조심하고 다른 쪽에서 날아오는 총알을 신경 쓰게!"[17] 피델은 6월 1일에 체에게 줄기차게 보내던 명령을 끝냈다. 이틀 후에 피델은 본부에서 나와서 체가 있는 훈련학교를 찾았다. 나중에 피델은 그곳이 돌아가는 상황을 보고 정말 기뻤다면서 체에게 편지로 전했다. 피델은 정말 자랑스러운 형제를 보듯이 체를 대했다. 준비라는 면에서 보면 그들은 이제 전부 다 갖추고 있었다. 나머지는 "모두 운에 달린 문제"[18]였다. 피델은 운에 대한 생각은 접어두고 다시 일상으로 돌아와서 훨씬 더 중요한 총탄 배급 문제에 매달렸다.

6월 중순 무렵에 정부군의 공격이 시험적으로 전개되었다. 수많은 신병들로 이루어진 정부군이 빽빽한 숲을 뚫고 들어오는 데 상당한 주의를 기울이느라 본격적인 공격은 시작되기 전이었다. 그런데도 피델은 그 시험 공격의 규모 때문에 후방 지휘관 자리에서 다시 라플라타의 산꼭대기로 되돌아와야 했다. 본영이 위태로운 상황에서 피델은 어떤 망설임이나 애매한 표현 없이 체에게 실질적인 결정권을 맡겼다. "자네가 암호문을 놓고 간다 해도 나는 전혀 해독할 수가 없네. 자네에게 암호문을 보낼 테니 빨리 해독해서 결정을 내려주게." 한번은 이런 쪽지를 보내기도 했다. "서류를 보낼 테니 필요한 일인지 판단해주게나."[19]

체의 반응은 의미심장했다. 체는 피델이 이처럼 권력을 유예하는 것을 단순한 절차상의 문제로 보지 않았다. 그는 자신에게 맡겨진 임무를 성실히 신경 써서 이행해야 한다고 생각했다. 체는 피델이 처해 있는 위험한 상황을 해결하기 위해서는 무엇이든 할 수 있었다. 그러나 피델이 정부군과 타협하는 것만큼은 허락할 생각이 전혀 없었다. 또한 피델이 평소 그의 탁월한 전략적 감각과는 반대로 모든 대장들에게 증원을 요청하는 절박한 서한을 보내기 시작했을 때에는 더 큰 그림에 집중해야 한다고 체는 피델을 설득했다. "설령 이곳에 도착해 있다 해도 아직 그리로 사람들을 보내지 않을 것입니다. 당신이 산토도밍고에 요청한 그 증원부대 말입니다." 체는 이렇게 차분하게 대응하면서 다른 지휘관이라면 절대 가지지 못할 무사태평한 태도로 덧붙였다. "기폭장치가 있으면 여기로 보내주십시오."[20]

체가 피델에게 다시 일깨워주려는 것처럼 원래 두 사람은 증원에 반대했었다. 사람들을 더 확보하려고 셀리아를 파견한 후에도 피델은 상황보다는 직감에 따라 행동하자는 체의 거부반응을 계속 감지하고 있었다. 체는 뜻을 꺾지 않았고 라플라타의 상황은 절박해져만 갔다. 정부군은 남쪽에서 공격해서 혁명군을 산의 북쪽 경사면으로 몰아넣을 계획이었다. 그 북쪽 경사면에는 이미 또 다른 정부군이 포진하고 있었다. 피델은 비참한 상황과 인내심의 한계에도 불구하고 아직 체의 장단에 맞춰줄 여유가 있었다. 피델은 셀리아에게 "페드리토가 보낸 메시지를 그대로 체에게 보내시오. 그러면 이곳 상황을 이해하겠지."[21]라고 명한 후 체에게 구원 요청을 했다. "도움 바람. 박격포가 근처에서 터지고 있음."[22]

다른 곳의 상황도 급박하기는 마찬가지였다. 시에라크리스탈에서 라울은 참패를 당했다. 미국인 사탕수수 노동자들을 납치해서 방패막이[23]로 삼으려고 했지만 실패했다. 미래에 라울의 아내가 될 빌마 에스핀은 "그때 그들을 다 놓쳐버렸다"고 회상했다. 그녀는 원래 산티아고데쿠바의 지하조직 운동원으로, 그해 초에 시에라크리스탈 부대에 합류했다. 이 당시에 미국 노동자들을 방패막이로 쓰는 일은 흔한 일이었다. 지역 주민들은 미국인들을 자신들의 '대공 포대'라고 불렀다.[24]

그러나 7월 중순 무렵에 정부군의 공세가 피델의 본영에 집중되었지만 피델 쪽 상황이 호전되었고 그의 기운도 되살아났다. "오늘 우리가 폭탄을 터뜨렸다네!" 피델은 자신의 부대가 어떤 속임수를 써서 정부군을 폭파 지점으로 끌어들였는지 설명하는 편지를 체에게 썼다. 그 방법은 바로 거짓 라디오 전파를 송신하는 것이었다. 피델은 정부군 전투기에 거짓 발사 명령을 보내면서 진짜 명령처럼 보이기 위해 혁명군에게 "염소 소리를 내라"[25]는 명령을 내렸다. 또한 피델은 한꺼번에 수많은 다른 차원의 전투를 벌일 수 있는 능력을 보여주었다. 새로운 정치적 협정인 카라카스 협정을 맺은 것이다. 협정에 서명을 하던 날에 피델은 400명의 정부군을 인질로 잡았다. 이미 일주일 전에 그들을 협곡으로 몰아넣어 굶겨서 인질로 잡은 것이었다. 마이애미 협성보다 훨씬 더 포괄적인 협정인 카라카스 협정에는 구체적인 약속이 거의 담겨 있지 않았다. 혁명군은 이제 인질로 잡은 정부군에서 노획한 무기가 충분했기 때문에 피델은 더 이상 그런 약속들이 필요 없다는 사실을 알고 있었다. 그럼에도 불구하고 협정을 맺은 이유는 피델과 체가 앞으로 혁명을 좀 더 급진적으로 몰고 갈 때 그 협정이 보호막 역할을 해줄 것이기 때문이었다.

7월 말에 정부군은 혁명군의 가장 취약한 지점인 산토도밍고를 최후의 공격지로 삼았다. 하지만 8월 첫 주에 공격은 끝나버렸다. 정부군은 산기슭으로 쫓겨났다. 체는 흡족한 듯 "정부군의 척추가 부러졌다."[26]며 "새로운 전략을 구상 중"이라고 말했다. 피델은 산속 전투에서 그들이 승리했다는 것을 깨달았다. 피델은 자신의 "광적이고 강경한"[27] 혁명군이 정말 기민하게 움직였고 지역 주민들의 지원을 받았으며 무엇보다도 너무나도 헌신적으로 전투에 임했기 때문에 정부군에게 지지 않았다고 분석했다. 정부군이 수적으로 우세했지만 전투에 진심으로 임한 군인이 거의 없었고 바티스타는 그런 그들을 그저 앞으로 몰아붙이기만 했던 것이다. 그러나 아직 전쟁이 완전히 끝난 것은 아니었다. 피델이 이 승리를 진정한 기회로 삼으려면 쿠바섬의 중간 지점인 좁은 띠처럼 생긴 라스비야스 지방[28]까지 내려갈 필요가 있었다. 총파업에서는 실패로 돌아간 총력전이라는 전략이 필요할 때였다.

이 중대한 임무를 위해서 피델은 체와 카밀로를 선택했다. 체로서는 이중의 책임을 저야 하는 임무였다. 그는 자신이 장악한 모든 지역의 군정 장관 노릇을 해야 했고, 도중에 만나게 되는 모든 단체와 협상을 벌이는 것도 그의 책임이었다. 그는 서쪽으로 돌진함으로써 동부 지역을 무사히 차단해줘야 했다. 그동안 피델은 오리엔테의 주요 도시들에 최후의 일격을 날릴 예정이었다. 8월 내내 체는 자신과 함께할 부하를 뽑아 훈련시켰다. 체는 그들에게 그중 절반은 살아남지 못하리라는 점을 각오해야 한다고 말한 후 평지대로 내려갔다. 그들은 산을 벗어나자마자 거센 허리케

인을 만났다. 거의 모든 길이 끊겼고 그들이 겨우 마련한 수송차도 포기해야만 했다.

6주 동안 그들은 도보로 움직일 수밖에 없었다. 우기라는 최악의 상황 때문에 그들은 "강으로 변한 시냇물"을 건넜고 모기떼의 공격에 시달렸으며 "늪 같은 강물이나 늪의 물"29을 마셨다. 체는 가는 길 내내 끈질기게 그들을 몰아붙였다. 1주가 지나자 대부분의 병사들이 맨발로 걷고 있었다. 그들의 발은 찢어지고 고름으로 부었다. 그런 상황에서 정부군과 첫 접전을 치르고 나서는 데리고 다니던 몇 안 되는 말도 풀어줘버렸다. 말을 끌고 다니면 공중에서 정찰하는 정부군에게 발각되기 쉬웠다. 체의 부대는 며칠 밤을 허리까지 오는 물 속에 서서 지새워야 했다. 그리고 끼니도 이틀에 한 번씩만 채울 수 있었다. 카밀로의 부대는 체의 부대보다 조금 앞서 출발했기 때문에 정부군과 먼저 맞붙어야 하는 불리한 조건이 하나 더 추가되었다.

체가 그렇게 자신만의 투쟁을 벌이고 있던 중에 그에게 가슴 사무치는 순간이 찾아온다. 지난 수개월간 계속된 전투 상황에서 정부군의 공격으로 대혼란이 벌어지고 있던 그때, 체는 어머니로부터 편지 한 통을 받았다. 그전에 이미 어머니와 전화 통화를 한 상태였다. 체가 부에노스아이레스를 떠난 지 5년이 흘렀지만 어머니와 그렇게 전화 통화를 한 횟수는 손에 꼽을 정도였다.

"나의 아가, 그렇게 오랜 시간이 흐른 후에 너의 목소리를 들으니 감정을 주체하지 못하겠더구나. 너는 전혀 딴사람이 된 것 같았단다. 아마 전화 상태가 나빴거나 네가 변한 것이겠지. 하지만 나를 부르는 목소리는 예전과 똑같더구나."30 어머니의 편지는 자녀들에 대한 자부심으로 가득 차 있었다. 체는 여동생이 건축상을 받았고 로베르토가 이제 두 명의 아름다운 금발머리 소녀의 아버지라는 사실을 듣고 마음이 뭉클해졌다. 그 편지에 형제자매의 소식 외에는 체의 지금 생활과 과거 생활 사이의 차이를 드러내는 내용은 하나도 없었다. 하지만 어머니는 자신의 낙심한 마음을 드러내는 문장으로 편지를 끝맺었다. 체는 전쟁의 긴박함 속에서도 어머니의 그 문장에 울컥할 수밖에 없었다. "이제 나는 너에게 어떤 식으로 편지를 써야 할지, 어떤 말을 해야 할지 모르겠구나." 그녀는 이렇게 말하면서 그가 "어떤 사람인지 가늠할 방법"을 영영 잃어버린 것이나 아닌지 두려워했다. "너무나 많은 말을 전하고 싶지만 밖으로 뱉어낼 용기가 없구나. 너의 상상에 맡기마."

어머니는 한때 체의 인생에서 가장 중요한 사람이자 가장 친한 친구였다. 체만큼 예민한 남자가 그런 편지를 읽고 향수에 젖지 않을 수는 없었다. 그는 어머니의 솔직한 말에 마음이 울적했다. 하지만 체는 매일 시간에 쫓기면서 죽음에 맞서는 지휘관의 처지이기 때문에 그런 감정에 오랫동안 생각을 묶어둘 수 없었다. 여러 면에서 어머니의 지적이 옳았다. 어머니는 단 몇 분간의 대화만으로도 그런 점들을 깨닫기 마련이었다. 체의 어머니는 아들의 내면에 다른 새로운 사람이 자리하고 있음을 금세 알아챘다. 체에게 가장 강한 영향을 끼치던 피델과 떨어져 지내는 시간이 길어지자 체의 또 다른 면이 더욱 도드라져 나타난 것이다.

"피델, 저는 탁 트인 평원에서 편지를 쓰고 있습니다."[31] 체는 9월 3일에 약간의 향수를 담아 첫 보고서를 썼다. 저 멀리 마에스트라산맥의 봉우리가 이제는 그저 지평선 위의 푸른 점처럼 보였다. 9월 8일 무렵에는 카마구에이에 다다랐다. 체는 기분이 한결 좋아진 상태였다. 평원을 가로질러 이동할 때 그들을 괴롭히던 비행기들도 이제는 "별반 거슬리지 않는 비둘기 떼"처럼 느껴질 정도였다. 물론 경험 없는 신병들을 데리고 후퇴해야 하는 상황이 벌어지면 어떻게 할지 걱정이 되기도 했다. 체는 피델에게 보내는 보고서에서 그가 지나온 작은 마을 레오네로에서 세금을 부과하려고 했지만 성과가 없었다고 침울하게 전했다.

체는 "피델주의에 따라 탄약통을 안전하게 옮겼습니다"[32]라며 여전히 피델의 영향을 받고 있음을 드러냈다. 5일 후 다른 편지로 "묻고 싶은 질문이 많이 있습니다"라고 썼지만 체의 부대는 막 카마구에이를 떠나려던 참이었다. "시간이 없어서 떠나야 합니다."[33] 체는 이렇게 편지를 끝냈지만, 틀림없이 묻고 싶었던 질문에는 정부가 체를 공산주의 '첩자'로 낙인찍은 일이 포함되어 있었을 것이다. 9월 20일에 혁명군과 소규모 접전을 벌인 정부군은 혁명군이 남기고 떠난 서류를 확보했고 체와 카밀로의 얼굴이 담긴 '수배' 전단을 뿌렸다. 그 전단지에는 그들의 얼굴 위로 망치와 낫*이 그려져 있었다.

이는 논쟁을 불러일으킬 만한 점이었고 피델의 코만단시아(사령부)에서는 더욱 그랬다. 체의 소개로, 쿠바의 공산당인 민중사회주의당PSP이 1957년 가을에 혁명군과 처음으로 접촉했다. 대학 시절 정치적으로 무소속을 고수했던 피델은 여전히 PSP를 멀리하고 있었다. 그의 동생인 라울은 공산당원이었고, 체처럼 이따금씩 여러 계획에 참여했지만 피델에게는 비밀이었다. 피델이 보기에 소위 민중사회주의당이라는 정당은 전혀 민중적이지 않았다. 멕시코에서 쿠바로 떠나기 전에 쿠바 공산당 대표와 피델은 비밀 회담을 몇 번 가진 적이 있었다. 하지만 쿠바 공산당 역시 피델의 반란 전략을 탐탁지 않게 여겼다. 그들은 피델의 호소가 먹힐 수 있는 건 중하위 계층과 청년들 정도에 국한될 거라 생각했다. 그런데 전쟁이 모두 뒤바꾸어놓았다. 이제 피델은 공산당의 입지를 위협하는 핵심적인 인물이었다. 동시에 피델은 공산당의 조직화 능력과 노동자 계급에 대한 엄청난 영향력에 전략적인 흥미를 느끼기 시작했다. 게다가 체 덕분에 피델도 공산주의 사상에 서서히 관심을 갖게 된 것이다.[34]

PSP의 지도자 중 한 사람인 카를로스 라파엘 로드리게스가 1957년

---

*   노동자와 농민을 뜻하는 소련의 상징.

산속 기지로 오게 된 것도 체의 조력 덕분이었다. 체가 카밀로와 함께 라스비야스로 떠난 후에도 로드리게스는 혁명군 기지에 남았다. 그는 체에게 마오쩌둥의 책[35]을 선물로 주며 배웅했다. 하지만 코만단시아의 다른 사람들은 로드리게스를 다소 냉랭하게 대했다. 야노 지도부의 강력한 반공적 시각이 산속 기지에도 만연해 있었기 때문이었다. 로드리게스는 한 달 뒤에 떠났지만, 미국 측의 기록처럼 라베가데히바코아의 야영지에는 수많은 공산주의 '신참'들과 공산당 관계자들이 몸을 숨기고 있었다. 미국 측 기록에는 이들이 "7·26운동에 적극적으로 가담하는 것은 허락되지 않은 상태"였다고 적혀 있었지만 실상은 많이 달랐다. 그들은 고립되어 있긴 했지만 피델에게 배척당하진 않았고, 그곳에서 중요한 것은 피델의 의향이었다. 어느 날 피델은 "공산주의자들을 주변에 끌어모아서" 미국의 여론을 들끓게 만드는 이유가 무엇이냐는 질문을 받았다. 그는 자신의 부하 중 체가 "가장 능력이 뛰어난 부관"이라 답변하고 "특히 사보타주에 능한"[36] 인물이라고 덧붙였다. 피델은 물론 자신의 답변이 전 세계로 타전되어 많은 사람들의 이목을 끌 것이라는 사실을 충분히 인식하고 그렇게 답한 것이었다.

사실상 피델이 맡긴 임무를 수행하기에 체가 가장 이상적인 인물이었다. 모든 비난과 격론을 불러일으키는 체 덕분에 혁명전에 사람들의 이목이 집중되기 때문이었다. 그러나 공식적으로 피델은 '공산주의가 침투했다'는 비난에 대해 강력히 부인했다. 베네수엘라 출신의 〈시카고 트리뷴〉기자 쥘 뒤부아와의 라디오 인터뷰에서 피델은 분개하며 대답했다. "우리의 운동을 공산주의와 연루시키고자 하는 사람은 바티스타 한 사람뿐입니다. 그래야 계속 미국으로부터 무기를 얻을 수 있기 때문입니다. 바티스타는 그렇게 함으로써 더 많은 쿠바인들이 피를 흘리게 하고 있습니다." 하지만 피델은 속으로 혁명군이 승리하면 PSP의 조직화 능력이 꼭 필요하게 될 것이라는 계산을 하고 있었다. 이러한 이유로 피델의 야영지에 공산주의자들이 있게 된 것이었다. 또한 체가 피델의 허락하에 지난여름부터 PSP의

당원들을 체의 부대에 배치한 것도 다 그러한 이유 때문이었다. 그즈음에 라울 치바스가 피델을 방문했을 때 두 사람은 공산주의를 제외한 모든 것에 대해 이야기를 나누었다고 한다.[37] 피델의 수법으로 보건대 이는 그 당시 피델의 마음속에 공산주의에 대한 생각이 있었다는 사실을 보여주는 반증이었다.

피델이 어떤 정치 전략을 짰던 간에 모든 것은 군사적 승리에 달려 있었다. 그래서 피델은 10월에 체가 아바나까지의 중간 거점인 에스캄브라이 산맥에 도착했다는 소식을 들었을 때 뛸 듯이 기뻐했다. 그는 열광적으로 외쳤다. "체는 역시 보통이 아니야! 정말 비범하다니까!"[38]

11월 5일에 옹기으로 향하는 정부군 비행기기 민사니요에서 이륙한 지 15분 만에, "짙은 녹색 군복"을 입고 "M26 완장"을 찬 5명의 총잡이들이 그 비행기로 난입해서 순식간에 조종사를 제압했다. 그들은 혁명군이 장악한 지역으로 비행기를 돌려서 강탈한 무기를 전하려고 했다.[39] 그러나 그들의 원래 계획대로 라울에게 무기를 전해주기도 전에 연료 부족으로 비행기가 바다로 추락하고 말았다. 산티아고데쿠바 주재 미국 영사관의 파크 윌럼은 이제 논의가 불가피한 상황에 이르렀음을 깨닫고 사건 직후 보고서를 작성했다. "아무리 혁명군이 공식적으로 부인하고 있다 하더라도 혁명군과 미국의 이익 사이에는 분명 문제가 있습니다."[40] 그가 '문제' 정도로 지적했던 것은 실은 상당히 완곡한 표현이었다.

그달 내내 혁명군이 '미국의 이익에 바하는' 공격을 감행했지만 결과는 좋지 않았다. 비행기 납치 사건이 일어나기 며칠 전에 혁명군은 산티아고데쿠바에 있는 미국 기업인 텍사코 정유소를 장악하고 7대의 지프차를 강탈했지만 나머지 두 대는 돌려주어야 했다.[41] 하지만 끊임없이 정권을 노리던 무리들에게는 몹시 슬거운 한 달이었다. 그들은 미국 대시긴 괸리들과 둘러앉아 커피를 마시며 솔직한 토론을 나누었다. 그들은 카스트로가 권력을 잡지 못하도록 미국을 지지했다. 강력한 쿠바노동자연합이나 카를로스 프리오의 무리, 정부에 불만을 품은 장군들 무리가 미국의 협조를 얻어 쿠데타를 일으키고자 했다. 이 모든 집단은 미국의 심중을 잘 헤아리고 있었다. "산꼭대기에서 성경을 읽을 사람"[42]은 공산주의자들이 아니었다.

미국 측이 정보망을 더욱 넓힐수록 피델 카스트로와 주변 인물들에 대한 좋지 않은 정보만 들어왔다. 전에 미국 요원들은 6월에 풀려난 인질들이 혁명군이 "빨갱이라기보다는 질 나쁜 녀석들"[43]이라고 전한 말에 안심하기도 했다. 그러나 10월에 그들이 피델의 예전 스승이자 대선 후보자인 마르케스 스털링과 대화를 나누게 되었을 때 그들은 피델과 라울이 "정신적으로 불안정한" 사람들이며 대학 시절에 라울은 동성애자라는 소문이 있었다는 사실도 알게 되었다. 온갖 비합법적인 집단들이 7·26운동 조직으로 "은신처를 찾아" 몰려들고 있었고 "그중 80 내지 85퍼센트는 (⋯⋯) 공산주의자들이었다."

이제 미국인들은 혁명군 지도부에 대해 모조리 알고 싶어했다. 그러나 피델과 체의 서로 다른 역할 때문에 혼란만 가중될 뿐이었다. 피델에 대해 정보를 모으면 모을수록 피델은 전혀 예측할 수 없는 사람이었다. 피델은 "공산주의자는 아니지만, (⋯⋯) 영감에 따라 행동하는 경향이 강하다."[44] 그러나 체는 완벽한 빨갱이였다. 아르헨티나의 외무부 장관은 보고서에 이와 같이 기술했다. "체 게바라의 공산주의 성향은 믿을 만한 진술인 것 같지만 카스트로에 대한 정보는 의심스럽다."[45]

피델은 적어도 지금은 여전히 "선한 쿠바인"으로 여겨지고 있었다. 아바나로 향하는 체가 중앙 지대인 라스비야스를 따라 불을 놓고 있는 동안, 피델은 더욱 쉽게 미국에게 그의 좋은 이미지를 유지할 수 있었다. 바티스타 정권이 무너지면 미국은 훨씬 더 중요한 세력으로 급부상할 피델의 맞수였기 때문에 이러한 위장전술은 피델에게 득이 되었다.

그달 말에 나온 미국 정부의 상황 보고서에는 체의 공산주의 성향을 더욱 강하게 경고하는 내용이 담겨 있었다. "카밀로 시엔푸에고스가 지휘하는 북군과 체 게바라가 지휘하는 남군으로 이루어진 혁명군은 겉보기에는 피델 카스트로의 명령을 받는 것으로 보이지만 사실은 후안 마리네요를 비롯한 공산당 지도자들에게서 직접 명령을 받고 있다. 마을마다 공산당 조직이 빠르게 조직되고 있으며 공산주의 선전물과 문학들이 배급되고 있는 등 전형적인 공산주의 게릴라전의 형태를 보이고 있다."[46] 이 내용은 당시 체 게바라가 실제로 펼치고 있던 공산주의 활동과는 괴리가 있었지만 그가 점령 지역에 끼친 영향에 대한 내용은 거의 맞았다. 소규모 군사 접전만 놓고 볼 때 많은 이들에게 체는 뛰어난 혁명 전사였다.

그즈음 피델의 인내심도 바닥을 드러냈다. 너무 오랫동안 피델은 라플라타에 숨어서 부하들을 관리하는 역할에만 집중했던 것이다. 6일이 되자 피델은 셀리아에게 불평을 늘어놓았다. "너무나 지루하군. 이제 조마조마한 마음으로 감독관 역할을 하는 것도 지쳤소. 내가 진짜 군인이던 때가 그립군. 그때가 더 행복했는데. 이 전투는 비참하기만 할 뿐이야."[47] 피델은 슬슬 현장으로 복귀해야겠다고 결심하고는 병력을 충원해서 공격에 나섰다. 그는 오리엔테의 더 작은 마을들을 서서히 포섭해서 마지막 총공격 때 산티아고데쿠바를 포위할 수 있기를 바랐다. 군사 준비를 하면서도 피델은 그 밖의 다른 문제들도 동시에 진행했다. 수년 동안 이렇게 여러 가지 일을 한꺼번에 하는 것이 피델의 방식으로 굳어졌다.

11월에 피델이 기사라는 도시를 포위 공격하고 있을 때 체는 이미 라스비야스 공격 계획을 실행에 옮기고 있었다. 저항은 산발적이었다. 정부군은 수요 거점인 히키마의 병영으로 달아났지만 혁명군은 그곳까지 쫓아갔다. 이제 혁명군은 중앙의 에스캄브라이산맥과 서쪽의 아가바마강, 동쪽으로는 상크티스피리투스와 트리니다드 간 고속도로까지 장악하게 되었다[48] 이후 정부군의 날카로운 반격이 이어졌고 카밀로와 체는 다시 신병을 모집했다. 이 일대는 이제 완전히 대혼란에 빠져 있었다. 혁명군 부대가 온 사방에서 진군해 와서 다리를 불태우고 정부의 거점들을 박살냈다. 사람들은 거리로 나와 환호하거나 아니면 짐을 쌌다. 정부군 전투기는 적의 이동을 예측해서 폭탄을 떨어뜨렸고 적의 부대들을 와해시켰다. 포화가 난무하는 평원지대에서 두 세력 간의 끊임없는 접전이 지속되었다.

이런 상황에서 체는 관할 지역에 대한 정치적 결정도 직접 내려야 했다. 어떤 식으로든 명령을 내려야만 하는 상황이었고, 피델이 명령하지 않았기 때문에 체가 직접 책임을 져야 했다. 체와 야노 사이의 논쟁은 여전했고 양측은 언제나처럼 타협점을 찾지 못했다. 그러나 자주 만나면 만날수록, 야노로서는 내키는 일은 아니었지만, 체를 인정할 수밖에 없었다. 한 지역에서 7·26운동을 관장하던 마르셀로 페르난데스는 밤새 체와 격렬한 토론을 벌이고 난 후 이렇게 말했다. "모든 문제에도 불구하고 누구나 체를 존경하게 될 수밖에 없습니다. 보통 사람들과는 달리, 체는 자신이 원하는 바를 명확히 알고 있습니다. 그리고 그는 그 목표를 향해 자신의 온 생애를 바칠 것입니다."[49]

체는 지난 몇 개월 동안 한층 더 자신만만해졌다. 천식은 한 번도 재발하지 않았고 마른 체격에 더 성숙해진 분위기를 풍겼다. 체의 머리는 이제 어깨까지 자랐고, 훗날 시대의 아이콘이 될 문제의 검은 베레모를 쓰고 있었다. 체의 베레모에는 부사령관 승진 때 받은 별 하나가 앞에 달려 있었고, 그의 숱 많고 진한 눈썹을 더욱 강조해주는 듯 보였다. 라스비야스의 또 다른 지도자인 엔리케 올투스키는 이곳에서 게바라를 처음 만난 수많은 이들 중 하나였다. 그는 혁명전선에 뛰어들기 전에는 젊은 공학도이자 정유회사 셸의 직원이었다. 그는 이미 입소문으로 신화적 존재인 체 게바라에 대해 많은 것을 들었다. 올투스키가 처음 체를 보았을 때 그는 부하들과 함께 모닥불 가에 앉아 있었다. 단추를 풀어헤친 상의 위에 검은 망토를 두른 그의 모습은 올투스키에게 칭기즈 칸처럼 보였다. 모닥불로 인해 콧수염에 그늘이 진 모습이 더욱 그런 상상을 자극했다.[50]

체는 2년 동안 생사를 넘나드는 전투를 벌였고, 때문에 모든 상황을 있는 그대로 받아들이는 경향이 생겼다. 매일 중대한 판단을 내려야 하다 보니 본래의 조급한 성격이 많이 누그러졌다. 체가 라스비야스에서 군 지휘관으로 소소한 전투들을 치르고 돌아오면 그때마다 기지에는 체와 대화하려고 온종일 기다린 사람들로 넘쳐났다.

어느 밤에 기지로 돌아오던 체는 길가에 앉아 있는 아리따운 여성을 발견하고 옆에 차를 댔다.[51] 그녀는 알레이다 마르치[52]라는 7·26운동의 지하조직원으로, 종종 야노 지도자의 메시지와 돈을 게바라의 부대에 전해 주었다. 그녀는 사보타주 공작 계획을 짜거나 풍성한 치마 아래 폭탄을 숨겨오는 등 아주 대담한 성격을 지닌 여성이었다. 지금 그녀는 정부의 수배에 쫓기고 있었다. 체의 혁명군과 야노 사이를 오가던 주요 중간책이었던 알레이다는 임무를 마치고 돌아오던 길에 정체가 발각되어 체의 부대로 도망올 수밖에 없었다. 두 사람 모두에게 그리 흡족한 상황은 아니었다. 그녀는 당시 체를 처음 만난 누구나 그랬듯이, 그는 "야위고 지저분한" 데다 대하기 힘든 사람이라고 생각했다. 물론 체에게 알레이다는 야노 측 사람이라는 씻을 수 없는 결점이 있는 사람이었다.

체는 그날 밤 차를 세우고 그녀에게 무얼 하고 있는지 물었다. 잠이 안 온다는 그녀의 대답에 그는 카바이구안 마을을 공격하러 가는 길인데 합류하겠냐고 다시 물었다. 알레이다는 체의 차에 올라탔다. 그날 밤 차를 타고 가면서 두 사람은 서로에 대해 많은 것을 알게 되었다. 그녀는 중산층 출신의 반공주의자였다. 체는 그간 그녀가 보아왔던 대로, 거칠고 완고한 사람이었다. 체가 무뚝뚝하다면 알레이다도 못지않았다. 그러나 언뜻 보기에 어색하고 불쾌한 순간이 신선하고 흥분되는 순간으로 변하는 것은 금방이었다. 그들은 즉시 연인이 되었고 전쟁이 끝날 때까지 서로의 곁을 거의 떠난 적이 없었다.

알레이다와의 사랑이 꽃피던 것과는 대조적으로, 12월의 보고서에는 "체 게바라와 피델 카스트로 사이의 균열이 커지고 있다"는 내용이 적혀 있었다. "카스트로는 게바라의 독자적인 행동과 카스트로의 온건한 명령에 반하는 좌파적 입장 고수에 점점 더 짜증을 내고 있다. 피델 카스트로는 최근 혁명군의 본영에서 혼자 모든 정책을 결정하고 있다." 이 보고서는 피델과 체의 위장술이 먹혀들고 있다는 증거였다. 이 보고서는 이렇게 계속된다. "카스트로는 체 게바라의 편지를 전하는 전령 앞에서 게바라의 편지를 찢거나 그 전령에게 화를 풀었다."[53] 피델의 성정으로 보면 있음직한 일이었다. 이 보고서의 정보원인 쿠바 망명자 카를로스 피아드라는 이런 해석이 조금 과도할지도 모른다고 말했다. 사실 피델과 체는 망명자 집단이 피델의 입장을 확신하지 못하도록 일부러 그런 행동을 계획했다. 진실은 피델이 언제나 체를 신뢰한다는 것이었다. 하지만 개인적인 차원에서 피델은 체가 라스비야스 전선에서 주목을 받는 일에 조금 화난 것일지도 몰랐다. 이제 잠재적일지라도 두 사람 사이에 경쟁심이 싹트기 시작한 것이다.

그해가 끝나갈 무렵 모든 정황이 혁명군의 승리를 가리키고 있었다. 12월 15일에 정부군은 오리엔테 지역의 많은 부분을 포기했다. 그들은 무기를 내려놓거나 혁명군에 가담했다.[54] 11월 말부터 두 지휘관은 각자 쿠바의 정반대편에서 전쟁의 중심에 서 있었다. 경제는 완전히 엉망이 되었고[55] 혁명군의 교통시설 파괴 행위로 인해 많은 물품들이 힘들게 해운으로 운반될 수밖에 없었다. 승리가 가까워 보였다. 6일에 오리엔테의 도시 기사에서 중요한 전투를 승리로 이끈 피델은 마포라는 도시를 포위 공격하고 있었다. 이 전투는 며칠을 끌었고 피델은 조급해졌다. 반면, 후안 알메이다의 부대는 산티아고데쿠바로 접근하고 있었고 소위 제6부대라고 불리는 라울의 부대는 정부군을 무찌르며 그 지역의 절반을 지나고 있었다. 피델은 혼자 남겨진 듯한 느낌이 들었다. 피델은 라울에게 편지를 썼다. "마포 사람들 때문에 열 받아 죽을 지경이다. 그들이 항복할 때 모두 쏴서 죽이지 않으면 정말 기적일 거야."

피델은 체에게도 편지를 썼다. "전쟁은 이겼네. 오리엔테에서 우리는 만 명의 정부군을 몰아넣었지." 또한 피델은 체가 정치적 역할을 제대로 수행하고 있는지 잘 모르겠다는 식의 경고성 발언도 했다. "라스비야스의 전투에서 정치적인 면은 아주 기본이라는 것을 깨달아야 하네."[56] 이제 피델은 혁명군의 앞길을 방해하는 존재는 미국밖에 없다는 사실을 잘 알고 있었다. 미국이 필사적으로 군사정부를 구성하기 위해 움직이자 피델은 서둘러 그들의 행동을 저지했다.

그런 이유로 피델은 체가 끝내 라스비야스의 완고하고 말 많은 그 지역 반정부파 무리들과 협정을 맺어버린 사실을 알고는 화를 참지 못했다. 그것이 유일한 방법이긴 했지만 문서 협정은 피델이 가장 꺼리는 것이었다. 지금의 정황으로 볼 때 피델의 혁명군만이 큰 힘을 가진 세력이었기 때문이다. 바티스타군은 매일 무너지고 있었고 오리엔테의 산티아고데쿠바 지역과 라스비야스의 산타클라라만이 버티고 있는 상태였다. 피델과 체는 각자 공격 준비에 들어갔다. 그들이 마지막 공세에 대비하고 기다리는 동안 피델은 가장 선호하는 전략으로 돌아갔다. 그는 모든 문을 열어두고 모든 잠재적인 방해 요소를 예상해보고 있었다.

29일에 체의 부대가 산타클라라를 공격했다. 이 도시는 바티스타군의 증원으로 인구가 15만 명으로 늘어나 있었다. 총 병력은 3500명이었다. 전투는 사흘 동안 지속되었다. 혁명 게릴라군이 탱크와 대포에 맞서 거리를 행군했고 시민들도 전투에 가담했다. 이 전투는 혁명전쟁에서 유일한 정면 승부였고 양측에 많은 사상자를 냈다. 혁명군 파견부대가 철도역을 장악하자 정부군이 무장한 열차를 타고 도망치려고 했다. 그때 체는 열차를 뒤엎으라는 명령을 내렸고 열차는 전복되어 인근 주택가를 덮쳤다.[57] 전복된 열차에서 건장한 하사관 한 명이 손에 톰슨 기관총을 들고 빠져나와서는 갖은 허세를 부리며 공격이 그 정도밖에 안 되냐며 비아냥거렸다. 그는 이미 탱크가 이쪽으로 오고 있다는 경고도 했다. 그러나 혁명군은 아무 대꾸 없이 화염병을 던졌고 기차는 순식간에 불타는 오븐이 되었다. 그러자 정부군은 열차에서 튀어나와서 항복할 수밖에 없었다. 이것이 바로 체 게바라의 방식이었다. 단순하지만 효과적인 그의 공격, 이는 뒷날 전설로 남게된다.

이 전쟁의 마지막 나날에 피델의 삶은, 팔에 삼각건을 댈 정도로 부상을 입은 체와 그다지 다를 바가 없었다. 그런데 크리스마스이브에 피델은 수년 만에 처음으로 비란의 가족 농장에 셀리아를 데리고 가서 어머니와 남동생 라몬과 함께 저녁을 먹었다. 저녁식사 후에 흡족한 듯 시가를 한 대 피우고 있는 피델에게 셀리아가 와서 급한 소식을 전했다. 바티스타군의 주요 책임자인 칸티요 장군으로부터 만나자는 연락이 온 것이다. 이튿날 아침 칸티요는 헬리콥터를 타고 브랜디와 시가를 들고 근처로 찾아왔다. 그는 정부군은 더 이상 싸울 의향이 없다는 메시지를 전해왔다. 피델이 산티아고데쿠바의 포위전에 대해 논하는 동안, 칸티요는 자신이 군사정부를 이끌기 위해 바티스타가 새해 전날에 망명을 떠난다는 정보를 미끼로 이용해보려고 했다. 하지만 칸티요의 계획은 이제껏 수많은 사람들이 피델을 권좌에서 끌어내리기 위해 펼쳤던 작전처럼 성공적이지 못했다.[58] 그리고 순간, 피델은 혁명군의 정치적 승리는 물론, 군사적 승리도 바로 눈앞에 다가오고 있다는 사실을 깨달았다.

1959년 1월 1일, 쿠바인들은 깨자마자 바티스타가 "야반도주"[59]했다는 소식을 들었다. 한동안 거리는 침묵을 지켰다. 체가 산타클라라에서 철수를 명령했고 피델도 산티아고데쿠바의 부대에게 같은 명령을 내리자 서서히 도시의 거리가 시끌벅적해지기 시작했다. 전쟁이 끝났다. 혁명군이 이겼다. "밤이 오자 우리 바르부도스*들은 산에서 내려왔고 그 모습이 마치 옛 성인들 같았다."[60] 혁명군 중 한 명인 카를로스 프랑키는 그날을 이렇게 회상했다. "사람들이 우리를 맞이하러 달려나왔다. 열광적인 분위기였다."[61] 나중에 작가가 되는 레이날도 아레나스의 기록도 있다. "혁명군들은 씨앗으로 만든 고리에 매단 십자가를 들고 계속 몰려왔다. 그들은 영웅이었다. 개중엔 4, 5개월 전에 혁명군에 가담한 사람들도 있었지만 수많은 남녀 시민들은 그 텁수룩한 친구들을 향해 환호를 보냈다."

피델은 체와 카밀로에게 아바나로 가서 거기에 군사본부를 세우라는 명령을 내렸다. 그리고 전국 총파업을 선언한 후 직접 산티아고데쿠바로 행진하면서 승리의 분위기를 만끽했다. 이튿날 혁명군의 첫 부대가 아바나에 입성했다. 사람들은 혁명군을 보기 위해서 가로등 위로 올리기거나 플리머스나 시보레 같은 자동차 지붕에 서 있었다. 환희에 넘치는 장면들이었다. 거리로 몰려온 군중들 사이에서 승리를 자축하는 축포가 터졌고 거친 함성이 울려 퍼졌다.

피델과 체는 아직 제대로 가늠할 수 없는 새로운 인생의 국면으로 접어들었다. 피델 카스트로는 산티아고데쿠바에, 체 게바라는 아바나에 있었다. 그들은 전쟁이 끝났다는 사실을 되돌아볼 여유도 없었다. 그러나 그 순간 두 사람의 유대는 그들의 옷에 묻은 흙처럼, 그들의 혈관에 흐르는 아드레날린만큼 더욱 단단해졌다. 그렇지만 그 유대가 사라지면 어떻게 될 것인가? 체는 한 번도 자신이 필요 없어진 자리에 머물겠다는 야심을 한 적이 없었다. 3일에 체의 부대가 수도로 들어서는 순간, 체는 갑자기 미래의 혁명 지도자 중 한 사람인 누녜스 히메네스에게로 고개를 돌리더니 말했다. "나의 임무와 피델에 대한 맹세는 여기서 끝일세. 바로 아바나 입성과 함께 말이네."[62]

---

* '텁수룩한 사나이들', 시에라 게릴라군의 별칭.

제3부

9 포옹과 키스의 나날[1]

　처음에 쿠바혁명은 서서히 진행된 일시적인 사건이었다. 이는 1917년 러시아혁명과는 완전히 달랐고 1789년의 파리(프랑스혁명)에 비견될 만한 것도 아니었다. 이들 혁명에서 사람들이 페테르부르크의 겨울궁전이나 파리 바스티유 감옥을 점거한 것처럼 쿠바 국민들이 상징적인 건물을 장악하거나 정부군이 반란을 일으켜서 피델의 혁명군이 승리한 것이 아니었기 때문이다. 첫날 사람들은 호외를 알리는 외침이나 라디오 뉴스를 듣고 겨우 용기를 내어 거리로 뛰쳐나왔을 뿐이다. 그것도 내전이 끝난 후에 혁명이 어떻게 돌아갈지에 대한 호기심 때문이었다.

　처음에 쿠바혁명은 전혀 혁명처럼 보이지 않았다. 아바나의 엘 프린시페 감옥의 문이 부서지고 수감자들이 풀려나는 동안 바티스타의 측근이 소유한 신문사의 인쇄기가 파괴되었다. 카지노와 호텔, 이전 정부 관료의 저택들도 약탈 대상이었다.[2] 그러나 몇 시간 만에 붉고 검은 완장을 찬 M26 민병대가 도시를 통제하기 시작했고 놀라울 정도로 질서가 빨리 회복되었다.

　체는 아바나에 도착해서 피델의 명령대로 도시의 중심부에 있는 라카바냐 요새에 본부를 설치했다. 그곳 본부에서 체는 거리에서보다 더 큰 심적 갈등을 느꼈다.[3] 그의 혼란은 피델의 것과 같았다. 산속에서 함께하던 시절, 체 게바라는 피델에게 분명 가치 있는 사람이었다. 그러나 지금, 민족주의적 분위기가 완연한 이 나라에서 체는 유일한 아르헨티나인이었다. 게다가 언론은 그를 골수 국제공산주의자로 낙인찍어버린 상태였다. 그래서 체의 존재는 피델이 완전한 민족주의적 혁명을 완수하는 데 있어 암묵적인 위협으로 작용했다. 피델은 이미 압력을 느끼고 있었다. 라틴아메리카에서 새로 취임한 국가 원수들은 모두 반공을 강력히 내세웠기 때문이다. 반공이냐 아니냐는 그 시절 가장 뜨거운 정치적 논점이었다.

피델은 산티아고데쿠바의 연단에 선 순간, 자신의 마음속 깊이 느껴지는 민족주의야말로 국민적 합의를 밑거름으로 하는 그의 혁명이 세워질 기반이라는 점을 명확히 해두려 했다. 그는 양옆에는 오랜 후원자들이 있었다. 피델은 몬카다 재판에서 그의 신변을 보호해주었던 페레스 세란테스 대주교와 7·26운동의 오랜 지지자이자 그가 쿠바의 새로운 대통령으로 선택한 변호사 마누엘 우루티아를 옆에 두고 연설을 시작했다. "혁명은 이제 시작되었습니다. (……) 이 혁명은 미국인들이 와서 주인 노릇을 했던 1898년과는 전혀 다를 것입니다."[4] 군중은 환성을 지르고 휘파람을 불어댔다. "민중의 사랑보다 더 큰 영광이 어디에 있겠습니까? 수천 명의 사람들이 우리를 향해 희망과 신뢰, 애정을 담아 손을 흔드는 광경보다 더 큰 보상이 어디에 있겠습니까?" 전 세계는 이제껏 텁수룩한 수염과 소총이 전부인 줄 알았지만, 지금 이곳에는 그 뒤를 이어 사람들이 "엄청난 눈사태처럼"[5] 몰려들고 있었다.

피델은 산티아고데쿠바에서 가는 곳마다 군중을 몰고 다녔다. 사람들은 피델을 "그 이름이 곧 깃발이 되는 사람"[6]이라거나 "이 역사적 사건에서 가장 위대한 인물"이라고 평했다. 피델은 아바나로 향하는 여정 내내 그런 장관을 연출했다. 처음에는 지프차를 타고 다녔는데 환호하는 군중에게 둘러싸여 5일 내리 길에서 가고 서기를 반복하며 느릿느릿 이동해야 했다. 마치 옛 왕족의 행차처럼 한동안 피델은 그를 직접 보고 싶어하는 사람들이 보내는 열렬한 찬사를 만끽하며 나아갔다.

피델이 평생 노력해온 결과를 보여주는 순간이었다. 이 순간을 고대했기에 감옥에서의 세월과 망명의 쓰디쓴 기억, 하루하루를 근근이 버티던 전투의 나날을 견뎌낼 수 있었다. 사람들은 피델이 있다는 사실만으로도 든든해했다. 피델이라는 인물이 있기에 혁명이 현실로 나타났고, 변화가 이뤄졌다. 피델은 수도가 있는 서쪽으로 향하는 동안 자신의 존재가 혁명군이 권력을 굳건하게 하는 데 중요한 열쇠임을 깨달았다.

아바나에 도착한 날 밤, 피델은 처음으로 곧 그의 트레이드마크가 될 '마라톤 연설'을 했다. 분위기는 그곳 병영을 둘러싸고 있는 스포트라이트만큼이나 빛나고 밝았다. 조명은 연단을 둘러싼 군중과, 연단에서 펄럭이는 M26 깃발과 쿠바 국기를 환히 비추었다. 군중은 모두들 흥분해서 새로운 지도자가 화려한 수사가 섞인 질문을 던질 때마다 열성적으로 응답했다. 연설이 끝나갈 무렵에 조명 하나가 피델의 어깨 위로 내려앉은 비둘기 두 마리를 포착했다. 신심이 깊고 미신을 잘 믿는 쿠바에서 이 상징적인 장면은 모종의 진리처럼 여겨졌다. 순간 군중들 사이에서 감탄으로 숨이 막힌 듯 "피델! 피델! 피델!"하고 연호하는 함성이 터져나왔다. "나 오늘 어땠나?" 피델이 카밀로에게 물었다. "잘 하고 있어요, 피델."[7] 카밀로는 미소를 지으며 대답했다. 이는 진행 중인 혁명의 새로운 슬로건이기도 했다.

혁명 초기에 대중의 시야에서 벗어나 있던 체는 피델이 아바나에 당두했을 때 곧바로 만날 수가 없었다. 피델은 당시 역사의 무대에 "사상 최고의 지도자"로 등극해 있었기에, 체가 아니라 누구여도 쉽사리 만날 수 없었다. 물론 전화로는 계속 연락을 취했다. 에두아르도 치바스의 옛 비서이지 지금은 피델을 보좌하고 있는 콘치타 페르난데스는 오랜만에 처음으로 피델을 만난 순간을 회상했다. 그는 어깨에 소총을 맨 채 경호원과 아우성을 지르는 군중 사이로 천천히 걸어 나오고 있었다. 그녀를 보더니 피델이 말했다. "산에서 내려온 후로 계속 당신을 찾고 있었소."8 당시 피델은 대부분의 나날을 연단의 마이크 앞에서 보내고 있었다. 연설은 때때로 새벽 서너 시까지 이어지곤 했다. 반면 체는 라카바냐 병영을 조직하며 조용히 지냈다. 그 역시 라디오에서 항상 흘러나오던 피델의 목소리를 듣고 있었을 것이다. 그곳에서 체는 라스비야스 전투 시절에 모여든 충성스럽고 헌신적인 지지자들로 한 무리를 구성했다. 그는 많은 시간을 들여서 전쟁에서의 경험을 기록했다. 마치 길었던 여행 시절로 되돌아간 것처럼 체는 기억이 생생할 때 모든 요점을 적어두려 했다. 그러나 당연히도 지금은 개인적인 느낌만을 기록하지는 않았다. 쿠바에 남아 있는 동안 체는 혁명을 회고하여 전하는 주된 대변자가 되고자 열심히 기록했고, 결국 그렇게 되었다.

마음속에 떠오르는 질문들을 밖으로 꺼내지 않은 채 피델과 체는 각자 혁명을 건설하는 일에 전념했다. 그들은 혁명의 건설이라는 전쟁을 계속하고 있었던 것이다. 사실 산에서 다져진 두 사람의 파트너십이 유지되려면 그 어떤 형태로든 전쟁이 지속되어야 했다. 그들이 생각에 잠길 여유가 없도록 끊임없는 위험과 새로운 가능성들, 잠 못 이루는 밤들, 투쟁들이 필요했다. 지금은 그런 포화 상태의 삶이 두 사람 관계의 기반이 되었기 때문이다.

체가 계속 쿠바에 머물러야 하는가에 대한 의문은 2월 9일로 말끔히 해소된 것으로 보였다. 그날 피델이 체에게 귀화 시민권을 부여할 수 있는 법을 통과시켰기 때문이다. 그 법은 2년 이상 바티스타에 대항하여 싸웠고 사령관의 지위에 오른 사람이면 모두에게 적용되었다. 그러나 실제로 그 조건에 해당되는 사람은 체 한 사람뿐이었다. 그리고 나서 피델은 장관직을 역임할 수 있는 최소 나이를 35세에서 30세로 낮추는 법을 통과시켜서 자신과 체 두 사람 모두 장관직에 오를 수 있게 만들었다. 이는 피델이 혁명을 이끌 지도부의 형태와 본질, 그리고 그 안에서 게릴라군의 역할에 대해 어떻게 인식하고 있는지를 명확히 보여주는 행동이었다.

이는 어느 정도 현실을 감안한 행동이기도 했다. 미로 카르도나 총리는 아바나의 매음굴과 카지노에 관한 사안으로 논쟁을 벌였지만 당분간 철폐를 미루자는 피델에게 물러설 수밖에 없었다. 카르도나는 총리직을 사임했고 그때까지 혁명군 최고사령관이라는 직함밖에 없었던 피델은 그 자리를 차지했다. 멕시코 시절에 피델의 조력자였고 지금은 본국으로 귀환해서 피델의 공보관을 맡고 있는 테레사 카수소는 그의 행동이 "불가피한 조치"였다고 말했다. "왜냐하면, (……) 정부가 아무 조치도 취하지 않았기 때문이죠. 정부는 아무런 권위가 없었기 때문에 어떤 조치도 취할 수 없었습니다. 피델이 아무리 사람들에게 합법적인 정부를 통해 모든 일을 해결하라고 말해도 결국 다들 피델을 찾았습니다. 왜냐히면 우루디아 대통령과 내각 장관들조차 자신들에게 그 자리를 맡긴 사람인 그와 먼저 의논한 뒤 행동한다는 사실을 모두들 알고 있었기 때문이죠. 피델은 온 국민에게 지지를 받는 우상이었으니 어쩔 수 없었습니다."[9]

정부가 아무 조치도 하지 않았던 또 다른 이유는 피델이 체가 곁에 머물도록 설득할 때 내건 조건들과 관계있었다. 피델은 체와 개인적으로 친밀했기 때문만이 아니라 체의 업무 추진력을 높이 샀기 때문에 그가 지닌 상당한 능력을 모두 이용하리라고 마음먹고 있었다. 그러나 피델은 체가 완전하고 비타협적인 혁명 임무가 아니면 결코 뛰어들지 않으리라는 사실을 너무나 잘 알았다. 또한 체에게 곧 상황을 급진적으로 전환할 것이라는 약속을 하지 않으면 그의 곁에 머물지 않으리라는 점도 짐작하고 있었다.

이런 맥락에서 피델은 체에게 제안을 했다. 그러나 공식적인 정부 내의 임무는 아니었다. 대신 그는 최측근밖에 모르는 두 비밀 단체의 일을 제안했다. 피델은, 마르티의 표현을 빌자면, "우리를 잘 모르는 강력한 이웃이 보내는 경멸"[10]을 잘 인식하고 있었다. 그래서 최소한 당분간만이라도 온건한 노선을 유지하고자 했다. 유명한 선동가인 체는 우루티아가 이끄는 공식 정부와는 떼어놓을 필요가 있었던 것이다.

체가 중요한 역할을 맡은 두 비밀 단체 중 하나는 '혁명의 계획 및 조정 사무국'이었다. 이곳에서 체는 피델의 옛 친구인 알프레도 게바라와 라울 카스트로, 라울의 새 아내 빌마 에스핀, 오스카 피노 산토스, 안토니오 누네스 히메네스와 함께 일했다. 그들의 임무는 혁명을 위한 더욱 급진적인 원칙을 구상하는 것이었다. 또 다른 단체에는 피델과 카밀로뿐만 아니라 체의 부관이었던 라미로 발데스와 라울이 속해 있었다. 이 단체는 쿠바 공산당인 PSP 간부들과 협상을 벌이는 역할을 담당했다.

PSP 지도부의 대표는 블라스 로카와 카를로스 라파엘 로드리게스, 아니발 에스칼란테로 구성되었다. 모두 공산당의 집행위원들이었다. 다들 혁명군보다 최소 10살은 더 많았지만 비슷한 역사를 공유하고 있었다. PSP는 1925년에 반제국주의를 기치로 내걸고 형성된 정당이었지만 곧바로 불법 단체로 낙인찍혔다. PSP의 지도자들은 마차도 정부에게 숙청당했고 훌리오 메야는 멕시코에서, 카를로스 발리뇨는 쿠바에서 각각 암살당했다. 이제 쿠바 역사상 아주 중요한 이 시점에서 양측 지도부는 보안을 유지한 채 대중의 눈을 피해 밀담을 가졌다.[11]

체가 맡은 두 단체 모두 은밀히 활동해서 우루티아 대통령조차 그 존재를 모르고 있었고, 자세한 활동 내역도 수십 년간 알려지지 않았다. 그러나 정부의 통제에서 완전히 벗어나 있는 또 하나의 행정부였던 이 두 비밀 단체에서는 새로운 쿠바의 미래를 위한 구상이 진행 중이었다. 시간이 지나면 이들 단체는 자연스럽게 정부 기관과 합쳐지겠지만 아직까지는 이들 단체가 실질적인 권력을 가지고 있었다. 피델은 그런 속내를 알프레도에게 털어놓은 적도 있었다. "우리는 우선 판세를 장악한 다음, 그것을 뒤엎을 걸세."[12] 이제 이 말의 실행은 시간문제였다.

비밀 단체들을 구성하는 혁명 지도자들은 아주 힘든 과제를 맡은 셈이었다. 몬카다 선언과 1940년의 헌법, 체가 시에라군에 도입했던 급진적이고 본질적인 공산주의 강령, 이 모두를 실현 가능한 방식으로 새로운 쿠바 구상에 녹여내야 했다. 첫 단계로 그들은 토지개혁법을 만들었다. 이 법은 앞으로 피델이 권력을 행사하는 데 주요한 도구가 될 것이었다. 그러나 PSP 대표들은 다른 무엇보다 모스크바의 강령을 우선시하는, 마르크스주의 도그마로 단련된 사람들이었다. 그들이 보기에, 피델과 체, 라울을 비롯한 나머지 혁명 지도자들은 프롤레타리아에게로 이어지는 역사의 '올바른' 과정에서 거쳐 가게 되는, 이미 수명이 다한 부르주아 급진주의자들에 불과했다. PSP는 처음에는 이런 속내를 드러내지 않았지만 서서히 혁명을 교조주의 정치라는 위험한 미궁 속으로 끌고 가기 시작했다. 한편, 피델은 자유주의 정부라는 외양을 여전히 유지한 채 낮에는 공식 정부를, 밤에는 비밀 단체를 이끌었다

2월에 체는 쉬라는 명령을 받았다. 라스비야스에서 강행군을 할 때와 마찬가지로 전쟁 직후 이어진 다양한 임무로 인한 피로로 쇠약해졌기 때문이다. 체는 지병인 천식이 악화될 때도 그랬지만, 몸이 극도로 안 좋아질 때면 오히려 자신을 강하게 그대로 밀어붙이는 경향이 있었다. 그래서 다른 사람들이 보기에, 체가 본인이 어떤 상태인지 알고나 있는지 의심스러울 때도 많았다. 체의 보좌관은 정말 심각한 상태여서 "전쟁이 계속되었다면 석 달도 버티지 못했을 것"[13]이라고 했다. 체가 휴식 명령을 받은 후부터 '혁명의 계획 및 조정 사무국' 회의는 아바나 교외의 타라라에 있는 체의 새 거처에서 열렸다. 체는 몇 주 동안 그곳에서 쉬면서 몸을 추스렀다. 체는 옛 바티스타 관료의 호화로운 빌라에서 지내라는 말에 받끈했었는데, 어느 신문 편집사는 이 문제로 그가 정부 특혜를 받았다고 비난했다가 큰 낭패를 봤다. 체가 공개적으로 그 편집자를 거칠게 몰아세웠던 것이다 그러나 체의 병환 덕분에 그들의 회의는 확실하게 은폐될 수 있었다

한편 PSP와의 회담은 늘 그랬듯이 코히마르에 있는 언덕배기 빌라에서 열렸다. 피델 소유의 이 빌라는 바다가 내려다보이는 평화로운 장소였

다. PSP와의 회담을 위해서 라울은 자신이 총괄하고 있는 산티아고데쿠바 지역에서 헬리콥터를 타고 날아왔다. 피델은 아바나에서 우루티아 대통령과 공식 정무를 본 후에 들르곤 했다. "젠장, 정권을 잡고 나서도 여전히 불법 회담을 해야 하는군." 피델은 처음 몇 주 동안 이렇게 투덜댔지만, 음모의 냄새를 풍기는 그 분위기를 가장 즐기는 사람 중 하나였다. 체도 마찬가지였다. "맞아요, 상황이 정말로 바뀌었죠. 이제야 의제가 하나 생겼으니까요."[14] 체는 냉소적으로 대꾸했다. 이렇게 냉소를 보였지만 가장 앞장서서 그 의제를 추진해온 사람은 바로 체였다. 그는 병석에 눕기 전인 1월 27일에 PSP의 후원으로 아바나에서 열린 한 포럼에서 처음으로 공식 연설을 했다. 체는 혁명전쟁 당시 시에라군이 점령지에서 단행했던 것보다 더 실질적이고 "단순한" 토지개혁 계획이 필요하다고 주장했다. 이러니 미국이 줄곧 체를 카스트로의 배후에 숨은 "사악한 아첨꾼"으로 여기는 것도 당연했다. 미국은 체가 "카스트로의 관심을 사실상 독점"[15]하고 있다고 생각했다.

피델의 연설은 텔레비전을 통해서나 혁명광장의 환호하는 군중을 향해서 끊임없이 계속되고 있었다. 체는 피델만큼 마음을 뒤흔드는 웅변술을 지니지 못했지만 그가 포럼에서 한 연설은 미래의 혁명 정책에 대한 결정적인 내용을 담고 있었다. 체가 선택한 "단순한"이라는 단어가 뜻하는 바는 그러한 개혁에 법적인 제약이 없어야 한다는 의미였다. 법적인 제약은 처리 과정만 지연시킬 뿐이며, 혁명은 그들의 전쟁을 지지해주었던 농민들에게 진 빚을 신속히 갚아야 한다고 주장했다. 체는 혁명의 처음 몇 달 동안 수많은 다른 사항에 관해서도 이와 비슷하게 대담한 태도를 취했다.

겉모습만 놓고 보면 피델과 체는 달라도 너무 달랐다. 우선 자세나 몸짓부터 완전히 정반대였다. 피델은 연설할 때 끊임없이 팔을 움직이고 고개를 흔들고 오른쪽 새끼손가락을 왼쪽 손가락으로 비트는 동작을 하는 등, 긴장된 에너지를 발산했다. 반면에 체는 눈을 이리저리 굴리며 딱딱하게 서 있었다. 체의 움직임은 전반적으로 명확히 포착하기 어려웠지만 내뱉는 말은 하나같이 두드러졌다. 체의 연설 내용은 아주 급진적이었다.

당시 수많은 대사관과 정보기관들이 잘못 판단한 점은 체의 급진적 발언들이 피델의 생각과 어긋난다고 본 것이었다. 체가 하는 발언은 실은 피델의 생각에 부합하는 내용이었다. 이를 이해하기 위해서는 피델이 이면에서 이끌고 있는 유사 정부의 존재와 그 기능을 알아야 할 뿐 아니라, 상황을 정리해서 파악할 수 있는 시야도 필요했다. 체의 발언과 피델은 서로 맞물리듯 연계되어 있었고 이는 시간을 두고 봐야 이해할 수 있었다. 체가 대담한 계획을 내놓으면 처음에는 피델이 대개 반대의 입장을 취했다. 하지만 조금 지나면 피델 자신이 체의 발언을 좀 더 온건하게 보이도록 포장해서 새로운 계획으로 내놓는 식이었다. 예를 들어 체가 국유화 계획을 제기했을 때 피델은 거의 정반대의 입장을 표명했다. 정부가 외국 소유의 사산을 몰수할 리 없다는 확신을 주는 것이다. 그 결과 모든 사람들이 경계를 풀게 된다. 그리고 이로써 혁명을 개시하기에 가장 좋은 조건이 조성된다.

평화 시기에도 전쟁 시기와 마찬가지로 피델과 체의 이러한 역할 분담이 아주 유용했다. 두 사람 사이의 극명한 차이를 요긴하게 활용했던 것이다. 피델이 사람들 앞에서 연설을 했고 체는 배후에서 움직이며 주요 혁명 기관들을 향해 연설했다. 사실 전쟁에 대한 두 사람의 접근 방식이나 평화에 대해 접근 방식이나 큰 차이는 없었다. 한 사람이 아주 급진적인 계획을 미끼로 던지면 다른 사람이 저항의 고개를 드는 반대편을 하나씩 잡아냈다. 체가 1월에 PSP 포럼에서 말했듯이 쿠바는 "무장 민주주의"[16] 국가였다. 피델과 체는 일련의 가장과 속임수, 의도적인 후퇴와 갑자스러운 반격을 펼치며 쿠바를 이끌어나갔다. 이제 그들은 무장한 채 잠복하지는 않았지만 말로서 똑같은 매복전을 펼치고 있었다. 그렇게 함으로써 그들은 자연스럽게 지지자층을 개척해나갔다. 피델의 지지자층은 일반적인 군중이었고 체는 행정가와 투사를 아우르기 위해 노력하고 있었다.

늦은 봄에 둘의 이 분업 전략은 당시 가장 논쟁적인 문제를 만나 전기를 맞이하게 된다. 체는 라카바냐의 지휘관으로서 피델의 전적인 위임을 받아 이전 정권의 사람들에 대한 혁명재판 과정을 감독했다. 1월 초부터 체는 직접 모든 재판의 판결을 내렸다. 밤마다 사형을 집행하는 총소리가 해안에 울려 퍼졌다. 쿠바인들은 대개 그 처형을 용인했지만 외국 정부와 전 세계의 언론은 거세게 항의했다.

바로 그때 체의 가족이 아바나에 도착했다. 6년 전 부에노스아이레스에서 헤어진 이래로 한 번도 만나지 못한 가족이었다. 카밀로가 아르헨티나발 망명자 송환 비행기에 자리를 마련했고 체에게는 막판에 그 사실을 알렸다. 체는 아직 가족들을 데려올 여유가 없었지만 아버지와 여동생 셀리아, 막내 남동생 후안 마르틴, 그리고 무엇보다 어머니를 만난다는 생각에 기쁨을 감추지 못했다. 체는 시간이 날 때마다 가족과 함께 보냈고 아바나 힐튼 호텔에 스위트룸을 마련해주었다. 그 스위트룸의 몇 층 위에는 피델의 전용실이 있었다. 이 민트색 건물에는 이제 피델의 주요 집무실이 있었고 나중엔 이름도 아바나 리브레로 바뀌었다. 체의 가족들은 체가 혁명재판 업무를 맡아야 한다는 사실을 마지못해 받아들였다. 특히 체의 아버지는 아들이 엄격한 규율주의자로 변했다는 사실에 충격을 받았다.

충격을 받은 사람은 그들만이 아니었다. 어느 날 피델이 힐튼의 집무실로 돌아오자 외국 기자들이 숙청에 대한 질문을 쏟아냈다. "쿠바에서 벌어지는 일이 미국의 마음에 안 든다면, 해병대를 상륙시키면 되지 않습니까? 그러면 미국인 20만 명이 죽게 되겠죠."[17] 피델이 그들에게 대꾸했다. 이 말은 즉흥적으로 내뱉은 것이었지만 전 세계 언론은 머리기사로 다루었다. 또한 이 발언으로 미국이 아직 아무런 방해 행위를 하지 않고 있는 사실에 대해 그가 얼마나 좌불안석하고 있는지가 드러났다.

아직 매카시즘의 공포가 가시지 않은 미국에서 피델은 초미의 관심사로 떠올랐다. 그러나 미국 관리들은 여전히 피델에 대해 갈피를 잡지 못하고 있었다. 분명히 "달변에 수다스럽고 성급한"[18] 그 남자가 권력을 잡은 후부터 아이젠하워 행정부의 심기가 불편해진 건 사실이었다. 피델은 미국에게 병력을 철수하라고 요구했고 미국에게도 중대한 이권이 걸린 토지개혁 계획을 들고 나왔다. 혁명 정책은 쿠바 노동자 계층에게는 열렬한 환호를 받았지만 토지 소유자와 외국 자본가들에게는 불만스러운 내용이었다. 3월에는 사치품에 관세가 부과되었고 지대가 반값으로 떨어졌다. 하지만 아직까지 피델은 무법자는 아니었다. 그는 쿠바 국민들을 사로잡았듯이 혁명 후 첫 미국 방문에서 미국인들을 자기편으로 만들 수 있을 것이라고 공언했다.

미국인들의 경계를 낮추기 위해서 피델은 가장 인기 있는 지휘관인 카밀로 시엔푸에고스를 '친선 여행'의 첫 타자로 내보냈다. 〈워싱턴 포스트〉에 따르면 "어느 모로나 개척민"[19] 같은 외양에 "온화한 말투"를 쓰는 카밀로는 성공적으로 임무를 수행했다. 그는 선언했다. "우리는 평화를 얻었습니다. 그리고 그것을 지킬 것입니다." 그러나 언론은 거의 어깨까지 닿는 긴 머리에 지퍼 달린 녹색 상의를 입고 자기네 수도를 "돌아다니고 있는" 혁명군에게 좀 더 흥미를 보였다. 이로써 피델이 미국으로 떠날 준비는 다 마친 셈이었다. 즉결 처형같이 어두운 모습은 싹 지워지고 전쟁의 낭만과 생생함만이 남은 분위기였다.

그러나 남아메리카와 북아메리카의 정치적 관계에서 피델이 여전히 새롭고 예측 불가능한 요소라는 사실에는 변함이 없었다. 막후에서 아바나 주재 미국 대사관 관리들은 새롭게 권력을 얻은 혁명군이 카밀로의 방문을 추진한 방식에 화를 내고 있었다. "계획적인 악의에서 나온 행동이라기보다는 그냥 우리를 무시한 처사였다. 이는 직접적이고 지나치게 단순한 시에라군의 행동 양식을 그대로 보여주는 사례이다."[20] 게다가 다른 불만 요소도 있었다. 예전에 미국 대사관은 쿠바 정부가 추진하는 일에 대해 모르는 것이 없었지만 신임 대사인 필립 본설은 1년이 넘도록 피델과 만난 일이 손에 꼽을 정도였다.

미국인들은 반복되는 보도 때문에 피델을 통제가 필요한 포악한 어린 아이쯤으로 여기고 있었다. 어떤 보도에서는 피델을 "일이 지연되는 것과 조심스러운 조언에 짜증을 내며 비판에 극도로 민감하게 반응"[21]하는 인물로 묘사했다. 섹스와 살사를 찾아 쿠바로 떠나는 부유한 미국인을 실어 나르는 여객선의 관리자는 카스트로에 대한 "인물 탐구"를 하는 중이라고 털어놓으면서, 그 이유가 "피델이 보여주는 정치적 미성숙함 때문"[22]이라고 말했다. 하지만 사실 피델은 제법 타당한 신념을 가지고 미국 여행을 계획했다. 그는 미국으로 떠나기 전에 공보관인 테레사 카수소의 사무실 테라스에서 아바나의 아름다운 전경을 내려다보면서 쿠바인들도 잘 살아야 공평한 것 아니겠냐고 말했다. "결국 우리는 충분한 희생을 치렀으니 말이오."[23]

피델은 최소한 현재로선 이번 여행에서 인맥을 형성하고 혁명에 대한 좋은 이미지를 심어주는 것이 필요하다는 점을 잘 알고 있었다. 피델이 자문을 받으려고 고용한 미국 홍보 회사는 "미소, 자주 미소를 짓는 것만이 최선"[24]이라고 조언했다. 워싱턴에서 어려운 질문을 받았을 때에도 피델은 정답만 골라 말했다. 제퍼슨 기념관에서 기자들과 맞닥뜨렸을 때 피델은 "우리는 공산주의자가 아닙니다"라거나 "법률과 헌법은 함께 가야합니다"라고 말했다. 그는 자신을 위한 환영회장에서 차분하고 매력적인 모습을 보여주었다. 그러다가 공식 순회의 까다로운 절차에서 벗어나 시내의 중국 식당에서 밥을 먹었다. 그는 적은 수의 수행원들을 데리고 밤늦도록 그 식당에서 몇몇의 학생들과 토론을 나누었다.

하지만 모든 것이 피델의 생각대로 잘 풀리지는 않았다. 미국 정부의 반응은 확실히 냉담했다. 어떤 정부 관리는 쿠바 경제가 "몰락할 것"이라고 말했고, 또 다른 정부 관계자는 카스트로가 "완전히 미쳤으며" 각성제를 한 움큼씩 먹어야 제대로 걸을 수 있다고 주장했다. 카스트로는 공식 초청을 받고 방문한 것이 아니었기 때문에 아이젠하워 대통령은 골프를 치러 나가버렸다. 서둘러 닉슨 부통령과의 회담이 준비되었지만 두 사람은 "상호 이해가 절대적으로 부족"[25]하다는 사실만 서로 확인한 채 겉치레로 힘겨운 두 시간을 때웠다. 그 여행으로 확실히 선전효과는 거뒀지만 피델이 미국 정부로부터 냉대를 받은 것은 분명했다. 그래서 라울이 전화로 쿠바에서는 피델이 미국인들을 사로잡고 있다는 말이 돈다고 전하자 피델은 화가 나서 전화기를 창문 밖으로 내던져버렸다. 테레사 카수소는 피델이 "거의 울 뻔"[26]했다고 회상했다.

피델은 브라질 대통령 주셀리누 쿠비체크가 새로운 수도인 브라질리아를 방문해달라며 초청을 하자 이를 받아들였다. 이렇게 해외순방 기간을 늘리는 김에 피델은 부에노스아이레스에서 열리는 미주기구OAS가 후원하는 경제 콘퍼런스에도 참석할 예정이었다. 그러나 암운이 드리우듯이 그때까지의 여정을 총괄하던 테레사 카수소가 함께 떠나지 못하고 남겨졌다. 여행길에 그녀는 미국인 기자를 알게 되었고 그 기자가 피델에게 유엔의 일자리로 그녀를 보내달라고 부탁했기 때문이었다. 피델은 이를 배신으로 받아들였고 다시는 그녀를 보지 않았다. 피델에게 정치는 언제나 사적인 사안이었다. 그래서 피델은 남아메리카로 떠났고 테레사 카수소는 쿠바로 돌아와서 짐을 쌌다.

일단 멕시코 국경을 넘자 피델은 훨씬 더 편안한 기분을 느꼈다. 그는 기나긴 세월을 거쳐 자신이 언제나 바랐던 자리에 도착해 있었다. 비로소 볼리바르와 마르티의 전통에 따라 20세기의 범아메리카 지도자가 되어 있었던 것이다. 피델은 쿠바의 문을 열어 망명자들을 받아들였다. 멕시코가 한때 피델에게 은신처를 제공했던 것처럼 쿠바도 그렇게 하겠다는 것이었다. 그러나 그 속에 내포된 뜻은 훨씬 강력했다. 쿠바가 지나간 길이라면 다른 나라들은 그대로 따라야 한다는 의미였다.

부에노스아이레스에서 피델은 미국이 라틴아메리카에 300억 달러의 원조를 해야 한다고 "제안했다." 당연히 이는 워싱턴의 비웃음만을 샀다. 하지만 2년 후에 케네디 대통령이 '진보동맹'*을 결성하고 250억 달러의 원조를 약속하자 피델은 자신의 선견지명에 흡족해했다. 피델은 이미 라틴아메리카의 지도적인 정치가는 어떤 역할을 해야 할지에 대한 조언을 구하러 다니기 시작했다. 한 평자는 이런 분석을 내놓았다. "쿠바를 희생양으로 간주한 피델이 현재의 아메리카 체제를 전복해서 쿠바의 위상을 라틴아메리카의 해방자로 높이려고 한다."27 실제로 피델이 라틴아메리카에서 볼리바르 같은 위상을 얻고자 바랐던 점에서는 이 분석이 옳았다. 하지만 이 분석에는 미국이 자신의 "뒤뜰"에 대해 가지는 평소의 선입관이 고스란히 드러나 있다. 이런 추정은 피델이나 그 외의 다른 민족주의 성향의 지도자들을 분노케 했다. 미국은 1823년에 먼로독트린**을 선언한 이후로 아메리카대륙 모든 국가의 "이익"은 보호받아야 한다고 역설해왔다. 그러나 이 정책으로 인해 긴장 상태가 고조되던 냉전이 더욱더 악화일로를 걷게 되었다. 피델은 멕시코 국경의 북쪽과 남쪽 모두의 신경을 건드리고 있었다.

피델이 아메리카를 순방하며 쿠바혁명을 바라보는 양극화된 시선을 느끼고 있는 동안 체는 조용히 혁명 과정에서 입지를 다지고 있었다. 토지개혁법을 만들고 연설을 하고 혁명정부 내 관할 분야에서 공산주의 교육을 조용히 시작했다. 또한 개인적으로 어려운 상황에 직면해서 그 문제를 해결하느라 바빴다. 1월에 일다가 이제 세 살이 된 딸 일디타를 데리고 아바나로 건너온 것이다. 만약 일다가 화해를 바라고 있었다면 알레이다의 존재로 인해 크게 낙담했을 것이다. 일다의 회고록에 따르면 그들은 원만한 이혼 절차를 밟았다고 한다. 하지만 일다는 아바나에 계속 머물기로 결정했고 곧 알레이다가 남편의 비서로 일하는 같은 건물에서 일하게 되었

---

*   1961년 채택된 푼타델에스테 헌장에 따른 미국의 라틴아메리카 경제 지원 정책.

**   먼로주의, 미국의 외교상 불간섭주의.

다.[28] 세 사람 모두에게 불편하고 짜증 나는 상황이 벌어진 셈이다.

피델은 아바나로 돌아오자마자 곧바로 토지개혁법을 실시했다. 그는 산속의 라플라타 본부에서 그 법을 공표하면서 국가토지개혁국INRA의 국장을 맡았다. 이로써 피델은 총리이자 최고사령관에 직함 하나를 더 얹게 되었다. 여름이 끝나기 전에 피델은 바티스타가 지은 높은 시청 건물에 새 집무실을 세웠다. 그 사무실에서는 플라자 데 라 레볼루시온(혁명광장)이라고 새로이 이름 붙인 커다란 광장이 내려다보였다. 그 후로 몇 달간 INRA 관리들이 차츰 정규 장관직에 임명되면서 유사 정부와 진짜 정부 사이의 구분이 점차 희미해지고 있었다. 체는 셀리아 산체스와 함께 유사 정부의 자리를 지켰다. 이제 진정한 변화가 확실해지면서 정부 자리 간 순환이 끊임없이 이어졌다. 이전 정권에서 망명을 떠났던 이들이 돌아오기 시작한 반면 다른 사람들은 떠나야 할 때라는 것을 깨닫기 시작했다. "카스트로 그 개새끼에게 전해. 뭐 하나 빼놓을 것 없이 죄다 맘에 안 든다고."[29] 전쟁이 일어났을 때 혁명군을 지지했던 택시 운전사는 공연히 길에서 정치적 울분을 토하고 있던 이 미국 외교관에게 버럭 고함을 쳤다.

그러나 변화하고 있는 '그것'이 정확히 무엇인지는 점점 더 확신하기 어려워졌다. 몇 주 전만 해도 새로운 권력으로 들어선 것 같았던 공식적 단체나 운동이 갑자기 그 힘을 잃었기 때문이다. INRA는 우루티아와 내각의 '공식' 정부를 위임받는 수단만이 아니었다. 피델의 오랜 친구이자 시에라군에 무기를 공급했던 페드로 미레트의 표현에 의하면, 그것은 7·26운동 조직을 "희석"시키는 수단이기도 했다. 피델은 이제 새로운 기반이 필요했고 여름 내내 혁명군의 균형을 재조정하기 위해 노력했다. 6월에 그는 친미 성향의 외무부 장관인 로베르토 아그라몬테를 경질하고 훨씬 더 급진적인 성향의 라울 로아를 새로이 임명했다. 7월에는 우루티아 대통령이 혁명개혁법 통과를 가로막자 피델은 대중들의 반발을 구실로 사임을 종용했다. 이에 7·26공격 기념일을 축하하기 위해 모여든 농민들이 피델을 대통령으로 추대했다.

그달에 피델이 체에게 해외 친선 방문을 맡아달라고 부탁하자 호사가들은 체도 피델 중심의 정계에서 밀려나게 된 것이라고 호들갑을 떨어댔다. 사실 "고위 관료 인사에 중대한 변화가 있을 것"[30]이라는 소문이 무성했다. 피델이 체에게 부탁을 한 시기도 개인적으로는 좋지 않은 시점이었다. 체와 알레이다는 막 결혼식을 올린 직후였기 때문이다. 결혼식 사진을 보면 체는 즐거워하지만 북적거리는 하객으로 인해 당황한 듯했다. 알레이다는 아름다웠지만 그들을 둘러싼 하객 때문에 약간 경직된 표정이었다. 하객 중에는 라울과 아내인 빌마, 체의 비행사이자 경호원인 알베르토 카스테야노스도 있었다. 피델은 체에게 새신부도 여행에 데려가라고 제안했지만 체는 물론 거절했다.

그가 부부 동반 제안을 거절한 까닭은 이번 여행에 비밀 임무가 있었기 때문이었다. 바로 소련과 접촉하는 일이었다. 결과적으로 피델의 이번 조치는 체를 강등시킨 것이 아니라, 개혁 속도가 느려지면 체가 조급해하리라는 점을 내다보고 내린 결정이었던 것이다.[31] 그렇게 생각할 만한 정황 증거도 있는데, 피델이 미국을 방문하는 동안 온건파에 둘러싸여 있는 모습을 보고 체는 또다시 떠나겠다는 말을 꺼낸 것이다. 피델은 체에게 이제 혁명의 "새로운 단계"[32]로 나아가려고 한다는 분명한 뜻을 전하려고 애를 썼다.

체가 떠나는 날, 피델은 체를 배웅하러 공항에 나왔다. 두 사람은 탁자에 앉아 몇 시간 동안 대화를 나누었다. 알레이다는 근처에서 서성였다. 체의 탑승 안내가 나오자 알레이다는 수많은 기자들 사이를 뚫고 체에게 달려가 안겼다. 체는 적어도 그 순간만큼은 어딘가에 소속된 듯한 느낌에 뿌듯한 표정이었다. 그러나 언제나처럼 이런 기분은 출발하는 그 순간뿐이었다. 이제 체는 해외에서 쿠바혁명의 공식적인 얼굴로 활동할 터였다.

여행은 항상 체의 마음을 해방시켰다. 1월 이후로 체의 마음에 움텄던 생각들도 이제 해방구를 찾은 듯 보였다. 체는 가는 곳마다 그 나라의 지도자들에게 그들이 추진하는 토지개혁에 대해 역설했다. 또한 그런 정책을 고안하고 실행하는 위치에 있는 사람으로서의 역할에도 신경 썼다. 체가 탄 비행기가 아바나를 벗어나자 그는 자신이 항상 바라던 대모험이 시작되었음을 느낄 수 있었다. 3개월 동안 앞으로 비동맹 국가로 지목될 중요한 나라들을 둘러볼 예정이었다. 카이로와 델리, 자카르타, 도쿄, 베이징, 콜롬보, 라바트 등은 체가 항상 이국적으로 여기던 곳들이었다. 이 여행을 통해 체는 자신의 위치와 의무를 더 쉽게 용인하게 되었고, 카스트로가 그랬듯이 중대한 결심을 하게 된다. "저는 여전히 자신의 길을 찾으려고 애쓰던 과거의 외톨이 그대로입니다."³³ 체는 어머니에게 편지를 썼다. "하지만 이제 역사적인 의무감을 느낍니다. 저에게는 집도, 아내도, 자식도, 부모도, 형제도 없습니다. 친구들도 정치적인 생각이 저하고 같은 경우에만 친구로 남을 것입니다. 하지만 저는 행복합니다." 피델과 체는 권좌에 오른 지 몇 달 만에 그들 여생에 계속될 길을 찾은 것이다.

체는 시간은 중요하지 않다는 듯, 이 편지에 날짜를 "대략 7월 2일쯤"이라고 적었다. 또한 "행복"이라는 단어의 사용도 애매했다. 예상컨대 체는 반복되는 일정에 지쳤거나 시차 때문에 기분이 안 좋은 상태였을 것이다. "고향과 사랑하는 사람들과 멀리 떨어져서 폭풍 치는 밤에 인도 상공 위에서 쓴 편지를 있는 그대로 받아들여주세요"라고 체는 말했다. 하지만 그는 이전의 편지들에서 이미 아쉬운 마음을 토로한 적이 있었다. "이 모든 나라를 방문하겠다는 나의 꿈은 이루어졌지만 내가 꿈꾸던 행복한 방식과는 거리가 멉니다. 피라미드의 그늘에서 쉬거나 투탕카멘의 무덤을 올라가보는 순수한 즐거움은 버려야 하니까요." 남들이 보기에 세상을 발밑에 두고 고립하는 서른 살의 남성이 이런 별난 말을 한다는 것은 이상했다. 게다가 편지의 끝에 '에르네스토'로 서명하는 것도 이상했다. 그는 최근에 얼은 별명인 '체'를 아주 자랑스럽게 여겨서 공식 문서에도 일필휘지로 멋지게 '체'라고 서명했다. 그런데 이렇게 에르네스토로 서명한 것은 그 편지를 과거가 아니라 폭풍 치는 현재를 반영하는 편지로 봐달라는 분명한 신호였다.

체는 순방 기간 동안 외교관이라는 새로운 임무를 되새기며 최선을 다했다. 그는 비행기를 타고 내려와서 악수를 하고 자신을 위해 차려진 뷔페 음식을 정중하게 집었으며 아그라와 붉은 요새, 수에즈운하, 후지산 같은 명소를 둘러보았다. 그는 사진기를 향해 자세를 취했고 회담이 '만족스러웠다'고 말하면서 외교 관계를 돈독히 하자는 '바람'을 전했다. 아무리 체가 사진을 찍히기보다는 찍는 것을 더 좋아했고 세계 정치 지도자의 별난 행동과 버릇에 개인적으로 눈살을 찌푸렸더라도 그는 외교관의 자세를 잃지 않았던 것이다.[34] 이번 여행은 여러 면에서 체에게 생소한 여행임에 틀림없었다. 거의 3년을 아슬아슬하게 살다가 처음으로 생각을 정리해볼 수 있었고, 평소에 가장 존경하던 영웅을 가까이에서 만날 수 있는 기회도 얻었다.

그러나 수많은 일화에서도 알 수 있듯이 체에게 외교관의 삶은 적합하지 않았다. 단지 자그레브에서 유고슬라비아 사람들이 보여준 싸늘한 반응 때문만은 아니었다. 그들은 체의 '비트족'* 같은 외양[35]에 그다지 좋은 인상을 받지 못한 것 같았다. 어느 날 체는 네루와의 만남을 초조하게 기다리고 있었다. 옷도 그가 가진 옷 중에서 가장 좋은 옷으로 빼입었다. 최소한 세계 최빈국의 총리와 함께 식사를 할 만큼은 말쑥한 옷차림이었다. 체는 네루와 영부인 역할을 대행하는 그의 딸 인디라** 사이에 앉아서 연신 미소를 띤 표정으로 최대한 격식을 차리려고 애썼다. 마침내 체가 네루

---

* 　인습을 배척하는 사람.

** 　훗날 인디라 간디 총리가 된다.

에게 공산주의 중국을 어떻게 생각하느냐고 물었지만 그 질문은 묵살당하고 말았다. "당신이 사과를 좋아한다니 기쁘군요."[36]라는 대답이 전부였던 것이다. 한때 체가 투사이자 확고한 신념의 사나이로 숭배했던 남자에게서 나온 말치고는 실망스러운 것이었다. 또한 체가 이집트 대통령 나세르를 만났을 때 그의 토지개혁이 불충분하다며 비난을 퍼부었던 일화도 있다. 나세르는 게바라가 그토록 격렬한 반미 '감정'을 품고 있는 줄은 몰랐다며 놀라워했다.[37] 체가 계속 자신의 주장을 밀어붙이자 나세르는 "특정 계급의 개인이 아니라 계급의 특권을 청산하고 있는 것"[38]이라고 반박했다. 정치가로서 나세르가 처한 입장을 체는 이해하는 데는 실패했지만, 최소한 피델의 특기인 시치미 떼기를 제대로 써먹는 데는 성공했다. 스리랑카에서 카스트로가 공산주의자이지를 묻는 질문을 받자, 체는 "카스트로 본인은 아니라고 답하겠지만 아이젠하워는 그렇다고 답할 것"[39]이라고 대답했던 것이다.

이 모든 실망과 낙담은 이미 전쟁이 끝난 후부터 줄곧 체가 겪어왔던 일이었다. 체는 이제 과거의 강렬함을 일깨워줄 일이 아무것도 없는 것처럼 느껴졌고 한때 품었던 원대한 야망은 실현되고 보니 그다지 대단하지 않은 것처럼 여겨졌다. 하지만 순방길에서 돌아온 체는 자신의 모든 에너지를 다시 한번 더 혁명에 쏟아부을 준비가 된 것처럼 보였다. 그러면서도 어떤 인생의 길을 택해야 할지에 대해서는 여전히 모호한 상태였다. 체는 과거의 편지와 거의 똑같은 내용의 편지를 어머니에게 보냈다. 예전처럼 체는 새로이 찾은 신념에 대해 완강한 의지를 내보이면서도 그로 인해 자신의 삶이 어떤 길로 나아갈지에 대해서는 전혀 모르는 상태였다.

한편, 피델은 체가 여행하는 내내 눈을 떼지 않았다. 전화로 연락을 계속 취하면서 여러 차례 알레이다를 데리고 다니라며 부탁했다. 체는 완강히 거질했다. 비밀 임무가 한창 진행 중이었고 그 임무를 위험하게 만들고 싶지 않았기 때문이다. 사실 체의 여행은 두 혁명 지도자가 다시 한번 힘을 합쳐 빚어낸 합작품이었다. 체가 아바나를 벗어나자마자 곧바로 이집트에서 소련과의 첫 만남을 준비하고 있을 때 피델은 즉시 미국에게 쿠바산 설탕의 수입 할당량을 300만 톤에서 800만 톤으로 늘려달라고 공개적으로 요구했다. 피델과 체는 틀림없이 공항에서 이 계획에 대해 대화를 나누었을 것이다. 당연히 미국은 그 요구를 단박에 거부했다. 하지만 이제 쿠바산 설탕을 사줄 국가는 따로 있었다. 체가 카이로에서 소련의 통상담당 외교관을 만났을 때 미국이 발을 뺄 영역에 소련이 들어오기로 합의했다. 이후에도 계속 체는 다른 나라를 방문할 때마다 그곳의 소련 대사관 직원들과 사전에 마련해둔 회담을 이어갔다.[40]

순방 기간 동안 체가 이끄는 대표단은 외교에서 필요한 기본적인 사교술이 부족해서 여러 번 비웃음을 샀다. 미국은 체가 방문하는 각 도시의 자국 외교관들에게 "실용적인 모든 정보"[41]를 요구했다. 버마(현 미얀마) 양곤에서 전해온 통상적인 보고서에는 호텔 라운지에서 군복과 모자를 쓴 채 차를 마시는 그 방문자들이 "눈에 띄지 않을 수 없는 존재"[42]로 표현되어 있었다. 그러나 체가 방문하는 모든 도시에서 미행자들은 체의 별난 외양에만 주목했을 뿐 그들의 코앞에서 소련과 접촉하고 있다는 사실은 포착하지 못했다. 이렇게 체는 소련과의 협력을 도모하는 시범적인 첫발을 내디뎠고 이 사실을 눈치챈 사람은 거의 없었다. 음모를 좋아하는 피델은 이 모든 상황이 아주 즐거웠을 것이다. 결국 알레이다를 동반하지 않겠다고 한 것은 적절한 결정이었다. 이제 외교적 임무를 끝낸 체에게는 귀국하는 길에 홍콩에서 보낼 3시간 동안 라이카와 미녹스 카메라 중에서 무엇을 골라야 할지[43] 행복한 고민만이 남아 있었다.

체가 떠나 있는 동안 피델은 신임 외무장관인 라울 로아와 그의 아내가 마련한 저녁식사 자리에서 미국 대사 필립 본설과 시간을 보내게 되었다.[44] 저녁식사 후에 그들은 정치와 관계된 대화를 나누기 시작했다. 본설은 체가 이번 순방길에서 했던 반미 발언에 대해 언급했다. 피델은 기분이 언짢았다. 물론 체의 발언 때문은 아니었다. 남이 자신에게 이러쿵저러쿵하는 것이 못마땅한 데다, 특히 미국 대사가 그러니 더욱 심사가 꼬였다. 피델은 체가 그저 혈기왕성한 젊은이여서 그렇다고 대답했다. 본설이 그 점을 모를 리는 없었다. 그러나 아바나에서 점점 옆으로 내쳐지고 있다고 해도, 체가 피델의 주변인들 중에서 독립적인 입장을 내세울 수 있는 몇 안 되는 사람이라는 점 역시 본설은 알고 있었다.

혁명 초기에 분명하게 드러난 사실은 피델과 체의 관계가 과거와는 달리 서로의 재능을 인정하고 공통의 신념을 향해 함께 협력해나가는 공조 관계로 바뀌었다는 점이었다. 이전에 체는 어떤 일을 끝까지 완수하는 데에 어려움이 있었고 피델은 자신이 완전히 통제할 수 없는 대화는 시작하려고도 들지 않았다. 하지만 피델과 체는 서로에게서 좋은 영향을 받아 더 나은 관계를 형성했다. 권력 면에서는 두 사람의 차이점이 서로의 약점을 보완해주는 역할을 했다. 전면에 나서서 사람들을 이끄는 일은 피델의 몫이었고, 배후에서 두 사람이 계획했던 대로 혹은 피델이 가리키는 대로 사람들을 조직하는 일은 체의 몫이었다. 피델의 명연설도 체라는 막후 연설자의 입김이 상당 부분 작용한 결과였다. 본설은 이런 관계를 알아채기 시작한 사람들 중 하나였다.

1959년 12월이 되자 쿠바는 미국에서 소련으로 돌아서기 위한 제2단계에 돌입했다. 이와 더불어 피델도 완전히 좌측으로 돌아섰다. 체가 아바나로 돌아왔을 때 그는 자신이 없는 동안 혁명의 속도가 빨라진 것에 놀라고 기뻐했다. 외무부에서 결과 보고를 할 때 새로운 인물 중 한 명인 라울 로아 장관을 만난 것이다. 체는 이렇게 피델이 여름 동안 요직에 새로운 사람들을 앉힌 것을 보고 혁명이 급진적인 방향으로 선회했다는 사실을 감지할 수 있었다.

체가 없는 동안 피델은 정치적 반대파의 반발에 정면으로 부딪쳤다.

시에라 시기부터 이어진 정치적 저항은 이제 폭발할 지경에 이르렀다. 특히 INRA가 세워지고 토지개혁법이 실시되고부터는 정치적 반대파의 반발이 더욱 격해졌다. 온건파는 그 법이 지나치게 좌파적이라고 생각했고 급진 좌파인 PSP의 공산주의자들은 그 법의 구상이나 실행에 자신들이 제외되었다는 사실에 분개했다. 피델은 공산당을 이미 합법적인 정당으로 인정해 주었지만 1월 이후로 공산당을 대하는 태도가 변덕스럽게 기복이 심했던 것이 사실이었다. 당시에는 다들 피델이 신뢰하는 상대는 전쟁 시기 동안 능력을 보여주었던 충성스러운 혁명군밖에 없다고 생각했다. 그 시기 피델은 공산주의자들을 야만인이라고 공언할 정도로 공산당을 압박했다. 이에 PSP 서기장인 블라스 로카는 5월 총회에서 경고성 발언을 했다. "지금 우리는 아주 위태로운 순간에 봉착했습니다."[45] 그 당시 공산주의자들은 '추방'[46]당할 수도 있다고 우려했다. 그러나 혁명이 행해지는 과정에서 상황은 급전환되었다. 체가 귀국할 무렵에 피델은 7·26 조직 내의 고위급 인사들에게 등을 돌리고 오히려 PSP를 비롯한 급진파에게 호의적인 모습을 보이고 있었다.

우베르 마토스는 피델이 가장 신뢰하던 고위급 장교 중 한 명이었다. 전쟁 기간 동안 마토스는 무기를 가지고 산속 기지로 찾아와서 자기 부대를 이끌었다. 1월에 그는 카마구에이 지방의 지사로 임명받았다. 하지만 10월에 그는 피델의 공산주의적 성향에 반발해서 지사직에서 물러났다. 피델이 공산주의자인 동생 라울을 군대 총사령관으로 승진시켰기 때문이다. 14명의 다른 사령관들도 동반 사퇴했다. 피델은 이를 국가반역죄로 보고 마토스를 체포하기 위해 카밀로를 카마구에이로 급파했다. 이 같은 조치에 반발해서 온건파인 펠리페 파소스도 국립은행 총재 자리에서 물러났다. 이로 인해 정부를 양분하는 논쟁이 촉발되었다. 해묵은 논쟁이 되살아난 것이다. 이전에 야노를 대표하던 파우스티노 페레스와 엔리케 올투스키, 마누엘 레이도 마토스를 지지했다. 그들도 곧 각자의 자리에서 물러나

게 되었다. 그해 후반 내내 이 같은 우파 숙청 사태가 정부를 발칵 뒤집어 놓았다.

설상가상으로 이 모든 일이 벌어지는 동안 피델의 전임 공군 대장이 자 개인 비행사였던 페드로 디아스 란스가 망명지에서 비행기를 타고 다시 돌아와서 반反카스트로 선전 전단지를 뿌려댔다. 전단지에는 공산주의 위협을 경고하는 내용이 담겨 있었다. 디아스 란스의 친구라는 이유만으로도 이미 운명이 결정나버린 마토스는 12월에 재판에 회부되어 20년 형을 언도받았다. 혁명의 결속은 이제 반혁명분자 처단이라는 슬로건 아래 유지되고 있었다. 피델은 그 슬로건으로 대중들을 몰아갔고 정부 인사 중 부르주아적이거나 자유주의적 인물을 제거했으며 전국에 민병대를 조직했다.

피델은 반대파의 늪에서 빠져나와 더욱 공격적이고 호전적인 어조로 사람들을 밀어붙였다. 1959년 말에는 혁명재판까지 부활했다. 마토스는 이미 20년 수감형을 받았기 때문에 가까스로 혁명재판을 면할 수 있었다. 또한 피델은 언론에 대한 통제도 강화했다. 정부 노선을 따르는 신문사들은 살아남았다. 이제 아바나의 호사가들은 부정적이고 공격적인 어조로 농담 삼아 새 정부의 공식 신문사 중에 하나인 〈레볼루시온〉을 '슬픔이여 안녕'*47이라고 불렀다.

피델은 체로 대표되는 미래와 좀더 온건한 지지자들이 원하는 길 사이에서 중도를 찾으려는 노력은 하지 않았다. 그저 앞으로 밀어붙이기만 한 것이다. 11월 무렵이 되자 피델의 연이은 처사에 온화한 성격의 본설 미국 대사조차도 발끈했다. 그는 피델이 고의적으로 관계 악화를 유도하고 있다고 주장했다. 그러나 피델은 본설이 이런 말을 하자마자 미국이 반혁명분자들을 지원하고 있다는 비난과 분노가 담긴 편지48를 로아 외무장관을 통해 전했다. 이 같은 피델의 방식은 마치 사냥꾼이 몰이꾼들을 풀어놓

---

*   프랑스 작가 프랑수아즈 사강의 소설 제목.

고 사냥감을 몰아서 자신이 기다리는 쪽으로 뛰어오게 하는 수법과도 같았다. 쿠바 공산당은 이제 피델과 가까워진 관계를 증명이라도 하듯이 당기관지의 사설에서 정부가 "치기 어린 오만"을 드러내는 것이 결코 아니라며 정부의 처사를 두둔했다.

마토스 사건으로 피델은 가장 신뢰하던 사람들 중의 한 명을 잃었다. 그는 특히 체에게도 유일한 측근이었다. 바로 카밀로가 카마구에이에서 임무를 마치고 아바나로 돌아오던 길에 그가 탄 세스나 비행기가 감쪽같이 사라져버린 것이다. 체와 피델이 각각 일주일 동안 찾아 헤맸지만 카밀로의 흔적은 온데간데없이 사라지고 없었다.

카밀로와 더 친밀했던 체는 울분을 풀어낼 길이 없어서 속으로 삭히고만 있었다. 체는 "우리에게 안전한 비행기가 없어서, 우리 조종사가 경험이 미숙해서, 과중한 업무에 시달린 카밀로가 빨리 아바나로 오고 싶은 마음에 서둘다가"[49] 적에게 죽임을 당했다며 분노했다.

그러나 체 스스로는 그렇게 과중한 업무를 오히려 찾아다니는 듯 보였다. 피델은 체가 여름에 귀국하자마자 국유화한 산업 모두를 총괄하는 장관에 임명했다. 국유화된 산업이 점점 더 늘어가는 상황에서 절충적으로 손쉽게 그 모두를 아우른다는 것은 사실상 불가능했다. 거기다가 체는 파소스가 떠나버려서 공석이 된 국립은행 총재직까지 떠맡았다. "이 모든 일이 모험에 대한 갈증을 풀어줍니다."[50] 체는 부모님에게 편지를 썼다. "모든 모험이 이곳에 있습니다. 이상을 위해 싸우고 책임을 집니다. 우리는 인간이 아니라 일하는 기계입니다. 힘들고 눈부신 상황 속에서 시간과의 싸움을 벌이고 있습니다."

이 모든 일을 함께하면서 피델과 체는 정치적 관계뿐만 아니라 사적인 관계도 더욱 공고히 다져나갔다. 피델은 "체 게바라와 함께 일하느라 바빴고 어떤 경우에도 체와의 만남을 우선시했다."[51] 또한 체의 말이라면 늘 경청했다. 그해 후반에 피델은 아바나에서 인도네시아의 수카르노 대통령을 맞이했다. 수카르노는 피델에게 쿠바와 미국은 불가분의 관계라고 말했다. 그때 체가 들어왔고 피델이 "신경질적으로 수염을 씹는" 모습을 보고는 이유를 물었다. 체는 수카르노가 한 말을 전해듣고는 냉소적으로 대꾸했다. "이제 이 분과 관계를 이어갈 이유가 없어 보입니다. 이 사람도 '대지주'임이 분명하니 말입니다."[52] 이것으로 더 이상의 잡음 없이 인도네시아 지도자의 방문은 끝났다.

체의 오랜 아르헨티나 친구인 구스타보 로코는 1959년 쿠바를 방문한 기억을 떠올렸다. 그 당시 로코는 체를 찾았지만 만나지 못한 채 호텔로 돌아왔는데, 늦은 밤에 피델과 체가 함께 그의 호텔방에 나타났다. "그들은 아침 9시까지 머무르면서 아르헨티나에 대한 질문을 했어요. 특히 그들은 멕시코는 친親쿠바 성향의 중립 정책을 펴는 나라이고 아르헨티나는 반反쿠바 성향의 중립 정책을 펴는 나라라고 생각하고 있었죠."[53] 로카의 말로 피델과 체가 어떤 삶을 살고 있었는지 그 본질을 알 수 있다. 그것은 시간에 쫓기는 게릴라의 삶이었다. 그들은 여전히 전쟁 중인 것처럼 시간을 보내고 있었던 것이다. 이미 혁명은 이데올로기에만 국한된 것이 아니었다. 혁명 자체가 혁명가를 골라내고 있었다. 만약 새벽 4시에 모임에 참석할 만큼 열정적이지 못한 사람이라면 퇴출될 수밖에 없었다.

한편 피델은 미국에게 강경하게 선을 그음으로써 소련을 끌어들이려고 꾸준히 노력했다. 가을로 접어들자 소련이 피델에게 관심을 보이기 시작했다. 하지만 체의 과거 경력을 고려해서 소련은 체에게 우선적으로 접촉을 시도했다. 소련은 젊은 KGB 요원인 알렉산드르 알렉시예프를 소련 통신사 TASS의 통신원으로 위장해서 쿠바로 보냈다. 이로써 피델에게 체의 가치가 다시 한번 입증되었다. 피델은 체가 소련의 'TASS 통신원'과 만났고 흥미로운 이야기를 들었다는 소식을 전했을 때, 아마 체가 에스캄브라이산맥에 도착했다는 말을 들었을 때와 마찬가지로 벅찬 기분을 느꼈을 것이다. 지금은 체가 더욱 광활한 해안에 다다르는 길을 찾은 것이기 때문이다.

몇 주 동안 이어진 신중하고 은밀한 협상 끝에 1960년 1월 말에 소련의 무역박람회54가 미국과 멕시코를 거쳐 아바나에서도 열리게 되었다. 피델은 알렉시예프와 직접 회담을 가진 후 쿠바와 소련의 외교 관계를 수립하는 첫 단계로 박람회 개최에 동의했다. 그 박람회는 그곳 분위기와 어울리지 않았지만 사람들에게 큰 관심을 끌었다. 그 행사는 가정용품과 산업 장비를 전시하는 보통의 무역박람회와는 달리 소련의 우주선인 스푸트니크호를 그대로 옮겨놓은 듯한 모습이었다. 이제 피델은 산속에서 하늘을 올려다보며 찾으려고 했던 것을 쿠바로 끌어오는 데 성공한 셈이었다. 미국 통신원인 루비 하트 필립스는 뭐니 뭐니 해도 콜라 자판기가 가장 큰 인기였다고 전했다. 이 박람회는 쿠바와 소련 간 막후 회담의 구실이 되었다. 원래 계획했던 대로 소련의 부총리인 아나스타스 미코얀이 박람회에 동행했고 피델과 체는 동석하여 미코얀과의 회담을 이끌었다.

한편, 체는 국립은행에서 일을 계속했다. 그는 오전 중에 출근해서 이튿날 새벽에 퇴근했다. 전쟁 시기에도 체는 대담함과 앞뒤를 재지 않는 무모함으로 유명했지만 장관이 되어서도 그런 점에는 전혀 변함이 없었다. 무엇보다도 체는 경제보다 정치적 사안을 우선시해야 한다고 주장했다. 쿠바가 소련으로 급선회하게 된 것도 부분적으로는 체의 엄격함 때문이었다. 체는 설탕 할당량과 무기 거래, 쿠바 내 미국 자산의 수용 같은 사안에 대해서 결코 타협하는 법이 없었다. 또한 그는 이제 쿠바의 항구로 들어오기 시작한 소련 석유를 서구의 정유회사들이 정제해야 한다고 고집했다. 이처럼 정치적 엄격함을 가지고 쿠바 경제를 휘두름으로써, 체는 피델이 급진적인 혁명으로 나아갈 수 있도록 박차를 가했다.

그다음 달에 미국은 피델에게 마지막으로 무기 거래 제안을 했다. 그러나 미국과 거래가 끊기더라도 소련이 지원해주리라고 확신하고 있던 피델은 그 제안을 거절했다. 얼마 후 피델은 혁명 후 두 번째로 맞이하는 노동절에 군중 앞에서 연설했다. 그는 무척이나 더운 날, 행진하는 민병대와 연호를 외치는 군중들을 향해 기나긴 연설을 이어갔다. 평소처럼 외국의 위협을 반복적으로 강조한 후, 5월 8일에 소련과의 외교 관계를 수립할 것이라고 마침내 공표했다.

소련과의 "따뜻하고 유기적인" 만남[55]은 미코얀의 방문과 쿠바산 설탕 수입의 약속으로 시작되었다. 반면에 미국과의 이별은 3월에 아바나항으로 들어오던 프랑스 화물선 라 쿠브르의 폭발 사건과 함께 이뤄졌다. 이 화물선은 벨기에에서 무기를 싣고 오던 중에 폭발했다. 정확한 원인은 규명하지 못했지만 피델은 CIA가 배후에 있다고 굳게 믿었다. 이 사건과 더불어 소련에서 석유가 들어오고 미국 전투기가 아바나 상공을 날아다니며 위협을 가하기 시작했다. 하지만 피델은 자신의 혁명이 마땅히 받아야 할 주목을 받게 되었다며 이런 상황을 오히려 기뻐했다.

혁명을 직접 경험하기 위해 쿠바를 방문한 프랑스 철학자 장폴 사르트르와 시몬 드 보부아르도 피델과 생각이 같았다. 국제적인 대치 상황을 직접 눈으로 본 그들은 그 광경에 압도당했다. "사르트르가 내게 (시몬 드 보부아르에게) 이렇게 말했죠. '혁명의 신혼기 같군.' 어떤 기관도, 사무적 전차도 없이 지도자와 국민들이 직접 만나고 있었어요. 군중은 격렬하면서도 약간은 혼란스러운 희망을 안고 있었죠. 영원히 계속될 수는 없겠지만 위안을 주는 광경이었어요. 우리 생애 처음으로 폭력이 행복을 획득하는 모습을 목격했던 거죠."[56]

흐린 하늘을 배경으로 머리카락이 구불구불 파도치고 눈은 먼 곳을 응시하는 그 유명한 사진을 찍은 지 얼마 지나지 않아, 체는 텔레비전 연설을 했다. 보부아르의 말에 힘을 실어주듯이 더욱 호전적인 어조로 "무언가를 성복하려면 다른 이로부터 그 무언가를 빼앗아야 합니다"[57]라며 새 분배와 평등에는 희생이 따른다는 사실을 역설했다. 그리고 이렇게 덧붙였다. "또한 그 사실을 애매모호한 말로 숨기려 들 것이 아니라 분명하고 확고하게 말해야 합니다."

체가 이렇게 경고하면 피델이 곧바로 실행에 나섰다. 또한 체는 가만히 앉아서 기다리는 사람들에게 딴죽을 걸었다. 체가 사르트르나 보부아르 같은 지식인을 보는 근본적인 시각은 자신의 사진을 찍으러 온 기자단에게 건넨 말에 잘 담겨 있었다. 어느 날 체가 자원노동 활동을 하는 곳으로 기자들이 몰려왔는데, 그는 기자들에게 일하러 왔느냐고 물으면서 그렇다면 카메라를 내려두고 일을 하라고 말했다. 혁명 달성은 말만으로는 부족하다는 뜻이었다.

그러나 체는 말도 혁명 과정에서 쓰임새가 있다는 사실을 잘 알고 있었다. 그는 시간이 날 때마다 책상에 앉아 끊임없이 글을 써냈다.[58] 1차 생산물(농산물) 거래 문제나 해리 트루먼을 향한 비난, 미국 정찰기에 의한 주권 침해 문제 등 숱한 글들이 4월부터 〈베르데 올리보〉 잡지에 실리기 시작했다. 익살맞으면서도 한결같이 전투적인 체의 글은 그 목표가 하나였다. 혁명의 특징을 어렴풋이 감지하면서도 명확하게 인식하지 못하는 사람들에게 더 큰 그림을 보여주려는 것이었다. 체는 피델에 비해 날카로운 통찰력이나 문제를 단순화해서 표현하는 능력이 부족했지만 그의 글은 피델의 제안을 상세히 설명하는 데 필요한 제 몫을 다해냈다. 무엇보다도 그의 글에는 단호한 목적 의지와 더불어 두 사람의 꺾이지 않는 신념을 흐리는 존재에 대한 조롱이 담겨 있었다. 두 사람은 자신들이 추구하는 미래가 어떤 모습으로 펼쳐질지 아직 확실히 알지 못했지만 똑같은 본능으로 자신들의 길을 가고 있었고 지금은 그것으로 충분했다.

7월에 소련 인사들이 쿠바로 들어오기 시작하자 도전적인 분위기가 형성되었다. 혁명을 연호하는 외침과 슬로건이 거리를 가득 메웠다. 술을 마시며 흥청대던 사람들이나 행락객들이 사라진 자리에 무장 민병대가 들어섰다. 미국과의 관계는 파국으로 치닫고 있었고 서로에 대한 비난의 목소리가 커졌다. 그 당시 어니스트 헤밍웨이는 "그저 하느님께 미국이 설탕 할당량만 삭감하지 않기를 빌 뿐이었다"며 "그렇게 되면 정말 관계가 끝장나서 쿠바는 러시아인들의 손에 떨어질 것"[59]이라고 말했다. 사실 미국이 그런 조치를 취한다고 하더라도 피델은 이미 경고한 대로 "그 자리에서 당장 수락할 것"[60]이며 이 경고는 결코 허세가 아니었다. 피델은 이미 교묘한 수를 생각해두었다. 미국인 소유의 땅을 수용하면서 그 보상금을 미국의 설탕 할당 수입금에서 충당하는 체계를 마련한 것이다. 즉, 미국의 돈으로 미국인에게 보상을 해주는 방식이었다.

그러나 아이젠하워 대통령은 피델의 경고에도 눈 하나 깜짝하지 않았다. 그해 7월에 미국 의회는 피델이 6월부터 실시한 국유화 정책에 대한 보복 조치로 쿠바의 설탕 할당량을 삭감했다.[61] 이로써 헤밍웨이가 우려하던 바가 현실이 되었고 작년에 체가 해외 순방길에서 노력한 결과가 빛을 발할 기회를 갖게 되었다. 미코얀과의 비밀 회담에 따라 7월 20일에 소련 지도자인 흐루쇼프가 즉시 그해 미국 할당량의 나머지인 70만 톤의 설탕을 사들였다.

미국과 1년 반이라는 긴 시간 동안 비난을 주고받은 끝에 쿠바는 드디어 소련의 동맹국으로 완전히 돌아섰다. 피델과 체는 서로 다른 지점에서 혁명의 원동력 역할을 해왔지만 최종적인 목표 달성은 둘이 합동해서 노력한 결과였다. 그러나 이렇게 새로운 길로 들어서게 된 쿠바는 결국 미사일 위기라는 극적인 상황에 처하게 되고 그 결과 두 사람의 관계도 대결 양상으로 치닫게 된다.

10 혁명의 해부

1960년 여름에 아바나는 그야말로 불이 붙은 듯했다. 단지 국제적 대치 상황 때문만은 아니었다. 그동안 여러 번 피델의 와병설[1]이 나돌았지만 이번에는 그 소문이 사실이었다. 피델은 항상 과도한 업무를 해왔는데, 7월 말에는 그의 몸이 고된 일상을 더 이상 견디지 못하게 된 것이다. 개인 주치의는 대중들에게 피델이 "절대적인 안정"을 취할 수 있도록 해달라고 간청했고 그는 《노인과 바다》의 배경인 코히마르에 있는 언덕배기 빌라에 머무르게 되었다. 이전에도 피델은 보스턴이나 모스크바의 최고 병원에 가보라는 권고를 받았지만 "정치적 이유들"[2] 때문에 완강히 거부했다. 코히마르가 최선의 선택일 수밖에 없었다.

피델의 "불확실한 질병"은 미국 행정부 내 사람들이 바랐던 만큼 "악성적인 상태"가 아니었다. 다만 수십 년 후에 피델이 정계에서 물러나는 요인이 되는 장 질환의 초기 단계라는 것은 틀림없었다. 이성을 잃은 듯한 일부 언론 보도[3] 중에는 그동안 공산주의자들이 정신과 치료를 핑계로 피델에게 "진정제와 마약"[4]을 제공해서 피델을 세뇌시켜왔다는 내용도 있었지만 이는 분명 사실이 아니었다. 피델은 정신이상과는 아무런 관계가 없었

고 혁명의 중요한 시기에 결코 약한 모습을 보여주려 하지 않았다.[5]

피델은 그 여름 동안 체의 도움으로 급진적인 혁명을 완수했다. 쿠바 혁명은 원래 부르주아 자유주의 혁명으로 시작되었지만 체의 영향도 일부 작용해서, 결국은 좌파 혁명으로 끝이 났다. 피델이 병석에 들기 전에 두 사람이 함께 작업했던 일 중 하나는 일명 '마체테* 법'으로 불리는 법안을 만든 것이다. 이는 미국이 쿠바산 설탕 할당량을 삭감한 것에 대한 보복 조치로, 쿠바 내 미국 자산을 거의 전부 몰수하는 것을 골자로 하는 법안이었다. 두 사람은 거대한 INRA 건물 내 피델의 집무실에서 3일 밤낮을 초안 작성[6]에 매달렸다. 또한 그들은 그해에 정부에 남아 있던 온건파들을 모두 몰아냈다. 피델이 미국을 처음으로 방문할 때 동행했던 경제부 장관인 루포 로페스프레스케트는 3월에 사퇴했고 마르셀로 페르난데스와 엔리케 올투스키도 7월에 자리에서 물러났다. 또한 라울 치바스는 여름이 되기 전 가족들과 함께 모터보트를 타고 마이애미로 떠났다. 라울 치바스 가족처럼 수많은 사람들이 "적화 세뇌" 분위기가 휩쓰는 쿠바를 떠나 마이애미로 향했다.[7]

미국인들에게는 혁명의 주요 설계자인 두 사람이 극악한 방향으로 혁명을 이끌어가는 것처럼 보였다. 미국의 시사주간지 〈타임〉은 특히 체의 역할을 비중 있게 보고 커버스토리로 다루면서 체를 "카스트로의 두뇌"라고 불렀다. 더불어 라울은 카스트로의 "주먹"으로, 피델은 혁명의 "심장"으로 표현했다. 게다가 〈타임〉은 체를 핵심적인 "빨갱이"라고 칭하면서 카스트로에게 악질적인 영향을 미쳤다고 주장했다. 이를 강조하기 위해서 잡지 앞표지에 체의 초상화 뒤로 빨간 바탕에 흐루쇼프와 마오쩌둥의 이미지를 그려 넣었다.

미국은 체의 공산주의적 성향 때문에 그를 좋아한 적이 없었고, 피델

---

* 중남미 원주민이 벌채에 쓰는 칼.

을 반대편에 빼앗기는 것에 속이 쓰렸다. 특히 "피델 카스트로의 최측근으로부터" 피델이 "최근의 상황을 놓고 기쁨을 감추지 못했다"[8]는 정보를 얻고 나서는 분개할 수밖에 없었다. 사실 이 정보는 라울 로아의 형수를 통해 전해졌는데, 그녀는 쿠바의 상황을 더는 참지 못하고 남편과 함께 미국으로 건너갔다. 구체적으로 설탕 할당량 삭감에 대해서 아이젠하워 대통령은 피델이 "두 배로 기뻐했다"는 사실을 전해 들었다. 미국이 매년 일정량의 설탕을 수입해주는 덕분에 쿠바는 설탕 생산량의 대부분을 안정적으로 처리할 수 있었다. 이 기본 할당량이 조금이라도 변하면 미국에 대한 쿠바 국민의 감정이 악화될 가능성이 아주 농후했다. "카스트로는 삭감 조치를 적자의 분배 문제일 뿐이라고 생각했다. 미국에 배정된 기본 할당량이 대폭 삭감되었다는 사실을 구실로 해서 미국에 대한 경제적인 공세를 더욱 효과적으로 펼칠 수 있게 된 것이다."

8월 말에 아이젠하워는 피델이 급진적인 혁명에 더욱 박차를 가할 핑계거리를 제공했다. 산호세에서 열린 미주기구 월례회의에서 "아메리카 국가들의 내정에 대해 다른 대륙의 강대국이 아무리 일시적일지라도 간섭을 하는 행위"를 "강력히" 규탄하는 선언서가 채택되었다. 양국과의 관계를 계속 유지하기를 원하는 멕시코는 미국 주도의 이 선언서가 쿠바를 겨냥한 것은 아니라고 공식적으로 언급했다. 하지만 다들 쿠바의 상황을 겨냥한 것이라는 사실을 익히 알고 있었다. 특히 쿠바의 외무부 장관 라울 로아는 그렇게 받아들였고 투표가 시작되기도 전에 화를 내며 회의실을 나갔다. "저는 나갑니다. 저와 함께 라틴아메리카의 국민들도 나갈 것입니다."[9]

그 주 내에 피델 역시 공식적으로 대응했다. 그는 혁명광장에 가능한 한 많은 수의 군중을 모았다. 아주 더운 오후였고 모든 것이 그대로 정지한 듯한 날이었다. 체는 하마터면 이 장관을 놓칠 뻔했다. 교통이 모두 통제된 후여서 체는 경호원을 데리고 도시를 가로질러 돌진해야 했다. 체는 군중에 휩쓸릴까 걱정도 되었지만 그 광경을 보지 않으면 후회할 것 같았다.

피델은 적들의 공격에 쿠바가 어떻게 대처해야 할지 열변을 토한 후 1952년에 트루먼 대통령과 프리오 대통령 사이에 체결된 상호원조 조약의 사본을 배포했다. "이 조약이 무효화되어야 한다고 생각하는 사람은 당장 손을 드십시오." 피델이 이렇게 말하자 사람들은 환호성을 질렀다. 피델은 그 자리에서 조약서를 반으로 찢어버렸다.[10] "우리는 역사를 위해서 이 문건을 찢어진 이대로 보관할 것입니다." 마치 연극의 한 장면처럼 멋진 광경이었다. 군중의 흥분은 이미 극에 달해 있었다. 그 순간 피델은 자신이 작성한 선언서를 읽기 시작했다. 바로 '아바나 선언'[11]으로 알려지게 되는 선언서였다. 그해 여름 동안 급변하던 상황들에 맞서 마침내 피델이 결론을 내린 것이다. 피델은 "쿠바 국민들은 자유의지를 가지고 스스로 결정해서 행동"했다고 확언하면서 쿠바인들은 소련이나 중국의 명령에 의해 행동하지 않는다고 천명했다. 단지 소련이나 중국이 쿠바에게 제공하는 지원을 받아들인 것뿐이라고 덧붙였다.

피델은 북쪽의 양키 침략자에 대한 신랄한 공격을 계속해나갔다. 그는 미국은 소련의 스파이라는 죄목을 씌워 로젠버그 부부를 사형한 편협한 인종차별의 나라이며 마르티의 말대로 "부채와 운하, 철도라는 독"을 서서히 주입시키는 나라라고 맹비난했다. 즉, 미국이 마치 사망 선고인이라도 되는 양 죽어가는 나라들의 혈관으로 외국 자본을 조금씩 떨어뜨려줌으로써 그 나라들을 서서히 장악해왔다는 뜻이었다. 피델의 연설은 절정으로 치달았고 그가 의무와 혁명을 역설하던 내용은 오래도록 사람들의 뇌리에 남았다.

농민과 노동자, 시식인, 흑인늘, 인디언늘, 남녀노소 평범한 사람들의 의무는 자신들의 경제적, 정치적, 사회적 권리를 위해 싸우는 것입니다. 압박받고 착취당하는 국가들의 의무는 해방을 위해 싸우는 것입니다. 각국의 의무는 압박받거나 착취당하거나 공격받는 사람들과 함께 공통의 목적을 위해 협력하는 것입니다. 그 사람들이 얼마나 멀리 떨어져 있든지, 각국의 지형적 위치가 어디이든지 간에 상관없이 모두 뭉쳐야 합니다. 세계의 이 모든 사람들은 형제들인 것입니다!

이는 새로운 혁명 원칙의 확언일 뿐만 아니라 "연설 속의 연설"[12]이었다. 이 연설을 통해 피델은 자신이 만반의 준비가 되어 있다는 사실을 주변의 공산주의자들에게도 알렸던 것이다. 연설이 끝난 후 군중이 모두 흩어질 무렵 혁명 지도부들도 그 연설의 진의를 깨달을 수 있었다. PSP의 주요 지도자들인 아니발 에스칼란테와 카를로스 라파엘 로드리게스는 매우 기쁜 마음으로 KGB 요원인 알렉시예프에게 피델의 진의를 전했다. 그들은 쿠바에서 혁명이 더욱 공개적으로 공산주의로 향하는 단계를 밟게 될 것이라고 확신했다. 에스칼란테가 특히 흥분을 감추지 못했다. 그는 쿠바에서 자신의 권력을 휘두르려는 계획을 가진 야심이 대단한 사람이었다.[13] 피델과 비슷하게 천성적으로 타고난 마키아벨리주의자였던 에스칼란테는 강경노선을 따르는 공산주의자였고, 공산당의 정치 게임에는 피델과 체보다 더 능숙했다. 오래지 않아 에스칼란테의 권력 구상은 피델과 체의 관계를 위협하는 존재로 작용하게 된다. 그러나 아직은 두 사람이 사이좋게 공산주의 혁명을 주도하고 있었다.

강력한 혁명 의지를 표명한 연설을 하고 나서 얼마 지나지 않아 피델은 제25차 유엔 총회에 참석하기 위해 뉴욕의 아이들와일드 공항에 도착했다. 피델이 들고 온 서류 중에는 얼마 전에 조인해버린 조약도 포함되어 있었다. 유니버설 인터내셔널 뉴스를 진행하는 에드 헐리히의 단조로운 목소리도 "세계의 가장 중요한 인물들이 모두 모였습니다"는 대목에서는 억양이 높아졌다. 그러나 미국 대중의 관심은 "적색 위성국가의 수장들"[14]에게 쏠려 있었다. 이제 그중 한 명이 된 피델은 이 여행의 위험과 가능성을 모두 염두에 두고 있었다. 피델이 뉴욕에 도착하자마자 비행기의 계단 위에서 상당히 신경질적인 도착 연설을 한 것도 아마 그 때문일 것이다. 그는 자신의 불안정한 영어에 불만을 느꼈는지 눈살을 찌푸리더니 연설을 금세 중단해버렸다. 출발은 이처럼 위태로웠지만 피델은 각오를 새로이 다진 듯 보였다. 피델은 자신을 암살하려는 시도가 있을지 모른다고 생각했지만 미국이 자국 영토에서 그런 위험을 감수하지 않으리라는 확신도 들었다.[15] 미국의 분위기는 한 수행원의 말마따나 "붉게 달아오른"[16] 상태였다.

피델 일행은 파크 애비뉴에 인접한 고급 호텔 셸번에 짐을 풀었다. 그들은 언제나처럼 마룻바닥에 내키는 대로 시가 재를 털었고 침대 기둥 사이에 해먹을 걸고는 밤늦도록 끊임없이 수다를 떨고 회의를 소집하고 명령을 해댔다. 피델의 해외 방문을 여러 번 동행했던 카를로스 라파엘 로드리게스는 "쿠바 사절단이 일단 도착하기만 하면, 그곳은 내가 본 중에 가장 엉망진창으로 어지럽혀진 상태"가 되었다면서 "우리는 베르사유 궁전도 엉망으로 만들어버릴 사람들"[17]이라고 말했다. 물론 호텔 매니저로선 도저히 참을 수 없는 손님들이었다. 그래서 그는 호텔 밖에서 진을 치고 있는 기자들에게 자신의 불쾌한 심경을 밝혔다.

피델은 자신들을 무시하는 처사에 분개해서 유엔 사무총장을 항의 방문한 후 셸번 호텔을 나와서 할렘 지역에 있는 테레사 호텔로 숙소를 옮겨버렸다. 그는 "나도 가난한 사람이니 할렘의 가난하고 겸손한 사람들과 점심식사를 함께할 것"[18]이라고 부드럽게 말했다. 이 행동은 언론의 관심을 집중시켰다. 이 사건은 이후에 흐루쇼프의 기행과 더불어 이번 총회를 유엔 역사상 가장 시끌벅적한 총회로 남게 하는 데 일조했다.

테레사 호텔은 간판의 네온사인 소자 전구가 절반쯤 나가 있을 정도로 낡았지만[19] 나름대로 활력이 넘쳤다. 맬컴 X와 듀크 엘링턴, 조 루이스 같은 유명 인사도 이곳에 묵은 적이 있었다. 비록 "매음굴"20 같은 분위기를 풍기긴 했지만 피델은 보자마자 마음에 들어했다. 그는 이곳 11층 호텔에서 일하는 흑인 종업원들은 모두 초대해 저녁식사를 함께했지만 자신을 만나려고 찾아온 다른 많은 이들은 뿌리쳤다. 다만 급진적인 '비트족' 시인인 앨런 긴즈버그는 기쁘게 맞이했다.

다음 며칠 동안 호텔 바깥의 군중들로부터, 벨기에서 독립한 콩고의 초대 총리에 올랐다 최근에 암살당한 독립운동 지도자 루뭄바와 피델의 연대를 외치는 연호가 들려왔다. 군중들은 소련 총리가 피델을 즉흥적으로 방문한 일에 한껏 고양되어 있었다. 키가 더 큰 피델이 열정적으로 흐루쇼프를 껴안는 바람에 흐루쇼프의 얼굴이 피델의 가슴에 푹 파묻혔다.

피델이 이렇게 격렬하게 포옹한 이유는 그 순간을 수 주 동안 기다려왔기 때문이었다. 몇 주 전에 피델은 새로 임명된 소련 대사인 세르게이 쿠드리아체프를 통해 흐루쇼프에게 속내를 전했다. "이런 총회에 참여하는 것은 처음입니다. 아직 어떤 길로 가야 할지 잘 모르겠습니다. 그래서 흐루쇼프의 조언이 절실히 필요합니다. 흐루쇼프와 사적으로 만나고 싶습니다. 모든 쿠바 문제에 대해 토론을 할 수 있도록 말입니다. 그런데 어디에서 그런 대표단 수장들의 만남이 이루어지는지 잘 모르겠군요."21 이렇게 초보적인 심경을 토로한 피델은 다시 본래의 대담한 성격을 드러내면서 자신이 준비한 연설이 어떻게 미국을 자극할지 설명해나갔다. "이런 행동은 분명 미국인의 심경을 자극할 것입니다." 피델은 흐루쇼프에게 장담했다.

피델이 뉴욕에서 소련 대사관으로 답례 방문을 할 때 그는 30분 정도 늦고 말았다. 피델은 도착하자마자 사과의 말을 늘어놓았다. 흐루쇼프는 침착하게 "걱정하지 마십시오. 의전은 중요하지 않습니다"22라고 말해 피델을 안심시켰다. 친밀한 인사의 의미로 소련 측은 쿠바 측에 보드카를 권했다. 피델은 필요할 때면 엄청난 주량을 자랑했지만 너무 높은 도수에 걱정이 되어서 대신 쿠바산 시가를 빼어 물며 그 순간을 넘겼다. 곧 방 안이 시가 연기로 가득 차서 소련 측 인사의 얼굴이 창백해졌다. 하지만 서로의 다른 문화적 취향에 아랑곳하지 않고 두 대표단은 농담을 하며 건배를 했다.

피델이 뉴욕에 도착한 지 얼마 지나지 않아 미국 당국은 쿠바가 자국 내 미국 자산을 몰수한 대가로 그의 비행기를 공항에 억류했다. 피델은 흐루쇼프가 빌려준 비행기를 타고 귀국했다. 귀국 비행기에 오르기 전에 피델은 미국의 조치에 예리한 응수로 화답했다. 이 모든 복잡한 상황을 간단한 문장으로 정리해버린 것이다. "당신들이 우리 비행기를 빼앗으니 소련이 비행기를 주는군요."[23]

피델이 코히마르의 빌라에서 휴식을 취하면서 유엔 총회에 참가할 준비를 하는 동안 체는 자신만의 계획을 진행하고 있었다. 두 사람의 협동 관계는 이제 완전히 정착되어 조화롭게 돌아가고 있었다. 체는 이렇게 "친밀하고 조화롭고 상호 협동하는"[24] 관계가 모든 혁명 과정의 핵심이 되어야 한다고 주장했다.

체와 알레이다는 그해 여름에 또다시 집을 옮겼다. 이번에는 우아한 잔디밭과 가로수길이 뻗어 있는 부유한 지역인 미라마르로 이사했다. 이로써 체는 피델의 본부가 있는 베다도와 멀어졌다. 어쨌든 피델도 그 본부에 자주 머물지는 않았다. 피델이 병석에 들기 전후로 피델의 삶에는 불확실한 점들이 많았다. 반면 체의 삶은 안정을 찾기 시작했다. 그리고 이전에 알고 지내던 사람들이 한두 명씩 다시 나타났다. 그중 단연 눈에 띄는 사람은 알베르토 그라나도였다. 제멋내로 사는 이 친구는 라틴아메리카 횡단 여행의 첫 번째 동반자였다. 그는 7월의 어느 날 옛 친구가 어떻게 사는지 보려고 왔다며 갑자기 국립은행으로 체를 찾아왔다.[25]

피델이 뉴욕에서 돌아오자 혁명의 다음 단계가 시작되었다. 피델은 흐루쇼프와 개인적인 친분을 쌓은 것에 아주 흡족해했고 그 관계를 더욱 발전시키고 싶어했다. 여전히 피델은 체를 가장 믿었기에 소련과의 관계를 진전시키는 업무는 당연히 그의 몫이었다. 피델은 볼셰비키혁명 기념일 축하 사절단으로 체를 모스크바로 보냈다. 피델을 대신해서 체는 쿠바인들이 바라마지 않는 사회주의 진영과의 실질적인 합의를 끌어내겠다는 목적을 가지고 떠났다. 피델이 뉴욕에서 가진 소련과의 접촉에서는 재정적 지원에 대한 확답을 받지 못한 상황이었다. 그래서 피델은 체에게 희망을 걸어본 것이다.[26]

10월 22일 체는 모스크바로 떠났다. 체는 일개 장관 신분으로 모스크바에 도착했지만 영웅처럼 환대받았다.[27] 쿠바는 세계사회주의를 상징하는 횃불이라는 말도 들었다. 체를 위해 볼쇼이 극장에서 공연이 펼쳐졌고 모스크바 전철 견학과 공장 방문 일정도 잡혀 있었다. 이 모든 환대는 체가 흐루쇼프의 귀빈으로서 레닌의 영묘 위에 섰을 때 절정을 이뤘다. 이는 체의 오랜 꿈이 마침내 이뤄진 순간이었다. 호찌민, 고무우카, 노보트니 등 수많은 다른 사회주의 지도자들이 있었지만 이제 체가 그들의 자리에 들어선 기분이었다. 체는 흐루쇼프의 곁에 당당히 서서 모스크바의 붉은광장을 가로질러 행진하는 군인들을 "흡족하고 빛나며 행복한" 표정[28]으로 내려다보았다.

흐루쇼프도 쿠바혁명의 둘째가는 위인을 직접 만나게 되어 흡족한 기분이었다. 라울 카스트로와 안토니오 누네스 히메네스도 그 여름에 비밀리에 방문했지만 이런 환대는 받지 못했다. 체가 모스크바로 떠나기 전에 라울과 크게 싸웠다는 소문[29]까지 나돌았다. 피델이 친동생이 아니라 체를 보내기로 한 것 때문이라고들 했다. 하지만 흐루쇼프는 단순히 이 아르헨티나 태생 쿠바인에 대해 더 알고 싶은 마음에서 흥미를 느낀 것뿐이었다.

흐루쇼프는 그날 밤 크렘린 궁전에서 열린 연회에서도 체를 곁에 두었다. 테이블은 과일과 성찬으로 가득했고 리본과 별이 박힌 빳빳한 정복을 입은 군인들에게 그루지야산 샴페인이 양껏 주어졌다. 그들 옆에는 작가

들과 소련 사회의 유명 인사들이 서 있었다. 밤이 무르익고 '샴페인 효과'[30]
가 나타나자 흐루쇼프는 마이크를 가져오라고 명령했다. 그러고는 끝없이
건배를 청하고 연거푸 술잔을 단번에 비웠다. 흐루쇼프는 피델을 위해 건
배를 했고 그의 곁에 있는 "용감하고 명예로운" 게바라 사령관을 위해서도
건배했다. 체는 마음에서 우러나는 고마움을 담아 소련이 쿠바에게 힘을
실어준 "보이지 않는 무기"의 가치를 칭송했다. 물론 아직까지 소련은 지원
을 약속만 한 상태였다. 흐루쇼프나 미코얀 같은 노련한 지도자들은 쿠바
의 사회주의 혁명 과정을 옛 향수를 불러일으키는 정도로만 생각하고 좋
아했을 뿐 그다지 급박한 상황으로 인지하지는 않았다. 그들은 쿠바인들에
게 현 상황이 얼마나 심각한지 깨닫지 못하고 있었던 것이다. 쿠바인들은
지금 끊임없는 미국의 위협 속에 살고 있었다.

　체를 제외하고 소련 지도부의 내부에 접근할 수 있었던 유일한 쿠바인
은 PSP 대표인 아니발 에스칼란테였다. 그는 아바나에서 모스크바 창구로
통했다. 그의 임무는 체를 "은밀한 러시아 관료 사회"에 소개시키는 것이었
다. 에스칼란테에게는 모스크바의 음모를 꾸미는 듯한 침묵의 세계가 아바
나보다 더 편하게 느껴졌다. 이번에는 체도 열렬한 환대 덕분에 마음이 다
소 편안해진 것 같았다. 그러나 오케스트라가 인기곡 〈모스크바의 밤〉을
연주하고 흐루쇼프를 비롯한 모든 사람들이 춤을 추기 시작하자 체는 이
제 충분히 즐겼다는 생각에 문으로 향했다. 밖으로 나가는 길에 체와 수행
원들은 오래되어 보이는 엘리베이터를 타려고 기다리고 있었다. 그러자 경
비원들이 그 엘리베이터를 탈 수 없다며 막았다.[31] "이것은 코민테른(제3인
터내셔널) 동지들만 사용하는 엘리베이터입니다." 에스칼란테가 재빨리 설
명했다. 체는 냉소적인 눈빛으로 바라보면서 대꾸했다. "그래요. 이곳에도
자본주의 국가들만큼이나 많은 특권이 존재한다는 사실을 이미 수없이 목
격했습니다." 말을 마치자마자 체는 피델이 뉴욕에서 그랬던 것처럼 계단
으로 가버렸다.

피델은 체가 모스크바에서 환대를 받았다는 소식을 전해 들었다. 그래도 모스크바의 모든 관심이 체에게만 쏠리는 것이 싫었던 피델은 그날 밤에 소련 대사관에서 열린 똑같은 의미의 기념행사에 참석한 후 공산당 기관지 사무실에 들렀다. 그 사무실에는 밤 근무를 하는 직원 몇몇밖에 없었지만 그들은 피델의 말을 공식 정보원보다 더 빠르게 모스크바로 타전했다. 피델은 그들 앞에서 자신이 학생 시절부터 마르크스주의자였다고 말했다. 그는 조그마한 마르크스주의 전문서점을 들락거렸던 일이나 알프레도 게바라 같은 공산주의자와 오랜 인연을 쌓아온 일에 대해 들려주었다. 이렇게 한번 말문이 터지자 피델은 '즉흥' 연설[32]을 아침 9시까지 계속 이어갔다. 장소는 초라했지만 그 연설은 기념비적인 선언이었다. 피델이 예상한 대로 그 내용은 즉시 모스크바의 지도부에 전달되었다.

이 충격적인 소식을 접한 모스크바의 지도부는 약간 당황스러워했다. "그 선언이 소련에 한층 압박을 가하는 것으로 느껴져서 우리는 불안했다."[33] 흐루쇼프의 아들인 세르게이는 회상했다. 하지만 바로 그 점이 피델이 의도한 바였다. 흐루쇼프는 체의 대표단이 북한을 거쳐 사회주의 세계의 또 다른 모태인 중국으로 향한다는 소식을 듣고, 자신이 왜 피델을 모스크바의 날개 아래에 두려고 했는지 그 이유를 다시 떠올렸다. 이미 중국과 소련 사이에는 일촉즉발의 긴장감이 감돌고 있었다. 체의 오랜 모스크바 친구이자 지금은 KGB 요원으로 이번 공식 방문의 쿠바 측 통역을 담당하고 있는 니콜라이 레오노프는 중국으로부터 입국을 거절당했다.

체는 모스크바 방문만큼이나 마오쩌둥과의 만남을 오랫동안 꿈꿔왔다. 그는 마오쩌둥과 함께 전쟁의 일화를 공유하고 싶었고 그의 글이 얼마나 자신에게 큰 영감을 주었는지 전하고 싶었다. 그래서 여행 내내 괴롭히던 천식이 마오쩌둥과 만나기로 한 날에 특히 더 심해지자 체는 상당히 낙담했다. 전날 밤에 체의 수행원들은 서너 번이나 체를 깨워서 욕실로 데리고 가서 흡입기를 채워주었다. 극심한 발작을 넘기고서야 체는 침대로 돌아갈 수 있었다.

비록 자신의 몸 상태는 최악이었지만, 체는 마오쩌둥의 환대를 받았다.[34] 중국인들이 보기에 쿠바혁명은 자신들의 무장전복 사상을 입증하는 사례였다. 반면에 흐루쇼프는 평화공존을 주장하고 있었다. 체는 중국으로부터 6천만 달러를 빌릴 수 있었는데 저우언라이 총리는 반드시 갚을 필요는 없다고 거듭 강조했다. 체는 소련보다 중국에 더 깊은 감명을 받았다. 그는 돌아오는 길에 "진정 중국은 쿠바혁명이 독특한 사건이 아니라는 사실을 깨닫게 해주는 나라"[35]였다고 공개적으로 언급했다. 체는 의전을 무시하는 버릇과 요령 없는 성격을 드러내듯이 마오의 중국이 더 혁명적인 나라라는 말까지 했다. 세르게이 흐루쇼프는 "그 발언은 체에게 좋을 것이 없는 말"[36]이라고 평했다

중국에서 체는 알레이다가 딸을 출산했다는 소식을 들었다. 이번에도 첫딸과 마찬가지로 아이 엄마의 이름을 따서 알레이디타라고 지었다. 그는 돌아오자마자 기쁨을 누릴 시간도 없이 텔레비전을 통해 순방에 대한 보고를 해야 했다. 그는 마치 먼 곳에서 뉴스를 전하는 통신원처럼 말을 이어갔다. 그는 자신이 맺은 협정을 자랑스럽게 알리면서 이제 쿠바 국민들은 그 지역과 연결되었다고 말했다. 또한 "물론 협정을 맺는 과정에서 어려움도 있었지만 이들 나라는 아무런 실질적인 경제적 이득이 없음을 알면서도 '인도주의적 정신'에 입각해서 쿠바를 도와주었습니다."[37]라고 덧붙였다. 체는 이러한 사실에 미래가 놓여 있다면서 말했다. "세계 평화와 정의를 위해 싸우는 국가들은 서로를 도와야 합니다"

체는 자신이 방문한 국가들이 보여준 공동체 의식에 크게 감화되었다. 그러나 동시에 그 국가들의 좋지 않은 면들도 많이 목격했다. 그래서 피델에게 개인적으로 그런 의견을 전하기도 했다. 체는 그들 나라의 사치스러운 생활과 분파주의적 성향, 기술결정론과 관료주의를 언급하면서 "쿠바의 사회주의 건설 과정에서는 몹쓸 병처럼 전염되는 그런 방식은 배제해야 하

겠죠"[38]라고 피델에게 경고했다. 이상주의자인 체보다 훨씬 야망이 큰 피델은 당분간 그 충고를 무시하기로 했다. 피델은 소련으로부터 배울 것이 많다고 예전부터 굳게 확신해왔다. 끊임없이 외국의 공격 위협이 계속되고 국내의 반혁명분자들이 도발하는 상황에서는 특히 더 그랬다. 피델이 예상한 대로 소련은 피델의 입지를 공고히 해주었다. 피델과 체가 소련을 바라보는 시각이 이토록 차이 나는 것은 각자의 성격에 비추어볼 때 지극히 당연한 일이었다. 그러나 그 차이는 두 사람의 관계는 물론 쿠바 미래를 위한 구상에도 해로운 요인으로 작용할 것이 분명했다.

1961년이 시작되자 쿠바는 이 미래 구상에 따라 변화하고 있었다. "홍조를 띤 얼굴에 금발인 건장한 젊은이들 한 떼"인 러시아 기술자들이 가족들을 데리고 속속 쿠바에 도착했다. 그들의 에스파냐어 실력은 이제는 다들 떠나가버린 미국 기술자들만 못했지만 그들의 관습이나 옷차림[39]은 쿠바인들의 시선을 사로잡았다. 당시 쿠바 사회에서 벌어지던 일련의 변화 중 단연 두드러졌던 것은 당연히 이 러시아 젊은이들의 등장이었다.

그러나 그 한편에서는 조용하게 피델과 체 사이에 위험한 상황이 벌어지고 있었다. 체가 순방에서 돌아오기 전에 아니발 에스칼란테를 비롯한 PSP는 피델이 소련과 더 가까운 관계를 맺고 싶어하는 마음을 이용해서 그에 대한 영향력을 늘려갔다. 특히 에스칼란테는 체가 없는 동안 피델을 부추겨서 반혁명분자들을 더욱 강력하게 색출하게끔 했다. 또한 마을마다 혁명방어위원회를 조직해서 이웃들이 정부의 눈과 귀가 되어 서로를 감시하게 만들었다. 그 당시에 에스캄브라이 지역에서 활약하는 반혁명분자 단체 때문에 걱정이 많았던 피델은 이런 수단들에 마음이 흔들렸다. "오랜 공산주의자들과 소련만이 공산주의에 대해 잘 아는 법이지."[40] 피델은 사적인 자리에서 〈레볼루시온〉의 편집자인 카를로스 프랑키에게 말했다. "우리는 인내심을 가지고 그들로부터 배워야만 하오."

새해 전날에 미국의 대리공사인 대니얼 브래드독은 아바나 주재 외교단체와 외국 고관들을 위한 연회에 참석했다. 그는 상당히 내키지 않았지만 "미국 대표의 부재로 인해 '양키의 공격이 임박했다'는 비난이 나오지 않게 하기 위해"[41] 참석할 수밖에 없었다. 하지만 쿠바인들은 이제 더 이상 미국과의 외교 관계에 별반 관심이 없었기 때문에 그런 걱정도 필요 없었다. 그런 상황을 입증하듯이 그곳에는 피델과 체 두 사람 모두 보이지 않았다. 그때 피델은 소련청년대표단과 함께 자신의 고향인 마야리의 농장을 방문하고 있었다. 그들이 피델에게 소련을 방문할 예정이냐고 묻자 피델은 그러고 싶다고 대답하면서 "하지만 공식적인 방문이 아니면 좋겠군."[42]이라고 덧붙였다. 무엇보다도 피델은 친구들과 사냥을 하고 싶다고 말하면서 소련에서 "사냥이 가능한가?"라고 물었다.

이로부터 이틀 뒤인 쿠바혁명 승리 기념일에 미국의 마지막 인내심을 건드리는 사건이 일어났다. 이날의 기념행사는 소련식으로 이뤄졌다. 수많은 사람들과 군사장비가 동원되었다. 모스크바에서 자극을 받은 체의 계획으로 군대 행진이 추가된 것이다. 피델은 연설에서 미국 대사관 직원을 11명—워싱턴 주재 쿠바 외교관 수와 동일했다—으로 줄이라고 요구했다. 아이젠하워는 이 말에 분개했고 "더 이상 안 된다!"는 말과 함께 국교단절을 선언했다.

흐루쇼프는 이 같은 상황 전개에 기쁨을 감추지 못했다. TASS 통신사는 쿠바의 "성실하고 공평무사한 친구들"[43]은 결코 쿠바를 등지지 않을 것이라고 당당히 전했다. 몇 주가 지나 1월 20일에 취임한 케네디 대통령은 쿠바에 공격을 가할 수밖에 없는 상황에 처했다. 케네디는 가장 근소한 표차이로 당선되어서 이전의 공격 계획을 그대로 계승해야 했다. 4월에 고급 백화점인 엘 엔칸토를 방화하는 등 쿠바 내 지하조직의 공격이 늘어나면서 플로리나해협을 사이에 둔 대치 상황이 점점 더 격화되었다.

4월이 되자 피델은 미국의 공격이 임박했다는 것을 인지했다. 그는 4월 14일 밤에 경계 태세를 갖추고 사령관 자리를 지켰다. 예비방어 명령이 체와 라울, 후안 알메이다에게 내려졌다. 체는 아바나의 서부와 피나르델리오 지역을 맡았다. 미국의 견제 공격이 있을 것이라는 소식이 들어왔지만 다음 날이 되어서야 정확한 침략 규모를 파악할 수 있었다.

전날 오후에 피델은 이미 사상자 수에 격분해서 기자단을 공격받은 공군 기지로 보냈다. 공군 기지의 벽에는 탄환이 무수히 박혀 있었고 창문은 모두 부서져 있었다. "안쪽 사무실 하나에는 피 웅덩이가 고여 있었다. 젊은 민병대원이 치명적인 부상을 당해 흘린 피였다. 그는 죽기 전에 크림색 문에 자신의 피로 '피델'이라는 단어를 썼다."44 나중에 그 문은 후세를 위해 개인 박물관에 소장되었다.45 하지만 그 단어에 대한 응답은 즉각 행해졌다.

피델은 그 순간이야말로 공식적으로 사회주의 혁명을 선언할 시점이라고 판단했다. 사실 피델은 그 선언을 2주 후인 노동절 공식 연설에서 할 계획이었다. 하지만 미국의 공격이 더 좋은 구실이 되었다. 그날 밤에 피델은 몬카다 공격 이전에 은밀한 활동을 벌이던 장소인 콜론 공동묘지에서 "이글거리는 태양처럼 뜨거운 분노에 찬" 연설46을 했다. 어둠 속에서 노동자 수천 명이 아스팔트길에 앉아서 중국제 콜먼 랜턴을 위로 비추며 피델의 연설을 경청하고 있었다. 피델은 1년 전에 프랑스 화물선이 폭발한 사건과 반혁명분자들이 끊임없이 사탕수수밭을 방화하는 일을 상기시켰다. 그러고는 그 순간 자연스럽게 떠오른 것처럼 말했다. "제국주의자들은 미국의 바로 코앞에서 사회주의 혁명을 펼치고 있는 우리를 용서할 수 없습니다."47 이렇게 사회주의 혁명이 공식적으로 선언되었고, 다음 날 새벽에 코치노스만(피그스만)을 중심으로 미국의 침략 공격이 개시되었다. 이제 쿠바군과 민병대는 무엇을 수호하기 위해 싸워야 할지를 분명히 알게 되었다.

수천 명의 쿠바 망명자들과 용병들로 이루어진 히론 전투*는 사흘간 계속되었다. 체는 자신의 권총을 떨어뜨리는 바람에 총알이 발사되어 얼굴에 상처를 입었다. 그래서 이번 공격에서는 큰 역할을 하지 못했다. 체는 파상풍 주사의 부작용으로 고생하면서 병원에 누워 있었다.[48] 그곳으로 알레이다가 그를 돌보러 왔고 보모인 소피아와 딸 알레이디타는 베다도 근처 피델의 본부 건물로 갔다. 이곳은 셀리아 산체스가 연락을 중개하는 작전실로 사용되고 있었다.

부상으로 누운 체와는 달리 피델은 이 전투에 깊숙이 관여했다. 피델은 자면서도 경계를 늦추지 않았다. 그는 방어 전략을 직접 감독하면서 수차례 최전선을 방문했다. 어떤 때에는 직접 탱크를 몰고 최전방에 나서서 적의 부대를 격파하기도 했다. 그러나 당시 피델의 경호원에 따르면 피델은 여전히 정치가처럼 싸웠다고 한다. 피델은 일단 적들을 진압하고 나면 탱크 안에서 회중전등을 켜놓고 연설 문구를 작성했던 것이다.[49]

전투는 피델의 승리로 끝났다. 수백 명의 포로가 잡혔고 피델은 그들을 직접 심문했다. 심문은 극적 효과를 최대화하기 위해서 아바나의 종합운동장에서 공개적으로 이뤄졌다. 결국 포로들은 5300만 달러어치의 약품과 교환하는 조건으로 풀려났다. 그런 후 피델은 텔레비전을 통해서 국민들에게 그동안의 상황과 승리의 원인을 설명했다.

피델과 체는 전투의 승리로 인해 자신감과 확신을 얻었다. 소련은 그들에게 구애의 손길을 뻗었고 미국은 그들을 축출하려고 노력했지만 실패했다. 두 사람은 코치노스만의 승리를 샅샅이 기록했다. 그들은 기회가 있을 때마다 모든 전투와 사망자 수, 모든 업적과 결점들을 무 주리 적어두었

---

[*] 코치노스만 침공, 영어식으로 피그스만 침공이라고도 한다. 쿠바인들은 미국 측이 상륙한 히론 해안의 이름을 따서 히론 전투라고 한다.

다. 어떤 영화관이 불탔으며 어떤 마을 사람들이 반혁명적 공격으로 잡혔는지, 상세한 내용이 낱낱이 기록되었다. 이 과정에서 혁명의 세세한 부분들이 매일 열거되고 널리 퍼져나갔다. 이제 혁명은 모두의 일상이었다.

피델과 체는 이제 겨우 30대 중반에 들어선 남자들이었으니 이 모든 상황에 도취될 법도 했다. 이 경험은 둘만이 공유할 수 있는 것이었다. 그들이 가장 가까웠던 시기를 꼽으라면 바로 이때일 것이다. 군중은 환호했고 국가는 자유롭고 독립적인 미래를 향해 한 걸음씩 나아가고 있었다.

그러나 두 사람이 바라보고 있는 미래는 약간 달랐다. 두 사람 모두 코치노스만 침공(피그스만 침공)을 한 시대를 마감하는 사건으로 본 점은 분명했다.[50] 하지만 체는 그 사건을 기점으로 혁명이 공고해졌다고 보고 이제 그란마호에서 시작된 전투는 일단락되었다고 생각했다. 그래서 체는 성급한 성격대로 다음 단계에 돌입했다. 즉, 완전한 사회주의 사회로 이행하는 데 필요한 모든 요소를 충족시키기 위한 일들을 벌이기 시작한 것이다. 반면, 피델은 자신의 정부와 보안 조직을 말끔히 뜯어고쳐야 한다고 생각했다. 과거와 같은 일이 또다시 벌어져서는 안 되기 때문이었다.

그해 여름 빈에서 열린 정상회담에서 흐루쇼프는 케네디에게 경고했다. "카스트로는 공산주의자가 아닌데 당신이 그렇게 만들 수도 있습니다."[51] 그러나 이미 코치노스만 침공으로 피델은 그렇게 되어 있었다. 피델이 예상했던 대로 미래는 시에라군으로 모였던 오래된 충성스러운 동지들이 아니라 PSP가 제공하는 효율에 달려 있었다. 이제 PSP는 7·26운동 조직 및 제3의 집단인 혁명이사회와 통합되어 통일 혁명조직ORI이라 불리는 새로운 조직을 형성했다. 이 통솔기구 내에서 새롭게 영향력을 가지게 된 사람들은 파비오 그로바르트와 라사로 페냐, 세베로 아기레, 블라스 로카, 아니발 에스칼란테처럼, 피델이 지금 필요로 하는 것들을 해낼 수 있는 사람들이었다. 피델은 이렇게 실천력 강한 사람들이 필요했다. 하지만 피델이 이들을 온전히 의지하지 못했던 이유는 그중 일부는 피델보다 모스크바에 더 충성을 바치는 사람들이기 때문이었다.

피델은 ORI를 조직하면서 본의 아니게 예전의 야노와 시에라군 사이에 벌어진 권력 투쟁과 비슷한 양상을 다시금 초래했다. 이는 여러 모로 불가피한 상황이었다. 피델은 다소 갑작스럽게 혁명의 방향을 마르크스-레닌주의로 선회하면서 정당 조직이 필요해졌다. 하지만 피델의 권력 구조는 무수한 혁명 단체들이 일관된 응집력 없이 느슨하게 이어져 있는 형태여서 그가 투쟁의 전위부대로 활용할 수 있는 단체가 없었다. 이렇게 비공식적이고 혼재하는 구조를 ORI 같은 하나의 통일된 정당 구조로 전환하는 일은 대단히 중요했지만 꾸준히 시간과 열정을 들여야 하는 지루한 일이기도 했다. 이런 일은 피델이나 체에게 맞지 않았다. 그래서 피델은 에스칼란테에게 그 책임을 대부분 넘겨주었다.

에스칼란테는 새 임무를 기쁘게 받아들였고 지체 없이 새로운 위치를 이용해서 조직 내에 개인적인 기반을 키워나갔다.[52] 이제까지 자신의 자리가 안전하다고 생각했던 정부 기관과 단체 수장들은 갑자기 "권고"를 받았다. 그 후 그 자리들은 에스칼란테의 공산당 측근들로 채워졌다. 그러면서 에스칼란테는 여러 사안에서 소련의 노선과 좀 더 일치하는 정책을 채택하도록 피델을 압박했다. 이런 상황은 언론의 자유를 포함해서 이전에는 감히 건드리지 못한 분야로까지 확장되었다. 피델은 한때 활발했던 대안 언론에 제약을 가함으로써 언짢은 기사들이 눈에 띄지 않게 되어서 근심이 줄어드는 것을 느꼈다. 이제 비판과 반역을 구분하는 일이 더욱 힘들어졌다. 이 점을 강조하듯, 피델은 7·26 기념일에 옹호와 중상모략, 혁명적 진실과 제국주의적 기짓, 혁명의 도덕적 권위와 배신행위에 대해 열변을 토했다.[53]

체가 이런 상황에 어떻게 반응했는지에 대한 기록은 남아 있지 않다. 하지만 분명히 제도 의견을 가시고 있었을 것이다. 어쨌든 피델과 체 사이의 중요한 차이점은 이미 드러나고 있었다. 미국 대사가 "카스트로는 사람의 근본적인 선함에 대해 냉소적이다"[54]라고 보고한 것은 과장된 부분이 있기는 했지만 어느 정도는 진실이었다. 피델은 언제나 개인의 능력을 끌어내기를 원했다. 그렇게 하기 위해서 피델은 모든 수단을 동원할 준비가 되어 있었다. 체는 언제나 개인적인 능력을 활용하기 위해 노력했다. 이는 미묘하지만 중요한 차이점이었다. 피델이 혁명적 책임이라고 말할 때는 순종을 의미했지만 체는 같은 용어를 좀 더 창조적인 임무를 일컬을 때 사용했다. 그래서 체는 피델과 조금 떨어져서 자신의 새로운 역할인 산업장관으로서 무엇을 할 수 있을지 연구하기 시작했다.

체는 1961년 2월부터 산업장관직에 전념하고 있었다. 사무실은 이제 체가 항상 머무르는 공간이 되었다. 그는 매일 엄청나게 많은 일을 했고 언제나 고개를 숙인 채 보고서를 읽느라 정신이 없었다. 라울은 이런 그를 종종 찾아왔지만 피델은 그러지 않았다. 피델이 완전히 소련 쪽으로 돌아선 후부터 피델과 체의 관계는 새롭게 변하고 있었다. 체는 공식 석상에서 더 이상 피델을 칭송하지 않았고, 사석에서는 오히려 압박을 가하고 있었다. 이제 두 사람은 각자의 길을 찾고 있는 듯 보였다. 하지만 당분간은 대체로 같은 방향을 가고 있다는 데 만족했다.

어느 날 피델이 체의 사무실에 들렀다. 문을 열고 들어가자 막 체의 경호원이 자리를 뜨려던 참이었다. "자네! 여기서 뭐하는 건가?"[55] 몇 주 전까지만 해도 피델의 경호원이었던 사람이 이곳에 있는 것을 보고 피델이 날카롭게 물었다. 경호원이 지금은 체와 함께 일하고 있다고 설명했다. "어떻게 내가 모를 수가 있지? 체는 어디 있나?" 피델이 묻자 경호원은 체가 멕시코 대표와 접견 중이라고 답했다. 하지만 그는 당장 불러오라고 명령했다. 체가 이 말을 전해 듣고 금방 가겠다고 대답한 다음 도착해보니 자신의 직원이 피델에게 꾸지람을 듣고 있었다. 체가 무슨 일이냐고 물었다. "무슨 일이냐고? 여기 와보니 이 사람들이 자네를 위해 일하고 있더군. 나에게 알리지도 않고!" 그러나 그곳은 체의 영역이었고 그 점이 피델을 더욱 화나게 했다. 그는 무슨 일이든 하나하나 간섭해야 직성이 풀리는 성격이었는데 이렇게 자신도 모르는 새에 경호원이 자리를 옮겼다는 사실에 격노했던 것이다.

확실히 체의 장관실은 '은둔자'[56] 체가 마음을 놓을 수 있는 보금자리 역할을 했다. 체는 점점 더 많은 시간을 그곳에서 보냈다. 가까운 보좌관들 중에 톡 쏘는 태도 때문에 '식초'라는 별명이 붙은 오를란도 보레고, 그리고 마토스 사건 때 강등당했던 엔리케 올투스키가 있었다. 올투스키는 그의 전력에도 불구하고 그 후에 체가 데려왔다. "자네는 듣던 만큼 나쁜 놈은 아닌 것 같군." 체[57]는 올투스키에게 농담을 던졌다. 이제 체와 올투스키는 자주 밤늦도록 체스를 두곤 했다. 더운 날이면 체는 창문을 열어 밤바람을 맞으면서 셔츠를 벗은 채 마루에 누워 시가를 피웠다. 그러면서 두 사람은 세계를 위해 좋은 일을 하자며 낭만적인 맹세를 나누기도 했다.

이런 의미에서 장관실은 체의 완벽한 집이었다. 알레이다는 남편의 비서로 가끔씩 그곳에 와서 일을 했다. 거기에는 체의 "수줍음 많은"[58] 타자수인 에미타도 있었다. 이번에는 일다는 없었지만 꼬마 일디타는 자주 눈에 띄었다.[59] 장관실을 찾는 방문객들은 누녜스 히메네스의 긴 팔에 매달려 노는 일디타의 모습을 자주 볼 수 있었다. 사무실을 나서면 체도 소중한 사생활을 즐겼다. 가끔 알레이다와 영화관을 찾았고 일요일 오후에는 자녀들과 개를 데리고 놀기도 했다. 대부분의 사교 생활은 장관실을 찾는 방문객들과 밤 연회를 가지는 것에 한정되었다.[60]

피델도 좀 더 조화로운 개인적인 삶을 가져보려고 노력하고 있었다. 그러나 체가 아르헨티나에서 보낸 어린 시절과도 같은 가족적인 분위기를 만들어가는 동안 피델은 그 부분에서 어려움을 느꼈다. 혁명이 시작된 후부터 피델의 보금자리는 자동차였다. 어느 곳에 있는지 가고 싶은 곳으로 데려다주는 매개체였기 때문이다. 특히 그해에 피델은 문맹 퇴치 캠페인에 몰두하고 있었다. 이 캠페인은 수년 동안 피델 정부의 가장 큰 업적이자 보루였다.

바로 이 문맹퇴치 캠페인에서 피델은 '랄라'라고 불리던 미래의 아내인 달리아 소토 델 바예를 만난다. 그녀는 쿠바 중부 트리니다드의 있는 도시에서 교사로 일했다. 피델은 이제까지 혁명에 방해가 된다고 생각해서 자신을 사랑하는 여성들을 거부해왔다. 하지만 피델에게는 이번이야말로 일이 전부인 생활에서 벗어나 사적인 공간을 꾸려볼 기회였다. 그래서인지 이후에 꾸려진 랄라와의 가정 생활과 그들의 다섯 자녀에 대해서는 거의 알려진 바가 없다.

그해 8월에 체는 산업장관으로 우루과이의 푼타델에스테에서 열린 경제 콘퍼런스에 참석했다. 체는 자신의 공식 직함에도 불구하고 다른 남아메리카 대표들에게 자신이 순수하게 경제적인 목적만을 가지고 참석한 것은 아니라는 사실을 분명히 밝혔다. 체는 개막총회 연설[61]에서 쿠바가 최근에 받은 모든 공격을 열거했다. 그는 이런 공격들이 자신이 온 마음을 다해 "저명한 전문가들이 모인 총회에서 단지 전문적인 문제만을 논의"할 수 없는 이유라고 말했다.

"경제적 연합에 대해 말하는 사람은 누구나 정치적 연합에 대해서도 말해야 합니다." 체는 이번에는 마르티의 말을 인용하면서 연설을 이어갔다. 그는 이번 콘퍼런스가 정치적으로 느껴지는 이유가 두 가지 있다고 말했다. 첫째로 이 회의에서 평범한 사람들의 미래를 구체화할 경제적 수단에 대해 논의하는 것이 불가능한데도 겉으로는 이것이 정치적인 행위가 아닌 척하고 있으며, 둘째로 이 회의가 실은 쿠바에 대해 적대적인 입장을 취하고 있기 때문이라는 것이다. 체는 이 회의의 "전문적인" 보고서를 언급하면서 보고서에서 쿠바를 아메리카대륙의 "긴박한 위험" 요소로 규정하고 있음을 거론했다. 그는 또한 각국 대표들에게 왜 지금 자신이 정치적으로 대응하려고 하는지 그 이유를 밝히며 경고했다. 체는 제국주의가 판치는 전 세계 상황에 대해 언급하고 쿠바 설탕과 무기, 정부 요인을 향한 공격 행위들을 나열했다. 그러면서 케네디가 이곳 회의 안건 중 하나인 '진보동맹'을 발표한 지 한 달 만에 코치노스만 침공을 결정했다는 사실을 지적했다.

이내 회의 의장이 체의 발언을 끊고 그런 근거 없는 비난을 삼가라고 요구했다. 그러나 체는 의장이나 현재 청중의 생각에는 신경 쓰지 않았다. 여기 모인 대표들은 진심으로 진보동맹으로부터 뭔가를 얻고 있다고 생각하는 것인가? "그들이 머리채를 끌어당기고 있다는 인상은 조금도 받지 못했습니까?" 체가 질문을 던졌다. "그들은 고속도로를 닦고 길을 내는 일에 달러를 제공합니다. 배수로를 만드는 일에도 기꺼이 제공하죠." 체는 울분 어린 어조로 다시 말을 이었다. "그러나, 여러분, 도대체 무슨 기술로 배수로를 만들 예정입니까? 천재가 아니라도 알 수 있는 일이죠. 왜 그들은 장비 구입을 위한 달러, 기술자 육성을 위한 달러는 제공하지 않는 것일까요? 우리처럼 저개발국가들을 산업국가로 발전시킬 수 있는 달러 말입니다. 정말 슬픈 상황입니다."

체의 연설은 그가 어떤 큰 그림을 그리고 있는지 알려준다는 의미에서 주목할 만했다. 지난해에 체는 글과 연설을 통해서 중앙아메리카만의 시점에서 보던 정치적, 경제적 문제를 아메리카대륙의 전체 맥락 속에서 이해하려고 하는 모습을 보였다. 이제는 그 논쟁을 전 세계로 확장시켜 분석하고 있었다. 그는 쿠바를 세계에서 고립된 나라로 보는 시각은 완전히 어리석은 생각이라며 "쿠바는 긴장 상태에 놓인 세계의 일부분"일 뿐이라고 말했다. 쿠바 너머로 눈을 돌리면 베를린이나 라오스, 콩고, 베트남, 한국, 알제리, 튀니지에 이르기까지 긴장 상태에 놓인 나라는 아주 많은 것이 현실이었다.

체의 연설의 핵심만을 들어보면 그가 이미 이런 나라들에 각별히 주의를 기울이고 있다는 사실을 알 수 있다. 체는 지난해 순방을 다니는 동안 민족주의 독립운동의 흐름을 포착했고 이곳 우루과이의 회의 석상에서 그 사실을 펼쳐놓은 것이다. 이전까지는 불확실했지만 이제는 라틴아메리카가 두 가지 선택에 직면했다는 사실이 확실해졌다. 하나는 미국인이 제시한 길이었고 또 다른 하나는 쿠바가 제시한 길이었다. 체는 1980년까지 쿠바의 국내총생산이 미국보다 높을 것이라고 장담했다. 그렇다면 과연 어느 쪽이 유혹적인 길인가?

표면상으로 쿠바혁명은 모든 것이 순조로웠다. 피델이 거의 1년 내내 힘을 쏟았던 문맹퇴치 캠페인은 대성공이었고 쿠바혁명에 대한 외교적 반발 역시 많이 가라앉은 상태였다. 그럼에도 불구하고 그해 말이 되자 "항상 상상하고 사고하며 계획을 발전시키는"62 피델은 점점 더 불안해했다. 아바나에 대사관을 둔 외국 정부들은 무엇이 잘못되었는지 알아내려고 노력을 기울였다. 그들이 밝혀낸 이유에는 "계획적 결근과 태업",63 기본 식량을 배급받으려는 줄이 길어진 것, 반혁명분자 집단의 증가, 쿠바가 미주기구로부터 축출당한 사건 등이 있었지만 모두 진짜 문제는 아니었다.

피델은 쿠바가 거대한 경기침체를 겪고 있다는 것을 알았다. 그런데도 아직 소련으로부터 전적인 지원을 확보하지 못한 상태였다. 그해 말에 피델은 평생 마르크스-레닌주의를 따를 것을 공표했다.64 흐루쇼프와의 개인적인 유대 관계를 염두에 두고 소련을 압박하기 위한 선언이었다. 다시 한번 더 피델은 계산된 도박을 한 것이다. 하지만 흐루쇼프는 지원을 해줄 의사가 없는 것 같았다. 소련 언론은 피델의 선언을 "아무런 논평 없이" 보도했고 1962년 새해에 흐루쇼프가 피델에게 쿠바혁명 3주년 축사를 보낼 때도 그 선언에 대해서는 한마디도 언급하지 않았다. 영국 대사관은 "카스트로의 공개 선언에도 불구하고 이렇게 침묵으로 일관하는 상황이 아주 흥미롭다"65고 논평했다. 다른 나라들도 "정치적 우를 범한 행위"66라거나 피델의 어려운 처지를 보여주는 사례, 심지어 "배신"67이라고까지 생각했다.

진짜 문제는 소련의 미온적인 반응이 아니라 쿠바 국내에서 고조되고 있는 위기 상황이었다. 각국 대사관의 흥미를 끈 보고서는 피델의 정부 내에 "은밀한 쿠데타"[68] 양상이 포착된다는 정보였다. 에스칼란테가 정부 요직을 전부 PSP 당원들로 채우자 국가 주요 조직에 대한 피델의 장악력이 약화되었다. 또한 그런 상황을 그대로 내버려두는 것으로 보이자 여태껏 공고하게 다져온 피델의 권력이 차츰 흐트러지는 것이 아니냐는 추측이 흘러나왔다.

미국 정부는 아직도 체를 피델의 막후 실력자라고 생각했지만 사실 진짜 실력자는 에스칼란테였다. 수많은 이들이 그의 일처리에 불만을 드러냈지만 피델은 어떤 조치도 취하지 않았다. 아마도 모스크바에 어떤 구실도 주지 않기 위해서였을 것이다. 모스크바가 무엇이든 꼬투리로 잡아 쿠바를 사회주의 진영에서 제외할 수도 있었기 때문이다. 그러나 어떤 이유에서건 그해 말 에스칼란테는 2인자가 되어 있었다.

즉시 여러 논평들이 쏟아졌다. "지금까지 없어서는 안 될 인물이었던 피델 카스트로는 (……) 정당 조직에 권력을 이양함으로써 점점 더 힘을 잃어가고 있다."[69] 1월 초에 영국 대사관은 믿기 힘들다는 투로 이처럼 보고했다. "그의 손은 여전히 조종대를 굳게 잡고 있는 것인가?"[70] 캐나다 대사는 궁금증을 공개적으로 드러냈다. 카스트로가 공산주의자와 맺은 파우스트적인 계약으로 인해서 카스트로가 공산주의자의 "위장 말"로 전락한 것은 아닌지 의문이 들었던 것이다. 어디에선가부터 생각지도 못한 일이 벌어지고 있었다. 갑자기 피델이 권좌에서 쫓겨날 형국이 된 것이다.

11 교수형 올가미

이렇게 위험이 고조되는 순간에 피델이 본능적으로 찾은 사람은 체였다. 피델은 체가 항상 자신의 곁에 있어줄 것임을 알았고 누구보다도 그의 충성심을 믿었다. 1961년 말로 갈수록 체는 최소한 정당 정치에서는 소외되고 있었다. 피델도 이 사실을 분명히 알고 있었다. 그러나 체는 정치적 지위에 관심을 가진 적이 한 번도 없었고 어쨌든 지금은 장관직에 전념하고 있었다. 피델의 깊은 신뢰를 받는 사람들이 다 그러하듯이 체도 고립과 포용의 부단한 변화를 그대로 받아들였다. 그래서 피델이 에스칼란테 활동 조사위원회를 맡아달라고 했을 때에도 체는 일말의 망설임 없이 받아들였다. 피델이 위험한 상황에 놓이면 혁명도 위험했고 체는 둘 모두를 지킬 생각이었다. 체의 생각대로 피델과 혁명은 분리될 수 없었다.

체는 에스칼란테를 제거해야 하는 자신만의 이유도 있었다. 체는 쿠바의 사회주의 혁명이 나아가야 할 길이 공장과 사무실 등 일터에 있다고 생각했다. 체의 세력권은 일터였고, 피델의 세력권은 광장이었다. 그런데 이 모든 곳을 에스칼란테가 자신의 사람들로 채우고 있었던 것이다. 피델의 소환으로 조용하고 은밀한 싸움이 시작되었다. 체는 에스칼란테를 기소할 정보뿐만 아니라 에스칼란테가 심어놓은 관료주의적 관행을 뿌리 뽑을 수 있는 증거를 끌어모았다.

한편, 피델은 소련과의 문제를 원만히 풀어보려고 노력했다. 여전히 소련의 지원이 절실하게 필요했기 때문이었다. 그러나 에스칼란테의 도를 넘는 행동을 참아줄 의향은 없었다. 게다가 피델이 소련 대사인 쿠드리아체프를 싫어한다는 점도 지금 상황에 전혀 도움이 되지 못했다. 쿠드리아체프는 어디를 가든지 방탄복을 입어야 한다고 고집을 부리는 거만한 인물이었다. 2월 중순에 피델은 굳게 결심하고 쿠드리아체프와 개인적으로 토론을 벌였다. 피델은 자신의 딜레마에 대해 넌지시 언급하면서 더 이상 참지 않을 것이라는 뜻을 전하려 했다. 쿠바가 아메리카대륙의 첨병이라는 사실을 상기시키면서 쿠바의 중요성을 모스크바에게 확인받고자 한 것이다. 또한 피델은 라틴아메리카의 공산당 지도자들이 "가끔씩 구식 교조주의에 빠져서 젊은 목소리를 듣지 않으려 한다"[1]고 비판했다. 하지만 거만한 쿠드리아체프는 피델의 주제넘은 의견을 무시했다. 몇 달 전까지만 해도《자본론》의 앞부분 몇 장밖에 읽지 않았다고 털어놓은 피델의 말이 가소로웠던 것이다.

며칠 후에 에스칼란테도 쿠드리아체프를 방문했다. 지난여름부터 계속해온 대로 피델의 활동을 전하면서 에스칼란테는 자신의 일이 거의 완성되어간다고 보고했다. 새로운 ORI 구성이 거의 완성에 이른 것이다. 또한 에스칼란테는 피델의 건강 악화에 대해서도 보고했는데, 쿠드리아체프는 이를 피델의 정치적 약화의 전조로 받아들였다. 에스칼란테는 피델이 "거의 잠을 못 자고 만성적인 고통이 더욱 심해졌습니다."[2]라고 전하면서 피델이 "국내와 국외의 중요한 문제를 다루기 위해서" 곧 통상적인 업무에서는 손을 뗄 것이라고 덧붙였다. 쿠드리아체프는 이미 정해진 교조주의적 노선에 따라 모든 일이 추진되고 있다는 보고에 흡족해했다. 쿠드리아체프가 보기에 에스칼란테는 음모를 잘 꾸미고 야망이 높은 인물이었지만 몹시 효율적으로 일하고 절대 거짓말은 하지 않는 사람이었다. 3월 초에 새로운 ORI 지도부 명단이 발표되었는데 거기에는 피델을 따르는 사람의 이름은 없다시피 했다. 하지만 그 무렵에 체는 피델이 필요로 하는 증거를 모두 확보했으며 피델은 공격할 준비가 끝난 상태였다.

피델은 3월 26일 밤에 무혈 반격을 시작했다. 우선 피델은 텔레비전을 통해 "파벌주의"에 대한 설교를 했다. 이 공격으로 에스칼란테 무리가 일제히 타격을 입었다. 피델은 파벌의 명단에 에스칼란테의 주요 후원자인 소련 대사도 포함시켰다. "자신들의 생각을 남에게 강요하기를 원하는 이 사람들은 바티스타나 그 심복들과 다를 바가 없습니다."³ 그러나 피델은 소련을 공개적으로 비난하고 싶지는 않았다. 그래서 다음 날 에스칼란테는 "장기 휴가"를 내고 프라하로 조용히 사라졌다.⁴ 그리고 더욱 조용하게, 쿠드리아체프는 철통 감시를 받았고 쿠바와 소련은 암암리에 대사 교체에 합의했다.

다음 날 PSP 지도부는 쿠드리아체프의 아파트에 모여 다시 일어설 준비를 했다. 그들이 마음에도 없이 피델의 결정에 박수를 보냈던 것은 자신들이 쫓겨날 처지에 처했다는 것을 깨달았기 때문이었다. 피델은 단호하게 "공산당에 강타"를 날렸고 모스크바가 아무런 실질적인 군사적, 재정적 지원 없이 쿠바 권력을 좌지우지하려고 하는 시도에 일격을 가했다. 4월 하순에 PSP의 오랜 실력자이자 모스크바와도 친밀한 블라스 로카는 "이 불만을 종식시키기 위해 노력해야 할 것"⁵이라며 쿠드리아체프에게 초조한 심경을 털어놓았다.

로카의 발언처럼 소련 지도부도 쿠바를 감싸 안으면서 완전히 장악하기를 원했다. 이것이 소련이 위성국가를 대하는 방식이었다. 그러나 피델을 처음 상대해본 소련은 쿠바에 통합적인 정당 조직을 세워서 전통적인 공산주의 정치 체제를 구축하려던 계획을 그달이 다 가기도 전에 보류해야만 했다. 대신 피델은 새롭게 6인의 당서기를 두었다. 그들은 라울과 체, 도르티코스 대통령, 에밀리오 아라고네스, 블라스 로카였다. 피델은 다시 한번 더 시에라군 시절부터 맺어진 핵심적인 혁명 운동 세력을 정부 한가운데로 끌어들인 것이다. 그는 소련 관료 니콜라이 안드레예비치 벨로우스와 가진 사적인 자리에서 "파벌주의와 교조주의, 패거리주의는 사악한 방법론"이라며 "이제 게임의 전술이 바뀌었다."[6]고 말했다.

피델의 이런 발언이 잠재적으로 문제가 될 수 있다고 생각한 카를로스 라파엘 로드리게스는 그의 말을 부드럽게 전하려고 애썼다. "피델 카스트로는 꽤 충동적인 사람입니다. 그는 사람들에게 도움이 될 일들을 가능한 한 빨리 해치우고 싶어합니다. 그래서 결과적으로 잘 맞지 않는 대책을 내놓기도 하는 거죠"[7] PSP의 지도자이자 피델에게 헌신적인 로드리게스는 흐루쇼프와 헤어지기 전에 이렇게 해명했다. 모스크바는 피델이 자국 내에서 어떤 행동을 하는가보다는 그의 행동이 더 큰 그림에서 적절한 것인지를 신경 쓰고 있었다. 애초에 소련이 PSP 대표를 쿠바에 두려고 했던 이유에는, 다른 나라에 대해 좀더 적극적인 노선을 취할 것을 주장하는 주변 인물들이 피델에게 끼치는 영향에 맞서 균형을 잡으려고 했던 것도 컸다.

이런 점에서 소련은 체의 부상을 우려의 눈길로 바라보았다. 피델이 체에게 영향을 많이 받는다고 대놓고 말한 적은 없었지만 소련은 그 두 사람이 빚어내는 상승효과를 충분히 인지하고 있었다. 사실 피델은 2월에 제2차 아바나 선언을 발표하면서 체의 위치를 다시 한번 주지시켰다. 이 선언에서 피델은 순수한 도선을 강하게 주장하면서 체의 모험적인 혁명 방식을 공론화했다. 쿠바 내의 혁명이 한층 굳건해질수록 두 지도자의 생각은 아메리카대륙에서 일어나고 있는 다른 혁명운동에 대한 지원으로 쏠리게 되었다.

피델과 체는 앞을 보는 통찰력과 새로운 가능성을 꿰뚫는 능력이 있었다. 피델은 제2차 아바나 선언에서 그들이 대륙적인 규모로 혁명을 완수해야 하는 이유에 대해 체보다도 더 명쾌하게 설명했다. 그러나 이는 두 사람이 항상 머릿속에 품고 있던 생각이었다. 어떻게 더 큰 그림에 대한 계획도 없이 매일의 수많은 결정을 내릴 수 있었겠는가? 날마다 커져만 가는 국제적 위협에 맞서서 피델과 체는 이런 생각을 소중히 키워나갈 수밖에 없었다. 그런 큰 계획만이 냉전의 두 진영 사이에 서 있는 쿠바처럼 조그마한 나라가 선택할 수 있는 유일한 방어수단이었던 셈이다.

체가 소련의 사회주의에 의문을 표시한 부분은 혁명의 올바른 조건에 대해서만이 아니었다. 그는 사회주의를 바라보는 자신만의 시각을 키워나가고 있었다. 체가 이런 "비정통적"인 생각을 드러내 소련의 방식을 공개적으로 비판한 것은 아니었지만 소련은 체의 비난이 어디를 향할지 알고 있었고 피델이 체의 영향을 받게 될 것을 염려했다.

노동절 전날인 4월 30일에 체는 산업부 선정 노동자들에게 상을 주기 위해 모인 자리에서 연설을 했다. "동지 여러분, 저는 이 순간이 얼마나 감격스러운지 모릅니다."[8] 체는 "일과 투쟁을 통해 매일의 역사를 만들어가는" 그들 앞에 서면 겸허한 마음을 느낀다고 말했다. 그러나 그는 그들의 등을 두드려주기 위해서 온 것은 아니었다. 체는 "사회주의는 생산성"이라고 말하면서 그 생산성을 확보하기 위해 함께 일하는 것이 바로 위엄이라고 전했다. 여기에서 나온 위엄과 생산성이라는 두 가지 큰 주제는 체가 쿠바혁명에서 가장 중시하는 핵심 요소였다.

체의 혁명 이론은 체가 "새로운 인간"이라고 표현한 하나의 용어로 압축되었다. 과연 '새로운 인간'이 무엇인지 체가 명확히 글로 밝힌 적은 없지만 그 뜻은 충분히 짐작할 수 있다. 체는 지난여름에 그 용어를 처음 사용했다. "정말 한 개인이 사회복지를 위한 일을 실천할 것인가?"[9] 체는 자문했다. "정말 개개인이 사회의 부족한 부분을 위해 노력을 다할 것인가?"

이는 오래된 혁명적 질문이었지만 그는 나름대로의 답을 구하려 했다. 생산성은 단순한 물질적인 혜택만이 아니라 도덕관에 의해서도 영향을 받는다. 이 "새로운 인간"은 "자신의 의무를 다한다는 만족감만으로도 충분한 보상을 받은 것으로 생각합니다."[10] 체는 어느 날 밤 그가 종종 만나던 관료인 요비오메넨데스에게 이렇게 말하면서 더욱 간결하게 단언했다. "개인은 사라져야 합니다."[11]

이것이 앞으로 체가 평생을 바쳐 지켜나갈 핵심이었다. 이 견해 속에는 피델 카스트로의 그림자도 분명히 들어 있었다. 체가 혁명가의 요건에 대해 쓴 수많은 연설과 글들을 보면 항상 피델 카스트로라는 인물이 떠오른다. 가끔씩은 피델 카스트로라는 이름을 분명히 밝히기도 했다. 체는 4월에 쿠바의 상황이 역사적 예외인지 넓은 외미의 반제국주의 투쟁 상황인지에 대한 고찰을 담은 글을 잡지 〈베르데 올리보〉에 기고했다. 몹시 공들여 쓴 글이었다. 체는 찬성과 반대 증거를 두루 열거하면서 결국 쿠바가 역사적 예외인 이유는 바로 피델 카스트로라는 독특한 인물의 존재 덕분이라고 결론을 내렸다. 체는 피델의 "대담성과 힘, 용맹"을 좋은 자질로 내세우면서 그를 "위대한 지도자"[12]라고 평했다. 또한 "사람들의 의지를 시험하고 꿰뚫어보는 뛰어난 열성"을 갖추고 있기에 피델이 무에서 강력한 혁명의 구조를 구축하는 일을 해낼 수 있었다는 것이다. 이는 피델과 체의 혁명적 사상이 차츰 성숙해져가고, 이와 맞물려 두 사람의 우정도 한층 단단해졌던 그 모든 과정을 상기시키는 발언이었다. 그러나 둘의 우정은 말할 것도 없고 그들이 구축해온 혁명의 구조 역시 곧 다가올 마강한 위험 앞에서 혹독한 시험에 처하게 된다.

1962년 5월 체가 오랫동안 기다려온 일이 전혀 예기치 못한 뉴스와 동시에 찾아온다. 체는 아내가 임신한 아이가 아들이라는 것을 알고 난 뒤부터 첫아들의 탄생을 고대해왔다. 마침내 그달 20일에 알레이다는 카밀로 게바라를 출산했다. 체에게는 아주 중대한 순간이었다. 그런데 카밀로가 태어난 그날, 체는 피델에게 불려갔다. 체가 혁명궁전에 도착했을 때 라울과 도르티코스, 아라고네스, 로카, 이렇게 4명의 다른 당서기들도 함께 모여 있었다. 충격적인 소식이 전해졌다. 쿠바는 그동안 소련에게 끊임없이 대형무기 지원을 요구해왔는데 흐루쇼프가 그에 대한 확실한 답을 보내온 것이다.

겨울 동안 흐루쇼프는 시베리아의 동굴에 있는 로켓 기술자들에게 새로운 소련제 미사일이 미국의 공격에 대응하지 못할 정도로 성능이 떨어진다는 말을 전해 들었다. 중국은 흐루쇼프의 약한 지도력을 공개적으로 비난하는 상황이었다. 흐루쇼프는 미국의 젊은 신임 대통령 존 F. 케네디에게 기선을 제압하고 싶었다. 케네디 대통령 자체는 힘이 약했지만 그의 곁에는 남동생인 로버트와 강경 매파 보좌관들이 있었다. 흐루쇼프는 이 모든 문제를 계산에 넣고 한 가지 결심을 했다. 불가리아에서 모스크바로 돌아오는 열차 안에서 창문 밖을 내다보면서 대담한 반격 하나로 많은 문제를 해결할 수 있겠다는 생각이 든 것이다. 바로 쿠바에 핵미사일을 배치하는 방법이었다. 그 결심에는 에스칼란테 사건 이후로 소원해진 쿠바와 소련의 관계를 회복하고자 하는 의도도 들어 있었다.[13]

최근 상황으로 미루어볼 때 흐루쇼프는 쿠바의 반응을 확신할 수 없었다. 그래서 그는 쿠드리아체프의 뒤를 이어 대사가 된 알렉시예프를 보내어 피델의 심경을 타진했다. 라울이 아바나 공항에서 알렉시예프를 맞이했고 곧장 피델과의 공식 접견 자리를 마련했다. 이튿날 체가 도착했을 때 피델은 이미 마음의 결정을 내린 상태였다.[14] 피델은 정치에서 "하나의 실마리, 하나의 사소한 일, 하나의 사건이 모든 상황을 결정짓는 경우가 종종 있다."[15]는 사실을 잘 알고 있었다. 그러나 흐루쇼프와 마찬가지로 피델은 타고난 도박사였다. 그의 본능은 공격으로 방어하라고 말하고 있었다. 피델보다 더 공격적인 성향의 체는 피델의 결정을 전적으로 지지했다.

그날 최종 결정을 위해 모인 모든 사람들은 미사일 배치를 받아들이는 것이 쿠바에게 이득이라고 굳게 확신했다. 어떻게 그런 대단한 일을 실행에 옮길 수 있을지 미심쩍었지만 여전히 소련에 대한 경외감을 지니고 있었기 때문에 그들의 의심은 금세 희석되었다. 붉은광장을 행진하던 군인들의 위용과 가끔씩 소련이 전해주는 중요한 첩보를 생각하면 그들의 능력을 믿을 수밖에 없었다. 1년 전에 아바나의 혁명 기념식에서 최초의 우주인 유리 가가린 옆에 그들이 서지 않았던가? 그들은 모두 소련이 미사일과 장비, 기술자들을 몰래 쿠바 내로 들여올 수 있을 것이라고 믿었다.

흐루쇼프는 쿠바의 명백한 지지 선언을 듣고 흡족한 마음에 즉시 피델에게 감사 편지를 썼다. 피델은 사회주의 세계의 지도자와 개인적인 유대 관계를 돈독히 쌓아나간다는 사실에 상당한 자부심을 느꼈다. 그러나 지난여름에 피델이 조심스럽게 텔레비전을 통해 소련의 보호 제안은 순전히 "자발적인" 것이라고 명백하게 했듯이 이번에도 한 가지는 분명히 짚고 넘어가길 원했다. 이번 조치가 사회주의 진영 전체를 강화하기 위한 것이지 단지 쿠바만을 보호하기 위한 것이 아니라는 점을 소련이 확인해주길 원한 것이다. 흐루쇼프는 그 말에 동의를 표했다. 소비에트 진영의 더 큰 전략을 위한 일이라고 공언하면서 "우리의 공통 사안의 성공"[16]을 위해서라고 간략히 덧붙였다.

7월에 피델은 미사일 문제에 관련한 공식 협정을 마무리 짓기 위해 라울을 모스크바로 보냈다. 거기에서 라울은 모든 일이 일사천리로 진행되는 바람에 당혹감을 감추지 못했다.[17] 그의 근심스러운 마음이 겉으로 드러난 모양인지, 한 보좌관이 아르메니아 코냑을 몇 잔 마시며 쉬자고 청해왔다. 라울은 협정 초안에 만족했지만 피델은 자신이 우려하는 부분을 충분히 다루지 않았다고 생각했다. 협정의 전문에는 "쿠바인들"이 미사일을 그들의 나라에 배지하기를 요구했다는 문장이 적혀 있었다. 피델은 이 문구가 문제가 될 수 있다고 생각해서 "소련과 쿠바의 상호 협상에 따른 결론"이라고 바꿔주길 원했다. 또한 피델은 소련이 충분히 비밀리에 모든 일을 해 낼 수 있을 것이라고 믿었지만 그들이 미사일 배치를 공개적으로 표명하기 를 바라고 있었다. 피델은 소련에 말했다. "우리는 무법자가 아닙니다. 우리 는 모든 일을 할 수 있는 권리를 가지고 있습니다."[18] 하지만 흐루쇼프는 케 네디를 놀라게 하고 싶었고 미사일을 배치한 바로 직후에 미사일의 존재를 알릴 계획이었다.

그해 여름 내내 아나디리 작전*은 빠르게 진행되었다. 하지만 미사일의 배치 목적이나 애초에 누가 먼저 미사일 배치를 요구했는지에 대한 정치 적 협정은 아직 마무리가 되지 않은 상황이었다. 그래서 8월 말에 피델은 체를 모스크바로 보내서 라울이 가져온 협정문의 용어를 재조정하도록 했 다. 체 일행은 환대를 받았지만 흐루쇼프는 여전히 미사일 배치 후에 협정 을 공표하겠다는 입장을 바꾸지 않았다. 체는 모든 작전이 발각되면 어떻 게 하냐고 물었다. 이 질문은 피델이 라울에게도 당부했던 유일한 질문이 었다. 흐루쇼프는 걱정할 필요가 없다고 안심시키면서 "만약 문제가 발생 하면 발트 함대를 급파할 것"[19]이라고 대답했다. 소련 지도자는 이제 혼자 계획을 실행하고 있었고 조금도 결심을 바꾸려고 하지 않았다.

체가 모스크바에 머무는 동안 케네디는 플로리다 해안에서 약 145킬 로미터가량 떨어진 곳에서 일어나는 움직임이 심상치 않다는 보고를 받았 다. 이에 케네디는 15만 명의 예비 병력을 대기시켰다. 사흘 후에 흐루쇼프 는 정책을 약간 조정했다. 더 작고 전술적인 핵무기 배치를 추진하면서 주 요 핵미사일을 수송할 소함대 병력을 증강한 것이다. 체가 아바나로 돌아 올 무렵에는 이미 긴박한 상황이 전개되고 있었다.[20] 날씨가 급변해서 미국 의 정찰기가 제 몫을 할 수 있었고 CIA는 케네디를 설득할 결정적인 증거

---

* 시베리아의 강 이름을 딴 쿠바 미사일 배치 작전명.

를 확보했다. 쿠바 땅에 바퀴자국이 여럿 있었고 급하게 파놓은 구덩이도 여러 개 보였다. 경험 많은 요원이라면 멀리 떨어진 곳에서 찍은 사진만으로도 쿠바에 미사일 설치 공사가 한창이라는 사실을 알 수 있었다.

하지만 미국 행정부는 쿠바에서 벌어지는 상황을 제대로 이해하지 못한 듯했다. 영국도 비슷한 입장이었다. 영국의 새로운 영사는 그해 여름 산티아고데쿠바에서 집으로 보내는 편지에 "오리엔테 지방에서 5주를 보냈는데도 완전히 정신 나간 이상한 나라에 온 앨리스 같은 기분을 떨치기가 힘들다"[21]고 적었다. 그리고 이런 '이상한 나라'에는, 자존심이 있는 강대국이라면 어느 나라도 핵미사일을 설치하지 않는 것이 당연했다. 쿠바에 대해 개인적으로 매력을 느낀 흐루쇼프는 그곳의 독특한 특성을 간과했다. 미국 본토와 가까운 것은 말할 것도 없거니와 쿠바는 열정과 두려움을 동시에 야기하는 곳이기도 했다. 이제 20세기의 가장 위험한 대결이 벌어질 무대가 바야흐로 완성되던 참이었다.

10월 22일 월요일 이른 저녁에 케네디는 그 유명한 텔레비전 연설을 시작했다. 쿠바에 "은밀하고 신속하게 배치되고 있는 공산주의 미사일"[22]에 대한 내용이었다. 몇 시간 전에 모스크바에서 흐루쇼프는 최고회의간부회 모임에서 미국이 상황을 알아챘다는 사실을 공지했다. 그리고 회의가 끝나자마자 흐루쇼프는 피델에게 편지를 써서 소련이 "전투 준비"를 마쳤다는 사실을 전했다. 피델이 기다렸던 소식이었다. 피델은 병력을 준비시키는 그 순간을 즐겼다. 아바나에 오싹한 적막이 감돌았고 그 주 내내 일촉즉발의 위기감이 지속되었다. 핵선쟁이 초읽기에 들어가자 세계는 두려운 눈으로 쿠바를 주시했다. 긴장이 서서히 고조되었다. 우선 케네디는 해상봉쇄를 감행했다. 흐루쇼프는 함대에게 계속 전진하라고 명령했다. 그 와중에 무선연락이 끊겨서 상황을 알지 못한 소련 잠수함이 미국 전투함 가까이로 위험하게 접근하기도 했다.

피델은 예상 가능한 시나리오에 따라 움직였다. 그는 이런 상황이 계속되면 미국이 또다시 쿠바 영토를 침공할 것이라고 확신했다. 여름 내내 피델은 정보기관의 수를 늘렸고 가능한 한 많은 수의 요원들과 직접 접촉했다.[23] 피델은 자신의 예측에 확신을 가지고 1년 전 코치노스만 침공 때처럼 조심스럽게 방어를 계획했다. 피델은 다시 한번 더 미국의 의표를 찌를 작정이었다. 그러나 케네디가 선제공격 대신에 해상 봉쇄를 감행하자 피델은 적잖이 당황했다. 결국 그 봉쇄가 실패로 돌아가고, 피델은 언제고 미국의 공격이 시작되리라고 생각했다. 금요일 저녁에 피델은 체와 라울, 고위급 군사령관들을 모아놓고 비상 대책 회의를 가진 후 그들을 각자의 방어 기지에 급파했다. 잠을 이룰 수 없었던 피델은 토요일 새벽 일찍 알렉시예프의 집을 방문했다.

그 주 동안 피델은 흐루쇼프가 쿠바 내 미사일 기지의 존재를 공표하려고 하지 않자 점점 더 초조해졌다. 이제 절정의 순간이 얼마 남지 않아 보였고, 피델은 소련이 점차 통제권을 잃어가고 있다고 확신하게 되었다. 그는 미국의 공격이 "불가피해진 상황"으로 보인다고 알렉시예프에게 재차 경고했다. 마침내 피델은 흐루쇼프에게 개인적으로 서신을 보내기로 마음 먹고 알렉시예프에게 받아 써달라고 부탁했다. 사실 피델은 언제나 상황에 딱 맞는 단어를 골라내는 능력에 자부심을 갖고 있었다. 피델은 연설 문구를 작성할 때 자신이 말하고 싶은 바를 정확히 나타내는 단어가 생각날 때까지 고심에 고심을 거듭했다. 처음에는 윤곽만 드러난 아이디어에서 출발해서 논리적인 사고 과정을 통해 구체적인 정책이나 계획으로 만들어내는 것이었다. 하지만 흐루쇼프에게 전할 편지를 쓰는 지금은 알맞은 단어를 찾아낼 수 없어서 헤매고 있었다. 한 주 내내 긴장을 풀지 못한 채 지내다 보니 많이 지친 탓에 피델은 이제 무언가를 말하려고 할 때마다 제대로 표현하지 못하고 있었다. 피델은 초안을 썼다가 읽어보고 버리고 다시 쓰기를 반복하고 있었다. 참다못한 알렉시예프가 끼어들었다. "우리가 적들에게 먼저 핵공격을 감행해야 한다고 말하고 싶은 것입니까?"[24]

10월 28일 일요일 아침에 알렉시예프는 답장을 기다리고 있었다. 결국 피델이 쓴 내용은 외교적인 언어의 한계를 벗어나지 못했다. 편지 내용이 너무나 애매모호해서 몇 번이나 다시 읽어야 했지만, 흐루쇼프는 행간에 담긴 뜻을 알아차렸고 그는 피델의 진의에 덜컥 겁이 나기 시작했다. 피델이 최종적으로 보낸 편지의 내용은 이러했다. "친애하는 흐루쇼프 동지에게. (침공을 감행하려는 미국의) 공격 정책의 위험이 이렇게 높아져가는 가운데 소련은 제국주의자들이 먼저 핵공격을 감행할 수도 있는 상황을 묵과해선 안 됩니다."[25] 이 편지를 받기 전에 이미 흐루쇼프는 이 "전쟁이라는 꼬인 매듭"[26]을 단칼에 끊어버리기로 마음먹은 상태였다. 그는 피델이 제안하고 있는 방향은 생각지도 못했다. 이 청년은 제정신인 것인가? 그는 이 작전의 핵심 목표가 케네디를 압박하자는 것이지 전쟁을 벌이자는 것이 아님을 이해하지 못했나? 흐루쇼프는 원래 의도를 바꾸는 데 능숙했고, 이전 결정을 뒤엎어서 다른 사람이 오해했던 것인 양 만들어버리곤 했다. 피델도 흐루쇼프의 방식에 당하고 말았다.

한편, 피델은 라디오를 통해 흐루쇼프가 케네디와 비밀 약조를 한 사실을 알게 되었다. 케네디가 쿠바를 침공하지 않겠다고 약속하면 흐루쇼프도 "미사일을 철수"하겠다는 거래였다. 피델은 이 소식을 듣자마자 벽을 차고 거울을 부수면서 격분했다.[27] 그는 흐루쇼프가 있는 쪽을 향해서 욕설을 멈추지 않았다. 나중에 피델은 만약 흐루쇼프가 쿠바에 왔다면 "따귀를 날렸을 것"[28]이라고 말했다.

그런 반응을 예상한 흐루쇼프는 피델의 감정을 달래려고 개인적인 서한을 보냈다. 피델의 민족주의적 감성을 자극하지 않으려 애쓰면서, 자신이 한 행동이 "당신에게 유리하게 문제를 해결하기 위한 노력"이었음을 그에게 납득시키려 했다. 흐루쇼프는 피델에게 이런 '충고'도 곁들였다. "감정에 휘둘리지 마시고, 확고한 태도를 보여주기를 바랍니다."[29] 흐루쇼프는 미국 정찰기 한 대가 격추당했다는 소식을 듣고 깜짝 놀랐던 것이다. 그러나 흐루쇼프의 전혀 외교적이지 않은 이 편지는 피델의 화를 돋우기만 했다. 피델도 소련의 일인자에게 똑같은 방식으로 응대했다. 흐루쇼프가 했던 그대로 개인적인 편지를 보냄과 동시에 방송 전파를 통해서도 공식적인 답을 전달한 것이다. 피델은 그 비행기를 격추시키지 못했다면[30] 쿠바는 군사적인 면은 물론이고 도덕적으로도 약세를 면치 못했을 것이라고 다소 냉소적으로 대답했다.

그동안 체는 이상하게도 이 모든 상황에서 빠져 있었다. 체는 피나르델리오 지방을 통제하면서 지휘관 자리를 지키는 일에 전념했다. 그 기지에는 이제 막 훈련을 마친 게릴라 부대도 대기 중이었다. 그러나 체는 피델이 일요일 오후 2시에 소집한 회의에는 얼굴을 드러냈다. 이제 소련군은 쿠바를 떠나고 있었다. 그 무렵에는 피델도 안정을 되찾은 후여서 하마터면 재앙이 일어났을 수도 있었다며 그 모든 상황을 긍정적으로 바라보고 있었다. 피델은 "쿠바는 더 많은 것을 이미 얻었기 때문에 미사일 철수로 잃을 것이 전혀 없다."[31]고 천명했다. 하지만 속으로는 불안을 느끼고 있었다. 10월 29일에 알렉시예프가 피델을 방문했다. 나중에 알렉시예프가 이 방문에 대해 모스크바에 보고한 내용에 따르면 피델이 그렇게 우울하고 초조해 보이기는 처음이라고 했다. 사실 피델은 소련이 자신을 버렸으며 언젠가는 미국의 손에 보복당할 것이라고 생각했다. 피델은 알렉시예프에게 말했다. "일부 쿠바인들이 소련의 미사일 해체 결정을 이해하지 못하고 있는 것이 아니라 모든 쿠바인이 그렇소."[32] 소련의 배신으로 인해 갖가지 근심이 고개를 들고 있었다. 이 사건이 일어나고 얼마 후 피델을 만난 외국 관리는 피델이 "창백하고 초췌하고 여위었으며 정신적으로나 신체적으로나 피폐한 모습"[33]이었다고 묘사했다. 만약 알렉시예프가 체를 만났다면 그에 대해서도 똑같은 보고를 했을 것이다. 체도 피델만큼이나 분노한 상태였기 때문이다.

흐루쇼프는 이 모든 상황이 대단히 걱정스러웠다. 피델을 잃으면 당연히 쿠바는 중국의 손아귀에 들어갈 것이고 이때까지 소련이 쿠바혁명에 쏟은 노력은 전부 물거품으로 돌아가는 것이었다. 피델의 반응을 우려한 흐루쇼프는 최고회의간부회의 일원이자 쿠바에서 "모스크바 친구"로 불리는 아나스타스 미코얀을 특사로 보냈다. 미코얀은 워싱턴에서 미국과 협상을 마무리 지은 후에 즉시 쿠바로 날아갔다. 피델은 화가 많이 난 상태였다. "우리가 왜 이런 요구를 받고 있는 것인지 도저히 모르겠소."[34] 그는 미사일 기지에 대한 조사를 요구한 유엔 사무총장 우탄트를 거세게 몰아붙인 직후였다. "우리는 우리가 어떤 무기를 수입할 것인지, 우리가 우리의 국방을 위해 어떤 수단을 사용할 것인지에 대해 미국의 상하원과 협의하거나 보고할 생각이 전혀 없소."

흐루쇼프는 피델과 대화할 수 있는 사람이 있다면 미코얀뿐이라고 믿었지만 쉬운 일은 아니었다. 피델은 쿠바 역사를 너무 잘 아는 터라 파리 조약 *체결 당시를 떠올릴 수밖에 없었다. 쿠바의 독립전쟁(1895~1898년)에서 미국은 에스파냐를 몰아내는 데 도움을 주었지만 그 후에 쿠바와의 그 어떤 협의도 없이 파리 조약을 통해 쿠바의 주권을 마음대로 결정지었다. 게다가 지금은 흐루쇼프와 피델이 비난을 담은 편지를 잇달아 주고받은 상태여서 미코얀은 임무를 수행하기가 더욱 어려웠다. 미코얀과의 회담이 성사된 후에 흐루쇼프의 다음 편지가 도착했다. 그 편지는 훨씬 더 강경한 입장을 내비쳤다. 흐루쇼프는 피델에게 이제까지 벌어진 상황은 "두 강대국의 충돌"[35]이었다고 밝혔다. 그러면서 "우리는 침략자가 결국은 패배자라는 사실을 압니다. (……) 미국은 쿠바를 공격할 준비를 했지만 우리

---

* 1898년에 미국과 에스파냐 간 전쟁 직후 체결된 조약.

가 막았고 현 상태에서 그런 일을 벌이면 안 되겠다는 인식을 심어준 것"이라고 말했다.

그러나 피델의 생각에는 흐루쇼프가 침략자이자 궁극적인 패배자였다. 피델은 답장에 이런 자신의 생각을 그대로 담았다. 피델은 자신이 냉전의 "가장 위험한 참호"인 쿠바에서 답변을 쓰고 있으며, 이미 결정적인 순간은 지나갔다는 사실을 소련에게 상기시켰다. "쿠바는 오랫동안 위험을 안고 살아왔기 때문에 이제는 그런 것들에 익숙해졌습니다."[36] 피델은 이곳에 주둔한 소련군과 함께 싸울 용의가 있는 쿠바인들이 많을 거라고 에둘러 말했다. 그런데 미사일 철수에 대한 "놀랍고 갑작스러우며 무조건적인 결정"으로 인해, 그런 생각을 지녔던 수많은 용감한 쿠바인들이 울분을 느꼈다며 분개한 어조로 써내려갔다.

그러면서 피델은 자신이 그 모든 상황에서 개인적으로 가장 상처받은 부분을 언급했다. "우리는 핵전쟁이 일어날 경우, 당신들이 멋대로 추측한 것과는 달리, 우리가 전멸하리라는 점을 간과하지 않았습니다." 피델은 자신들을 이상한 나라의 앨리스에 어울릴 법한 곳이라거나 라틴아메리카적 기질 운운하는 외국 정부들과 그들의 거만한 시선에 환멸을 느끼고 있었다. 피델은 계속 편지를 써나갔다. "전멸의 가능성에도 불구하고 그 이유를 들어 미사일을 철수하라고 요구하지 않았고 그 이유를 들어 물러서라고 요구하지 않았습니다. 당신은 정말 우리가 그 전쟁을 원했다고 생각합니까? 하지만 진짜 침략이 일어난다면 우리가 무슨 수로 막겠습니까? 사실상 침략 가능성이 컸고 제국주의가 필요한 모든 해결책을 막고 있었으며, 그들의 요구는 우리가 보기에는 소련이나 쿠바가 결코 받아들일 수 없는 것이었습니다. (……) 내가 틀렸다고 설득할 수는 있겠지만, 나를 설득하지 못한 채 내가 틀렸다고 말할 수는 없습니다."

"외교적 투쟁 방식을 과소평가해서는 안 됩니다."[37] 미코얀이 회의에서 피델에게 말했다. 아이러니하게도, 언제나 외교적 투쟁 방식을 반대해왔던 미코얀이 소련이 한 행동의 옳고 그름을 분석해보자고 제안해온 것이다. 미코얀의 모순적인 언행은 피델에게, 다소 늦은 깨달음이긴 했지만, 소련과의 관계에 대한 명백한 교훈을 남겼다. 미코얀이 보여준 모순적인 태도는 선의에서 비롯되긴 했지만 그가 상황을 완전히 오해하고 있다는 사실을 드러내고 있었다. 피델은 분노했고 미코얀은 그런 그를 이해할 수 없었다. 어쨌든 재앙을 피한 것이 아닌가?

그때 상황을 중재하기 위해 체가 개입했다. 체는 피델의 말을 언급했다. "미국은 우리를 물리적으로 파괴하기를 원했지만 소련은 흐루쇼프의 편지로 우리를 파괴했다고 피델이 말했죠." 미코얀이 당황하며 대답했다. "하지만……, 우리는 쿠바가 파괴당하지 않도록 최선을 다했습니다." 체가 쏘아붙였다. "우리는 당신들이 우리와 사전에 상의하지 않았다는 점이 기분 나쁜 것입니다."38 그는 덧붙였다. "미국이 국제법을 위반할 수 있는 권리를 당신들이 인정해준 꼴이 되었습니다." 이 점이 체가 가장 걱정하는 대목이었다. "이 때문에 사회주의 국가의 통합이 유지되기 어려울 것입니다. 이미 사회주의 진영에 금이 가기 시작한 것 같긴 합니다." 체가 지적했다.

나중에 다시 이런 상황이 닥친다면 체는 이렇게 농담했을 수도 있다. "케네디와 흐루쇼프가 체스를 두고 있는데, 상황이 복잡해진 겁니다. 흐루쇼프가 둘 차례였는데 어떻게 할지 몰랐던 거죠. 그래서 카파블랑카처럼 '기사를 희생하자'(카파블랑카는 쿠바 출신의 전설적인 체스 세계 챔피언이었고, 피델의 혁명 초기 별명 중 하나가 '엘 카바요(말, 기사)'였다)고 생각한 겁니다."39 그러나 지금 당장으로서는 체도 피델처럼 여전히 화가 나 있었다.

이제 흐루쇼프도 인내심이 한계에 다다랐다. 그는 미코얀의 최종 보고를 받기도 전인 16일에 최고회의간부회에서 모든 상황이 "터무니없다고 소리를 질렀다." 흐루쇼프는 "만약 쿠바 동지들이 이 문제에 대해 우리의 협력할 생각이 없고 함께 이 위기를 풀어볼 자세가 안 되어 있다면 거기에 있어봤자 우리의 친구들에게 아무런 의미도 없을 것"40이라고 미코얀에게 전했다. 미코얀은 쿠바를 떠나기 전에 체에게 말했다. "내가 모스크바로 돌아가면 쿠바인들을 이해했다고 말할 수 있어야 하지만 지금 돌아가서도 그들을 잘 모르겠다고 말할 것이 두렵소. 사실 나는 당신들을 잘 모르겠소."[41]

그해 말에 모스크바와 워싱턴은 극단적인 국면에서 벗어나려고 노력 중이었다. 그러나 피델과 체는 여전히 흐루쇼프의 배신에 씁쓸함을 마음 깊이 느끼고 있었고 〈레볼루시온〉은 계속해서 반反소련 연설을 싣고 있었다. 체는 이 미사일 사건으로 인해 딱 한 가지 교훈을 얻었다. 자신이 피델과 쿠바의 동지들에게서 느꼈던 완벽한 연대의식을 소련과는 나눌 수 없다는 사실이었다. 소련은 쿠바인들이 바랐던 대로 "끝까지" 곁에 있어주지 않았다. "나는 절대 흐루쇼프를 용서하지 않을 걸세."[42] 체는 나중에 친구에게 이렇게 털어놓았다. 또 다른 친구에게는 엄지와 검지를 모아 내보이면서 이렇게 말했다. "우리의 유일한 희망은 우리의 원칙을 조금이라도 포기하지 않는 것이네."[43]

피델은 아직 자신의 분노를 말로 표현할 수 없었다. 피델은 11월 내내 정부 업무를 거의 하지 않았다. 그의 "의도적인" 부재로 인해 대사관과 첩보기관은 중요한 대대적 정부 개편이나 정책 결정이 임박했다고 추측했다.[44] 사실 피델의 부재는 의도된 것이 전혀 아니었다. 그저 최근의 사건으로 인해 신체적으로나 정신적으로 많이 지쳤기 때문이었다. 그러나 피델은 체와 전혀 다른 교훈을 얻었다. 불쾌하고 씁쓸하지만 불가피한 사실은 지금 당장은 쿠바가 소련의 권위를 인정할 수밖에 없다는 것이었다. 언제나처럼 피델은 자신의 머리가 옳다고 말하는 것을 믿으려고 애썼다. 그는 대학교로 찾아가서 학생들과 즉흥적인 모임을 가지고 그들과 생각을 나누고 토론을 벌였다. 이런 모습의 피델을 관찰하던 영국 대사는 이렇게 적었다. "나는 피델이 이상한 행동을 하는 것으로 보지 않는다. 내 동료들이 말하

BOOK21

경제경영-인문

21세기북스는 급변하는 시대의 흐름 속에서 독자의 요구를 먼저 읽어내는 예리한 시각으로 〈칭찬은 고래도 춤추게 한다〉, 〈설득의 심리학〉 등 밀리언셀러를 출간하며 경제 경영 자기계발 분야의 독보적인 브랜드로서 자리매김했습니다.

 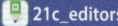

북이십일의 문학 브랜드 아르테는 세계와 호흡하며 세계의 우수한 작가들을 만납니다. 국내에 소개되지 않은 혹은 잊혀지는 안 되는 작품들에, 새로운 가치를 담아 재창조하여 '길고 아름다운 책'을 만들고자 합니다.

인문

원 페이지 인문학
하루 5분이면 충분한 실천 인문학

김익한 지음 | 값 19,900원

하루 한 장의 생각으로 단단해지는 내일 '아는 것'이 아니라 '사는 것'을 ㅈ
하는 365일 실천 인문학하루 한 페이지, 5분이면 충분한 성장의 시간!

김형석, 백 년의 유산
106세 철학자가 길어 올린 최후의 인간학

김형석 지음 | 값 22,000원

"백 년의 사유가 담긴 우리 시대 마지막 유산"
기네스 공식 인증, 현존 인류 최고령 저자
김형석 교수가 전하는 '만년(萬年)의 교양'

법의학자 유성호의 유언 노트
후회 없는 삶을 위한 지침서

유성호 지음 | 값 19,900원

"죽음을 떠올릴 때 삶은 더 선명해진다"
매주 죽음을 만나는 서울대 유성호 교수가 일 년에 한 번 '유언'을 쓰며
한 인생의 진정한 가치와 의미, 어떻게 살아가야 할 것인가에 관한 고
성찰!

Philos 038
신을 찾는 뇌
종교는 어떻게 진화했는가

로빈 던바 지음 | 구형찬 옮김 | 값 30,000원

'던바의 수' '사회적 뇌' 사회성 연구의 대가 로빈 던바,
종교에 대한 과학적 연구 20년의 결정판
다학제간연구로 종교의 기원과 진화 목적을 밝히다

그레이트 하모니 001, 002
아우구스투스, 알렉산드로스
리더를 위한 정치와 사상의 교양

에이드리언 골즈워디, 필립 프리먼 지음 | 각권 55,000원, 39,800원

혼돈의 시대, 리더십의 본질을 되묻다
세상을 바꾼 두 제국의 리더

듯이 카스트로가 미쳐가는 증거도 아니다. 그는 아주 강한 사람이고 생존력에 한계가 없는 오뚝이 같은 사람이다."[45]

영국 대사는 미사일 위기 이후의 고통스러운 시기 동안 피델의 속내를 미코얀이나 체보다 더 잘 꿰뚫어본 것이다. 당시에는 피델이 체보다 더 큰 실망과 좌절을 내보였지만 일단 마음의 결정을 내리고 나자 피델은 체보다 더 빨리 현실 상황에 적응했다. 하지만 피델은 체가 가장 기대하지 않았던 방향으로 나아갔다.

12 침몰하는 호의

미사일 위기는 피델과 체의 모든 것을 바꾸어놓았다. "우리의 생존권은 상대가 누구이든 간에 논의에 부치거나 할 성질의 것이 아니다."[1] 나중에 피델은 이렇게 선언했다. "그러나 우리의 생존권이 강제에 굴해 무릎을 꿇을 수 있는지 여부에 달려 있다면, 그때 우리의 대답은 생존권을 기꺼이 버리겠다는 것이다." 이 단도직입적이고 저항적인 선언은 체의 전폭적인 지지를 얻었다. 체는 쿠바 국민들도 사회주의 미래라는 더 큰 선善을 위해 자신을 희생할 열의에 차 있다고 믿었다.

미사일 위기의 고통스러운 여파로 인해 두 사람은 서로의 곁을 굳건히 지키게 되었다. 그러나 그들이 얻은 교훈은 사뭇 달랐다. 피델의 가장 큰 걱정거리는 혁명의 과거 성과를 강화하는 것이었다. 체는 흐루쇼프의 방향 전환 때문에 "이제 라틴아메리카의 모든 국가에서 혁명 운동이 쇠퇴할 것"[2]이 걱정스러웠다. 미사일 위기로 인해 두 사람이 각자 최우선으로 생각하는 일이 무엇인지가 드러났다.

이렇게 서로 다른 반응을 보이게 된 까닭은 두 사람의 성격 때문이었다. 체는 교조적이고 단호한 성격이지만 피델은 훨씬 더 실용주의적이고 유연한 성격이었다. 이미 이런 차이는 쿠바가 미국에서 소련으로 선회하는 과정에서도 드러났다. 이러한 차이 덕분에 쿠바 지도부가 어려운 이행 과정을 순조롭게 이뤄낼 수 있는 협상 수단을 얻은 셈이었다. 그렇지만 미사일 위기의 여파 속에서 피델과 체가 직면한 주요 문제는 사회주의 진영 '내에서' 쿠바가 어떤 입지에 있는가 하는 문제였다. 냉전의 제2전선이라고 할 만큼 소련과 중국의 관계가 점점 더 악화되고 있는 상황이었다. 이렇게 새로운 상황이 펼쳐지자 이제 두 사람의 차이는 그다지 도움이 되지 못했다.

처음에 체는 소련이 날린 강타에 그가 아는 유일한 방법으로 내응했다. 바로 일에 미친 듯이 매진하는 것이었다. 엄격하게 짜인 일정에 따라 주변에 쌓인 일을 하나하나 해치웠다. "그는 내가 이전의 임무를 끝내기도 전에 새로운 임무를 계속 내주었다." 어느 동료는 이렇게 회상했다. 무엇보다 체는 이제 그가 생각해낸 도덕적 동기유발에 대한 실험을 해나가기로 결심했다. 이 실험은 그가 생각하는 새로운 사회주의 사회 건설을 위한 핵심이었다. 동시에 쿠바를 뒤덮기 시작한 관료제와도 힘겨운 싸움을 벌였다. 체는 소련이 애초에 부패하기 시작한 원인이 이 두 가지 문제를 다루는 데 실패했기 때문이라고 생각했다. 쿠바는 소련과 달라야만 했고, 그러기 위해서 체는 장관실에서 더욱 열심히 일했다. 그는 쿠바에서 만들어가고 있는 사회주의 형태가 소련보다 우수하다는 것을 입증하고 싶었다. 그래서 그는 새벽까지 책상을 떠나지 않고 일했다. 몇 달 동안 잠도 거의 자지 않았는데, 숙면을 취할 때는 가끔씩 마시는 술이 도움이 되었다. 아침이면 알레이다가 진한 블랙커피를 가져다주었다

체는 이렇게 일에 빠져 있을 때가 가장 행복했다. 그러니 누가 봐도 그가 자신을 극단으로 몰아가고 있음이 명백했다. 이느 날 올투스키가 체의 글을 비판하자 그는 고개를 돌리더니 이렇게 말했다. "나는 산업부 장관이

자 서부군의 대장이자 국제적인 반란가이고 작가일세. 자네는 달랑 차관 직 하나를 맡았고, 하는 일이라고는 나를 비판하는 것뿐이군."[3] 그를 잘 아는 사람들은 그냥 내버려두는 것이 상책이라는 걸 알고 있었다. 2월에 라울은 알렉시예프에게 "게바라는 혁명과 관계된 일 중 자신이 뭔가 부정한 짓을 저질렀다는 생각이 어느 날 문득 떠오르게 된다면 아마 자신의 머리를 쏴버릴 것"이라고 말했다. 체는 이 말을 전해 듣고 냉소적인 표정을 지었다. 그는 그 장면을 상상해보더니 침울한 웃음을 지으며 이렇게 말했다. "양심의 가책이란 정부 요직에 있는 사람에게는 때때로 해로운 법이지."[4]

2월이 되자 끝없는 좌절감에 사로잡힌 체는 더더욱 일에 몰두해서 어느덧 측근들의 걱정거리가 되었다. "체가 미쳐서 더는 자원 활동으로 돕는 정도가 아니라 사탕수수를 혼자서 모조리 베어버리려고 한다는 소문이 아바나에서 돌았어요."[5] 체의 친구인 아이데 산타마리아는 회상했다. 체는 주말마다 자원노동 활동에 나섰고 그때마다 기록을 새로이 갈아치우려는 듯이 열심히 사탕수수를 베었다. 마침내 힘이 다 떨어져서 포기하면서 정말 "지치는" 일이라고 말했다. "사탕수수밭은 끝이 없군!"[6] 체가 이렇게 소리치자 노동자들은 환호성을 지르며 박수를 쳤다. 그들도 통감하고 있었기 때문이었다. 그러나 체는 이 자원노동을 상징적인 효과를 노리고 하는 것이 아니었다. 그에게 이 활동은 낙후된 기계와 비효율적인 생산량이라는 쿠바의 고질적인 문제를 해결하는 방법일 뿐만 아니라 혁명 윤리를 심어주는 수단이기도 했다. 즉, 이 모두는 사상을 주입하는 문제와 관계되는 것이었다.

이런 사실은 체가 노동자를 위한 독서교실을 떠맡았을 때 명백해졌다. 체는 한 노동자가 기초적인 문장에서 헤매자 조급함을 참지 못하고 퉁명스럽게 내뱉었다. "뭐, 계속 공부한다면 20년쯤 뒤에는 황소만큼은 똑똑해지겠군요."[7] 동행했던 경제부 장관인 레히노 보티가 눈치를 주자 체는 사과했다. 하지만 이런 점이 체가 사람들에게 내보이는 모순적인 모습이었다. 한

편으로는 사람들에게 공감하는 능력이 뛰어나면서도 다른 한편으로는 사람들과 거리를 두고 냉담했다. 요약하자면 체는 받는 것보다 주는 것을 더 잘했고 가르침을 받기보다는 스스로 배우는 것을 좋아했다. 그러나 체에게 이 모든 일은 "사회주의 건설이라는 이상하고 감동적인 드라마"[8]의 일부분일 뿐이었다.

미사일 위기에 대한 피델의 반응은 전혀 달랐다. 1963년 1월에 피델은 흐루쇼프로부터 소련으로 초청하는 편지를 받았다. 흐루쇼프는 이번 기회야말로 진짜 사회주의를 알 수 있는 경험이 될 것이라고 전했다. 하지만 여전히 소련의 처우에 화가 나 있던 피델은 당연히 그 초대를 거절했다. 이쨌든 피델의 건강이 여행을 떠날 만큼 회복되지 않은 상태였다. 또한 우울한 기분에서 벗어나자 쿠바에서 자신의 입지를 굳건히 해야 할 필요를 느꼈다. 피델은 장기간 자리를 비우고 해외로 떠날 시기가 아니라고 판단했다. 언제나처럼 그의 본능은 그를 실망시키지 않았다. 사실 코치노스만 침공 이후로 약간 사그라지긴 했지만 피델 전복 계획[9]이 워싱턴에서 다시 한번 더 검토되고 있었다.

그러나 몇 주 지나고 피델이 여섬에서 계속 모스크바에 대한 비난을 퍼부어대자 결국 알렉시예프가 피델의 의중을 떠보는 임무를 맡게 되었다. 그 소련 대사는 처음에는 체의 부관인 에밀리오 아라고네스를 통해서 간접적으로 운을 뗐다. 아라고네스는 미사일 위기에 대해 세삭 문고들 피력하는 것은 "본질이 아니라 형식"의 문제이지만 소련 지도부가 굽히지 않고 자기주장만 내세운다면 피델의 감정을 달래지 못할 것이라고 말했다. 이는 "쿠바 지도자들의 반발을 불러일으킬 뿐"[10]이라고 덧붙였다.

사실 피델은 시간을 벌고 있었다. 그는 문제를 해결하기 위해 자신이 모스크바로 가야 한다는 점을 잘 알고 있었다. 그러나 그는 소련 방문이 소련과 쿠바 간 관계의 본질을 정면으로 대면하는 것이며, 따라서 돌아올 때는 쿠바가 나아갈 방향이 확실히 정해져 있어야 한다는 점을 생각하고 있었다. 피델은 준비를 해둘 필요가 있었다. 그래서 봄 동안 피델은 꾸준히 연단에 나서서 연설을 통해 국민들의 저항 정신을 부추겼다. 그러면서 쿠바가 앞으로 어떤 길을 걷게 되더라도 쿠바는 하나라는 사실을 주지시켰다.

2월에 피델은 마침내 미사일 위기 문제를 다룰 준비를 마쳤다. 그는 알렉시예프에게 소련의 외교 정책 노선에 대한 자신의 생각을 털어놓는 것을 시작으로 행동을 개시했다. 이전의 대화와는 달리 이번에 의중을 떠보는 사람은 피델이었다. 그는 조심스럽게 운을 뗐다. "평화공존 정책에 대해서 기본적으로 나는 반대하는 입장입니다. 이탈리아나 프랑스 같은 나라라면 평화로운 방법으로 사회주의를 이룩할 수 있겠지만 라틴아메리카의 경우에는 그런 방법을 적용할 수 있을 정도로 적합한 조건이 갖춰져 있지 않습니다."11

표면적으로는 피델이 여전히 총을 겨누고 있는 것처럼 보였지만 그를 잘 아는 사람이라면 화해의 손을 내밀고 있다는 사실을 눈치챘을 것이다. 알렉시예프 역시 피델의 간접적인 처리 방식은 익히 알고 있었다. 피델은 화해가 불가피하다는 사실을 받아들이고, 느리지만 확실하게 소련의 노선에 맞추어 자신의 연설 내용을 조정해갔다. 2월에 아바나의 채플린 극장에서 사회주의혁명통일당PURS 회의가 열렸다. 이 정당은 피델의 7·26 조직과 PSP, 혁명이사회 등을 비롯한 다양한 혁명 단체를 아우르는 조직이었다. 이곳에서 피델은 마르크스의 대형 초상화를 뒤에 두고 연설을 했다. 그는 4년간의 투쟁이 혁명을 "정화"했지만 과거에 머물러서는 안 된다고 주장했다. "현재는 투쟁을 위한 시간이지만 우리는 미래를 위해 일해야 합니다. 혁명가의 눈은 미래를 바라보아야 합니다."12

피델이 이 연설에서 주장하는 바가 통합이라는 사실을 누구라도 알 수 있었다. 지방정부와 중앙정부의 통합, 반혁명주의자들에 맞서는 혁명가들의 통합, 국민의 통합, 제국주의자들에 맞서는 소련과의 통합을 주장한 것이다. 이렇게 기본 방침을 마련해둔 피델은 화해 여행이라고 알려지게 될 모스크바 여행을 준비했다. 그러나 피델 개인적으로는, 화해를 고민하기 이전에 지난 10월에 일어난 사건에 관한 모든 것들을 알아내겠다고 다짐했다.

4월 말에 피델은 개조된 폭격기를 타고 아이슬란드를 거쳐 길고 험난한 비행 끝에 소련의 무르만스크에 착륙했다.[13] 피델은 아메리카대륙 밖으로 여행해본 적이 없었다. 비행기가 착륙하려고 하자 피델은 어린아이처럼 흥분에 휩싸인 채 조종실에서 벌떡 일어섰다. 그러나 이곳 러시아 북시부 기지의 악천후 때문에 피델은 다시 자리로 돌아왔고, 소송사는 짙은 안개 속에서 계기착륙을 시도했지만, 두 번 실패했다. 하지만 일단 무사히 소련 땅에 착륙하자 피델은 미코얀의 환대를 받았고 흐루쇼프와 전화 통화도 했다.

피델이 모스크바에 도착하자 미리 모여 있던 모스크바 시민들이 "휘파람을 불고 발을 구르며 환호성을 질렀다."[14] 하지만 늘상 듣던 연설에서처럼 칙칙한 정장을 입은 점토 인형 같은 그런 인간이 아니라, 생기 있고 인상적인 인물이 실제 모습을 드러내자 진짜 환대가 터져 나왔다. 모스크바 시민들은 그의 출현에 흥분과 매혹을 느꼈다. 피델은 모든 관습과 절차를 무시하고 흐루쇼프 앞에서 담배를 피웠으며, 모스크바 시민들이 쿠바 국민이라도 되는 듯이 그 앞에서 즉흥적인 연설을 했다.

피델은 소련 방문 중 타슈켄트에서 트빌리시, 크라스노야르스크, 키이우에 이르는 지역을 여행하는 내내 자신이 출중한 인물이라는 점을 인식하고 있는 것처럼 보였다. 볼고그라드, 예전엔 스탈린그라드라 불렸고 약 20년 전에 나치의 공격을 막아냈던 장소인 그곳에서 피델은 군중에게 그곳의 역사를 상기시키며 그들이 세계에 전해준 교훈에 찬사를 보내는 연설을 해서 박수갈채를 받았다.[15] 그의 연설이 강도를 더해가자 소련 통신사인 TASS는 최상급의 말들을 골라 화답했다. "박수갈채"가 곧 "폭풍 같은 박수갈채"로 바뀌었다. 피델의 연설은 다음 날이면 공산당 중앙기관지인 〈프라우다〉에 실렸다.

어느 저녁에는 피델의 위한 음악회가 크렘린 궁전에서 열렸다. 청중에는 공산당정치국 일원의 딸도 있었다. 그녀는 아버지를 대신해서 음악회에 참석했다. 그녀는 자신의 자리가 피델과 가깝다는 사실을 알고는 흥분을 감추지 못했다. 피델은 도착하자마자 중앙통로를 통해서 맨 앞줄로 안내되었다. 바로 그녀의 앞에 앉은 피델은 청중을 돌아다 보며 손을 흔들었다. 청중은 즉시 일어나서 박수를 보냈다. 그 후에 음악회가 시작되었다. 성악가 무슬림 마고마예프가 러시아어로 〈쿠바 리브레〉*를 부르자 청중들도 따라 불렀다. 마고마예프는 첫 모스크바 공연이었는데 그날 밤 이후 벼락스타가 되었다. 중간휴식 시간에 피델은 앞줄에 머물면서 사람들과 이야기를 나누었다. 그는 어린 아가씨가 뒤에서 자신의 소매를 잡고 서 있는 것을 눈치채지 못했다. "그냥 그를 만져보고 싶었어요."[16] 나중에 그녀가 회상했다.

피델은 그들의 상상을 자극했다. 그러나 그들의 반응에 피델도 깊은 인상을 받았다. 선동의 대가인 피델은 이 모두가 꾸며진 상황이라는 것을 틀림없이 깨달았을 것이다. "레닌그라드(현 상트페테르부르크)는 너무 아름다워서 온전히 기억할 수가 없었다. 또한 그곳 사람들의 너무나 따뜻한 환대에 여행객이나 방문객이 떠날 때 슬픔을 느끼지 않기란 힘들었다."[17] 하지만 피델의 이 말 역시 어느 정도 진심이었다. 또한 이르쿠츠크에서 그는 그곳 사람들의 "동지애와 애정"[18]에 감동을 받았다.

흐루쇼프는 피델이 환영받고 있다는 느낌을 주고 싶었다. 또한 자신이

---

* '자유 쿠바 만세'라는 뜻.

지난해에 쿠바를 대신해서 위험을 감수했다는 사실도 피델이 알아주기를 바랐다. 피델은 그런 사실에 화가 났지만 침묵을 고수했다. 마침내 피델이 흐루쇼프의 모스크바 외곽 별장에 들렀을 때 두 지도자는 그들의 진짜 문제를 거론하게 되었다. 흐루쇼프는 피델을 가능한 한 바쁘게 지내도록 미리 손을 썼다. 당연히 피델은 그 강도 높은 일정에도 조금도 지치지 않았고 일단 흐루쇼프와 마주앉게 되자 그에게 수개월치의 전보를 하나하나 들이대며 꼼꼼히 살펴보게 했다. 피델은 끝장을 보겠다는 각오로 질문을 퍼부어댔다. "미국이 터키뿐만 아니라 이탈리아에서 미사일을 철수하겠다고 동의했습니까?"[19] 피델은 그로미코 외무부 장관에게 직접적으로 물었다. "터키는 맞지만 이탈리아는 아닙니다." 그로미코의 공식적인 답변이었다. 그러나 피델이 흐루쇼프에게 통역관을 통해 질문을 쏟아내지 흐루쇼프는 엉겁결에 두 나라 모두 맞다고 대답했다. 즉시 피델은 귀를 기울였다. 이탈리아에서 미사일을 철수하는 것은 쿠바의 이익 보호와 하등의 관련이 없었다. "다시 한번 더 말씀해주시겠습니까?" 흐루쇼프는 자신의 말실수를 깨달았다. 그는 장난스러운 미소를 지을 수밖에 없었고 피델은 그대로 묵과할 수밖에 없었다. 이제 피델은 자신의 혁명이 유지될 수 있게 모스크바의 지지를 끌어내는 조건이 무엇인지 알고 있었다.

쿠바에서 체는 소련과의 친선 관계 회복에 그다지 열의를 보이지 않았다. 그가 보기에 하나의 외국 권력을 다른 외국 권력으로 대체하는 것은 동일한 실수를 두 번 저지르는 일이었다. 알렉시예프가 그에게도 모스크바에 오지 않겠냐고 물었을 때 그는 그저 웃어넘겼다. 체는 소련 측이 자신을 "말썽꾼"으로 여기는 것을 알고 있다며 피델의 계획을 방해할 생각은 조금도 없다고 말했다. 체는 피델이 자신의 뜻대로 하게 하는 것이 더 낫다면서, 애정 어린 어조로 그들의 제안이 피델을 되살아나게 한 것 같다고 덧붙였다. 체는 최근의 국가지도자회의에서 피델이 "레닌 영묘에서 연설을 하는 전통이 있는지, 소련 친구들이 자신이 연설을 하도록 허락할지"[20]에 대해 물어왔다고 말해주었다. 알렉시예프는 이 말을 듣고 피델이 정말로 소련을 방문할 의향이 있다는 생각에 기뻐했다. 그리고 그는 소련이 체를 말썽꾼으로 여기지 않는다고 말해주었다. "우리나라는 당신의 정직함과 열의를 높이 사고 있습니다. 또한 자신의 생각을 확고히 지키는 단호함과 자신의 실수를 인정하는 용기도 아주 좋게 보고 있습니다. 문제를 일으키는 면도 우리의 눈에는 결점으로 보이지 않습니다."

체는 소련 공산당의 노선에 충실한 알렉시예프에게 웃음을 보냈다. 이 웃음 속에 체의 진정한 감정이 숨어 있었다. 그가 소련을 회의적으로 보고 있다는 사실은 더 이상 비밀이 아니었다. 체가 명확히 표현하지 않았다면 그것은 피델을 존중하는 마음에서였을 것이다. 하지만 체는 신랄한 평가를 그만두지는 않았다. 어떤 글에서 체는 쿠바 혁명가들이 서투른 아마추어로 시작했는지도 모른다고 인정했다. 그는 "정부 운영에 있어서는 원시시대나 마찬가지"라고 풍자하거나, 순진하게도 "국가 행정에 게릴라전의 전술을 적용"했다고 자평하기도 했다. 그러나 이와 똑같은 강도로 체는 "충분한 행정 경험 없이 '게릴라주의'를 파괴하려는 시도"는 "총체적 혼란"[21]만 가중시킬 뿐이라고도 주장했다. 이는 비평가로서 던진 비판이었지만 둘 다 모스크바가 듣기를 바라는 종류의 말은 아니었다.

피델은 환한 표정으로 아바나로 돌아왔다. 피델의 입장은 그해 초에 비하면 백팔십도 바뀌어 있었다. 피델은 소련의 체제는 "무적불패"이며 "통치 위임에 기반을 둔 공산주의"[22]의 본보기라고 밝혔다. 또한 이 위대한 소련과 쿠바의 관계에 대해서도 언급했다. "우리는 공산주의자이고 우리의 운명은 전체 공산주의 진영의 운명에 달려 있다."[23] 피델은 쿠바가 이전에 소리 높여 지지했던 남아메리카대륙의 무장혁명에 대해서도 소련 지도부의 평화공존 주장을 따르기로 했다.

모스크바는 중국과 소련의 대립[24]이 격화되면서 사회주의 진영에 금이 가기 시작하자 이러한 피델의 약속에 더욱 관심을 드러냈다. 1950년대 후반이 되자 마오쩌둥이 이끄는 중국은 여러 면에서 소련의 라이벌로 떠올랐다. 마오쩌둥은 흐루쇼프가 스탈린에게서 권력을 이어받은 후부터 시행해온 정책에 반대를 표명했다. 무엇보다도 중국은 사회주의 신조를 확산하는 적합한 수단으로 무장전복을 지지하고 있었다. 흐루쇼프가 주장하는 '평화공존'도 쿠바에 미사일을 설치하려고 했던 것처럼 무력 수단을 원천봉쇄하는 정책이 아니었다. 그러나 이 정책하에서는 사회주의가 혁명봉기가 아닌, 정당 체제와 정치적 영향력을 통해 확산될 것이라는 점은 분명했다. 모스크바는 미국과의 아슬아슬한 평화를 위험에 빠뜨릴 만한 일촉즉발의 상황을 더 이상 원치 않았다. 중국은 이를 우유부단한 패배자 같은 생각이라고 여겼다.

쿠바 지도부는 언제나 이 두 입장 사이에 있었다. 그들은 소련에 대해 더 많이 알았고 소련이 더 편안했기 때문에 그들과 친교를 맺을 수밖에 없었다. 그러나 동시에 도시보다는 시골 지역에 기반을 두고 혁명전을 벌인 쿠바의 역사를 보면 중국의 경험과 공통점이 많았다. 쿠바의 혁명정부는 언제나 다른 좌파 전복단체를 지지해왔고 그 지원 대상을 라틴아메리카에만 국한하지도 않았다. 쿠바는 알제리와 베트남의 혁명운동에도 투쟁적인 연대의식을 보여주었다.

이는 작은 규모의 연대 사례였지만 쿠바는 사회주의 진영 전체에 자극을 주었다. 이데올로기 면에서 볼 때 소련과 중국에게도 쿠바가 하나의 대단한 것이었다. 하지만 피델은 모스크바와 화해하는 대가로 소련이 노선과 같은 입장을 취할 수밖에 없었다.

흐루쇼프는 흡족해했다. 이는 중국과의 맞대결에서 소련의 위신을 크게 세워준 사건이었다. 그러나 소련은 피델이 다른 곳에서 혁명을 두발하는 계획을 포기하는 데 있어 좀 더 주저할 수도 있다고 생각했다. 피델에게 분명히 해두었던 사실을 강화할 필요가 있다고 생각한 소련은 그의 귀국 시기에 맞추어 피델 곁에서 혁명 과정을 진두지휘하는 이들에게 간접적인 경고 메시지를 보냈다. 골수 스탈린주의자인 미하일 수슬로프는 라틴아메리카 공산주의자들은 "그들의 희망을 무장투쟁에만 집중하는데 이는 잘못된 방식"이라며, CIA도 그 뜻을 충분히 알아들을 정도로 공개적으로 메시지를 전했다. "혁명은 외국의 도움으로 강화되거나 맞춤으로 재단되거나 외부에서 충당될 수 있는 것이 아니다."[25] 무엇보다 수슬로프가 이 메시지를 전하면서 가장 염두에 두고 있었던 인물은 바로 체였다.

그달 말이 되기 전에 피델은 체를 알제리로 보냈다. 표면상 체는 쿠바를 대표해서 아흐마드 벤 벨라의 혁명 1주년을 축하하러 간 것이었다. 하지만 체의 진짜 목적은 소련 몰래 쿠바의 비밀 혁명 제안에 대한 벤 벨라의 지지를 얻는 것이었다. 과거에 쿠바는 라틴아메리카로 들어오는 무기들의 창구 역할을 했는데, 이제 그런 일을 할 수 없는 입장이어서 피델은 대체 창구가 필요했다. 전략적으로 알제리를 그런 장소로 이용하고자 했던 것은 기발한 조치였다. 냉전의 대결이 격화되면서 쿠바처럼 작은 나라는 점점 더 국제적인 전략을 마음대로 펼칠 수 없게 되었기 때문이다. 그러나 피델이 이렇게 소련과의 약속을 저버린 채 혁명운동을 계속 지지하는 것은 아주 위험한 도박이 될 가능성이 다분했다.

그해에 체는 자신의 혁명 사상을 국제적인 상황에 맞춰 더욱 확장시켜나갔다. 알제리에 있는 동안 체는 최근에 독자적으로 구상한 계획을 구체화하기 시작했다. 무엇보다도 1년 전부터 자신이 직접 뽑아 훈련시키기 시작한 게릴라 부대가 목표 기지로 향하던 중에 알제리에 머물고 있었다. 그 부대에는 두 명의 아르헨티나인이 있었다. 한 명은 체의 절친한 친구인 호르헤 마세티 기자였고 다른 한 명은 병참 업무를 맡은 시로 로베르토 부스토스였다.

이 부대는 아르헨티나 북부 살타 지역에서 게릴라 활동을 하도록 체에게 명령받았다. 체는 일단 그들이 자리를 잡으면 자신이 직접 그들을 이끌고 라틴아메리카 전체로 게릴라전을 확대할 작정이었다. 그렇게 되면 한 국가뿐만 아니라 전체 지역으로 대혁명의 불길이 번져나갈 것이었다.

살타 원정대는 체 자신의 혁명국제주의 사상을 실행에 옮겨볼 실험 부대였다. 그의 사상 자체는 그의 주요 논문인 〈게릴라전: 방법론〉에 모두 담겨 있었다. 그는 1963년 9월에 알제리에서 돌아오자마자 이 논문을 발표했는데, 그가 이미 1년 전에 발표해서 널리 알려진 《게릴라전》의 후속편이었다. 이전 논문은 장관이라는 공식적인 위치와 혁명군 정신 사이의 긴장이 느껴지는 글이었던 데 비해 이번의 새로운 논문은 그런 긴장감이 덜했다. 체 속에 있는 혁명군 정신이 이긴 모양이었다. 사실 피델이 통합에 대한 마라톤 연설을 해나가면서 중대한 결정을 내렸던 것처럼 체도 글을 써내려가면서 자신의 생각을 명확히 정리했던 것이다.

피델은 이전에 비참한 빈곤과 제국주의의 위협에 대해 의식을 고양시키는 취지의 글을 쓴 적이 있었다. "라틴아메리카의 게릴라전이라는 문제 전체를 분석하기 위해서는 지금 현재의 상황 분석에서 출발해야 한다."[26] 이는 피델이 제2차 아바나 선언에서 했던 말이다. 체는 이 말을 자신의 논문 서문에 인용했다. 체는 《게릴라전》을 쓰면서 피델을 공동저자처럼 생각했다. 하지만 체가 자신의 글에 통합해 넣은 부분은 피델의 선언에서 가장 호전적인 부분일 뿐이었다.

크게 보면 피델은 체의 사상에 전적으로 동가하고 있었다. 하지만 피델은 게릴라전을 수많은 전술 가운데 하나로 이해하고 있었다. 그리고 어기서 두 사람의 기본적인 성격 차이가 또 한 번 드러난다. 피델은 전략을 원했고 체는 실행을 원했다. 체는 이 시대가 피델에게 더 분명하고 더 절대적인 응답을 요구하고 있다고 생각했다. 그래서 자신의 주장을 입증하기 위한 근서로 피델의 말을 언급했고 자신이 듣고 싶은 말을 들을 때까지 피델을 재촉했다. 체가 피델에게 듣고 싶었던 말은 바로, 이상은 실천하기 위해서 존재한다는 말이었다. 혁명을 방해하는 요소는 존재해서는 안 되며 모든 걸림돌은 일소되어야 했다. 체는 피델의 말을 인용했다. "혁명가들의, 라틴아메리카 혁명가들의 의무는 라틴아메리카에 사회혁명이라는 기적을 만들어낼 힘의 변화를 기다리는 것이 아니라 혁명운동에 유리한 모든 것을 다 이용하는 것이다. 바로 혁명을 만들어내는 것이다!"[27]

체는 일종의 '제3차 아바나 선언'인 자신만의 혁명 선언을 작성하는 것에서 한 걸음 더 나아갔다. 그는 피델이 게릴라 작전에 대한 계획을 단념하라는 압력을 받고 있다는 사실을 뚜렷이 인식하고 있었다. 그래서 체는 그 전략의 타당성을 입증하려 했다. 산속 혁명전 시절에 피델의 마음을 두고 레네 라모스 라투르와 싸움을 벌였던 것처럼 체는 지금 피델의 혁명 계획을 놓고 소련과 한판 붙으려고 하고 있었다. 《게릴라전》은 그저 그 싸움의 수단일 뿐이었다. 체는 피델의 제2차 아바나 선언에서 다시 한번 영감을 얻었다. 마치 피델이 자물쇠를 부수고 다시 한 번 기관총을 내어준 것이나 마찬가지였다. 체는 자신의 의무가 피델의 생각을 자신이 생각하는 궁극적인 목표 쪽으로 되돌리는 것이라고 여겼다.

그러나 소련은 체가 《게릴라전》을 둘러싸고 벌이는 미묘한 행동보다 그 책의 전반적인 취지에 더 신경이 쓰였다. 모스크바는 분개했고 아바나 주재 소련 대사관은 그 책을 "모험주의에 가까운 과도한 혁명주의"[28]라고 낙인찍었다. 어쩌면 체가 계획한 것일 수도 있는데, 그에 비하면 피델은 약간 타협적으로 느껴졌다. 당시에 피델이 가장 원치 않았던 일은 자신과 소련의 차이가 밝혀지는 것이었다. 이는 멕시코 망명 시절에 체가 마르크스주의 지지 선언을 했을 때 피델은 정반대로 보이기 위해 애쓰던 것과 똑같은 상황이었다.

《게릴라전》의 출판을 계기로 피델은 소련과의 관계를 끊을 수 있었음에도 그럴 생각이 전혀 없다는 사실이 드러났다. 그렇지만 체는 책을 쓸 때 바랐던 소기의 목적을 이룬 셈이었다. 그는 전 세계의 해방운동 단체들이 읽어주기를 바라고 있었다. 그해 후반에 유럽에 있던 라울 로아가 체에게 《게릴라전》영어판을 보내왔다. 그러면서 그는 덧붙였다. "자네가 원한다면 내가 마오쩌둥과의 친분을 이용해서 노자의 언어로 된 사본 6억 권을 출판해줄 수도 있네."29 이에 체는 알 수 없는 미소를 지으면서 어떤 아이디어 하나를 떠올렸다.

이렇게 서서히 두 사람의 차이점이 부각되는 데에 이데올로기가 아니라 각자의 성격이 그 이유로 작용하기 시작했다. "피델은 원칙적으로 모든 것에 동의를 할 사람"30이었지만 체는 점점 더 원칙만을 고수하는 사람이 되어갔다. 이제 두 사람은 성격 차이로 인해 혁명에 대한 시각도 서로 달라지기 시작했다. 언제나 둘 중에서 더 인내심이 있는 피델은 혁명이 국제적으로 확산되기까지 시간이 더 오래 걸릴 수 있다는 사실을 받아들이게 되었다. 또한 모든 국가는 아닐지라도 최소한 라틴아메리카에서는 혁명의 분위기가 무르익었다는 체의 견해에는 공감하지 않았다. 피델은 전 세계적으로 일어나는 혁명의 물결을 힘의 균형을 맞추기 위한 첫 단계라고 보는 경향이 강했다. 쿠바처럼 반제국주의 민족주의자들이 힘을 가질 수 있게 해주는 수단이 혁명이라고 생각한 것이다. 그래서 피델은 알제리를 혁명의 다음 주자로 보았다. 피델이 벤 벨라의 혁명을 열성적으로 지지한다는 사실이 너무나 명백해서 어느 신문은 벤 벨라가 피델을 중동의 신부처럼 들쳐 안은 모습의 만평을 싣기도 했다. 그 만평에는 "내가 당신을 성체에서 데려다주겠소"라는 문구가 달려 있었다.31

대조적으로 체는 언제나 지도를 앞에 펼쳐두고 조급하게 서성이고 있었다. 어느 날 밤 아르헨티나 동포들이 체의 장관실을 방문했을 때도 체는 그런 모습이었다. 그는 방문객을 맞이하자마자 마테차를 내놓았고 그들은 자리에 앉아 차를 들면서 대화를 나누었다. 갑자기 체가 말했다. "혁명은 세계의 어느 곳이나 어느 순간에라도 일어날 수 있어." 그러자 한 사람이 물었다. "어느 곳이라도? 아르헨티나나 라파스에서도 말인가?" 체는 지도에서 자신의 고향을 손가락으로 짚으면서 단호하게 답했다. "코르도바에서도 혁명은 일어날 수 있네."[32]

피델은 벤 벨라의 새로운 공화국을 칭찬하지 않을 때에는 현재 쿠바 혁명에 관련된 수치와 경향에 대해 조사하는 일이 많아졌다. 피델은 끊임없이 수치를 열거했다. 문맹률은 낮아지고 있었고 전염병도 줄어들었으며 설탕 생산성도 좋아지고 있었다. 설탕 생산성의 경우 1년 주기로 볼 때 피델과 체의 의견이 다르기는 했다. 피델은 전반적으로 이들 수치의 증감을 관찰하고 그 수치에 형태를 부여하고 그 궤적을 설명하는 일에 만족을 느꼈다. 하지만 체는 더 많은 것을 원했다. 체는 과정이 아니라 결말을 원했던 것이다. 피델이 보기에 체의 바람은 비생산적인 생각이었다.

여름 내내 체가 피델에게 그가 국제적으로 약속한 일을 지키라며 압박을 가하자 피델은 체가 국내 업무를 하는 방식에 대해 공개적으로 따져 물었다. 소련에서 돌아온 지 얼마 지나지 않은 까닭에 피델의 말은 길고 느릿하게 에둘러 비난하는 방식으로 이어졌다. 피델은 체가 국립은행 총재로서, 또 최근에 산업부 장관으로서 다양한 약속을 통해 성실히 일군 성과에 대해 비판을 가했다. 피델은 "그 유명한 국립은행 같은 곳에도 1097명이나 되는 직원이 있는데 그중 절반은 필요 없는 인원"[33]이라고 말하고 나서 껄껄 웃기 시작했다. "왜 다들 체를 바라봅니까? 이건 체의 잘못이 아닙니다. 그는 국립은행에서 일했지만 그 어떤 관료직도 맡지 않았어요. 체가 확실히 해내지 못한 일은 '이 사람들을 내보냅시다.'라고 말하는 것이었죠." 체는 2년에 걸쳐 쿠바 경제를 건설하는 임무를 맡고 있었다. 하지만 이제 피델도 쿠바의 산업적, 경제적 발전 문제에 직접 관여를 하겠다는 의지를 밝힌 셈이었다.

이에 대해 체는 그의 소련 경호원인 올레크 다로우센코프에게 속내를 털어놓았다. "피델이 최근 연설에서 농업 발전을 강조하는 것은 아주 중요한 활동이라고 생각하네. 하지만 그렇다고 해서 쿠바가 농업을 발전시키는 방향으로 선회해야 한다는 뜻은 아니지. (……) 농업은 결국 쿠바의 발전을 저해할 뿐이네."[34] 이렇게 두 사람은 우선순위에 대한 견해 차이로 인해 모든 것이 어긋나고 있었다. 예를 들어 두 사람 모두 철강이 더 많이 필요하다는 사실에 동의를 했더라도 피델은 농업 생산성을 높일 트랙터나 사탕수수 절단기를 떠올리는 반면에 체는 선박을 떠올렸다. 과거에 체는 "우리의 무역은 바다에 달려 있지만 우리에게는 제대로 된 선박 한 척도 없는 실정"[35]이라며 불만을 토로한 적이 있었다.

피델은 급속한 산업화라는 장대한 계획을 점점 더 회의적인 시각으로 바라보게 되었다. 그는 재화의 부족 상태를 가장 걱정하고 있었고 사람들이 필요한 목표를 위해서 일할 수 있게 할 수 있다면 어떤 동기는지 제공할 작정이었다. 반면에 체는 사회주의적 노동의 본질에 대해 동료들과 끝없는 토론을 벌이면서 물질적, 도덕적 동기유발에 대해 고심했다. 피델은 1년 전 인터뷰에서 우루과이 공산주의자들에게 "누가 전위에 서 있는가?"[36]라는 질문을 던졌다. "혁명의 목표 중 어떤 것을 희생할 수 있는가? 만약 부르주아가 투쟁을 장악한 채 그들의 입지를 더욱 강화한다면 프롤레타리아는 무엇을 얻을 수 있는가? 포기할 수 있는 것은 무엇이고 또 포기할 수 없는 것은 무엇인가? 이는 전술의 문제이다. 혁명의 기본적인 목표를 희생하는 법 없이 수많은 다른 요소를 통합하려고 노력할 필요가 있는 것이다." 산속 혁명 시절에 피델과 체의 동지였던 프랑크 파이스는 "정치적 건술과 혁명적 전술은 같지 않다."[37]라고 말한 적이 있었다. 이제야 파이스의 말이 사실로 입증되는 것 같았다. 아무리 혁명을 보호하기 위해서라지만 피델은 정치적 전술로 전향했고 체는 여전히 혁명적 전술을 붙들고 있었다.

1963년 내내 두 혁명 지도자는 서로 다른 방향을 향하는 듯했다. 피델은 혁명의 성과를 지켜내고자 했고 체는 여전히 위험을 무릅쓴 채 순수한 혁명을 더 널리 확산시키려고 애쓰고 있었다. 그러나 그해 말이 되자 두 사람 모두 좌절을 맛보았다. 그리고 그 역경이 긴장을 고조시켰지만 동시에 해결책도 제시해주었다.

서서히 권력을 강화해가던 피델에게 타격을 준 사건은 11월에 일어난 케네디 대통령 암살 사건이었다. 피델은 모스크바로 화해 여행길에 오르기 전부터 미국과의 비밀 외교 창구 개설을 위해 케네디를 타진하고 있었다. 협상은 공식적인 협정에는 이르지 못한 채 케네디 대통령의 구두 약속만을 받은 상태로 끝이 났다. 사실 미국과의 비밀 외교 창구 개설은 피델이 우연한 기회로 누군가를 알게 되기 전까지만 해도 전혀 생각지 못한 것이었다. 피델은 언제나처럼 새로운 길이 열리자 빠르게 진행시켰다.

4월 22일에 피델은 미국의 텔레비전 기자인 리사 하워드와 인터뷰를 했다. 과거에 배우이자 드라마 스타였던 하워드는 자신의 이름을 걸고 뉴스쇼를 진행하게 된 최초의 여성으로, "허스키한 목소리와 짙은 눈을 가진 호리호리하고 단정한 여성"[38]이었다. 그녀는 1961년에 빈 정상회담 기간 동안 흐루쇼프를 독점 인터뷰해서 이름을 날린 적이 있었다. 이번에는 피델의 차례였다. 아바나의 리비에라 호텔 로비에 있는 바에서 자정에 시작된 그들의 첫 만남은 새벽 5시 30분까지 이어졌다.[39] 하워드는 짧은 칵테일 드레스를 입고 있었고 피델은 내내 스카치 소다 잔을 만지작거렸다. 주로 그녀가 말을 했고 피델의 혁명에 대한 자신의 생각—특별히 긍정적인 평가는 없었다—도 밝혔다. 그리고 자신이 쿠바를 자유롭게 취재할 수 있도록 허가해달라고 피델에게 부탁했다.

리사 하워드가 피델의 혁명에 대해 비판만 해댔지만 그녀는 피델이 호감을 가질 만한 여성이었다. 그리고 이 "자신만만한 염색한 금발 머리"[40] 여성도 놀라우리만치 남의 말을 잘 들어주는 피델에게 금세 경계를 풀었다. 피델은 예전에 나티에게 했던 것처럼 소소한 문학 얘기로 그녀의 관심을 끌었다. 이번에는 알베르 카뮈에 대한 얘기였다. 피델의 말을 액면 그대로 받아들이기만 하던 나티와는 달리 리사는 피델의 말솜씨와 죽이 잘 맞는 대화 상대였다. 그녀는 카뮈가 1955년에 공산주의와 절연을 했다고 지적했다. 리사의 호텔방에서 행해진 텔레비전 인터뷰 자체는 의도적으로 거친 질문만을 골라 이루어졌다. 피델은 그 인터뷰를 상당히 즐기는 듯했지만, 나중에 피델은 그 점을 지적하기도 했다. "정말로 그렇게 말했습니까?"[41] 리사가 피델에게 비난을 퍼부었다는 말을 전해 듣고는 어느 칵테일파티에서 라울 로아는 그녀에게 묻더니 이렇게 덧붙였다. "그거 참 기쁘네요."

그러나 이런 대화들 사이에서 미국과의 비밀 외교 창구에 대한 말이 언급되었고 피델은 고심 끝에 마음을 굳혔다. 워싱턴으로 돌아온 리사는 CIA 대표와 만나서 피델이 대화를 원한다는 말을 전했다. "리사 하워드는 미국 정부에 두 가지 사실을 강조했다. 카스트로가 친선 외교를 논의할 준비가 되어 있다는 점과 그 임무를 자신에게 맡겨주면 피델과 논의할 준비가 되어 있다는 점이었다."[42] 피델은 모스크바 여행의 결과가 어떨지 너무나 잘 알고 있었고 이런 비밀 외교 창구가 유일한 정치적 대안이 될 수 있겠다고 앞서 생각했다. 어차피 쿠바의 정치판은 소련화 과정을 겪을 수밖에 없을 것이고 만약 그 와중에 피델 자신의 정치적 안전이 위협받게 되면 이를 상쇄할 수 있는 장치가 될 것이라 여긴 것이다. 1963년 11월 22일 케네디가 암살을 당한 그 순간에 이미 양국의 대표 회담이 추진 중이었다. 사실 케네디 대통령이 댈러스에서 운명의 카퍼레이드를 벌이고 있을 때 대통령의 책상 위에는 쿠바에서 보내온 계획 확인 서한이 놓여 있었다.[43]

케네디가 치명상을 입은 채 리무진 앞으로 쓰러지면서 카스트로와 케네디 간의 친선 외교 계획이 갑자기 물거품이 되었고, 이로써 쿠바와 미국이 관계를 개선할 기회도 사라져버렸다. 게다가 개인적으로는 피델이 소련에 맞설 수 있는 유일한 희망도 함께 사라진 것이었다. 또한 피델은 체와의 최근 관계도 문제였다. 체는 그해 내내 소리 높여 무장봉기가 일어나는 지역마다 지원을 해야 한다고 주장했다. 이 주장으로 인해 체는 계속해서 친親중국파라는 의심에 시달렸다. 피델의 주도로 쿠바가 굳게 소련을 지지하고 있는 마당에 체에게 찍힌 낙인은 두 사람의 관계에 심각한 문제가 되었다.

1963년 말이 되자 체는 쿠바 지도부의 일부 동지들로부터 배척당하기 시작했다. 한때 친했던 라울은 소련 진영을 지지하는 입장이었고 새해 전날 파티에서 혁명 지도자들이 많이 모인 자리에서 체가 반대편에 붙었다고 비난했다. 체의 소련인 경호원은 12월에 체와 대화한 내용을 보고서에 썼다. "우리는 그렇게 생각하지 않는다고 그를 안심시켰다." 그러나 체는 그의 말을 믿지 않았고 "낙인은 논쟁의 여지가 없는 것"44이라고 받아쳤을 뿐이다.

이제 체는 모스크바에 환심을 사려는 사람들이 손쉽게 헐뜯는 대상이 되었다. 아바나에 있는 소규모 소련 위성국가들의 외교관들은 체의 취약한 입장을 이용해서 이득을 얻고자 했다. 체코 대사는 모스크바에 연이어 보고하면서 "국가 지도부의 일부가 중국의 선동에 영향을 받고 있다."45며 체 게바라의 이름을 언급했다. 폴란드 대사관의 대리공사 도체를 뒤흔드느라 여념이 없었다. "중국의 선전 활동은 중하층 계급의 노동자뿐만 아니라 국가 지도부에도 영향을 끼치고 있습니다."46 그는 체 쪽으로 고갯짓을 하면서 모스크바의 라틴아메리카 담당 차관인 아니킨에게 이렇게 말했다.

체는 이 모든 상황을 파악하고 있었다. 그는 '친중국파'가 아니라, 다만 개인적으로 마오쩌둥을 본보기로 삼고 있을 뿐이었다. 그는 몇 마디 말이면 모스크바의 걱정을 가라앉히고 모든 소문을 잠재울 수 있다는 사실을 잘 알고 있었다. 그러나 그는 애초에 사회주의 진영 내부에 이런 분열이 존재한다는 자체에 실망한 나머지 그러겠다는 의지조차 들지 않았다. 이런 면에서 그는 피델과 전혀 달랐다. 피델은 모스크바에서 똑같은 기로에 섰을 때 조금도 주저하지 않고 개인적 견해와는 상관없이 전략적으로 유리한 쪽을 선택했다.

피델의 선택은 1964년 1월에도 재확인되었다. 피델은 아바나에 잠깐 들렀던 소련 정치국 소속의 니콜라이 포드고르니가 귀국할 때 동행했다. 이로써 1년도 채 안 되어 모스크바를 두 번째로 방문하게 된 것이다. 이 여행 동안 찍은 사진 중에는 피델이 카프카스산맥에 위치한 흐루쇼프의 별장을 방문한 모습이 담긴 것도 있었다.[47] 국제정치의 변동과는 아무 상관도 없어 보이는 그 별장은 앞에 풀밭이 펼쳐져 있고 근처에 작은 늪도 있는 아름다운 곳이었다. 흐루쇼프는 일요일이면 여기에서 신문과 서류를 읽으며 한가로운 시간을 보내곤 했다.

이번 방문에서 흐루쇼프는 자신의 작은 실험 농장을 피델에게 보여주며 흡족해했다. 이 농장에서 그는 직접 딸기와 호박, 오이, 상추 같은 여러 가지 채소를 길렀다. 이 같은 상황에서 두 지도자는 피델이 귀국하기 전에 농업 무역 협정에 서명했다. 특히 쿠바의 새로운 설탕 거래안도 마무리 지었다. 이 협정으로 인해 소련은 쿠바혁명을 자신의 구미에 맞게 끌고 갈 수 있게 되었다. 이 협정은 쿠바 지도부가 소련의 공산당 노선에서 많이 벗어날 경우 소련이 쿠바를 다시 잡아서 끌어올 생명줄이나 마찬가지였다.

피델은 이제 체가 시작한 일을 마무리 지었다. 즉, 미국의 설탕 수입에만 의존하던 쿠바가 소련과의 거래로 완전히 돌아선 것이다.[48] 소련은 쿠바산 설탕을 세계 평균 가격을 웃도는 값으로 사주기로 했다. 그러나 쿠바의 산업화에 집중하던 체에게는 이 협정이 쿠바의 사회주의 건설 계획에 있어 커다란 퇴보로 보였다. 체에게 설탕은 고된 노동을 의미할 뿐이었다. 피델은 다른 모든 사람들과 마찬가지로 물질적 동기 유발책에 찬성하는 입장이었지만, 체는 그것을 "뒷문으로 자본주의를 들여오는"[49] 방법일 뿐이라고 생각했다. 1959년에 불가능해 보이던 쿠바혁명이 성공하자 세계는 무한한 가능성의 무대가 된 것 같았다. 하지만 갑자기 그 가능성이 줄어들기 시작했고 피델과 체 앞에도 서로 다른 길이 열리고 있었다. 그 길은 각자가 벗어나려 해도 벗어날 수 없는 운명과도 같은 길이었다.

제4부

13 새로운 노선

그것은 오래전부터 예상할 수 있는 일이었다. "남아메리카에는 알티플라노 고원이 펼쳐져 있지." 체는 1959년에 피델의 특사 자격으로 첫 해외 순방길에 올랐을 때 동행한 알프레도 메넨데스에게 이렇게 말했다. "볼리비아, 파라과이, 브라질의 국경 지대, 우루과이, 아르헨티나까지, 이곳에 우리가 게릴라 병력을 투입한다면 아메리카대륙 전체로 혁명을 확산시킬 수가 있네."[1] 체는 이렇게 국가들을 열거하면서 예전에 칼리카와 여행했던 곳 중에서 한 곳을 떠올렸다. 천식이 누그러지길 기다리며 이틀을 머물렀던 곳이자 두 국가의 국기가 상반된 모습으로 눈길을 끌던 바로 그곳이었다.

2년의 전쟁과 혁명을 거쳐 쿠바의 대표가 된 체는 예전에 다른 야망을 품고 도보여행길에 올랐던 과거로 되돌아간 것 같은 느낌을 받았다. "체는 그것을 구체적인 진짜 계획으로 여긴 적은 없었다." 메넨데스는 이렇게 회상했다. 당연히 체에게는 그럴 이유가 없었다. 그것은 단지 집을 떠나 먼 길을 여행하는 동안 두 남자가 대화를 나누면서 과거를 추억하고 미래에 대한 희망을 공유한 것일 뿐이었다. 그러나 체는 그 당시에도 언젠가는 고향으로 돌아가 다시 한번 투쟁을 벌이겠다는 결심이 서 있었을 것이다.

1964년이 시작되고 있는 지금으로서는 마세티의 살타 원정내가 제의 유일한 희망이었다. 그 게릴라 부대는 아르헨티나 북부 지역에서 체가 합류하기를 기다리고 있었다.

최근 소련에게 어떤 말을 전하고 있는지에 상관없이, 피델도 전복 활동 지원에 대한 말을 아끼지 않았다. 일찍이 1960년부터 피델은 수많은 소규모의 전복 활동을 지원해왔고 피델의 정보기관은 대부분 그 임무에 전념했다. 피델의 정보국장인 마누엘 피녜이로는 수년이 흐른 후에 이렇게 회상했다. "피델은 '역사가 나를 사면할 것이다'라고 말한 이후부터 쭉 이 혁명이 라틴아메리카의 해방과 통합을 목표로 한다는 점을 분명히 해왔다. (……) 피델은 체에게서 이와 똑같은 결의를 발견했다."[2]

그러나 피델은 어떤 혁명이라도 지도자의 역할이 중요하다고 생각했다. 지도자는 현명해야 하고 살아남아야 하며 사람들을 이끌어야 한다. 피델도 히론 전투 때는 열성적으로 뛰어들었지만 그것은 몇 년 전의 일이었다. 피델은 이제 더 이상 직접 게릴라가 되어 전투에 임할 생각이 없었다. 어쨌든 그렇게 할 수 있는 위치도 아니었다. 피델은 1년 전에 아바나의 21 클럽이라는 곳에서 외국 기자들과 진한 커피를 나누며 밤늦도록 대화를 나누었다. 그때 피델은 자신과 남아메리카 해방 영웅인 시몬 볼리바르를 비교해달라는 질문을 받았다. "지금은 볼리바르들의 시대가 아닙니다. 대중들의 시대이죠."[3] 피델이 대답했다. "과거에는 볼리바르가 할 수 있는 일이 너무나 많았지만 지금은 내가 할 수 있는 일이 극히 적습니다."

이 말을 하던 당시에 피델은 소련에게 손이 묶인 것 같은 느낌을 받고 있었다. 피델은 그날 밤 자신의 대답에 대해 반추해보다가 자신이 직면한 두 가지 문제를 한꺼번에 일소할 수 있는 해결책을 떠올렸다. 피델은 소련과의 관계로 인해 해외 활동에 제약을 받고 있었고 국내에서는 체 게바라와의 사이가 점점 더 벌어지고 있었다. 그는 이런 제약들 속에서 자신이 볼리바르처럼 한 사람으로서 해낼 수 있는 일이 거의 없다는 점은 확실하다고 생각했다. 하지만 피델과 체가 둘 사이의 문제를 해결할 수 있다면 해외의 혁명 활동을 지원하는 것이 가능한 동시에 국내에서는 명목상 평화공존 기조를 유지할 수 있게 되는 것이다. 게다가 이는 두 사람의 정치적 이견이 커지는 상황에서도 그들의 개인적인 관계를 유지할 수 있는 해결책이었다. 하지만 체는 이 해결책에 대해 어떻게 생각할 것인가?

그해에 체의 천식은 최악의 상태로 치달았다.[4] 그는 종종 아드레날린을 사용하기도 하는 수의사의 처방에 의존할 때도 있었다. 때문에 체는 약에 취해 정신이 몽롱해지고 위장 통증도 심해졌다. 체는 또한 미사일 위기 때의 소련의 배신과 그 배신을 용인하는 것처럼 보이는 피델의 모습에 두 배로 충격을 받았다. 그해 내내 체는 이전과 똑같이 자기만의 전투를 벌이고 있었다. 그러나 지금은 자원노동 활동도 체에게 힘을 주지 못했고, 그는 처음으로 열의가 사라지는 것을 느꼈다. 어느 날 체는 자원노동을 마치고 장관실로 돌아와서 이런 말을 남겼다. "내 시간이 언제 끝나나 싶어서 15분마다 시계를 쳐다봤어. (……) 이제 이 일도 아무런 의미가 없군."[5]

이는 체가 공세에 몰리는 기분을 느끼고 있다는 징후였다. 체는 관료제를 조롱하고 산업부와 중앙계획기구JUCEPLAN에서 끝없는 공방전을 펼쳤다. 2월에는 경제학자인 레히노 보티에게 편지를 썼다. 최근 반년 동안 체는 보티와 노동자의 동기를 유발하는 문제를 둘러싸고 입씨름을 벌였다. 체가 볼 때 보티는 어떤 일의 성사에도 방해가 되는 관료제의 대표적 인물이었다. "장관 동지, 자네를 중앙계획기구의 표어로 맞이하겠소. 편지 전쟁이여, 영원하여라! 생산적인 노동은 사라져라!"[6]

2월에 그는 또 다른 편지 친구인 호세 메데로 메스트레에게도 똑같이 냉소적이고 한층 신랄한 어조의 편지를 썼다 "불행하게도, (현) 체제에 대한 (석설한) 분석보다 그에 대한 변명이 더 먼저 나오는군. (……) 그런 이유로, 최소한 자네가 생각은 한다는 점에서, 자네 편지를 감사히 받았네."[7]

체는 산업적 규모의 관료제를 비판한 데 대한 메데로의 응답에 대해서도 썼다. "우리의 의견이 다르다니 유감이군." 때는 밤늦은 시간이었고 하루 종일 온갖 가능성에 대해 고심하다 보니 마음이 지쳐버린 체는 종잡을 수 없는 생각의 늪에 빠져들었다. "이 세계에서 나를 알고 있는 사람은 자네 이고 자네의 이름을 기억하지 못할지도 모르는 사람은 나지. 어쩌면 반대 의 상황이 될 수도 있었어. 그랬다면 아마 내가 안데스산맥의 외딴 어딘가 쯤에서 자네에게 편지를 써야 했을 테지. 나는 이곳에서 태어나지 않았으 니까."

그 순간에 체가 무슨 생각을 하고 있었는지 우리는 알 수 없다. 알제 리에서 훈련을 마친 살타 원정대의 미래에 대해 생각했거나 자신의 원정대 합류 시기를 점치고 있었는지도 모른다. 단지 우리가 아는 것은 체의 마음 속에 피델의 옆에서 일했다는 자부심이 존재한다는 사실이었다. 체가 편지 에 "쿠바혁명의 힘겨운 순간과 자유를 위한 투쟁의 역사에서 가장 비참하 고 가장 영광스러운 순간을 피델과 함께했다"고 적고 있기 때문이다. 그러 나 체는 피델에 대한 개인적인 충성심과 혁명 추진 과정에서 느낀 실망 사 이의 간극을 메울 방법이 필요했다.

체는 잠시 동안 쿠바를 떠날 수 있는 기회가 오자 기쁘게 받아들였다. 3월에 제네바에서 유엔 무역개발회의UNCTAD가 처음으로 열리는데 그곳 에 쿠바 대표로 참석하게 된 것이다. "국제 협력의 새 시대"[8]를 여는 유엔 무역개발회의는 유엔이 무역을 개발 문제로 여기게 되었다는 것을 보여주 는 첫걸음이었다.

제네바에서 체는 골치 아픈 문제를 정면으로 언급하는 연설을 했다. 그는 적나라하게 말하는 것을 두려워하지 않았다. 그는 이 회의가 "약소국 을 약탈하는 제국주의적 정책"[9]을 폭로해주기를 바랐다. 체의 연설은 몹시 솔직한 생각을 담고 있었고 대다수의 대표들은 그런 연설을 듣고 싶어하 지 않았다. 미국 대표인 조지 W. 볼은 국무부에 사회주의 국가들의 "상당한 방해"에 대해 보고했다. "반면에 체 게바라는 1시간 30분 동안 장광설을 늘어놓았다. 그의 연설은 짧았다면 효과적이었을 것이다. 그러나 결국 대표들은 지겨움을 참지 못했고 많은 대표들이 우리가 게바라를 저지해서 회의를 동서진영의 싸움판으로 전락시키지 못하도록 한 것을 고마워했다."[10]

아마도 체의 의도적인 방해 행위를 통해서 볼은 이 회의가 동서문제*가 아니라 남북문제**를 논하기 위해 열린 것이라는 사실을 새삼 깨닫게 되었을 것이다. 하지만 체가 유엔 무역개발회의에 대해 긍정적인 생각을 갖고 있지 않은 것은 사실이었고, 볼은 체가 싸움을 벌이고 싶어 일부러 도발한다는 사실을 감지한 것이다. 당시에 실제로 체는 점점 설 곳을 잃어가고 있었다. 무엇보다도 사회주의 진영의 다른 대표와 접촉하는 일이 어려워졌다. 다들 만남을 거부하거나 경계의 눈초리로 체를 바라보았다. 갑자기 사회주의 진영에서 기피 인물이 되어버린 것이다. 그러나 체의 기분을 진짜로 울적하게 만든 소식은 살타 원정대의 아르헨티나 작전이 실패로 돌아갔다는 것이었다. 살타 게릴라 부대는 아르헨티나와 볼리비아 국경에 기지를 세우는 데에는 성공했지만 아르헨티나의 정부 요원들에게 금세 발각되었다. 대장 격인 마세티는 고산지대에서 실종되었고 시체는 끝내 발견되지 않았다. 나머지 부대원들은 포로로 잡혀서 감옥에 갇혔다. 그 부대에 합류한다는 체의 오랜 염원이 이렇게 꺾이고 말았다. 당시 체가 제네바 호숫가에 앉아서 살레브산을 건너다 보면서 깊은 사색에 잠겨 있는 모습을 어느 대표가 목격하기도 했다.[11]

체가 쿠바에서의 힘겨운 상황을 벗어나기 위해 이 원정대 합류를 바라고 있었다면 분명히 실망이 컸을 것이다. 그 특별한 해결책이 사라진 지

---

*   사회주의 진영과 자본주의 진영 사이의 대립 문제.

**   북반구와 남반구의 소득격차 문제.

금, 체는 자신이 쿠바로 돌아가야만 하며 어떻게든 피델과의 문제를 잘 해결해야겠다고 다짐했다.

체는 아바나로 돌아오자마자 제네바에서 다른 사회주의 국가의 대표들에게 당한 부당한 대우에 대해 소련인 경호원이자 비서인 다로우 센코프에게 불만을 터뜨렸다. 이는 피델에게 느끼는 좌절감을 다른 식으로 풀어낸 것일지도 모른다. 체는 사회주의자들이 자신을 적으로 보는 이유를 물었다. "이건 정말 큰 오해야. 나는 자네들의 적인 적이 없었어. 난 그저 항상 내 생각을 그대로 말하는 까다로운 친구일 뿐이네. 결코 피델처럼 꼭두각시는 되지 않을 그런 친구 말일세. 자네들은 내 생각이 중국과 일치한다며 나를 친중국파로 여기지. 하지만 난 거짓말은 하지 않네. 흐루쇼프와 대화할 때도 그 사실을 숨기지 않았어."[12] 그는 어느 쪽이 옳으냐는 문제에 대한 얘기도 덧붙였다. "나를 설득시켜보게. 자네들이 옳다는 것을 증명해보란 말일세. 그러면 나는 내 의견을 바꿀 걸세."

5월에 체는 산업부에서 청년공산당원들을 앞에 두고 연설을 했다. 이제 체는 자신의 산업부를 "좀스러운 관료와 앞잡이들의 소굴"[13]이라고 부르고 있었다. 이 연설은 또다시 모스크바의 분노를 야기했다. 체는 소련의 정당 구조가 쿠바에는 별로 필요가 없는 것이라는 점을 은근히 암시했기 때문이었다. 끈질기게 캐고 다니길 좋아하는 소련 관리인 벨로우스는 "게바라의 생각이 국가 지도부의 입장을 반영한 것인지 아니면 체의 개인적인 견해인지"[14]를 알아내라는 명령을 받았다. 벨로우스는 파비오 그로바르트를 찾아가 질문했다. 그로바르트는 피델과 체 두 사람 모두 항상 정부의 "종합적인 의견"을 말한다고는 볼 수 없으며 "그들의 연설은 사전에 준비되고 조율된 내용이 아니라 종종 즉흥적으로 이루어진다"고 대답했다.

그로바르트도 소련과 똑같은 우려를 품고 있었다. 피델은 연설에서 계속적으로 무장전복과 지도부의 해체 가능성에 대해 말하고 있었다. 이는 그로바르트가 보기에 체의 무력 주장과 똑같이 모스크바의 심경을 건드리는 위협적인 내용이었다. 체가 이미 피델에게 어떤 언질을 준 것인가? 분명히 피델은 또다시 "감정에 영향을 받는"것처럼 보였다.

사실 그로바르트는 피델이 국가 지도부의 통합을 깨지 않기 위해서라도 언젠가는 중국의 혁명봉기 지지 입장을 규탄할 것이라고 생각했다. 그는 피델이 그저 적절한 시기를 기다리고 있기를 바랐으며 소련에게도 그렇게 전했다. 그러나 5월에 대화를 나눈 이후로 그로바르트는 피델의 의중을 의심하게 되었다. 그 무렵에 피델은 조심스럽게 움직여야 할 하등의 이유가 없었다. 이미 3월에 피델은 다시금 정계 개편을 단행했다. PSP의 오랜 공산주의자들과 피델주의자인 새로운 공산주의자들 사이의 분화를 잠식시킴으로써 정부 내 서열을 새조정한 것이다. 이로써 피델은 자신의 기반을 새차 공고히 했다. 마침내 올바른 자리에 올바른 사람들이 선출된 것으로 확신한 피델은 사회주의혁명 통일당PURS을 정부의 공식적인 공산당으로 승격시키는 조치를 취했다.

체는 이런 정치적 조치에 신경 쓸 겨를이 없었다. 쿠바혁명 때부터 존재했던 미래의 향방에 대한 두 사람의 의견 차이가 그해 여름에 또 다시 불거져 나왔다. "정당의 단일성"에 대한 피델의 결연한 의지가 체의 최측근에까지 다다른 듯 보였다. 체는 개인적으로 피델의 주장에 반대하는 입장이었다. PURS의 서기장인 아라고네스는 다로우세코프와의 사적인 대화에서 "중산층이 마르크스-레닌주의에 공감하기란 힘든 일일뿐더러 그에 대한 확고한 신념을 주장하기는 더더욱 어렵다"[15]고 말했다. 체는 오랜 공산주의자들에 대해 미심쩍은 생각을 가지고 있기는 했지만 그들에 반대되는 입장은 아니었다. 그런데도 소련은 체에게서 감시의 눈길을 떼지 않았다. 새로운 정당 조직이 세워지고 있는 민감한 시기여서 체의 악의 없는 행동조차도 소련의 감시망을 피할 수 없었다.

얼마 동안 체는 아바나대학에서 정치경제학 수업[16]을 들었다. 그 수업에는 다른 혁명 지도자들도 많이 참석했다. 카를로스 라파엘 로드리게스, 아우구스토 마르티네스산체스 등이 있었고 중도에 포기하긴 했지만 라울 카스트로, 오스발도 도르티코스, 파우레 코몬도 수업을 들었다. 5월에 소련 대사관의 수행원인 프론스키가 이 특별 수업의 교사인 아나스타시오 크루스 만시야에게 체의 최근 성향에 대해 묻기 위해 들렀다. 만시야는 수업에 가장 적극적으로 임하는 학생이 체라면서 수업 후에도 남아서 토론을 벌인다고 말했다. 그러나 프론스키는 만시야와의 대화에서 체가 소련에 대해 "긍정적인 성향"을 보이지 않는다는 점도 확인할 수 있었다.

피델은 체와 견해 차이가 벌어지는 와중에 이런 보고를 걱정할 정도로 어리석지는 않았다. 그는 체가 자신이 옳다고 생각하는 길을 결코 벗어나지 않을 만큼 완벽주의자라는 것을 알고 있었고 그 점을 높이 사고 있었다. 그러나 피델은 소련을 모범으로 삼아 정당 구조를 공식화하려는 상황에서 도르티코스 같은 사람들이 필요했다. 체처럼 선의로 가득하지만 성가신 "양심의 가책"을 느끼는 그런 사람이 아니라, 만시야 교수의 말을 빌리자면 "신중히 경청하고 자신의 견해를 잘 드러내지 않는" 도르티코스 같은 인물이 더 필요했던 것이다.

조용히, 사람들이 언뜻 상상하는 바와 같은 혁명에 대한 과도한 논쟁도 없이, 두 사람은 막다른 골목에 다다랐다. 각자가 상대방이 앞으로 나아가지 못하도록 막아서는 형국이었다. 결과적으로 두 사람은 자신의 혁명적 신념을 굽히거나 정치적 관계를 단절해야 하는 선택의 기로에 놓였다. 하지만 두 사람은 끝까지 선택을 거부했다. 단지 한 가지 가능성만이 남았다. 길고 위험한 혁명의 길을 계속 걷는 것이다. 만약 체가 쿠바를 떠나서 다른 곳에서 계속 투쟁을 벌인다면 두 사람의 관계는 지속될 수 있었다. 이 선택안은 매력적이었다. 이로써 더 큰 이상을 실현하기 위해 사회주의 투쟁을 벌이기를 원했던 체의 소원도 이루어지는 셈이었고 피델도 냉전의 분위기 속에서 공식적으로 지지할 수 없는 개인적인 신념을 체를 통해 펼칠 수 있게 될 것이었다.

피델이 설령 그런 길을 선택하는 데 일말의 망설임이 있었다 해도, 그 해 6월에 자신의 여동생인 후아나의 변절로 인해 마음을 다잡게 되었다. 그녀는 한때 7·26운동을 위해 해외 기금을 마련한 적도 있었지만 이제 더 이상 피델의 급진적인 견해를 받아들일 수 없다며 혁명정부에 대한 반대의 목소리를 높였다. 일찍이 1960년에 미국 대사관은 "후아나나 그녀의 어머니 모두 피델과 사이가 좋지 않다."[17]고 보고한 적이 있었다. 1964년이 되자 후아나는 쿠바의 상황을 더 이상 견딜 수 없다고 판단하고 6월 20일에 멕시코에 있는 여동생 엠마를 방문하러 떠나서는 그 길로 돌아오지 않았다.

후아나는 멕시코에 도착하자마자 기자회견을 열어서 피델 정부를 비난했다.[18] 피델은 거의 2주일 동안 그 사건에 대해 침묵하다가 캐나다 대사관의 환영회에서 기자들에게 둘러싸이게 되자 어쩔 수 없이 입을 열었다. "당신들이 이 문제를 물어볼 거라고 예상했습니다. 그러나 서면으로 내 입장을 밝히겠습니다. 왜냐하면 문서로 전해지길 바라기 때문입니다." 감옥에서 미르타에게 배신감을 느꼈듯이 이번에도 피델은 후아나의 배신으로 똑같은 고통을 느꼈다. 그러나 피델은 그런 감정을 내보일 의향이 전혀 없었다. 게다가 이 사건에는 정치적인 관계도 얽혀 있었다. "이 선언은 멕시코의 미국 대사관에서 이루어졌다. 이는 제국주의가 쿠바혁명에 오명을 덮어씌우려고 계획한 일이다." 피델은 후아나의 배신을 천박하고 불쾌한 행위로 규정하면서 말을 이었다. "내가 가족을 백만장자로 만들어주는 지도자들 가운데 한 사람이었다면 이런 문제를 겪지 않았을 것이다. 이는 개인적으로 매우 쓸쓸하고 고통스러운 현실이다. 그러나 이것이 공산주의자로 사는 대가라고 생각한다." 표면적으로 피델은 완고하고 가차 없는 모습을 보였다. 하지만 속으로 피델은 후아나의 배신을 곱씹으며 사람들을 그냥 보내줘야 할 때도 있다는 사실을 마음에 새겼다.

여름이 끝나기 전에 피델은 이미 체를 내보낼 준비를 하고 있었다. 이제 피델은 권력의 자리에 좀더 순종적으로 일할 사람들을 임명했다. 특히 가장 눈에 띄는 변화는 도르티코스를 경제부 장관 및 국가계획기구의 의장으로 앉혀서 경제적 사안에 대해 체의 권위에 맞서도록 한 점이었다. 동시에 체의 최측근 자문관들이 다른 곳으로 옮겨졌다. 그들 중에는 체의 최측근 보좌관인 오를란도 보레고도 포함되어 있었다. 그는 체의 통제에서 벗어나 있는 새로운 설탕산업부를 이끌게 되었다.[19] 체는 자부심이 큰 사람이었다. 비록 은밀하게 떠날 계획을 피델과 논의하고 있는 상태였지만 이같은 변화들을 유감스럽게 바라볼 수밖에 없었을 것이다. 그러나 그런 생각은 이 시기의 개인적인 기록 어디에도 언급되어 있지 않다. 이는 체가 침묵을 고수할 수밖에 없었던 이유가 있다는 사실을 강하게 드러내는 증거로 보인다. 그해 가을에 체는 뜻밖에도 에스파냐 시인인 레온 펠리페와 편지를 주고받기 시작했다. 그 서한들을 통해서 체가 쿠바에서 힘겹게 보낸 마지막 몇 달 동안 어떤 생각을 지니고 있었는지 얼마간 짐작할 수 있다. 그해 8월에 펠리페에게 쓴 편지에서 체는 자신이 최근에 노동자들에게 연설을 했을 때의 상황을 상술하면서 "새로운 인간의 분위기"[20]로 가득했다고 전했다.

그 연설에서 체는 의도적으로 펠리페의 시를 인용했다. "아무도 태양의 리듬에 따라 땅을 일굴 수 없었네. (……) 아직까지 아무도 사랑과 은총으로 옥수수 하나 따본 적이 없었네." 의미심장한 인용이었다. 펠리페의 시구는 인간의 미덕과 힘든 생존의 잔인한 현실이 결코 양립할 수 없는 것에 대한 한탄을 담고 있었다. 하지만 체는 지금 쿠바에서 겪고 있는 고생이야말로 의미가 있으며 생을 확인하는 행위라고 느꼈기 때문에 이 시구를 인용한 것이었다. 체는 펠리페에게 쿠바에 있는 사람들은 자신의 길을 재발견했다고 전했다. 그해 가을에 체와 피델의 행동이 갑작스럽게 차분해진 것으로 봐서 그들이 각자 새로운 길을 재발견했다는 사실을 알 수 있다. 그러나 시대가 말해주듯이 그 길도 냉전 정치의 미궁 속을 벗어날 수는 없었다.

11월에 피델이 소련에 특사로 보낸 사람은 체였다. 두 사람은 서로에 대한 신뢰를 완전히 회복한 상태였다. 피델은 최근에 체의 공식적인 입지를 줍어지게 한 조치는 계획상의 변화일 뿐 심경의 변화는 아니라는 사실을 명백히 알리려는 듯이 "우리의 가장 최측근을 보냈다."[21]고 말했다. 그 무렵에 국제적 상황이 또다시 급변했다. 계속 영향력을 잃어가던 흐루쇼프가 레오니트 브레즈네프의 음모로 1964년 10월에 권좌에서 밀려났다.[22] 그 결과, 소련은 라틴아메리카에 대한 계획의 규모를 줄이고 있었다. 피델과 체는 라틴아메리카대륙에 혁명을 확산시키기 위해 협력하기로 결정한 상태여서 새로운 소련 지도부의 생각을 알 필요가 있었다.

그해 11월에 체가 다시 한번 붉은광장의 레닌 영묘 옆에 서게 되었을 때 수많은 생각이 그를 스쳤다. 그곳에 같이 있던 스탈린의 유해는 이미 흐루쇼프가 크렘린 궁전의 벽 속으로 옮긴 후였다. 당시에 체가 무슨 생각을 했는지 알 수 있는 실마리가 발견되었는데, 그해에 체는 《레닌 전집》을 읽고 나서 감상평을 남겼던 것이다. "그는 두 가지 용어를 혼동했다."[23] 그는 책에서 몇몇 부분을 인용한 뒤 비난하듯 써놓았다. "프롤레타리아독재와 러시아혁명, 이 두 용어는 같지 않다. 전자가 후자를 포함하지만 더 풍부한……." 체는 이제 소련을 "돼지우리"라고 부르고 있었고 더 이상 그 "돼지우리"에 속지 않았다. 그렇다고 해도 별로 소용이 없는 상황이긴 했다.

모스크바 방문 기간 동안 체는 모든 겉치레와 의전을 참아내며 중앙위원회 국제부의 수장인 유리 안드로포프와 라틴아메리카 국가의 공산당을 담당하고 있는 비탈리 코리오노프를 만났다.[24] 체는 말을 얼버무리지 않았다. 그는 단도직입적으로 모스크바와 라틴아메리카의 공산당이 피델과 체가 벌이려는 대륙 규모의 혁명을 지지할 것인지 물었다. 답변은 단호한 거절이었다.

체는 재빨리 쿠바로 되돌아왔다. 체가 뉴욕으로 떠나기 전에 며칠 동안 피델은 라틴아메리카의 공산당 지도자들을 불러놓고 '비밀 특별 회담'[25]을 열었다. 체도 참석한 회의였다. 라틴아메리카 공산당이 친소련파와 친중국파로 분열된 상황에서 표면상 피델의 임무는 모스크바에서 열릴 국제회의에서 내보일 대륙 전체의 공동 입장을 정하는 것이었다. 모두들 피델은 소련을 지지하면서 단합을 주장할 것이라고 생각했다.

첫날에 피델은 내분이 가장 심한 페루 공산주의자들과 싸움을 벌였다. 이는 모스크바의 눈에 그리 해로울 것이 없는 회의로 비춰지기 위함이었다. 하지만 그 회의의 주요 안건은 라틴아메리카대륙 전체의 게릴라 병력을 쿠바가 후원하는 문제[26]였다. 라틴아메리카의 공산당 대다수는 소련의 후원과 지지에 익숙해져 있어서 모스크바와 소련의 '평화공존' 노선을 충실히 따르고 있었다. 그래서 그들은 쿠바 지도부의 계속되는 무력 주장을 좋게 받아들이지 않았다. 더군다나 그들 나라의 혁명 계획에 쿠바가 실질적인 지원을 해주는 것도 달가워하지 않았다.

그러나 피델은 정면대결을 피하는 사람이 아니었다. 그는 즉시 노예근성에 빠진 대다수를 닦달하기 시작했다. 이 회담에 대한 몇 안 되는 기록에는 동독 대사가 한 말이 포함되어 있다. "우리는 믿을 만한 정보원으로부터 피델 카스트로가 여러 라틴아메리카 공산당을 적극적인 활동을 펼치지 못한다고 비난한 사실을 알게 되었다. 피델은 그들에게 기다리지만 말고 공격적으로 혁명을 만들어내야 한다고 강조했다."[27] 대다수가 피델의 주장을 좋게 받아들이지 않았고 쿠바의 내정 간섭이 "때때로 비극적인 결과를 초래"했다고 "맹렬하게" 반박했다.

그러나 피델이 이 회담을 주최한 데에는 더욱 비밀스러운 목적이 있었다. 체가 모스크바에서 했던 것처럼 피델은 대륙 규모의 혁명 계획에 대해서 어느 정도의 지지를 얻을 수 있을지 타진해보았고 마지막 날에는 어느 나라의 공산당을 그들의 편으로 끌어들일 수 있을지 가늠해보았다. 아르헨티나 공산당 대표인 빅토리오 코도비야가 보고한 것처럼 피델과 체는 "각각의 대표에게 수많은 질문을 던졌고 때로는 소련에 대한 혐오가 담긴 말이나 소련에 대한 전적인 의존을 꺼리는 말을 내뱉었다."[28] 적어도 그 순간만큼은 피델과 체의 계획을 지지하는 사람은 거의 없어 보였다.

체는 뉴욕에서 열리는 유엔 총회 참석차 떠나기 전에 다시 한번 더 소련의 승인을 받았다. 언제나처럼 소련인 경호원들에게 모든 정보를 알려야 했다. 체는 다로우센코프에게 자신이 총회에서 할 연설 계획에 대해 전부 말해주었다.[29] 그는 서류가방까지 열어서 미국의 공격 행위를 담은 "증거와 사진"을 보여주었다. 대부분의 증거와 사진은 1903년의 쿠바-미국 조약 이후로 미국이 점령한 관타나모 해군 기지에서 나온 것이었다. 체는 공식적인 외교 업무에 한해서는 다로우센코프에게 모든 것을 개방했다. 그러나 그 밖의 일에 대해서는 입을 다물었다. 뉴욕에서 무엇을 더 할 예정인지, 석 달의 체류 기간 동안 정확히 어디를 갈 것인지, 무슨 일을 할 계획인지에 대해서는 한마디도 하지 않은 것이다. 사실상 다로우센코프가 체에게 보고받은 내용은 모두 "기정사실"뿐이었다. 어쩌면 소련 지도부는 쿠바 지도부가 일을 벌이는 시점에만 관심이 있을 뿐 무슨 일을 벌이든 상관할 바가 아니라고 여기는지도 몰랐다.

피델과 체가 함께 많은 일을 하는 것처럼 보였지만 그들조차도 자신들이 구체적으로 무슨 일을 할 작정인지 정확히 모르고 있었다. 그들은 미래를 위한 계획을 즉흥적으로 세운 것이어서 체가 쿠바를 영원히 떠난다는 큰 그림만 그려놓았을 뿐 세부사항은 아직 결정짓지 못했다. 그들은 자신들 사이의 간극을 메울 수 있을 정도로 넓은 범주의 길만 정해놓은 것이다. 그렇게 함으로써 둘 사이의 관계를 계속 유지할 수 있는 방법은 찾은 셈이었지만 그만큼 위험도 많이 초래한 격이 되었다. 나중에 피델은 쿠바를 향한 미국의 외교 정책에 대해 "그들은 봉쇄를 세계화했다"[30]고 평한 후에 솔직하게 덧붙였다. "우리는 게릴라전을 세계화했다."

14 직설화법

1964년 12월에 체가 뉴욕을 방문하자 거리에서 "대중들이 '당장 쿠바를 침공하자'라고 쓰인 플래카드와 피켓을 들고 시위를 벌였고 공산주의 진영의 대표들을 향해 야유를 퍼부었다." 체가 나타나는 곳이면 으레 펼쳐지는 통례적인 광경이었다. "칼을 든 여성 하나는 안으로 파고 들어" 체를 찌르려고 했고 또 다른 망명자 단체는 유엔 건물의 "매끄러운 유리벽"에 바주카포를 쏜 혐의로 구금되었다.[1] 이러한 대혼란 속에서도 체는 전혀 물러섬이 없었고 당황하지 않았다. 며칠 후에 아일랜드를 방문했을 때 기자들이 그 상황에 대해 질문했다. "아주 위험한 삶을 살고 있는데, 그것이 걱정스럽지 않습니까?"[2] 체는 통역이 진행되는 동안 미소를 짓고 있다가 답변했다. "모든 위험이 그런 것이면 좋겠군요."

뉴욕에서 암살 시도를 몇 차례 겪고 나서도 체는 보안을 강화하려는 의지조차 보이지 않았다. 오히려 그는 그의 호텔방 바깥을 지키는 뉴욕시 경찰관과 체스를 두며 밤을 지샜다.[3] 그러나 체가 자신의 신변에 대해 따로 걱정하지 못한 이유는 당장 집중해야 할 임무가 상당했기 때문이었다. 그는 유엔 총회에서 식민주의에 대한 공격 연설을 해야 했고 전쟁에 대한 선언도 해야 했다.

체의 연설은 피델이나 쿠바 정부의 공식적인 정책보다는 자신의 견해가 더 많이 포함된 것이었다. 체는 거대한 대리석 홀에서 연설을 하는 동안 왜 자신이 '평화공존'이라는 생각이 틀렸다고 생각하는지를 분명히 밝혔다. 캄보디아는 베트남에 대해 중립 정책을 펼쳤기 때문에 공격당하고 있고 콩고에서는 서구 세력이 그곳의 자원을 두고 다툼을 벌이고 있어서 국민들이 고통을 겪고 있다고 그는 주장했다. "약탈이 더욱 성행"4하고 있으며 거기에 "평화적"인 요소는 없었다. 실제로 평화공존은 무관심일 뿐이고 무관심은 배신의 다른 말일 뿐이다. 체는 1961년에 콩고 민주공화국의 독립운동 지도자인 파트리스 루뭄바가 암살당했을 때 서구 강대국들이 그 사건을 묵인한 사실을 언급했다. "그러나 우리의 눈을 가리고 있던 것들이 떨어져 나가면서 새로운 지평을 열어주고 있습니다. 우리는 식민주의의 예속에 갇혀 과거에는 볼 수 없었던 것을 지금은 볼 수 있습니다. '서양 문명'이 어떤 식으로 하이에나와 자칼의 모습을 감추고 있는지를 말입니다. 콩고에서 '인도주의적' 임무를 수행한다는 그들에게 딱 부합되는 이름이 있습니다. 그 이름은 바로 무기력한 사람들을 먹잇감으로 삼아 살아가는 피에 굶주린 학살자입니다!"

당연히 체의 장광설 속에 암시된 국가들이 체를 일제히 비난하고 나선 것은 놀랍지도 않은 일이었다. 그는 논쟁을 벌이고 싶은 마음이었고 다시 연단에 올라 그들의 비난에 맞섰다. 특히 코스타리카와 니카라과, 베네수엘라, 콜롬비아, 파나마, 미국을 향해 열변을 토해냈다. 체는 자신의 억양을 두고 빈정거렸던 니카라과 대표를 향해서 이렇게 대꾸했다. "내 말에서 미국식 억양을 발견하지 못했길 바랍니다. 미국식은 뭐든 위험스럽기 마련이지 않습니까! 아마 이상한 억양은 내가 아르헨티나 출신이기 때문이겠지요." 체는 냉소적인 표정을 지으면서 말을 이어갔다. "어쨌든 나는 거기에서 태어났고 이것은 비밀도 아닙니다. 그러나 나는 아르헨티나인이자 쿠바인입니다. 내가 내 자신을 모든 라틴아메리카 국가의 애국자처럼 느낀다고 말한다고 해서 불쾌하게 여기시지 않기를 바랍니다."

체가 연단에서 보인 언행이 큰 소동을 불러일으키자 다음 날 체는 CBS 방송의 시사대담 프로그램인 〈페이스 더 네이션〉에 초대되었다. 거기에서 체는 CBS의 폴 니븐과 리처드 호틀렛, 〈뉴욕타임스〉의 테드 슐크로부터 질문을 받았다. 호틀렛이 체에게 물었다. "게바라 박사, 미국 정부가 미국과 쿠바의 관계 정상화 수립을 위한 두 가지 정치적 조건을 내걸었는데요. 하나는 소련에 대한 군사적 약속을 파기하는 것이고 다른 하나는 라틴아메리카에 혁명을 확산시키는 정책을 포기하는 것입니다. 이 두 가지 조건을 받아들일 용의가 있습니까?"[5]

체는 재치 있고 현명하게 답했다. "우리는 미국에게 어떤 조건도 내걸지 않습니다. 우리는 미국에게 미국의 체제를 바꾸라고 요구하지 않습니다. 우리는 미국에게 인종차별을 종식하라는 요구를 내걸지 않습니다. 우리는 양국의 관계 수립을 위해 어떤 조건도 내걸지 않을 것이고, 어떤 조건도 받아들이지 않겠습니다." 방송이 끝난 후에 체는 쿠바와 제3세계에 관해서 몇 시간 정도 슐크와 대화를 나누었다.[6]

아바나에서 피델은 체가 빚어내는 반응에 흡족해했다. 아마도 피델은 1년 전에 린든 존슨 대통령에게 화의를 제안했을 때 단칼에 거부당한 일을 마음에 두고 있었던 것 같다. 또한 피델은 이번 기회에 라틴아메리카 공산당들이 타성의 늪에서 빠져나오기를 바라고 있었다. 분명히 피델은 만족스럽게 사태를 주시하고 있었다. "제국주의자들이 에르네스토 게바라가 유엔 총회에서 쿠바 혁명정부를 대표해서 한 연설을 듣고 깜짝 놀랐다."[7] 이제까지 그들은 "쿠바가 제국주의에 대해 확고하고 투쟁적인 입장"이라는 사실을 몰랐을 것이다. 그렇다면, "이제는 다들 분명히 알게 되었다." 피델은 이같이 결론지었다.

뉴욕을 떠나기 전에 체는 유진 매카시 상원의원과 비밀 회담을 가지는 데 동의했다. 피델에게 호의적인 인물인 리사 하워드는 미국과 쿠바 사이의 비밀 외교 창구 개설안을 다시 살려보려는 희망으로 시내에 있는 친구의 아파트에서 파티를 열었다.[8] 체와 매카시는 이 파티에서 만났다. 하워드는 이미 미국 정부의 대표들에게 체와 만남을 가져보라고 설득했지만 매카시만이 그녀의 제안에 호의를 보였다. 체는 미국과 새로운 대화 창구를 개설하고 싶은 마음이 전혀 없었다. 체는 어쩔 수 없이 매카시와 대화를 나누게 되었고 그 대화에서 체는 쿠바의 전복 활동이나 자신들이 혁명가들을 훈련시키고 있다는 사실을 전혀 숨기지 않았다. 그러면서 "그런 활동들을 계속 해나갈 예정"이라고 밝혔다. 체의 마음속에서 이미 화해의 시간은 지나가버린 것이었다. 체는 뉴욕에서 아프리카로 떠났다. 석 달의 외국 체류 기간 동안 체는 아프리카의 13개국과 중국을 들를 예정이었다. 그리고 이 여행이 체의 인생에서 또 하나의 전환점을 이루었다.

아프리카에서 벌어지고 있는 사태의 중요성을 최초로 감지한 사람은 피델이었다. 1963년 3월에 흐루쇼프를 방문했을 때 피델은 그에게 알제리 대통령인 벤 벨라를 지원해야 한다고 설득했다. 흐루쇼프는 보안상의 이유를 들며 피델에게 가지 말 것을 요구했다. 피델은 체를 대신 보냈다. 체는 이미 1959년에 비동맹국가들을 순방한 경험이 있어서 아프리카, 아시아 지역에 친숙했다.

당시에는 아무것도 결정되지 못했지만 피델과 체는 아프리카대륙에서 혁명의 잠재력을 발견하고 깊은 인상을 받았다. 1964년에 체는 아프리카 대표단들과 함께[9] 소련과 중국이 후원하는 반제국주의 전쟁에 대한 생각을 나누었다. 아마도 체는 그 방법이 중국과 소련의 갈등을 완화할 수 있는 길이라고 긍정적으로 본 것 같다. 결국 그 제안은 실현되지 못했다. 하지만 지금 체는 자신이 가야 할 곳을 찾고 있었고 라틴아메리카에서는 혁명 운동의 가능성이 줄어들고 있었다. 이런 상황에서 피델과 체가 국제 혁명

전선 계획을 추진하기에 가능성 높은 지역으로 아프리카를 선택한 것은 어쩌면 당연한 일이었다. 1964년 12월에 뉴욕에 있는 체에게로 피델이 편지를 보내왔다.

> 체, 방금 세르히오 델 바예를 만나 모든 정황에 대한 자세한 이야기를 들었네. 끝까지 계획을 실행하는 데 어려움이 없어 보이는군. 디오클레스 토랄바가 자네에게 자세한 설명을 해줄 걸세.
>
> 우리는 자네가 돌아오기 전에 최종 방안을 결정할 것이네. 가능한 대안 중에서 선택할 수 있도록 우리 친구(아흐마드 벤 벨라)의 의견을 알아야 할 필요가 있으니 안전한 방법으로 계속 연락해주게.[10]

그래서 체의 첫 방문지는 알제리가 되었다. 체는 그곳에서 일주일을 보내면서 뉴욕 언론의 흥미 위주 보도에서 벗어나 차분히 아프리카 순방을 준비했다. 그는 알제리에서 말리, 콩고, 기니, 가나를 거쳐 1월 하순에 알제리로 다시 돌아왔다. 하지만 체는 냉전의 까다로운 정치 상황에서 멀리 벗어날 수가 없었다. 2월에 체는 중국과의 관계 개선을 위해 베이징으로 날아가야 했다. 피델이 공개적으로 소련 노선 지지를 강화한 이후로 중국과의 관계가 냉각되었기 때문이다. 중국은 이미 카를로스 라파엘 로드리게스를 그대로 돌려보낸 적이 있었다. 중국 정부는 중국에 대해 개인적인 호감을 보였던 체에게도 불만을 드러내며 무시했다.[11] 체와 피델은 스스로의 길을 갈 수밖에 없었다.

다시 아프리카로 돌아온 체는 카이로에서 나세르 대통령을 방문했다. 두 사람은 그 지역의 상황에 대해 장시간 대화를 나누었다. 1959년의 순방 길에서는 두 사람 사이에 팽팽한 분위기가 흘렀다. 나세르의 수석비서인

무함마드 헤이칼은 이전 방문에서 "나세르 대통령은 그들을 에롤 플린* 같은 사람들로 치부했다"[12]고 기억했다. 이번에 두 사람의 관계는 훨씬 나아졌다. 나세르는 체가 곤경에 처한 것처럼 보인다고 생각했고 체에게 쿠바 상황에 대해 물었다. 그는 피델과 체의 사이가 괜찮은지 궁금해했다. 체는 분명 위기를 겪고 있는 것처럼 보였다.

"(체는) 대답을 찾을 수 없는 질문을 너무나 많이 안고 있었다. 체는 쿠바가 엄청난 문제에 직면했고 신속한 해결책이 없는 상황이라고 말했다." 체는 임무의 어려움을 인정했다. "저는 사회변혁에 대해 무수히 이야기해왔고 사회변혁을 관리, 감독하는 임무를 맡게 되었습니다." 체는 그 임무가 자신이 바란 대로 흘러가진 않았다고 에둘러 말했다. 그러나 지금 그는 새로운 도전에 임하고 있었고, 그 어려운 임무의 세부적인 사안을 시시콜콜 나세르에게 털어놓을 수는 없었다. 체는 그와 함께 아프리카 지역의 상황을 분석하고 그 내용을 한시바삐 조율해야 했다.

실제로 체는 사회주의 진영의 두 강대국에게 냉대를 받고 있는 처지였기 때문에 현실 정치의 요구에서 벗어나 비교적 자유롭게 임무에 전념할 수 있었다. 체와 동행한 보좌관들은 군인이었고 이미 아바나에서는 쿠바의 "중립"을 강조하는 데 체를 쿠바 대표로 보내는 것보다 더 나은 방법이 없을 거라는 농담[13]이 나올 정도였다. 두 달에 걸쳐 체는 아프리카대륙의 저항단체들이나 반제국주의 지도자들과 닥치는 대로 숱한 비밀 회동을 가졌다.

그러나 체가 아프리카 혁명가들이 즉각적으로 동지애를 보여주기를 기대하고 있었다면 실망이 컸을 것이다. 콩고에 기반을 둔 앙골라해방인민운동MPLA의 지도자인 뤼시오 라라는 그들의 만남을 약간 애매하게 회

---

* 할리우드 액션영화 스타로 허세 부리는 낭만적인 역할을 많이 했고 화려한 사생활로 유명했다.

상했다. "우리는 이야기를 나눴고 토론을 했다."[14] 라라의 아내는 좀 더 대담하게 표현했다. "그들은 체와 이야기를 나눈 후에 그다지 기뻐하지 않았다." 그리고 그 이유는 쉽게 상상할 수 있다. 이들 지도자에게, 더군다나 이들 국민들에게 체는 생소한 인물이었다. 체는 "아프리카 망명객의 피난처"[15]인 탄자니아의 다르에스살람에서도 비슷한 반응에 부딪혔다. 그곳에서 체가 만난 해방운동 지도자들은 대부분 체의 동기를 미심쩍어했다.

체의 외국 체류 기간 동안 피델도 바삐 움직였다. 체가 아프리카의 독립운동과 연대를 추진하고 있는 동안 피델은 체에게 외교적인 엄호 지원을 해주었다. 이제 미국과 마찬가지로, 체를 면밀히 주시하고 있는 모스크바의 감시를 떼어내기 위해 부단히 애썼던 것이다. 1965년 1월 2일에 쿠바혁명 6주년 기념 연설에서 피델은 모든 국가는 독자적으로 자국의 발전을 추구할 수 있어야 한다는 주장을 소련에게 분명히 전했다.[16] 당시 피델은 모스크바와 새로운 원조 계획을 협상 중이었고 체가 계속 경고했던 대로 소련은 피델이 바랐던 만큼 많은 도움을 주려고 하지 않았다.

2월 말에 체는 알제리에서 열린 아프리카·아시아 국가 경제정책 세미나에서 피델과 똑같은 주제로 연설을 했다. 이 총회는 체의 연설이 아니었다면 그다지 주목받지 못했을 회의였다. 그러나 체는 전보다 한결 자유롭게 마음속의 말을 할 수 있었기 때문에 피델보다 훨씬 더 강도 높게 발언했다. "우리는 밤새도록 그의 연설을 놓고 토론했다"[17] 수년이 지나고 벤 벨라는 이렇게 말했다. "그는 자신이 말하려고 하는 바가 무엇인지 충분히 인식하고 있었다." 체도 피델이 자신의 연설을 탐탁지 않게 여길 것이라는 사실을 알고 있었다. 나중에 체의 이 연설은 쿠바에서 오랫동안 '저격수'라는 별명으로 불리던 남자가 쏜 '마지막 총알'로 회자되곤 했다.[18]

처음에 체는 약하게 운을 뗐다. 독점자본을 혹평하면서 국가 간 연대를 강화할 것을 촉구했다. 그러나 다음 순간에 체는 본연의 장기로 되돌아가서 수사적인 질문을 던졌다. "저개발국가들의 헤아릴 수 없는 땀과 고통이 배어 있는 원자재를 국제가격으로 팔고 자동화된 대형공장에서 생산되는 기계류 역시 국제가격으로 사는 것, 어찌 이를 '호혜'라고 할 수 있습니까?"[19] 사회주의 국가들은 "제국주의적 착취의 공범자"이며, 그들은 "서구 국가들의 착취 행위를 묵인하는 일을 끝내야 할 도덕적 의무"가 있었다. 사실 체는 소련이 나서서 저개발국가들을 위한 무이자 차관을 제공할 것을 요구하고 있었다.

이 연설은 청중들의 즉각적인 공감을 얻었고 회의의 최종 결의안은 체가 제안한 "극단적인 제안들"[20]을 다수 반영했다. 그의 연설에 대해 오히려 사회주의 세계의 강대국 진영이 더 경악스러워했고, 체가 연주한 "불협화음"[21]은 삽시간에 크렘린에서 코네티컷의 하트퍼드에 이르기까지 모든 곳에서 화제가 되었다. 체의 논점에 피델 개인은 상당히 동조하고 있었지만 체가 연단에서 내려오는 그 순간에 쿠바 정부의 요직은 이제 그에게서 영원히 멀어졌다. 체는 쿠바가 위성국가 사이에서 주도적 지위를 유지하기를 바랐다. 체가 말했듯 공산주의 국가의 실패가 "자본주의로의 회귀"를 의미할 수는 없었다. 개인적으로는 어떤 생각을 하고 있는지 알 수 없지만, 피델은 그런 말을 하려고 한 적도 없었고 그런 생각에 찬동하는 모습을 보이려고 한 적도 없었다.

체는 아바나로 돌아오는 길에 비행기의 연료 보충과 수리를 위해 아일랜드에 잠시 머물러야 했다. 쿠바 대표단은 몇 달 전만 해도 텔레비전 기자들에게 둘러싸였는데, 이번에는 거의 주목을 받지 못했다. 이 이틀 동안의 단기 체재에 대한 이야기는 쿠바 시인인 로베르토 페르난데스 레타마르에게서 들을 수 있었다. 레타마르는 체를 이전부터 알고 있었지만 그들은 친구라기보다는 그냥 아는 사이 정도였다. 레타마르는 파리에서 귀국하는 중이었고 체는 파리 사람들의 안락한 부르주아적 생활방식을 언급하며 그를 놀려대기도 했다. 하지만 바로 이어서 체 자신도 한때는 파리에서 공부하고 싶었다고 털어놓았다. 체는 대화를 나눌 상대가 필요했다.

우선적으로 체가 토론하기를 원했던 주제는 아프리카였다. 두 사람은 정당 노선의 제약에서 벗어나 문학 저널을 발행해보자는 데까지 나아갔다. 그렇게 함으로써 쿠바 노동자들에게 아프리카대륙을 더 잘 알릴 수 있는 계기가 될 것이라는 말도 덧붙였다. 레타마르는 체에게 쿠바에서 그런 저널을 함께 만들어보자고 제안했다. "좋지. 어떤 바보들이 편집한 저널을 말이지."22 체는 저널을 만들려면 넘어야 할 수많은 관료들의 산을 머릿속에 떠올리며 미소 지었다. "그렇겠지." 레타마르도 킬킬대며 웃었다. 그러고 나서 체는 그에게 왜 소련이 "구제불능"이라고 생각하는지 물었다. 레타마르는 당황하면서 시치미를 뗐다. 체가 대신 대답했다. 그 이유는 진부 레닌의 신新경제정책 때문이라며 레닌이 너무 일찍 죽는 바람에 그 정책을 고칠 기회가 없었기 때문이라고 말했다. 체는 지도자라면 사람들의 실수를 깨닫고 고칠 의무가 있다고 믿었다. 이것이 체가 피델과 자신 외에는 거의 아는 사람이 없는 새로운 길로 나아가려는 이유 중 하나였다.

둘째 날에 체와 레타마르를 비롯한 다른 쿠바인들은 그들이 머물던 작은 공항에서 나가야 했다. 그들은 버스를 타고 바닷가인 섀넌으로 향했다. 거기에서 아일랜드의 여느 사람들이나 마찬가지로 근처의 "괜찮은 술집"에 들렀다. 머린 호텔이라는 곳이었는데, 어느 젊은 예술가가 바에서 맥주를 따라주며 돈벌이를 하고 있었다. 그는 체이 듀자에 큰 가면을 받았다. "카스트로, 게바라, 카밀로 시엔푸에고스, 그들은 내 영웅이었다."23 그는 자기 농네의 술집에서 그런 사람을 보게 되다니 도저히 자신의 두 눈을 믿을 수 없을 지경이었다.

쿠바인들은 맥주를 시키고 구석의 작은 테이블을 차지했다. 그때 체는 최근 몇 년간 하루도 쉬지 않고 달려온 자신의 바쁜 일상에 대해 말하다가 잠시 생각에 잠겼다. 그러다 사람들이 테이블을 두드리는 바람에 체는 맥주를 옷에 쏟고 말았다. 체는 아무 말 없이 일어나서 남은 맥주로 빨간 약 두 알을 삼킨 다음 산책을 나섰다. 일행이 안전을 이유로 막으려고 했지만 체는 혼자서 감당할 수 있다고 말했다. 동료들은 마지못해 체를 보냈고 그는 홀로 바닷바람을 쐬러 나갔다.

그들의 비행기가 아바나에 착륙했을 때 피델이 알레이다와 함께 공항에서 기다리고 있었다. 알레이다는 또 다른 사내아이인 에르네스토를 출산한 직후였다. 체의 주요 정적인 라울과 도르티코스 대통령도 공항에 나와 있었다. 이후로 몇 년 동안 무수한 음모와 소문들이 떠다녔다. 소문의 대부분은 그 후 이틀간 피델과 체가 벌인 열띤 논쟁에서 비롯되었다. 몇몇 소문은 그럴싸했지만 대개는 허황된 내용이었다. 피델은 그 소문에 대해서 일언반구도 하지 않았고 알레이다를 포함해서 최측근들도 수많은 간청에도 불구하고 입을 열지 않았다.

가장 그럴듯한 소문은 "'엘 피포(피델)'와 '엘 체' 사이의 엄청난 논쟁"[24]에 대해 상세히 언급하고 있는 것이었다. 어떤 사람이 문에 귀를 대고 체가 피델에게 이렇게 말하는 것을 들은 모양이었다. "좋아요. 내게 남은 유일한 대안은 여기를 떠나 지옥이나 아니면 어디로든 가는 것이군요. 당신이 나를 어떻게든 도와줄 요량이라면 지금 당장 그렇게 하시고 그럴 수 없다면 없다고 솔직히 말해주세요. 도움을 줄 수 있는 다른 사람을 알아봐야 하니까요."[25] 다른 소문도 있었는데, 이번에는 소련 관리 하나가 피델이 체가 외국 체류 동안 연설을 하면서 정당의 노선을 따르지 않았다고[26] 비난하는 내용을 들었다는 것이다. 피델의 비난에 대해 체가 피델 자신도 정당 노선을 그대로 따라 연설을 하는 것은 아니지 않느냐며 반박했다는 것이다. 이런 지적은 일정 부분 사실이 었다. 체가 귀국하기 며칠 전, 피델은 이미 알제리에서 체가 한 연설과 그에 대한 모스크바의 반응을 잘 알고 있었음에도 불구하고 자신도 베트남에 대한 열정적인 연설을 했다. "모든 사회주의 국가들은 베트남을 지원해야 하는 변명의 여지가 없는 의무를 지니고 있습니다."[27] 체의 연설만큼 직설적이지는 않았지만 이 연설도 모스크바의 비간섭주의 노선을 자극하는 발언이었다.

그 이틀 동안 무슨 논쟁이 벌어졌던 간에 심한 말들이 오갔으리라 예상할 수 있다. 특히 체가 알제리에서 한 연설은 외교 협정을 중대하게 위반한 것이었다. 당시에 라울은 모스크바에 있었기 때문에 소련의 반응을 직접 체감할 수 있었다. 그러나 피델이 분개한 이유는 체의 혹평에 동의하지 않아서라기보다는 그 방식이 비외교적이었기 때문이었다.

사실 피델은 체의 아프리카 행보에 깊은 관심을 가지고 있었다. 체는 아프리카 지역에 쿠바 병력을 언제, 어디에, 어떻게 배치할 것인지를 의논하기 위해서 아프리카 혁명운동 지도자들을 만나고 다녔다. 그동안 피델은 정기적으로 피나르델리오에 있는 비밀 훈련장[28]을 방문하면서 아프리카로 보낼 병력의 모집과 훈련을 감독하고 있었다. 또한 피델은 연설에서도 자신의 주장을 내보이며 선전 활동을 펼쳤다. 체가 귀국하기 며칠 전에 피델은 콩고와 베트남을 나란히 거론하면서[29] 두 나라의 명백한 연관성을 주장했다. 제국주의 공격이라는 치욕에 맞서 사회주의 진영이 단결해야 한다고 말하면서 소련과 중국을 은근히 비난하기도 했다. 사회주의 진영의 이 같은 분열은 제국주의자들의 야욕을 더욱 부추길 뿐이며 그 결과로, 쿠바나 콩고, 베트남 같은 작고 가난한 나라들이 위험에 처할 수밖에 없다고 주장한 것이다. 여기에 덧붙여 피델은 "이미 말은 충분하니 이제는 행동에 나설 때"라고 말했다.

이런 주장들은 체의 입장과 정반대인 사람이 할 만한 말은 아니었다. 따라서 피델과 체 사이가 크게 벌어졌다는 떠들썩한 소문들도 서서히 가라앉았다. 며칠 후에 체가 피델을 '새로운 인간'의 모범으로 기리는 글을 발표하자 그런 소문들은 더욱 사그라들었다. 그 이틀간의 '대결'이 큰소리로 시작되었을지는 몰라도 대부분은 체의 순방 결과 보고와 두 사람이 함께

할 계획에 대한 대화로 이루어졌을 가능성이 컸다.

체는 아바나 공항에서 너무 서두르는 바람에 섀넌에서 돌아올 때 레타마르에게 빌렸던 시집을 돌려줄 겨를이 없었다. 체가 장관실에서 짐을 싸고 있을 때 레타마르가 체를 찾아왔다. 레타마르는 체와 함께 보낸 시간에 감명을 받아서 자신도 체를 위해 일할 수 없을지 물어보러 들른 것이었다. 체가 바빠서 그의 비서가 시집을 돌려주었다. 비서는 체가 시 하나를 복사해달라고 부탁했다는 말을 레타마르에게 전했다. 레타마르가 "어떤 시"[30]냐고 묻는데 마침 체가 사무실에서 나와 모습을 드러냈다. 체와 이야기를 나눌 시간은 거의 없었지만 레타마르는 궁금해하던 답을 얻었다. 바로 파블로 네루다의 〈작별〉이었다.

이와 비슷하게 체가 낡고 정든 장관실을 떠나는 날에도 아이러니하고 상징적인 일이 벌어졌다. 이른 시간에 체는 짐을 다 싸서 개를 데리고 지하 주차장으로 내려갔다. 이미 피델은 체의 사무실에서 그와 이야기를 나누고 떠난 후였다. 피델에게는 그렇게 이른 시간부터 움직이는 것이 일상이었다. 지하주차장에는 체의 비서인 그라발로사와 체의 운전기사이자 경호원인 카르데나스가 카오디오를 틀어놓고 체를 기다리고 있었다. 당시 체의 차는 1960년산 시보레였다. 카르데나스는 때마침 연주되고 있는 탱고 음악을 듣기 위해서 볼륨을 높였다. 그러자 그라발로사가 주의를 주었다. "이봐, 그렇게 소리를 높이면 차의 배터리가 다 나간다고." 갑자기 체가 개를 데리고 나타나자 카르데나스는 잔소리를 들을 것을 예상하면서 재빨리 라디오 스위치를 돌렸다. 그러나 체는 끄라는 말 대신에 소리를 질렀다. "이봐, 당장 그 음악을 다시 틀어!" 그 노래는 체가 가장 좋아하는 탱고 음악인 카를로스 가르델의 〈안녕, 친구들이여〉[31]였다. 체는 그 음악을 들으며 집무실을 떠났다. 사탕수수를 베러 간다는 말을 남긴 채.

"기쁨과 슬픔이 뒤섞인 작별인사를 부산스럽게"[32] 나눈 이후에 체가 간 곳은 엘라기토 근처의 은신처였다. 그곳에는 피델이 모집해서 훈련시킨 전사[33]들이 체를 기다리고 있었다. 체는 쿠바에서 보내는 마지막 며칠을 그곳에서 지내면서 아프리카 원정대를 이끌기 위한 막바지 준비에 몰두했다. 체는 어느 순간에는 글을 쓰느라 정신이 없다가 다음 순간에는 팔굽혀펴기를 하느라 바빴다. 체는 그곳에 합류하면서 새로운 동지들을 깜짝 놀래주며 등장했다.

"드레케, 자네 괜찮나?"[34] 쿠바 전사들의 지도자인 빅토르 드레케는 방금 짧은 머리에 안경을 쓰고 치열이 이상한 남자를 소개받았다. 그는 라몬이라고 했다. "아직 누군지 모르겠나?" 카밀로의 동생인 오스마니 시엔푸에고스가 드레케에게 물었다. 오스마니는 당시에 건축부 장관이었지만 이 계획에도 가담하고 있었다. "장난 그만 치고 그냥 말해주세." 안경을 쓴 남자가 말했다. 그 순간, 드레케는 라몬이라는 자가 사실은 자신들을 아프리카로 데려갈 체라는 사실을 알아챘다. 변장을 한 체가 왔으니 자신들이 이제껏 피델에게 훈련받은 임무를 실행에 옮기기 위해 곧 떠날 것이라는 사실도 깨달았다.

이틀 뒤에 오스마니는 피델과 함께 비밀 기지에 나타났다. 이제 피델과 체는 헤어져야 하지만 모든 상황이 잘 돌아가며 은밀히 계속 연락을 취할 것이었다. 체는 이런 상황에서 자신이 원했던 작별의 각본이 있었다. 체는 '엘 파토호'라 불리던 과테말라 친구 홀리오 카세레스의 사망 소식을 들었을 때 이런 글을 남겼다. "내가 무슨 권리로 그런 기지 말리고 본감을 수 있었겠는가?"[35] 엘 파토호도 지금 체가 시작하려는 임무와 비슷한 일을 하러 떠났던 사람이었다. 작별의 순간에 엘 파토호가 기대했고 지금 체가 피델에게 바라는 것은 "따뜻한 악수"와 앞으로의 전투에서 힘이 될 격려의 말이었다. 그 답례로 체는 진심 어린 편지를 남겼다.

피델.

지금 나는 많은 기억들이 떠오릅니다. 마리아 안토니아의 집에서 당신을 만난 일, 당신이 함께하자고 제안해준 일, 긴박했던 혁명 준비 과정들 등.

어느 날 그들이 와서 내가 사망할 경우에 누구에게 알려야 할지 물었을 때 혁명의 가능성이 현실로 다가왔습니다. 나중에 우리는 혁명에서는 이기거나 죽는 것밖에 없다는 사실을 깨달았지요. 많은 동지들이 승리로 가는 길에서 쓰러져갔습니다.

오늘날의 상황은 그때만큼 극적이지는 않습니다. 우리가 좀 더 성숙했기 때문이겠지만 역사는 되풀이되기 마련이지요. 나는 쿠바혁명에 대한 의무를 다했다고 생각합니다. 그래서 나는 당신에게, 동지들에게, 당신의 국민들에게 작별을 고합니다.

공식적으로 나는 모든 자리에서 물러납니다. 정당의 지도부, 장관직, 사령관직, 쿠바 시민권 등 쿠바에 나를 매어둘 수 있는 법적인 구속은 모두 사라졌습니다. 그러나 단 하나, 혁명 동지로서의 관계는 계속 유지될 것입니다.

과거를 돌아보면서 나는 혁명의 승리를 확고히 하기 위해 열심히 헌신했다고 믿습니다. 유일한 실수라면 시에라군 시절부터 당신에 대해 더 많은 확신을 갖지 못한 점과 지도자와 혁명가로서의 당신의 자질을 재빨리 포착하지 못한 점입니다. 나는 정말 대단한 날들을 경험했습니다. 애달프고도 빛나던 미사일 위기의 나날에 당신의 곁에서 나도 국민의 한 사람이라는 사실에 자부심을 느꼈습니다. 그 시절에 당신만큼 명민한 정치인은 볼 수 없었습니다. 또한 나는 당신을 주저함 없이 따랐고 당신의 생각에 나를 맞춰가는 것에 자부심을 느꼈습니다.

세계의 다른 나라들이 나의 도움을 원하고 있습니다. 당신이 쿠바의 수장으로서의 책임 때문에 부인할 수밖에 없는 일을 나는 할 수 있습니다. 이제 우리가 헤어져야 할 때가 온 것입니다.

내가 기쁨과 슬픔이 섞인 감정을 안은 채 떠난다는 사실을 알아주길 바랍니다. 나는 혁명의 건설자라는 가장 순수한 바람을 버리고 내가 가장 아끼는 사람들 곁을 떠납니다. 게다가 나를 아들로 받아들여 준 사람들을 떠나려니 마음이 아픕니다. 하지만 당신이 내게 가르쳐준 신념과 우리 국민들의 혁명 정신, 가장 성스러운 의무감을 마음에 안고 새로운 전투에 임할 것입니다. 제국주의가 횡행하는 곳이라면 어디에서든 맞서 싸울 것입니다. 이런 계획과 전망으로 아픈 마음을 달래 봅니다.36

피델은 은신처를 나서면서 드레케와 타마요를 한쪽으로 데려갔다. "체를 잘 돌봐주게."37 피델은 그들에게 이렇게 부탁한 뒤 섬은 세단을 타고 아바나로 돌아갔다. 다음 날 아침에 일명 '라몬'은 새로운 동지들과 함께 시엔푸에고스의 차를 타고 은신처를 떠나 공항으로 향했다.

체가 피델을 처음 만났을 때 그는 정처 없이 떠도는 여행에서 오는 지각 없는 익명성에서 벗어날 길을 찾고 있었다. 이제 그는 확신과 은밀한 목표를 지닌 실행자로서 과거와는 다른 여행길로 되돌아왔다. 혁명의 공식 얼굴로서의 지위는 피델에게 양보했다. 피델은 바쁜 일상의 업무로 돌아왔다. 피델은 양심의 가책을 곧잘 느끼는 체가 떠나서 다소 부담을 던 것도 사실이지만, 같은 이유로 약간의 공허함도 느꼈다.

두 사람은 모두 지난 2년 동안 많이 변했고 혁명가의 삶에 대한 견해 차이로 인해 점차 사이가 벌어졌다. 이제 그들의 관계는 새로운 국면으로 들어섰다. 그들은 각자가 생각하는 대로 혁명의 미래를 추구할 것이었다. 그러나 이렇게 변화된 환경에서도 두 사람에게는 언제나처럼 다시 우정을 만들어갈 시간이 여전히 존재할 터였다. 그들은 두 사람이 공유하는 목표인 혁명을 가장 훌륭히 실현할 수 있는 길이라면, 언제든 다시 서로를 찾을 것이기 때문이었다.

15 기념일

어떤 설명이나 경고도 없이 세계에서 가장 눈에 띄는 정치적 지도자 중 한 명이 그냥 사라져버렸다. 이 위업을 달성하는 데 일조한 쿠바의 첩보기관은 엄청난 일을 해낸 셈이었다. 불과 몇 달 전만 해도 미국 국무부 차관 조지 볼은 체가 움직이면 사람들이 모를 수가 없기 때문에 체와 사적인 회담을 가지는 일이 너무 어렵다고 말했다. 이듬해에 일어난 일은 거의 30년 동안 알려지지 않은 채 비밀로 존재했다. 어느 역사가의 말을 빌자면 "쿠바 정부가 가장 신뢰할 만한 지지자들을 제외하고는 세상 사람 모두에게 자물쇠로 잠근 것처럼 (……) 보이지 않았다."[1] 이때부터 한 사람은 공개적인 조명 속에서 모든 행동이 낱낱이 드러나는 삶을 살았고 다른 사람은 완전한 비밀 속에서 살게 되었다. 매혹적이고 거의 선례가 없는 우정의 이야기가 시작된 것이다.

피델은 "가장 어려운 일(공식적인 관계 단절을 뜻함)은 이미 완수한 셈"[2]이라며 체가 사라진 지 1년이 지나서 체에게 편지를 썼다. "그것도 중상 모략이나 음모가 난무하는 과정 없이 말일세." 그 무렵 체는 프라하에서 4개월 동안 숨어 지내고 있었다. 이미 체는 중앙아프리카에서 사건의 소용돌이 속을 드나들며 일하다가 이를 끝내고 프라하로 은밀히 숨어든 것이었다. 피델이 평가한 것처럼 체의 '실종'이라는 마술과도 같은 현상 때문에 1년 내내 무성한 소문이 끊이질 않았다. 체가 최근에 좌파 봉기가 일어나서 존슨 대통령이 해병대를 급파한 산토도밍고에서 지낸다는 소문이 났는가 하면, 쿠바의 정신병원에 있거나 피델에게 혁명적 견해 차이에 대한 혹평을 담은 편지를 보낸 이유로 가택연금[3] 중이라는 소문도 돌았다. 체가 사라진 후 몇 개월 동안 심지어 체가 죽었다고 주장하는 사람들도 많았다.

당연히 이 모든 소문은 진실이 아니었다. 하지만 여전히 "체가 그림자가 된 그해"에 대한 정보는 상당히 부족하다. 피델은 알렉시예프에게는 알렸지만 대부분의 소련인들은 다른 사람들과 마찬가지로 아무것도 몰랐다. 우리가 현재 아는 사실은 체가 콩고로 은밀하게 떠난 것이 피델과의 관계 단절이 아니라 새롭고 더욱 가까운 협력 관계의 출발을 알리는 신호탄이었다는 점이다. "자이르(현 콩고 민주공화국)에 병력을 보내기로 한 결정은 피델과 체, 라울 카스트로, 이 세 사람이 내린 것이 틀림없다."[4] 이 시기를 연구하는 저명한 역사가는 쿠바의 외교 정책에 대해 이렇게 기술했다. 이 셋 중에 라울은 그 임무에서 정치적인 면에는 관여하지 않았다. 사실 이 사안은 피델과 체, 두 사람이 기획한 모험적 시도였다. 게다가 이는 쿠바혁명을 비밀리에 전 세계로 수출하려는 더 큰 야망이 담긴 계획의 첫걸음이었다.

피델도 이 계획에서 자기 몫을 다하기 위해서 체가 쿠바를 떠나자마자 바로 공개적으로 비나이 목소리를 드높였다. 5월의 노동절 연설[5]에서 피델은 '평화공존'이라는 개념을 혹평했다. 그리고 도미니카 국민들이 미국 해병대에 맞설 수 있도록 사회주의 진영의 지원이 필요하다는 의사를 밝혔다. 피델은 비동맹국가의 지원도 필요하다고 덧붙였다. 이는 모두 체의 비밀 임무를 위해 기반을 다지는 중요한 활동이었다. 이렇게 엄호 지원을 하는 것이 피델의 주요 역할이었던 것이다.

그러나 다른 한편으로 피델은 체가 없는 상황에 재빨리 적응해나갔다. 그해 후반에 알렉시예프가 체의 실종에 대해서 캐묻자 피델의 오른팔인 카를로스 라파엘 로드리게스가 대답했다. "게바라가 지도부에서 빠져서 피델 카스트로가 중앙기구를 재조직하는 일이 훨씬 더 수월해졌습니다."6 또한 그는 체가 모든 공식적인 자리에서 물러나 특별 임무를 맡겠다고 제안했을 때 피델이 "매우 흡족해했다"고 알렉시예프에게 전했다. "카스트로는 겉으로는 게바라의 제안을 마지못해 받아들이는 것처럼 승낙했지만 사실 그는 이런 식으로 게바라의 영향력이 사라지는 것에 쾌재를 불렀습니다. 그 이후 카스트로는 자신에게 충성을 다하고 조직적인 능력을 보여주는 사람들을 모아서 소규모 조직을 만들고 있습니다." 로드리게스는 일부러 소련 측이 듣고 싶어하는 말을 해주었다. 하지만 소규모 조직은 사실이었고 여기에는 충성스러운 피델주의자인 호세 '페핀' 나란호, 체의 보좌관인 에밀리오 아라고네스를 대신하게 될 아르만도 아르트, 오스마니 시엔푸에고스가 포함되었다.

많은 사람들은 이런 조직상의 변화를 피델과 체의 관계 단절의 증거로 생각했고 피델이 체가 사라진 직후에 금방 이런 조치를 취한 것을 근거삼아 피델이 오래전부터 체를 제거할 속셈이었다고 짐작했다. 하지만 혁명적 협력 관계는 정치적 동맹 관계와는 전혀 다른 성질의 것이다. 피델과 체는 오랫동안 운의 흥망성쇠를 함께 겪어왔고 개인적으로 큰 손실을 입더라도 공동의 이득을 획득할 수 있는 방법을 알고 있었다. 게다가 이렇게 변동된 인사 조직은 "특별 지시는 아닌" 임무를 맡았다. 맡은 임무의 대부분은 로드리게스가 인정했듯이, 피델의 최우선 관심사인 "아프리카 지역의 해방운동 지원"7에 대한 연락 사무였다. 5월에 기자들이 체의 실종에 대해 추궁했을 때 피델은 분명히 밝혔다. "우리의 관계는 여전히 친밀하다. 사실이보다 더 좋은 적이 없었다."8 이는 거짓말이 아니었다.

그러나 장관급 인사 변동으로 인해 이제 체의 생각과 의도가 담긴 쿠바 정부 정책은 사라지게 되었다는 점은 분명했다. 심지어 7·26운동 기념일 연설에서 피델은 개인이 홀로 혁명적 진보를 이루어낼 수 있다는 체의 생각을 일축했고 체가 그토록 공들여 추진한 집중화 정책도 깎아내렸다.[9] 피델은 진정한 진보는 국민들이 함께 실천할 때 이루어지는 것이라고 반박했다. 이제 과도한 집중화 정책은 "심하게 비난받는"[10] 대상이었다. 피델은 거리에 개똥이 있는데 그것을 치우기 위해 중앙의 관리를 불러야 할 필요는 없지 않느냐고 말했다.

피델이 체의 노력에 대해 이런 평가를 내린 이유는 성격의 차이뿐만 아니라 이데올로기의 차이 때문이었다. 체는 사람들을 이끌어갈 올바른 방법을 찾아서 5개년 경제 정책을 만든 것이었고, 어렵지 않게 사람들을 행동하게 만들 수 있는 피델은 그런 정책보다 사람들을 그저 내버려두는 것이 더 좋은 해결책이라고 믿었다. 체는 목표를 세웠고 피델은 사람들을 움직이게 만들었다. 피델은 초조한 마음으로 체를 바라보면서도 체 스스로 하고 싶은 대로 내버려두었다. 그러나 이제 피델은 자신의 방식대로 해나갈 예정이었다. 피델은 집중화에 대한 생각을 이어나갔다. "지금 당장으로서는 고려하기 힘들지만 우리의 새로운 세대는 그런 식으로 훈련받을 수 있을 것이라고 생각한다."[11] 도덕적 동기유발책에 의해 행동하는 인간을 육성하겠다는 발상은 좋긴 하지만, 지금 당장 쿠바 국민들에게 적용하기는 어렵다는 의미였다.

처음으로 피델의 입지가 강하고 확고해진 듯 보였다. 미국이 소련과의 화해 분위기를 마친 것은 두려워해서 잠시 주춤하고 있는 듯아 에스카브라이 산속에 있던 반혁명주의 잔당들이 모두 체포되었다. 1965년 여름에 미국 국가안보 보좌관인 맥조지 번디도 인정했다. "우리는 몇 달 동안 카스트로를 흔들 방법을 여러모로 궁리해봤지만 찾을 수가 없었다."[12] 그리고 반체제 집단에 대한 지원도 약화될 수밖에 없다고 말하면서 위험을 무릅쓰고 피델이 확고한 체제에 대항할 요원을 모집하기가 너무 어려워졌다는 이유를 들었다.

그해 여름 미국 기자인 리 록우드가 라후벤투드섬에 위치한 여름 별장으로 초대받아 찾아갔을 때 피델 카스트로는 활기차고 자신감 넘치는 모습이었다. 사실 록우드는 피델과의 인터뷰를 위해서 수개월 전부터 계속 피델의 보좌관 레네 바예호를 졸라댔고 드디어 기회가 찾아온 것이었다. 록우드는 즉시 짐을 차에 싣고 피델이 머무는 곳으로 향했다. 피델은 거기에서 독일셰퍼드를 데리고 놀면서 그를 기다리고 있었다. 짙은 회색빛을 띤 커다란 개는 주인만큼이나 힘이 넘쳤다. "이 녀석을 강아지 때부터 직접 길렀죠."13 피델은 분주히 돌아다니는 개를 보며 미소 지었다. 록우드와 피델, 개는 다 같이 자동차의 뒷좌석에 끼어 앉아 해안가로 갔다. 그들은 피델이 직접 모는 고속정을 타고 라후벤투드섬으로 향했다. "세 시간 안에 플로리다까지 갈 수도 있지요." 피델이 자랑했다.

그들은 저녁이 다 되어서 피델의 별장에 도착했다. 별장은 낡은 L자형 목조주택으로 울창한 나무숲에 둘러싸여 있었다. 흔들의자가 있고 말끔히 손질된 잔디밭과 열대관목이 늘어서 있는 평화로운 곳이었다. 이곳에서 피델은 독서를 하거나 여러 주제에 대한 공부를 했다. 거의 흐루쇼프의 별장과 흡사한 모습이었다. "사냥과 낚시를 할 수 있고 읽을 책도 많습니다."14 이곳에 오기 전에 피델은 록우드에게 그렇게 말했지만 일단 베란다에 앉아서 인터뷰를 시작하자 피델은 거기에 열중했다. 원래는 짧은 인터뷰를 여러 번 가질 예정이었지만 어느새 일주일간의 기나긴 대화로 이어졌다.

록우드가 정리한 사진을 보면 피델은 행복해 보이는 한편으로 외로움도 묻어나 보인다. 피델이 가는 곳마다 무장한 경호원들이 벽처럼 둘러싸고 있었다. 또한 바예호, 초미, 페핀, 셀리아 산체스, 누녜스 히메네스 같은 측근 수행원들과 피델이 아무리 격의 없고 친숙한 사이라 하더라도 늘 똑같이 친밀한 관계일 수는 없었다. 그들이 식사를 할 때면 따로 정한 관례는 아니었지만 언제나 피델이 그들 한가운데에 있게 마련이었다.15 하지만 시에라군 시절에 느꼈던 강렬함이나 끈끈한 동지애 같은 것은 더 이상 그의 인생에 없었다. 어느 날 밤에 그들은 지난 시절을 회상했다. 셀리아는 한숨을 쉬면서 한탄했다. "오, 하지만 그때가 가장 행복한 시절이었어요, 안 그래요? 정말로요. 우리는 결코 그때처럼 행복할 수는 없을 거예요, 그렇겠죠?"

피델은 여러 날 동안 록우드와 긴 대화를 나누고 밤늦도록 일하고 새벽 일찍 일어나기를 반복했다. 그러던 어느 날 피델은 점심을 먹은 후에 스킨다이빙을 하러 갔다. 과도한 업무에 시달리던 바예호 보좌관은 피델이 돌아올 시간을 가늠한 다음 낮잠을 잤다. 몇 시간 뒤에 헬리콥터를 타고 돌아온 피델은 기운을 다시 회복한 듯 보였다. "그는 여전히 수염이 젖은 채였고 숨을 약간 헐떡이고 있었다." 록우드가 그 장면을 회상했다. "피델은 내 가슴을 검지로 두드리면서 '200킬로그램짜리 물고기'라고 말했다." 피델은 그 주 내내 활기에 넘쳤다. 사실 여름 내내 그랬다. 마치 진짜 자신을 깨달은 듯 보였다. 아니면 단순히 상황에 자신을 맞춘 것인지도 몰랐다.

한번은 록우드가 피델에게 앞으로 체가 쿠바 행정부에서 어떤 역할을 맡게 될지를 물었다. 피델은 즉답을 피했다. "현재로서는 그 질문에 대답할 수 없군요. 내가 말할 수 있는 것은 우리의 우정과 동지애에는 아무 문제가 없다는 점입니다. 그와 나 사이에는 항상 동질감이 존재합니다."[16] 피델이 다소 벽이 느껴지는 어투로 말했다. 록우드가 거듭 물었지만 피델은 계속 피해갔다. 피델은 그 질문에 대답하는 일이 "미스터리를 파헤치는 일과 같은 것"이라면서 답변을 줄 수 없다고 말했다. 피델은 어떤 실마리도 주지 않았다.

콩고로 향하던 체는 탄자니아에 도착하자마자 상황이 급박하게 돌아가는 것을 느꼈다. 두세 명씩 짝을 지어 탄자니아로 숨어든 후에 체와 14명의 부대원들은 메르세데스벤츠를 타고 다르에스살람에서 탕가니카 호숫가에 있는 도시인 키고마로 향했다. 거기에서 그들은 보트를 타고 콩고 마을인 키밤바로 갔다. 그들은 거기서 콩고해방군과 만났다.

1960년대 초에 콩고의 상황은 1990년대 유고슬라비아가 붕괴할 당시와 맞먹을 정도였다. 새롭게 독립한 콩고 민주공화국의 좌파 총리인 파트리스 루뭄바는 1960년에 소련에 지원을 요청한 적이 있었다. 이제 콩고를 비롯해서 새롭게 독립한 국가들은 자본주의냐 공산주의냐를 두고 국가의 정치적 미래를 결정해야 할 상황에 놓였던 것이다. 그해에 아프리카를 둘러본 체는 잘 훈련된 게릴라 병력을 투입하면 이들 국가를 사회주의 쪽으로 끌어올 수 있을 것이라고 확신하게 되었다. 첫 징조는 좋아 보였다. 게릴라 기지는 "급물살이 흐르는 강과 구불구불한 길이 있는 급경사면"[17]에 세워졌다. 이 지역에 병력을 배치해본 적이 있는 일명 '미친 마이크' 영국인 용병 호어 대령은 이곳을 게릴라전을 펼치기 위한 "최적의 지대"라고 기억했다. 체는 배에서 내리는 자신들을 맞이하던 혁명군들이 중무장을 하고 있다는 사실에 기운이 났다. 지뢰와 기관총에서부터 76밀리미터 구경의 대포와 중국제 '대나무 바주카' 로켓포까지 모든 것이 잘 갖춰져 있었다.

그런데 상황이 서서히 벽에 부딪히기 시작했다. 체는 현실과 상상이 전혀 다르다는 사실을 이내 깨달았다. 쿠바의 첩보에 따르면 호수에서 산까지 6킬로미터의 평지가 이어진다고 했다. 하지만 체가 도착하자마자 목격한 실상은 전혀 달랐다. "실제로는 호수가 일종의 협곡처럼 펼쳐져서 산은 물가에 바로 붙어 있는 격이었다."[18] 이는 아무리 게릴라 훈련을 받은 사람이라도 너무 힘든 지형이었다. 하지만 지형 문제는 걱정거리도 아니었다. 쿠바혁명 전쟁 때도 이해상충으로 인해 반대파들 사이에 분열이 있긴 했지만 정부에 대한 저항 의지만큼은 일치했다. 그런데 콩고의 사정은 한층 복잡했다. 특히 체는 르완다에서 쫓겨 온 투치족[19] 400여 명의 존재에 몹시 당황했다. 그들은 콩고의 피지바라카 지역의 방어를 지원해주면 나중에 그들의 땅을 되찾는 데 도움을 받을 수 있을 것이라는 희망을 갖고 있었다.

그러나 병력 내의 민족적 갈등도 체가 직면한 두통거리의 일부분일 뿐이었다. 체는 이내 "정치적 활동"의 꿈을 접어야 했다. 이미 그는 콩고혁명의 여러 부대를 이끌고 있는 수많은 '자칭' 지도자들에게 끊임없이 설득하고 달래고 포섭하는 편지를 보냈다. 그들을 단합 전선으로 이끌기 위한 '정치적 활동'이었지만 완전히 실패로 끝나버렸다. 설상가상으로 체가 기지를 세운 그 '최적의 지대'도 호어 대령의 용병 부대에 포위되고 말았다.

이런 즉각적인 어려움에도 불구하고 5월 내내 쿠바로부터 증원군이 도착했다. 체는 키밤바 서쪽에 있는 벤데라 용병 요새와 남쪽의 알베르빌 사이에 있는 길가에 부하들을 매복시켰다. 그러나 체는 자신의 존재를 공식적으로 인정받기 전까지는 할 수 있는 일이 거의 없었다. 그는 이곳에 도착하고 나서도 콩고의 저항 지도자들에게 자신의 신분을 비밀로 했던 것이다. 마침내 체가 국가혁명위원회 대표 대행인 로랑 카빌라에게 자신의 진짜 신분을 밝히자 엄청난 반응이 돌아왔다. 체는 이렇게 기억했다. "그는 계속 '국제적 스캔들감'이라고 흥분하면서 '제발 아무에게도 들키면 안 된다'며 거듭 강조했다."[20]

체가 이렇게 불확실한 상황 속에서 막연히 때를 기다리고 있는 동안 그의 어머니가 부에노스아이레스에서 돌아가셨다는 소식이 들려왔다. 체는 일기장에 "개인적으로 전쟁 전체를 통틀어 가장 슬픈 소식"[21]이었다고 적었다. 하지만 그렇게 큰 고통에도 불구하고 체는 한순간도 자신이 왜 이곳에 있는지 의문을 가지지 않았다. 체와 피델 모두 아프리카의 투쟁이 반제국주의 투쟁의 핵심이라고 믿고 있었다. 게다가 두 사람 모두 쿠바가 아프리카의 정치적 지형에 상당한 영향력을 발휘할 수 있어야 한다고 생각했다. 쿠바가 아프리카대륙에 관여한 긴 세월을 생각해보면 그들의 믿음에도 일리가 있었다. 하지만 체도 깨닫고 있듯이 최소한 지금 당장으로서는 게릴라 작전 수행이 그다지 여의치 않았다.

두 사람의 계획에 더 큰 지장이 생겼다. 6월에 알제리에서 벤 벨라 대통령이 축출당한 것이다. 알제리는 피델의 동맹 국가였다. 그곳을 통해 쿠바는 라틴아메리카로 무기를 들여올 수 있었다. 피델은 이 소식을 듣고 말했다. "나는 외교관의 언어로 말하지 않겠다. 혁명가로서 말할 것이다." 이는 의미심장한 반응이었다. 피델은 체의 부재 덕분에 계산적이고 실용적인 혁명가가 될 수 있었다. 또한 체의 임무 덕분에 그는 쿠바 내에서 자신이 펼치고 있는 계략적인 야망에 타협하지 않고도 가슴 깊이 억눌러온 호전적인 본능을 마음껏 발산할 수 있는 배출구가 생긴 셈이었다.

이렇게 피델은 체의 비밀 임무 덕분에 내적 갈등을 완화할 수 있었지만 오히려 임무를 맡은 체는 내적 갈등이 더 증폭되었다. 체는 언제나 피델의 정치적 기술을 모방하려고 했지만 결코 외교적인 행동을 할 수 없었고 더군다나 자신의 믿음을 다른 사람에게 확신시키는 일에도 소질이 없었다. 그러나 체는 자신의 천성적인 냉소주의를 어떻게든지 극복해보려는 마음에서 아바나로 보내는 첫 보고서에 콩고의 진짜 문제점을 거의 적지 않았다. 게다가 콩고의 상황을 긍정적으로 보이게 적느라고 안간힘을 쓰다 보니 체 자신조차도 속아 넘어갈 정도로 보고서의 내용이 꾸며졌다. 한편 피델은 체가 언제나 잔인하리만큼 정직하고 가능성이 보일 때조차도 부정적이라는 사실을 잘 알고 있었기 때문에 이렇게 낙관적인 보고서라면 상황이 정말로 잘 돌아가고 있는 것이라고 여기게 되었다. 결국 피델은 알제리에서 벌어진 불운한 사건에도 불구하고 그들의 나머지 '프로그램'은 계획대로 진행 중이라는 인상을 받게 된 것이다.

9월에 가스통 수말리오가 쿠바를 찾아오자 피델은 보고서의 내용을 다시금 확신하게 되었다. 수말리오는 콩고 국가혁명위원회의 지도자였다. 이 위원회는 콩고의 저항 단체를 연합하려고 하고 있었고 명목상으로 체가 거론할 수밖에 없는 기구였다. 수말리오는 이전 지도자인 베니예를 축출하고 동정적인 태도를 보이는 국가들을 돌아다니며 콩고 혁명운동에 대한 지원을 호소하는 중이었다. 그들 사이의 대화에서 혼선도 있었지만 피델은 여전히 체의 콩고 활동이 성공적이라고 낙관하고 있었다. 수말리오는 환대를 받았고 피델은 그에게 의사 50명을 지원하겠다고 약속했다. 수말리오의 방문에 탄력을 받은 피델은 계속 체에게 증원군을 보내주었다. 또한 피델의 특별 지시로 고위급 장관인 아라고네스와 시엔푸에고스도 9월에 체를 방문했다. 이로써 중앙위원회 소속 회원의 반이 다른 대륙으로 비밀리에 파견된 셈이었다.

그러나 피델은 체 게바라의 행방에 대한 풀리지 않는 의혹을 제기하는 사람들에게 시달리고 있었다. 5월에 그는 우베로 전투를 기념하기 위해서 시에라군 시절의 은신처 중 한 곳을 찾았다. "청명하고 햇빛이 쨍쨍한 날"[22]이고 "바다에서 세찬 바람이 불어오고 있었다." 거기에서는 체가 싫어할 법한 행사가 벌어지고 있었다. 군중들이 기다리는 동안 붉은색 소형 복엽비행기에서 꽃잎이 떨어졌고 체조공연과 연설, 학생들의 가장행렬, 취주악대의 연주가 식전행사로 펼쳐졌다. 그때 피델이 헬리콥터를 타고 도착했고 뒤이어 라울도 도착했다. 라울은 8년 만에 처음으로 우베로를 다시 찾은 것이었다. 라울은 근처에 서 있는 미국 기자에게 말을 건넸다. "어떻게 그 모든 일이 일어났는지 새삼스럽군요."[23] 연설을 하러 연단에 오른 피델도 추억에 잠기는 모습이었다. 그는 이곳에서 벌어졌던 혈전을 자세히 이야기하면서 체를 거론했다. "게바라 동지는 가장 훌륭한……"[24] 피델이 웃음 떼자마자 군중들의 박수갈채가 쏟아졌다. 그는 다시 말을 이었다. "가장 훌륭한 전사였습니다. 그는 때로는 사병으로, 의사가 없을 때에는 의사로 활약했습니다."

6월에 피델은 사탕수수 수확에 대해 긴 연설을 했다. 그는 이때에도 또다시 체를 언급했다. 이번에는 카밀로도 함께 거론하면서 그들이 혁명전쟁의 막바지에 사탕수수밭 수확에 나섰던 일화[25]를 들려주었다. 피델은 내무부 사람들을 모아놓은 자리에서도 체의 이름을 거론했고, 그때마다 박수소리가 터져 나왔다. 이번에 피델은 핵심적인 문제를 짚고 넘어가기로 결심했다. "이제 우리의 동지인 에르네스토 게바라에 대해 이야기하겠습니다."[26] 역시나 박수소리가 들렸다. "그는 이 박수를 받아 마땅한 사람이지요. 아마 여러분들도 제국주의자들이 떠들어대는 소문을 들어봤을 것입니다. 에르네스토 게바라가 공식 석상에서 사라졌다, 5월 1일에 모습을 드러내지 않았다, 사탕수수를 수확할 때에도 나타나지 않았다 등등 말들이 많습니다. (……) 하지만 우리 국민들은 전혀 걱정하지 않습니다. 우리는 우리식 혁명에 익숙하고 우리는 우리 동지들을 잘 알고 있기 때문입니다."

그러나 사람들은 체에 대해 계속 궁금해했고 피델은 더는 침묵을 지킬 수가 없었다. 10월에 새롭게 개편된 중앙위원회 앞에서 첫 연설을 하면서 피델은 그 골치 아픈 문제를 끄집어냈다. 새로운 지도부 조직[27]은 이전의 PURS가 거의 고스란히 중앙위원회로 바뀐 것이어서 많은 주요 인사들이 여전히 자신의 자리를 지키고 있었다. 그래서 더욱 체의 부재가 눈에 띄었다. 더욱 흥미를 부추기는 사실은 새로운 중앙위원회에서 배제된 3명의 장관들이 모두 체의 열혈 지지자들이었다는 점이었다. 체와 함께 국립은행에서 일했던 루이스 알바레스 롬, 산업부 시절 보좌관이었던 오를란도 보레고, 산업부 대행 장관이었던 아르투로 구스만, 이 세 명이 빠져 있었다.

"지금 이 자리에……"[28] 피델은 이렇게 운을 떼다가 말을 멈추고 앞에 놓인 마이크를 살며시 만졌다. "온갖 장점과 미덕을 갖춘 한 사람이 보이지 않습니다. 이 자리에 꼭 필요한 사람인데 말입니다." 어쩌면 피델은 그해 내내 자신의 연설에서 체의 이름이 거론될 때마다 터져 나오던 박수소리와 환호성을 예상했는지도 몰랐다. 그러나 이곳에 모인 사람들은 이런 때 어떻게 처신해야 하는지 알고 있었다. 그들은 피델을 그저 뚫어지게 바라볼 뿐이었다. 피델은 지난 수개월 동안 시달렸던 소문의 진상을 밝히고자 체가 떠나기 전날 밤에 써준 편지를 꺼내 들었다. 체는 쿠바에 가장 도움이 되는 순간에 그 편지를 공개하라고 피델에게 당부했었다. 피델은 왜 공산당 조직에 체의 자리가 없는지를 추궁당하는 지금이야말로 편지를 공개할 적기라고 생각했다.

피델이 그 편지를 읽어 내려가는 동안 거대한 회의장에 정적이 내려앉았다. 청중들 가운데 "검은 옷차림"[29]의 알레이다가 "눈물을 머금은 채" 앉아 있었다. 회의장 전체를 훑던 카메라가 이 장면을 포착했다. 모두들 숙연한 마음으로 고개를 숙이고 사라진 동지가 남긴 목소리를 들었다. 하지만 일단 피델이 편지를 다 읽고 나자 박수갈채가 오래도록 끊이지 않았다.

그러나 이것은 체의 실종에 대한 설명이라기보다는 공표였다. 피델은 체가 어디에 있고 무엇을 할 작정인지를 정확히 설명할 입장이 아니었다. 어떤 이들은 즉시 편지의 진위 여부에 의문을 제기했다. 그들은 편지에 너무 아부성 발언이 많아서 진짜 같지 않다고 말했다. 그 정도를 이 부리고 하는 이들은 몇 년 전에 체가 쓴 〈피델에게 바치는 송가〉를 읽어보지 못한 사람들이었다. 어떤 이들은 체에게 무슨 일이 생겼는지에 관심을 쏟았다. 피델은 모든 소문을 무시하면서 이제 문제가 다 해결되었다고 치부했다. 그리고 이 모든 소란을 잊어버리기라도 한 듯이 원래의 계획대로 일을 추진해나갔다.

그해 겨울 내내 피델은 자신에게 충성스러운 동지들로 정당 조직을 채우느라 여념이 없었다. 피델이 중앙위원회 구성에 이토록 열의를 보이는 이유는 모스크바의 비위를 맞추기 위해서였다. 당시에는 소련만이 아니라 동독도 피델에게서 감시의 눈길을 떼지 않았다. 지난해에 동독은 피델이 "모든 중요한 문제의 결정권을 독점"[30]하기를 원하고 "그 누구도, 동생인 라울이나 당의 지도부 위원회까지도, 자신의 독점적인 지위를 침해하지 못하게 하려고 부단히 힘쓰고" 있다고 평했다. 그러나 피델은 체를 잊은 적이 없었다. 새로운 중앙위원회의 첫 총회를 열 무렵에 피델은 체에게 장문의 편지를 썼다.

피델이 신뢰하는 동지이자 공공보건부 장관인 호세 라몬 마차도 벤투라가 다르에스살람에서부터 여러 힘든 길을 거쳐 마지막으로 높은 언덕을 넘어서 체의 기지에 도착했다.[31] 그는 피델의 편지를 거의 한 달 동안이나 품속에 숨겨서 가지고 왔다. 하지만 체는 그 편지를 읽자마자 화를 냈다. 피델이 수말리오 같은 사절단에 더 많은 관심을 보이는 것 같았기 때문이다. 수말리오는 전투보다 "위스키와 여자"를 더 좋아하고 피델을 속여서 체의 사정을 알지 못하게 만들어 지원을 약속받은 인물이었다. 그들이 성공하려면 상황이 이렇게 돌아가서는 안 되었다. 만약 피델이 체가 멀리 있으니 체의 비난에서도 벗어나 있다고 생각했다면 실수한 것이었다. 하지만 체는 자신이 보낸 보고서가 전체적으로 긍정적인 내용이었다는 사실을 간과했다. 이제 더 이상 체는 상황을 전혀 좋게 볼 수 없는 처지였다.

체는 라디오를 통해서 피델이 자신의 편지를 공개적으로 읽는 목소리가 들리자 더욱 침울해졌다. "체는 아주 심각한 표정이 되더니 고개를 숙이고 담배를 피우기 시작했습니다."[32] 당시 같이 있었던 쿠바 전사들 중 한 명은 이렇게 기억했다. 피델은 깨닫지 못했지만 체는 즉각 파악한 점이 있었다. 바로 체가 쿠바 시민권과 정부 요직을 포기한 내용이 공개됨으로써 쿠바 부하들에게 체의 위신이 깎이게 되었다는 사실이었다. 갑자기 체는 또다시 이방인이 된 셈이었다.[33] 며칠 후에 마차도 벤투라가 아바나로 떠날 때 체는 피델에게 한층 강한 어조로 쓰인 편지를 전했다.

"당신의 편지를 받고 모순적인 감정을 느꼈습니다. 프롤레타리아 국제주의를 위해서 나섰지만 지금 우리는 엄청난 대가를 치를 것이 분명한 실수를 저지르고 있습니다."[34] 무엇보다도 체는 "수말리오 일행들이 피델을 감쪽같이 현혹한" 사실을 지적할 수밖에 없었다. 상황을 긍정적으로 보려던 체의 마음은 편지를 낭독하는 피델의 목소리를 듣는 순간 담배 연기마냥 사라져버렸다. 체는 편지를 이어나갔다. "우리는 스스로 싸우기를 원하지 않는 국가를 해방시킬 수는 없습니다. 물론 사람들의 전투심을 키우고,

디오게네스의 등불과 욥의 정신을 지닌 군사를 찾아야 하겠지만 노력하면
할수록 더욱 힘든 일이라는 사실만 깨닫게 됩니다. (……) 무엇보다도 돈에
관련된 문제가 가장 힘듭니다." 체는 피델이 수말리오 같은 인물에게 돈을
건네준 방식을 비난했다. "그렇게 돈을 퍼주는 실수는 다시는 저지르지 마
십시오. (……) 제 판단을 믿어주십시오. 제발 겉만 보고 판단하지 마셨으
면 합니다. (……) 저는 모든 것을 명백하고 객관적으로 알리려고 노력하고
있으니 저를 믿어주십시오."

피델은 체의 편지를 받고 나서 묵묵히 체의 비난을 받아들였다. 아마
도 마차도 벤투라가 콩고의 상황을 재확인해주었을 것이다. 즉시 피델은 전
체 상황에 대한 생각을 바꿔서 체에게 게릴라 작전을 그대로 유지하는 것
이 불가능해 보인다는 말을 선했다. 저음부터 잘못된 시작이었고 다시 검
토해볼 사안이었다. 피델은 본능적으로 그만두어야 할 때라는 것을 깨달
았다. "우리는 불합리한 일을 빼고는 무엇이든 해야만 하네. 우리의 존재가
부당하고 쓸모가 없다면 후퇴하는 것이 맞겠지……"[35]

이는 콩고의 '혁명'이 체가 도착하기 전부터 쇠퇴하기 시작했다는 뒤
늦은 인식에서 나온 결론이었다. 급하게 방향 전환을 결정했지만 시기적절
한 판단이었다. 11월 중순이 되자 체도 실패를 인정하기에 이르렀다. 그 무
렵에 체가 지난 몇 개월 동안 갇혀 지내다시피 한 전진기지가 전투 한번
없이 함락되었다. 같은 달에 체는 탄자니아 주재 쿠바 대사인 파블로 리발
타로부터 이제까지 체이 후방기지 역할을 했던 탄자니아가 정치적 견지으
로 인해 콩고혁명에 대한 지원을 철회하기로 했다는 소식을 들었다. 물론
전술적 후퇴도 게릴라전의 일부였지만, 어쨌거나 지금 체는 난생처음 비참
한 후퇴라는 것을 경험하고 있었다.

체 일행이 마을을 통과해 지나가자 농민들도 따라나섰다. 혁명군이 없
으면 자신들의 운명이 이떻게 될지 눈에 선했기 때문이다. "농민들은 달아
나고 마을 전체가 불타 연기가 솟아오르고 마을 사람들은 무기가 없어서

여성들이 끌려가게 둘 수밖에 없을 것"36이 분명했다. 그들이 탕가니카 호숫가에 다다랐을 때 그들을 데려갈 배가 보이지 않았다. 탄자니아 당국과의 문제 때문이라는 소식이 전해졌다. 구체적인 계획이 절실해진 체는 쿠바 보좌관들에게 재빨리 자신과 끝까지 함께 남을 사격부대를 조직하라고 명령했다. 그들은 위험을 무릅쓸 각오가 되어 있는 군인들을 스무 명 남짓 모을 수 있었다.

"계속 머물자는 생각이 새벽녘까지 머리를 떠나지 않았다." 나중에 그는 이렇게 썼다. 그러나 체는 호수를 건너서 철수할 수밖에 없다는 점을 잘 알고 있었다. 배가 오는 중이라는 말을 전해 들은 후 체는 "홀로 난처한 심정으로" 배를 기다렸다. 후퇴 자체는 "비참하고 울적하고 수치스러운 광경이었다. (……) 나는 함께 데려가달라고 매달리는 사람들을 물리쳐야 했다." 체는 용병의 손아귀에 넘어가면 어찌 될 것인지를 너무나 잘 알았지만 배가 모자랐기 때문에 그들이 울면서 간청해도 어쩔 수가 없었다. 쿠바 군인들을 실은 세 척의 배는 체의 지휘하에 동쪽 호숫가에 있는 키고마로 향했다.

체는 이 실수를 가슴 깊이 새겼다. 지금 그는 병력을 이끌고 다시 쿠바로 돌아가는 일만큼은 절대 피하고 싶었다. "그래, 계속 해나가야겠지. 다들 계속할 준비는 되어 있나?"37 안전한 호수 반대편에 다다르자 체는 폼보, 투마, 파피, 이 세 부하를 돌아보며 물었다. "어디로 말입니까?" 폼보가 물었다. "어디든지." 체가 대답했다. 체는 지금 자신이 그림자 같은 존재이며 CIA가 오랫동안 주장해왔듯이 "방랑하는 선동가"38라는 점을 유념하고 있었다. 다음 목적지가 정해질 때까지 체는 다르에스살람의 쿠바 대사관 내 작은 아파트에 몸을 숨기고 지냈다.

탁자에 책이 쌓여 있고 거울 하나가 가구의 전부인 대사관 내 거처에서 체는 온종일 자신과 피델이 계획한 국제적 혁명 전선의 첫 실패를 곱

씹고 있었다. 수 주 동안 그저 조용히 명상에 잠겨 있었다. 체는 이 시기를 자조적으로 '방학'이라고 불렀다. 그렇게 그는 다음 결정을 기다리는 동안 마테 열매를 씹으면서 사색하고 글을 썼다.

우선 그는 최근의 실패를 교훈 삼아 피델과 혁명 지도자들에게 도움이 될 책을 쓰기로 하고 두 달간 집필에 매달렸다. "이것은 실패의 역사이다."[39] 체는 첫 문장을 이렇게 시작했다. 그는 자신의 군사적 실패에 대한 견해를 적으면서 소련의 《정치경제학 해설》에 대한 비판도 실었다. 《정치경제학 해설》은 소련이 자신들의 마르크스주의적 전망을 요약해서 담은 교과서적인 책이었다. 체의 한 보좌관은 그가 쓴 원고가 "상당히 센" 내용들이었다고 말했다.

한편, 이비니에서 피델은 체에 대한 생각을 하지 않을 수 없었다. 체가 평생토록 대사관에서 숨어 지낼 수는 없기 때문이었다. 그러나 체가 가장 가고 싶어하는 라틴아메리카는 아직 게릴라 전선을 세우기에 적합하지 않았다. 상황이 채 무르익지 않은 것이다. 그러나 체는 자신들이 그렇게 만들 수 있다고 당연하게 믿었다. 애초에 이런 믿음은 피델에게 배운 것이었다. "아르헨티나로 가려는 체와, 체를 쿠바로 돌아오게 하려는 피델 사이에 실랑이가 계속되었다."[40] 체의 부사령관이었던 드레케는 체가 콩고에 머무는 동안 벌어졌던 일을 이렇게 회상했다. 그러나 체는 피델의 설득에는 조금도 관심이 없었다. 그는 당장 다시 새롭게 시작하기를 원했다.

어찌할 바를 모르게 된 피델은 체에게 약간의 책임감도 느끼고 있었기 때문에 알레이다를 체가 있는 탄자니아로 보냈다.[41] 아마도 피델은 그녀가 체의 확고한 생각을 바꿀 수 있을지도 모른다고 기대했던 것 같다. 어쩌면 체가 설득당해서 최소한 그들이 다음 계획을 결정할 때까지만이라도 잠시 쿠바에 머무를지도 몰랐다.

1월 초에 알레이다는 변장한 모습으로 위조 서류를 지닌 채 지구를 반 바퀴 돌아 탄자니아의 대사관에 도착했다. 그녀를 태운 자동차가 대사관 밖에 정차하자마자 그녀는 황급히 위층 아파트로 올라갔다. 체와 알레이다는 그곳의 작은 아파트에서 처음이자 마지막으로 6주 동안 둘만의 시간을 보냈다. 음식은 리발타가 쟁반에 담아 가져다주었고 그 말고는 아무도 만날 수 없었다. 아파트를 나가는 일도 허락되지 않았다.

알레이다의 방문으로 체는 그동안 자신이 부인했던 삶을 떠올리게 되었다. 그러나 체는 이미 이런 글을 남긴 적이 있었다. "혁명 지도자들은 혁명을 운명으로 알고 생활의 대부분을 희생할 줄 아는 아내를 맞아야 한다. 친구도 혁명 동지 내에서 찾아야 한다. 혁명을 벗어난 생활이란 없는 것이다."42

지금 탄자니아에는 알레이다가 체와 함께 있지만 피델은 체가 자신의 목을 조이는 듯한 기분을 떨칠 수가 없었다. 1월에 아바나에서 열린 3대륙회의에서 피델은 체의 활동 재개를 위한 조치에 들어갔다. "세계 어느 곳의 혁명가들이라도 쿠바 전사의 지원을 받을 수 있습니다." 피델은 각국 대표들이 모인 자리에서 천명했다. 지원을 받을 수 있는 조직에는 새롭게 형성된 팔레스타인해방기구PLO에서부터 베트콩(남베트남민족해방전선), 심지어 미국 내의 흑인 해방 운동 단체에 이르기까지 모든 단체가 포함되었다. 이 회의에 참석한 수많은 단체와 개인들 중에는 나중에 카를로스 '자칼'이라 불리는 국제적인 테러리스트가 될 베네수엘라 청년 일리치 라미레스도 끼어 있었다.

3대륙회의는 피델이 열중하는 종류의 행사였다. 피델은 자신의 본토에서 시간을 들여 급진 좌파 지도자들을 매료시킬 수 있었다. 그들에게 쿠바 혁명의 업적을 보여주면서 그들의 내정에 간섭할 여지를 만들어냈다. 피델의 마음속에는 빨리 체가 갈 곳을 찾아내야 한다는 생각뿐이었다. 이렇게 체가 갈 지역을 찾는 데만 집중하다보니 피델은 처음으로 정치적 판단을 무시하게 되었다.

표면상 이 회의는 베트남에서 벌어지는 투쟁을 지지한다는 선언을 위해 열린 것처럼 보였다. 하지만 피델은 이 회의를 기회 삼아 라틴아메리카에서 게릴라전에 대한 공개적인 지원을 삼가겠다는 이전의 약속—1964년의 비밀 회담에서 다른 공산주의 국가들과 맺은 약속을 말한다—을 파기했다. 이제 피델은 라틴아메리카 전역에 게릴라전을 통한 전복을 선동하고 있었다. 그는 쿠바의 선전기관을 동원했고 3대륙 회의가 창설한 라틴아메리카연대기구에게 "해방운동을 지원하기 위한 모든 수단"[43]을 이용하라고 명령했다.

CIA가 인정하듯이 피델은 지금까지 항상 그런 선언들을 함에 있어서 "자신의 위험을 최소화하기 위해 아주 노련하게 행동"[44]했다. 그런데 갑자기 피델이 예외 신중하고 노련한 태도를 벗어던진 것이다. 소련과 중국은 당시 회의에 '입회인' 자격으로 참석하고 있었다. 그러니 피델이 자신의 선언에 소련이 격한 반응을 보이리라는 점을 모르지는 않았을 것이다. 그런데도 피델은 아랑곳 않고 강조했다. "우리는 이 대륙에서 전투가 일어난다면 가장 격렬한 형태의 전투여야 한다고 믿습니다." 평소 성격과는 다른 피델의 말투에서 체의 존재가 느껴지는 듯했다.

그러나 피델이 체를 대신해서 라틴아메리카대륙의 여러 나라에 혁명 잠재력을 자극하려고 한 시도는 그다지 유망해 보이지 않았다. 과테말라에서 페루에 이르기까지 불만이 들끓고 있었지만 1960년대 중반의 라틴아메리카는 급진 좌파 정당 사이의 대분으로 인해 게릴라전을 펼친 민한 상황이 아니었다. 절반의 가능성이나마 겸칠 수 있는 곳은 볼리비아뿐이었다. 이곳도 역시 좌파 정당 내의 분열이 극심했다. 하지만 피델은 즉시 볼리비아에 대해 알아보기 시작했다. 적어도 볼리비아에서는 최근에 노동자들의 봉기도 있었다. 피델은 친소련 정통파인 볼리비아공산당PCB의 지도자 마리오 몬헤와 친중국 공산당을 이끄는 오스카르 사모라를 아바나로 초청했다.

몬헤는 상당히 미심쩍은 마음으로 피델이 주최한 허울뿐인 회의에 참석하기 위해 아바나에 왔다. 그는 이미 뉴스나 보고서를 신중히 훑어보았다. "체는 어디에 있는 것인가?"⁴⁵ 그는 의구심을 가졌다. "이 모든 일에서 체의 역할은 무엇인가?" 몬헤는 날카로운 성격의 소유자로, 쿠바 지도부와의 만남에 대해 정기적으로 소련에 보고하고 있었다. 이전에도 그는 체가 소련에 대해 "존경하는 누군가의 죄를 믿기란 어려운 법"⁴⁶이라고 말한 내용을 보고하면서 섬뜩함을 느낀 적이 있었다. 또한 몬헤는 피델과 체 사이의 불화에 대한 소문을 믿지 않을 만큼 예리한 눈을 가지고 있었다. 그는 그 둘에게 차이점이 많더라도 두 사람은 서로에게 충실하다는 사실을 알고 있었다. 곧 몬헤는 회의 내내 피델의 측근들이 여러 나라와 접촉하면서 조용히 의중을 타진하고 다니는 일에 체가 관여되어 있다는 점을 눈치챘다. 체도 볼리비아를 다음 작전지로 가장 적합하다고 보고 있었다. 그는 볼리비아의 고원지대뿐만 아니라 볼리비아와 국경을 접한 모든 나라, 즉 페루, 브라질, 파라과이, 칠레, 아르헨티나의 영토에서 게릴라 전복 작전을 펼칠 수 있을 것으로 내다봤다. 지도를 펼쳐놓고 고심한 끝에 그런 구상이 충분히 타당하다고 결론내린 것이다. 게다가 체가 칼리카와 여행을 다닐 때의 기억을 떠올려 봐도 볼리비아는 정치적으로 아주 혼란스러운 나라였다. 무엇보다도 체는 자신이 라틴아메리카의 국경 지역에서 게릴라 전복 작전을 펼치게 되면 쿠바에서 피델이 받고 있는 압력을 조금 덜어줄 수 있다는 점도 염두에 두었다. 그러면 피델은 자신의 말을 지키는 한편으로 투쟁도 지속할 수 있는 것이다. 볼리비아가 냉전의 새로운 전선을 펼치기에 완벽한 지역이 아니라 할지라도 어쨌든 최악의 조건은 아니었다. 체는 그만큼 절박했다.

그해 내내 피델은 새로운 혁명 의식을 고취시키는 데 열성적이었다. 3대륙회의는 피델이 "오랫동안 간직해온, 라틴아메리카에 무력혁명을 확산시키고자 하는 결의"를 보여주는 "새로운 증거"⁴⁷의 일부분일 뿐이었다. 3

월 12일에 그는 "무력혁명에 대한 주장을 거듭 강조했다." 그리고 5월 1일에는 "전 세계 혁명가들의 '연대를 실현시키는 의무'를 다하겠다며 재차 결의를 다졌다."

이쯤 되자 CIA가 피델의 발언에 특별한 주의를 기울이기 시작했다. CIA는 쿠바가 온갖 수사적 발언에도 불구하고 "실제로 올해에 그런 단체를 지원한 증거"[48]가 없다는 사실에 만족했다. 그러나 체 게바라가 라틴아메리카에 재등장하자 그 평가는 곧 바뀌었다. 우선 체는 3월에 다르에스살람에서 체코슬로바키아의 프라하로 이동했다. 그곳 은신처에서 체는 혁명의 세계화를 위한 2차 시도를 준비했다. 체와 피델은 꾸준히 서신을 교환하면서 체가 탄자니아에 있을 때부터 시작된 대화를 이어갔다. 일을 당장 추진하려는 체와 그런 체에게 기다리라고 무용한 설득을 하는 피델 사이에 수많은 편지가 오고갔다.

6월에 피델이 프라하에 있는 체에게 보낸 편지 중 하나에서 피델은 이렇게 말했다. "이미 내가 편지를 보내기도 전에 상황이 정리된 셈이군. 자네의 콩고 경험을 담은 계획안을 다 읽었네. 이런 문제에 대해 가장 가능성 높은 분석을 하기 위해 게릴라전에 대한 매뉴얼도 다시 읽었지. 특히 카를리토스(체가 좋아했던 아르헨티나 탱고 가수 카를로스 가르델을 말하는 것으로, 여기서는 아르헨티나를 뜻하는 암호로 사용되었다)에 대한 계획을 염두에 두고 그 계획의 실질적인 중요성을 타진해봤다네."[49] 피델은 체가 쿠바로 돌아오기를 꺼려한다는 것을 잘 알고 있었다. 하지만 그는 설득을 멈추지 않았다. "아무리 냉정하게 객관적으로 분석해봐도 자네가 귀국하지 않고 그곳에 머무는 것은 자네의 목표에 장애로 작용할뿐더러 자네의 목표를 위태롭게 하는 일이네. 아무리 생각해도 자네가 옳다고 인정할 수가 없군. 심지어 혁명적 관점에서 봐도 타당하지가 않네."

이제 피델은 체가 귀국을 꺼리는 까닭을 이해할 수가 없었다. 체는 비밀리에 여행할 수 있었고 피델은 체의 귀국을 막을 정치적 이유를 찾을 수 없었다. 일단 그런 생각이 머리에 박히자 피델은 그의 귀국을 고집하게 되었다. 체가 보고 싶은 이유도 있었지만 프라하에서는 다음 단계를 위한 준비를 완벽하게 할 수 없었기 때문이었다. 피델은 체에게 편지를 썼다. "도대체 이유가 무엇인가? 자네가 목적을 달성하는 데 필요한 수단을 최대한 이용하라는 말인데 여기에 무슨 원칙이나 명예, 혁명적 도덕성이 문제가 되는가? 이것은 사기도, 속임수도 아니지 않은가?" 피델은 형 같은 말투로 쿠바 동지들이 기꺼이 도우려 하는데 받아들이지 않는다면 정말로 용서할 수 없다고 덧붙였다. "자네를 성가시게 하려거나 걱정을 끼치려고 이런 편지를 보내는 게 아니네. 자네가 내 말을 진지하게 고려해본다면 자네의 정직한 천성으로 볼 때 내 말이 옳다는 것을 금방 인정할 걸세."

그러나 체는 미처 생각할 틈도 없었다. 피델이 잇달아 편지를 보냈기 때문이다. "마르크스와 엥겔스, 레닌, 볼리바르, 마르티도 수십 년을 참으며 기다려야 했지 않은가?" 피델은 단언했다. "우리도 멕시코에서 18개월을 투자한 후에야 이곳으로 돌아올 수 있었지." 그는 체에게 그렇게 오래 기다릴 필요도 없다면서 최소한의 시간을 들여서 재빨리 모든 준비를 마칠 수 있을 것이라고 설득했다.

나중에 피델은 볼리비아를 작전지로 선택한 것은 체의 생각이었다고 말했다. "그 생각과 계획, 모두 체 혼자 해냈다."[50] 그러나 이것은 사실이 아니었다. 피델도 분명히 배후에 있었고 피델과 몬헤, 볼리비아 공산주의자가 나눈 대화가 그 증거였다. 체 게바라의 인생과 두 사람의 우정의 운명적인 마지막 장은 그렇게 두 사람이 함께 결정한 것이었다. 피델은 체에게 집으로 돌아오라고 간청하면서 편지를 끝맺었다. "14일이면 자네가 서른여덟 살이 되는 걸 알고 있네. 자네는 사람이 그 나이에 늙어가기 시작한다고 생각하는가?"[51] 아마 이 질문은 마흔 살이 가까워지면서 피델이 자신에게도 던졌을 질문이었다.

마침내 6월에 체가 돌아왔다. 그는 떠날 때처럼 조용히 돌아왔다. 비행시간도 마지막 여행보다 더 오래 걸리지 않았다. 체는 도착하자마자 산안드레스 데 카이구아나보라는 농장으로 안내되었다. 피나르델리오의 아름다운 산악지대에 위치한 그 농장은 깎아지른 듯한 절벽이 내려다보이는 곳이었다. 거기에서 체와 피델은 재회했다. 그러나 그간의 사정 이야기나 화해를 나눌 시간도 없었다. 혁명이 급선무였고 두 사람은 즉시 일에 착수했다. 지난 몇 달에 걸쳐 피델과 체는 체의 두 번째 임무에 동행할 사람들을 직접 선발했고 이제 새로운 사람들이 체에게 소개되었다.

피델은 여전히 체가 전투를 이끌기에는 여건이 무르익지 않았다고 보고 있었다. 체에게 준비를 서두르자며 귀국을 종용했던 것도 그와 직접 대회를 나누고 싶어서 내뱉은 핑계에 불과했다. 그렇지만 체는 꿈쩍도 하지 않았다. 몇 달 동안 갇혀 지내야 했던 체는 하루라도 빨리 계획을 실행에 옮기고 싶었다.

이미 그 여름에 체는 새로운 부대원들과 함께 등산과 군사훈련을 시작했다. 한편 쿠바의 정보원들은 볼리비아에서 보고서를 준비하면서 기초적인 지원망을 구축했다. 그들은 후방기지로 이용할 농장도 구입해둔 상태였다. 피델의 스파이조직 지휘자인 피녜이로는 그들 모두 "꼼꼼하게" 열심히 일했다[52]고 말하면서 "체가 관련되어 있었기 때문"이라고 회상했다.

체가 떠나기 며칠 전에 피델은 그를 점심에 초대했다. 그곳에는 중앙위위회의 고위급 이사들도 많이 초대되었다. 체는 볼리비아로 떠날 때의 모습으로 변장한 상태였다. "나는 그들에게 매우 재미있는 친구를 소개하고 싶다고 말했다. (……) 하지만 누구도 그 친구가 체라는 사실을 눈치채지 못했다."[53] 변장 효과를 더하기 위해서 체는 정수리 부분의 머리카락을 한 올씩 뽑아서 자연스러운 대머리로 보이게 했다.

체는 떠나기 전에 마지막으로 아이들을 만날 때에도 똑같은 변장을 하고 라몬이라는 가명을 사용했다. 그러나 알레이다는 어린 자녀만을 데려올 수밖에 없었다. 큰 아이들은 아버지를 알아볼 위험이 컸기 때문이다. 이제 열 살이 된 '꼬마 마오' 일디타는 아버지가 쿠바에 있다는 사실도 듣지 못했다. 아이들이 알레이다와 함께 도착했고 체는 '라몬 삼촌'으로 소개되었다. 그러자 아이들은 낯을 가리며 엄마에게 매달렸다. 체는 이미 알레이다에게 이런 힘든 순간에 대해 농담한 적이 있었다. "지금을 충분히 즐기라고. 아이들이 나이가 들면 나만 따를 테니까."[54] 그러나 여섯 살짜리 딸인 알리우샤는 '라몬 삼촌'이 자신을 소중하게 챙겨준다는 사실을 깨닫고는 알레이다에게 달려가서 속삭였다. "엄마, 저 아저씨가 나를 사랑하나봐요."[55] 나중에 알레이다는 그 순간 아이들 앞에서 울지 않으려고 얼마나 애썼는지 모른다며 기억을 떠올렸다.

10월 22일에 체는 쿠바를 다시 떠날 준비를 마쳤다. 피델은 라울과 빌마, 피네이로와 함께 도착해서 작별인사를 건넸다. 자정이 넘은 시간에 피델과 체는 그들이 만났던 날 밤과 마찬가지로 무리에서 빠져나왔다. 두 사람은 이 순간이 마지막이라고 생각할 필요는 없었지만 그럴 가능성이 높다는 사실도 떠올리고 있었다. "피델과 체는 오래도록 낮은 목소리로 대화를 나누었다."[56] 피네이로는 회상했다. 그것은 "간단한 작별인사"였다. 마침내 그들은 걸음을 멈추고 서로를 살짝 껴안았다. 체는 이전에 그런 순간에 대해 글로 쓴 적이 있었다. "깊은 감정을 표현할 수가 없어서 언제나 냉담하게, 생각보다 담담하게 작별을 고한다."[57]

피네이로는 체가 미소를 짓고 있었다고 기억했다. 이는 아마 확실한 기억일 것이었다. 체는 떠날 때마다 항상 미소를 지었기 때문이다. 하지만 미소를 짓는다고 해서 체가 그 순간을 쉽게 받아들이는 것은 아니었다. 피델도 담담하고 확신에 찬 표정이었지만 속으로는 불안해하고 있었다. "그들중 몇몇에게는 내 불안한 심중을 털어놓았다." 피델은 나중에 이렇게 회상했지만 체에게는 굳건한 얼굴만 보여주었다. 결의에 찬 친구를 실망시키고 싶지 않았기 때문이다. 불길하게도 피델의 그런 태도는 체가 콩고에서 직면한 어려운 현실을 피넬에게 숨기기 위해 취한 태도와 정확히 일치했다.

16 예고된 삶과 죽음

"오늘부터 새로운 시기가 시작된다." 체는 투박하게 생긴 일기장에 첫 문장을 적었다. 볼리비아로 가는 도중에 독일에서 구입한 일기장이었다. 체는 시에라군 시절의 동지인 알베르토 '파초' 페르난데스 몬테스 데 오카와 동행했다. 두 사람은 수많은 여권과 가명으로 위장한 채 모스크바, 프라하, 빈, 프랑크푸르트, 파리, 마드리드를 거쳐 브라질의 상파울루에서 육로로 라파스에 도착했다.[1]

그들이 게릴라군의 주둔기지로 사용할 농장에 도착한 때는 11월 7일이었다. 그들은 라파스에서 각자 다른 지프차를 타고 이곳으로 왔다. 이 마지막 절차를 위해서 그들은 체의 비밀요원 중 한 사람인 '타니아'와 라파스에서 접선한 뒤 가짜 서류를 받아야 했다. '타니아'는 아르헨티나 출신의 동독인으로, 진짜 이름은 아이데 타마라 분케 비더였고 오랫동안 볼리비아에서 스파이 활동을 해온 인물이었다. 두 사람은 농장에 도착해서 나머지 수십 명의 군인들을 기다렸다.

농장이 위치한 곳인 냥카우아수는 빽빽한 정글에 검은색 잔돌이 흩뿌려져 있는 험악한 지역이었다. 고지대에 위치한 도시인데도 공기가 희박

하지 않아 체는 건강하게 돌아다닐 수 있었다. 이제 그들은 농장 근처에 기지를 세우고 그 일대를 탐사하기 시작했다. 아직까지 그들의 유일한 적은 파리와 진드기뿐이었다. 체는 알레이다에게 편지 쓸 시간을 낼 수 있었다. 앞으로 체와 그의 부하들은 잉카제국의 언어인 케추아어를 공부할 예정이었다. 이제 그 지역에서 케추아어를 쓰는 사람은 아무도 없었는데, 이는 체의 열정이 뭐든 가리지 않는다는 걸 보여주는 예였다. 그밖에도 체는 임무 수행에 필요한 여러 가지 것들을 가르치려는 열의에 가득 차 있었다. 그러나 당장은 준비를 하는 시기라서 아내에게 편지를 쓸 여유가 있었던 것이다.

> 내 유일한 사람에게.
> 한 친구가 여행을 떠난다고 해서 이렇게 당신에게 몇 자 적어 보내오. 물론 우편으로 부칠 수도 있지만 이렇게 '비공식적인' 인편을 통하면 언제나 더 친밀하게 느껴지는 것 같소. 당신이 그리워서 잠을 못 이룰 정도이지만 당신이 내 말을 믿지 않을 것을 알고 있으니 그런 말은 그만두겠소. 하지만 향수병에 걸릴 정도로 주체할 수 없는 그리움에 사무치는 날들도 있다오.[2]

차츰 사람들이 도착하기 시작했다. 도시와의 연락책을 맡을 로돌포 살다냐와 함께, 쿠바 공산당 중앙위원회 위원이자 시에라 시절의 동지들인 엘리세오 레예스 로드리게스(산루이스 대장)와 안토니오 산체스 디아스(마르코)가 도착했다. 다음으로 쿠바인인 레오나르도 타마요(우르바노)와 후안 비탈리오 아쿠냐(호아킨)가 볼리비아인인 이스라엘 레예스 사야스(브라울리오)와 호세 마리아 마르티네스 타마요(히카르도)와 함께 도착했다. 체는 나무 그루터기에 앉아서 "시가를 입에 물고 그 연기를 음미하고 있었다."[3] 그러면서 체는 볼리비아 자원자인 인티 페레도를 맞이했다. 전사들은 근처 기지에 묵게 되었고 농장은 다른 볼리비아 지도자인 비고테스에게 맡겨졌다. 비고테스는 처음에 체를 농장으로 안내한 사람으로, 혼자서 거의 모든 사전준비를 끝내놓고 있었다. 그는 체를 차에 태우고 오면서 그의 진짜 정체를 듣고는 차를 도랑에 처박 고 말았다. 당시 체는 교수처럼 변장한 채 알베르토 메나라는 가명을 쓰고 있었다. 하지만 결과적으로 체의 존재가 순전히 축복일지는 미지수였다.

오래지 않아 음식과 무기를 실은 차들이 농장을 드나들자 지역 주민들이 미심쩍은 눈길을 보내기 시작했다. 하지만 그들 대부분은 체의 무리를 그저 코카인 장사치나 소도둑이라고 짐작했다. 체의 부하들과 접촉하게 된 이웃들은 매수당하거나 협박을 당했다. 여하튼 그들은 훈련을 완수하고 작전 지역 바깥에 지원망이 확실히 자리 잡을 때까지 들키지 않아야 했다.

볼리비아는 라틴아메리카의 정중앙에 위치한 거대하고 아름다운 나라이다. 피델과 체는 볼리비아의 남동부 지역을 선택했다. 그곳이 인구가 적고 작전을 개시할 준비가 될 때까지 비교적 눈에 띄지 않게 게릴라 부대를 훈련시킬 수 있는 곳이기 때문이었다. 그러나 볼리비아는 민족주의적 감정이 강한 나라였다. 그래서 게릴라 작전에서 없어서는 안 될 지원자인 농민들이 체가 모집한 쿠바 병력을 의심의 눈초리로 대하는 경향이 컸다. 게다가 이 지역의 대다수 농민들은 볼리비아와 파라과이가 벌인 차코전쟁 이후인 1940년대에 새롭게 "이주해 온" 사람들이었다. 체가 기대했던 불만에 가득 차고 소외된 농민들이 아니었던 것이다.

지난해 내내 피델은 체가 시작한 임무에 대한 지지를 모으기 위해 동분서주했다. 무엇보다도 그는 볼리비아공산당 지도자인 마리오 몬헤의 지지를 얻기 위해 안간힘을 쏟았고 그 노력이 결실을 거두는 것 같았다. 그러나 몬헤가 크리스마스와 새해 사이 기간에 체의 농장을 방문했을 때 몬헤가 딴생각을 품고 있다는 사실이 분명히 드러났다. 몬헤는 자신이 그 임무를 총괄하는 것을 조건으로 지원하겠다고 주장했다. 체가 콩고에서 배운 교훈이 하나 있다면 그와 그의 부하들의 목숨을 걸고 추진하는 작전을 지역의 정치적 지도자에게 맡기면 안 된다는 것이었다. 체는 일말의 고려도 없이 그 조건을 거부했다.[4]

몬헤는 사람들이 '외국인'을 따르지 않을 것이라고 체에게 경고했다. 체는 체 게바라가 마리오 몬헤를 따른다고 믿을 사람은 한 사람도 없을 것이라고 반박했다. 체의 말은 사실이었지만 몬헤의 발언도 전혀 근거가 없는 말은 아니었다. 실제로 앞으로 볼리비아 정부군이 체와의 전투를 '외국인'에 의한 전투라며 대대적인 선전활동을 펼칠 것이기 때문이다. 물론 체에게는 라틴아메리카에서 '외국'인 곳은 없었다. 그는 일가친척과 상관없이 어떤 나라에서도 기꺼이 싸울 준비가 되어 있었다. 또한 그는 다른 사람들도 마찬가지일 것이라고 생각했다. 몬헤는 근처 마을에서 새해를 축하하는 폭죽소리와 종소리가 들려오는 가운데 정중하지만 긴장감 넘치는 새해맞이 건배를 외치고는 그다음 날로 게릴라 기지를 떠났다. 이로써 체는 볼리비아 공산주의자들의 지지를 더 이상 기대할 수 없게 되었다는 사실을 깨달았다.

정치적 관계가 유일한 문제는 아니었다. 그들이 게릴라 기지를 세운 곳의 지형도 문제였던 것이다. "헤아릴 수 없이 깊고 빽빽한 숲으로 둘러싸인 협곡을 특징으로 하는, 접근이 어려운 지역"[5]이 그들을 힘들게 했다. 냥카우아수강은 톱날 같은 급경사를 깎아내릴 듯 흐르고 있었고 강이 흐르는 길 옆으로는 모랫길이 생겼다가 갑자기 사라졌다. 게릴라 군인들은 야생식물로 가득 덮인 협곡 경사면을 맨손으로 올라가야만 했다. 날카로운 갈대와 목을 조를 듯한 덩굴, 가시 돋친 작은 선인장이 천혜의 방어막을 형성하고 있어서 그 위를 오르는 사람은 누구라도 "살갗이 벗겨지고 천 조각이 걸려서 찢어졌다."

쿠바의 산안드레스 농장에서 피델과 체가 고심 끝에 완성한 그들의 계획은 체가 이끄는 본대가 볼리비아 지역에 확고히 자리를 잡으면 더 많은 게릴라 부대를 아르헨티나와 칠레, 페루, 브라질 등 이웃 국가로 급파해서 대륙 규모의 게릴라 전선을 형성하자는 것이었다. 이는 젊은 프랑스 혁명 이론가인 레지스 드브레가 '혁명 속의 혁명'으로 묘사한 것을 그들 나름대로 응용한 계획이었다. 지난해부터 카스트로는 사르트르의 제자인 드브레를 염두에 두게 되었다. 드브레가 쓴 《혁명 속의 혁명》은 피델의 혁명 국제주의와 체의 게릴라 이론을 통합한 내용이었다. 쿠바에서는 피델의 명령으로 이 책의 초판이 수만 부나 인쇄되었고 카스트로-게바라의 혁명 이론을 나타내는 선언서가 되었다. 두 사람은 일종의 '제3의 길'을 주창하고 있었다. 즉, 화석화된 공룡 같은 소련과 중국의 방식이 아니라 좀 더 신속하고 발로 뛰는 혁명을 지지하고 나선 것이다.

피델은 볼리비아에 있는 체를 지원하는 가장 좋은 방법을 찾던 중, 12월에 이런 연설을 했다. "우리 모두는 양키 제국주의자들이 우리의 자매국인 베트남의 수도에 폭격을 가하는 범죄를 저질렀다는 쓰디쓴 뉴스에 분노를 느낍니다."[6] 피델은 온전히 베트남에 관한 말을 하려는 듯이 연설을 하다가 좀 더 직접적인 관심사로 화제를 돌렸다. "세계 다른 지역의 혁명 해방 운동도 베트남과 똑같은 저항세력으로 성장할 것입니다. 해방을 위한 투쟁의 다른 전선도 베트남과 똑같은 저항 의지로 세계 곳곳에 자리 잡을 것입니다."

1월에 쿠바혁명 기념일을 맞이해서 피델은 한층 뚜렷한 주장을 펼쳤다. 볼리비아에서 체는 라디오 주파수를 맞춰놓고 아바나 군중들을 향한 피델의 연설을 들었다. 그는 아침나절 내내 피델에게 최근 상황을 알릴 메시지를 암호화하고 있었다. 하지만 피델의 어조로 볼 때 아바나에서는 아직 체와 볼리비아 공산주의자들의 관계가 단절된 사실을 모르는 것이 분명했다. 연설에서 피델은 베네수엘라의 더글라스 브라보에서부터 콜롬비아의 민족해방운동과 파비오 바스케스, 페루의 무장혁명군FAR을 맡고 있는 세사르 몬테스에 이르기까지 라틴아메리카대륙의 모든 혁명 지도자들에게 대놓고 "연대와 격려의 메시지"를 전하고 있었다. 이는 무장혁명에 대한 촉구나 마찬가지였다. 피델은 무장혁명을 이끌 어떤 인물에 대해 경의를 표했다.

"우리의 특별하고 따뜻한 메시지는 우리의 내면 깊은 곳에서 우러나온 것입니다. 전투의 열기에서 태어난 애정에서 우러나온 우리의 메시지는 에르네스토 게바라와 그의 동지들이 세계의 어디에 있든지 전해질 것입니다."[7] 군중들은 흥분했고 손바닥에 불이 날 정도로 박수를 보냈다. "제국주의자들은 이미 수많은 곳에서 수없이 많이 체를 죽였습니다." 이번에는 군중들의 야유가 터져 나왔다. 피델은 본능적으로 군중의 야유를 따랐다. "그러나 우리가 바라는 것은 언젠가 제국주의자들이 상상도 못하는 곳에서 에르네스토 게바라 사령관이 잿더미 사이로 모습을 드러내는 것입니다. 전사이자 게릴라의 모습으로 건강하게 말입니다!" 군중은 다시 한번 박수를 쳤다. "언젠가 우리는 또다시 체에 대한 확실한 소식을 듣게 될 것입니다."

볼리비아에서 체는 이렇게 피델이 자신의 존재를 공개적으로 거론하자 기쁨을 감추지 못했다. 쿠바인들이 체에 대한 소식을 마지막으로 들은 때는 거의 1년 전에 피델이 체의 작별 편지를 공개한 때였다. 체는 나중에 일기장에 이같이 적었다. "피델은 우리가 더욱 가오를 다질 수 있도록 힘을 주었다."[8] 체는 부하들의 사기 진작과 규율 확립에 더욱 힘쓰게 되었다. 그는 부하들에게 자신들이 "핵심적인 모범"이 되어야 한다고 강조했다. 그러나 체는 혼자서는 충분하지 않다는 것을 알고 있었다.

체는 피델에게 볼리비아이들의 즉각적이고 지역적인 차원의 지원을 확보하는 것이 급선무임을 전하려고 노력했다. 그들의 연락 수단은 라파스에 있는 비밀 우편함을 통하는 것이었는데, 이 방법은 시에라군 시절에 전령을 이용했던 방식이 훨씬 더 좋아 보일 정도로 너무 느렸다.

피델은 체의 요점을 알아챈 것 같았다. 1월 25일에 피델은 볼리비아 공산당 조직비서인 호르헤 코에 쿠에토를 만나게 해주겠다는 답신을 보냈다. 쿠에토는 피델과 체가 몬헤 다음으로 연줄을 댈 수 있는 볼리비아 공산당 간부였다. 피델은 자신이 쿠에토에게 지원을 요청해보겠다고 안심시켰다. 한 달 후에 피델은 체에게 돌아가는 상황을 전했다. 쿠에토는 그 임무가 "대륙적인" 규모로 행해질 것이라는 사실을 몰랐다고 주장하면서 그 점을 미리 알았더라면 당연히 협력했을 것이라고 말했다. 피델은 약간 미심쩍었지만 체에게는 걱정하지 말라고 전했다. 피델은 쿠에토를 체에게 보내어 일을 추진하도록 했다. 그러나 쿠에토나 그 밖의 볼리비아 공산당 소속의 그 누구도 체의 기지에 오지 않았다. 그들은 모두 위험을 최소화하기 위해 일단 체의 상황을 관망하고 있었다. 피델은 계속 "게릴라의 시대"라고 공언했다. 그러나 게릴라의 수를 세어보려고 하면 찾을 수가 없을 정도였다. 어느 기자가 말한 대로 "라틴아메리카의 베트남에는 게릴라가 부족했다."9

"이제 우리는 새를 잡아 연명하는 시기에 접어들었다." 지치고 굶주린 체가 5월 1일 일기장에 자조적인 문장을 남겼다. 그는 볼리비아 게릴라 한 명이 고무줄 새총으로 작은 새를 잡는 모습을 보고 날이 갈수록 줄어드는 배급량에 대해 일기를 쓴 것이다. 그의 말은 게릴라 부대가 직면하기 시작한 극명한 현실을 대변하는 말이었다. 그 현실은 피델이 아바나에서 공언하고 있는 낙관적인 말과는 정반대의 상황이었다. 어쩌면 피델도 현장의 상황을 어렴풋이 짐작하기 시작했을지도 몰랐다. 하지만 체는 신념을 잃을 사람이 아니었다.

볼리비아의 상황은 1월부터 잘못되기 시작했다. 부하들 일부가 말라리아에 걸렸고 게릴라군의 무선송신기가 동굴의 습기 때문에 고장 났다.

그 무렵 체는 부하들을 데리고 두 달 동안 북쪽으로 행군을 나갔다. 그들은 험악한 지형에 악전고투하면서 굶주림과 피로에 허덕였다. 그들이 이렇게 행군을 나간 동안 주둔기지인 농장이 경찰의 급습을 받았고 동시에 정부군들이 그 지역으로 들어오기 시작했다. 눈 깜짝할 사이에 체의 "핵심적인 모범" 기지가 쓸모없게 되어버렸다.

점진적이고 신중하게 게릴라전을 대륙으로 확산시킨다는 체의 계획도 3월이 되자 가망이 없어 보였다. 대륙의 다른 혁명 지도자들은 피델의 주장에 별로 관심이 없어 보였다. 체는 농장을 떠나 있는 시간이 길어지자 요원인 타니아를 시로 부스토스에게 보내어 새로운 신병을 모집해달라고 부탁했다. 시로 부스토스는 아르헨티나인으로, 살타 원정대의 두시 지역 주력지로 일하고 있었다. 체가 '침투' 행군을 마치고 농정으로 돌아오자 타니아가 부스토스, 레지스 드브레와 함께 그를 기다리고 있었다. 하지만 전투 지원자들은 기다리는 것을 포기하고 집으로 돌아간 상태였다.

피델은 드브레를 높이 사고 아꼈지만 체는 그 정도까지는 아니었다. 그 프랑스인은 체에게 자신도 전투에 가담하고 싶다는 의사를 밝혔지만 체는 외부 지원을 얻는 일을 도와달라며 거절했다. 체는 사르트르와 버트런드 러셀에게 편지를 전해달라고 부탁할 생각이었던 것이다. 부스토스에게는 아르헨티나에 새로운 게릴라 거점을 세우는 일을 도우라는 임무를 주었다. 동시에 체는 페루의 아야쿠초 지역에 제3의 게릴라 거점을 세울 계획이었다. 서류상으로 보면 모든 것이 유망해 보였다. 그러나 타니아가 지프차에 놓고 내린 서류가 당국에게 적발되었고 정부군이 바짝 쫓기 시작하자 게릴라군은 그 지역을 떠나야 했다. 이로 인해 어쩔 수 없이 계획보다 일찍 게릴라 작전을 펼칠 수밖에 없게 된 것이다.

아이러니하게도 그들의 첫 접전은 게릴라군의 대승으로 끝났다.[10] 에르난 플라타 소령이 부대를 매복 작전으로 격퇴한 것이다. 게릴라군은 "민족 해방 만세!"를 외치면서 정부군을 협곡 쪽으로 몰아넣고는 총을 쏘아댔다. 플라타 소령은 심장발작의 격통으로 수풀 속에 웅크리고 있다가 다른 14명의 군인과 함께 붙잡혔다. 모두 7명의 군사가 사망했다. 게릴라군은 정부군의 무기를 압수했고 플라타와 부사령관인 실바 대장을 심문했다. 그 두 사령관은 "앵무새처럼 말했다."[11] 체는 정부군이 양방향에서 진군해오고 있다는 정보를 확인할 수 있었다. 게릴라군은 아무런 준비도 없이 전면전으로 내몰릴 판이었다. "모든 상황이 한 치 앞도 내다볼 수 없을 정도로 혼란스럽다."[12] 체는 3월 20일 일기에 이렇게 적었다.

인근에 있는 무유팜파 마을에 도착한 체는 험악한 지형을 이동할 때 속도를 높이고 게릴라군의 차량을 발견한 이후로 계속 뒤쫓아다니던 "방문객들"을 따돌리기 위해서 부대를 둘로 나누었다. 제2부대는 최고 연장자이자 체가 신뢰하는 건장한 전사인 호아킨에게 맡겼다. 처음에는 며칠 동안만 두 부대로 나뉘어서 움직이자는 계획이었지만 이후로 두 부대는 다시 만나지 못했다. 4월 20일에 정부군이 체의 부대가 있는 위치를 알아냈고 몇 시간 만에 볼리비아 공군 비행기가 그들이 있는 농민의 집에 폭탄을 투하했다. 마침 게릴라 일행은 바깥에서 음식을 만들고 있었다. 게릴라 중 한 명만 유산탄의 파편에 부상을 입었고 나머지는 운 좋게도 바깥에 있었기 때문에 무사했다.

며칠 후에 체는 아바나에서 행해지고 있는 노동절 기념행사의 연설에 귀를 기울이고 있었다. 그는 그곳에 그의 일곱 살짜리 딸이 귀빈 자격으로 피델과 도르티코스 대통령 사이에 서 있다는 사실을 까맣게 모르고 있었다.[13] 두 사람이 소련제 미그기가 공중곡예를 벌이는 장면을 보는 동안 그녀는 두 사람의 바지자락을 잡아당기고 있었다. 체는 그런 딸의 존재는 눈치채지 못했지만 오랜 동지인 후안 알메이다의 연설에서 자신에게 보내는 미묘한 메시지는 포착할 수 있었다. 그날 밤 체는 일기장에 그 메시지에 대해 적었다. "알메이다는 나를 비롯한 그 유명한 볼리비아 게릴라에게 중요한 임무를 맡겼다."[14] 그러나 이는 냉소적인 감정이 담긴 문장이었다. 그들에 대한 것보다 그들을 찾으려고 파견되었다는 상당한 병력에 대한 이야기가 더 많았기 때문이다. '대對반란 활동'이란 표현이 유행어처럼 곳곳에서 통용되었고 언론은 게릴라 활동만큼이나 미국의 반격에 흥미를 보였다. 게릴라군은 정부군과의 접전에서 승리를 거두고 있었지만 피델의 대대적인 선전활동에도 불구하고 대다수의 언론은 미국의 추격에 관심이 쏠려 있었다.

"이 혁명은 누군가의 부속품도, 누군가의 조건에 달린 것도 아닙니다."15 피델은 3월에 다시 한번 더 쿠바의 국내외 정책에 다른 누군가가 개입할 여지가 없음을 강조했다. 그 무렵에 아바나 주재 사회주의 국가 대사관들과 소련은 피델과 체의 계획에 대해 우려의 목소리를 높이고 있었다. 피델은 볼리비아에서 정부군에 포위된 체와 마찬가지로 쿠바에서 정치적으로 고립된 상태에 처해 있었다.

여름 내내 피델은 계획을 계속 추진하기 위해서 새로운 혁명적 열정을 고취시키는 열변을 토했다. 특히 피델은 그해에 베트남을 가장 크게 염두에 두었다. 소련의 코시긴 총리가 하노이에 머물고 있던 2월에 북베트남(베트남 민주공화국)에 폭탄이 투하되기 시작했지만 여전히 소련은 방관하고 있었다. 미사일 위기 이후로 피델은 쿠바에도 베트남과 똑같은 상황이 벌어질 수 있다는 것을 쉽게 상상할 수 있었다. 그러나 베트남은 혁명가들에게 또 다른 교훈을 주었다. 미국이 고전을 면치 못하고 있었던 것이다. 저항은 효과가 없는 것이 아니었다. 이 사실로 인해 피델은 최종적인 정치적 교훈을 하나 얻었다. 소련이 자신들이 충분한 지원을 하지 않는 것처럼 보일까 걱정하고 있다면 전략적으로 볼 때 지금이야말로 피델과 체가 구상하고 있는 대륙 규모의 혁명 전선을 추진할 적기라고 생각하게 된 것이다.

그러나 체가 이미 알아챘듯이 곤혜와 같은 라틴아메리카의 공산주의 지도자들은 체제 내에서 일을 도모하고 싶어했다. 이전 해의 동독 보고서에는 "쿠바 지도부가 의도하지 않은 고립 상태에 빠져들 위험이 있다."[16]고 기록되어 있었다. 피델은 그런 종류의 공격에 대담하게 반응하면서 사회주의자들 모두에게 그들의 연대의식이 부족하다고 질타했다. 그러나 피델의 도발이 더욱 거세지는 상황에서도 라틴아메리카의 공산당들은 고집을 꺾지 않았다. 3월에 베네수엘라 공산당이 피델을 비난하고 나섰다. 그들은 피델이 "이미 혁명을 이뤄본 경험자라는 명목하에 라틴아메리카의 혁명 활동 전반에 대해 판사 노릇을 하려고 든다."[17]고 질책하면서 "우리는 피델이 라틴아메리카의 혁명을 판가름 짓는 유일한 감독이라는 주장을 무조건적으로 거부한다"고 말했다. 새로운 소련 지도자인 레오니트 브레즈네프도 그 비난에 동감을 표하며 물었다. "도대체 무슨 권리로 피델이 다른 지역에 혁명을 일으키는가?"[18]

피델과 체는 각기 고립되어갔다. 하지만 피델은 자신에게 쏟아지는 비난에 불같이 화를 냈고 자기 일로 바쁜 체조차도 한마디 거들 수밖에 없을 정도였다. 체는 특히 소련의 태도에 대한 피델의 "거센 공격"에 동의를 표했다. 게다가 막후에서 일어나는 더 사나운 논쟁들도 흡족하게 바라보고 있었다. 이는 피델이 이제까지 소련에 대해 내뱉은 비난 중에 가장 적나라한 비난이었다. 마치 피델이 다시 체의 퉁명스럽고 대담한 언행을 그대로 답습하는 듯 보였다. 그러나 다른 사회주의 정당들의 비난이 아주 틀린 것만은 아니었다. 피델이 연단에서 소리를 지르면 지를수록 그는 점점 궁지로 내몰렸다.

이렇게 점차 격앙되는 상황에서 체의 목소리가 들려오자 거의 모든 사람들이 깜짝 놀랐다. 4월에 체는 새로 창간된 잡지에 글을 투고했다. 이 잡지는 피델이 지난 1월에 주최한 3대륙회의를 제호로 하는 급진적인 성향의 잡지였다. 〈세계 사람들에게 고함〉이라는 체의 글[19]은 "제2, 제3의 베트남"을 주창하고 있었다. 이 글은 레닌의 〈국가와 혁명〉처럼 연작물은 아니었지만 당시 정세를 잘 포착하고 있다는 점에서 그 책과 유사한 점이 많았다.

체는 항상 시대를 조금씩 앞서나갔다. 체는 베트남이 홀로 남겨져선 안 된다고 주장하면서 현재의 사회주의 세계와 베트남 국민 사이의 '연대의식'이란 것이 로마시대의 평범한 사람들과 검투사 사이의 연대의식이나 다름없는 수준이라고 비난했다. 이 글에서 체는 피델이 그래왔던 것처럼 세계공산주의를 확산시키는 데에는 또 다른 길, 즉, 제3의 길이 필요하다고 끈질기게 주장했다. 두 사람이 살아가는 모습은 그 어느 때보다도 확연히 달라 보였지만 그들은 여전히 함께 같은 목소리를 내고 있었다. 똑같은 혁명적 목표를 지닌 채 각자의 길을 가고 있었던 것이다. 혼란과 전쟁 속에서도 그들은 다시 한번 혁명적 조화를 이루고 있었다.

상황 진개의 속도를 유지히기 위해서 피델은 소련을 향해 공개저인 비난을 하면서도 한편으로는 볼리비아의 신생 게릴라 운동에 대한 지원을 축소했다. 이렇게 피델이 위험한 줄타기를 하는 이유는 피델이 소련을 향한 공개적인 비난만 하다간 사회주의 진영에서 쫓겨날 수도 있었고 그러면 쿠바가 전적으로 의지하고 있는 소련의 경제적 지원도 끊길 가능성이 높았기 때문이다. 피델은 조심스럽게 이것저것 재보면서 신중한 균형을 유지하기 위해서, 외교적 술책을 모두 끌어모으고 공개적인 연설을 꾸준히 할 수밖에 없었다. 자칫 잘못하다가는 이 정치의 지뢰밭에서 발을 헛디딜 수도 있기 때문이었다. 그러나 피델이 볼리비아의 "영웅적인" 투쟁에 대한 언급을 끊임없이 이어가는 가운데 6월 말 뜨거운 날에 코시긴 소련 총리가 피델을 "깜짝 방문"[20]한 일만큼 놀라운 일은 없었을 것이다.

코시긴은 글래스보로 정상회담에서 린든 존슨 미국 대통령을 만나고 곧바로 쿠바를 찾았다.[21] 그 정상회담에서 존슨은 소련 총리에게 "쿠바가 라틴아메리카 7개국에서 게릴라 작전을 선동하고 있다는 직접적인 증거"[22]를 내놓았다. 코시긴은 침묵을 지켰지만 존슨은 그 침묵을 "카스트루에 대한 약간의 분노"[23]로 받아들였다.

코시긴의 심기가 불편해졌다는 것은 틀림없는 사실이었다. 과거에 체가 코시긴을 만났을 때 체는 코시긴이 "깊은 분석을 끝낸 후에 결코 서두르지 않고 문제에 접근하는 진지하고 진중하며 영민한 지도자"[24]라고 평했다. 그러나 그 평가는 스탈린 밑에서 10년 이상을 일한 이 남자의 한 면만을 본 것이었다. 표면상으로 코시긴은 중동 위기에 대한 소련의 입장을 설명하기 위해 쿠바에 온 것이었지만 사실 "카스트로를 질책하려고"[25] 온 것이었다. 또한 체의 볼리비아 활동에 피델이 지원하는 일에 대해 "사실상의 최후통첩"[26]을 하는 것이 진짜 목적이었다.

비교적 "솔직한" 대담에서 "코시긴과 피델은 7시간 동안 중단 없는 대화를 나눴다."[27] 이 대화는 "코시긴이 피델에게 라틴아메리카의 해방운동에 대한 지원을 중단하라고 요구하자 아주 격렬해졌다." 코시긴은 소련은 그 활동을 인정하지 않는다면서 무엇보다도 피델이 게바라의 볼리비아 임무를 지원하는 일을 당장 그만두라고 말했다. 이런 상황에 이르자 대화의 분위기는 "특히 더 험악해졌다."

피델은 체가 쿠바에 처음 왔을 때와 마찬가지 조건으로 볼리비아로 간 것이라고 거듭 강조했다. 또한 쿠바는 그를 간접적으로만 지원할 뿐이라면서 "공개적인 발언을 통해 지역 정당을 부추기는 것뿐"[28]이라고 덧붙였다. 물론 이는 반만 진실이었다. 피델은 누구도 하지 않았던 일을 했다. 코시긴에게 라틴아메리카 해방운동 전통에 대해 긴 강연을 펼친 것이다.[29] 특히 그는 볼리바르와 산마르틴을 거론했다. 피델은 자신의 영역 내에서 자신의 행동에 대한 지시를 받지는 않겠다는 입장을 명백히 밝혔다. 무엇보다도 피델은 소련이 쿠바가 처한 사정을 이해해주기를 원했다. 소련이 멀리서 일을 집행하는 동안 쿠바인들은 매일 미국의 위협을 바로 코앞에서 느끼며 살아간다는 점을 알아달라고 호소한 것이다.

피델은 자신의 의견을 끝까지 고수했다. 코시긴은 아무런 양보도 얻지 못한 채 작별인사도 없이 떠났다. 피델은 그해 여름에 게릴라 운동 상황에 대한 질문을 받자 라틴아메리카의 게릴라 운동은 "굉장한 진보"[30]를 보이고 있다고 대답했다. 하지만 이것은 피델이 오해하는 부분이었다. 피델이 일부러 그렇게 말했든 아니든 상관없이 피델의 말은 현실과 한참 동떨어져 있었다. 그는 이따금 언제나 수많은 게릴라들이 생존에만 집중한 채 조용히 움직였던 시에라군 시절을 회상하곤 했다. 피델은 코시긴에게 자신의 의견을 굽히지 않았지만 더 이상 예전처럼 게릴라 활동에 깊이 관여할 수 없다는 사실도 잘 알고 있었다. 이제 체 혼자서 게릴라 활동이 임계점에 다다를 수 있도록 노력해야만 했다.

늦여름이 되자 체의 게릴라 부대는 한층 더 약해졌다. 그들은 체가 "비위처럼 딱딱하다"고 불평한 볼리비아 농민들에게 시달렸고, 게릴라를 지원하는 정치적 연계망도 쿠바에서와는 달리 좀처럼 단단해지지 못했다. 심지어 그 정치적 연계망에 배신과 부정행위가 난무해서 오히려 느슨해지고 있었다. 체가 무유팜파 마을에 드브레와 부스토스를 두고 떠난 지 몇 시간도 지나지 않아 그 둘은 정부군에게 체포되고 말았다. 기자로 어설프게 변장한 두 사람은 즉시 공개재판에 회부되었다. 이는 체에게 아주 큰 타격이 될 사건이었다. 이제 게릴라군들은 전령이나 적절한 무선장비도 없는 상태였다. 그들은 거의 아무 지원도 받지 못한 채 조직력은 별로이지만 기질만은 끈질긴 볼리비아 정부군, 그리고 그들의 CIA 교관들에 맞서 싸워야 했다.

이른 봄부터 게릴라군은 몇몇 전장에서 정부군의 코를 납작하게 만들었다. 그러나 앞으로 갔다가 되돌아오기를 반복하면서 정부군보다 한발 앞서려고 전력을 다하다 보니 이제 서서히 지쳐가고 있었다. 이 무렵에 정부군은 후방기지에 앉아서 그 지역을 감시했다. 처음에는 아무 데나 기관총을 쏘아대다가 차츰 게릴라 부대의 움직임을 포착해내기 시작했다. 연락수단이 전무한 호아킨과 체가 이끄는 두 게릴라 부대는 거친 지형을 헤치며 서로를 찾으려고 절박하게 움직이고 있었다.

5월 말에 체의 부대는 너그러운 산적 행세를 하면서 카라과타엔다라는 작은 마을에 쳐들어갔다. 거기에서 그들은 국영 석유회사 소속의 차량 두 대를 빼앗고 가게에서 물품을 보충하면서 사례금도 두둑이 얹어주었다. 체는 길을 떠나면서 잠시 아르헨티나로 이어지는 철도를 따라 남쪽으로 갈 것인지 고민했다.[31] 결국 그는 북쪽을 선택했다. 앞으로 그는 이렇게 고향으로 돌아갈 생각을 다시는 해볼 수 없는 운명에 처하게 된다.

6월이 되자 체의 부대는 정부군 순찰대와 마주치지 않으려고 안간힘을 썼지만 며칠 상간으로 정부군과 부딪치고 있었다. 그들은 곧 트럭을 포기해야 했고 물품이 떨어지면서 단식과 폭식을 반복하다가 결국 체력이 고갈되기에 이르렀다. 각각의 접전에서는 더 많은 손실을 각오해야 했다. 4월에 롤란도가 죽었고 체의 오랜 동지인 투마도 6월에 사망했다. 체는 6월 14일 생일날 일기에 "아직은 무사하다"고 적었다. 그러나 이제 그들은 대도시인 산타크루스 근처에서 길을 잃었다. 그들은 사마이파타라는 외딴 마을로 들어가 천식으로 고생하는 체를 위해 약품을 구하려고 돌아다니다가 정부군의 감시망에 걸리고 말았다. 정부군은 즉시 게릴라군에 대한 대공세를 펼쳐왔다.

7월에 피델은 라파스에 있는 요원 중 한 명에게 노동자혁명당과 접촉해서 그들이 게릴라 활동을 도울 수 있도록 하라는 말을 전했다. 이는 포위당한 게릴라 부대에게 남은 한 줄기 희망이었다. 그러나 체의 일기에는 이에 관한 기록이 없다. 이제 이 전쟁은 의지의 싸움이자 정신력의 싸움이 되었다. 그러나 8월이 되자 체의 남은 체력도 다 고갈되었다. 그는 이제 더 이상 천식약이 없었고 부상당한 발로 걸을 수도 없었다. 그는 치과용 마취제인 노보카인이나 심지어 아드레날린이 극소량 함유된 안약까지 자신의 몸에 직접 주사했지만 모두 "헛수고"였다. 체의 몸은 이미 한계에 도달해 있었다.

체는 제대로 된 음식과 물이 부족해서 자신의 배설물과 토사물로 범벅이 된 옷을 입은 채 농민들에게서 얻은 노새에 올라타고 갈 수밖에 없었다. 그 옷조차도 거친 지형으로 인해 다른 게릴라군들과 마찬가지로 너덜너덜하게 찢겨 있었다. 이내 굶주린 군인들이 입에 담는 말이라고는 음식밖에 없게 되었고 결국 남은 노새를 잡아먹기 시작했다. 체는 계속 라디오 주파수를 피델에게 맞춰놓았다. 그러나 설사 아바나로부터 단파방송으로 전해오는 암호 메시지가 있다 하더라도 암호 해독 책을 잃어버려서 별로 소용이 없는 상태였다. 그들에게 남은 일이라고는 이제 참고 견디면서 상황의 변화를 기원하는 일뿐이었다.

"구바의 역사는 모든 리틴아메리카의 역사이다."[32] 8월 4일 아바나에서 열린 라틴아메리카연대기구 회의를 맞이해서 내걸린 깃발에는 이런 문구가 적혀 있었다. 이 회의의 참석자 중 한 명은 이 슬로건이 시몬 볼리바르와 막시모 고메스, 호세 마르티, 체 게바라의 초상화 뒤로 "거대한 깃발 위에 빛나는 글자로 적힌 채 펄럭이고 있었다."[33]고 회상했다. 이상하게도 체의 운명을 예언하는 듯한 섬뜩한 기운이 느껴졌다. 그러나 피델은 그런 느낌을 무시한 채 체를 "라틴아메리카의 명예시민"으로 공언했다.

피델은 체를 예로 들어 두 달 전 코시긴의 최후통첩에 신랄한 응수를 했다. 쿠바는 혁명을 계속해나갈 것이며 혁명을 확산시킬 것이라고 그는 주장했다. 이는 공산주의에서 이단에 속하는 주장이었고 피델도 그 점을 잘 알고 있었다. 그러나 그는 부하의 목숨이 경각에 달려 있는 상태에서 소련이 하라는 대로 하지는 않을 작정이었다. 이는 "혁명을 원하는 자들과 원하지 않는 자들, (……) 즉, 혁명을 억압하는 자들"[34] 사이의 이데올로기 전쟁이었다. 피델은 자신이 전자에 속하는 자임을 뚜렷이 천명했다.

이바나와 모스크바의 관계가 별로 좋지 않은 데다 회의에 참석한 국가들 대부분이 모스크바를 따르는 나라들이라는 점을 놓고 보면, 쿠바는 이 회의에서 성공을 거둔 셈이었다. 대표들이 떠나기 전에 피델은 라틴아메리카의 혁명에서 근본적인 방법은 게릴라전이며 게릴라전은 마르크스-레닌주의의 기치 아래 펼쳐진다는 결의안을 확보했기 때문이다. 그러나 피델은 훨씬 더 많은 것들을 기대했다. 하지만 그는 비난받아야 할 대상은 완강하게 버티고 있는 소련이라는 점을 알고 있었다. 이제 피델이 체를 위해 해줄 수 있는 일이라고는 끝까지 체가 조류를 뒤집을 수 있을 것이라고 희망하면서 성공에 대한 보고를 기다리는 일뿐이었다.

8월 13일에 피델은 라후벤투드섬으로 향했다. 그날은 피델의 마흔한 번째 생일이었다. 피델은 그의 농장에 친한 동지인 파피토 세르게라와 후안 알메이다를 비롯한 다른 고위급 관리들과 최근에 친해진 폴란드 기자 K. S. 카롤을 초대해서 생일식사를 함께 했다. 식사 도중에 누군가 생일축하 건배를 들자고 했지만 피델은 이를 거절했다. 그는 명상에 잠긴 채 좀 조용하게 생일을 보내고 싶었던 것이다.

무엇보다도 피델은 최근 회의에 대해 곰곰이 생각했다. 그는 대다수의 대표들이 무장투쟁 지원에 대해 그토록 침묵을 고수하는 모습에 놀랐다. 어떻게 그들은 그들의 끊임없는 피비린내 나는 투쟁 뒤에 숨은 이유를 이해하지 못한단 말인가? 피델에게는 그 이유가 분명했다. 피델은 아이작 도이처가 쓴 트로츠키 전기 3부작을 최근에 다 읽었다고 말했다. 그러면서 만약에 볼셰비키가 제1차 세계대전을 종식시킨 브레스트리토프스크 조약에 서명하지 않았다면 어떤 일이 벌어졌을까 궁금해했다. 결과적으로 실패한 시도였지만 트로츠키가 유럽의 상류 계급에 맞서 국제적인 노동자 봉기를 일으킬 수 있을 때까지 조약의 서명을 연기하려고 했던 시도는 피델에게 어떤 실질적인 교훈을 주었다. 피델은 강대국의 충돌과 혁명운동 사이에는 상호 연관성이 있으며 그 전통이 1960년대의 냉전까지 이어진다는 사실을 깨달은 것이다.

"그래, 생각을 해보면 해볼수록,"[35] 피델은 이렇게 운을 떼면서 일어섰다. "마르크스가 세계적 혁명이 이루어질 때까지는 진짜 혁명은 있을 수 없다고 말한 것이 얼마나 옳은 말이었는지를 새삼 깨닫게 된단 말이지. 우리는 영광스러운 고립 속에 작고 용감한 공산주의 국가를 세울 수 있다고 믿을 만큼 어리석지 않아."

피델의 말은 열대성 폭우로 인해 잠시 끊겼다. "아주 좋군." 피델은 막 스탈린의 공포정치에 대해 말문을 열던 참이었다. "공산주의 운동은 아주 긴 역사를 지니고 있네. (……) 그러나 전 세계의 공산주의자들이 쿠바처럼 서로를 도와주려고 했다면 상황은 전혀 달라졌을 걸세. 불행하게도 지금으로서는 제국주의자들만이 진정한 국제주의자들인 것 같아 보이는군." 이 말에 천둥이 화답했다. "도대체 우리가 어떤 세상에 살고 있는지 모르겠어!" 피델은 이렇게 신경을 털어놓은 후 자리에 앉아 식사를 마쳤다.

피델은 이런 생각에도 불구하고 자신과 체가 벌이고 있는 활동에 대해 확고한 믿음을 가지고 있는 듯 보였다. 식사를 마친 후에 피델은 카롤과 함께 산책에 나섰다. 그 기자는 피델이 방금 한 말에 비추어볼 때 쿠바가 소련을 의지하는 것은 쿠바가 라틴아메리카의 발전에 이바지하고 있다는 개념과 상충되는 것이 아니냐고 질문했다. 피델은 전혀 아니라고 말하면서 "우리는 완벽한 침묵 속에 사회주의를 건설하고 있는 것이 아닙니다. 우리는 나름대로 우리를 표현하는 방법이 있습니다." 피델은 여전히 체에게서 좋은 소식이 들려올 거라는 기대를 품고 있었다.

그러나 볼리비아에서 들려오는 소식은 갈수록 나빠지기만 했다. 8월 30일에 호아킨의 부대가 전멸했다. 그들은 리오그란데강을 건너다가 바도 델예소라고 알려진 지점에서 학살당했다. 농민 한 명이 그들을 배신한 것이었다. 그 부대가 강을 건너기 시작하자 총알이 공중에서 날아왔고 맨 앞줄의 호아킨과 흰 블라우스에 갈색 바지를 입은 후방의 타니아가 눈에 띄어서 쉽게 표적이 되었다. 그녀는 첫 희생자 대열에 포함되었다. 그녀의 시

체[36]는 하류로 흘러가서 며칠이 지난 후에 형체를 알아볼 수 없게 부은 상태로 발견되었다.

바리엔토스 볼리비아 대통령은 끝을 감지하고는 체의 현상금[37]으로 5만 볼리비아페소(약 4200달러)를 내걸었다. 바리엔토스는 CIA의 헌신적인 조력자가 되어 있었다. CIA는 볼리비아 대통령에게 병력과 무기를 제공했고 무엇보다 체를 잡는 일을 최우선으로 하고 있었다. 9월에 체의 부대에 대한 포위망이 점점 좁혀지자 도시의 조직망도 와해되었다. 볼리비아 정부는 게릴라 포로들에게서 무수한 정보를 얻을 수 있었다. 그 포로들 중에 한 명인 로욜라 구스만은 자신이 목숨을 걸고 했던 일보다 심문을 받는 동안 동지들을 배반할 것이 더 두려운 나머지 내무부의 3층 창문에서 몸을 던져 자살을 시도했다. 그녀는 차양에 걸려 목숨을 건졌다. 하지만 볼리비아의 게릴라 작전은 이미 산산조각 나기 시작했다.

패배가 불가피한 상황에서 마지막 남은 게릴라들은 거의 현실 감각을 잃어가고 있었다. 20일 즈음에 그들은 루시타노라는 조그마한 정착촌을 잠시 점령했다가 다시 정글로 도망쳤고 거기에서 작은 오렌지숲을 발견했다. 거기에서 그들은 반쯤 환각에 빠진 상태로 밤을 보낸 후 계속 길을 갔다. 10월 6일에 체는 1800명의 인력이 동원되어서 그들을 찾고 있다는 소식을 소형 휴대용 라디오를 통해서 들었다. 다음 날에 그들은 우연히 마주치게 된 노부인을 붙잡을 수밖에 없었다. 그들은 그녀를 집으로 데리고 갔다. 그 집에는 거의 침대에 누워만 지내는 딸과 난쟁이인 또 다른 딸이 같이 살고 있었다. 게릴라군은 그들에게 입을 다무는 조건으로 돈을 주었다. "우리 17명의 전사는 달빛을 맞으며 길을 나섰다."[38] 체는 그날 저녁 일기에 적었다. 그들이 발을 내디딜 때마다 발자취가 남았지만 어떻게 손쓸 수 있는 상황이 아니었다. 새벽 2시에 그들은 쉬기 위해 발걸음을 멈추었다. "계속 가는 것은 별로 소용이 없었기 때문이다. (……) 우리의 은신처는 아세로강과 오로강 사이가 될 것이다."

그들은 은신처에 당도하지 못했다. 밤새 행군을 한 뒤에 10월 8일 일요일 아침이 되자 체는 빈사 상태였다. 하지만 아직도 페루 국경을 지나던 스물세 살 청년 에르네스토인 것처럼 책 꾸러미를 놓지 않은 채 부하들에게 그날 하루를 쉬라고 명령했다. 그곳은 케브라다데유로라고 불리는 협곡이었다. 그들이 쉬고 있을 때 미 육군 특수부대 훈련을 최근에 마친 순찰 중대가 협곡 주변의 고지에 조용히 자리를 잡았다. 이 중대는 산타크루스 근처에서 게리 프라도의 지휘를 받고 있었다. 한낮이 되자 프라도는 포위를 명령했고 체의 소부대가 포위망을 뚫으려고 하자 포화가 난무했다.

체는 도망을 치다가 다리에 총을 맞았다. 곁에 있던 유일한 동지인 윌리가 그를 발견하고는 부축해서 함께 도망쳤다. 그런데 하필이면 두 사람은 박격포를 싣고 있던 4명의 군인들이 있는 쪽으로 도망을 치고 말았다. 그 군인들은 그들에게 항복을 요구했다. 체는 기총을 꺼내어 발사를 했지만 총알이 총신에 맞아서 소용이 없었다. 멀지 않은 곳에서 다른 게릴라군들이 추격을 당하고 있었다. 어쩔 도리가 없어진 두 사람은 항복할 수밖에 없었다.[39]

체는 그의 동지들이 아직 협곡에서 싸우고 있을 때 붙잡혀서 라이게라라는 마을로 끌려왔다. 체는 마을 학교의 교실 벽에 묶였다. 얼마 후에 바예그란데 파견부대의 부사령관인 안드레스 셀리치 중령이 체를 심문하러 왔다. 그는 체가 그의 나라를 "침략"했다고 비난했다. 체의 곁에는 전투에서 사망한 쿠바 동지 두 명이 시신이 놓여 있었다. 체는 그 시신을 고갯짓으로 가리키면서 저들은 부족할 것이 없었지만 여기로 와서 "개처럼 싸웠다"고 말했다.

"당신은 쿠바인이요, 아니면 아르헨티나인이요?"[40] 셀리치가 추궁했다. "니는 쿠바인이지 아르헨티나인, 페루인에 에콰도르인이오……, 알다시피." 체가 대답했다. 그는 여전히 피를 흘리고 있었고 숨소리도 거칠었지만 냉소적인 기질은 여전했다. 셀리치는 30분 정도 이어진 그들의 대화를 모두 기록했다. 밤에는 체 혼자 남겨졌다. 아침에 마을 교사가 호기심에 체를 보러 왔다. 그녀의 방문으로 체가 다소 기운을 차리는 듯했다. 체는 칠판을 가리키면서 문법적 실수를 지적했다. 그리고 교실이 너무 더럽다고 말했다. 그녀는 너무 긴장해서 아무런 반응도 하지 못했다. 체가 나중에 그녀를 불렀지만 그녀는 오지 않았다.

아침에 셀리치는 프라도와 함께 나타났다. 프라도는 체에게 "피델에 대한 험담"을 해보라고 구슬렸지만 체는 꿈쩍도 하지 않았다. 다만 이곳에 온 것은 피델과 공모한 일이었다는 사실만 털어놓았다. 12시 30분에 라파스에 있는 볼리비아 최고사령부에서 무선으로 메시지가 전달되었다. "게바라를 제거하라."[41] 1시가 되자 제거 임무를 맡은 병사인 마리오 테란이 뭔가를 중얼거리며 악취를 풍기는 작은 교실로 들어왔다.

테란은 체가 벽에 기대어 앉아 있는 모습을 보았다. 잠시 동안 그는 감히 총을 쏘지 못했다. 그의 눈에는 자신 앞에 있는 체가 점점 커지는 것처럼 보였다. 나중에 테란은 체가 "크게, 아주 크게, 거대하게" 변했다고 회상했다. 그러나 그 순간을 모면할 수는 없었다. 테란의 가슴은 요동치기 시작했다. "그의 눈은 강렬하게 빛났다. 나는 그가 나에게 달려들어 재빨리 내 팔을 꺾을 것 같아 두려웠다." 하지만 테란을 현실로 되돌려놓은 사람은 체였다. "정신 차리게. 조준을 잘 하라고. 그저 사람 한 명 죽이는 것뿐이네." 체가 쏘아붙였다. 그러나 테란은 그게 아니라고 생각하는 듯 보였다. 그는 이미 어떻게 총을 쏠지에 대해서 명령을 받은 상태였다. 그들은 테란에게 "얼굴을 피해 조준하라"고 말했다.[42]

그날 오후에 체의 시신은 헬리콥터에 묶여서 인근 마을인 바예그란데로 옮겨졌다. 이미 마을 사람들과 용기 있는 기자들 몇몇이 정부군의 아침 발표를 듣고 모여 있었다. 헬리콥터가 착륙하자 "검은 옷을 입은 여자들과 넓은 챙 모자를 쓴 남자들, 꼬마 아이들이 헬리콥터를 향해 몰려들었고 경비를 맡은 군인들은 시신을 차로 옮겨 병원 안치소로 향하는 동안 사람들을 막느라 고생했다."[43]

왜소하게 보이는 형체가 세탁장으로 옮겨지는 것을 보던 기자들은 그 광경을 잘 보기 위해 사람들을 밀치고 나섰다. 거기에는 군인들과 사진사들, 구경꾼들이 떼 지어 모여 있었다. 그중 한 명이었던 쿰은 이렇게 회상했다. "그는 죽어 있었다. (……) 군인 한 명이 시신 위로 하얀 액체가 든 관을 들고 있었는데, 잠시 동안 나는 그들이 수혈을 하고 있다고 착각했다. 하지만 포르말린의 악취가 퍼지자 내가 오해했다는 것을 깨달았다. 그들은 세상 사람들에게 체의 시신을 공개하기 위해 시신보존법을 시행하고 있었던 것이다."[44] 처음에 그들은 체의 입을 통해 포르말린을 주입히려고 했지만 몸에 난 탄환 구멍[45]을 이용하는 것이 더 쉽다는 것을 알았다. 그런 후 그들은 체의 시신을 씻기고 머리카락을 자르고 빗었다. 그들은 체의 시신을 원래 모습과 비슷하게 보이게 하려고 눈꺼풀을 감기지 않았다.

소름끼치지만 순식간에 끝나버린 광경을 뒤로하고 시신은 어딘가로 이송되었다. 거의 30년 이상 시신의 행방은 비밀에 부쳐지게 된다. 체의 남동생인 로베르토가 신원 확인을 위해 왔을 때는 체의 손만이 남아 있었다. 체 게바라가 더 이상 존재하지 않는다는 증거를 남기기 위해 체의 손을 자른 것이었다.

소식은 빠르게 퍼져나갔다. "체의 사망 소식이 피델에게 전해지자 모든 지도부 임원들이 셀리아의 집에 모였다. 라울과 라미로도 있었다. 이들이 고개를 떨어뜨리고 우는 모습은 보기가 힘겨웠다. 셀리아가 내게 와서 시신이 확인되었다고 전해주었다."[46] 피델의 경호원 중 한 명이 회상했다. 그러나 사실 9일에 아바나에서는 모든 것이 불확실했다. 그다음 날이 되자 체의 죽음이 더욱 의심스러웠다. 피델은 체의 왼손에 있는 흉터 이야기를 꺼냈다. 그러나 아무도 그런 흉터를 기억해내지 못했다.

그날 저녁에 피델과 라울, 라미로, 빌마, 셀리아, 그 밖의 다른 사람들이 피델의 집에 모여 볼리비아에서 보내온 첫 번째 사진을 보았다. 사진 속의 메마르고 왜소한 형체는 모두가 기억하는 체의 모습과 확연히 달라 보였다. 피델은 믿으려 하지 않는 부류에 속했다. 그러나 다음 날부터 증거가 쌓이기 시작했고 피델이 전문적인 의견을 두루 들어본 결과 진실을 인정하지 않을 수 없었다.

피델은 알레이다와 자녀들을 직접 돌보기 위해 자신의 아파트로 데려왔다. 그 이후인 10월 15일에 피델은 텔레비전과 라디오를 통해 연설을 했다. 사람들은 지난 2년 반 동안 체가 죽었다는 수많은 주장과 소문들을 들어왔지만 이번에는 의심의 여지가 없어 보였다. 피델은 체의 죽음이 "슬프지만 사실"[47]이라고 확인해주었다. 그리고 나서 피델은 볼리비아 정부가 보내온 "고통스러운" 증거를 나열했다.

피델이 국민들에게 내보인 증거 중에는 사진도 있었다. 체의 노새 사진과 체의 M-2 소총 사진이었다. 피델은 다른 한 장의 사진을 들어 보이며 말했다. "아마 체가 사진을 찍으려는 사람에게 농담을 건네는 순간인 것 같습니다." 그러나 피델은 사진보다 더 확실한 증거는 부인할 수 없을 만큼 엄청난 악필로 쓰인 체의 일기라고 털어놓았다. 사실 피델은 볼리비아 정부군이 증거로 공개한 일기를 읽으면서 도저히 읽을 수 없는 부분에 다다를 때면 중간중간 멈추었다가 다시 읽어 내려갔다.

그러나 피델이 공개적인 연단에 오른 것은 전우의 죽음을 설명하기 위해서만이 아니었다. 피델은 체를 죽음에 이르게 한 사람들을 고발하고 친구인 체를 영웅적인 순교자로 추앙하면서 투쟁의 새로운 단계를 펼치려 했다. 하나의 좌절이 새로운 추진력의 기본이 되는 것은 지극히 당연했다. 피델은 체의 이미지를 하나의 상징으로 만들 수 있겠다고 재빨리 포착한 것이다. 피델은 필요한 순간에 불가피한 사실을 인정했다. 살아 있을 때 피델에게서 발견한 혁명의 이상을 위해 악전고투한 사람이 체였다면 체가 죽고 나서 그에 의해 구체화된 혁명적 이상을 위해 싸워야 할 사람은 피델이었다. 이는 피델이 벌이는 모든 전투 중에서 가장 길고 격렬한 싸움이 될 터였다. "나는 이 쓰디쓴 과업을 이어갈 것입니다." 피델은 연설의 끝자락에 이런 말을 남기고 스튜디오를 떠났다.

이런 말을 시작으로 피델에게는 가장 어두운 시간이, 체에게는 가장 밝은 시간이 펼쳐졌다. 쿠바에는 30일 동안 조기가 내걸렸고 18일 밤에는 혁명광장에서 수천 명의 사람들이 촛불을 켜고 밤샘집회를 열었다. 그곳에서 피델은 다시 한번 그의 친구를 기렸다. 미풍이 불어서 광장 주변에 내걸린 거대하고 엄숙한 체의 초상사진 아래로 깃발이 펄럭였다. 그러나 군중의 눈은 피델에게 고정되어 있었다. "그들이 그의 죽음을 그의 생각의 종말이라고 생각한다면, 그들은 크게 착각하는 것입니다."[48] 피델은 여전히 고통스러운 모습으로 밤샘집회가 끝나갈 무렵에 이렇게 선언했다. 그의 마지막 말은 쿠바의 어떤 공개 연설에서든지 따라 나오는 혁명 구호를 진혼곡 조로 변형한 것이었다. 사람들은 비통하지만 저항적인 그 문구를 따라했다. "영원한 승리를 위해서! 조국 쿠바가 아니면 죽음을! 우리는 승리하리라!Hasta la Victoria Siempre! Patria o Muerte! Venceremos!"

대륙 규모의 혁명이라는 피델과 체의 꿈은 이렇게 끝났다.

에필로그 결코 끝날 수 없는 관계

피델과 체의 관계는 1967년 10월에 끝난 것이 아니었다. 체의 죽음으로 인한 여파로 그 이듬해에 피델은 무척 바빴을 뿐만 아니라 피델이 권좌에 있었던 나머지 39년 동안 늘 체의 흔적이 피델을 따라다녔다. 수년이 흐른 후 어느 기자가 체에 대해 묻자 피델은 의자에서 일어나 "고개를 숙인 채 광택이 나는 나무탁자를 주먹으로 누르면서 몸을 앞으로 기울이더니 낮은 목소리로 '나는 체에 대해 많이 꿈꿉니다. 그가 살아서 군복을 입고 있는 모습을 꿈꿉니다. 나는 우리가 이야기하는 장면을 꿈꿉니다'[1]라고 말했다."

체가 죽고 난 뒤 몇 달 동안 피델은 조금이라도 책임이 있어 보이면 누구에게든 비난을 퍼부었다. 피델은 이제 세계적으로 체의 이미지가 스스로 살아 움직이기 시작했다는 것을 알아챘다. 그해 가을에 베트남 전쟁 반대 시위부터 시작해서 1968년 5월 혁명까지 체의 얼굴은 모든 저항운동의 상징이 되었다. 피델은 파리의 학생 행진이나 워싱턴의 참전용사들의 시위에는 영향력을 행사할 수 없었지만 최소한 쿠바에서는 체를 상징화하는 일을 의지대로 통제할 수 있었다.

피델의 비난을 집중적으로 받고 있던 소련 지도부는 열정적인 혁명가의 죽음에 애도를 표시했다. 하지만 다른 한편으로는 미국과의 화해 분위기에 가장 큰 위협이 될 위험인물이 제거된 사실에 안도감을 느끼기도 했다. 이전에 아바나 주재 미국 대사관에서 대표로 있던 한 사람이 당시에는 모스크바에서 일하면서 소련의 고위급 관리들과 함께 체의 사망 소식을 접한 순간을 이렇게 회상했다. "우리는 보드카 잔을 들고 '그 자식'을 위해 건배를 했습니다."2

피델의 분노를 인식한 소련 지도부는 그해 10월 볼셰비키혁명 15주년 기념식에 피델을 초청했다. 피델은 거절했을 뿐만 아니라 보건부의 하위급 관리를 대신 보냈다. 또한 피델은 그해 겨울에 무성히 나돌았던 소련과 쿠바의 양국 관계가 악화되었다는 소문을 굳이 신화하려고 나서지도 않았다. 소련이 모스크바에서 그들의 혁명을 자축하는 동안 피델은 당 공식 기관지인 〈그란마〉에 자신의 강연 내용과 특별기획 기사로 '프롤레타리아혁명의 군사 계획'3을 싣게 했다.

소련은 맞대응으로 쿠바에 연료 공급을 중단했다. 피델은 공급 재개를 요청할 수밖에 없었지만 이때에도 날카로운 응수를 잊지 않았다. 처음에 피델은 연료가 없으면 소련이 제공한 군사 장비를 선보이는 전통적인 퍼레이드도 펼칠 수 없게 된다고 말하려다가 내용을 바꾸었다. "우리에게는 진짜 혁명가들이 있습니다. 혁명의 기반을 대표하는 사람들이 말입니다. 바로 우리의 노동자인 시당수수 개배자들입니다."4 뒤이어 피델은 1968년 올해의 게릴라 영웅을 거론했다. "그의 이름에 걸맞은 올해를 만들 것입니다. 모든 면에서 체의 모범에 걸맞도록 말입니다."5

며칠 후에 소련은 다시 보복 조치를 했다. 쿠바 지도부와 친한 알렉시예프 대사를 불러들이고 그 자리에 '제국'에서의 경험이 풍부한 외교관인 알렉산드르 솔나보프를 앉힌 것이다. 이제 더 이상 쿠바를 위한 "달콤한 거래"6는 없을 것이었다. 이렇게 체와 관련된 양국의 공방 전에 아니발 에스칼란테마저 다시 나타나서 피델 정부에 대한 정보를 소련에 제공했다.

피델은 1962년에는 에스칼란테에게 관용을 베풀었지만 이제 새로운 '내분'의 증거가 떠오르자 다시는 용서할 마음이 없어졌다. 피델은 지난해에 "이 작은 섬은 언제나 혁명가의 방어벽이 되어줄 것이다. 모든 음모와 공격을 막아줄 것이다."[7]라고 말했다. 그는 중앙위원회에 에스칼란테를 기소했고, 치열하고 은밀한 10시간의 재판—정부 전체가 3일 동안 자취를 감추는 이런 종류의 공개재판은 체가 혐오하던 것이었다—을 거친 뒤에 에스칼란테에게 반역죄를 물어 15년 형을 선고하였다.

또한 피델은 에스칼란테 재판—피델의 '비밀 연설'로 재판이 알려지게 되었다—을 본보기로 삼아 자신의 생각을 밝힌 것이었다. 첫째, 피델은 체와 함께 고안한 끊임없는 투쟁을 계속해나갈 것이라는 의지를 확고히 보여주었고,[8] 둘째, 정부 내 인사는 누구라도 쿠데타를 생각해서는 안 된다는 점을 확실히 했다. 피델은 라울에게 모든 비난을 제기하도록 맡겼다. 이로써 라울은 피델의 후방기지 역할[9]이라는 새로운 길로 들어서게 되었다. 이 역할은 체가 떠날 때까지 성공적으로 이행해주던 역할과 비슷했다. 그러나 그해 1월에 피델이 그를 찾아온 지식인들에게 말했듯이 "체에게 필적할 만한 인물은 찾기 힘들 것이었다."[10]

1968년 봄이 되자 피델은 마침내 체의 죽음을 떨치고 일어선 것 같아 보였다. 피델은 이제 권력 유지만을 목표로 체가 보여준 길과 소련이 강요하는 길 사이에서 균형을 잡아갔다. 처음에 피델은 체의 '도덕적 동기유발'에 의한 혁명을 다시 천명했지만, 직관적인 생각에 의해서나 실용적인 본성에 의해서 입장이 조금씩 바뀌어갔다. 동시에 피델은 소련과의 화해에 대해 서서히 입을 열기 시작했다. 체의 사망 1주기도 되기 전에 피델은 텔레비전을 통해 소련이 체코슬로바키아에서 일어난 '프라하의 봄'을 진압하기 위해 탱크를 보낸 행동이 정당했다고 냉담한 쿠바 국민들에게 전했다.

이제 체의 죽음은 우정과 정치적 협력의 종말을 의미할 뿐이었다. 혁명의 길도 이제 막다른 길에 다다랐다. 레지스 드브레는 석방된 후 체의 죽음에 대해 "예외적인 행복감에 도취된 시기에 살던 사람들에게 찬 물을 끼얹은 것이나 마찬가지"[11]였다고 썼다. 아바나에 있던 CIA 요원도 같은 의견이었다. 그는 그해 여름 보고서에 "카스트로는 점점 입지가 줄어들고 있다. 라틴아메리카연대기구 회의에서 요란하게 선포한 볼리비아 전복 시도가 체의 죽음과 함께 실패로 돌아가자 그에게 심각한 타격을 남겼다."[12]라고 썼다. 다른 사람들도 그런 사정을 눈치챘다. 피델은 볼리비아 내무부 사람이 건네준 체의 볼리비아 시절 일기를 출판하면서 그 책의 서문을 썼다. 그는 집필을 마치자마자 기자를 만났다. 그 기자는 피델이 스트레스를 많이 받고 있다는 사실을 표정에서 느낄 수 있었다. "그는 배신당했소."[13] 피델이 씁쓸한 어조로 말했다.

피델은 자신도 배신당했다고 느끼는 것이 당연했다. 체의 볼리비아 임무는 한때 피델 자신의 야망이었지만 대실패로 끝난 유일한 일이었다. 라틴아메리카대륙 전체의 혁명운동을 시작하기 위해서 피델은 미국뿐만 아니라 소련이나 중국과도 반목을 겪을 수밖에 없었다. 라틴아메리카 전체에 혁명을 일으킨다는 볼리바르적인 야망은 그 형식과 수단을 놓고 볼 때 피델과 체의 특별한 우정 밖에서는 존재할 수 없는 계획이었다. 그들의 우정은 사실 혁명적 우정이었다. 피델은 체의 죽음으로 그 순간이 이미 지나갔다는 것을 알았다. 그리고 다시는 그와 똑같은 방식으로 혁명 문제를 거론하지 않았다.

피델은 40년 이상을 체 게바라 없이 살았다. 그러나 그는 체의 이미지와 흔적에서 결코 벗어나지 못했다. 알베르토 코르다가 찍은 그 유명한 체 게바라의 초상사진은 세계에서 가장 많이 팔려 나간 사진 중 하나일 것이다. 눈은 먼 곳에 고정되어 있고 베레모 아래로 머리카락이 흩날리는 그 사진은 끊임없는 활기로 가득 찬 게릴라 전사 그 자체를 보여주고 있었다. 피델은 그 사진을 체가 싫어할 법한 용도로 사용했다. 피델은 그 사진 앞에서 집무를 보았고 그 사진 아래에서 열변을 토했다. 그는 그 사진을 쿠바 국민들에게 요구하는 희생의 이미지로 내세웠다. 어느 전기 작가는 체는 계속 살아 있다고 말하면서 "피델 카스트로를 홍보담당관으로 둔 덕분"[14] 이라고 했다.

실제로 체는 피델 카스트로와의 관계 덕분에 계속 살아갈 수 있었다. 궁극적으로는 그들의 관계에 대한 사람들의 인식 덕분인 것이다. 아리스토텔레스는 우정은 유용성과 즐거움, 선, 이 세 가지에 기반을 둘 수 있다고 말했다. 그러나 마지막 요소에 기반을 둔 우정만이 영원하다고도 말했다. 피델과 체는 전통적인 의미에서 보면 가장 좋은 우정이라고 할 수 없었다. 그러나 그들의 우정은 분명히 현대적 의미에서 선에 기반을 둔 것이었다. 여기에서 선은 공공선公共善을 의미하며 더 쉬운 말로 하자면 연대를 뜻한다.

피델과 체의 우정은 기복이 있었지만 연대의 결속으로 규정될 수 있다. 이러한 연대의식은 우정의 모든 요소를 포괄하거나 우정에 반드시 필요한 요소는 아니다. 그러나 분명 가치 있는 요소이다. 게다가 피델과 체가 혁명가에 대한 서로의 생각을 북돋워준 것만큼 생산적인 우정은 찾아볼 수 없을 정도이다. 개인으로서의 피델과 체를 어떻게 평가하든지 간에 누구라도 이 두 사람의 끈끈한 유대 관계를 부인하지는 못할 것이다. 그리고 두 사람이 때로는 의도적으로 때로는 본능적으로, 그 유대 관계를 통해 각자의 행동을 결정했다는 사실도 부인할 수 없을 것이다. 체는 피델을 본보기로 삼아 '새로운 인간'에 대한 생각을 고안해냈고 피델은 '개인적 희생과 노고'[15]라는 혁명적 삶의 원형을 체에게서 따왔다. 그들은 서로에게 배웠고 서로가 정도를 넘지 않도록 제어해주었다. 그리고 두 사람이 헤어졌을 때 두 사람의 운명도 빛을 잃었다는 사실은 의미심장하다. 피델과 체는 20

세기의 가장 위대한 우상일지 모르지만 그들의 개인적인 영광 아래에는 이러한 공동의 유대 관계가 존재한다. 두 사람은 각자 따로 떨어져 있을 때보다 함께할 때 더 많은 것을 이루었다는 사실로 볼 때에도 그 말은 옳은 것 같다.

인용 출처에 대하여

피델 카스트로와 체 게바라의 이전 전기들은 주로 미국에 보관된 문서들에 의존하는 경향이 컸다. 물론 일부는 소련의 시각을 아우르기도 했고 또 다른 일부는 유럽의 문서 자료도 참조했지만 쿠바의 문서와 인터뷰 자료는 상대적으로 찾아보기 힘들었다. 쿠바가 미국에서 소련으로 돌아선 이유도 있지만 외교적 혼란 상태나 단순한 음모 때문에 이 책이 다루고 있는 시기에 대한 완전하고 균형 잡힌 자료 출처를 찾기가 무척 힘들었다. 대조적으로 피델과 체, 쿠바혁명에 대한 부차적인 자료는 넘쳐났다. 이런 자료들에는 좋은 것도 있고 아주 형편없는 자료도 있다. 하지만 이 모든 2차 자료들은 1차 자료만큼이나 읽을 만한 가치가 있다. 그래서 나는 이 책을 쓰기 위한 조사를 할 때 가능한 한 많은 자료를 직접 얻기 위해서 수많은 나라를 돌아다녔다. 이 위대한 두 인물의 삶에 대한 새롭고 풍부한 자료를 확보하기 위해서였다.

두 주인공의 젊은 시절을 이야기하기 위해서 나는 이 둘의 가족들의 기억에 많이 의존했다. 체의 가족이 피델의 가족보다 더욱 적극적이었다. 하지만 이들의 증언은 편향적인 의견일 가능성이 컸으므로 두 사람의 직접 증언과 문서 기록과도 비교해 균형을 맞춰야 했다. 때때로 그들이 회고록에 남긴 구절을 삭제할 필요도 있었고 전기 작가들의 관점을 고려해야 할 때도 있었지만 그 책들은 모두 두 사람의 전혀 다른 성격을 알려주는 좋은 자료들이었다. 최근에 인터뷰 자료를 기반으로 한 수많은 출판물들—오라시오 로페스 다스 에이라스Horacio López Das Eiras의 〈에르네스티토 게바라, '엘 체' 이전의 시절Ernestito Guevara, antes de ser el Che〉과 라파엘 데 라 코바Rafael de la Cova의 〈몬카다 공격: 쿠바혁명의 탄생The Moncada Attack: Birth of the Cuban Revolution〉 등—은 훨씬 더 많은 증언 자료들을 제공하고 있다. 따라서 그 시기를 해독하는 과제는 기존의 자료에 대한 해석이라고 할 수 있었다. 즉, 특별히 새로운 자료를 발굴할 가능성이 극히 적었다. 그럼에도 아바나의 역사문제위원회OAH의 연구자들로부터 흥미로운 자료를 입수할 수 있었다.

그란마호 전우의 가족이자 OAH의 연구자인 에르베르토 노르만 아코스타Heberto Norman Acosta가 멕시코 시절에 대해 가장 방대한 책을 펴냈다. 바로 두 권짜리 〈헌신적인 약속La Palabra Empeñada〉이었다. 또한 멕시코 시절을 이해하는 데 결정적인 자료로 가르치니Garcini 외 두 사람이 지은 〈망명자의 발자취: 멕시코 시절의 피델Huellas del Exilio: Fidel en Mexico〉을 들 수 있다. 이 책들은 방대한 문서와 증언 자료를 담고 있다. 아코스타는 특히 1980년대에 수많은 관련 인물들과 인터뷰를 했다. 내가 모스크바에서 니콜라이 레오노프와 가진 인터뷰도 이 시절을 이해하는 데 많은 도움이 되었다. 피델과 체의 시에라군 시절을 책에 담기 위해서 나는 카를로스 프랑키의 OAH 사진 기록에 많이 의존했다. 지금 이 기록은 프린스턴대학의 파이어스톤도서관에 소장되어 있다. 줄리아 스웨이그Julia Sweig의 인상적인 전기인 〈쿠바혁명의 내면Inside the Cuban Revolution〉은 OAH 기록들을 엮어서 이 시기에 대한 중요한 자료를 제공하고 있다. 또한 내가 쿠바에서 관련 인물들과 가진 인터뷰도 보충 자료가 되었다.

혁명의 첫 시기를 상술하기 위해서 나는 쿠바와 워싱턴, 모스크바에서 인터뷰를 했다. 하지만 이 인터뷰 증언은 여러 문서 기록들과 연관되었을 때 비로소 그 가치를 발했다. 그 기록들은 메릴랜드의 칼리지파크에 있는 미국국무성기록보관소ARCHIVES II와 모스크바에 있는 외무부기록보관소MID, 러시아 정부의 현대역사기록보관소RGANI에 있는 자료들이었다. 소련의 자료는 1961년 말에 미국이 쿠바에서 손을 떼기 시작할 때쯤부터 보관되기 시작했다. MID에는 1961년 초의 문서들이 소실되어 있었고 1961년의 10월에서 12월 자료와 1962년—미사일 위기에 대한 직접적인 자료들은 다른 곳에 보관되어 있었다—에서 1965년까지의 자료들이 남아 있었다. 마찬가지로 RGANI에도 1962년에서 1965년까지의 방대한 자료들이 있었다.

쿠바의 상황에 대한 엇갈린 기억들을 잘 해석하기 위해서 나는 미국과 소련의 대사관 직원들의 보고서를 비교 연구했다. 특히 쿠바 주재 영국 대사관과 동독 대사관의 보고서를 통해서 사건에 대한 자세한 상황을 알 수 있었다. 보고서 형태의 유용한 자료와 신문 기사, 쿠바 지도부의 저술 등은 아바나에 있는 호세마르티국립도서관Biblioteca Nacional Jose Marti에서 찾아볼 수 있었다. 물론 이 시기에 대한 가장 좋은 자료는 OAH에 있었다.

이 책의 결말을 구성하는 장에 대한 자료도 이상의 출처에서 확보할 수 있었다. 덧붙여 체 게바라의 일기와 체의 동지—특히 쿠바인 '폼보' 아리 비예가스와 볼리비아인 인티 페레도—가 쓴 회고록도 참조했다.

피델의 개인적 삶에 대한 내용은 리 록우드의 〈카스트로의 쿠바, 쿠바의 피델Castro's Cuba, Cuba's Fidel〉 같은 외국 기자들의 '밀착' 인터뷰에 의존했다. 피델과 체가 서로 떨어져 지내면서도 함께 일을 해나가는 상황에 대한 내용은 최근에 기밀해제된 CIA의 자료들과 미국 국무성 기록들, 워싱턴에 있는 국가안보문서보관소National Security Archive의 기밀해제 자료들을 참조했다. 미국외교기밀문서FRUS와 다국적냉전사연구기획CWIHP의 인터넷 자료들도 피델과 체의 전반적인 활동을 묘사하는 데 도움이 많이 되었다. 또한 베를린에 있는 동독외무부기록보관소PAAA 자료도 1965에서 1968년까지 시기를 종합적으로 이해하는 데 모스크바의 자료보다 더 많은 도움이 되었다.

주註

주석 약어

ARCHIVES II 미국 국무성 기록, 칼리지파크, 메릴랜드.

BL(British Library Microfilm Collection) 영국 국립도서관 마이크로필름 모음집, 런던.

BNJM(Biblioteca Nacional Jose Marti) 호세 마르티 국립 도서관, 아바나.

CFCPFL(Carlos Franqui Collection Firestone Library) 파이어스톤 도서관 소장 카를로스 랑키 모음집, 프린스턴.

CHC(Cuba Heritage Center) 쿠바유산연구소, 마이애미.

CWIHP(Cold War International History Project) 다국적 냉전사 연구 계획, www.CWIHP. org. (우드로월슨국제연구센터의 허가를 얻음.)

ECG(Ernesto Che Guevara) 에르네스토 체 게바라.

FBIS(Foreign Broadcasting Information Service) 외국방송정보서비스의 카스트로 연설 데이터 베이스.

FCR(Fidel Castro Ruz) 피델 카스트로 루스.

FRUS(Foreign Relations of the United States) 미국외교기밀문서.

MID 소련외무부기록보관소, 모스크바.

NSA(National Security Archive) 국가안보문서보관소, 워싱턴 DC.

OAH(Oficina de Asuntos Historicos del Consejo de Estado) 쿠바의 역사문제 위원회, 아바나.

OSA(Open Society Archives) 오픈소사이어티 연구소.

PAAA 동독의 외무부기록보관소, 베를린.

RGANI 러시아 정부의 현대역사기록보관소, 모스크바.

TSCJFK(Tad Szulc Collection John F. Kennedy Memorial Library) 케네디기념도서관 소장 태드 슐츠 모음집, 보스턴.

들어가며

1 '무적', Szulc, *Fidel Castro: A critical portrait*, p. 69.

2 "우리 시대의 위대한 두 영웅 이야기의 무대인 그 작은 공간에서", Castaneda, *Companero: the life and death of Che Guevara*, p. 275.

프롤로그

1 허쉬 초콜릿과 오렌지, 햄, Casuso, *Cuba and Castro*, p. 125. 프롤로그에 나오는 원정대 출발 상황과 실제 항해 상황에 대한 자세한 내용은 다음의 출처에서 참조함. Mencia, *Tiempos Precursores*, pp. 316-17; Quirk, *Fidel Castro*, pp. 119-23; Acosta, *La Palabra Empeñada*, Vol. II, pp. 439-64; Abreu, *Collado: Timonel del Granma*, pp. 135-68.

2 침묵 속의 포옹과 조용한 분위기, Franqui, *Camilo Cienfuegos*, p. 76.

3 감시활동과 출발 전 긴장 상태, Faustino Perez, in Franqui, *Diary of the Cuban Revolution*, pp. 121-4.

4 외국첩보기관의 추적, Outgoing Telegram, Gardner, AmEmbassyMexico City to SecStateWashington, 1956년 11월 2일, 기밀문서, ARCHIVES II, 350.61 Box 6.

5 "여기엔 열 명도 타지 못할 것 같아요." / "90명은 태울 수 있다", Quirk, *Fidel Castro*, p. 119.

6 "이국의 해변에서 죽더라도 그만한 가치가 있다", 에르네스토 게바라가 그의 아버지에게 보낸 편지, in Guevara Lynch, *Aquí Va un Soldado de América*.

7 "뭔가 일이 터질 것 같나요?" / 이 단락의 모든 인용문, Gadea, *Ernesto: A memoir of Che Guevara*, p. 158.

8 널판을 밟고 훌쩍 뛰어 승선함, Acosta, *La Palabra Empeñada*, Vol. II, p. 461.

9 "우리가 너희를 묻어버릴 것이다", Fursenko and Naftali, *Khrushchev's Cold War*, p. 232.

10 흐루쇼프와 불가닌의 인도 방문, 'Calcutta Greets Russians Wildly', *New York Times*, 1955년 11월 30일.

11 항해출발, Faustino Pérez, in Franqui, *Diario de la Revolucíon Cubana*, pp. 168-9.

12 혁명 구호 외침, Cuba Fuerzas Armadas Revolutionarias (ed.), *De Tuxpán a la Plata*, p. 78.

13 "너 이것은 못 버팁니다!" / 폭풍에 대한 언급, Faustino Pérez, in Franqui, *Diary of the Cuban Revolution*, p. 122.

14 '폭도들', El Mundo, 1959년 11월 22일; Quirk, *Fidel Castro*, p. 117.

15 "항상 철두철미하게 경계를 하고 있어서 어떤 폭동도 완전히 제압할 수 있다", 'Statement by Batista Concerning Revolutionary Plotting', AmEmbassy*Havana* to State Department*Washington*, 1956년 11월 20일, ARCHIVES II, 350.61 Box 6, p. 1.

16 "소총과 기관총, 수류탄, 화염병", Quirk, *Fidel Castro*, p. 121; Frank País and Félix Pena in Franqui, *Diary of the Cuban Revolution*, pp. 118-20; Outgoing Telegram, 기밀, J.L. Topping to State Department, 1956년 12월 17일, ARCHIVES II, 350.61 Box 6, p. 1.

17 "날아갈 수만 있다면!", Faustino Pérez, in Franqui, *Diary of the Cuban Revolution*, p. 122.

18 그란마호 상륙, Faustino Pérez, in Franqui, *Diary of the Cuban Revolution*, p. 123.

19 "우리 중에서 힘센 동지가…", Faustino Pérez, 'De Tuxpán a las Coloradas', in René Ray, *Libertad y Revolucion: Moncada, Granma, Sierra maestra*, 쪽수 없음.

20 "그들은 우리를 향해서…", ECG, 'Interview with Jorge Massetti', in Bonachea and Valdes, *Che: Selected Works of Ernesto Guevara*, pp. 364-5.

21 "우리는 그림자 같은…", ECG, *Episodes of the Cuban Revolutionary War, 1956-1958*, pp. 88-9.

1. 정숙함과 돼지

1 피델의 부모님과 비란 지역을 비롯한 주변 상황들, Betto, *Fidel and Religion*, pp. 95-109; Ramonet, *Biografía a dos Voces*, pp. 43-84.

2 '열대지방의 무솔리니'와 배경 설명, Gott, *Cuba: A New History*, pp. 129-30.

3 '소공자', Coltman, *The Real Fidel Castro*, p. 4.

4 "달콤한 바람과 청명한 날씨를 만끽하며", Quirk, *Fidel Castro*, p. 562.

5 닭들을 쏘아 죽임, Quirk, *Fidel Castro*, p. 10.

6 "매부리코, 구불구불한 머리…소녀" / "박식했지만 세상에 때 묻지…", Anderson, *Che Guevara: A revolutionary life*, p. 4.

7 "소년처럼 머리를 자르고…최초의 여성", Taibo II, *Guevara, also known as Che*, p. 3.

8 결혼 전 임신 사실을 숨기기 위해 에르네스토의 출생신고서에는 5월이 아니라 6월로 기록됨.

9 "그녀는 특이한 성격…", Guevara Lynch, *Mi Hijo el Che*, p. 107.

10 "힘들지만 행복한', Guevara Lynch, *Mi Hijo el Che*, p. 119.

11 고양이와 모래주머니, Taibo II, *Guevara, also known as Che*, p. 6.

12 "2, 3일이 지나면 다시 밖으로 나와서…", Enrique Martin, cited in Das Eiras, *Ernestito*

Guevara, antes de ser el Che, p. 87.

13 '꼬마 녀석' / 알타그라시아에 도착한 체의 가족, ibid., pp. 27-9.

14 "몰락한 귀족", ibid., pp. 41-2.

15 "종종 길거리에서 남편과…", Clara Peña, cited in ibid., p. 44.

16 프랑크 카프라 감독, 1938년 두 개의 오스카상 수상, ibid., p. 159.

17 너덜너덜해진 책장, Fernando Córdova, cited in ibid., p. 71.

18 "모두들 게바라처럼 하세요…", ibid., pp. 117-18. 이 무렵 에르네스토는 데안 푸네스 사
   립학교에서 공부하고 있었다. 이 두 시절에 대한 자세한 내용이 이 책에 묘사되어 있다.

19 '알파벳순 독서목록', Taibo II, Guevara, also known as Che, p. 8.

20 판독하기 어려운 단어들, Guevara Lynch, Mi Hijo el Che, p. 260.

21 "보내주신 편지는 정말 게바라…", 에르네스토 게바라가 아버지에게 보내는 편지, cited
   in Guevara Lynch, Aquí Va un Soldado de America, p. 36.

22 에르네스토의 필체 변화 / "나는 내 자신이 고기를 딩딩히…", Guevara Lynch, Mi Hijo
   el Che, p. 223.

23 산티아고의 환경, Patrick Symmes, The Boys from Dolores, p. 39.

24 "이봐요 미국인, 십 달러짜리…" / "루즈벨트에게 편지를…." / "그렇지, 뭐. 그는 선거에
   서…", Lundy Aguilar, cited in Symmes, The Boys from Dolores, p. 66.

25 "돌로레스 학생이 된다는 것은…", Symmes, The Boys from Dolores, pp. 70-1.

26 "지식 습득만으로는…", Father Luis Martin, cited in Allan Farrel, The Jesuit Code of
   Liberal Education: Development and Scope of the Ratio Studiorum, The Bruce Publishing
   Company, Milwarkee, 1938, p. 402.

27 "사람들의 머릿속에…", Juan Rovira, TSCJFK, p. 5.

28 "계속해서 끊임없이 싸워대는…", Symmes, The Boys from Dolores, p. 66.

29 "그 작은 수탉 같은…", Mario Cubenas, cited in Symmes, The Boys from Dolores, p. 337.

30 "운동이라면…", Juan Rovira, TSCJFK, p. 2.

31 시 생이 그냥, Symmes, The Boys from Dolores, p. 336; Szulc, Fidel Castro: A critical portrait,
   pp. 102-3.

32 투신 사건, Jose Ignacio Rasco, TSCJFK, p. 3; Symmes, The Boys from Dolores, p. 148.

33 "그는 모든 것을 사진처럼…", José Ignacio Rasco, TSCJFK, p. 3.

34 시능과 벼락치기, Juan Rovira, TSCJFK, p. 2.

35 "어떻게 선생님은…", Tomás Granado, cited in Das Eiras, Ernestito Guevara, antes de ser el
   Che, p. 108.

36 "우리 둘은 정치학에…", José Ignacio Rasco, TSCJFK, p. 1.

37 "엄청나게 수줍음을 타는" / "그와 함께 어울리기가 쉽지 않았어요.", Juan Rovira, TSCJFK, p. 6.

38 "말로 하는 일종의 전쟁"Coltman, *The Real Fidel Castro*, p. 9.

2. 혁명이 아니라 주먹을!

1 "기자와 점심을 하던 중이었어요." / 이 만남에 대한 모든 정황, 저자와 알프레도 게바라와의 인터뷰, 아바나, 2007년 9월 11일.

2 학생의 신분으로 혁명가가 되었다고 주장하는 피델, FCR, 'En esta Universidad me hice revolucionario', Discurso en el Aula Magna de la Universidad de La Habana, 1995년 9월 4일, OAH.

3 그라우 정권 퇴진 구호, Quirk, *Fidel Castro*, p. 19.

4 피델은 1987년 4월 연설에서 종을 가져오는 계획에 대해 직접 설명했다, 'Castro addresses Fifth UJC Conference', http://www1.lanic.utexas.edu/la/cb/cuba/castro/1987/19870406.

5 "전국적으로 악명을 얻게 된 너무나 터무니없는 사건", Max Lesnick, TSCJFK, p. 1.

6 "가장 흥미롭고 카리스마 넘치는 학생 지도자 중 한 명", Max Lesnick, TSCJFK, p. 2.

7 "에르네스토 오빠도 분명 큰…', Celia Guevara de la Serna, cited in Cupull and Gonzalez (eds.), *Cálida Presencia: La amistad del 'Che'y Tita Infante a través de sus cartas*, p. 13.

8 수요일마다 만나던 일 / 시 〈승리〉, Tita Infante, cited in Cupull and González (eds.), *Cálida Presencia*, p. 109.

9 "그는 어떤 일에든…', Tita Infante, cited in Cupull and González (eds.), *Cálida Presencia*, p. 109

10 "융통성 없는 분파주의자', Tita Infante, cited in Taibo II, *Guevara, also known as Che*, p. 14

11 "굉장히 좋은 오렌지" 두 상자, De la Cova, *The Moncada Attack: Birth of the Cuban Revolution*, p. 10.

12 부패와 폭력으로 점철된 그라우 정권, Quirk, *Fidel Castro*, p. 19.

13 검은 돈, Pérez-Stable, *The Cuban Revolution: Origins, Course and Legacy*, p. 50.

14 "혁명가 행세를 하는 폭도", Raul Roa Carcia, cited in De la Cova, *The Moncada Attack: Birth of the Cuban Revolution*, p. 11.

15 "이데올로기에 그다지 큰 애착을 보이지 않았다.", Max Lesnick, TSCJFK, p. 2.

16 '전통적인 의미의 혁명가', Max Lesnick, TSCJFK, p. 10.

17 바랄의 구속에 대한 무관심, Anderson, *Che Guevara: A revolutionary life*, p. 54.

18 에르네스토의 독서 취향, Anderson, *Che Guevara: A revolutionary life*, pp. 48-9.

19 "나는 그 집에서 그를 처음 보았어요.", Maria del Carmen Ferreyra, cited in Castañeda, *Compañero: the life and death of Che Guevara*, p. 38.

20 "녹색 눈을 찬양하며…", ECG, cited in Castañeda, *Compañero: the life and death of Che Guevara*, p. 38.

21 "지루한" 옛 도시인 부에노스아이레스 / "아름답고 열정적인 여인들의 나라에서" / "세이렌 요정들이 가득한 카페", 게바라가 베아트리스 이모에게 보낸 편지들, cited in as Eiras, *Ernestito Guevara, antes de ser el Che*, p. 218.

22 "크리오요(크리올) 스탈린주의의 음모", Martin, *The Early Fidel: Roots of Castro's communism*, p. 41

23 "폭력의 기운이 만연하는 현상"을 비난하는 전국 대학생 연맹, De la Cova, *The Moncada Attack: Birth of the Cuban Revolution*, p. 19.

24 보고타 보안국장의 보고서, De la Cova, *The Moncada Attack: Birth of the Cuban Revolution*, p. 22.

25 "갑자기 사람들이 온 사방에서…", FBIS 1982-04-09(FCR, 'Castro Reveals Role in 9 April 1948 Colombian Uprising'); Arturo Alape, *El Bogotazo: Memorias del Olvido*. 26 "가만있지 못하고 흥분 잘 하는", Alfredo Guevara, cited in De la Cova, *The Moncada Attack: Birth of the Cuban Revolution*, p. 23.

27 "낭만적이고 환상에 찬 돈키호테 같은 몽상가", FCR, cited in De la Cova, *The Moncada Attack: Birth of the Cuban Revolution*, p. 23.

28 "무엇보다도 4월 9일에 가장 부족했던 점은 조직화였다.", FCR, cited in Szulc, *Fidel Castro: A critical portrait*, p. 176.

29 피델과 미르타의 결혼식, De la Cova, *The Moncada Attack: Birth of the Cuban Revolution*, pp. 26-7.

30 '패거리 협정', Szulc, *Fidel Castro: A critical portrait*, p. 189.

31 "폭도들의 전반적인 일 처리…" / "너무나 충격적인", Max Lesnick, TSCJFK, p. 16.

32 "그가 걱정스러운 얼굴로…", Tita Infante, cited in Cupull and González, *Cálida Presencia*, p. 109.

33 "네 친구들이 곧잘 말하듯이 나노, 안녕, 내 사랑', 에르네스토 게바라가 티타 인판테에게 보낸 편지, Cupull and González, *Cálida Presencia*, pp. 22-3.

34 "이 나라는 우리가 본 중에…', 1952년 7월 6일 에르네스토 게바라가 어머니에게 보낸

편지, cited in ECG, *The Motorcycle Diaries*, p. 157.

35 에르네스토가 마이애미에서 지낸 시간, Granado, *Travelling with Che Guevara: The making of a revolutionary*, p. 201.

36 "그는 도서관에서 14시간을 꼬박…", Korol, *El Che y los Argentinos*, p. 72.

37 "우리 아메리카대륙을 돌아본 일은…" / "이 일기를 적었던 사람은….', ECG, *The Motorcycle Diaries*, p. 32.

38 "공식 정당의 확실한 지도자가…", Cuarteles, 1952년 8월 14일, p. 28, BNJM.

39 "열정적이고 감정적이고 솔직한 성미", Virgilio Ferrer Gutierrez, 'Nuestra Politica es asi', Cuarteles, 1952년 8월 14일, p. 44, BNJM.

40 피델의 프리오 정권 수사, Mencia, *Tiempos Precursores*, pp. 114-21. 이 수사에 대한 기사 글 자체는 〈알베르타Alerta〉에 게재되었고 1995년 9월 9일, 12일, 14일에 〈그란마Granma〉에 다시 게재되었음.

41 "토지와 궁전, 수영장에 대한 엄청난 탐욕" / "부정부패와 비참함", FCR, 'Prio rebaja la funcion de nuestras fuerzas armadas', *Alerta*, 1952년 1월 28일, OAH.

42 "나는 치바스에게 치욕을 안겨준….', FCR, *Alerta*, 1952년 3월 4일, OAH.

43 바티스타와의 만남, Coltman, *The Real Fidel Castro*, pp. 56-7.

44 "3월 10일이 앞으로 다가올 모든 일을 결정했다.", Raul Chibás, TSCJFK, p. 7.

3. 총알과 배낭

1 "발을 뺀 것", FCR, cited in Szulc, *Fidel Castro: A critical portrait*, p. 206(FCR)

2 첫 동지들, Mencia, *Tiempos Precursores*, p. 122.

3 "이 청년이 말을 하기 시작하면…", Melba Hernández, cited in Szulc, *Fidel Castro: A critical portrait*, p. 216.

4 비밀활동, Mencia, *Tiempos Precursores*, p. 2.

5 "우리는 무장 봉기를 일으킬 것", FCR, cited in Szulc, *Fidel Castro: A critical portrait*, p. 231.

6 산티아고의 축제, 저자와 마르타 로하스와의 인터뷰, 아바나, 2007년 11월 9일; Mencia, *El Grito de Moncada*, p. 513.

7 몬카다병영 습격, Mencia, *El Grito de Moncada*, pp. 527-84; De la Cova, *The Moncada Attack: Birth of the Cuban Revolution*, pp. 71-120; Mencia, *Tiempos Precursores*, pp. 140-51. 이 사건에 대한 수많은 참고문헌과 기록을 조사했지만 이 습격 사건을 재구성하는

데 이 세 책이 가장 유용했음.

8 "빗발치는 총탄포화", 세베리노 로셀 인터뷰, *Bohemia*, 1977년 10월 7일, OAH.

9 '전진!', Szulc, *Fidel Castro: A critical portrait*, p. 268.

10 "알베르토가 이제 칼리카로…." / "이상한 모습을 한 속물적인 녀석들", ECG, *Back on the Road: a journey to Central America*, p. 3.

11 "어중간한 과학자, 어중간한 보헤미안, 어중간한 혁명가, Alberto Granado, foreward to ECG, *Back on the Road*, p. xi; *Entrevista a don Ernesto Guevara por Mario Mencia*, 1976년 7월 16일, pp. 8-9, OAH.

12 "그 애를 영원히 잃어버릴 것만…." / "기차가 출발하자….", Matilde Lezica, cited in Cupull and González, *Ernestito, vivo y presente*, p. 172.

13 눈 내리는 플랫폼에서 배웅하는 모습, Ferrer, *De Ernesto al Che. El segundo y último viaje de Guevara por Latinoamérica*, p. 68.

14 "밤이 되지 .", ECG, *Back on the Road*, p. 4.

15 "라파스의 고위층 사람들이….", ECG, cited in Anderson, *Che Guevara: A revolutionary life*, p. 103.

16 "인디언은 언제나….", ECG, *Back on the Road*, p. 6.

17 "아메리카대륙의 상하이", ECG, *Back on the Road*, p. 4.

18 "키 크고 몸집이 비대하고 콧수염을 기른 대머리", Anderson, *Che Guevara: A revolutionary life*, p. 104.

19 로호의 사연, Ricardo Rojo, *Mi Amigo el Che*, p. 15.

20 포로들에 대한 분풀이, De la Cova, *The Moncada Attack: Birth of the Cuban Revolution*, p. 154.

21 "왜 나를 죽이지 않았습니까?" / "난 그런 사람이 아니라네.", Szulc, *Fidel Castro: A critical portrait*, p. 276.

22 "여태껏 쿠바 재판정이 맡은 사건들…." / "저 자식을 좀 보라고….", De la Cova, *The Moncada Attack: Birth of the Cuban Revolution*, pp. 204-5.

23 "현재 국가가 직면한 문제를 풀 수 있는 유일한 해결책", FCR, cited in De la Cova, *The Moncada Attack: Birth of the Cuban Revolution*, p. 206.

24 "피델 카스트로는 아픈 게 아닙니다.", Melba Hernández, cited in De la Cova, *The Moncada Attack: Birth of the Cuban Revolution*, p. 211.

25 "시금까지의 재판 과정과 판사님들의….', FCR, cited in De la Cova, *The Moncada Attack: Birth of the Cuban Revolution*, p. 211.

26 '1톤짜리 벽돌', 에르네스토 게바라가 세르나 게바라에게 1953년 8월 22일 보낸 편지,

cited in ECG, *Back on the Road*, p. 11.

27 "변함없이 백인의 계급의식이 느껴지는 곳", ECG, *Back on the Road*, p. 29.

28 "흑인 여성의 장사 수완과 선웃음에 붙잡혀", ECG, *Back on the Road*, p. 30.

29 소다 팰리스 호텔에서 만난 사람들, 세베리노 로셀 인터뷰, *Bohemia*, 1967년 10월 10일, p. 8, OAH.

30 "과테말라에서 저는 더욱 더 증진해서…', 에르네스토 게바라가 베아트리스 이모에게 보낸 편지, cited in ECG, *Back on the Road*, p. 29.

31 법정 상황, Mencia, *Tiempos Precursores*, p. 157; 접이식 나무의자와 법정 분위기, 저자와 마르타 로하스와의 인터뷰, 아바나, 2007년 11월 9일.

32 몸에 맞지 않는 법복, Szulc, *Fidel Castro: A critical portrait*, p. 294.

33 "카스트로는 막힘없이 길게 말을 이어나갔다.", Judge Adolfo Nieto Pinreio-Osorio, cited in De la Cova, *The Moncada Attack: Birth of the Cuban Revolution*, p. 230.

34 "더위에 졸고 있던 군인들조차도…" / "감사합니다. 이 나라가…", 저자와 마르타 로하스와의 인터뷰, 아바나, 2007년 11월 9일.

35 "저는 약간 실망했다는 점을…", 피델의 실제 연설이 재구성됨. 출처 http://www.marxists.org/history/cuba/archive/castro/1953/10/16.htm

4. 원숭이와 곰

1 "찌릿한 전기를 띠고" 있는 분위기, Rojo, *Mi Amigo el Che*, p. 47.

2 "국제적인 매카시즘", Mario Mencia, *Bohemia*, 1975년 10월 10일, OAH.

3 "저는 여전히 얼간이처럼 살고 있습니다." / "대화를 나누고 싶을 만큼 흥미로운 사람을 한 명도 만나지 못했어요.", 에르네스토 게바라가 베아트리스 이모에게 보낸 편지, cited in ECG, *Back on the Road*, p. 38.

4 에르네스토와 일다의 첫 만남, Gadea, *Ernesto: A memoir of Che Guevara*, p. 2.

5 "게바라의 첫인상은…", Gadea, *Ernesto: A memoir of Che Guevara*, p. 2.

6 "정말이지 제가 보기엔 아무 쓸모없는 정당의 젊은 당원이었죠.", 에르네스토 게바라가 어머니에게 1954년 4월 보낸 편지, cited in Guevara Lynch, *Aqui Va un Soldado de América*, p. 40

7 첫 인상 / "어두운 눈동자" / "나는 내가 그를 도울 운명이라는 것을 알았다.", Gadea, *Ernesto: A memoir of Che Guevara*, p. 3.

8 "힘들지도, 영광스럽지도 않은' 나날, ECG, *Back on the Road*, p. 40; 에르네스토 게바라가

티타 인판테에게 1954년 3월 보낸 편지, cited in Cupull and González, *Cálida Presencia*, pp. 53-4.

9 쌓여가는 빚과 일상생활, 여러 편지들, cited in ECG, *Back on the Road*, pp. 40-2.

10 "쿠바 망명자들은…." / 니코에 대한 믿음, Gadea, *Ernesto: A memoir of Che Guevara*, p. 7.

11 "그래, 자네들은 아르헨티나 사람들이군." / 파티 상황, 미르나 토레스의 증언, in Gadea, *Ernesto: A memoir of Che Guevara*, p. 197.

12 잃어버린 안경, De la Cova, *The Moncada Attack: Birth of the Cuban Revolution*, p. 233.

13 "정부 당국은 이런 부분에 온정을 베푸는 것 같다.", 피델 카스트로가 남동생 라몬에게 보낸 편지, cited in Szulc, *Fidel Castro: A critical portrait*, p. 306.

14 "열대 시베리아" / 감옥 상황, Szulc, *Fidel Castro: A critical portrait*, p. 304.

15 "수천 명의 비명", Pablo de la Torriente Brau, cited in Mencia, *The Fertile Prison: Fidel Castro in Batista's Jails*, p. 29.

16 "새벽 5시 정각에….', 피델 카스트로가 누군가에게 1953년 12월 22일 보낸 편지, cited in Mencia, *The Fertile Prison*, p. 37.

17 감옥 생활 일정, Mencia, *The Fertile Prison*, pp. 31-2.

18 '독서모임이 끝난 후 오후 7시 45분에 특별 회담을 시작한다.', Mencia, *The Fertile Prison*, p. 33.

19 "우리는 친구 이상이며 형제입니다.", 아르만도 메스트레가 삼촌에게 보낸 편지, cited in Mencia, *The Fertile Prison*, p. 36.

20 "무기 사용법을 익혔던 이들이….", 피델 카스트로가 누군가에게 1953년 12월 22일 보낸 편지, cited in Mencia, *The Fertile Prison*, p. 52.

21 법적 소송들, Szulc, *Fidel Castro: A critical portrait*, p. 306.

22 "이렇게 펜을 들기까지 얼마나….", 피델 카스트로가 르네 기타르트에게 1954년 12월 16일 보낸 편지, cited in Conte Agüero and Bardach (eds), *The Prison Letters of Fidel Castro*, p. 53.

23 "죽은 형제들의 피로 이 편지를 씁니다." / "누지스터훈 미셉사" / "루이스, 우리는….", 피델 카스트로가 루이스 콘테 아게로에게 1953년 12월 12일 보낸 편지, cited in Conte Agüero and Bardach (eds), *The Prison Letters of Fidel Castro*, pp. 1, 6, 12.

24 "너는 완전히 건강한 거지?" / 관련 대화 내용, Gadea, *Ernesto: A memoir of Che Guevara*, p. 24.

25 "쿠바 친구들이 진중하게….', ECG, *Back on the Road*, p. 45.

26 "광대처럼 빼기는 듯한 자세" / 〈자유의 행진〉 노랫소리, Mencia, *The Fertile Prison*, pp. 63-9; De la Cova, *The Moncada Attack: Birth of the Cuban Revolution*, p. 235 / Szulc, *Fidel*

Castro: A critical portrait, p. 309. 1954년 2월 12일 아침에 벌어진 사건. '피스톨리타'의 진짜 이름은 코르포랄 라모스였음.

27 "키가 작고 뚱뚱한 몸집에⋯', Israel Tápanes, cited in Mencia, *The Fertile Prison*, p. 67

28 "그래, 네 녀석이 그 망할 노래를⋯", De la Cova, *The Moncada Attack: Birth of the Cuban Revolution*, p. 235. '세보야'의 진짜 이름은 살루스티아노 로드리게스였음.

29 "그들은 내 감방 문을 열고⋯', Agustin Diaz Cartaya, cited in Mencia, *The Fertile Prison*, p. 68.

30 "나는 세상에 존재하는 모든 것을⋯', 피델 카스트로가 여동생에게 1954년 3월 13일 보낸 편지, cited in Conte Agüero and Bardach (eds), *The Prison Letters of Fidel Castro*, p. 59.

31 "여전히 불빛이 없다⋯', 피델 카스트로가 누군가에게 1954년 3월 1일 보낸 편지, cited in Mencia, *The Fertile Prison*, p. 70.

32 수감생활 중 서신 왕래, Szulc, *Fidel Castro: A critical portrait*, p. 312.

33 나티 레부엘타, Mencia, *El Grito de Moncada*, p. 267; Szulc, *Fidel Castro: A critical portrait*, p. 231.

34 "모든 광물 중에서 가장 단단하고 순수한", 피델 카스트로가 나티 레부엘타에게 보낸 편지, cited in Quirk, *Fidel Castro*, p. 62.

35 "나는 에스파냐와 프랑스, 러시아의 최고 문학작품을⋯", 피델 카스트로가 나티 레부엘타에게 보낸 편지, cited in Quirk, *Fidel Castro*, p. 62.

36 "한동안 칸트를 읽었더니 마르크스가⋯', 피델 카스트로가 나티 레부엘타에게 1954년 4월 4일 보낸 편지, cited in Mencia, *The Fertile Prison*, p. 42.

37 "금요일에 감방 안을⋯', 피델 카스트로가 나티 레부엘타에게 1954년 4월 4일(추정) 보낸 편지, cited in Mencia, *The Fertile Prison*, p. 72.

38 "얼마나 이 나라를 머리부터 발끝까지⋯', 피델 카스트로가 나티 레부엘타에게 1954년 4월 4일(추정) 보낸 편지, cited in Mencia, *The Fertile Prison*, p. 134.

39 "항상 부드러운 미소와 행동으로⋯', 피델 카스트로가 멜바 에르난데스에게 1954년 4월 17일 보낸 편지, cited in Conte Aguero and Bardach (eds), *The Prison Letters of Fidel Castro*, pp. 15-6; Acosta, *La Palabra Empenada*, Vol. I, pp. 32-4.

40 "1954년도 벌써 3월이군." / 편지 내용, 에르네스토 게바라가 티타 인판테에게 1954년 3월 보낸 편지, cited in Cupull and González, *Cálida Presencia*, p. 50.

41 독서 계획과 '인생의 고뇌', Gadea, *Ernesto: A memoir of Che Guevara*, p. 36.

42 청혼, Gadea, *Ernesto: A memoir of Che Guevara*, p. 41.

43 "과테말라가 이 엄청난 투쟁에서 승리한다면⋯', Rene Bedia, cited in Mencia, *The Fertile Prison*, pp. 101-2.

44 "명예훼손으로 고소" / "미르타는 가족의 꼬임에…" / "아내의 평판과 혁명가로서의 내 명예가…', 피델 카스트로가 콘테 아게로에게 1954년 7월 17일 보낸 편지, cited in Conte Agüero and Bardach (eds), *The Prison Letters of Fidel Castro*, p. xi.

45 "내 걱정은 하지 마…', 피델 카스트로가 여동생 리디아에게 1954년 7월 22일 보낸 편지, cited in Conte Aguero and Bardach (eds), *The Prison Letters of Fidel Castro*, p. 34.

46 "루이스에게…", 피델 카스트로가 콘테 아게로에게 보낸 편지, cited in ibid., pp. 39-40.

47 어느 지옥을 고를 것인가, Szulc, *Fidel Castro: A critical portrait*, p. 296.

48 "모든 것은 다 지나가기 마련", FCR, cited in ibid., p. 317.

49 법정 변호 진술 배포, Quirk, *Fidel Castro*, pp. 71-3; De la Cova, *The Moncada Attack: Birth of the Cuban Revolution*, p. 236.

50 공습과 온두라스 기지의 카스티요 아르마스, Rodriguez, *Viajes y Aventuras del Joven Ernesto*, pp. 301-4.

51 "폭격기가 폭탄을 .", 에르네스토 게바라가 어머니에게 1954년 7월 4일 보낸 편지, cited in Herberto Norman Acosta, *El Libro del Che*, p. 31.

52 전투기를 향해 욕을 퍼부어대는 에르네스토, Rodriguez, *Viajes y Aventuras del Joven Ernesto*, p. 303; Gadea, *Ernesto: A memoir of Che Guevara*, p. 48. 에르네스토의 이 당시 심경은 아버지에게 보낸 편지에 잘 나타나 있음. '제3자의 입장으로는 어떤 것도 이룰 수 없으며 아메리카에 대해 알면 알수록 양키들의 잘못을 더욱 뼈저리게 느끼게 되는 것 같습니다', 에르네스토 게바라가 아버지에게 1954년 5월 6일 보낸 편지, cited in Rodriguez, *Viajes y Aventuras del Joven Ernesto*, pp. 295-6.

53 "에르네스토는 아무것도 결정하지 못한 채…', Luis Felipe Béquer, cited in ibid., p. 303

54 〈아르벤스의 몰락을 비러보며〉의 내용, Gadea, *Ernesto: A memoir of Che Guevara*, pp. 53-6.

55 "각국 대사관들이 사람들로…" / "투쟁은 이제 시작이다.", 에르네스토 게바라가 어머니에게 1954년 7월 4일 보낸 편지, cited in Guevara Lynch, *Aquí Va un Soldado de América*, p. 58.

56 "그금 횡딩하게 들리시겠시만…", 에르네스토 게바라가 어머니에게 보낸 편지, cited in ibid., pp. 58-9.

57 "이곳은 총탄과 폭탄, 연설 등으로…', 에르네스토 게바라가 베아트리스 이모에게 보낸 편지, cited in ibid., p. 59.

58 "드디어 나의 예술석 야망을…', Gadea, *Ernesto: A memoir of Che Guevara*, p. 67.

59 〈괴테말러의 딜레마〉 / 〈미국의 노통세납: 친구인가, 적인가?〉, Maria del Carmen Ariet (ed.), *America Latina: Despertar de un Continente*에 수록되어 최근에 출판됨.

60 "평생 동안 지겹도록…", Raúl Castro, cited in Szulc, *Fidel Castro: A critical portrait*, p. 35.

61 "그 유명한 백년전쟁을…", 피델 카스트로가 여동생에게 1955년 3월 13일 보낸 편지, cited in Conte Agüero and Bardach (eds), *The Prison Letters of Fidel Castro*, pp. 59-61.

62 "특별사면을 받아들이면…", 피델 카스트로가 콘테 아게로에게 보낸 편지, cited in ibid., pp. 68-70.

63 "나는 본래 제멋대로 사는 보헤미안…" / "왜 내가 부자나 공무원…?" / "너희가 우리를 걱정하고 위하는 마음을…", 피델 카스트로가 여동생에게 1955년 5월 2일 보낸 편지, cited in ibid., pp. 75-7.

64 "나는 쿠바를 떠나지 않을 것…" / "나는 어떤 야망도, 열망도…", FCR, cited in Garcini, Jiménez and Velis, *Huellas del Exilio: Fidel en México*, p. 21.

5. 멕시코의 어느 추운 밤

1 안개와 비에 싸인 멕시코시티에 도착, Rodriguez, *Viajes y Aventuras del Joven Ernesto*, p. 315.

2 "이곳의 공기는…", ECG, cited in Taibo II, *Guevara, also known as Che*, p. 43.

3 "자유의 공기는 정말…", ECG, cited in Guevara Lynch, *Aquí Va un Soldado de América*, p. 149.

4 "북쪽으로 가고 싶다는 내 열망은…", 에르네스토 게바라가 티타 인판테에게 1954년 9월 29일 보낸 편지, cited in Cupull and González (eds), *Cálida Presencia*, pp. 58-9.

5 "이 도시, 아니 정확히 말하자면…", 에르네스토 게바라가 베아트리스 이모에게 보낸 편지, cited in Anderson, *Che Guevara: A revolutionary life*, p. 161.

6 "전형적인 부르주아지의 신학적인 교육", ECG, cited in ibid., p. 162.

7 일다의 석방 / 〈로미오와 줄리엣〉 발레 공연 / "우리 사이에 왜 정확히…", Gadea, *Ernesto: A memoir of Che Guevara*, pp. 84-7.

8 "그는 말이 없는 사람이었다.", Sanchez Perez, cited in Acosta, *El Libro del Che*, p. 52.

9 "그는 아주 젊은 데다 몸은 빼빼 말라서는…", 마리아 안토니아 곤잘레스와의 인터뷰, ibid., p. 54.

10 사진사 일 / 가난한 생활 / 재회에 관한 내용, 세베리노 로셸의 증언, *Bohemia*, 1977년 10월 7일, pp. 87-8.

11 "일다가 오니까…", Gadea, *Ernesto: A memoir of Che Guevara*, p. 93.

12 "우리가 죽을 때까지…", ECG, cited in Anderson, *Che Guevara: A revolutionary life*, p.

168.

13 라울의 도착과 투우, Taibo II, *Guevara, also known as Che*, p. 55, cf. Efigenio Ameijeras in Franqui, *Libro de los Doce*, p. 38.

14 레오노프와 책, 저자와 니콜라이 레오노프와의 인터뷰, 모스크바, 2007년 12월 4일.

15 "바다가 상냥한 손을 흔들며…", ECG, cited in Taibo II, *Guevara, also known as Che*, p. 51.

16 "8월 1일이 되기 전에….', 에르네스토 게바라가 티타 인판테에게 1955년 6월 18일 보낸 편지, cited in Cupull and González (eds.), *Cálida Presencia*, pp. 69–70.

17 "이제 더 이상 총선거를….", FCR, *Bohemia*, 1955년 7월 7일; 암살 위협, Juan Almeida, in Carlos Franqui(ed.), *Relatos de la Revolución Cubana*, p. 19. 이 당시 피델의 글들은 'Lo que iba a decir y me prohibieron', *La Calle*, 1955년 6월 6일, p. 1; 'Lo que iba a decir y me prohibieron por segunda vez', *La Calle*, 6월 7일, p. 1; 'Mientes Chaviano', FCR, *Bohemia*, 1955년 5월 29일. 5월 19일에 온다 이스피노쿠비니 라디오 방송국의 국장이 피델을 나룬 프로그램을 방송한 죄로 구금되었다. 그리고 6월 9일에 다스카 메 타 아바나 영화관에서 폭탄이 터지자 M26 가담자들이 구금되었다. *La Calle*는 6월 16일에 폐간되었다.

18 "온 몸이 다 아프다." / "독방에 갇혀 있었을 때보다 훨씬 더 고립된 것 같다.", FCR, cited in Claudia Furiati, *Fidel Castro: La historia me absolverá*, p. 222.

19 "저는 평화 투쟁의 길이 모두 막혀서…", FCR, cited in Quirk, *Fidel Castro*, p. 86.

20 "이제 나는 카르데나스의…", 피델 카스트로가 메디코에게 1955년 7월 14일 보낸 편지, cited in Claudia Furiati, *Fidel Castro*, p. 221.

21 "친애하는 박사님께…", 피델 카스트로가 1955년 7월 24일 보낸 편지, cited in Claudia Furiati, *Fidel Castro*, p. 222.

22 에르네스토가 해물 파스타 요리를 하는 피델을 관찰하는 장면, Furiati, *Fidel Castro*, p. 224.

23 첫 만남과 "멕시코의 어느 추운 밤", ECG, 조르지 마세티와의 인터뷰, *Granma*, 1967년 10월 16일. 전기작가들이 피델과 체의 첫 만남에 대해서 저마다 다른 날짜를 말하고 있다는 사실이 놀랍다. 어떤 공식 출처에 따르면 9월이라고 냉시뇌어 있기도 하다(9월이라는 시기가 둘의 우정이 시작된 시기인지, 진짜 첫 만남 자체가 9월에 있었다는 것인지는 확실치 않음). 1971년에 칠레에서 카스트로가 연설 중 말하기로는 자신이 멕시코에 도착한 직후라고 밝힌 바 있었고 일다도 7월 초라고 언급하고 있다. 조르쥬 카스타네다는 체의 전기에서 수많은 전기작가들이 7·26 기념일 즈음을 들고 있다고 말한다. 가장 최근에 줄리아 코스텐라는 *Che Guevara: La vida en juego*, p. 73에서 7월 7일이라고 언급하고 있지만, 이 시기에 피델은 베라크루스에 막 도착한 상태였다. 그들의 만남에 대한 정황을 보건대 두

사람의 첫 만남은 피델이 멕시코에 도착한 지 3주 정도 흐른 뒤인 7월 27~28일 즈음에 이루어졌다고 보는 것이 타당할 것이다. 첫 만남에 대한 더 자세한 상황은 저자와 파피토 세르게라와의 인터뷰(아바나, 2007년 11월 10일)를 참조하기 바란다.

24 "체 게바라를 전투에 가담시켰던 이유는….", FCR, cited in Lockwood, *Castro's Cuba; Cuba's Fidel. An American Journalist's Inside Look at Today's Cuba*, pp. 162-3.

25 "니코가 과테말라에서 하던 이야기가 …." / 이 단락의 모든 인용문, Gadea, *Ernesto: A memoir of Che Guevara*, p. 102.

26 "친애하는 자매들에게….", 피델 카스트로가 멜바 에르난데스와 아이데 산타마리아에게 1955년 8월 2일 보낸 편지, cited in Mencia, *Tiempos Precursores*, p. 263.

27 첫 정치성명서인 〈제1선언〉 / "혁명이 경제를 파탄시킨다고 비난하는….", *Fondo: Fidel Castro Ruz*, No. 186, OAH; Mencia, *Tiempos Precursores*, pp. 265-6.

28 "적어도 2주일에 한 번씩은", *Fondo: Fidel Castro Ruz*, OAH; 피델 카스트로가 멜바 에르난데스에게 보낸 편지, cited in Mencia, *Tiempos Precursores*, p. 269

29 "만약 바티스타 당신이 사임하지 않는다면….", photostat of 'Mensaje al Congreso de Militantes Ortodoxos' in Garcini, Jiménez and Velis, *Huellas del Exilio*, Appendix IV, 쪽 수 없음.

30 "혁명! 혁명! 혁명!", Szulc, *Fidel Castro: A critical portrait*, p. 329.

31 "아기를 위한 선물", ECG, cited in Gadea, *Ernesto: A memoir of Che Guevara*, p. 106.

32 "곧 아이가 태어날 것이고….", 에르네스토 게바라가 티타 인판테에게 보낸 편지, cited in Anderson, *Che Guevara: A revolutionary life*, p. 180; 에르네스토 게바라가 어머니에게 보낸 편지, cited in ECG, *Back on the Road*, p. 94.

33 조용하고 조촐한 결혼식, Acosta, *La Palabra Empeñada*, p. 223; Anderson, *Che Guevara: A revolutionary life*, p. 180; Szulc, *Fidel Castro: A critical portrait*, p. 337; Taibo II, *Guevara, also known as Che*, p. 56.

34 "우리의 모든 계획과 미래가….", Gadea, *Ernesto: A memoir of Che Guevara*, p. 110.

35 "체, 자네 너무…?", Anderson, *Che Guevara: A revolutionary life*, p. 180.

36 "난 당신의 하인이니….", ECG, cited in Gadea, *Ernesto: A memoir of Che Guevara*, p. 113.

37 "자동차는 이곳….", FCR, cited in ibid., p. 112.

38 "돌아가는 상황이 좋지 않습니다.", ibid., p. 115.

39 "아메리카의 현세대는 적극적인 공세를….", FCR, cited in Mencia, *Tiempos Precursores*, pp. 277-8.

40 에르네스토와 멜바의 만남, Melba Hernándex, cited in Acosta, *La Palabra Empeñada*, Vol. I, p. 295.

41 "우리는 생각에도, 그리고 바위에도…", 피델 카스트로의 1955년 10월 30일꽈 가든 호텔 연설, cited in Furiati, *Fidel Castro*, p. 233.

42 "급진적이고 근본적인 변화", FCR, cited in Szulc, *Fidel Castro: A critical portrait*, p. 341.

43 "신과 카이사르가 한 몸에 깃든 사람", Szulc, *Fidel Castro: A critical portrait*, p. 244.

44 "그걸 만지면 안 돼…", FCR, cited in ibid., p. 343.

45 "마르티는 혁명에서…", Manifesto No. 2, *Fondo: Fidel Castro Ruz*, OAH; FCR, cited in Furiati, *Fidel Castro*, pp. 234-5.

46 마이애미로 찾아온 나티, Acosta, *La Palabra Empeñada*, Vol. I, p. 335.

47 "병 때문에 기분이 나빠서 그랬어.", ECG, cited in Taibo II, *Guevara, also known as Che*, p. 60

48 신혼여행, Gadea, *Ernesto: A memoir of Che Guevara*, pp. 116-7.

49 "내가 한 연구들은 대부분…", ECG, cited in Acosta, *Libro del Che*, pp. 55-6.

50 시 부분, Anderson, *Che Guevara: A revolutionary life*, p. 183.

51 "그는 정말 우리가 새로운 쿠바를…." / "그래요. 히지만 우선…." / "믿는 말이야.", Gadea, *Ernesto: A memoir of Che Guevara*, pp. 121-2.

6. 원정 동지들

1 "피델 카스트로 박사가 외국에서…", Furiati, *Fidel Castro*, p. 233.

2 "우리는 군대가 말을 먹이는 데…", FCR, cited in Furiati, *Fidel Castro*.

3 "가게 점원, 노동자, 학생처럼 소박하고 평범한 사람들", Casuso, *Cuba and Castro*, p. 94.

4 "유용할지도 모르는" 일들을 배우는 체, Gadea, *Ernesto: A memoir of Che Guevara*, p. 123.

5 "부하는커녕 1달러도 없을", Bayo's memoirs cited in Szulc, *Fidel Castro: A critical portrait*, p. 325.

6 "총과 슘슈시힌인의 민", *Fidel te Espera en la Sierra*, 아바나, 1959, p. 4.

7 '자, 이 청년이 한 손으로…', Bayo, cited in Szulc, *Fidel Castro: A critical portrait*, p. 326.

8 이제 정치 얘기는 그만하고…", Melba Hernández, TSCJFK, p. 172.

9 일디타('꼬마 마오')의 탄생, Acosta, *La Palabra Empeñada*, Vol. I, p. 432.

10 "우리 꼬마 공산주의자는…", 에르네스토 게바라가 어머니에게 1956년 4월 13일 보낸 편지, cited in Guevara Lynch, *Aqui Va un Soldado de América*, p. 130.

11 "이 소녀는 쿠바에서 교육받게 될 것", FCR, cited in Szulc, *Fidel Castro: A critical portrait*, p. 353.

12 "우리 집에서 부족한 것이…." / "한순간 딸과 그녀의 엄마….", 에르네스토 게바라가 티타 인판테에게 1956년 3월 1일 보낸 편지, cited in Guevara Lynch, *Aqui Va un Soldado de América*, p. 129.

13 체의 가담 이유, 전기작가인 카스타네다도 이와 비슷한 내용을 *Compañero: the life and death of Che Guevara*, pp. 97-8에서 밝혔음. '모든 정황으로 볼 때 게바라는 자신만의 이상을 위해 싸우는 것이 분명했다. 즉, 그 운동의 실제적인 계획이나 쿠바 사회의 혁신을 위해서라기보다는 피델과 함께 하기 위해서 운동에 가담한 것 같다.'

14 "선인장과 숲, 독뱀들", Casuso, *Cuba and Castro*, p. 108.

15 "대략 650탄을 쏘는 뛰어난 사격수로….", Bayo's 'Evaluation in Firing Practice' on Che, photocopy of original document, Garcini, Jiménez and Velis, *Huellas del Exilio*, p. 161.

16 "우리는 하루 종일 훈련을…." / "우리들 대부분은 오렌지….", Melba Hernández, TSCJFK, p. 223.

17 기강 확립과 보고서 검토, Bayo, *Mi Aporte a la Revólucion Cubana*, p. 76.

18 미래의 지휘관으로서의 체, Acosta, *La Palabra Empeñada*, Vol. II, p. 14; 멕시코 당국이 몰수한 참고 자료들, OAH 보관소, 아바나.

19 '강제수용소' 같은 삶, 훈련병 중 한 명인 토마스 엘렉토 페드로소의 일기, OAH: Fondo Expediente de la Procuradia General; Acosta, *La Palabra Empeñada*, Vol. II, p. 68.

20 체를 변호하는 피델, Acosta, *La Palabra Empeñada*, Vol. II, p. 68.

21 "피델과 체 사이에는 오랜 친구 같은 신뢰", Faustino Pérez, cited in Acosta, *La Palabra Empeñada*, Vol. I, p. 437.

22 계획 추진, Pedro Miret, TSCJFK, pp. 40-5.

23 피델 숙소에 드나드는 방문객들 감시, 'Report of Cuban Naval Attaché in Mexico, Nicolás Cartaya Gómez', cited in Acosta, *La Palabra Empñada*, Vol. II, pp. 14-5.

24 피델의 체포 상황, Universo Sanchez, TSCJFK, p. 31; FCR, cited in Borge, *Un Grano de Maiz*; Furiati, *Fidel Castro*, p. 245.

25 마리아 안토니아의 집 급습, Acosta, *La Palabra Empeñada*, Vol. II, p. 78.

26 미구엘 슐츠 구치소에 면회 온 카수소와 릴리아, Casuso, *Cuba and Castro*, pp. 91-2.

27 "50명이 넘는 기자들이….", Universo Sánchez, TSCJFK, p. 41.

28 "릴리아는 항상 내가 혼자….", Casuso, *Cuba and Castro*, pp. 91-2.

29 "눈빛과 태도" / 이 단락의 모든 인용문, Casuso, *Cuba and Castro*, p. 93.

30 "필요할 때 연락주세요.", ibid., p. 93.

31 "단순히 한 사람을 제거하는 것은….", FCR, 멕시코, UPI, 1955년 7월 3일.

32 2주의 감옥 생활, Acosta, *La Palabra Empeñada*, Vol. II, p. 191; Castañeda, *Compañero*, p.

93.

33 "이제까지는 질문에…" / "당신이 여자와 갓난아기를…", Gadea, *Ernesto: A memoir of Che Guevara*, p. 144.

34 심문에 대한 체의 반응, 아코스타가 요약한 체의 증언, in Acosta, *La Palabra Empenada*, Vol. II, p. 105, based on the OAH: Fondo Expediente de la Procuradia files.

35 "훈련장과 감옥에서 지낸 날들 덕분에….", 에르네스토 게바라가 어머니에게 보낸 편지, cited in Guevara Lynch, *Aqui Va un Soldado de America*, p. 141.

36 "햇빛과 행복의 나날", Acosta, *La Palabra Empeñada*, Vol. II, p. 248; OAH, Fondo: Ernesto Guevara de la Serna, no.79.

37 "그는 셔츠도 입지 않고….", Carlos Franqui, in Das Eiras, *Ernestito Guevara, antes de ser el Che*, pp. 315-6.

38 니콜라이 레오노프, 저자와의 인터뷰, 모스크바, 2007년 12월 4일.

39 체와 함께하려는 피델의 결심, Borge, *Grano de Maiz*, p. 257.

40 "쿠바로 떠날 결심을 밝혔다.", Acosta, *La Palabra Empenada*, Vol. II, p. 197.

41 카수소의 집 방문 / "그 친구는 들이지 말게.", Casuso, *Cuba and Castro*, pp. 101-5.

42 "지금부터 저는 히크메트처럼….' / 히크메트의 시, 에르네스토 게바라가 부모님에게 보낸 편지, cited in Deutschmann (ed.), *Che en la Memoria de Fidel Castro*, p. 20.

43 공산주의자들과의 비밀 회담, 멕시코 주재 소련 대사인 쿠라첸코프와 쿠바 공산당 임원인 카브레라, 멕시코 공산당 총서기 엔치타 사이의 대화록, (기밀), RGANI, Fond 5, Opis 28, Delo 440, pp. 72-9.

44 수표는 안 된다면서 "전부 현금으로 보내주시오.", FCR, cited in Acosta, *La Palabra Empeñada*, Vol. II, p. 181.

45 "쓰디쓴 경험", FCR, speech in the Archivo Nacional del Partido, Carlos Marx Theatre, Havana, 1979년 2월 8일, cited in Acosta, *La Palabra Empenada*, Vol. II, p. 280; 'The Vengeful Visionary', *Time* magazine, 1959년 1월 26일.

46 피델과 프리오의 대화, Faustino Perez, cited in Acosta, *La Palabra Empeñada*, Vol. II, p. 281.

47 "혼수의 일부로….", Casuso, *Cuba and Castro*, p. 112.

48 "아버지 카스트로가 돌아가셨다!", Furiati, *Fidel Castro*, p. 255.

49 "이 글을 싣는 일이 중요합니다.', FCR to Miguel Ángel Quevedo, OAH: Fondo, Fidel Castro Ruz, No.299, cited in Acosta, *La Palabra Empeñada*, Vol. II, p, 365,

50 "이제야 이젯밤의 소식을….", Ibid., p. 266.

51 체의 은신처를 찾은 피델, 바우에르 파이스의 증언, *Bohemia*, No. 41, p. 43.

52 "미리 괜한 감정으로…", 에르네스토 게바라가 어머니에게 보낸 편지, cited in Anderson, *Che Guevara: A revolutionary life*, p. 207.

53 구티에레스 바리오스의 출동 지연, Gutiérrez Barrios, cited in Garcini, Jimenez and Velis, *Huellas del Exilio*, p. 266.

7. 진창과 잿더미

1 진창과 잿더미, Jose Guerra Alemán, Barro y Cenizas: *Dialogos con Fidel Castro y el Che Guevara*.

2 사망자 명단 발표, Outgoing Telegram, J.L. Topping, Havana, to State Department, 1956 년 12월 11일, 정오, ARCHIVES II, 350.61 Box 6.

3 "카스트로와 다른 상륙대원들의 행방은 확실치 않았다.", AmEmb, Havana, Outgoing Telegram, Gardner to State Dept, 1956년 12월 17일, 오후 4시 30분, ARCHIVES II, 350.61 Box 6.

4 소문과 불신, 산티아고의 미국영사 오스카 게라가 아바나의 총영사 제임스 브라운에게 보낸 기밀 보고서, ARCHIVES II, 350.61 Box 6.

5 알레그리아델피오 사건, ECG, *Reminiscences of the Cuban Revolutionary War*, p. 13.

6 "쿠바군을 쓰러뜨릴 만큼…", 산티아고의 미국영사 오스카 게라가 아바나의 총영사 제임스 브라운에게 보낸 기밀 보고서, ARCHIVES II, 350.61 Box 6.

7 "테러리스트", 기밀 보고서, 'Revolutionary Outbreak in Santiago de Cuba; Related Events', J.L. Topping, Havana, to State Dept, 1956년 12월 3일, ARCHIVES II, 350.61 Box 6.

8 카밀로의 등장, Franqui, *Camilo*, p. 75.

9 도피 여정 / "그런 어리석음 때문에…", 우니베르소 산체스의 증언, Franqui (ed.), *Relatos de la Revolución Cubana*, pp. 38-44.

10 라울 카스트로의 일기와 아사도 "실험", *Granma*, Suplemento Especial, 1997년 1월 17일, BNJM.

11 해쓱해진 얼굴 / "먼지가 많고, 물과…", ECG, *Reminiscences of the Cuban Revolutionary War*, p. 32.

12 "비누가 미끄러지듯…", 에르네스토 게바라가 1957년 1월 28일 일다에게 보낸 편지, cited in Anderson, *Che Guevara: A revolutionary life*, p. 229.

13 "가장 작은 규모의 접전"도 치를 수 없을 수준, 혁명 음모에 대한 바티스타의 전언과 혁

명군의 반응, AmEmb Havana to State Dept, 기밀, ARCHIVES II, 350.61 Box 6.

14 "이런 소총으로 우리는⋯." / "반쯤 벗겨진 머리⋯", DePalma, *The Man Who Invented Fidel*, p. 79, 107.

15 '그들에게 보낸 정부군을⋯.' / 쿠바의 상황, AmEmb Havana to State Dept, 1957년 2월 28일, ARCHIVES II, Havana Embassy General Records, 1956-58, Box 5.

16 야노 지도자들, Sweig, *Inside the Cuban Revolution*, pp. 15-16

17 "투쟁의 정점이 될 혁명 총파업", Frank Pais to Alverto Bayo, 1957년 5월 15일, cited in Sweig, *Inside the Cuban Revolution*, p. 13.

18 "그것은 다른 사람들이나⋯." / "그는 쓰러진 채 잠시⋯." / "우리는 울적한 기분에⋯.", 이 단락은 존 리 앤더슨이 입수한 체의 일기 Jon Lee Anderson, *Che Guevara: A Revolutionary Life*, p. 237에서 인용. 저자가 이 책을 인용한 이유는 체게바라연구소와 오션프레스가 함께 편집해 출판한 책에는 정제된 표현으로 나와 있기 때문임.

19 "혁명에 소극적이던 시기", ECG, cited in *El Cubano Libre*, No. 3, 1958년 1월.

20 시에로스와 체가 처음 이끈 부대, ECG, *Reminiscences of the Cuban Revolutionary War*, pp. 88-96; 후안 알메이다의 메모, 'Al Compañero Responsible' Sierra Maestra, Santiago de Cuba, 1957년 5월 28일, CFCPFL, 이는 체의 발언을 확인해줌. 엘 우베로 전투에서 14명이 부상당하고, 8명이 사망했다.

21 "자, 이제 자네가 왔으니⋯.", Julio Martinez Paez in *Granma*, 1967년 11월 25일, BNJM.

22 운동의 중심이었던 파이스, Sweig, *Inside the Cuban Revolution*, p. 33.

23 "치바스가 오르토독소를 저버림으로써⋯.", US Dept of State Joint Weeka Report no. 29, 1957년 7월 17일, RG 59 737.00 (w)/7-1757, DSR, NA.; Sweig, *Inside the Cuban Revolution*, p. 37

24 체의 승진, 이 부분은 내가 읽은 CFCPFL의 기록(피델 카스트로가 프랑크 파이스에게 보낸 편지, 1957년 5월 31일, CFCPFL)에 기초하였음.

25 "우리가 얼마나 아픈 심경이며⋯.", 피델*Alejandro*이 셀리아 산체스*Aly*에게 보낸 편지, 1957년 7월 31일, CFCPFL.

26 "저는 당신이 강한 입상을 고수할 것이라고 믿습니다⋯.", 에르네스토 게바라가 피델 카스트로에게 보낸 편지, 1957년 8월, CFCPFL.

27 "모든 총, 모든 탄약, 모든 자원을 산으로!" / "무기가 없는 지지자보다는⋯.", 피델*Alejandro*이 셀리아 산체스*Aly*에게 보낸 편지, 1957년 8월 11일, CFCPFL.

28 "파소스와 레스터가 서명한 협정과⋯.", Sweig, *Inside the Cuban Revolution*, p. 76.

29 "전투대세" 진략, 에르네스토 게바라가 피델 카스트로에게 보낸 쪽지, CFCPFL.

30 "소식이 영사기 돌아가듯이 들어옵니다.", 에르네스토 게바라가 피델 카스트로에게 1957

년 12월 보낸 편지, cited in Anderson, *Che Guevara: A revolutionary life*, p. 290.

31 "당신의 충고를 좀 더 귀담아…", 에르네스토 게바라가 피델 카스트로에게 보낸 편지, 1957년 12월 9일, CFCPFL.

32 사건에 대한 체의 분석, 라미로 발데스가 피델 카스트로에게 보낸 편지, 1957년 12월 12 일, 오후 5시, CFCPFL.

33 "피델, 우리가 직접 만나거나 더 길게…", 에르네스토 게바라가 피델 카스트로에게 보낸 편지, 1957년 12월 9일, CFCPFL.

34 "침묵을 고수하는 당신의 태도는…" / 이 단락의 다른 인용들, 에르네스토 게바라가 피 델 카스트로에게 보낸 편지, 1957년 12월 15일, CFCPFL.

35 라투르와 게바라의 편지, 르네 라모스 라투르가 피델 카스트로에게 보낸 편지, 1957년 12월 18일, CFCPFL.

36 "협정에 대한 소식을…", 피델 카스트로가 7·26 단체의 이름으로 마이애미의 정권 반대 파 지도자들에게 보낸 편지, 1957년 12월 14일, CFCPFL.

37 "한 가지 사실이…" / "저는 당신의 새로운 승리 소식을…", 에르네스토 게바라가 피델 카스트로에게 보낸 편지, 1957년 12월 15일 CFCPFL.

38 "마치 아이와 같은 얼굴", Carlos Maria Gutiérrez, 'Conversación en la Sierra Maestra', *Brecha*, 1987년 10월 9일.

39 "이와 유사한 일이 곳곳에서 자행되고 있다.", ECG, 'No Bullet in the Chamber', *El Cubano Libre*, 1958년 1월 3일.

40 피델의 전략, Nicola Miller, 'The Absolution of History', Journal of Contemporary History, Vol. 38, No. 1, pp. 147-62, 2003.

41 "동생이라는 놈도…", Meneses, *Fidel Castro*, p. 60.

42 "체, 모든 것이 이 공격에…", 에르네스토 게바라가 피델 카스트로에게 보낸 편지, 1958 년 2월 16일, CFCPFL.

43 "체, 내 영혼의 형제여…", Camilo to ECG, 1958년 4월, CFCPFL; Anderson, *Che Guevara: A revolutionary life*, p. 317.

44 칼 마이어와 엔리케 메네세스의 방문, Quirk, *Fidel Castro*, p. 161; Meneses, *Fidel Castro*.

45 "부하들과 나는 모두…", CIA 쿠바 지부장 로버트 레이놀즈, cited in Sweig, *Inside the Cuban Revolution*, p. 29.

46 비가트의 보고, 'Information Concerning Fidel Castro's 26th of July Movement', ARCHIVES II Cuba, Havana Embassy General Records, 1956-1958, 기 밀해제, Box 5.

47 "저 하늘 어딘가에…", FCR, cited in Meneses, *Fidel Castro*, p. 66.

48 '나는 피델에게…', Celia Sanchez, cited in Sweig, *Inside the Cuban Revolution*, p. 109.

49 "어느 누구도 집단적인 투쟁을….", ECG, cited in Sweig, *Inside the Cuban Revolution*, p. 120.

50 "피델의 선언서가….", ECG, cited in Sweig, *Inside the Cuban Revolution*, p. 120.

51 "핵폭탄", Sweig, *Inside the Cuban Revolution*, pp. 126-8.

8. 총력전

1 "어둡고 피비린내 나는 역사"에 "비극적인" 장면, *New York Times* 'Cuba's Travail', (editorial), 1958년 4월 11일, p. 24.

2 "오늘 오전 10시경 무장 청년 단체가….", *New York Times*, 'Havana Quieter: Regime and Union Say Strike Failed', 1958년 4월 11일, p. 1.

3 40명의 혁명군 사망 / "총파업은 없으며….", *New York Times*, 'Street Fighting Flares in Havana: 40 Reported Dead', 1958년 4월 10일, p. 1.

4 혁명군의 은신처 / 7·26 소속 변호사의 운명, Sweig, *Inside the Cuban Revolution*, p. 153.

5 "대체 누구에게 책임이 있는 거지?", 라울 카스트로가 피델 카스트로에게 보낸 편지, 1958년 4월 28일, CFCPFL.

6 "나는 이 조직의 수장으로서….", 피델 카스트로가 셀리아 산체스에게 보낸 편지, 1958년 4월 16일, CFCPFL.

7 "체는 몹시 중요한 일련의 질문을…", *Fidel y Che: trascendencia de una identificación*, Lic. Ricardo Efren González, Investigador Agregado, Oficina de Asuntos Históricos, 2001년 5월, p. 6(출판되지 않은 원고).

8 "피 튀기는", Quirk, *Fidel Castro*, p. 180.

9 이 회의의 성격과 여파, Sweig, *Inside the Cuban Revolution*, pp. 150-6.

10 "나를 찾지 못하면 체를 통해 해결하도록.", 피델 카스트로가 셀리아 산체스에게 보낸 편지, 1958년 5월 17일, 9시 30분, CFCPFL.

11 "당신이 나를 이해하려고나….", 피델 카스트로가 셀리아 산체스에게 보낸 편지, 1958년 5월 18일, 오전 8시 30분, CFCPFL.

12 "당신이 이곳으로 오면 안 되겠소?", 피델 카스트로가 셀리아 산체스에게 보낸 편지, incited in Szulc, *Fidel: A critical portrait*, p. 426.

13 "우리가 얘기를 나눈 지도 꽤….", 에르네스토 게바라가 피델 카스트로에게 보낸 편지, 1958년 5월 19일, 오전 7시 30분, CFCPFL. 이 시기에 피델과 체가 많은 시간을 함께 보내면서 피델의 생각이 많이 변한 것을 알 수 있음. 비가트의 보고서에 따르면 카

스트로가 2월에도 여전히 고심하고 있었다고 함(5월에는 정치적 사고가 확고해짐). 참조: 'Information Concerning Fidel Castro's 26 July Movement', Foreign Service Despatch, 1958년 2월 26일, ARCHIVES II, Cuba Havana Embassy General Records Cuba, 1956-58, 기밀해제, Box 5.

14 커피 수확에 대한 지역 농민 집회 / 전투기의 기총 소사, ECG, *Reminiscences of the Cuban Revolutionary War*, p. 251.

15 "우리가 거기로 가지 않으면…." / "호랑이를 바꾸는 것은….", Outgoing Telegram, confidential, Earl T. Smith, AmEmb Havana, to State Dept, 1958년 4월 1일, p. 4, ARCHIVES II. Cuba Havana Embassy General Records, 1956-58, 기밀해제, Box 4.

16 "혼란과 무질서", 피델 카스트로가 셀리아 산체스에게 보낸 편지, 1958년 6월 2일, 5시 45분, CFCPFL.

17 "이것을 보내주세요. 거기에 있겠습니다." / "이것을 읽을 수…." / "추신. 항상 부상을 조심하고….", 피델 카스트로가 에르네스토 게바라에게 보낸 편지, 1958년 6월 1일, CFCPFL.

18 "모두 운에 달린 문제", 피델 카스트로가 에르네스토 게바라에게 보낸 편지, 1958년 6월 12일, CFCPFL.

19 "자네가 암호문을 놓고…." / "서류를 보낼 테니….", 피델 카스트로가 에르네스토 게바라에게 보낸 편지, cited in Ricardo Efrén González, *Fidel y Che: trascendencia de una identificación*, p. 8.

20 "설령 이곳에 도착해…." / "기폭장치가 있으면….", 에르네스토 게바라가 피델 카스트로에게 보낸 편지, 1958년 6월 19일, CFCPFL.

21 "페드리토가 보낸 메시지를….", 피델 카스트로가 셀리아 산체스에게 보낸 편지, 날짜 없음(1958년 6월인 듯), CFCPFL.

22 "도움 바람….", 피델 카스트로가 에르네스토 게바라에게 보낸 편지, CFCPFL.

23 미국인 방패막이, Vilma Espin, TSCJFK; 'Documents Pertaining to Kidnapping of Americans by Rebel Forces in Oriente Province', 기밀, Foreign Service despatch no. 19, 1958년 7월 4일; 대화록, 'Possible Release of More Kidnapped Americans', 6 July 1958년 7월 6일, ARCHIVES II, Classified General Records, 350.61 Box 5.

24 정부군의 공세, confidential airgram, US Army attaché, American embassy Havana to Assistant Chief of Staff, Intelligence, Department of the Army, Washington, 1958년 8월 11일, ARCHIVES II, Cuba Havana Embassy General Records, 1956-58, 기밀해제, Box 4

25 "오늘 우리가 폭탄을 터뜨렸다네!" / "염소 소리를 내라.", 피델 카스트로가 에르네스토 게바라에게 보낸 편지, 1958년 7월 16일, 오후 1시 10분, CFCPFL.

26 "정부군의 척추가 부러졌다.", ECG, *Reminiscences of the Cuban Revolutionary War*, p. 261.

27 "새로운 전략을 구상 중" / "광적이고 강경한", confidential airgram, continuation of airgram AG no. 16-58, from US army attaché, American embassy, Havana to Assistant Chief of Staff, Intelligence, Department of the Army, Washington, 1958년 8월 18일, ARCHIVES II, Classified General Records, 350,61 Box 5.

28 라스비야스 지역은 혁명 후에 세 주(Cienfuegos, Sancti Spiritus, Villa Clara)로 분리되었음.

29 서쪽으로 돌진 / "강으로 변한 시냇물" / "늪 같은 강물이나 늪의 물", ECG, *Reminiscences of the Cuban Revolutionary War*, p. 263; 이 단락의 자세한 내용, 저자와 헤수스 파라와의 인터뷰, 아바나, 2007년 9월 11일.

30 "나의 아가, 그렇게 오랜 시간이…", 어머니 세르나 게바라가 에르네스토 게바라에게 보낸 편지, cited in Anderson, *Che Guevara: A revolutionary life*, pp. 327-8.

31 "피델, 저는 탁 트인…", 에르네스토 게바라가 피델 카스트로에게 보낸 편지, 1958년 9월 3일, CFCPFL.

32 "카스트로주의에 따라…", 에르네스토 게바라가 피델 카스트로에게 보낸 편지, 1958년 9월 8일, 오전 1시 50분, CFCPFL.

33 "시간이 없어서 떠나야 한다.", 에르네스토 게바라가 피델 카스트로에게 보낸 편지, 1958년 9월 13일, 오후 9시 50분, CFCPFL.

34 피델과 PSP의 관계, Fabio Grobart, TSCJFK, p. 24; 'Conversation of Comrade Kulazhenkov with Cuban Party leadership member Sánchez Cabrera…', 1956년 12월 21일, RGANI, Fond 5, opis 28, delo 440, reel 5185, pp. 6-8.

35 마오쩌둥의 책, Llada, *Fidel y el Che*, p. 134.

36 수많은 공산주의 '신참'들 / "공산주의자를 주변에 긁어모아서" / "가장 능력이 뛰어난 부관"이라 답변하고 "특히 사보타주에 능한", confidential memorandum, 'Random Notes Gathered from Conversation with American Son-in-Law of Mr Manuel ARCA, Owner of "Central Estrada Palma", Oriente Province', ARCHIVES II, Santiago General Records, 1956-58.

37 공산주의에 관해 침묵하는 피델, Raúl Chibás, TSCJFK.

38 "체는 역시 보통이 아니야! 정말 비범하다니까!", Llada, *Fidel y el Che*, p. 131. 저자와 파피토 세르게라와의 인터뷰(아바나, 2007년 11월 10일)에서 피델과 체의 가까운 친구인 파피토는 피델과 체의 강하고 끈끈한 관계에 대해 확언했음.

39 비행기 납치 사건, Outgoing Telegram, Earl E T Smith to SecState Washington, 1958년 11월 6일.

40 "아무리 혁명군이 공식적으로…", ARCHIVES II, Santiago General Records, 1956-58.

41 지프차 강탈 및 혁명군의 공격, 'Memorandum of Conversation between Mr Dodge and Mr Leonhardy', 1958년 11월 5일, ARCHIVES II, Santiago General Records, 1956-58; 'Confidential Memorandum of Conversation, Mr Riccardo Artigas(망명자 가르시아 튜뇽 장군의 측근) and Mr Wieland, Director, CIA', 1958년 11월 15일, ARCHIVES II, Santiago General Records, 1956-58.

42 "산꼭대기에서 성경을 읽을 사람", Sr Pérez-García in 'Memorandum of Conversation between Sr Luís Pérez-García(마이애미로 망명 온 쿠바의 노동지도자), Sr Antonio Santiago(마이애미로 망명 온 프리오Prio 추종자), and CMA representatives Leonhardy and Owen', 1958년 11월 25일, 기밀, ARCHIVES II, Santiago General Records, 1956-58.

43 "빨갱이라기보다는 질 나쁜 녀석들", 'Debriefing of J. H. Schissler, Edward Cordes, Eugene P. Pilfeider, Roman Cecella, and Harold Kristjanson', 1958년 7월 6일, ARCHIVES II, Cuba Havana Embassy, Classified General Records, 1956-1958, Box 5.

44 "공산주의자는 아니지만…", Felipe Pazos in 'Memorandum of Conversation, Dr Felipe Pazos(쿠바국립은행의 이전 총재) and Mr Leonhardy(CMA)', 1958년 10월 14일, ARCHIVES II, Santiago General Records, 1956-58.

45 "체 게바라의 공산주의 성향은…", 'Memorandum for the Files of October 3', ARCHIVES II, Santiago General Records, 1956-58.

46 "카밀로 시엔푸에고스가 지휘하는 북군과…", Incoming Telegram, no. 399, State Dept, 1958년 12월 30일, 오후 8시, ARCHIVES II, Santiago General Records, 1956-58.

47 "너무나 지루하군…", FCR, cited in Quirk, Fidel Castro, p. 185.

48 체의 진격, testimony of Oscar Fernandez-Mell, Granma, 1967년 12월 21일, p. 2, BNJM.

49 "모든 문제에도 불구하고…", ECG, cited in Anderson, Che Guevara: A revolutionary life, p. 356.

50 올투스키 등장, Anderson, Che Guevara: A revolutionary life, p. 347; Oltuski, Vida Clandestina, p. 194.

51 알레이다와 체의 만남, Anderson, Che Guevara: A revolutionary life, pp. 356-61.

52 알레이다 마르치, Enrique Oltuski (ed.), 'Un Che de este mundo', Cuba Socialista, No. 7, 1997, pp. 87-9 / March, Evocacion: Mi vida al lado del Che, pp. 61-5.

53 "체 게바라와 피델 카스트로 사이의…" / "카스트로는 게바라의 독자적인…" / "카스트로는 체 게바라의 편지를…", 'Confidential Memorandum of Conversation between Carlos Piad, Representative of the Cuban Exile Groups and Mr Wieland, Director, CIA', 1958년 12월 19일, ARCHIVES II, Santiago General Records, 1956-58.

54 무기를 내려놓거나 혁명군에 가담, confidential telegram, Santiago de Cuba to State Dept, No. 336, 1958년 12월 15일, ARCHIVES II, Santiago General Records, 1956-58.

55 엉망이 된 경제 사정, confidential memorandum, 'Random Notes Gathered from Conversation with American Son-in-Law of Mr Manuel ARCA, Owner of "Central Estrada Palma", Oriente Province', ARCHIVES II, Santiago General Records, 1956-58.

56 "라스비야스의 전투에서 정치적인 면은…", 피델 카스트로가 에르네스토 게바라에게 보낸 편지, Anderson, Che Guevara: A revolutionary life, p. 363.

57 열차 공격, testimony of Ramón Pardo Guerra, Granma, 1967년 12월 29일, p. 2, BNJM.

58 피델을 권좌에서 끌어내리려는 계획, 'Memorandum of Conversation with Rivero Aguero', 1958년 11월 26일; 'Views of Dr Jorge Garcia Montes on Cuban Situation', 1958년 11월 12일. 아게로는 당시 바티스타가 선택한 차기 대통령감이었다. 바티스타는 7월에 스미스 대사를 만나서 선거에 부정이 없을 것이라는 점을 강조했다. 하지만 미국은 바티스타의 말을 신뢰하지 않았다. 참조: Outgoing Telegram, AmEmb Havana to SecState Washington, 1958년 8월 1일, ARCHIVES II, Havana Embassy General Records, Box 4.

59 "야반도주", Time magazine, 12 January 1959년 1월 12일. 〈타임〉지는 바티스타와 그의 추종자에 대해서 "그들은 연말과 함께 그들의 운명도 끝이 났다는 것을 알았다"고 평했다.

60 "밤이 오자 우리 바르부도스들은…", Franqui, Family Portrait with Fidel, p. 3.

61 "사람들이 우리를 맞이하러…", Reinaldo Arenas, Before Night Falls, Penguin, London, p. 45.

62 "나의 임무와 피델에 대한 맹세는…", Nuñez Jiménez, interview with Carlos Castañeda, cited in Compañero, p. 142.

9. 포옹과 키스의 나날

1 이 장의 제목은 혁명전쟁 동안 체의 어머니가 아들에게 쓴 마지막 편지에서 따 왔다. Anderson, Che Guevara, p. 328.

2 1월 1일의 상황 및 엘 프린시페 감옥 개방, Outgoing Telegram, AmEmb Havana to SecState Washington, 1959년 1월 1일, ARCHIVES II, Cuba, Havana Embassy, General Records, 1956-58, 기밀해제, Box 8.

3 체의 심적 갈등, 저자와 후안 바로토와의 인터뷰, 2007년 9월 10일.

4 "혁명은 이제 시작…", Thomas, *Cuba: The pursuit of freedom*, p. 710.

5 "엄청난 눈사태처럼", ECG, 'Discurso en el acto de entrega de premios a los cuarenta y cinco obreros más distinguidos en la producción en el Ministerio de Industrias', 1962년 4월 30일, in Guevara, [Obras: 1957-67, pp. 136-153.

6 "그 이름이 곧 깃발이 되는 사람", Quirk, *Fidel Castro*, p. 215, citing *Bohemia*.

7 "나 오늘 어땠나?" / "잘 하고 있어요, 피델.", Szulc, *Fidel Castro: A critical portrait*, p. 469.

8 "산에서 내려온 이후로…", Conchita Fernández, TSCJFK, p. 67.

9 "불가피한 조치" / "왜냐하면…", Casuso, *Cuba and Castro*, p. 150.

10 "우리를 잘 모르는 강력한 이웃이 보내는 경멸", Shnookal and Muñiz (eds) *José Martí Reader, Writings on the Americas*, p. 119.

11 PSP와 7.26 단체의 비밀 회담, Alfredo Guevara, TSCJFK, p. 72; Blas Roca, TSCJFK, pp. 53-61; Blas Roca, *Los Fundamentos del Socialismo en Cuba*, pp. 180-1.

12 "우리는 우선 판세를 장악한 다음, 그것을 뒤엎을 걸세.", 저자와 알프레도 게바라와의 인터뷰, 2007년 9월 11일.

13 "전쟁이 계속되었다면 석 달도…', 저자와 후안 바로토와의 인터뷰, 2007년 9월 10일.

14 "젠장, 전권을 잡고…." / "맞아요, 상황이 정말로…", Blas Roca, TSCJFK, pp. 53-4.

15 "사악한 아첨꾼" / "카스트로의 관심을 사실상 독점", 'Memorandum of Conversation, Confidential, Mr William A. Wieland, Director, CIA and Latin American Exile in the United States, Dept of State', 1959년 3월 30일, ARCHIVES II, Cuba Havana Embassy General Records, 1959-61, 기밀해제, Box 4.

16 "무장 민주주의", ECG, in Szulc, *Fidel Castro: A critical portrait*, p. 468. 피델과 체의 분업, "피델은 정치를, 체는 경제를" 담당했다고 함(저자와 파피토와의 인터뷰, 아바나, 2007년 11월 10일).

17 "쿠바에서 벌어지는 일이…." / 숙청, FCR, cited in Szulc, *Fidel Castro: A critical portrait*, pp. 482-3.

18 "달변에 수다스럽고 성급한", Incoming Telegram, Havana to Dept of State, confidential, 1959년 3월 17일, ARCHIVES II, Cuba Havana Embassy General Records, 1959-61, 기밀해제, Box 9.

19 카밀로의 "친선 여행" / "어느 모로나 개척민", *Washington Post*, 1959년 2월 25일.

20 "계획적인 악의에서 나온…", W. G. Bowdler in 'Visit of Army Chief of Staff *Camilo Cienfuegos* to New York', ARCHIVES II, Cuba Havana Embassy General Records, 1956-58, 기밀해제, Box 8.

21 "일이 지연되는 것과 조심스러운 조언에…", P. Bonsal in Incoming Telegram, No. 686,

from Havana to Dept of State, confidential, 1959년 3월 17일, ARCHIVES II, Cuba Havana Embassy General Records, 1959-61, 기밀해제, Box 9.

22 "인물탐구" / "피델이 보여주는 정치적 미성숙함 때문", memorandum of Conversation, Mr Rubottom and Mr Russell Lutz, Grace Line, 1959년 3월 24일, ARCHIVES II, Cuba Havana Embassy General Records, 1959-61, 기밀해제, Box 9.

23 "결국 우리는 충분한 희생을 치렀으니 말이오.", FCR, cited in Casuso, Cuba and Castro, p. 209.

24 "미소, 자주 미소를 짓는 것만이 최선", Franqui, Family Portrait with Fidel, p. 31.

25 "우리는 공산주의자가 아닙니다." / "법률과 헌법은 함께 가야 합니다." / 시내의 중국 식당 / 각성제 / "상호 이해가 절대적으로 부족", Szulc, Fidel Castro: A critical portrait, p. 488.

26 "거의 울 뻔", Casuso, Cuba and Castro, p. 217.

27 "쿠바를 희생양으로 간주하…", W. G. Bowdler in 'Conversation with Sister in-Law of Raúl Roa', 1960년 7월 9일, ARCHIVES II, Cuba Havana Embassy General Records, 1959-61, 기밀해제, Box 8.

28 같은 건물에서 일함, 저자와 프란시스코 비토레로와의 인터뷰, 아바나, 2007년 11월 7일; Conchita Fernandez, TSCJFK, pp. 86-8.

29 "카스트로 그 개새끼에게….", 하원의원 아담 포웰의 보고서, 'Present Conditions in Cuba', ARCHIVES II, Cuba Havana Embassy General Records, 1959-61, 기밀해제, Box 8, p. 2.

30 "고위관료 인사에 중대한 변화가 있을 것", Outgoing Telegram, confidential, from AmEmb Havana to State Dept, 1959년 5월 6일, ARCHIVES II, Cuba Havana Embassy General Records, 1959-61, 기밀해제, Box 8.

31 변화 속도에 조급해하는 체, Anderson, Che Guevara: A revolutionary life, p. 422; intelligence Information Brief, US Bureau of Intelligence and Research, 1959년 8월 12일, ARCHIVES II, Cuba Havana Embassy, General Records, 기밀, 1959-61, Box 5.

32 "새로운 단계", ibid.

33 "저는 여전히 자신의 길을…." / 이 편지의 다른 발췌문들, Taibo II, Guevara, also known as Che, p. 283.

34 외교 관계를 논녹히 하자는 '바람' / 외교관의 자세, Incoming Telegram, confidential, Rangoon to Secretary of State, US State Department, 1959년 7월 16일, ARCHIVES II, Cuba Havana Embassy, General Records, 기밀해제, 1959-61, Box 5.

35 '비트족'같은 외양, 'incoming telegram, confidential, US State Dept from Belgrade', 1959

년 8월 20일, ARCHIVES II, Cuba Havana Embassy, General Records, 기밀해제, 1959-61, Box 5.

36 "당신이 사과를 좋아한다니 기쁘군요." / 인도 방문, Llada, *Fidel y el Che*, p. 141.

37 체의 불만에 대한 나세르의 평가, 'Intelligence Information Brief, US Bureau of Intelligence and Research', 1959년 8월 12일, ARCHIVES II, Cuba Havana Embassy, General Records, Declassified, 1959-61, Box 5.

38 "특정 계급의 개인이 아니라⋯.", Mohamed Heikal, *Nasser: The Cairo Documents; The Private Papers of Nasser*, Mentor, London, 1973, p. 304.

39 "카스트로는 본인은 아니라고⋯", Incoming Telegram, confidential, US State Dept from Colombo, 1959년 8월 10일, ARCHIVES II, Cuba Havana Embassy, General Records, 기밀해제, 1959-61, Box 5.

40 소련 대사관 직원들과의 접촉, 'Intelligence Information Brief, US Bureau of Intelligence and Research', 1959년 8월 12일, p. 3 ARCHIVES II, Cuba Havana Embassy, General Records, 기밀해제, 1959-61, Box 5; 'Outgoing Telegram, Tokyo, SECRET', 1959년 7월 23일, ARCHIVES II, Cuba Havana Embassy, General Records, 기밀해제, 1959-61, Box 5.

41 "실용적인 모든 정보", Outgoing Telegram, Confidential, US State Department, 1959년 6월 4일, ARCHIVES II, Cuba Havana Embassy, General Records, 기밀해제, 1959-61, Box 5.

42 "눈에 띄지 않을 수 없는 존재", 'Incoming Telegram, Confidential, Rangoon to Secretary of State, U.S. State Department', 1959년 7월 16일, ARCHIVES II, Cuba Havana Embassy, General Records, 기밀해제, 1959-61, Box 5.

43 카메라 선택, Pardo Llada, *Fidel y el Che*, pp. 158-9.

44 본설과의 저녁 식사, Philip Bonsal, *Cuba, Castro and the United States*, 1971.

45 "지금 우리는 아주 위태로운 순간에 봉착했습니다.", Blas Roca, Hoy, 1959년 5월 26일, p. 7.

46 '추방', Edward Gonzalez, *The Cuban Revolution and the Soviet Union*, 1959-60, 1966, p. 42.

47 '슬픔이여, 안녕', Casuso, *Cuba and Castro*, p. 214.

48 로아 외무장관을 통한 편지, Gonzalez, *The Cuban Revolution*, p. 52.

49 "우리에게 안전한 비행기가 없어서⋯.", ECG, cited in Taibo II, *Guevara, also known as Che*, p. 291.

50 "이 모든 일이 모험에⋯.", ECG, cited in Taibo II, *Guevara, also known as Che*, p. 296.

51 "체 게바라와 함께 일하느라 바빴고….", Casuso, *Cuba and Castro*, p. 185; 피델과 체 둘 사이의 보안을 맡고 있던 프란시스코 비토레로는 저자와의 인터뷰(아바나, 2007년 11월 7 일)에서 그들이 밀실에서 고심할 때 몇 시간을 기다리기도 했다고 말했다.

52 "이제 이 분과 관계를….", / 수카르노의 방문, 'Memorandum: President Sukarno-Prime Minister Castro Interview', 1960년 5월 23일, ARCHIVES II, Cuba Havana Embassy, General Records, 기밀해제, 1959-61, Box 3.

53 "그들은 아침 9시까지….", Das Eiras, *Ernestito Guevara, antes de ser el Che*, p. 22.

54 소련의 무역 박람회, Quirk, *Fidel Castro*, p. 295.

55 "따뜻하고 유기적인" 만남, Telegram of Head of the Revolutionary Government of the Republic of Cuba, Fidel Castro Ruz, to Head of the Cabinet of Ministers of the USSR, Nikita Khrushchev, 1960년 7월 26일, Document 103, MID Publications, p. 104; 무역 협정들, 'Agreement of Trade and Payments between USSR and Republic of Cuba', ibid., Document 95, pp. 87-9.

56 "사르트르가 내게 이렇게….", Simone de Beauvoir, cited in Anderson, *Che Guevara: A revolutionary life*, p. 46.

57 "무언가를 정복하려면….", ECG, cited in Taibo II, *Guevara, also known as Che*, p. 300.

58 체의 기고문들, 'El café, el petróleo, el algodón, el cobre y otras cuotas'(1960년 7월 2일, *Verde Olivo*), 'El Payaso Macabro y Otras Alevosias'(1960년 4월 10일, *Verde Olivo*), 'Los dos grandes peligros, los aviones piratas y otras violaciones'(1960년 5월 22일, *Verde Olivo*). 이 밖에도 많은 글들을 'Matos (ed.) *Che Periodista*'에서 볼 수 있음.

59 "그저 하느님께 미국이…", Ernest Hemingway, cited in Bonsal, *Cuba, Castro and the United States*, p. 151.

60 "그 자리에서 당장 수락할 것", FCR, cited in ibid., p. 151.

61 아이젠하워의 보복조치, Alan H. Luxenberg, 'Did Eisenhower push Castro into the arms of the Soviets', *Journal of Interamerican Studies and World Affairs*, Vol. 30, no. 1 (Spring, 1988, pp. 37-71; Geoffrey Warner, 'Review Article: Eisenhower and Castro: US-Cuba Relations, 1958-60', *International Affairs*, Vol. 75, no. 4 (1999), pp. 803-17.

10. 혁명의 해부

1 피델의 와병설, J. T. Topping, Havana, to R. A. Stevenson, State Dept, 1960년 7월 27일, ARCHIVES II, Havana Embassy General Records, 기밀해제, Box 5.

2　"절대적인 안정" / "정치적 이유들", memorandum of conversation, W.G. Bowdler and Dr Enrique José Sandoval, 1960년 7월 30일, ARCHIVES II, Havana Embassy General Records, 기밀해제, Box 5.

3　공산주의자들이 피델의 정신과 치료를 담당하고 있다는 보도, Dr Roberto Sorhegui, memorandum for files, confidential, 1960년 7월 29일, ARCHIVES II, Havana Embassy General Records, 기밀해제, Box 5.

4　"악성적인 상태" / "진정제와 마약", Outgoing Telegram, Bonsal (Havana) to SecState(Washington), ARCHIVES II, Havana Embassy General Records, 기밀해제, Box 5.

5　약한 모습을 보여주려 하지 않는 피델, 'Remarks made by Fidel Castro in Mid-September in Conversation with a close friend', memorandum to Ambassador Bonsal from attaché, 1960년 10월 21일, ARCHIVES II, Havana Embassy General Records, 기밀해제, Box 5.

6　3일 밤낮의 초안 작성, Conchita Fernandez, TSCJFK, pp. 88-9.

7　"적화 세뇌" 분위기에서 도망친 치바스 가족, www.voy.com/87202/10/170.html.

8　"피델 카스트로의 최측근으로부터" / "최근의 상황을 놓고 기쁨을 감추지 못했다.", W.G. Bowdler to Ambassador Bonsal, 'Conversation with Sister-in-Law of Raul ROA', 1960년 7월 9일, ARCHIVES II, Havana Embassy General Records, 기밀해제, Box 5.

9　미주기구 회의와 로아의 비난, Barry Sklar and Virginia M. Hagen, Inter-American relations; collection of documents, legislation, descriptions of inter-American organizations, and other material pertaining to inter-American affairs, Washington, US Govt Printing Office, 1972.

10　조약을 반으로 찢는 피델, Quirk, Fidel Castro, p. 331.

11　아바나 선언, FBIS 1962/09/02; 다음의 웹페이지에서도 볼 수 있음, http://lanic.utexas.edu/la/cb/cuba/castro/1960/19600902.2.

12　"연설 속의 연설", Fursenko and Naftali, One Hell of a Gamble: Khrushchev, Castro and Kennedy, 1958-1964, p. 59.

13　에스칼란테의 야망, Gonzalez, The Cuban Revolution and the Soviet Union, pp. 54-5.

14　"세계의 가장 중요한…" / "적색 위성국가의 수장들", Universal-International News newsreel, 1960/09/19(1960).

15　암살 위험에 대한 생각, Szulc, Fidel Castro: A critical portrait, p. 524.

16　"붉게 달아오른", Franqui, Family Portrait with Fidel, p. 83.

17　"쿠바 사절단이…" / "우리는 베르사유 궁전도…", Carlos Rafael Rodriguez, TSCJFK, p.

81.

18 "나도 가난한 사람이니…", FCR, cited in Quirk, *Fidel Castro*, p. 339.

19 고장 난 간판, ibid., p. 337.

20 "매음굴", Franqui, *Family Portrait with Fidel*, p. 84.

21 "이런 총회에 참여하는 것은…", 'Memorandum of Conversation, Soviet Ambassador Kudriatsev and Prime Minister of Cuba Fidel Castro Ruz', 1960년 9월 15일, MID, Fond 104, opis 16 folder 116, No. 4.

22 "걱정하지 마십시오…" / 보드카와 시가 교환, Franqui, *Family Portrait with Fidel*, p. 89; Quirk, Fidel, p. 340; Nikita Khrushchev, *Memoirs*, p. 270.

23 "당신들이 우리 비행기를…", Quirk, *Fidel Castro*, p. 343.

24 "친밀하고 조화롭고 상호 협동하는", ECG, article in Trabajo, reproduced as 'Decisión Colectiva'in ECG, *Obras*, p. 126.

25 그라나도의 방문, Granado, *Travelling with Che Guevara*, p. 201.

26 체에게 희망을 건 피델, 'Guevara Mission to Sino-Soviet Bloc', outgoing airgram, AmEmb Havana to State Dept, 1960년 10월 21일, ARCHIVES II, Havana Embassy General Records, 기밀해제, Box 5, p. 2.

27 소련의 환대를 받는 체, Incoming Telegram, AmEmb Moscow to State Dept, 1960년 12월 12일, ARCHIVES II, Havana Embassy General Records, 기밀해제, Box 5.

28 체의 모스크바 방문 상황 / "흡족하고 빛나며 행복한"표정, Pardo Llada, *Fidel y el Che*, p. 215; 'Informe de un viaje a los paises socialistas', ECG, *Obras*, p. 113.

29 체와 라울의 싸움 소문, Incoming Telegram, AmEmb Rio de Janeiro to State Dept, 1960년 10월 28일, ARCHIVES II, Havana Embassy General Records, 기밀해제, Box 5.

30 크렘린궁에서 열린 연회 / '샴페인 효과', Pardo Llada, *Fidel y el Che*, pp. 216-21.

31 "은밀한 러시아 관료 사회" / "이것은 코민테른 동지들만…", ibid., p. 218.(코민테른이라는 단어를 사용했지만 사실 에스칼란테가 뜻한 것은 공산당정치국임. 코민테른은 1943년에 스탈린이 해체했음—옮긴이.)

32 피델의 '즉흥' 연설, Fursenko and Naftali, *One Hell of a Gamble*, p. 71.

33 "그 선언이 소련에 한층 압박을…", 저자와 세르게이 흐루쇼프와의 전화 인터뷰, 2008년 6월 20일.

34 체의 천식과 마오와의 만남, Pardo Llado, *Fidel y el Che*, p. 162.

35 "진짜 중국은 쿠마덕닝이…", 에르네스토 게바라의 TV 연설, cited in ECG, 'Informe de un viaje a los paises socialistas', Obras, p. 111.

36 "그 발언은 체에게 좋을 것이 없는 말", 저자와 세르게이 흐루쇼프와의 전화 인터뷰,

2008년 6월 20일.

37 '인도주의적 정신' / "세계 평화와 정의를 위해…", ECG, 'Informe de un viaje a los países socialistas', *Obras*, pp. 103, 114.

38 "쿠바의 사회주의 건설 과정에서는…", ECG, cited in Furiati, *Fidel Castro*, p. 406.

39 러시아 기술자들의 관습과 옷차림, Barbara Smith, 'What's it Like in Cuba?' *Economist*, 1963년 4월 13일, p. 21.

40 " '오랜 공산주의자들과 소련만이…', FCR, cited in Franqui, *Family Portrait with Fidel*, p. 104.

41 "미국 대표의 부재로 인해…", Daniel Braddock, Outgoing Telegram, official use only, from AmEmb Havana to SecState Washington, 1961년 1월 2일, ARCHIVES II, Havana Embassy General Records, 기밀해제, Box 5.

42 "하지만 공식적인 방문이 아니면 좋겠군.", 'Report on VLKSM (Komsomol) Delegation Visit to Cuban Republic', 1961년 2월 1일, RGANI, Fond 89, opis 28, delo 5, p. 9.

43 "성실하고 공평무사한 친구들", Quirk, *Fidel Castro*, p. 356. 44 "안쪽 사무실 하나에는 피웅덩이가…", Martin, *The Early Fidel*. 45 보관된 문, Betto, *Fidel and Religion*, p. 187.

46 "…분노에 찬" 연설, Martin, *The Young Fidel*, p. 10.

47 "제국주의자들은 미국의…", Blas Roca, TSCJFK, p. 62.

48 피그스만 침공 당시 체의 상황, Anderson, *Che Guevara: A revolutionary life*, p. 508.

49 탱크 안에서 연설문을 작성하는 피델, 저자와 카스트로의 경호원이었던 호세 이네스와의 인터뷰, 아바나, 2007년 11월 8일; Szulc, *Fidel Castro: A critical portrait*, pp. 549-54.

50 혁명의 새로운 단계, 1962년 9월 체 게바라는 'El Cuadro, Columna Vertebral de la Revolución'이라는 제목의 글에서 완전한 사회주의 사회로 이행하는 일에 대한 조건을 밝혔음(ECG, *Obras*, pp. 154-60).

51 "카스트로는 공산주의자가 아닌데…", Fursenko and Naftali, *One Hell of a Gamble*, p. 134.

52 에스칼란테의 기반 확장, Morray, *The Second Revolution in Cuba*, p. 170; Blas Roca, TSCJFK, pp. 70-1.

53 피델의 열변, FBIS*1961-07-28*, 'Castro Speech on the Eighth Anniversary of 26 July'.

54 "카스트로는 사람의 근본적인 선함에 대해 냉소적이었다.", telegram from AmEmb Havana to State Dept, 1959년 4월 14일; Falcoff (ed.), *The Cuban Revolution and the United States*, p. 102.

55 "자네! 여기서 뭐하고 있는 건가?" / 관련 대화들, 저자와 카스트로의 경호원이었던 호세 이네스와의 인터뷰, 아바나, 2007년 11월 8일.

56 '은둔자' 체, Pardo Llada, *Fidel y el Che*, p. 180.

57 "자네는 듣던 만큼 나쁜 놈은 아닌 것 같군.", Oltuski, *Vida Clandestina*, pp. 280-2. 장관 시절의 체의 행동에 대한 수많은 정보는 2007년 11월에 있었던 저자와 체의 보좌관이었 던 후안 발데스 그라바로사와의 인터뷰와 설탕 수출업자이자 체의 측근이었던 후안 바 로토와의 인터뷰에서 따옴.

58 "수줍음 많은" 에미타, Llovio-Menéndez, *Insider: My hidden life as a revolutionary in Cuba*, p. 80.

59 일디타의 사무실 방문, Taibo II, *Guevara, also known as Che*, p. 342.

60 체의 사생활, 저자와 후안 발데스 그라바로사와의 인터뷰, 아바나, 2007년 11월 8일.

61 푼타델에스테에서 체의 연설, ECG, 'Cuba no admite que se separe la economia de la politica', in Maria del Carmen Ariet (ed.), *America Latina*, pp. 272-306.

62 "항상 상상하고 사고하며 계획을 발전시키는", Carlos Rafael Rodriguez, TSCJFK, pp. 21-2.

63 "계획적 결근과 태업", State Dept research memorandum, 'Cuban Internal Political Situation', 1961년 11월 20일, ARCHIVES II, Califano Papers, Box 3, folder 4.

64 평생 마르크스-레닌주의를 따를 것을 공표한 피델, Quirk, *Fidel Castro*, p. 387; Fursenko and Naftali, *One Hell of a Gamble*, p. 72.

65 "카스트로의 공개 선언에도….", British embassy, Moscow, to American Dept, Foreign Office, London, confidential, 1962년 1월 3일, FO 371/162308, reel 23, BL.

66 "정치적 우를 범한 행위", confidential, inward saving telegram, from Mexico City to Foreign Office, London, departmental distribution, 1962년 1월 8일, FO 371/162308, reel 23, BL.

67 "배신", British embassy Montevideo to American Dept, Foreign Office, London, restricted, 1962년 1월 5일, FO 371/162308, reel 23, BL.

68 "은밀한 쿠데타", Blight and Welch, *Intelligence and the Cuban Missile Crisis*, p. 92(Domingo Amachestegui,*Cuban Intelligence and the October Crisis*). 이 점에 대해서 퓌센코와 납탈리는 '카 스트로기 에스킬런데를 존중하면서 이 노회한 공산주의자가 사실상 혁명의 2인자로서 라울과 체를 넘어섰다는 소문을 그대로 내버려두었다'고 평했다(*One Hell of a Gamble*, p.163). 이들의 책은 여전히 접근이 불가능한 소련의 문서까지 담아내고 있어서 불가사 의할 정도로 신빙성을 지니고 있다. 이들은 '은밀한 쿠데타'에 대한 구체적인 문서를 인 용하고 있지는 않지만 내사관의 보고서와 기록늘 같은 다른 정황 증거가 이 사실을 뒷 받침하고 있다.

69 "지금까지 없어서는 안 될 인물이었던….", British embassy Havana to *Prime Minister* Earl

of Home, 1962년 1월 11일, 'Cuba, Annual Review for 1961', FO 371/162308, reel 23, BL, p. 9.

70 "그의 손은 여전히 조종대를 굳게 잡고 있는 것인가?", George P. Kidd, Canadian ambassador, Havana, Cuba to Secretary of State for External Affairs, Ottawa, Canada, 1961년 12월 16일, secret. FO 371/162308, reel 23, BL, p. 1.

11. 교수형 올가미

1 "가끔씩 구식 교조주의에 빠져서…", memorandum of conversation, Soviet ambassador Kudriatsev and Fidel Castro Ruz, 1962년 2월 10일, MID, Fond 104, opis 18, folder 121, no. 3, pp. 71-8.

2 "거의 잠을 못 자고…", memorandum of conversation, Soviet ambassador Kudriatsev and Anibal Escalante, 1962년 2월 21일, MID, Fond 104, opis 18, folder 121, no. 3, pp. 116-18.

3 "자신들의 생각을 남에게 강요하기를…", FCR, cited in Hans Magnus Enzensberger, 'Portrait of a Party', International Socialism, No.44, July / August 1970, p. 12.

4 "장기 휴가"와 에스칼란테의 운명, Quirk, Fidel Castro, pp. 405-8.

5 "이 불만을 종식시키기 위해 노력해야 할 것", memorandum of conversation, Soviet ambassador Kudriatsev and Blas Roca, 1962년 4월 18일, MID, Fond 104, opis 18, folder 121, no. 3, p. 30.

6 "파벌주의와 교조주의, 패거리주의는 사악한 방법론" / "이제 게임의 전술이 바뀌었다.", memorandum of conversation, Soviet adviser Belous and Prime Minister of Cuba Fidel Castro Ruz, 1962년 6월 5일, MID, Fond 104, opis 18, folder 121, no. 3, p. 101. 블라스는 나중에 콜롬비아 주재 소련 대사가 됨(1971-7).

7 "피델 카스트로는 꽤 충동적인…", memorandum of conversation, Soviet ambassador Kudriatsev and Carlos Rafael Rodriguez, 1962년 5월 4일, MID, Fond 104, opis 18, folder 121, no. 3, p. 69.

8 "동지 여러분, 저는…", ECG, Obras, pp. 152-3

9 "정말 한 개인이 사회복지를…", ECG, Obras, pp. 136-53.

10 "자신의 의무를 다한다는 만족감만으로도…", ECG, cited in Llovio-Menéndez, Insider, p. 81.

11 "개인은 사라져야 합니다.", ibid.

12 "위대한 지도자", ECG, *Obras*, pp. 403-20.

13 흐루쇼프의 어려움과 결심, Fursenko and Naftali, *Khrushchev's Cold War*, pp. 430-4, cf. Fursenko and Naftali, *One Hell of a Gamble*, p. 178.

14 흐루쇼프의 제안에 대한 반응, 에밀리오 아라고네스의 증언, in Brenner and Welch (eds), *Back to the Brink*, 1989.

15 "하나의 실마리, 하나의 사소한 일…", FCR, 아바나 회의의 토론 기록, in Blight, Allyn and Welch (eds), *Cuba on the Brink*, p. 82.

16 "우리의 공통 사안의 성공", Fursenko and Naftali, *Khrushchev's Cold War*, pp. 58-9.

17 라울의 당혹감 / 협정 서명, Anderson, *Che Guevara: A revolutionary life*, p. 526.

18 "우리는 무법자가 아닙니다…", FCR, cited in Blight, Allyn and Welch (eds), *Cuba on the Brink*, p. 84.

19 "만약 문제가 발생하면 발트 함대를 급파할 것", ibid.

20 소련과 미국의 긴박한 상황, Fursenko and Naftali, *Khrushchev's Cold War*, p. 455.

21 "오리엔테 지방에서 5주를 보냈는데도…", British embassy Havana to Prime Minister Earl of Home, Her Majesty's consul in Santiago, Mr Collins, 1962년 8월 23일-9월 27일, FO 371/162308, reel 23, BL.

22 "은밀하고 신속하게 배치되고 있는 공산주의 미사일", Fursenko and Naftali, *Khrushchev's Cold War*, pp. 468-72.

23 피델의 정보원 양성, Domingo Amechastegui in Blight and Welch, *Cuban Intelligence and the October Crisis*, pp. 103-4.

24 "우리가 적들에게 먼저…?", Fursenko and Naftali, *One Hell of a Gamble*, pp. 272-3.

25 "친애하는 흐루쇼프 동지에게…", 피델 카스트로가 흐루쇼프에게 보낸 편지, 1962년 10월 27일, cited in Blight, Allyn and Welch (eds) *Cuba on the Brink*, p. 509.

26 "전쟁이라는 꼬인 매듭", ibid., p. 5.

27 피델의 분노, Quirk, *Fidel Castro*, p. 443.

28 "따귀를 빈빚을 것", (ㄹ ㅂ) 낸김지인 클모트 쿨티싱에게 한 날, 1963년 1월, cited in Quirk, *Fidel Castro*, p 448, cf Fursenko and Naftali, *One Hell of a Gamble*, p. 288.

29 피델에게 유리하게 문세를 해결하기 위한 노력의 결과, 흐루쇼프가 피델 카스트로에게 보낸 편지, 1962년 10월 28일, cited in Blight, Allyn and Welch (eds), *Cuba on the Brink*, p. 510.

30 그 비행기를 격추시키지 못했다면, 피델 카스트로기 흐루쇼프에게 보낸 편지, 1962년 10월 28일, cited in Blight, Allyn and Welch (eds), *Cuba on the Brink*, p. 512. 피델은 이 편지의 말미에 '친의를 담아fraternally'라는 맺음말을 붙였다. 나중에 그는 사실 '미심쩍은 마

음questioningly'으로 이 편지를 썼다고 인정했다. 참조. 'Fidel Castro's secret speech', cited in full in Blight and Brenner, *Sad and Luminous Days*, p. 51. 참조. 'Fidel Castro's secret speech', cited in full in Blight and Brenner, *Sad and Luminous Days*, p. 51.

31 "쿠바는 더 많은 것을 이미 얻었기 때문에…", FCR, cited in Fursenko and Naftali, *One Hell of a Gamble*, p. 288.

32 "일부 쿠바인들이 소련의 미사일…", FCR, cited in Fursenko and Naftali, *Khrushchev's Cold War*, p. 494.

33 "창백하고 초췌하고 여위었으며…", British embassy Havana to *Prime Minister* Earl of Home, 1962, OF 371/168135, reel 23, BL.

34 "우리가 왜 이런 요구를…", FCR, cited in Blight, Allyn and Welch (eds), *Cuba on the Brink*, p. 216.

35 "두 강대국의 충돌", 흐루쇼프가 피델 카스트로에게 보낸 편지, 1962년 10월 30일, cited in ibid., pp. 513-16.

36 "쿠바는 오랫동안 위험을…", 피델 카스트로가 흐루쇼프에게 보낸 편지, 1962년 10월 31일, cited in ibid., pp. 517-19.

37 "외교적 투쟁 방식을 과소평가해서는 안 됩니다.", Blight, Allyn and Welch (eds), *Sad and Luminous Days*, p. 79.

38 "미국은 우리를 물리적으로…" / "하지만…, 우리는 쿠바가…." / "우리는 당신들이 우리와…", 'Mikoyan Memorandum of Conversation', 1962년 11월 8일, CWIHP.

39 "케네디와 흐루쇼프가 체스를…", memorandum of conversation, E. Pronsky with Havana University Professor Anastacio Cruz Mansilla, 1964년 11월 6일, RGANI, Fond 5, opis 49, delo 759, pp. 267-8.

40 "터무니없다고…." / "만약 쿠바 동지들이 이 문제에….", Fursenko and Naftali, *Khrushcheu's Cold War*, p. 503.

41 "내가 모스크바로 돌아가면…", Blight and Brenner, *Sad and Luminous Days*, p. 81.

42 "나는 절대 흐루쇼프를 용서하지 않을 걸세.", memorandum of conversation, E. Pronsky with Havana University Professor Anastacio Cruz Mansilla, 1964년 11월 6일, RGANI, Fond 5, opis 49, delo 759, pp. 267-8.

43 "우리의 유일한 희망은….", Llovio-Menéndez, *Insider*, p. 112.

44 피델의 "의도적인" 부재 / 그 이유에 대한 추측, 'Central Intelligence Bulletin', 1962년 12월 21일, daily brief, CIA database, ARCHIVES II.

45 "나는 피델이 이상한 행동을….", British embassy Havana to *Prime Minister* Earl of Home, 'The Cuban Crisis: Mr Mikoyan in Havana', 1962년 11월 30일, FO 371/162409, BL.

12. 침몰하는 호의

1　"우리의 생존권은 상대가….", 피델 카스트로가 유엔 임시 사무총장인 우탄트에게 보낸 편지, 1962년 11월 15일, cited in Blight and Brenner, *Sad and Luminous Days*, pp. 210-13.

2　"이제 라틴아메리카의 모든 국가에서 혁명 운동이 쇠퇴할 것", memorandum of conversation, A.I. Mikoyan with Osvaldo Dorticos, Ernesto Guevara and Carlos Rafael Rodriguez, CWIHP. 이 같은 체의 반응은 '자기학대'에 가까운 '독특한' 고집으로 설명될 수 있음(저자와 파피토 세르게라와의 인터뷰, 2007년 11월 10일).

3　"나는 산업부 장관이자 서부군의 대장이자….", ECG, cited in Oltuski, *Vida Clandestina*, p. 289.

4　"게바라는 혁명과 관계된…." / "양심의 가책이란 정부의….", memorandum of conversation, A. Alexiev with Secretary of ORI National Leadership Minister of Industry Ernesto Guevara Serna, 1963년 2월 25일, RGANI, Fond 5, opis 19, delo 652, pp. 82-3.

5　"제가 미쳐서 더는… "Taibo II, *Guevara, also known as Che*, p. 363.

6　"사탕수수밭은 끝이 없군!", ECG, cited in Taibo II, *Guevara, also known as Che*, p. 364.

7　"뭐, 계속 공부한다면….", ECG, cited in Anderson, *Che Guevara: A revolutionary life*, p. 567.

8　"사회주의 건설이라는 이상하고 감동적인 드라마", ECG, *Socialism and Man in Cuba*, p. 7.

9　피델 전복 계획들, 'General Pressures to Create a Contingency', 1963년 3월 11일, ARCHIVES II, RG 335, Califano Papers, Box 6, folder 9. 이 계획들은 'Operation Horn Swoggle'이나 'Operation Invisible Bomb' 같은 임시 작전들보다 더 장기적이고 구체적인 작전들이었다. 'Operation Horn Swoggle'은 통신 방해로 쿠바의 미그기를 격추시키려는 작전이었고, 'Operation Invisible Bomb'은 제트기의 음속폭음을 이용해서 미국의 포격을 흉내 내려는 계획이었다(memorandum to Brigadier General Edward G. Lansdale, USAF, Assistant to the Secretary of Defense, 1962년 2월 2일, from William H. Craig, DOD Representative, Caribbean Survey Group, ARCHIVES II, RG 335, Califano Papers, Box 1).

10　"본질이 아니라 형식" / "쿠바 지도자들의 반발을 불러일으킬 뿐", memorandum of conversation, A. Alexiev with Organizational Secretary of ORI National Leadership, Emilio Aragonés, 1963년 1월 23일, RGANI, Fond 5, opis 49, delo 652, pp. 20-1.

11　"평화공존 정책에 대해서….", FCR, cited in Fursenko and Naftali, *Khrushchev's Cold War*, p. 129.

12　"현재는 투쟁을 위한 시간이지만….", 'Fidel Castro Addresses PURS Meeting', FBIS, 1963-02-23.

13 카스트로의 도착, Blight, Allyn and Welch (eds), *Cuba on the Brink*, pp. 223-6.

14 "휘파람을 불고 발을 구르며 환호성을 질렀다.", *Time* magazine, 'The Other Beard', 1963년 5월 10일.

15 볼고그라드에서 피델의 연설, 'Meeting in Volgograd', FBIS, 1963-05-08.

16 "그냥 그를 만져보고 싶었어요.", 저자와 루드밀라 스테파니치와의 인터뷰, 2007년 12월 4일.

17 "레닌그라드는 너무 아름다워서….", 'Castro Returns to Moscow, Visits Kiev', FBIS, 1963-05-20.

18 "동지애와 애정", 'Speech in Irkutsk', FBIS, 1963-05-14.

19 "미국이 터키뿐만 아니라…." / 관련 대화들, 피델 카스트로의 아바나 회의 기록, cited in Blight, Allyn and Welch (eds), *Cuba on the Brink*, pp. 223-5. 저자와 세르게이 흐루쇼프와의 인터뷰(2008년 6월 20일)에서도 비슷한 이야기가 있었다.

20 "말썽꾼" / "레닌 영묘에서 연설을 하는 전통이….", memorandum of conversation, A. Alexiev with Minister of Industries Ernesto Che Guevara, 1963년 5월 9일, MID, Fond 9, opis 5, delo 63.

21 "정부 운영에 있어서는 원시시대나 마찬가지" / "국가 행정에 게릴라전의 전술을 적용" / "충분한 행정 경험 없이 '게릴라주의'를…", 'Against Bureaucracy', ECG, *Obras*, p. 167.

22 "무적불패" / "통치 위임에 기반을 둔 공산주의", 'Castro Farewell to Kiev', FBIS, 1963-05-22, 1963년 5월 21일.

23 "우리는 공산주의자이고….", 'Castro 4 June Speech', FBIS, 1963-06-06.

24 중국과 소련의 대립, Luthi, *The Sino-Soviet Conflict: Cold War in the Communist World*.

25 "그들의 희망을 무장 투쟁에만…" / "혁명은 외국의 도움으로 강화되거나….", Mikhail Suslov in 'Bureau of Intelligence and Research, Research Memorandum', 1964년 4월 17일 secret, cited in Castañeda, *Compañero*, p. 251.

26 "라틴아메리카의 게릴라전이라는 문제….', ECG, *Guerrilla Warfare: A method*.

27 "혁명가들의, 라틴아메리카 혁명가들의 의무는….", ibid.

28 "모험주의에 가까운 과도한 혁명주의", Havana embassy Cuba to Moscow, 1964년 1월 28일, cable no. 47784, RGANI, Fond 5, opis 49, delo 655.

29 "자네가 원한다면 내가 마오쩌둥과의 친분을….", Franqui, *Family Portrait with Fidel*, p. 217.

30 "피델은 원칙적으로 모든 것에 동의를 할 사람", ibid., p. 32.

31 피델의 시각, Furiati, *Fidel Castro*, pp. 429-30.

32 "혁명은 세계의 어느 곳이나…." / "어느 곳이라도…?" / "코르도바에서도 혁명은….",

Castañeda, *Compañero*, p. 240.

33 "그 유명한 국립은행 같은 곳에도…", 'Castro Interview on Return from Soviet Trip', FBIS, 1963-06-06.

34 "피델이 최근 연설에서…", memorandum of conversation, O. Darrousenkov with Ernesto Guevara Serna, 27 August 1963년 8월 27일, top secret, RGANI, Fond 5, opis 49, delo 654, pp. 296-9.

35 "우리의 무역은 바다에…", memorandum of conversation, O. Daroussenkov with Ernesto Guevara Serna, MID, Fond 4, opis 9, delo 63.

36 "누가 전위에 서 있는가?", 'Castro Defines the Theory of the Cuban Revolution: interview with Socialist Party weekly, El Sol, Montevideo', FBIS, 1963-05-10.

37 "정치적 전술과 혁명적 전술은 같지 않다.", 프랑크 파이스가 알베르토 바요에게 한 말, 1957년 5월 15일, cited in Sweig, *Inside the Cuban Revolution*, p. 20.

38 "허스키한 목소리와 짙은 눈을 가진…" / 하워드의 옷차림과 스카치, 소다, Quirk, *Fidel Castro*, p. 457.

39 카스트로와 하워드의 만남, CIA briefing paper, secret, 'Interview of US Newswoman with Fidel Castro Indicating Possible Interest in Rapprochement with the United States', 1963년 5월 1일, NSA; memorandum from Joseph Patchell to Joseph A. Califano, 'Castro Regime', ARCHIVES II, Califano Papers, Box 2, folder 16, pp. 2-4.

40 "자신만만한 염색한 금발 머리", *Time* magazine, 'No One Dodges Lisa', 1963년 10월 25일.

41 "정말로 그렇게 말했습니까?", memorandum from Joseph A. Califano to various, 'Mrs Lisa Howard's Interview with Castro', 1963년 7월 2일, ARCHIVES II, Califano Papers, Box 5, folder 4, pp. 1-3.

42 "리사 하워드는 미국 정부에…", CIA briefing paper, Secret, 'Interview of US Newswoman with Fidel Castro Indicating Possible Interest in Rapprochement with the United States', 1963년 5월 1일, NSA, p. 3.

43 케네디가 댈러스에 있는 동안 도착한 확인서한, Bamford, *Body of Secrets: Anatomy of the Ultra-Secret National Security Agency*, p. 130.

44 "우리는 그렇게 생각하지 않는다고 그를 안심시켰다." / "낙인은 논쟁의 여지가 없는 것", memorandum of conversation, O. Daroussenkov with Minister of Industries Ernesto Guevara Serna, 1963년 12월 20일, RGANI, Fond 5, opis 49, delo 760, pp. 13-14.

45 "국가 지도부의 일부가…", memorandum of conversation, A. Anikin with Czech Socialist Republic Ambassador to Cuba Comrade Pavlicek, 1964년 1월 4일, RGANI, Fond 5, opis

49, delo 762, p. 28.

46 "중국의 선전 활동은 중하층 계급의…", memorandum of conversation, A. Anikin with chargé d'affaires of Poland to Cuba E. Siurus, 1964년 1월 6일, RGANI, Fond 5, opis 49, delo 762, p. 34.

47 흐루쇼프의 별장을 방문한 피델, Sergei Khrushchev, *Khrushchev on Khrushchev: an inside account of the man and his era*; 저자와 세르게이 흐루쇼프와의 전화 인터뷰, 2008년 6월 20일.

48 소련의 쿠바 장악, Skierka, *Fidel Castro*, p. 165.

49 "뒷문으로 자본주의를 들여오는", ECG, 산업부 회의록, cited in Castañeda, *Compañero*, p. 261.

13. 새로운 노선

1 "남아메리카에는 알티플라노 고원이…" / "볼리비아, 파라과이, 브라질의 국경 지대…", Anderson, *Che Guevara: A revolutionary life*, p. 434(이 인용문에서 칠레를 우루과이로 잘못 말한 것 같음).

2 "피델은 '역사가 나를 사면할 것이다'라고…", Manuel Piñeiro, in Luis Suárez(ed.), *Che Guevara and the Latin America Revolution*, p. 22.

3 "지금은 볼리바르들의 시대가…", enclosure to Mr Brown's letter 1011/62 of 4 June 1963, 'Interview with Dr Castro', FO 371/162462, p. 1.

4 체의 천식, Taibo II, *Guevara also known as Che*, p. 374.

5 "내 시간이 언제 끝나나 싶어서…", ECG, 산업부 회의록, cited in Castañeda, *Compañero*, p. 264.

6 "장관 동지, 자네를…", 체 게바라가 레히노 보티에게 보낸 편지, 1963년 10월(추정), cited in Taibo II, *Guevara also known as Che*, p. 377.

7 "불행하게도, (현) 체제에…" / "이 세계에서 나를 알고 있는 사람은…" / "쿠바혁명의 힘 겨운 순간과…", 체 게바라가 호세 메데로 메스트레에게 보낸 편지, 아바나, 1964년 2월 26일, in *Obras*, pp. 686-7.

8 "국제 협력의 새 시대", 'UNCTAD: Paving the road for trade and development into the 1990s?—United Nations Conference on Trade and Development', *UN Chronicle*, 1989년 12월.

9 "약소국을 약탈하는 제국주의적 정책", http://www.rcgfrfi.easynet.co.uk/ww/

guevara/1964-dev.htm.

10 "반면에 체 게바라는….", memorandum from the Under Secretary of State (Ball) to President Johnson, Washington, 1964년 3월 30일, FRUS, 1964-1968, Vol. XXXIII / 'Central Intelligence Agency Briefing Paper', SC No. 02971/64, FRUS, 1964-1968, Vol. XXXII.

11 제네바 호숫가에서 사색에 잠긴 체, Castañeda, Compañero, p. 267.

12 "이건 정말 큰 오해야….” / “나를 설득시켜보게….", memorandum of conversation, O. Daroussenkov with Minister of Industry Ernesto Guevara Serna, 1964년 4월 29일, RGANI Fond 5, opis 49, delo 760, pp. 65-6.

13 "좀스러운 관료와 앞잡이들의 소굴", ECG, cited in Taibo II, Guevara, also known as Che, p. 384.

14 "게바라의 생각이 국가 지도부의…" / “그들의 연설은 사전에….” / “감정에 영향을 받는", memorandum of conversation, N. Belous with member of editorial staff of Cuba Socialista Fabio Grobart, secret, 1964년 5월 13일, RGANI, Fond 5, opis 49, delo 757, p 72.

15 "중산층이 마르크스-레닌주의에 공감하기란….", memorandum of conversation, O. Daroussenkov with Secretary of PURS national leadership Emilio Aragonés Navarro, secret, 1964년 6월 4일, RGANI, Fond 5, opis 49, delo 758, p. 153.

16 정치경제학 수업 / “긍정적인 성향” / “신중히 경청하고…", memorandum of conversation, E. Pronsky with Anastasio Cruz Mansilla, secret, 1964년 5월 29일, RGANI, Fond 5, opis 49, delo 757, p. 121.

17 "후아나나 그녀의 어머니….", confidential memorandum, J. L. Topping, AmEmb Havana, 1960년 7월 27일, ARCHIVES II, Cuba, Havana Embassy General Records, 1959-1961, 기밀해제, Box 4.

18 후아나의 배신 / “당신들이 이 문제를 물어볼 거라고….", 'Juana Castro Ruz Acusa: La hermana de Fidel Castro, teatigo de mayor excepción, denuncia los crímenes del Castro?—Comunismo', Cruzada Feminina Cubana, Miami, 1964, p. 29.

19 체의 입지 약화, 'The Fall of Che Guevara and the Changing Face of the Cuban Revolution', CIA report, 1965년 10월 18일, ARCHIVES II, CIA CREST Database.

20 "새로운 인간의 분위기", 제 세바라가 레온 펠리페에게, Obras, p. 690; Victor Casaus (ed.), Self Portrait: Che Guevara, pp. 223-5.

21 "우리의 가장 최측근을 보냈다.", FCR, cited in Castañeda, Compañero, p 287

22 흐루쇼프 이후의 모스크바, Fursenko and Naftali, One Hell of a Gamble, pp. 353-5.

23 "그는 두 가지 용어를 혼동했다.", ECG, 레닌에 대한 메모, 철학 노트에서 한 장을 복사함, in Ariet (ed.), *America Latina*, pp. 432-3.

24 안드로포프와 코리오노프와의 대화, Anderson, *Che Guevara: A revolutionary life*, pp. 614-15.

25 '비밀 특별 회담', memorandum of conversation, O. Daroussenkov with General Secretary of the Bolivian Communist Party, secret, 1964년 11월 26일, RGANI, Fond 5, opis 49, delo 758, pp. 310-11.

26 게릴라 병력을 쿠바가 후원하는 문제, Furiati, *Fidel Castro*, p. 440.

27 "우리는 믿을 만한 정보원으로부터⋯.", in Johne and Kulitza, 'Uber die Entwicklung der Republik Kuba im Jahre 1965 und einige Entwicklungstendenzen fur das Jahr 1965', 1965년 1월 21일, pp. 9-10, 13-14, SED, DY30 IVA 2/20/270.

28 "각각의 대표에게 수많은 질문을⋯.", memorandum of conversation, E. Pronsky with Secretary of Argentine Communist Party Victorio Codovilla, secret, 1964년 11월 25일, RGANI, Fond 5, opis 49, delo 758, p. 306.

29 뉴욕으로 떠나기 전에 다로우센코프에게 보고하는 체, memorandum of conversation, O. Daroussenkov with Minister of Industry Ernesto Guevara Serna, secret, 1964년 12월 8일, RGANI, Fond 5, opis 49, delo 758, p. 308.

30 "그들은 봉쇄를 세계화했다.", FCR, cited in Ramonet, *My Life*, p. 293.

14. 직설화법

1 바주카포 공격과 칼을 든 여성, *Time* magazine, 1964년 12월 18일 / 'Bazooka Shells Fired at UN Buildings in New York; Misses by Wide Margin', *Chicago Tribune*, 1964년 12월 12일, p. W1 / 'No clue is found to UN attackers', *New York Times*, 1964년 12월 13일, p. 1

2 "아주 위험한 삶을 살고⋯.", Radio Telefis Eireann report, 'Che Guevara at Dublin Airport', 1964년 12월 18일.

3 경찰관과 체스를 두는 체, Taibo II, *Guevara, also known as Che*, p. 399.

4 "약탈이 더욱 성행" / 이 단락의 모든 인용들, 'Colonialism is Doomed?—Speech Delivered by Major Ernesto Che Guevara on September 11, 1964 at the United Nations Organization', Republic of Cuba, Ministry of External Relations Information Department, BNJM, pp. 6-20.

5 "게바라 박사, 미국 정부가…." / "우리는 미국에게 어떤 조건도….", Face the Nation transcript, BNJM, p. 30.

6 방송이 끝난 후 슐츠와의 대화, Szulc, Fidel Castro: A critical portrait, p. 599.

7 "제국주의자들이 에르네스토 게바라가….", 'Castro Speech on 6th Revolution anniversary', FBIS, 1965-01-05.

8 리사 하워드의 파티 / "그런 활동들을 계속 해나갈 예정", 'Meeting with Che Guevara, Cuban Minister of Industry', Exdis. drafted by Woods on December 18 secret, FRUS, 1964-1968, Vol. XXXII.

9 아프리카 대표단과 만난 체, memorandum of conversation, N. Belous with Director of Cuban Institute of Friendship with the People Masola, secret, 1964년 8월 13일, RGANI, Fond 5, opis 49, delo 762, p. 246(이들 중에는 탄자니아의 A. M. 바부도 있었음).

10 "체, 방금 세르히오 델 바예를 만나….", 피델 카스트로가 에르네스토 게바라에게 보낸 편지, 1964년 12월, cited in ECG, The African Dream: The diaries of the revolutionary war in the Congo, pp. xliv-xlv. 디오클레스 토랄바는 가스드로 정부에서 실탕 생산을 담당하던 장관이었다. 1989년에 그는 뇌물죄로 구금되었다. 세르히오 델 바예는 피델의 측근으로, 쿠바군의 주요 인물이자 의사였다.

11 중국 정부의 불만 표시, Abteilung Latein Amerika Akte A3363/4 PAAA Bestand MFAA, 0000301 Informationsbericht des ADRKorrespondenten in Havana vom 03.03.1965: 'Die einung von Carlos Rafael Rodriguez', pp. 301-2. cf. Carlos Rafael Rodriguez, TSCJFK, p. 83.

12 "나세르 대통령은 그들을….", Heikal (ed.), Nasser: The Cairo Documents, pp. 306-12.

13 체의 비외교적 성격에 관한 농담, Abteilung Latein Amerika Akte A3363/4 PAAA Bestand MFAA, 0000309: Brief der DDR Botschaft in Kuba an den Stellvertreter der Ministers fur Auswaertige Angelegenheiten, Genossen Georg Stibli, Februar 22 1965, Vertrauliche Dienstsache No. 389/5, pp. 308-9.

14 "우리는 이야기를 나눴고 토론을 했다." / "그들은 체와 이야기를 나눈 후에 그다지 기뻐하지 않았다.", Piero Gleijeses, Conflicting Missions, p. 83.

15 "아프리카 망명객의 피난처", CIA, special memorandum, 'Implications of Growing Communist Influence in URTZ', 1964년 9월 29일; Gleijeses, Conflicting Missions, p. 84.

16 소련에게 주장을 전하는 피델, 'Castro Speech on 6th Revolution Anniversary', FBIS, 1965-01-05.

17 "우리는 밤세도록 그의 언설을….", Ahmed Ben Bella, cited in Castansda, Compañero, p. 292. 세르게라에 따르면 미국과 소련에 대항해서 제3세계 진영을 구축하자는 체의 주장

은 체가 미사일 위기 때 처음 접하게 된 책인 프란츠 파농의 책 *The Wretched of the Earth*의 영향을 받은 것이라고 한다(저자와 파피토 세르게라와의 인터뷰, 아바나, 2007년 11월 10일).

18 '마지막 총알'이 된 체의 연설, CIA intelligence Brief 'The Afro-Asian Seminar', Directorate of Intelligence, Office of Research and Reports, 1965년 3월, CIA Database, ARCHIVES II; Lewis Diuguid, 'Guevara: A True Revolutionary', *Washington Post*, 1967년 10월 11일.

19 "저개발국가들의 헤아릴 수 없는 땀과…", 알제리에서 열린 아프리카-아시아 국가의 경제정책 세미나에서 체 게바라의 연설, in *The Che Reader*, pp. 301-13.

20 "극단적인 제안들", CIA intelligence brief 'The Afro-Asian Seminar', Directorate of Intelligence, Office of Research and Reports, 1965년 3월, CIA Database, ARCHIVES II.

21 "불협화음" / "자본주의로의 회귀", 'The Wave Breaks', *Hartford, Connecticut Times*, 1965년 3월 29일.

22 "좋지. 어떤 바보들이…" / 섀넌에서 벌어진 일, Retamar, *Obras, IV: Cuba Defendida*, pp. 173-7.

23 "카스트로, 게바라, 카밀로 시엔푸에고스…", Jim Fitzpatrick, cited in Joe O Muircheartaigh, 'The Importance of Being Ernest', *Clare Champion*, 2005년 9월 9일.

24 " '엘 피포'와 '엘 체'사이의 엄청난 논쟁", Dariel Alarcón Ramírez ('Benigno'), cited in O 'Donnell, *Che: La vida por un mundo mejor*, p. 62; Ramirez, *Memorias de un Soldado Cubano*.

25 "좋아요. 내게 남은 유일한 대안은…", Castañeda, *Compañero*, p. 299.

26 피델이 정당노선을 따르지 않음, memorandum of conversation, V. Manko with Polish Press Agency Correspondent Miroslaw Ikonowicz, secret, 1965년 5월 20일, RGANI, Fond 5, opis 49, delo 845, p. 149.

27 "모든 사회주의 국가들은…", Live Speech by Prime Minister Fidel Castro at a 3 March 1965 Ceremony in the Central Park of Guines, FBIS, 1965-03-03.

28 비밀 훈련장, 이들 훈련장은 'Petis', *Puntos de Entrenamiento de Tropas Especiales e Irregulares*의 약어라고 알려짐

29 콩고와 베트남을 거론한 피델, Fidel Castro Speech at University, FBIS, 1965-03-14.

30 "어떤 시" / 책을 돌려받은 레타마르, Retamar, *Obras, IV*, pp. 176-7.

31 〈안녕, 친구들이여〉, 저자와 후안 발데스 그라바로사와의 인터뷰, 아바나, 2007년 11월 8일.

32 "기쁨과 슬픔이 뒤섞인 작별인사를 부산스럽게', ECG, *The African Dream*, p. 9.

33 피델이 모집한 훈련병, 저자와 프란시스코 비토레로와의 인터뷰, 아바나, 2007년 11월 7일.

34 "드레케, 자네 괜찮나?", Taibo II, *Guevara, also known as Che*, p. 411.

35 "내가 무슨 권리로…", ECG, cited in Anderson, *Che Guevara: A revolutionary life*, p. 532.

36 체가 피델에게 보낸 편지, *Carta del Che a Fidel*, Editorial Pablo de la Torriente, Havana, 2004, 쪽수 없음.

37 "체를 잘 돌봐주게.", FCR, cited in Taibo II, *Guevara, also known as Che*, pp. 412-13.

15. 기념일

1 "쿠바 정부가 가장 신뢰한 만한 지지자들은…", 리처드 고트의 서문, in ECG, *The African Dream*, p. ix.

2 "가장 어려운 일은…", 피델 카스트로가 에르네스토 게바라에게 보낸 편지, cited in ibid., p. xlviii.

3 가택연금 / 무성한 소문, Abteilung Latein Amerika Akte A3363/3 PAAA Bestand MFAA, 0000216: Brief der DDR Botschaft in Kuba, Herr Johne, an den Stellvertreter des Ministers fur Auswaertige Angelegenheiten, Genossen George Stibi, Vertrauliche Dienstsache No. 102, Juli 12 1965, pp. 216-21.

4 "자이르에 병력을 보내기로 한 결정은…", Piero Gleijeses, *Conflicting Missions*, p. 91.

5 피델의 노동절 연설, 'Castro Assails US Action in Dominican Republic', FBIS, 1965-05-03.

6 "게바라가 지도부에서 빠져서…." / "카스트로는 겉으로는….", memorandum of conversation, A. Alexiev with Member of the National Leadership Carlos Rafael Rodriguez, RGANI, Fond 5, opis 49, delo 844, p. 390.

7 "아프리카 지역의 해방운동 지원", ibid.

8 "우리의 관계는…", Abteilung Latein Amerika Akte A3363/3 PAAA Bestand MFAA, 0000216: Brief der DDR Botschaft in Kuba, Herr Johne, an den Stellvertreter des Ministers für Auswaertige Angelegenheiten, Genossen Georg Stibi, Vertrauliche Dienstsache No. 102, Juli 12 1965, pp. 216-21.

9 집중화 정책 비난, 'Fidel Castro Speech on 26 July Anniversary', FBIS, 1965 07 27.

10 "심하게 비난받는" / 개똥 비유, CIA intelligence memorandum, 'The Fall of Che Guevara

and the Changing Face of the Cuban Revolution' limited official use, ARCHIVES II, CIA CREST Database, p. 8.

11 "지금 당장으로서는….", 'Castro Speaks at Award Ceremony for Canecutters', FBIS, 1965-07-26.

12 "우리는 몇 달 동안….", memorandum from the Deputy Director for Coordination of the Bureau of Intelligence and Research (Williams) to the Assistant Secretary of State for Inter-American Affairs (Vaughn), 1965년 6월 11일, FRUS, 1964-1968, Vol. XXXII, p. 717.

13 "이 녀석을 강아지 때부터 직접 길렀죠." / "세 시간 안에 플로리다까지 갈 수도 있지요.", FCR, cited in Lockwood, *Castro's Cuba, Cuba's Fidel*, p. 60.

14 "사냥과 낚시를 하고 있고….", FCR, cited in ibid., p. 61.

15 식사 자리 / "오, 하지만 그 때가….", ibid., p. 75.

16 "현재로서는 그 질문에 대답할 수…." / "미스터리를 파헤치는 일과 같은 것", ibid., pp. 342-3.

17 "급물살이 흐르는 강과 구불구불한 길이 있는 급경사면" / "최적의 지대", Hoare, *Congo Mercenary*, p. 239.

18 "실제로는 호수가 일종의 협곡처럼….", ECG, *The African Dream*, p. 12.

19 투치족, 리처드 고트의 서문, in ECG, *The African Dream*, p. xxx.

20 "그는 계속 '국제적 스캔들감'이라고….", ECG, *The African Dream*, p. 15.

21 "개인적으로 전체 전쟁을 통틀어 가장 슬픈 소식", ECG, *The African Dream*, p. 24.

22 "청명하고 햇빛이 쨍쨍한 날", Lockwood, *Castro's Cuba, Cuba's Fidel*, p. 8.

23 "어떻게 그 모든 일이 일어났는지 새삼스럽군요.", ibid., pp. 10-11.

24 "게바라 동지는 가장…" / "가장 훌륭한 전사….", 'Castro Speaks at Uvero Battle Commemoration', FBIS, 1965-06-02.

25 카밀로와 체의 사탕수수 수확, 'Speech on Sugar Production', FBIS, 1965-06-09.

26 "이제 우리의 동지인 에르네스토 게바라에….", 'Castro Speaks on Interior Ministry Work', FBIS, 1965-06-18.

27 새로운 지도부 조직, CIA intelligence memorandum, 'The Fall of Che Guevara', ARCHIVES II, CIA CREST Database, p. 8.

28 "지금 이 자리에…." / "온갖 장점과 미덕을….", FCR, cited in Deutschmann (ed.), *Che en la Memoria de Fidel Castro*, p. 37.

29 "검은 옷차림" / "눈물을 머금은 채", *Time* Magazine, 1965년 10월 15일.

30 "모든 중요한 문제의 결정권을 독점" / "그 누구도, 동생인 라울이나…", Skierka, *Fidel*

Castro, p. 184.

31 밀사로 파견된 마차도 벤투라, Gleijses, *Conflicting Missions*, p. 122.

32 "체는 아주 심각한 표정이 되더니…", Martin Chivas, 'El Regreso de un Amigo', *Trabajadores*, 1997년 7월 14일. 이 부분에 대해서 글레이헤세스는 *Conflicting Missions*에 서 *Trabajadores*의 글과 빅터 드레케와의 인터뷰 내용을 거론하면서 '나는 체가 콩고의 상황이 나쁘게 돌아가고 있는 것을 인지한 상황에서 피델이 작별 편지를 공개하자 쿠바 로 돌아가는 것도 어색해져버렸다고 생각한다'고 평했다.

33 또다시 이방인이 된 느낌, ECG, *The African Dream*, p. 216.

34 "당신의 편지를 받고…', 에르네스토 게바라가 피델 카스트로에게 보낸 편지, in ibid., pp. 125-9.

35 "우리는 불합리한 일을 빼고는…", 피델 카스트로가 에르네스토 게바라에게 보낸 편지, cited in Furiati, *Fidel Castro*, p. 448.

36 "농민들은 달아나고 마을 전체가…" / "홀로 난처한 심정으로" / "비참하고 울적하고…", ECG, *The African Dream*, pp. 216-17,

37 "그래, 계속 해나가야겠지…", Anderson, *Che Guevara: A revolutionary life*, p. 671. 폼 보, 투마, 파피의 진짜 이름은 Harry Villegas(Pombo), Carlos Coello(Tuma), José María Martínez Tamayo(Papi)이다.

38 "방랑하는 선동가", CIA intelligence memorandum, 'The Fall of Che Guevara', ARCHIVES II, CIA CREST Database, p. 5.

39 "이것은 실패의 역사이다.", ECG, *The African Dream*, p. 1.

40 "아르헨티나로 가려는 체와…", Castañeda, *Compañero*, p. 327.

41 알레이다의 방문, March, *Evocación*, pp. 202-6.

42 "혁명 지도자들은 혁명을…", ECG, *Socialism and Man*, pp. 19-20.

43 "해방운동을 지원하기 위한 모든 수단", CIA, Directorate of Intelligence, 'Current Intelligence Country Handbook, Cuba', secret, Directorate of Intelligence, 1966년 7월, ARCHIVES II, CIA Database, p. 5.

44 "자신의 위험을 최소화하기 위해 아주 노련하게 행동" / "우리는 이 대륙에서…", ibid., p. 5.

45 "체는 어디에 있는 것인가?", Anderson, *Che Guevara: A revolutionary life*, p. 683.

46 "존경하는 누군가의 죄를 빌기란 어려운 법", memorandum of conversation, Y. Chestnoy with Bolivian Communist Party General Secretary, secret, 1964년 8월 3일, RGANI, Fond 5, opis 49, delo 758, p. 176.

47 "새로운 증거" / "무력혁명에 대한 주장을 거듭 강조했다." / "전 세계 혁명가들의…",

CIA, 'Cuban Subversion in Latin America', secret, ARCHIVES II, CIA CREST Database, p. 10.

48 "실제로 올해에 그런 단체를 지원한 증거", CIA Directorate of Intelligence, 'Current Intelligence Country Handbook, Cuba', ARCHIVES II, CIA Database, p. 5.

49 "이미 내가 편지를 보내기도 전에…." / "아무리 냉정하게 객관적으로…." / "도대체 이유가 무엇인가? 자네가…?" / "자네를 성가시게 하려거나….", 피델 카스트로가 에르네스토 게바라에게 보낸 편지, cited in ECG, The African Dream, pp. xlvi-xlix.

50 "그 생각과 계획, 모두 체 혼자 해냈다.", FCR, cited in Taibo II, Guevara, also known as Che, p. 456.

51 "14일이면 자네가 38세가 되는 걸….", 피델 카스트로가 에르네스토 게바라에게 보낸 편지, ECG, The African Dream, p. xlix.

52 "꼼꼼하게" 열심히 일했다, Suarez (ed.), Che Guevara and the Latin American Revolution, p. 34.

53 "나는 그들에게 매우 재미있는 친구를….", FCR, in Ramonet, My Life, p. 301.

54 "지금을 충분히 즐기라고….", ECG, in 'Un Che de Este Mundo', Cuba Socialista, p. 88.

55 "엄마, 저 아저씨가 나를 사랑하나 봐요.", March, Evocación, p. 235.

56 "피델과 체는 오래도록…." / "간단한 작별인사", Suárez (ed.), Che Guevara and the Latin American Revolution, pp. 36, 72.

57 "깊은 감정을 표현할 수가 없어서….", ECG, Back on the Road, p. 24.

16. 예고된 삶과 죽음

1 볼리비아로 가는 여정과 도착, Taibo II, Guevara, also known as Che, p. 630.

2 "내 유일한 사람에게….", 에르네스토 게바라가 알레이다 마치에게 보낸 편지, cited in March, Evocacion, p. 237.

3 "시가를 입에 물고 그 연기를 음미하고 있었다.", Inti Peredo, 'My Campaign with Che', p. 322. 페레도는 볼리비아 임무가 끝나고 암살당하기 바로 직전에 은신처에서 회고록을 작성했음(Peredo, My Campaign).

4 체와 몬헤의 논쟁, Peredo, My Campaign, p. 340.

5 "'헤아릴 수 없이 깊고….", Harris, Death of a Revolutionary, p. 101.

6 "우리 모두는 양키 제국주의자들이…." / "연대와 격려의 메시지", 'Castro Speaks at Havana University Graduation', FBIS, 1966-12-20.

7 "우리의 특별하고 따뜻한 메시지는…", 'Castro Marks 8th Anniversary of Revolution', FBIS, 1967-01-03.

8 "피델은 우리가 더욱…", ECG, *The Bolivian Diary*, p. 64.

9 "라틴아메리카의 베트남에는 게릴라가 부족했다.", Richard Gott, *Guardian*, unmarked news cutting, British Library, 날짜 미상.

10 게릴라 공격, Harris, *Death of a Revolutionary*, p. 112.

11 "앵무새처럼 말했다.", ECG, *The Bolivian Diary*, p. 111.

12 "모든 상황이 한 치 앞도 내다볼 수 없을 정도로 혼란스럽다.", ECG, *The Bolivian Diary*, p. 118.

13 노동절 기념행사에 초대된 알레이다타, Taibo II, *Guevara, also known as Che*, p. 516.

14 "알메이다는 나를 비롯한 그 유명한 볼리비아 게릴라에게 중요한 임무를 맡겼다.", ECG, *The Bolivian Diary*, p. 146.

15 "이 혁명은 누군가의 부속품도, 누군가의 조건에 달린 것도 아닙니다", Kevin Devlin, 'Castro's Place in the Communist World', 1967, OSA, Box 14, folder 1, report 84

16 "쿠바 지도부가 의도하지 않은 고립 상태에 빠져들 위험이 있다.", in 'Brief der DDR-Botschaft in Havanna an das MfAA', cited in Skierka, *Fidel Castro*, p. 187.

17 "이미 혁명을 이뤄본 경험자라는 명목하에…", in 'Antwort der Kommunistischen Partei Venezuelas', cited in Skierka, *Fidel Castro*, p. 187.

18 "도대체 무슨 권리로…", CIA, intelligence information cable, Background of Soviet Premier Aleksey Kosygin's Visit to Havana, 1967년 10월, http://www.companeroche.com/index.php?id=106.

19 체의 〈세계 사람들에게 고함〉, *Granma*, 1967년 12월 2일, p. 12, BNJM.

20 "깜짝 방문", 아바나 주재 멕시코 대사관, confidential report no. 559, 'Visita a Cuba del Premier Ministro Sovietico Alexei Kosygin, 26-30 June, 1967', from Kate Doyle, *Double Dealing: Mexico's Foreign Policy Toward Cuba*, Electronic Briefing Book, National Security Archive, Washington, DC, 2003.

21 카스트로와 코시긴의 만남, 'The Russians Were Coming' The Soviet Military Threat in the 1967 Six-Day War', Isabella Ginor, *Middle East Review of International Affairs*, Vol. 4, no. 4, December 2000, p. 52.

22 "쿠바가 라틴아메리카 7개국에서…", memorandum of conversation, The President and USSR Chairman Kosygin, 1967년 6월 25일, FRUS, 1964-1968, Vol. XIV, document 235

23 "카스트로에 대한 약간의 분노", recording of telephone conversation between President

Johnson and former President Dwight D. Eisenhower, 1967년 6월 25일, 오후 9시 44분, FRUS, 1964-1968, Vol. XXXI, documents 44-71.

24 "깊은 분석을 끝낸 후에…", memorandum of conversation, O. Daroussenkov with PURS national leadership secretary, Minister of Industry Ernesto Guevara Serna, secret, 1964 년 10월 16일, RGANI, Fond 5, opis 49, delo 758, pp. 265-6.

25 "카스트로를 질책하려고", 아바나 주재 멕시코 대사관, confidential report no. 559, *Double Dealing: Mexico's Foreign Policy Toward Cuba*, Electronic Briefing Book, National Security Archive, Washington, DC, 2003.

26 "사실상의 최후통첩", Blight and Brenner, *Sad and Luminous Days*, p. 126. cf. *Time* magazine, 'Stopover in Havana', 1967년 7월 7일.

27 "코시긴과 피델은 7시간 동안 중단 없는 대화를 나눴다." / "코시긴이 피델에게…." / "특히 더 험악해졌다.", 이 회담의 유일한 통역가였던 다로우셴코프와의 인터뷰, cited in Blight and Brenner, *Sad and Luminous Days*, p. 125.

28 "공개적인 발언을 통해 지역 정당을 부추기는 것뿐", Oleg Daroussenkov, cited in Castañeda, *Compañero*, p. 384.

29 코시긴에게 라틴아메리카 역사에 대해 강의를 펼치는 피델, CIA, intelligence information cable, Background of Soviet Premier Aleksey Kosygin's Visit to Havana, 1967년 10월, http://www.companeroche.com/index.php?id=106.

30 "굉장한 진보", Karol, *Guerrillas in Power*, pp. 343-4.

31 아르헨티나로 갈 수 있는 마지막 기회, Harris, *Death of a Revolutionary*, pp. 135-6.

32 "쿠바의 역사는 모든 라틴아메리카의 역사이다.", Geyer, *Guerrilla Prince*, p. 316.

33 "거대한 깃발 위에 빛나는 글자로….", Karol, *Guerrillas in Power*, p. 364.

34 "혁명을 원하는 자들과….", FCR, cited in Karol, *Guerrillas in Power*, pp. 379-87.

35 "그래, 생각을 해보면 해볼수록," / "아주 좋군." / "도대체 우리가 어떤 세상에…." / "우리는 완벽한 침묵 속에….", Karol, *Guerrillas in Power*, p. 385.

36 타니아의 시체, Harris, *Death of a Revolutionary*, p. 149.

37 체의 현상금, ECG, *The Bolivian Diary*, p. 233.

38 "우리 17명의 전사는…." / "계속 가는 것은 별로….", ECG, *The Bolivian Diary*, pp. 253-4.

39 포로가 된 체, Gary Prado debrief, ARCHIVES II, CIA CREST Database, p. 153.

40 "당신은 쿠바인이오, 아니면 아르헨티나인이오?" / "피델에 대한 험담", ibid.

41 "게바라를 제거하라.", ibid.

42 사형집행, O'Donnell, *Che*, pp. 13-14.

43 "검은 옷을 입은 여자들과…", Bjorn Kumm, 'Guevara is dead, long live Guevara', *Transition*, No.75/76, p. 34.

44 "그는 죽어 있었다…", ibid., pp. 34-5.

45 포르말린과 탄환 구멍, 저자와 리처드 고트와의 인터뷰, 런던, 2007년 7월 17일.

46 "체의 사망 소식이 피델에게…", 저자와 카스트로의 경호원이었던 호세 이네스와의 인터뷰, 아바나, 2007년 11월 8일.

47 "슬프지만 사실" / 피델의 텔레비전 연설, 'Comparicion por Fidel Castro Ruz, 15 October 1967', pp. 7-10, BNJM.

48 "그들이 그의 죽음을 그의 생각의 종말이라고…", 'Discurso Pronunciado en la Velada Solemne…', *Granma*, 1967년 12월 2일, p. 5, BNJM.

에필로그

1 '나는 체에 대해 많이 꿈꿉니다…', Jorge Timossi, 'Los Sueños de Fidel'; FCR, cited in Costenla, *Che Guevara: La vida en Juego*, p. 11.

2 "우리는 보드카 잔을 들고…", 저자와 웨인 스미스와의 인터뷰, 워싱턴, 2007년 3월 13일.

3 '프롤레타리아 혁명의 군사 계획', *Granma*, 1967년 11월 1일, p. 2.

4 "우리에게는 진짜 혁명가들이…", 'Fidel Castro's 2 January Speech no Anniversary', FBIS, 1968-01-03.

5 "그의 이름에 걸맞은 올해로…", ibid.; Abteilung LateinAmerika; Sektor Cuba, Akte C1226 / 77, PAAA Bestand MFAA, 000105, pp. 105-38: Gaspraech Castros in der 'El Mundo', vom 13 Jan. 1968, 'Der USA-Imperialismus?—der Hauptfeind der Menschheit'.

6 "달콤한 거래", Blight and Brenner, *Sad and Luminous Days*, p. 133.

7 "이 작은 섬은 언제나…", FCR, cited in ibid., p. 131.

8 확고한 혁명 의지를 천명한 피델, Kevin Devlin, 'Castro Strikes at Communist "Microfaction" In a Challenge to Moscow', 1968-2-6, OSA, 93-3-103.

9 피델의 후방기지 역할을 맡게 된 라울, Blight and Brenner, *Sad and Luminous Days*, p. 135.

10 "체에세 필적할 만한 인물은 찾기 힘늘 것이었다.", Abteilung LateinAmerika; Sektor Kuba, Akte C1226/77, PAAA Bestand MFAA, 000105, pp. 105-38. Gespraech Castros in der 'El Mundo', vom 13 Jan. 1968, 'Der USA-Imperialismus?—der Hauptfeind der

Menschheit'.

11 "예외적인 행복감에 도취된 시기에…", Blight and Brenner, *Sad and Luminous Days*, p. 131.

12 "카스트로는 점점 입지가 줄어들고…", 'Memorandum from William G. Bowdler of the National Security Council Staff to the President's Special Assistant (Rostow)', 1967년 12월 18일, FRUS, Vol. XXXII, 1964-1968, p. 747; SNIE, 'Cuba: Castro's Problems and Prospects Over the Next Year or Two', 1968년 6월 27일, ibid., p. 752.

13 "그는 배신을 당했소.", Saul Landau, 'Filming Fidel: A Cuban Diary, 1968', Counterpunch, 2006년 12월 16/17.

14 "피델 카스트로를 홍보담당관으로 둔 덕분", Fontova, *Exposing the Real Che Guevara*, p. xxviii.

15 '개인적 희생과 노고', Quirk, *Fidel Castro*, p. 405.

참고문헌 및 사진 출처

전기 작품들

Anderson, Jon Lee, *Che Guevara: A revolutionary life*, Bantam Books, London, 1997

Betto, Frei, *Fidel and Religion*, Simon & Schuster, New York, 1987

Castañeda, Jorge, *Compañero: The life and death of Che Guevara*, Bloomsbury,London, 1998

Coltman, Leycester, *The Real Fidel Castro*, Yale University Press, New Haven and London, 2003

Costenla, Julia, *Che Guevara: La vida en juego*, Edhasa, Buenos Aires, 2007

Franqui, Carlos, *Family Portrait with Fidel*, Cape, London, 1983

Furiati, Claudia, *Fidel Castro: La historia me absolverá*, Plaza y Janés, Barcelona, 2003

Gadea, Hilda (trans. Carmen Molina and Walter I. Bradbury), *Ernesto: A memoir of Che Guevara*, W. H. Allen, London, 1973

Geyer, Georgie Anne, *Guerrilla Prince: the untold story of Fidel Castro*, Little, Brown, New York, 1991

Korol, Claudia, *El Che y los Argentinos*, Dialéctica, Buenos Aires, 1988

O'Donnell, Pacho, *Che: La vida por un mundo mejor*, Editorial Sudamericana, Buenos Aires, 2003

Quirk, Robert, *Fidel Castro*, W. W. Norton, New York, 1993

Ramonet, Ignacio *Biografía a dos Voces*, Random House Mondadori, Barcelona, 2006

Ramonet, Ignacio, *My Life*, Penguin, London, 2008

Skierka, Volker (trans. Patrick Camiller), *Fidel Castro*, Polity Press, Cambridge, 2006

Szulc, Tad, *Fidel: A critical portrait*, First Road Press, New York, 2000

Taibo II, Paco Ignacio, (trans. Michael Robers), *Guevara, also known as Che*, St Martin's Press, New York, 1997

Alape, Arturo, El Bogotazo: Memorias del Olvido, Casa de las Americas, La Habana, 1983

Bonachea, Rolando and Nelson Valdes (eds), Revolutionary Struggle, Volume I of the Selected Works of Fidel Castro, 1947-58, MIT Press, Cambridge, Massachusetts, 1972

Conte Agüero, Luis and Anne Louise Bardach (eds), The Prison Letters of Fidel Castro, Nation Books, New York, 2007

Cupull, Adys and Froilán González, Ernestito, vivo y presente, Editora Política, Havana, 1989

Cupull, Adys and Froilán González (eds), Cálida Presencia: La amistad del 'Che' y Tita Infante a través de sus cartas, Editorial Oriente, Santiago, Cuba, 1997

Das Eiras, Horacio, Ernestito Guevara, antes de ser el Che, Ediciones del Boulevard, Córdoba, Argentina, 2006

De la Cova, Antonio Rafael, The Moncada Attack: Birth of the Cuban Revolution, University of South Carolina Press, Columbia, SC, 2007

Granado, Alberto (trans. Lucia Alvarez de Toledo), Travelling with Che Guevara: The making of a revolutionary, Random House, London, 2003

Guevara, Ernesto (trans. Patrick Camiller), Back on the Road: A journey to Central America, Harvill Press, London, 2001

Guevara, Ernesto, The Motorcycle Diaries, Fourth Estate, London, 2004

Guevara Lynch, Ernesto, Mi Hijo el Che, Editorial Planeta, Barcelona, 1981

Guevara Lynch, Ernesto, Aquí Va un Soldado de América, Sudamerican–Planeta, Buenos Aires, 1987

Martin, Lionel, The Early Fidel: Roots of Castro's Communism, Lyle Stuart, Inc., Secaucus, 1978

Mencía, Mario, El Grito del Moncada, Editora Política, Havana, 1986

Mencía, Mario, Tiempos Precursores, Editorial de Ciencias Sociales, Havana, 1986

Mencía, Mario, The Fertile Prison: Fidel Castro in Batista's Jails, Ocean Press, Melbourne, 1993

Ray, René, Libertad y Revolución: Moncada, Granma, Sierra Maestra, Havana, 1959

Rodríguez, William Gálvez, Viajes y Aventuras del Joven Ernesto, Editorial de Ciencias Sociales, Havana, 2002

Rojo, Ricardo, Mi Amigo el Che, Editorial Jorge Alvarez, Buenos Aires, 1968

Abreu, Norberto Collado, *Collado: Timonel del Granma*, Casa Editorial Verde Olivo, Havana, 2006

Acosta, Heberto Norman, *La Palabra Empeñada*, Vols I and II, Oficina de Publicaciones del Consejo de Estado, Havana, 2006

Alemán, José Guerra, Barro y Cenizas: *Dialogos con Fidel Castro y el Che Guevara*, Fomento Editorial, Madrid, 1971

Bonachea, Ramón and Marta San Martín, *The Cuban Insurrection, 1952-1959*, Transition, New Brunswick, NJ, 1974

Casuso, Teresa, *Cuba and Castro*, Random House, New York, 1961

Cuba. Fuerzas Armadas Revolucionarias (ed.), *De Tuxpán a la Plata*, Editorial Orbe, La Habana, 1979

DePalma, Anthony, *The Man Who Invented Fidel: Cuba, Castro and Herbert L. Matthews of the New York Times*, Public Affairs, New York, 2006

Escobar, Froilán and Félix Guerra, *Che: Sierra Adentro*, Ediciones Unión, Havana 1982

Franqui, Carlos, *El Libro de los Doce*, Instituto del Libro, Havana, 1967

Franqui, Carlos (ed.), *Relatos de la Revolución Cubana*, Editorial Sandino, Montevideo, 1970

Franqui, Carlos, *Diario de la Revolucion Cubana*, R.Torres, Madrid, 1976

Garcini, Otto Hernández, Antono Núñez Jiménez and Liliana Núñez Velis, *Huellas del Exilio: Fidel en Mexico, 1955-1956*, Casa Editora Abril, Havana, 2004

Guevara, Ernesto, *Episodes of the Cuban Revolutionary War, 1956-1958*, Pathfinder, 1996

Guevara, Ernesto, *Reminiscences of the Cuban Revolutionary War*, Ocean Press, Melbourne, 2006

Guevara, Ernesto and Raúl Castro, *La Conquista de la Esperanza: Diarios inéditos de la guerrilla Cubana*, Diciembre 1956-Febrero 1957, Editorial Joaquín Mortiz, Mexico City 1995

Hart Davalos, Armando, *Aldabonazo*, Editorial Letras Cubanas, Havana, 1997

Mencía, Mario, *Tiempos Precursores*, Editorial de Ciencias Sociales, Havana, 1986

Meneses, Enrique (trans. J. Halero Ferguson); *Fidel Castro*, Taplinger, New York, 1966 and Faber, London, 1968

Sweig, Julia, *Inside the Cuban Revolution: Fidel Castro and the urban underground*, Harvard University Press, London, 2002

Arcos Bergnes, Ángel, *Evocando al Che*, Editorial Ciencias Sociales, Havana, 2007

Ariet, María del Carmen (ed.), *America Latina: Despertar de un continente*, Ocean Press, Melbourne, 2003

Bender, Lynn Darrell, *The Politics of Hostility*, Inter American University Press, Hato Rey, Puerto Rico, 1975

Blight, James and David Welch, *Intelligence and the Cuban Missile Crisis*, Frank Cass, London, 1998

Blight, James and Philip Brenner, *Sad and Luminous Days: Cuba's struggle with the Superpowers after the Crisis*, Rowman and Littlefield, Boston, 2002

Bonachea, Rolando and Nelson Valdes, *Che: Selected Works of Ernesto Guevara*, MIT Press, Massachussets, 1969

Bonsal, Phillip, *Cuba, Castro and the United States*, University of Pittsburgh Press, Pittsburgh, 1971

Borge, Tomás, *Un Grano de Maíz*, Fondo de Cultura Económica, Mexico City, 1992

Borrego, Orlando, *Che: El camino del fuego*, Imagen Contemporanea, Havana, 2001

Brenner, Philip, and David Welch (eds.) *Back to the Brink, Proceedings of the Moscow Conference on the Cuban Missile Crisis, January, 27-28, 1989*, University Press of America, Boston, Massachusetts, 1989

Castro, Fidel, *The Second Declaration of Havana*, Pathfinder Press, New York, 1994

Falcoff, Mark (ed.), *The Cuban Revolution and the United States: A history in documents, 1958-1960*, US-Cuba Press, Washington DC, 2001

González, Edward, *The Cuban Revolution and the Soviet Union, 1959-1960*, University of California Press, Los Angeles, 1966

Guevara, Ernesto, *Guerrilla Warfare: A method*, Foreign Languages Press, 1964, Peking

Guevara, Ernesto, *Obras: 1957-1967, Tomo II*, Casa de las Americas, Havana, 1970

Guevara, Ernesto, *La Guerra de Guerrillas*, Fondo de Cultura Popular, Lima, 1973

Guevara, Ernesto, *Socialism and Man in Cuba*, Pathfinder Press, Canada, 2006

Karol, K.S., *Guerrillas in Power*, Cape, London, 1971

Lüthi, Lorenz, *The Sino-Soviet Conflict: Cold War in the Communist World*, Princeton University Press, Princeton, 2008

Matos, José Martínez (ed.) *Che Periodista*, Editorial Pablo de la Torriente, Havana, 1968

Morray, J.P., *The Second Revolution in Cuba*, MR Press, New York, 1962

Núñez Jiménez, Antonio, *En Marcha Con Fidel, 1962*, Editora Ciencias Sociales, Havana, 2005

Sáenz, Tirso, *El Che Ministro: Testimonio de un colaborador*, Editorial de Ciencias Sociales, Havana, 2005

Following Their Own Paths

Bamford, James, *Body of Secrets: Anatomy of the Ultra-Secret National Security Agency*, Anchor Books, New York, 2002

Casaus, Víctor (ed.), *Self Portrait: Che Guevara*, Ocean Press, Melbourne, 2004

Cupull, Adys and Froilán González, *De Ñacahuasú a la Higuera*, Editora Política, Havana, 1989

Deutschmann, David (ed.), *Che en la Memoria de Fidel Castro*, Ocean Press, Melbourne, 1998

Fernández, Alina, *Alina: Memorias de la hija rebelde de Fidel Castro*, Plazay Janes Editores, Barcelona, 1997

Fontova, Humberto, *Exposing the Real Che Guevara*, Sentinel, New York, 2007

Gleijeses, Piero, *Conflicting Missions: Havana*, Washington and Africa, 1959-1976, University of North Carolina Press, Chapel Hill, 2002

Guevara, Ernesto (trans. Patrick Camiller), *The African Dream: The diaries of the revolutionary war in the Congo*, Harvill Press, London, 2000

Guevara, Ernesto, *The Bolivian Diary*, Ocean Press, Melbourne, 2006

Harris, Richard, *Death of a Revolutionary: Che Guevara's last mission*, W. W. Norton, New York, 2000

Kumm, Bjorn. 'Guevara is Dead, Long Live Guevara', *Transition*, No. 75/76, Anniversary Issue: Selections from *Transition*, 1961-1976 (1997), pp. 30-38

Lockwood, Lee, *Castro's Cuba; Cuba's Fidel*, Westview Press, New York, 1990

Mina, Gianni (trans. Mary Todd), *An Encounter with Fidel*, Ocean Press, Melbourne, 1991

Saldaña, Roberto, *Fertile Ground: Che Guevara and Bolivia*, Pathfinder Press, New York, 1997

Taibo II, Paco Ignacio, Froilán Escobar and Félix Guerra, *El Año en Que Estuvimos en Ninguna Parte*, Editorial Joaquín Mortiz, Grupo Planeta, Mexico City, 1994

Álvarez Tabío, Pedro, *Celia: Ensayo para una biografía*, Oficina de Publicaciones del Consejo de Estado, Havana, 2004

Bustos, Ciro, *El Che Quiere Verte; La historia jamás contada del Che*, Javier Vergara Editor, Buenos Aires, 2007

Costenla, Julia, *Celia: La madre del Che*, Editorial Sudamericana, Buenos Aires, 2004

Debray, Régis (trans. John Howe), *Praised Be Our Lords: The autobiography*, Verso, London, 2007

Ferrer, Carlos, *De Ernesto al Che. El segundo y último viaje de Guevara por Latinoamérica*, Editorial Marea, Buenos Aires, 2005

Franqui, Carlos, *Diary of the Cuban Revolution*, Viking Press, New York, 1980

Franqui, Carlos, *Camilo Cienfuegos*, Editorial Seix Barral, S.A., 2001

Guevara, Alfredo, *Revolución es Lucidez*, Ediciones ICAIC, Havana, 1998

Heikal, Mohamed, *Nasser: The Cairo Documents. The Private Papers of Nasser*, Mentor, London, 1973

Khrushchev, Sergei, *Khrushchev on Khrushchev: an inside account of the man and his era*, Little, Brown and Company, London, 1990

Khrushchev, Sergei (ed.), *Memoirs of Nikita Khrushchev*, (trans. George Shriver), Penn State University Press, University Park, 2004

Llovio-Menéndez, José Luis, *Insider: My hidden life as a revolutionary in Cuba*, Bantam Books, New York, 1988

March, Aleida, *Evocación: Mi vida al lado del Che*, Editorial Planeta Colombiana, Bogotá, 2008

Oltuski, Enrique, *Vida Clandestina*, John Wiley and Sons, San Francisco, 2002

Oltuski, Enrique, *Pescando Recuerdos*, Casa Editorial, Havana, 2004

Pardo Llada, José, *Fidel y el Che*, Tribuna de Plaza y Janés, Barcelona, 1988

Ramírez, Dariel Alarcón, (with Elisabeth Burgos), *Memorias de un Soldado Cubano: Vida y muerte de la revolución*, Tusquets Editores, Barcelona, 2003

Retamar, Roberto Fernández, *Obras, IV: Cuba Defendida*, Editorial Letras Cubanas, Havana, 2004

Rojas, Marta (ed.), *Testimonies about Che*, Editorial Pablo de la Torriente, Havana, 2006

Villegas, Harry, *Pombo: A man of Che's guerrilla*, Pathfinder Press, New York, 1997

쿠바에 관하여

Domínguez, Jorge, *Cuba: Order and Revolution*, Belknap Press, London, 1978

Dumont, René, *Cuba: Socialism and Development*, Grove Press, New York, 1970

Gott, Richard, *Cuba: A new history*, Yale University Press, New Haven, 2005

Kapcia, Antoni, *Cuba: Island of Dreams*, Berg, Oxford, 2000

Pérez Jr, Louis, *Cuba under the Platt Amendment, 1902-1934*, University of Pittsburgh Press, Pittsburgh, 1986

Pérez-Stable, Marifeli, *The Cuban Revolution: Origins, Course and Legacy*, Oxford University Press, Oxford, 1994

Thomas, Hugh, *Cuba: The pursuit of freedom*, Picador, London, 2001

국가와 혁명, 냉전에 관하여

Andrew, Christopher and Oleg Gordievsky, KGB: *The Inside Story of its Foreign Operations from Lenin to Gorbachev*, Hodder & Stoughton, London, 1990

Andrew, Christopher and Vasili Mitrokhin, *The KGB and the World: The Mitrokhin archive*, Allen Lane, London, 2005

Blight, James, Bruce Allyn and David Welch (eds), *Cuba on the Brink: Castro, the Missile Crisis and the Soviet Collapse*, Rowman & Littlefield, New York, 2002

Debray, Régis, *Revolution in the Revolution: Armed struggle and political struggle in Latin America*, Greenwood, Westport, CT, 1980

Dunkerley, James, *Dreaming of Freedom in the Americas: Four minds and a name*, Inaugural Lecture, Institute for the Study of the Americas, London, 2004

Fursenko, Alexander and Timothy Naftali, *One Hell of a Gamble: Khrushchev, Castro, and Kennedy 1958-1964*, W. W. Norton, New York, 1997

Fursenko, Alexander and Timothy Naftali, *Khrushchev's Cold War*, W. W. Norton, New York, 2006

Gott, Richard, *Rural Guerrillas in Latin America*, revised ed., Penguin, Harmondsworth, 1973

Huberman, Leo and Paul Sweezy (eds), *Régis Debray and the Latin American Revolution: A collection of essays*, Monthly Review Press, New York, 1968

Hylton, Forrest and Sinclair Thomson, *Revolutionary Horizons: Past and Present in Bolivian*

Politics, Verso, London, 2007

Joseph, Gilbert and Daniela Spenser, *In From the Cold: Latin America's new encounter with the cold war*, Duke University Press, Durham, NC, 2008

Roca, Blas, *Los Fundamentos del Socialismo en Cuba*, Ediciones Populares, Havana, 1961

Shnookal, Deborah and Mirta Muñiz (eds.) *José Martí Reader, Writings on the Americas*, Ocean Press, Melbourne, 2001

Skocpol, Theda, *States and Social Revolutions: A comparative analysis of France, Russia and China*, Cambridge University Press, Cambridge, 1979

Suárez, Luis (ed.), *Che Guevara and the Latin America Revolution*, Ocean Press, Melbourne, 2006

그 밖의 사소한 것들: 시대상, 소, 일화들

Childs, Matt D., 'An Historical Critique of the Emergence and Evolution of Ernesto Che Guevara's Foco Theory', *Journal of Latin American Studies*, Vol. 27, No.3 (October 1995), pp. 593–624

Estrada, Alfredo José, *Havana: Autobiography of a city*, Palgrave Macmillan, Basingstoke, 2007

Hoare, Mike, *Congo Mercenary*, Robert Hale, London, 1967

Moruzzi, Peter, *Havana before Castro: When Cuba Was a Tropical Playground*, Gibbs Smith, London, 2008

Symmes, Patrick, *The Boys from Dolores*, Pantheon Books, New York, 2007

Various, *Cartas del Che*, Editorial Sandino, Montevideo, 1969

사진 자료의 출처

AFP/CONSEJO ESTADO/HO: 10-1

akg-images: 13

Archivo de Granma: 2-1

cubadebate.cu: 9

fidelcastro.cu: 1-1, 3-1

José Goitia, AP: 16

magnum photos: 11, 12-1, 12-2

Miami Libraries Digital Collections: 1-2, 2-2, 5-1, 5-2, 6, 7, 8, 10-3, 14-1, 14-2, 14-3, 15

wikimedia commons: 3-2, 4

피델 and 체

FIDEL AND CHE

1판 1쇄 인쇄 2025년 12월 30일
1판 1쇄 발행 2026년 1월 21일

지은이 사이먼 리드헨리
옮긴이 유수아
펴낸이 김영곤   **펴낸곳** (주)북이십일

TF팀 팀장 김종민
기획편집 진상원   **마케팅** 정성은 김지선
편집 진상원   **디자인** 한성미
영업팀 정지은 한충희 남정한 장철용 강경남 황성진 김도연
해외기획팀 최연순 홍희정 소은선
제작팀 이영민 권경민

출판등록 2000년 5월 6일 제406-2003-061호
주소 (우10881) 경기도 파주시 회동길 201(문발동)
대표전화 031-955-2100   **팩스** 031-955-2151   **이메일** book21@book21.co.kr

(주)북이십일 경계를 허무는 콘텐츠 리더

21세기북스 채널에서 도서 정보와 다양한 영상자료, 이벤트를 만나세요!
페이스북 facebook.com/jiinpill21   포스터 post.naver.com/21c_editors
인스타그램 instagram.com/jiinpill21   홈페이지 www.book21.com
유튜브 youtube.com/book21pub

ISBN 979-11-7357-742-0 (03900)

리더를 위한 정치와 사상의 교양
그레이트 하모니

그레이트 하모니는 다양한 요소의 조화로 정치가 완성된다는
철학을 담은 시리즈입니다. 정치적 통찰을 바탕으로 리더십을
꿈꾸는 독자들을 위해 엄선한 도서를 소개합니다. 복잡한 정세
속에서 조화를 이루는 리더로 성장하는 길을 제시합니다.